XML
IN A NUTSHELL

2e édition

Manuel de référence

Elliotte RUSTY HAROLD & W. Scott MEANS

XML

IN A NUTSHELL

2e édition

Manuel de référence

Traduction de
Thomas Broyer
Philippe Ensarguet
Frédéric Laurent
Alain Ketterlin

O'REILLY®

Cambridge • Cologne • Farnham • Paris • Pékin • Sebastopol • Taipei • Tokyo

L'édition originale de ce livre (ISBN 0-596-00292-0) a été publiée aux États-Unis par O'Reilly & Associates sous le titre *XML in a Nutshell, 2nd Edition*.

Couverture conçue par Ellie Volckhausen, Hanna Dyer *&* Melanie Wang

Édition : Dominique Buraud

Les programmes figurant dans ce livre ont pour but d'illustrer les sujets traités. Il n'est donné aucune garantie quant à leur fonctionnement une fois compilés, assemblés ou interprétés dans le cadre d'une utilisation professionnelle ou commerciale.

ISBN 2-84177-223-3

Historique :
– première édition : 2001

Table des matières

Préface

XML est un des développements les plus importants de l'histoire de l'informatique en termes de syntaxe de documents. Au cours des dernières années, il a été adopté dans des domaines aussi divers que le droit, l'aéronautique, la finance, les assurances, la robotique, le multimédia, la gestion des hôpitaux, l'organisation de voyages, l'art, la construction, les télécommunications, la conception de logiciels, l'agriculture, la physique, le journalisme, la théologie, la vente au détail et la littérature médiévale. XML est devenu la syntaxe privilégiée pour les nouveaux formats de documents conçus dans presque toutes les applications de l'informatique. Il est utilisé sous Linux, Windows, Macintosh et beaucoup d'autres plates-formes. Les ordinateurs de Wall Street commercent en s'échangeant des documents XML. Les enfants qui jouent sur le PC familial enregistrent leurs documents en XML. Les amateurs de sport reçoivent en temps réel sur leur téléphone portable les résultats des compétitions en XML. XML est tout simplement devenu la syntaxe de documents la plus robuste, la plus fiable et la plus flexible jamais inventée.

XML in a Nutshell est un guide aussi complet que possible dans l'univers en expansion rapide de XML. Il traite de tous les aspects de XML, des règles de syntaxe les plus élémentaires aux détails de la création de DTD et de schémas, jusqu'aux API à utiliser pour lire et écrire des documents XML dans divers langages de programmation.

Contenu

Il existe des centaines d'applications officielles de XML, issues du W3C ou d'autres organismes de standardisation, tels qu'OASIS ou l'*Object Management Group*. Il y a encore plus d'applications officieuses, non standardisées, développées par des individus ou des entreprises, comme *Channel Definition Format* de Microsoft, ou *Mind Reading Language* de John Gaujardo. Ce livre ne peut les présenter toutes, pas plus qu'un livre sur Java ne peut présenter tous les programmes qui ont été, ou seront, écrits dans ce langage. Ce livre se concentre sur XML lui-même. Il décrit les règles fondamentales que tout document XML et que tout auteur de ces documents doit respecter, qu'il soit concepteur de sites web utilisant SMIL pour intégrer des animations dans ses pages, ou programmeur C++ utilisant SOAP pour échanger des objets sérialisés avec une base de données distante.

Ce livre décrit également les technologies génériques qui utilisent XML et servent dans une large gamme d'applications de XML. Ces technologies incluent :

XLink
: Syntaxe basée sur des attributs pour établir des hyperliens entre documents XML et non XML. Elle autorise les liens unidirectionnels simples introduits par HTML, mais aussi les liens multidirectionnels entre plusieurs documents, ou encore les liens entre documents que l'on ne peut pas modifier soi-même.

XSLT
: Application XML décrivant des transformations d'un document en un autre document, écrit soit dans le même soit dans un autre vocabulaire XML.

XPointer
: Syntaxe pour les identifiants de fragments qui référencent des zones particulières de document XML, souvent identifiées par un URI et utilisé conjointement avec XLink.

XPath
: Syntaxe non XML utilisée aussi bien par XPointer que par XSLT pour localiser certaines parties de documents XML. Par exemple, un XPath peut localiser le troisième élément `adresse` dans le document, ou encore tous les attributs `email` dont la valeur est `elharo@metalab.unc.edu`.

Espaces de noms
: Moyen de distinguer les éléments et les attributs provenant de différents vocabulaires XML mais portant le même nom, par exemple le titre d'un livre et le titre d'une page web dans une page web traitant de livres.

Schémas
: Vocabulaire XML pour décrire le contenu autorisé dans les documents XML à partir d'autres vocabulaires XML.

SAX
: L'API SAX (*Simple API for XML*), une interface de programmation d'applications Java basée sur un modèle événementiel Java et mise en œuvre par la majorité des parseurs XML.

DOM
: *Document Object Model*, une API basée sur une arborescence qui considère qu'un document XML est un ensemble d'objets imbriqués munis de diverses propriétés.

XHTML

Version XML de HTML pouvant être étendue par d'autres applications XML comme MathML et SVG.

RDDL

Resource Directory Description Language, application XML basée sur XHTML pour les documents associés à la fin des URL d'espace de noms

Toutes ces technologies, qu'elles soient définies en XML (XLink, XSLT, les espaces de noms et Schemas, XHTML et RDDL) ou dans une autre syntaxe (XPointer, XPath, SAX et DOM), sont utilisées dans un grand nombre d'applications différentes.

Ce livre ne traite pas spécialement des applications qui n'intéressent que quelques utilisateurs de XML, à savoir :

SVG

Scalable Vector Graphics, un standard adopté par le W3C utilisé pour le codage en XML de schémas graphiques vectoriels.

MathML

Mathematical Markup Language, standard défini par le W3C utilisé pour inclure des équations dans les pages web et dans d'autres documents.

RDF

Resource Description Framework, application XML standardisée par le W3C utilisée pour la description de ressources, avec une attention particulière sur le type de métadonnées que l'on peut trouver dans un catalogue de cartes de bibliothèque.

De temps à autre, nous utiliserons une ou plusieurs de ces applications dans un exemple, mais nous ne couvrirons pas tous les aspects de leur vocabulaire dans le détail. Bien qu'intéressantes et importantes, ces applications (comme des centaines d'autres) sont destinées principalement au traitement par un logiciel spécialisé, qui connaît précisément leur format. Par exemple, les concepteurs graphiques ne travaillent pas directement en SVG. Ils utilisent plutôt leur outil habituel, par exemple Adobe Illustrator, pour créer des documents SVG. Peut-être ne savent-ils même pas qu'ils utilisent XML.

Ce livre se concentre sur les standards pertinents pour presque tous les développeurs travaillant avec XML. Nous étudierons les technologies XML qui recouvrent un large champ d'applications, et non pas celles qui intéressent seulement un ensemble restreint de domaines.

Une deuxième édition

XML a continué à évoluer au cours des 18 mois qui ont suivi la publication de la première édition de *XML in a Nutshell*. Pour répondre aux questions les plus fréquentes des lecteurs, deux nouveaux chapitres couvrent les schémas. Par ailleurs, d'autres chapitres de ce livre ont été réécrits pour refléter l'impact des schémas sur leurs thèmes. Nous avons ajouté de nombreux autres thèmes comme RDDL, TrAX (*Transformations API for XML*), JAXP (*Java API for XML Processing*) et les filtres SAX.

De plus, de nombreux sujets ont été mis à jour en intégrant les dernières versions des différentes spécifications, y compris :

- XSL Formatting Objects 1.0
- XLink 1.0
- XPointer 2nd Candidate Recommendation
- XHTML 1.1
- Unicode 3.1.1

Pour finir, beaucoup de petites erreurs et oublis ont été corrigés tout au long du livre.

Organisation de l'ouvrage

La partie I, *Concepts XML*, vous présente les standards fondamentaux qui représentent l'essentiel du XML que toute application et logiciel XML doivent respecter. Cette partie vous présente rapidement le XML bien formé, les DTD, les espaces de noms et Unicode.

La partie II explore les technologies utilisées principalement dans les documents narratifs, comme les pages web, les livres, les articles, agendas et pièces de théâtre. Vous allez apprendre XSLT, CSS, XSL-FO, XLinks, XPointers, XPath et RDDL.

L'un des développement les plus inattendus de XML a été son adoption enthousiaste pour les documents de données structurés comme des feuilles de calculs, des statistiques financières, des tables mathématiques et des formats de fichiers de logiciels. La partie III explore l'utilisation de XML pour de tels documents. Cette partie se concentre sur les outils et librairies nécessaires pour écrire des logiciels qui manipulent le XML, y compris SAX, DOM et les schémas.

Enfin, la partie IV, *Référence*, est une suite de chapitres de référence concise qui représente le cœur de tous les livres de la collection des *in a Nutshell*. Ces chapitres vous indiquent les règles syntaxiques du cœur des technologies XML, comme XML, les DTD, les schémas, XPath, XSLT, SAX et DOM. Consultez cette section lorsque vous avez besoin de trouver rapidement une syntaxe précise pour quelque chose que vous savez pouvoir faire mais dont vous ne vous souvenez plus très bien comment.

Conventions typographiques

Le texte principal est en Le Monde Livre, normal, comme ce que vous lisez actuellement.

Le `TheSansMono Condensed` est utilisé pour :

- les exemples et les fragments de code ;
- tout ce qui peut apparaître dans un document XML, y compris les noms d'éléments, les balises, les valeurs d'attribut, les références d'entités et les instructions de traitement ;
- tout ce qui peut apparaître dans un programme, y compris les mots-clés, les opérateurs, les noms de méthode, les noms de classe et les littéraux.

`TheSansMono Condensed bold` est utilisé pour :

- la saisie de l'utilisateur ;
- la mise en valeur de fragments de code.

`TheSansMono Condensed italic` est utilisé pour :

- les éléments remplaçables dans les instructions des programmes.

Le Monde italic est utilisé pour :

- les nouveaux termes lorsqu'ils sont définis ;
- les noms de répertoires, de fichiers et les noms de programmes. (Toutefois, si le nom du programme est également le nom d'une classe Java, il est écrit dans une police à chasse fixe, comme les autres noms de classe.) ;
- les noms de serveur et de domaine (*www.xml.com*) ;
- les URL (*http://ibiblio.org/xml/*).

Indique une astuce, un conseil ou une note générale.

Indique une mise en garde ou un avertissement.

Les fragments de code significatifs, les programmes complets et les documents sont placés dans un paragraphe séparé, comme ceci :

```
<?xml version="1.0" encoding="ISO-8859-1"?>
<?xml-stylesheet href="personne.css" type="text/css"?>
<personne>
```

```
  Alan Turing
</personne>
```

XML est sensible à la casse. L'élément `PERSONNE` n'est pas le même que l'élément `personne` ou `Personne`. Les langages sensibles à la casse ne permettent pas toujours aux auteurs de respecter les règles typographiques et de grammaire du Français. Il est en général possible de modifier la phrase de façon à ce que les deux ne soient pas en conflit ; le plus souvent nous l'avons fait. Cependant, en quelques rares occasions il n'y avait tout simplement pas de solution, nous avons alors dérogé aux règles du Français.

Enfin, bien que la plupart des exemples utilisés ici soient des cas d'école qui n'ont que peu de chance d'être réutilisés, certains ont une valeur réelle. Sentez vous libre de les réutiliser, entièrement ou en partie, dans vos propres programmes. Aucune autorisation n'est requise. Pour ce qui nous concerne, ils sont placés dans le domaine public (bien que ce ne soit assurément pas le cas du texte d'explication qui accompagne ces exemples).

Votre avis

Nous aimons recevoir de nos lecteurs des commentaires généraux sur la façon dont ce livre pourrait être amélioré, des corrections particulières, ou des thèmes que vous voudriez voir développés. Vous pouvez contacter les auteurs en envoyant un courrier électronique à *elharo@metalab.unc.edu* ou à *smeans@enterprisewebmachines.com*. Soyez conscient cependant que nous recevons chacun plusieurs centaines de messages par jour, et que nous ne pouvons pas répondre personnellement à tous. Pour avoir le plus de chance de recevoir une réponse personnelle, merci de vous présenter comme un lecteur de ce livre. S'il vous plaît assurez vous d'envoyer le message de l'adresse à laquelle vous espérez que nous répondrons, vérifiez que votre adresse de retour est correctement positionnée. Il n'est rien de plus frustrant que de passer une heure ou plus à rechercher la réponse à une question intéressante et à préparer une réponse détaillée, pour voir ensuite son message revenir parce que le correspondant a envoyé son message d'un terminal public en omettant de configurer le logiciel pour indiquer sa véritable adresse électronique.

L'information contenue dans ce livre a été testée et vérifiée, mais il se peut que vous constatiez que certains comportements ont changé (ou même que vous trouviez des erreurs). Nous croyons en l'adage : « Si vous aimez ce livre, dites le à vos amis. Si vous ne l'aimez pas, dites le nous. » Nous sommes particulièrement intéressés par les éventuelles erreurs. Bien que les auteurs et les éditeurs aient apporté tout leur soin à la préparation de cet ouvrage, certaines erreurs de contenu ou typographiques leur ont inévitablement échappé. Si vous découvrez une erreur ou une coquille, merci de nous le signaler afin que nous puissions la corriger. Vous pouvez communiquer tous les défauts que vous trouverez, ainsi que des suggestions pour la prochaine édition, à :

O'Reilly France

18 rue Séguier

75006 Paris

Ce livre a son propre site web, sur lequel nous indiquons les errata, des exemples et toute autre information. Vous trouverez ce site à l'adresse :

http://www.oreilly.fr/catalogue/xml_nutshell_2.html

Nous avons un site web pour ce livre, où nous listons erratum, exemples et toute autre information complémentaire. Vous pouvez accéder à ce site à l'adresse suivante :

http://www.cafeconleche.org/books/xian2/

Avant d'indiquer une erreur, merci de vérifier sur ce site si elle n'a pas déjà été corrigée. Pour poser des questions techniques ou faire des commentaires sur ce livre, envoyez un message électronique à :

france@oreilly.com

Pour d'autres informations sur nos livres, nos conférences, nos logiciels, nos centres de ressources et le réseau O'Reilly, vous pouvez visiter nos sites web, à :

http://www.oreilly.com

http://xml.oreilly.com

http://www.xml.com

http://www.oreilly.fr

Remerciements

Un grand nombre de personnes ont été impliquées dans la production de ce livre. L'éditeur initial, John Posner, l'a mis sur les rails ; ses nombreux conseils utiles en ont considérablement amélioré le contenu. Après lui, Laurie Petrycki a suivi ce travail jusqu'à son accomplissement. Jeni Tennison a lu avec la plus grande attention le manuscrit du début à la fin et a pu repérer quelques erreurs plus ou moins importantes. Sans son attention, ce livre ne serait pas aussi précis. Stephen Spainhour mérite des remerciements particuliers pour son travail sur la section de référence. Ses efforts pour organiser et revoir le contenu ont permis d'améliorer le livre. Nous aimerions remercier Matt Sergeant et Didier P. H. Martin pour leur lecture technique détaillée du manuscrit et leurs suggestions pertinentes. La police de caractères Code2000 de James Kass a été d'une aide inestimable pour produire le chapitre 26.

Nous aimerions également remercier tous ceux qui ont tant travaillé pour que XML ait le succès qu'il a eu ces dernières années, nous offrant ainsi la matière de ce livre. Ils sont si nombreux que nous ne pouvons en nommer que quelques uns. Par ordre alphabétique, nous aimerions remercier Tim Berners-Lee, Jonathan Borden, Jon Bosak, Tim Bray, David Brownell, Mike Champion, James Clark, Charles Goldfarb, Jason Hunter, Arnaud Le Hors, Michael Kay, Keiron Liddle, Murato Makoto, Eve Maler, Brett McLaughlin, David Megginson, David Orchard, Walter E. Perry, Simon St.Laurent, C. M. Sperberg-McQueen,

Jonathan Robie, Arved Sandstrom, James Tauber, Henry S. Thompson, B. Tommie Usdin, Daniel Veillard, Norm Walsh, Lauren Wood et Mark Wutka. Nos excuses à tous ceux que nous oublions involontairement.

Elliotte aimerait remercier son agent, David Rogelberg, qui l'a convaincu qu'on pouvait gagner sa vie en écrivant des livres tels que celui-ci, plutôt qu'en travaillant dans un bureau. Toute l'équipe de Sunsite (désormais *ibiblio.org*) l'a aussi aidé à mieux communiquer avec ses lecteurs de diverses façons au cours des dernières années. Tous ces gens méritent remerciements et mention. Enfin, comme toujours, il offre ses plus grands remerciements à son épouse, Beth, sans l'amour et le soutien de qui ce livre n'aurait jamais existé.

Scott aimerait tout d'abord remercier son épouse, Celia, qui a déjà passé trop de temps en « veuve de l'informatique ». Il voudrait également remercier sa fille Selene pour avoir compris pourquoi Papa ne peut pas jouer avec elle lorsqu'il « travaille » et Skyler simplement pour ce qu'il est. Il aimerait également remercier l'équipe de Enterprise Web Machines pour l'avoir aidé à trouver le temps d'écrire. Enfin, il aimerait remercier John Posner pour l'avoir impliqué dans cette aventure et Laurie Petrycki pour avoir travaillé avec lui dans les moments difficiles.

Elliotte Rusty Harold
elharo@metalab.unc.edu

W. Scott Means
smeans@enterprisewebmachines.com

Première Partie

Concepts XML

CHAPITRE 1

Introduction à XML

XML, *Extensible Markup Language*, est le standard soutenu par le W3C pour le balisage de document. Il définit une syntaxe générique utilisée pour formater des données avec des balises simples et compréhensibles par l'homme. Ce format est suffisamment souple pour être adapté à des contextes aussi variés que les sites web, l'échange de données électronique, les dessins vectoriels, la généalogie, les listes de biens immobiliers, la publication d'objets, les procédures d'appel à distance et les systèmes de messages vocaux.

Vous pouvez écrire vos propres programmes qui interagissent avec les données dans des documents XML, et pour flatter votre ego, les manipulent. Si vous le faîtes, vous aurez accès à un grand nombre de librairies gratuites dans de nombreux langages pour lire et écrire du XML de telle sorte que vous n'aurez qu'à vous préoccuper de la logique propre à votre programme. Vous pouvez également utiliser des logiciels prêts à l'emploi comme les navigateurs web et les éditeurs de texte pour travailler avec des documents XML. Certains outils sont capables de fonctionner avec n'importe quel document XML. D'autres sont adaptés pour prendre en compte des applications XML propres à des domaines particuliers comme le dessin vectoriel et ne devraient pas être utilisés en dehors de ce domaine. Mais dans tous les cas, la même syntaxe sous-jacente est employée, même si elle est volontairement cachée par des outils conviviaux ou restreints à une seule application.

Avantages de XML

XML est un métalangage à balises pour les documents texte. Les données sont incluses dans un document XML sous forme de chaînes de caractères et elles sont délimitées par des marqueurs textuels qui les décrivent. En XML, l'unité de base de données et son marqueur est appelée *élément*. Les spécifications XML précisent la syntaxe exacte de ce marqueur : comment les éléments sont délimités par des balises, à quoi ressemble une balise, quel nom est acceptable pour un élément, où les attributs sont positionnés et ainsi de suite. À première vue, un marqueur dans un document XML ressemble de prêt à ceux d'un document HTML, mais des différences cruciales demeurent.

Fondamentalement, XML est un *métalangage à balises*. Cela signifie qu'il n'a pas de jeux de balises prédéfinies et d'éléments qui sont toujours supposés fonctionner pour tout le monde pour n'importe quel sujet. Les tentatives pour créer des jeux de balises spécialisées sont vouées à l'échec. Au contraire, XML permet aux développeurs et aux rédacteurs de définir les éléments dont ils ont besoin quand ils ont besoin d'eux. Les chimistes peuvent utiliser des balises qui décrivent des éléments, atomes, expériences, réactions et autres points rencontrés en chimie. Les agents immobiliers peuvent utiliser des éléments qui décrivent des appartements, des loyers, des commissions, des locations et d'autres items nécessaires aux biens immobiliers. Les musiciens peuvent utiliser des éléments pour décrire des noires, des croches, des clés de sol, des paroles et autres sujets communs à la musique. Le *X* de XML signifie *Extensible*. Extensible signifie que le langage peut être étendu et adapté pour satisfaire les différents besoins.

Bien que XML soit flexible dans sa définition des éléments, il est strict sur de nombreux autres aspects. Il fournit une grammaire aux documents XML qui réglemente la position et l'ordre des balises, les noms d'éléments autorisés, la façon dont les attributs sont rattachés aux éléments et ainsi de suite. Cette grammaire est suffisamment spécifique pour permettre le développement de parseurs XML qui peuvent lire et comprendre n'importe quel document XML. Les documents qui respectent cette grammaire sont dits *bien formés*. Les documents qui ne sont pas bien formés ne sont pas plus permis qu'un programme C avec des erreurs syntaxiques pourrait l'être. Les processeurs XML refusent les documents contenant des erreurs de ce type.

Pour accroître l'interopérabilité, les particuliers ou organisations doivent se mettre d'accord sur l'utilisation de certaines balises. Ces jeux de balises sont appelés *applications XML*. Une application XML n'est pas une application logicielle qui utilise XML, comme Mozilla ou Microsoft Word. C'est plutôt une application de XML à un domaine particulier, comme le dessin vectoriel ou la cuisine.

Les marqueurs dans un document XML décrivent la structure du document. Ils vous laissent voir quels éléments sont associés les uns aux autres. Dans un document XML bien conçu, le marqueur décrit également la sémantique du document. Par exemple, il indique qu'un élément est une date, une personne, ou un code barre. Dans une application XML bien conçue, le marqueur n'apporte aucune information sur la façon dont le document doit être affiché. Il n'indique pas qu'un élément doit s'afficher en gras ou italique, ou sous forme d'une liste d'éléments. XML est un langage à balises structurel et sémantique et non un langage de présentation.[1]

1. Quelques applications XML, comme *XSL Formatting Objects*, sont conçues pour décrire la présentation de texte. Bien que XSL-FO décrive la présentation, vous n'aurez jamais à écrire directement un document XSL-FO. Vous allez plutôt écrire un document XML avec des informations sémantiques portées par des balises et utiliser une feuille de style de transformation XSL pour transformer du XML sémantique en du XML présentationnel.

Les marqueurs autorisés dans une application XML spécifique peuvent être documentés dans une définition de type de document (*Document Type Definition* – DTD). La DTD liste tous les marqueurs autorisés et détermine où et comment un élément doit être inclus dans un document. Des instances particulières de document peuvent être comparées à la DTD. Les documents qui correspondent à une DTD sont dits *valides*. Les documents qui ne correspondent pas sont *invalides*. Quoi qu'il en soit, le fait qu'un document est valide ou invalide dépend de la DTD à laquelle vous le comparez.

Tous les documents n'ont pas besoin d'être valides. Pour de nombreuses raisons, un document bien formé peut suffire. Les DTD sont optionnelles dans XML. D'autre part, les DTD ne sont pas toujours suffisantes. La syntaxe de la DTD est limitée et ne vous permet pas d'exprimer des contraintes comme « cet élément contient un nombre » ou « cette chaîne de texte est une date comprise entre 1974 et 2032 ». Si vous écrivez des programmes pour lire des documents XML, vous allez vouloir ajouter du code pour vérifier des expressions de ce genre, comme vous l'auriez fait pour lire des données issues d'un fichier où le texte est délimité par des tabulations. La différence est que le parseur XML vous présente les données dans un format bien mieux structuré pour travailler et réalise une grande partie du travail sans faire appel à votre propre code.

Ce que XML n'est pas

XML est un langage à balises et seulement un langage à balises. Il est très important de se le rappeler. L'engouement autour de XML est devenu tel que certains attendent tout de XML, y compris de laver le chien de la famille.

Premièrement, XML n'est pas un langage de programmation. Il n'y a rien de tel qu'un compilateur XML qui lirait des fichiers XML et produirait un code exécutable. Vous pourriez définir un langage de script utilisant un format XML natif et qui serait interprété par un exécutable, mais cette application serait peu commune.[2] XML peut être utilisé comme un format d'instruction pour des programmes en charge de traitement. Un programme classique, par exemple, peut lire un fichier texte de configuration et réaliser quelque chose, en fonction de ce qu'il voit dans le fichier. Il n'y a aucune raison pour qu'un fichier de configuration ne puisse pas être écrit en XML, au lieu de texte non structuré. En effet, quelques programmes récents commencent à utiliser des fichiers de configuration XML. Mais dans tous les cas c'est le programme, et non le document XML, qui fait quelque chose. Un document XML *est*, mais il ne fait rien.

Deuxièmement, XML n'est pas un protocole de transport réseau. XML, pas plus que HTML n'envoie les données au travers du réseau. Cependant, les données envoyées au travers du réseau utilisant HTTP, FTP, NFS, ou certains autres protocoles peuvent être dans un format XML. XML peut être le format pour les données échangées sur le réseau, mais encore une fois, le logiciel externe au document XML doit effectivement réaliser l'envoi.

2. Au moins une application XML, à savoir XSL Transformations, a été prouvée complète au sens de Turing par construction. Consultez *http://www.unidex.com/turing/utm.htm* pour une machine de Turing universelle écrite en XSLT.

Finalement, pour faire allusion à l'exemple dans lequel la sur-médiatisation dissimule bien souvent la réalité, XML n'est pas une base de données. Vous ne remplacerez pas un serveur Oracle ou MySQL par XML. Une base de données peut contenir des données XML en tant que VARCHAR, BLOB, ou un type de données XML sur mesure ; mais la base de données elle-même n'est pas un document XML. Vous pouvez sauvegarder les données XML dans une base de données ou sur un serveur, ou récupérer des données depuis une base de données dans un format XML, mais vous aurez besoin d'exécuter un logiciel écrit dans un vrai langage de programmation comme C ou Java. Pour stocker du XML dans une base de données, le logiciel côté client envoie les données XML au serveur en utilisant un protocole réseau établi, comme TCP/IP. Le logiciel côté serveur reçoit les données XML, les analyses et les sauvegardes dans la base de données. Pour récupérer un document XML d'une base de données, vous aurez généralement besoin de passer par un produit middleware comme Enhydra qui réalise les requêtes SQL sur la base de données et formate le jeu de résultats en XML avant de le renvoyer au client. En fait, certaines bases de données peuvent intégrer ce code au cœur de leur serveur ou proposent des extensions, comme par exemple le produit Oracle XSQL Servlet. XML joue parfaitement bien le rôle de format de transport indépendant de la plate-forme dans ces scénarios. Cependant, XML n'est pas une base de données et ne devrait pas être utilisé en tant que tel.

Données portables

XML offre la séduisante possibilité d'une réelle solution inter plates-formes et d'un format de données pérenne. Pendant longtemps un document écrit sur une plate-forme donnée n'était pas lisible sur une plate-forme différente, par un programme sur la même plate-forme, ou même par une version antérieure ou future du même logiciel sur la même plate-forme. Quand bien même le document peut être lu, rien n'assure que toutes les informations remontent forcément. La plupart des informations originales relatives à l'atterrissage sur la Lune de la fin des années 60 et début des années 70 sont maintenant effectivement perdues. Même si vous trouvez un lecteur capable de lire les bandes magnétiques désormais caduques, personne ne connaît le format des données stockées sur la bande.

XML est un format de données pur, incroyablement simple, bien documenté. Les documents XML sont du texte et n'importe quel outil pouvant lire un fichier texte peut lire un document XML. Les données XML et le balisage sont tous deux du texte, le balisage est présent dans le corps du document XML sous forme de marqueurs. Vous n'avez pas à vous demander si à tous les huit octets correspond une tabulation aléatoire, à deviner si un nombre sur quatre octets est un entier codé en complément à deux ou un nombre IEEE 754 en virgule flottante, ou essayer de décoder quel entier code la description de quelle propriété de formatage. Vous pouvez directement lire les noms des marqueurs pour voir ce qu'il y a dans le document. De la même façon, à partir du moment où les marqueurs définissent les limites des éléments, vous n'allez pas tenter d'utiliser des conventions de fin de lignes inattendues ou un nombre de blancs associés à une tabulation. Tous les détails importants de la structure du document sont explicites. Vous n'avez pas à rechercher le format, ou à compter sur une documentation douteuse et souvent indisponible.

Quelques éditeurs logiciel peuvent vouloir cantonner leurs utilisateurs dans des formats de fichiers binaires propriétaires et non documentés. Cependant, notre bonne vieille expérience nous conseille d'utiliser des formats de type texte biens rédigés et bien documentés, faciles à analyser, ce que propose XML. XML permet aux documents et aux données d'évoluer d'un système à l'autre avec bon espoir que le système destinataire en comprenne le sens. De plus, la validation laisse au destinataire un moyen de vérifier qu'il obtient bien ce qu'il attend. Java avait promis un code portable. XML propose des données portables. Dans de nombreux cas, XML est le format documentaire le plus portable et flexible conçu depuis le fichier texte ASCII.

Fonctionnement de XML

L'*exemple 1-1* présente un exemple XML simple. Ce document XML particulier pourrait apparaître dans un système de contrôle d'inventaire ou dans une base de données gérant des stocks. Il structure les données avec des balises et des attributs décrivant la couleur, la taille, le numéro de code barre, le fabricant et le nom du produit.

Exemple 1-1. Un document XML

```
<?xml version="1.0" encoding="ISO-8859-1"?>
<produit codebarre="2394287410">
  <fabricant>Verbatim</fabricant>
  <nom>DataLife MF 2HD</nom>
  <quantité>10</quantité>
  <capacité>3.5"</capacité>
  <couleur>noir</couleur>
  <description>disquettes</description>
</produit>
```

Ce document est du texte et peut être stocké dans un fichier texte. Vous pouvez éditer ce fichier avec n'importe quel éditeur de texte standard, comme BBEdit, UltraEdit, JEdit, Emacs ou vi. Vous n'avez pas besoin d'un éditeur XML spécifique ; en fait, nous trouvons que les éditeurs XML sont en général plus perturbants car plus difficiles à utiliser que de simples éditeurs de texte.

Les programmes qui essaient effectivement de comprendre le contenu d'un document XML, c'est-à-dire qui ne le traitent pas comme n'importe quel autre fichier texte, emploient un *parseur XML* pour lire le document. Le parseur (ou analyseur syntaxique) est chargé de séparer le document en éléments distincts, attributs et autres parties. Il fournit le contenu du document XML à l'application morceau par morceau. Si à n'importe quel moment le parseur détecte un non respect des règles de la syntaxe XML, il indique une erreur à l'application et arrête son traitement. Dans certains cas, le parseur peut anticiper l'erreur originelle dans le document si bien qu'il peut détecter et rendre-compte d'autres erreurs qui se produisent plus loin dans le document. Cependant, dès qu'il a détecté la première erreur de syntaxe, il ne fournit plus à l'application le contenu des éléments et attributs qu'il rencontre.

Les applications XML spécifiques imposent normalement des règles précises quant à l'existence et à la position des éléments et attributs. Vous ne vous attendriez pas à trouver un élément `Clef_de_sol` dans la lecture d'un document de biologie, par exemple. Certaines de ces règles peuvent être précisées dans une DTD. Un document peut contenir aussi bien la DTD elle-même ou un pointeur vers l'URI où la DTD peut être trouvée. De nombreux parseurs XML prennent en compte ces particularités et comparent le document à sa DTD lors de sa lecture afin de voir si le document satisfait les contraintes spécifiées. Un tel parseur est appelé *parseur validant*. Un manquement à ces contraintes est une *erreur de validité* et le processus général de vérification d'un document au vu de sa DTD est appelé *validation*. Si un parseur validant trouve une erreur de validité, il la reporte à l'application en charge de l'analyse du document. Cependant, les erreurs de validité, à la différence des erreurs liées aux contraintes de forme d'un document, ne sont pas nécessairement fatales ; une application peut choisir de les ignorer. Tous les parseurs ne sont pas des parseurs validants. Certains vérifient simplement le caractère bien formé d'un document.

L'application qui reçoit les données du parseur peut être :

- un navigateur web, comme Netscape Navigator ou Internet Explorer, qui affiche le document au lecteur ;
- un traitement de texte, comme StarOffice Writer, qui charge le document XML pour l'éditer ;
- une base de données comme Microsoft SQL Server qui stocke des données XML dans un nouvel enregistrement ;
- un éditeur graphique comme Adobe Illustrator qui interprète le XML comme des coordonnées à deux dimensions pour le contenu d'une image ;
- un tableur, comme Gnumeric, qui analyse XML pour trouver les nombres et fonctions utilisés dans une feuille de calcul ;
- un logiciel de gestion financière personnel, comme Microsoft Money, qui voit XML comme un relevé bancaire ;
- un « programme de syndication » qui lit le document XML et extrait les unes des nouvelles de la journée ;
- un programme que vous avez écrit en Java, C, Python ou n'importe quel langage faisant exactement ce que vous voulez qu'il fasse ;
- presque n'importe quoi d'autre.

XML est un format de données *extrêmement* flexible pour les données. Il peut être utilisé dans tous ces scénarios et dans bien d'autres. En théorie, n'importe quelle donnée pouvant être stockée par un ordinateur peut être enregistrée dans un format XML. En pratique, XML est adapté pour le stockage et l'échange de n'importe quelle donnée pouvant être encodée sous forme de texte. Son utilisation n'est pas adaptée aux données multimédias, comme les photographies, les enregistrements sonores, la vidéo et autres objets multimédias se présentant comme de longues séquences de bits quelconques.

Évolution de XML

XML provient de *Standard Generalized Markup Language* (SGML). Le langage qui deviendra SGML a été créé par Charles Goldfarb, Ed Mosher et Ray Lorie, chez IBM dans les années 70 et développé par plusieurs centaines de personnes tout autour de la planète avant son adoption comme standard ISO 8879 en 1986. SGML était destiné à résoudre bon nombre de problèmes que résout XML. Il était et reste un langage sémantique et structurel à balises pour des documents textuels. SGML est extrêmement performant et a participé à bon nombre de succès pour le compte du gouvernement et des militaires américains, le secteur aéronautique et d'autres domaines nécessitant la gestion de documentations techniques de plusieurs milliers de pages de manière efficace.

Le plus gros succès de SGML fut HTML, une application SGML. Cependant, HTML est seulement une application SGML. Il n'a pas et ne propose pas toute la puissance de SGML. Puisque HTML restreint l'auteur à un jeu fini de balises destinées à décrire des pages web dans une optique de présentation, il est réellement un tout petit peu plus qu'un langage à balises traditionnel adopté par les navigateurs web.

Il ne sert à rien d'autre qu'à la réalisation de pages web. Vous n'utiliserez pas HTML pour l'échange de données entre bases de données hétérogènes, ou pour envoyer la mise à jour de catalogues de produits aux sites des détaillants. HTML est pratique pour la création de page web, mais il n'est guère capable d'en faire beaucoup plus.

Le choix évident pour les autres applications qui tirent partie des avantages d'Internet, mais qui ne sont pas de simples pages web, était SGML. Mais SGML a le désavantage d'être complexe. Les spécifications officielles de SGML forment un document de plus de 150 pages très techniques. Il couvre de nombreux cas particuliers et des scénarios peu probables. Il est tellement complexe qu'à peu près aucun logiciel ne l'a pleinement implémenté. Les programmes qui ont implémenté ou reposent sur des sous ensembles de SGML sont bien souvent incompatibles entre eux. Une caractéristique principale pour un programme peut être considérée comme insignifiante pour un autre.

En 1996 Jon Bosak, Tim Bray, C. M. Sperberg-McQueen, James Clark et de nombreux autres ont commencé à travailler sur une version simplifiée de SGML. Cette version conserve une grande partie de la puissance de SGML, mais toilettée des caractéristiques trop redondantes, trop compliquées à implémenter et perturbantes pour les utilisateurs finaux, ou qui n'ont pas démontré une quelconque utilité après 20 années d'expérience avec SGML. Ainsi, en février 1998, apparut XML 1.0 qui connut un succès immédiat. De nombreux développeurs conscients de la nécessité d'un langage structurel à balises mais qui ne pouvaient se résoudre à supporter la complexité de SGML adoptèrent XML de bon cœur. Il a été finalement utilisé dans des domaines allant de la présentation de verdicts judiciaires à l'élevage porcin.

Cependant, XML 1.0 était juste le commencement. Le standard suivant fut les espaces de noms XML, une initiative pour permettre l'utilisation non conflictuelle de balises issues de diverses applications XML dans un même document.

Une page web concernant des livres, par exemple, peut avoir un élément `titre` faisant référence au titre de la page et un élément `titre` faisant référence au titre d'un livre sans que les deux éléments soient en conflit.

XSL, *Extensible Stylesheet Language*, fut le développement suivant. Cette application XML transforme d'autres documents XML sous une forme visible dans un navigateur web. Ce langage fut rapidement séparé en XSLT, XSL Transformation, et XSL-FO, *XSL Formatting Objects*. XSLT est devenu un langage ouvert pour la transformation d'un document XML en un autre pour l'affichage dans une page web et dans d'autres contextes. XSL-FO est une application XML qui décrit la composition de pages destinées à l'impression et l'affichage de pages web. Cette application rivalise avec PostScript en terme de puissance et d'expressivité.

Cependant, XSL n'est pas la seule option pour la présentation de documents XML. CSS, *Cascading Stylesheet Language*, était déjà utilisé avec les documents HTML quand XML fut inventé et fut aussi logiquement adapté à XML. Avec l'avènement de CSS Level 2, le W3C fit de la présentation de document XML un objectif explicite de CSS, en lui accordant autant d'importance qu'au langage HTML. Le précédent DSSSL, *Document Style Sheet and Semantics Language*, adopté depuis les origines de SGML fut aussi utilisé pour présenter des documents XML à imprimer ou à afficher sur le Web.

XLL, *Extensible Linking Language*, définit des modèles de liaison performants pour relier des documents XML dans un réseau hypertexte, de manière beaucoup plus puissante que le marqueur HTML `a`. Il est également séparé en deux standards : XLink, qui décrit la relation entre documents et XPointer, qui identifie une partie de document XML. À cet instant, il fut remarqué qu'à la fois XPointer et XSLT développèrent de manières compliqués et de plus incompatibles, des syntaxes pour faire la même chose : identifier un élément donné dans un document XML. En conséquence, la partie relative à l'adressage de ces deux spécifications fut séparée et associée en une troisième spécification, XPath.

Une autre pièce du puzzle fut une interface uniforme pour accéder au contenu d'un document XML depuis un programme Java, JavaScript ou C++. La plus simple API était de traiter le document comme un objet contenant d'autres objets. En fait, ce travail était déjà en cours au sein et à l'extérieur du W3C pour définir un modèle objet de document (*Document Object Model*) pour HTML. Étendre cette initiative pour prendre en compte XML n'était pas difficile.

En dehors du W3C, Peter Murray-Rust, David Megginson, Tim Bray et les autres membres de la liste de diffusion *xml-dev* reconnaissaient que les parseurs XML, alors que tous compatibles dans les documents qu'ils peuvent analyser, étaient incompatibles dans leurs API. Cette remarque a mené au développement de SAX, *Simple API for XML*. SAX2 a été mis à jour en 2000 pour prendre en compte une plus grande capacité de configuration, le support des espaces de noms et de nombreuses autres caractéristique optionnelles.

Une des surprises de l'évolution de XML a été que les développeurs l'ont plus utilisé pour des données structurées, comme des objets sérialisés et des enregistrements de bases de données, que pour des structures narratives pour lesquelles SGML a été traditionnellement employé. Les DTD ont fonctionné parfaitement pour les structures narratives, mais présentent quelques limites face aux structures orientées données que sont en train de créer les développeurs. En particulier, le manque de typage de données et le fait que les DTD ne sont pas elles-mêmes des documents XML ont été perçus comme des inconvénients majeurs. De nombreuses sociétés et individus ont commencé à travailler sur les langages de schéma qui ont comblé ces manques. Beaucoup de ces propositions ont été soumises au W3C qui a formé un groupe de travail, pour essayer d'en intégrer les meilleures parties, afin d'avoir un résultat final plus grand que la somme de toutes les parties réunies. En 2001, ce groupe a publié la version 1.0 du langage XML Schema du W3C. Malheureusement, ils ont produit quelque chose d'excessivement complexe et lourd. En conséquence, de nombreux développeurs sont retournés à leurs bureaux pour inventer des langages de schéma plus propres, plus simples et plus élégants, comme RELAX NG et Schematron.

Finalement, il est devenu clair que XML 1.0, XPath, le langage XML Schema du W3C, SAX et DOM avaient des modèles conceptuels similaires pour la structure d'un document XML, mais comportant néanmoins de subtiles différences. Par exemple, XPath et SAX ne voient dans les sections CDATA que du sucre syntaxique, alors que DOM les traite bien autrement que comme de simples nœuds texte. C'est ainsi que le groupe de travail XML Core du W3C se mit à travailler sur un document de référence, XML Information Set, sur lequel tous ces standards pourraient s'appuyer.

Le développement d'extensions au cœur des spécifications XML se poursuit. Les futures orientations sont, entre autres :

XML Query Language
: Langage de quatrième génération pour extraire de l'information correspondant à des critères spécifiés depuis un ou plusieurs documents XML.

Canonical XML
: Algorithme standard pour déterminer si deux documents sont identiques après avoir pris en compte des détails mineurs comme le fait d'utiliser des simples ou doubles quotes pour accompagner les valeurs d'un attribut.

XInclude
: Moyen de construire un seul document XML à partir de plusieurs documents ou morceaux XML bien formés et potentiellement valides.

XML Signatures
: Standard pour la signature électronique de documents XML, intégrant les signatures dans des documents XML et certifiant les documents résultants.

XML Encryption
: Standard de syntaxe XML pour un contenu numérique chiffré, intégrant des sections de documents XML.

SAX 2.1
: Ensemble de petites extensions à SAX2 qui fournit des informations supplémentaires sur un document XML référencé par Infoset, y compris la déclaration XML.

DOM Level 3

Nombreuses classes additionnelles, interfaces et méthodes supplémentaires construites au-dessus de DOM2 pour fournir le support des schémas, les moyens standard de charger et enregistrer des documents XML et bien d'autres possibilités supplémentaires.

XFragment

Tentative d'acceptation de morceaux de documents XML ne pouvant pas être considérés comme des documents bien formés pris séparément.

Beaucoup d'autres extensions de XML restent à inventer. XML a montré de solides fondements pour bien d'autres technologies.

CHAPITRE 2

Principes de XML

Ce chapitre explique comment écrire des documents XML simples. Vous allez voir qu'un document XML est construit à partir de contenu textuel structuré avec des balises, telles que <SKU>, <Enregistrement_ID> et <auteur>, qui ressemblent approximativement à des balises HTML. Cependant, avec HTML vous êtes limité à environ une centaine de balises pour décrire la présentation d'une page web ; avec XML vous pouvez créer autant de balises que vous voulez. De plus, ces balises décrivent généralement le type de contenu qu'elles contiennent, plutôt que des informations sur la mise en forme et la présentation. Avec XML vous ne direz pas que quelque chose est indenté ou mis en gras ; vous direz que c'est un livre, une biographie ou un calendrier.

Bien que XML soit plus vague que HTML dans les balises qu'il autorise, il est plus strict sur la façon dont les balises sont positionnées et écrites. En particulier, tous les documents XML doivent être *bien formés*. Les règles de bonne construction spécifient des contraintes telles que « toutes les balises ouvertes doivent être fermées » et « les valeurs des attributs doivent être entre guillemets ». Ces règles, qui sont incontournables, rendent l'analyse de documents XML plus simple et leur écriture un peu plus complexe, mais permettent une flexibilité d'expression quasi infinie.

Documents et fichiers XML

Un document XML contient du texte mais jamais de données binaires. Il peut être édité avec n'importe quel programme capable de lire un fichier texte. L'*exemple 2-1* est un document XML aussi simple que possible. Il n'en est pas moins un document XML bien formé. Les parseurs XML peuvent le lire et le comprendre (pour autant qu'un programme informatique puisse être supposé comprendre quelque chose).

Exemple 2-1. Un document XML très simple, mais complet

```
<personne>
  Alan Turing
</personne>
```

Dans le plus fréquent des cas, ce document serait tout le contenu d'un fichier nommé *personne.xml*, ou peut-être *2-1.xml*. Toutefois, XML n'est pas délicat sur le nom de fichier. Du moment que seul le parseur est concerné, ce fichier aurait pu s'appeler *personne.txt*, *personne*, ou *Hé vous, il y a du XML dans ce fichier !* Votre système d'exploitation n'aimera pas ce genre de nom, mais un parseur XML ne s'en préoccupera guère. Le document peut même ne pas être dans un fichier. Il peut être un enregistrement ou un champ dans une base de données. Un programme CGI pourrait le générer à la volée en réponse à la requête d'un navigateur web. Il pourrait même être stocké dans plusieurs fichiers, quoique ce soit peu probable au vu d'un document si simple. S'il est servi par un serveur web, on lui assignera vraisemblablement un type MIME `application/xml` ou `text/xml`. Cependant, des applications XML plus particulières peuvent nécessiter des types MIME plus spécifiques comme `application/mathml+xml`, `application/XSLT+xml`, `image/svg+xml`, `text/vnd.wap.wml` ou `text/html` (dans des cas particuliers).

Pour les documents XML généraux, `application/xml` devrait être préféré à `text/xml`, même si par défaut la plupart des serveurs web utilisent `text/xml`. `text/xml` utilise le jeu de caractères ASCII par défaut, ce dernier étant incorrect pour la plupart des documents XML.

Éléments, balises et données

Le document de l'*exemple 2-1* est composé d'un seul *élément* dont le type est `personne`. Cet élément est délimité par la *balise de début* `<personne>` et la *balise de fin* `</personne>`. Tout ce qui se trouve entre la balise de début et de fin de l'élément (de manière exclusive) est le contenu de l'élément. Le contenu de cet élément est la chaîne de caractères :

```
Alan Turing
```

Le blanc fait partie du contenu, bien que de nombreuses applications choisiront de l'ignorer. `<personne>` et `</personne>` sont des *balises*. La chaîne de caractères `Alan Turing` et son blanc sont des *données textuelles*. La balise est la forme la plus courante de marquage dans un document XML, mais il peut y avoir d'autres formes que nous aborderons plus tard.

Syntaxe des balises

Les balises XML ressemblent à peu près aux balises HTML. Les balises de début commencent par un `<` et les balises de fin commencent par un `</`. Les deux sont suivies du nom de l'élément et terminées par un `>`. Toutefois, à la différence des balises HTML, vous avez la possibilité de créer toutes les nouvelles balises XML dont vous avez besoin. Pour décrire une personne, vous pouvez utiliser les balises `<personne>` et `</personne>`. Pour décrire un calendrier, vous pouvez utiliser les balises `<calendrier>` et `</calendrier>`. Les noms des balises reflètent le type de leur contenu, et non la façon dont le contenu devrait s'afficher.

Éléments vides

Il existe une syntaxe spéciale pour les *éléments vides*, c'est-à-dire les éléments sans contenu. Ces éléments peuvent être représentés par des balises qui commencent par `<` mais se terminent par `/>`. Par exemple, avec XHTML, une reformulation XML du standard HTML, les éléments retour à la ligne et ligne horizontale sont écrits `<br/>` et `<hr/>` au lieu de `<br>` et `<hr>`. Ces éléments sont toutefois parfaitement équivalents à `<br></br>` et `<hr></hr>`. C'est à vous de décider sous quelle forme vous allez représenter les éléments vides. Cependant, ce que vous ne pouvez pas faire avec XML et XHTML (à la différence de HTML) est de n'utiliser que la balise de début, comme `<br>` ou `<hr>`, sans utiliser la balise de fin. Ce serait un non respect du caractère bien formé que doit avoir un document XML.

Sensibilité à la casse

XML, à la différence de HTML, est sensible à la casse. `<Personne>` est différent de `<PERSONNE>`, mais aussi de `<personne>`. Si vous commencez un élément avec une balise `<personne>`, vous ne pourrez pas le terminer avec la balise `</PERSONNE>`. Vous êtes libre d'utiliser des majuscules ou minuscules, ou les deux, comme vous le souhaitez. Vous devez simplement respecter une logique pour chaque élément.

Arbres XML

Les documents XML sont des arbres. Pour expliquer cette idée, voyons un document XML un tout petit peu plus compliqué. L'*exemple 2-2* représente un élément `personne` qui contient de l'information correctement formatée pour illustrer ce concept.

Exemple 2-2. Un document XML un peu plus complexe pour décrire une personne

```
<personne>
  <nom>
    <prénom>Alan</prénom>
    <nom_famille>Turing</nom_famille>
  </nom>
  <profession>informaticien</profession>
  <profession>mathématicien</profession>
  <profession>cryptographe</profession>
</personne>
```

Parents et enfants

Ce document XML est encore composé d'un élément `personne`. Cependant, cette fois-ci, cet élément ne contient aucune donnée. Il contient quatre *sous-éléments* : un élément `nom` et trois éléments profession. L'élément nom contient deux sous-éléments, prénom et nom_famille.

L'élément personne est appelé le *parent* de l'élément nom et des trois éléments profession. L'élément nom est le *parent* des éléments prénom et nom_famille. L'élément nom et les trois éléments profession sont quelquefois appelés *de même niveau* les uns par rapport aux autres. Les éléments prénom et nom_famille sont également frères.

N'importe quel parent peut avoir de nombreux enfants ; XML associe à chaque enfant un parent (et non deux). Chaque élément (à l'exception d'un cas que nous verrons plus loin) a exactement un élément parent. Cela dit, il est complètement inclus dans un autre élément. Si une balise de début d'un élément est à l'intérieur du même élément, alors sa balise de fin doit être également à l'intérieur de cet élément. Les balises qui se recouvrent, comme dans <strong><em>cet exemple fréquent venant de HTML</strong></em>, sont interdites avec XML. Vu que l'élément em commence à l'intérieur de l'élément strong, il doit également se terminer à l'intérieur de l'élément strong.

L'élément racine

Chaque document XML possède un élément sans parent. C'est le premier élément du document qui contient tous les autres éléments. Dans l'*exemple 2-1* et l'*exemple 2-2* l'élément personne qui remplit ce rôle est appelé l'*élément racine* du document. Il est également quelque fois appelé l'*élément document*. Tout document XML bien formé possède une seule racine. Dès lors que les éléments ne se chevauchent pas et que tous les éléments, à l'exception de la racine, possèdent un parent, les documents XML représentent une structure de données appelée *arbre*. La *figure 2-1* illustre cette relation pour l'*exemple 2-2*. Chaque rectangle gris représente un élément. Chaque rectangle noir représente des données textuelles. Chaque flèche représente une relation de composition.

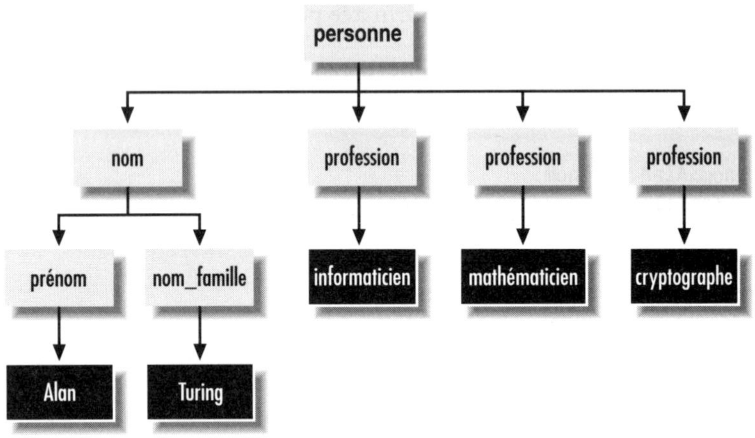

Figure 2-1. Un diagramme arborescent pour l'exemple 2-2

Contenu mixte

Dans l'*exemple 2-2*, les contenus des éléments `prénom`, `nom_famille` et `profession` sont des données textuelles : du texte qui ne contient aucune balise. Les contenus des éléments `personne` et `nom` sont des sous-éléments et quelques blancs que la plupart des applications ignorent. Cette différence entre les éléments qui contiennent seulement des données textuelles et les éléments qui contiennent seulement des sous-éléments (et peut être un peu de blanc) est fréquente dans les documents de données. Toutefois, XML peut être employé sous une forme libre, dans des documents narratifs, comme des comptes rendus économiques, des articles de magazine, des essais d'étudiant, de courtes anecdotes et des pages web comme présenté dans l'*exemple 2-3.*

Exemple 2-3. Un document XML narratif

```
<biographie>
 <nom><prénom>Alan</prénom> <nom_famille>Turing</nom_famille>
 </nom> fut le premier homme à mériter le nom d'
 <emphase>informaticien</emphase>. Bien que ses contributions
 dans le domaine soient trop longues à énumérer, les plus connues sont
 celles qui portent son nom : le <emphase>Test de Turing</emphase> et la
 <emphase> Machine de Turing</emphase>.

 <définition>Le <terme>Test de Turing </terme> est jusqu'à ce jour le
 test standard pour déterminer si un ordinateur est réellement
 intelligent. Ce test n'a jusqu'ici jamais été passé avec succès. </définition>

 <définition>La <terme>Machine de Turing</terme> est un automate
 abstrait à états finis comportant une mémoire infinie dont il peut
 être prouvé qu'il peut être équivalent à n'importe quel autre
 automate à états finis, contenant une quantité de mémoire quelconque
 mais fixe. Ainsi, ce qui est vrai pour une machine de Turing est vrai
 pour toute machine équivalente quelque soit son implémentation.
 </définition>

 <nom><nom_famille>Turing</nom_famille></nom> était aussi un parfait
 <profession>mathématicien</profession> et
 <profession>cryptographe</profession>. Son aide aux alliés
 fut cruciale pour décoder le système de
 communication allemand Enigma. Il se suicida le <date><jour>7</jour>
 <mois>juin</mois><année>1954</année></date> après avoir été
 reconnu homosexuel et obligé de prendre des injections
 d'hormones féminines.
</biographie>
```

L'élément racine de ce document est `biographie`. L'élément `biographie` contient les sous-éléments `nom`, `définition`, `profession` et `emphase`. Il comporte également bon nombre de données textuelles brutes. Certains éléments, comme `nom_famille` et `profession`, comportent seulement des données textuelles. D'autres, comme `nom`, contiennent seulement des sous-éléments. D'autres encore, comme `définition`, contiennent à la fois des données textuelles et des sous-éléments. Ces éléments sont dits contenir un *contenu mixte*. Le contenu mixte est fréquemment utilisé dans les documents XML pour toute organisation de type récits, écrits, articles, essais, histoires, livres, romans, comptes rendus et pages web. Le contenu mixte est moins fréquent et plus difficile à utiliser dans des documents XML, issus de traitements informatiques utilisés pour l'échange entre base de données, la sérialisation d'objets, ou des formats de fichiers persistants. L'une des puissance de XML est la facilité avec laquelle il peut être adapté aux diverses exigences des documents rédigés soit par une personne soit par un ordinateur.

Attributs

Les éléments XML peuvent avoir des attributs. Un attribut est une paire nom-valeur associée à la balise de début de l'élément. Les noms sont séparés des valeurs par un signe égal et d'éventuels blancs optionnels. Les valeurs sont entourées par des apostrophes ou des guillemets. Par exemple, l'élément `personne` a un attribut `naissance` avec la valeur `23-06-1912` et un attribut `mort` avec la valeur `07-06-1954` :

```
<personne naissance="23-06-1912" mort="07-06-1954">
  Alan Turing
</personne>
```

L'élément ci-dessous est exactement le même pour un parseur XML. Il utilise simplement des apostrophes au lieu de guillemets et positionne des blancs supplémentaires autour du signe égal :

```
<personne naissance = '23-06-1912' mort = '07-06-1954'>
  Alan Turing
</personne>
```

Le blanc autour du signe égal est une contrainte purement esthétique et personnelle. Les apostrophes peuvent être utiles dans le cas où la valeur de l'attribut contient elle-même des guillemets.

L'*exemple 2-4* montre comment des attributs peuvent être utilisés pour représenter les mêmes informations que dans l'*exemple 2-2* du document orienté données.

Exemple 2-4. Un document XML décrivant une personne en utilisant les attributs

```
<personne>
   <prénom="Alan" nom_famille="Turing"/>
   <profession value="informaticien"/>
   <profession value="mathématicien"/>
   <profession value="cryptographe"/>
</personne>
```

Cet exemple soulève la question de savoir quand, et qui, doit utiliser des sous-éléments ou des attributs pour contenir l'information. C'est le sujet d'un débat brûlant. Certains informaticiens soutiennent que les attributs sont pour les métadonnées des éléments, alors que les éléments sont pour l'information elle-même. D'autres font remarquer qu'il n'est pas toujours facile d'identifier ce qui est relatif aux données et aux métadonnées. En réalité, la réponse dépend de l'utilisation de l'information.

Le fait que chaque élément ne puisse pas avoir plus d'un attribut avec un nom donné est incontournable. Il est peu probable que ce soit là un problème pour une date de naissance ou de décès, mais cela pourrait en être un pour une profession, un nom, une adresse, ou n'importe quel autre élément susceptible d'avoir raisonnablement plus d'une valeur. De plus, les attributs sont relativement limités dans leur structure. La valeur d'un attribut est seulement une chaîne de texte. La séparation d'une date en jour, mois et année avec des tirets est une limite de la sous-structure qui peut être raisonnablement représentée par un attribut. Par conséquent, une structure basée sur les éléments est plus flexible et plus extensible. Néanmoins, les attributs sont certainement plus adaptés dans quelques applications. En fin de compte, si vous concevez votre propre vocabulaire XML, vous pouvez décider quand utiliser des éléments ou des attributs.

Les attributs sont également très utiles dans les documents contenant du texte, comme le démontre l'*exemple 2-5*. Ici ce qui dépend des éléments ou des attributs est peut-être un petit peu plus évident. Le texte de données brutes est proposé sous forme de données textuelles dans des éléments. Les informations complémentaires qui annotent les données sont présentées sous forme d'attributs. Cette information inclut les références des sources, les URL des images, les hyperliens, les dates de naissance et de décès. Même ici, il existe cependant encore plusieurs façons de le faire. Par exemple, les numéros du pied de page peuvent être des attributs de l'élément note au lieu de simples données textuelles.

Exemple 2-5. Un document XML narratif utilisant les attributs

```
<biographie xmlns:xlink="http://www.w3.org/1999/xlink/namespace/">

  <image source="http://www.turing.org.uk/turing/pi1/bus.jpg"
  width="152" height="345"/>
  <personne naissance='23-06-1912'
  mort='07/06/1954'><prénom>Alan</prénom>
  <nom_famille>Turing</nom_famille> </personne> fut le premier homme à
  mériter le nom d'<emphase>informaticien</emphase>.
  Bien que ses contributions dans le domaine soient trop
  longues à énumérer, les plus connues sont celles qui portent son nom :
  le <emphase xlink:type="simple"
  xlink:href="http://cogsci.ucsd.edu/~asaygin/tt/ttest.html">
  Test de Turing </emphase> et la <emphase xlink:type="simple"
  xlink:href="http://mathworld.wolfram.com/TuringMachine.html">
  Machine de Turing </emphase>.

  <nom_famille>Turing</nom_famille> était aussi un parfait
  <profession>mathématicien</profession> et
  <profession>cryptographe</profession>. Son aide aux alliés
  fut cruciale pour décoder le système de
  communication allemand Enigma.<note source="The Ultra Secret, F.W.
  Winterbotham, 1974">1</note>
```

Exemple 2-5. Un document XML narratif utilisant les attributs (suite)

```
    Il se suicida le <date><jour>7</jour><mois>juin</mois>
    <année>1954</année></date> après avoir été reconnu
    homosexuel et obligé de prendre des injections d'hormones féminines.
    <note source="Alan Turing: the Enigma, Andrew Hodges, 1983">2</note>

  </biographie>
```

Noms XML

Les spécifications XML peuvent quelquefois avoir un caractère un peu académique et difficile, mais elles essaient d'être efficaces. On peut accroître son efficacité en réutilisant les mêmes règles pour différents objets quand cela est possible. Par exemple, les règles pour les noms des éléments XML sont également les règles pour les noms des attributs XML et les noms de nombreuses autres structures moins fréquentes. Généralement, ces noms se réfèrent aux *noms XML*.

Les noms d'élément et les autres noms XML peuvent contenir n'importe quel caractère alphanumérique. Ces caractères comprennent les lettres standard de A à Z et de a à z, aussi bien que les chiffres de 0 à 9. Les noms XML peuvent également intégrer des lettres, chiffres et caractères non standard, comme ö, ç, ϑ et ψ. Il peuvent également contenir ces trois caractères de ponctuation :

_ souligné (underscore)

- trait d'union

. point

Les noms XML ne doivent pas contenir d'autres caractères de ponctuation, comme les points d'interrogation, les apostrophes, les signes dollar, les signes d'élévation à la puissance, les symboles de pourcentage et les point-virgules. Le caractère deux points est autorisé, mais il est réservé pour une utilisation avec les espaces de noms, abordés au chapitre 4, *Espaces de noms*. Les noms XML ne doivent pas comporter de blancs quels qu'ils soient, y compris des espaces blancs, des retours chariot, des retours à la ligne ou des espaces insécables. En somme, tous les noms commençant par la chaîne `XML` (dans toutes les combinaisons de cas) sont réservés à la standardisation des spécifications du W3C relatives à XML.

Les noms XML doivent commencer seulement par des lettres, des symboles, ou le caractère souligné. Ils ne doivent pas débuter par un nombre, un trait d'union, ou un point. Il n'y a pas de limite pour la longueur du nom d'un élément ou de n'importe quel autre nom XML. Les éléments suivants sont tous bien formés :

- `<Drivers_License_Number>98 NY 32</Drivers_License_Number>`

- <mois-jour-année>7-23-2001</mois-jour-année>
- <nom_famille>Turing</nom_famille>
- <_4-lane>I-610</_4-lane>
- <téléphone>011 33 91 55 27 55 27</téléphone>
- <ονομα>Melina Merkouri<ονομα>

Les éléments suivants ne sont pas bien formés :

- <Driver's_License_Number>98 NY 32</Driver's_License_Number>
- <mois/jour/année>7-23-2001</mois/jour/année>
- <nom_famille>Turing</nom_famille>
- <4-lane>I-610</4-lane>

Appels d'entité

Un caractère utilisé dans un élément ne doit pas contenir de chevron ouvrant < non échappé. Ce caractère est toujours assimilé au début d'une balise. Si vous avez besoin d'utiliser ce caractère dans votre texte, vous pouvez l'échapper en utilisant l'*appel d'entité* <. Quand un parseur lit le document, il remplace l'appel d'entité < par le caractère <. Toutefois, il ne confond pas < avec le début d'une balise. Par exemple :

```
<SCRIPT LANGUAGE="JavaScript">
 if (location.host.toLowerCase().indexOf("cafeconleche") &lt; 0) {
  location.href="http://www.cafeconleche.org/";
 }
</SCRIPT>
```

Les données textuelles d'un élément ne doivent pas non plus contenir de caractère & non échappé. Ce caractère est toujours interprété comme le début d'une référence d'entité ou la référence d'un caractère. Cependant, l'esperluette peut être échappée en utilisant l'appel d'entité & comme l'illustre l'exemple suivant :

```
<éditeur>O'Reilly &amp; Associates</éditeur>
```

Les appels d'entité comme & et < sont considérés comme des balises. Quand une application analyse un document XML, elle remplace cette balise particulière par le vrai caractère auquel la référence d'entité se réfère.

XML définit exactement cinq types d'appels d'entité :

<
: Le signe inférieur à ou chevron ouvrant (<).

`&`
: L'esperluette (&).

`>`
: Le signe supérieur à ou chevron fermant(>).

`"`
: Les guillemets (").

`'`
: L'apostrophe ou simple quote (').

Seuls `<` et `&` doivent être employés en lieu et place des vrais caractères dans le contenu d'un élément. Les autres sont optionnels. `"` et `'` sont utiles dans les valeurs des attributs, où " ou ' pourraient être mal interprétés comme une fin de valeur d'un attribut. Par exemple, cette balise d'image utilise la référence d'entité `'` pour remplacer l'apostrophe dans `O'Reilly` :

```
<image source='oreilly_koala3.gif' width='122' height='66'
       alt='Powered by O&apos;Reilly Books'
/>
```

Bien qu'il n'y ait aucune possibilité qu'un caractère supérieur à (>) soit mal interprété, c'est-à-dire comme terminant une balise qu'il n'était pas sensé fermer, `>` est autorisé principalement par symétrie avec `<`.

En plus de ces cinq appels d'entités prédéfinis, vous pouvez en définir d'autres dans la définition de type de document. Nous aborderons ce point dans le chapitre 3, *Définition de type de document*.

Sections CDATA

Quand un document XML inclut des exemples de code source XML ou HTML, les caractères < et & dans ces exemples doivent être encodés par `<` et `&`. Plus un document comprend de sections de code littéral et aussi grandes soient-elles, plus pénible peut être cet encodage. Pour faciliter ce processus, vous pouvez inclure chaque exemple de code littéral dans une *section CDATA*. Une section CDATA est mise en œuvre par `<![CDATA[` et `]]>`. Tout ce qui est compris entre `<![CDATA[` et `]]>` est traité comme des données textuelles brutes. Le caractère inférieur à n'indique pas le début d'une balise. L'esperluette n'indique pas le début d'une référence d'entité. Tout n'est que simple donnée textuelle, et non pas des balises.

Par exemple, dans un tutorial sur SVG, *Scalable Vector Graphics*, écrit en XHTML, vous pourrez voir quelque chose comme ça :

```
<p>Vous pouvez utiliser un attribut <code>xmlns</code> par défaut pour
ne pas avoir à ajouter le préfixe svg à tous vos éléments:</p>
  <![CDATA[
```

```
    <svg xmlns="http://www.w3.org/2000/svg"
        width="12cm" height="10cm">
      <ellipse rx="110" ry="130" cx="1cm" cy="1cm" />
      <rect x="4cm" y="1cm" width="3cm" height="6cm" />
    </svg>
  ]]>
```


Le code source SVG est directement inclus dans le fichier XHTML sans avoir à remplacer soigneusement chaque `<` par `<`. Le résultat est un exemple de document SVG, et non une image SVG, comme cela aurait pu se produire si cet exemple n'avait pas été rédigé dans une section CDATA.

La seule chose qui ne peut pas apparaître dans une section CDATA est le délimiteur de fin de section CDATA `]]>`.

Les sections CDATA sont pratiques pour les personnes qui rédigent, mais pas pour les programmes. Les parseurs ne sont pas censés vous dire si un bloc de données particulier est issu d'une section CDATA, de simples données textuelles, ou de données textuelles contenant des appels d'entité comme `<` et `&`. Mais avant d'accéder aux données, toutes ces différences seront gommées.

Commentaires

Les documents XML peuvent contenir des commentaires de telle façon que les co-auteurs puissent se laisser mutuellement des notes indiquant ce qu'ils ont fait et pourquoi, ou quelle partie reste à terminer. Les commentaires XML sont similaires d'un point de vue syntaxique aux commentaires HTML ; ils commencent avec `<!--` et se terminent avec la première occurrence de `-->`. Par exemple :

```
<!-- J'ai besoin de vérifier et mettre à jour ces liens
  dès que j'en aurai l'occasion. -->
```

Le double trait d'union `--` ne doit pas apparaître dans le commentaire jusqu'au `-->` de fin. En particulier, un triple trait d'union comme `--->` est absolument interdit.

Les commentaires peuvent apparaître n'importe où dans les données textuelles du document. Ils peuvent également apparaître avant ou après l'élément racine (les commentaires ne sont pas des éléments, cela ne remet donc pas en cause la structure de l'arbre ou la règle XML indiquant que chaque élément possède un seul élément parent). Cependant, les commentaires ne doivent pas apparaître à l'intérieur d'une balise ou dans un autre commentaire.

Les parseurs XML peuvent mais ne sont pas obligés de transmettre les informations incluses dans les commentaires. Ils sont tout à fait libres de les enlever s'ils le décident. Vous ne devez pas écrire des documents ou des applications qui se basent sur la disponibilité des commentaires. Les commentaires sont là pour rendre du code source un peu plus lisible pour une personne. Ils ne sont destinés à aucun programme informatique. Si vous avez besoin de telles caractéristiques, utilisez plutôt des *instructions de traitement*.

Instructions de traitement

Avec HTML les commentaires sont quelques fois étendus pour supporter des extensions non standard. Par exemple, le contenu des éléments `script` est quelques fois inséré dans des commentaires pour les prémunir d'un affichage intempestif par un navigateur n'interprétant pas leur syntaxe. Le serveur web Apache analyse les commentaires dans les fichiers *.shtml* pour reconnaître des instructions *Server-side includes* (SSI). Malheureusement, ces commentaires et instructions relatives aux documents ne résistent pas à l'utilisation de divers éditeurs HTML et éditeurs de texte. Pire encore, il est possible pour un simple commentaire de se retrouver involontairement paramètre d'une application.

XML propose les instructions de traitement comme un autre moyen de fournir des informations aux applications auxquelles sont destinées le document. Une instruction de traitement commence avec `<?` et se termine par `?>`. Tout de suite après `<?` se trouve le nom XML, appelé la *cible*, qui peut être le nom de l'application pour laquelle l'instruction de traitement est destinée, ou peut-être simplement un identifiant pour cette instruction de traitement particulière. Le reste de l'instruction de traitement contient du texte dans un format approprié aux instructions destinées à l'application. Par exemple, HTML utilise une balise `META` Robots pour indiquer aux moteurs de recherche et robots d'indexation s'ils doivent indexer une page, et comment le faire. L'instruction de traitement suivante a été proposée comme équivalent pour les documents XML :

```
<?robots index="yes" follow="no"?>
```

La cible de cette instruction de traitement est `robots`. La syntaxe de cette instruction de traitement particulière sont deux pseudo-attributs, un appelé `index` et l'autre `follow`, dont les valeurs peuvent être yes ou `no`. Le fonctionnement de ce type d'instructions de traitement particulières est que si l'attribut `index` a la valeur yes, alors cette page pourra être indexée par le robot d'indexation d'un moteur de recherche. Si `index` a la valeur `no`, alors il ne le sera pas. De la même façon, si `follow` a pour valeur yes, alors les liens relatifs au document seront explorés.

D'autres instructions de traitement peuvent avoir des syntaxes et des sémantiques totalement différentes. Par exemple, des instructions de traitement peuvent contenir une quantité de texte illimitée. Le langage PHP intègre des grandes portions de programme dans des instructions de traitement :

```
<?php
   mysql_connect("database.unc.edu", "clerk", "password");
   $result = mysql("R", "SELECT LastName, FirstName FROM Employees
      ORDER BY LastName, FirstName");
   $i = 0;
   while ($i < mysql_numrows ($result)) {
      $fields = mysql_fetch_row($result);
      echo "<personne>$fields[1] $fields[0] </personne>\r\n";
      $i++;
   }
   mysql_close();
?>
```

Les instructions de traitement sont des balises, mais pas des éléments. En conséquence, comme pour les commentaires, les instructions de traitement peuvent apparaître n'importe où dans le document XML en dehors d'une balise, y compris avant ou après l'élément racine. L'instruction de traitement la plus fréquente, `xml-stylesheet` lie des feuilles de style aux documents. Elle apparaît toujours avant l'élément racine, comme l'illustre l'*exemple 2-6*. Dans cet exemple, l'instruction de traitement `xml-stylesheet` indique aux navigateurs d'appliquer la feuille de style CSS *personne.css* à ce document avant de le présenter au lecteur.

Principes de XML

Exemple 2-6. Un document XML simple mais complet

```
<?xml-stylesheet href="personne.css" type="text/css"?>
<personne>
 Alan Turing
</personne>
```

Les noms des instructions de traitement `xml`, `XML`, `XmL`, ..., et autres combinaisons, sont interdits pour éviter toute confusion avec la déclaration XML. Sinon, vous êtes libre de choisir n'importe quel nom XML autorisé pour vos instructions de traitement.

Déclarations XML

Les documents XML peuvent, mais n'ont pas l'obligation, de commencer par une *déclaration XML*. La déclaration XML ressemble à une instruction de traitement avec le nom `xml` et les attributs `version`, `standalone` et `encoding`. D'un point de vue technique, ce n'est malgré tout pas une instruction de traitement, mais simplement une déclaration XML; rien de plus, rien de moins. L'*exemple 2-7* l'illustre.

Exemple 2-7. Un document XML très simple avec une déclaration XML

```
<?xml version="1.0" encoding="ISO-8859-1" standalone="yes"?>
<personne>
 Alan Turing
</personne>
```

Les documents XML n'ont pas besoin d'avoir une déclaration XML. Cependant, si un document XML en possède une, alors elle se trouvera en premier dans le document. Elle ne doit pas être précédée de commentaires, de blancs ou d'instructions de traitement. La raison en est que le parseur XML emploie les cinq premiers caractères (`<?xml`) afin de déterminer l'encodage, afin de savoir si le document utilise un jeu de caractères mono ou multioctets. La déclaration XML peut être précédée seulement d'un indicateur d'ordre des octets Unicode invisible. Nous aborderons cela plus loin au chapitre 5, *Internationalisation*.

Type de codage

Nous avons jusqu'à présent peu parlé du codage des caractères. Nous avons dit que les documents XML sont composés de texte pur; mais nous n'avons pas dit quel type de codage le texte utilise. Est-ce de l'ASCII ? du Latin-1 ? de l'Unicode ? autre chose ?

La réponse synthétique à cette question est « Oui. » La réponse plus précise est que, par défaut, les documents XML sont supposés être codés dans le codage à longueur variable UTF-8 du jeu de caractères Unicode. Ce codage est un sur-ensemble strict d'ASCII, donc des fichiers de texte ASCII sont aussi des documents UTF-8. Toutefois, la plupart des processeurs XML, et spécialement ceux écrits en Java, peuvent manipuler un éventail beaucoup plus large de jeux de caractères. Tout ce que vous avez à faire est d'indiquer au parseur quel codage de caractères utiliser. De préférence, cela est fait au travers d'une métainformation, stockée dans le système de fichiers ou fournie par le serveur. Cependant, tous les systèmes ne proposent pas de métainformation sur le jeu de caractères, c'est pourquoi XML permet aux documents d'indiquer leurs propres jeux de caractères avec une *déclaration de codage* à l'intérieur de la déclaration XML. L'*exemple 2-8* vous montre comment vous pourriez mentionner qu'un document a été écrit dans le jeu de caractères ISO-8859-1 (Latin-1) qui comprend des lettres comme ö et ç nécessaires à de nombreuses langues d'Europe de l'ouest non-anglophones.

Exemple 2-8. Un document XML utilisant le jeu de caractères Latin-1

```
<?xml version="1.0" encoding="ISO-8859-1" standalone="yes"?>
<personne>
  Erwin Schrödinger
</personne>
```

L'attribut `encoding` est optionnel dans une déclaration XML. Si il n'est pas présent et qu'aucune métainformation n'est disponible, alors le jeu de caractères Unicode est affecté. Le parseur peut utiliser les quelques premiers octets du fichier pour essayer de deviner quel type d'Unicode est employé. Si la métainformation disponible entre en conflit avec la déclaration de codage, alors le codage spécifié dans la métainformation l'emporte. Par exemple, si un en-tête HTTP indique qu'un document est codé en ASCII mais que la déclaration de codage indique qu'il est codé en UTF-8, alors le parseur choisira ASCII.

Les différents codages et la manipulation adaptée de documents XML non anglophones seront abordés avec beaucoup plus de détails dans le chapitre 5.

L'attribut standalone

Si l'attribut `standalone` a la valeur `no`, alors l'application doit lire une DTD externe (c'est-à-dire, une DTD dans un fichier autre que celui qui est lu) pour déterminer les valeurs acceptables pour les différentes parties du document. Par exemple, une DTD peut fournir les valeurs par défaut pour les attributs qu'un parseur peut avoir à restituer, bien que celles-ci ne soient pas présentes dans le document en cours.

Les documents qui n'ont pas de DTD, comme tous les documents de ce chapitre, peuvent utiliser la valeur `yes` pour l'attribut `standalone`. Les documents qui possèdent une DTD peuvent également utiliser la valeur `yes` pour l'attribut `standalone` si la DTD ne modifie pas le contenu du document ou si la DTD est tout simplement interne. Le chapitre 3 présente de nombreuses précisions sur les documents avec DTD.

L'attribut `standalone` est optionnel dans la déclaration XML. S'il n'est pas mentionné, la valeur `no` est utilisée par défaut.

Vérification des contraintes de forme des documents

Chaque document XML légitime, sans exception, doit être bien formé. Cela signifie qu'il respecte un certain nombre de règles comme :

- à chaque balise de début doit correspondre une balise de fin ;
- les éléments peuvent être imbriqués, mais ils ne doivent pas se recouvrir ;
- il ne doit y avoir qu'un seul élément racine ;
- les valeurs des attributs doivent être entre guillemets ;
- un élément ne doit pas avoir deux attributs avec le même nom ;
- les commentaires et instructions de traitement ne doivent pas apparaître à l'intérieur de balises ;
- aucun caractère `<` ou `&` non échappé ne doit apparaître dans les données textuelles d'un élément ou d'un attribut.

Cette liste n'est pas exhaustive. Un document peut être mal formé à bien des égards. Vous trouverez une liste complète dans le chapitre 18, *Référence pour XML 1.0*. Quelques-unes de ces malformations impliquent des concepts que nous n'avons pas encore abordés, comme les DTD. D'autres ont très peu de chance de se produire si vous suivez les exemples de ce chapitre (par exemple, mettre des blancs entre le `<` ouvrant et le nom de l'élément dans la balise).

Que l'erreur soit petite ou grande, probable ou non, un parseur XML qui lit un document doit la signaler. Il peut indiquer les nombreuses erreurs de construction qu'il détecte dans le document. Toutefois, le parseur n'est pas autorisé à corriger le document et fait de son mieux en traduisant ce que le rédacteur pourrait avoir voulu dire. Il ne peut pas renseigner les guillemets manquants de part et d'autre de la valeur d'un attribut, insérer une balise de fin oubliée, ou ignorer le commentaire qui se trouve à l'intérieur d'une balise de début. Le parseur est obligé de signaler une erreur. L'objectif, ici, est d'empêcher les guerres de compatibilité qui ont tourmenté les premières versions des navigateurs web et continuent encore aujourd'hui. En conséquence, avant de publier un document XML, même si le document est une page web, insérée en base de données ou tout autre chose, vous devez vérifier son caractère bien formé.

La façon la plus simple pour vérifier le document est de le charger dans un navigateur web qui interprète les documents XML, comme Opera ou Mozilla. Si le document est bien formé, le navigateur l'affichera. S'il ne l'est pas, il affichera un message d'erreur.

Au lieu de charger le document dans un navigateur web, vous pouvez utiliser directement un parseur XML. La plupart des parseurs XML ne sont pas destinés aux utilisateurs finaux ; ce sont des librairies de classes conçues pour être utilisées dans des programmes conviviaux comme Internet Explorer. Ils proposent une interface en ligne de commande minimale, mais souvent cette interface n'est pas bien documentée. Néanmoins, l'exécution de fichiers par lot *via* l'interface de commande en ligne est quelque fois plus rapide que de charger chacun d'eux dans un navigateur web. Dès que vous aurez appréhendé les DTD, vous pourrez les utiliser pour valider vos documents.

La plupart des parseurs XML sont disponibles dans de nombreux langages. Nous allons illustrer ici la bonne construction d'un fichier avec Xerces-J du projet XML Apache, que vous pouvez télécharger depuis *http://xml.apache.org/xerces-j/index.html*. Ce paquetage libre de droits est écrit en Java, il peut donc être exécuté sur la majorité des plates-formes. À quelques détails près, la procédure d'utilisation des autres parseurs doit être identique.

Pour utiliser ce parseur vous avez besoin tout d'abord d'installer une machine virtuelle compatible Java 1.1 ou version ultérieure. Les machines virtuelles pour Windows, Solaris et Linux sont disponibles à partir de *http://java.sun.com/*. Pour installer Xerces-J vous avez juste à ajouter les fichiers *xerces.jar* et *xercesSamples.jar* dans votre chemin d'accès aux classes Java. Avec Java 2 vous mettez simplement vos fichiers *.jar* dans votre répertoire *jre/lib/ext*.

La classe qui vérifie le caractère bien formé d'un fichier est appelée `sax.SAXCount`. Elle est exécutée depuis un shell Unix ou depuis un prompt DOS, comme n'importe quelle autre application Java. Les arguments de la ligne de commande sont les URL ou les noms des fichiers à vérifier. Voilà le résultat de l'exécution de *SAXCount* à partir de la version originale de l'*exemple 2-5*. La première ligne d'affichage localise le premier problème du fichier. Le reste de l'affichage est une trace hors propos relative à l'exécution :

```
D:\xian\examples\02>java sax.SAXCount 2-5.xml
[Fatal Error] 2-5.xml:3:30: The value of attribute "height" must not contain
the '<' character.
Stopping after fatal error: The value of attribute "height" must not contain
the '<' character.
at org.apache.xerces.framework.XMLParser.reportError(XMLParser.java:1282)
at org.apache.xerces.framework.XMLDocumentScanner.reportFatalXMLError
(XMLDocumentScanner.java:644)
at org.apache.xerces.framework.XMLDocumentScanner.scanAttValue
(XMLDocumentScanner.java:519)
at org.apache.xerces.framework.XMLParser.scanAttValue(XMLParser.java:1932)
at org.apache.xerces.framework.XMLDocumentScanner.scanElement
(XMLDocumentScanner.java:1800)
at org.apache.xerces.framework.XMLDocumentScanner$ContentDispatcher.dispatch
(XMLDocumentScanner.java:1223)
```

```
at org.apache.xerces.framework.XMLDocumentScanner.parseSome
(XMLDocumentScanner.java:381)
at org.apache.xerces.framework.XMLParser.parse(XMLParser.java:1138)
at org.apache.xerces.framework.XMLParser.parse(XMLParser.java:1177)
at sax.SAXCount.print(SAXCount.java:135)
at sax.SAXCount.main(SAXCount.java:331)
```


Comme vous pouvez le voir, le programme trouve une erreur. Dans ce cas le message d'erreur n'est pas particulièrement explicite. Ici, le problème n'est pas le fait que la valeur de l'attribut contient un caractère <. C'est plutôt que l'apostrophe fermante de la valeur de l'attribut `height` est manquante. Une telle information est suffisante pour localiser et corriger le problème. Malgré la longue liste d'affichages de cet exemple, *SAXCount* indique uniquement la première erreur trouvée dans le fichier, donc vous pouvez avoir à l'exécuter plusieurs fois avant que toutes les erreurs ne soient trouvées et corrigées. Une fois l'*exemple 2-5* modifié en vue d'être bien formé, *SAXCount* indique simplement le temps qu'il a mis pour analyser le document et ce qu'il a vu lors du traitement :

```
D:\xian\examples\02>java sax.SAXCount 2-5.xml
2-5.xml: 140 ms (17 elems, 12 attrs, 0 spaces, 564 chars)
```

Une fois le document bien formé, il peut être fourni à un navigateur web, une base de données, ou n'importe quel autre programme qui s'attend à le recevoir. Presque n'importe quel document sérieux écrit avec les outils informatiques contient des erreurs de contrainte de forme. C'est pourquoi il est important de vérifier votre travail avant de le publier.

Cet exemple fonctionne avec les version de Xerces-J 1.0 à 1.4.4. Xerces-J 2.0, récemment publié, propose un programme semblable appelé `sax.Counter`.

CHAPITRE 3

Définition de Type de Document

Bien que XML soit extrêmement souple, tous les programmes qui le lisent ne le sont pas. De nombreux programmes peuvent fonctionner seulement avec certaines applications XML. Par exemple, Adobe Illustrator 10 peut écrire des fichiers SVG, *Scalable Vector Graphics*, mais il ne faut pas s'attendre à ce qu'il analyse des documents P3P, *Platform for Privacy Preferences*. De plus, à l'intérieur d'une application XML spécifique, il est important de garantir qu'un document donné suit effectivement les règles de cette application. Dans XHTML, les éléments li ne devraient être des sous-éléments que pour des éléments ul ou ol. Les navigateurs peuvent ne pas savoir comment les traiter, ou peuvent agir de manière inconséquente si un élément li apparaît au milieu d'un élément blockquote ou p.

La solution à ces problèmes est la DTD (*Document Type Definition*), définition de type de document. Les DTD sont rédigées dans une syntaxe formelle qui explique avec précision quels éléments et entités peuvent apparaître dans le document et quels sont les contenus des éléments et des attributs. Une DTD peut faire des déclarations comme « Un élément ul contient seulement des éléments li » ou « Tout élément employé doit avoir un attribut numéro_sécu ». Différentes applications XML peuvent utiliser différentes DTD pour spécifier ce qu'elles autorisent.

Les parseurs validants comparent les documents à leur DTD et indiquent les endroits où le document diffère des contraintes spécifiées dans la DTD.[1] Le programme peut alors décider ce qu'il fera de ces erreurs. Certains programmes rejetent le document. D'autres essaient de corriger le document ou rejetent uniquement ses éléments non valides. La validation est une étape optionnelle dans le traitement XML. À la différence d'une erreur de contrainte de forme, une erreur de validité n'est pas nécessairement une erreur fatale, pourtant certains programmes peuvent décider de la traiter comme telle.

1. La *déclaration* de type de document et la *définition* de type de document sont deux choses différentes. L'abréviation *DTD* est correctement utilisée seulement pour faire référence à la *définition* de type de document.

Validation

Un document valide inclut une *déclaration de type de document* qui identifie la DTD à laquelle le document se conforme. La DTD liste tous les éléments, attributs et entités qu'utilise le document et leur contexte. La DTD peut également lister des éléments que le document n'utilisera pas. La validité opère selon le principe que tout ce qui n'est pas autorisé est interdit. Dans le document tout doit se conformer à une déclaration de la DTD. Si un document a une DTD et qu'il s'y conforme, alors le document est considéré comme *valide*. Si ce n'est pas le cas, il est *invalide*.

Il y a beaucoup de choses que la DTD ne dit pas, et plus particulièrement :

- quel est l'élément racine du document ;
- combien d'instances de chaque élément apparaissent dans le document ;
- à quoi ressemblent les données textuelles des éléments ;
- quel est le sens d'un élément ; par exemple, s'il contient une date ou le nom d'une personne.

Les DTD vous autorisent à placer des contraintes sur la forme qu'un document XML peut prendre, mais il peut y avoir un peu de souplesse dans ces limites. Une DTD n'indiquera jamais rien sur la longueur, la structure, la signification, les valeurs possibles, ou tout autre aspect du contenu textuel d'un élément.

La validité est optionnelle. Un parseur qui parcourt un document XML peut, ou ne peut pas, vérifier sa validité. S'il vérifie la validité, le programme qui reçoit les données du parseur peut ne pas se soucier des erreurs de validité. Dans certains cas, comme dans l'insertion d'enregistrements en base de données, une erreur de validité peut être tout à fait sérieuse, indiquant qu'un champ obligatoire est manquant. Dans d'autres cas, comme l'affichage d'une page web par exemple, une erreur de validité peut ne pas être si importante et passée outre. Le caractère bien formé est requis pour tout document XML. La validité ne l'est pas. Vos documents et programmes peuvent l'utiliser si cela vous semble nécessaire.

Exemple simple de DTD

Rappelez-vous l'*exemple 2-2* du chapitre précédent. Cet exemple décrivait une personne qui avait un nom et trois professions. L'élément nom avait un sous-élément prénom et nom_famille. La personne décrite dans cet exemple s'appelait Alan Turing. Pourtant, cette information n'est pas pertinente pour les DTD. Une DTD décrit seulement le type général et non une instance particulière. Une DTD pour une personne pourrait dire qu'un élément personne contient un sous-élément nom et zéro ou plusieurs sous-éléments profession. Elle pourrait également dire que l'élément nom contient un sous-élément prénom et nom_famille. Enfin, elle pourrait indiquer que les éléments prénom, nom_famille et profession contiennent tous du texte. L'*exemple 3-1* est une DTD qui décrit ce type d'élément personne.

Exemple 3-1. Une DTD pour l'élément personne

```
<!ELEMENT personne (nom, profession*)>
<!ELEMENT nom (prénom, nom_famille)>
<!ELEMENT prénom (#PCDATA)>
<!ELEMENT nom_famille (#PCDATA)>
<!ELEMENT profession (#PCDATA)>
```

Cette DTD pourrait probablement être stockée dans un fichier différent du document qu'elle décrit. Cela permettrait de pouvoir y faire facilement référence depuis plusieurs documents XML. Cependant, elle pourrait être incluse, si besoin, à l'intérieur du document XML utilisant la déclaration de type du document. Si elle était stockée dans un fichier différent, alors le fichier pourrait probablement s'appeler *personne.dtd* ou quelque chose d'équivalent. L'extension *.dtd* est assez courante, bien qu'elle ne soit pas spécifiquement attendue par la déclaration XML. Si un serveur web servait ce fichier, il lui donnerait le type MIME application/xml-dtd.

Chaque ligne de l'*exemple 3-1* est une *déclaration d'élément*. La première ligne déclare l'élément personne, la seconde ligne déclare l'élément nom et la troisième ligne déclare l'élément prénom. Toutefois, les retours à la ligne ne sont pas significatifs, mis à part pour la lisibilité. Bien que mettre seulement une déclaration par ligne est habituel, ce n'est pas obligatoire. De longues déclarations peuvent même s'étaler sur plusieurs lignes.

La déclaration du premier élément dans l'*exemple 3-1* indique que chaque élément personne doit contenir exactement un sous-élément nom, suivi par zéro ou plusieurs éléments profession. L'astérisque après profession signifie « zéro ou plusieurs ». Ainsi toute personne doit avoir un nom, et peut (ou non) avoir une ou plusieurs professions. Cependant, le nom doit venir avant toutes les professions. Par exemple, cet élément personne est valide :

```
<personne>
 <nom>
  <prénom>Alan</prénom>
  <nom_famille>Turing</nom_famille>
 </nom>
</personne>
```

Ici l'élément personne n'est pas valide à cause de l'oubli du nom :

```
<personne>
 <profession>informaticien</profession>
 <profession>mathématicien</profession>
 <profession>cryptographe</profession>
</personne>
```

Cet élément personne est invalide parce qu'un élément profession arrive avant l'élément nom :

```
<personne>
 <profession>informaticien</profession>
 <nom>
```

```
    <prénom>Alan</prénom>
    <nom_famille>Turing</nom_famille>
  </nom>
  <profession>mathématicien</profession>
  <profession>cryptographe</profession>
</personne>
```

L'élément personne ne peut pas contenir d'éléments en dehors de ceux définis dans la déclaration. Le seul caractère de données supplémentaire qu'il peut contenir est un blanc. Par exemple, cet élément personne est invalide parce que l'on a ajouté un élément publication :

```
<personne>
  <nom>
    <prénom>Alan</prénom>
    <nom_famille>Turing</nom_famille>
  </nom>
  <profession>mathématicien</profession>
  <profession>cryptographe</profession>
  <publication>sur les nombres calculables...</publication>
</personne>
```

Cet élément personne est invalide parce que du texte a été ajouté ailleurs que dans les sous-éléments autorisés :

```
<personne>
  <nom>
    <prénom>Alan</prénom>
    <nom_famille>Turing</nom_famille>
  </nom>
  fut un <profession>informaticien</profession>,
  un <profession>mathématicien</profession> et un
  <profession>cryptographe</profession>
</personne>
```

Dans tous ces exemples d'éléments invalides, vous pouvez changer la DTD pour rendre ces éléments valides. Toutefois, tous les exemples sont bien formés. Cependant, ils ne sont pas valides au vu de la DTD de l'*exemple 3-1*.

La déclaration nom indique que chaque élément nom doit contenir exactement un élément prénom suivi précisément par un élément nom_famille. Tous les autres changements sont interdits.

Les trois déclarations restantes, prénom, nom_famille et profession, indiquent toutes que leurs éléments doivent contenir du #PCDATA. C'est un mot-clé de la DTD signifiant *parsed character data*, c'est-à-dire du texte brut contenant éventuellement des références d'entité telles que & et <, mais ne contenant aucune balise ou sous-élément.

L'*exemple 3-1* place la déclaration la plus complexe et de plus haut niveau au début. Toutefois, cela n'est pas requis. Par exemple, l'*exemple 3-2* est une DTD équivalente qui réarrange simplement les déclarations. Les DTD autorisent des références en amont, en aval et circulaires, des déclarations les unes par rapport aux autres.

Exemple 3-2. Autre DTD pour l'élément personne

```
<!ELEMENT prénom (#PCDATA)>
<!ELEMENT nom_famille (#PCDATA)>
<!ELEMENT profession (#PCDATA)>
<!ELEMENT nom (prénom, nom_famille)>
<!ELEMENT personne (nom, profession*)>
```

La déclaration de type de document

Un document valide possède une référence à la DTD à laquelle il devrait être comparé. Cette référence est donnée dans la seule *déclaration de type de document* du document. Une déclaration de type de document ressemble à cela :

```
<!DOCTYPE personne SYSTEM "http://oreilly.fr/archives/xmlnut2/personne.dtd">
```

Cette déclaration indique que l'élément racine du document est personne et que la DTD de ce document peut être trouvée à l'URI *http://www.oreilly.fr/archives/xmlnut2/personne.dtd*.[2]

> URI signifie *Uniform Resource Identifier*. Les URI sont des sur-ensembles d'URL, qui comportent les URL et les URN, *Uniform Resource Names*. Un URN vous permet d'identifier une ressource comme une DTD pour SVG, *Scalable Vector Graphics*, sans tenir compte de sa localisation. En fait, la ressource peut exister à plusieurs endroits, faisant tous autant référence. En pratique, les seuls URI largement utilisés aujourd'hui sont les URL.

La déclaration de type de document est incluse dans le prologue du document XML après la déclaration XML, mais après l'élément racine. Le prologue concerne tout ce qui ce trouve avant la balise de début de l'élément racine du document XML. L'*exemple 3-3* l'illustre.

Exemple 3-3. Un document personne valide

```
<?xml version="1.0" encoding="ISO-8859-1" standalone="no"?>
<!DOCTYPE personne SYSTEM "http://www.oreilly.fr/archives/xmlnut2/personne.dtd">
<personne>
  <nom>
    <prénom>Alan</prénom>
    <nom_famille>Turing</nom_famille>
  </nom>
  <profession>informaticien</profession>
```

2. La DTD anglaise est disponible à *http://cafeconleche.org/dtds/person.dtd*.

Exemple 3-3. Un document personne valide (suite)

```
  <profession>mathématicien</profession>
  <profession>cryptographe</profession>
</personne>
```

Si le document se trouve sur le même site que la DTD, vous pouvez utiliser une URL relative au lieu d'une URL absolue :

```
<!DOCTYPE personne SYSTEM "/archives/xmlnut2/personne.dtd">
```

Vous pouvez même n'utiliser que le nom du fichier si la DTD est dans le même répertoire que le document :

```
<!DOCTYPE personne SYSTEM "personne.dtd">
```

Identifiants publics

Les DTD standard peuvent être effectivement stockées à différentes URL. Par exemple, si à la plage vous dessinez une image SVG sur votre portable, vous ne pourrez probablement pas valider votre dessin sans ouvrir une connexion réseau sur le site web du W3C où se trouve la DTD officielle de SVG. De telles DTD peuvent être associées à des identifiants publics. Le nom de l'identifiant public identifie uniquement l'application XML en cours d'utilisation. En général, un URI est également fourni en réserve au cas où le validateur ne reconnaît pas l'identifiant public. Pour indiquer que vous utilisez un identifiant public, utilisez le mot-clé `PUBLIC` à la place de `SYSTEM`. Cette déclaration de type de document se réfère à la DTD *Rich Site Summary* (RSS) standardisée par Netscape :

```
<!DOCTYPE rss PUBLIC "-//Netscape Communications//DTD RSS 0.91//EN"
            "http://my.netscape.com/publish/formats/rss-0.91.dtd">
```

Un serveur de catalogue local peut être utilisé pour convertir les ID publics dans les URL les plus appropriées à l'environnement local. Les catalogues eux-même peuvent être écrits en XML, et précisément dans le format de catalogue XML OASIS (*http://www.oasis-open.org/committees/entity/spec.html*). En pratique, toutefois, les ID PUBLIC sont peu utilisés. Presque tous les validateurs s'appuient sur l'URI pour effectivement valider le document.

Sous-ensembles internes de DTD

Lorsque vous développez pour la première fois une DTD, il est souvent utile de garder la DTD et un exemple du document dans le même fichier que vous pouvez modifier et valider simultanément. Donc, la déclaration du type de document peut effectivement contenir la DTD entre crochets, plutôt que sa référence à un URI externe, comme le montre l'*exemple 3-4*.

Exemple 3-4. Un document personne valide avec une DTD interne

```
<?xml version="1.0" encoding="ISO-8859-1"?>
<!DOCTYPE personne [
  <!ELEMENT prénom (#PCDATA)>
```

Exemple 3-4. Un document personne valide avec une DTD interne (suite)

```
  <!ELEMENT nom_famille  (#PCDATA)>
  <!ELEMENT profession (#PCDATA)>
  <!ELEMENT nom        (prénom, nom_famille)>
  <!ELEMENT personne      (nom, profession*)>
]>
<personne>
  <nom>
    <prénom>Alan</prénom>
    <nom_famille>Turing</nom_famille>
  </nom>
  <profession>informaticien</profession>
  <profession>mathématicien</profession>
  <profession>cryptographe</profession>
</personne>
```


Certaines déclarations de type de document contiennent directement certaines déclarations et relient les autres en utilisant un identifiant URI SYSTEM ou PUBLIC. Cette déclaration de type de document déclare elle-même les éléments profession et personne mais repose sur le fichier *nom.dtd* pour contenir la déclaration de l'élément nom :

```
<!DOCTYPE personne SYSTEM "nom.dtd" [
  <!ELEMENT profession (#PCDATA)>
  <!ELEMENT personne (nom, profession*)>
]>
```

Le *sous-ensemble interne de la DTD* est la partie de la DTD entre les crochets. Toutes les parties extérieures à ce document sont appelées *sous-ensembles externes de la DTD.* Ensemble, ils forment la DTD complète. En règle générale, les deux différents sous-ensembles doivent être compatibles. Ni l'un ni l'autre ne peut surcharger les déclarations d'un élément ou d'un attribut que fait l'autre. Par exemple, il pourrait y avoir un problème si *nom.dtd* déclarait également l'élément personne. Toutefois, les déclarations d'entité peuvent être surchargées avec des conséquences importantes pour la structure et la conception de la DTD, ce que nous verrons plus tard lorsque nous aborderons les entités.

Lorsque vous utilisez un sous-ensemble externe de DTD, vous devriez donner à l'attribut standalone de la déclaration XML la valeur no :

```
<?xml version="1.0" encoding="ISO-8859-1" standalone="no"?>
```

La spécification XML donne quatre règles très détaillées expliquant quand la présence d'un sous-ensemble externe de DTD nécessite ou ne nécessite pas que l'attribut standalone ait la valeur no. Cependant, l'intérêt de ces règles est qu'à peu près tous les documents XML qui utilisent un sous-ensemble externe de DTD, demandent à ce que l'attribut standalone ait la valeur no. Bien que le fait de mettre standalone à no est toujours permis, même si cela n'est pas requis, cela ne vaut pas la peine de s'inquiéter pour les cas peu fréquents.

Un processeur validant (validateur) est nécessaire pour lire un sous-ensemble externe de DTD. Un processeur non validant peut lire le sous-ensemble, mais il n'est pas obligé, même si l'attribut standalone a la valeur no. Cela signifie que si le sous-ensemble externe fait des déclarations avec des implications pour le contenu du document (par exemple, fournir des valeurs par défaut pour des attributs) alors le contenu du document dépend du parseur que vous utilisez et de la façon dont il est configuré. Cela a amené beaucoup de confusion. Bien que certains des parseurs XML les plus récents ne résolvent pas les entités externes, la plupart des parseurs encore utilisés peuvent et généralement pourront résoudre les entités. Vous ne devriez pas choisir de ne pas lire le sous-ensemble externe de la DTD à moins que l'efficacité soit un souci majeur et que vous soyez parfaitement au courant de la structure des documents que vous analysez.

Validation de document

En règle générale, les navigateurs web ne valident pas les documents, mais vérifient simplement leurs contraintes de forme. Si vous écrivez votre propre programme pour traiter du XML, vous pouvez utiliser l'API du parseur pour valider les documents. Si vous écrivez des documents XML manuellement et si vous voulez les valider, vous pouvez utiliser un des validateurs en ligne ou exécuter le programme en ligne de commande pour les valider.

Les validateurs en ligne sont probablement le moyen le plus simple pour valider vos documents. Deux sont recommandables :

- le formulaire de validation XML du *Brown University Scholarly Technology Group* à *http://www.stg.brown.edu/service/xmlvalid/* ;
- le *XML well-formedness checker and validator* de Richard Tobin à *http://www.cogsci.ed.ac.uk /~Erichard/xml-check.html*.

Tout d'abord, vous devez déposer le document et sa DTD sur un serveur web public accessible. Puis, accédez à une des URL indiquées depuis un navigateur, et tapez l'URL du document que vous souhaitez valider dans le formulaire en ligne. Le serveur de validation va rapatrier votre document et vous dire quelles erreurs il aura éventuellement trouvé. La *figure 3-1* présente les résultats de l'utilisation du validateur Brown sur un simple document invalide mais bien formé.

La plupart des librairies de classes de parseurs XML comportent un programme de validation simple que vous pouvez utiliser si vous êtes à l'aise dans l'installation et l'utilisation des programmes en ligne de commande. Dans Xerces 1.x, ce programme est *sax.SAXCount*. (Xerces 2.x utilise *sax.Counter* à la place.) Utilisez le paramètre -v pour activer la validation (par défaut *SAXCount* vérifie seulement les contraintes de forme). Alors indiquez les URL ou noms de fichier que vous souhaitez faire valider par la ligne de commande du programme *SAXCount* comme suit :

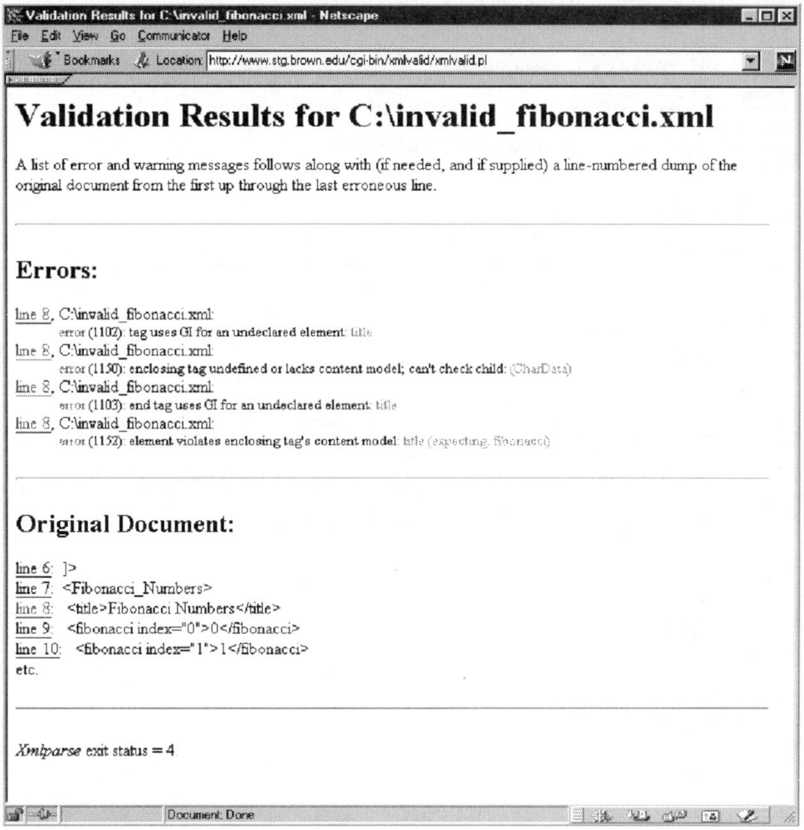

Figure 3-1. Erreurs de validité détectées par le validateur en ligne de Brown University

```
C:\>java sax.SAXCount -v invalid_fibonacci.xml
[Error] invalid_fibonacci.xml:8:10: Element type "title" must be declared.
[Error] invalid_fibonacci.xml:110:22: The content of element type "Fibonacci_
Numbers" must match "(fibonacci)*".
fibonacci.xml: 541 ms (103 elems, 101 attrs, 307 spaces, 1089 chars)
```

Vous pouvez constater par cet affichage que le document *invalid_fibonacci.xml* a deux erreurs de validité qui ont besoin d'être corrigées : la première en ligne 8 et la seconde en ligne 110.

Il existe également des programmes avec une interface graphique simple pour valider des documents XML, comme Topologi Schematron Validator for Windows (*http://www.topologi.com*) présenté dans la *figure 3-2*. Malgré son nom, ce produit peut effectivement valider des documents à partir de schémas écrits dans différents langages, comme les DTD et le langage XML Schema du W3C, en plus de Schematron.

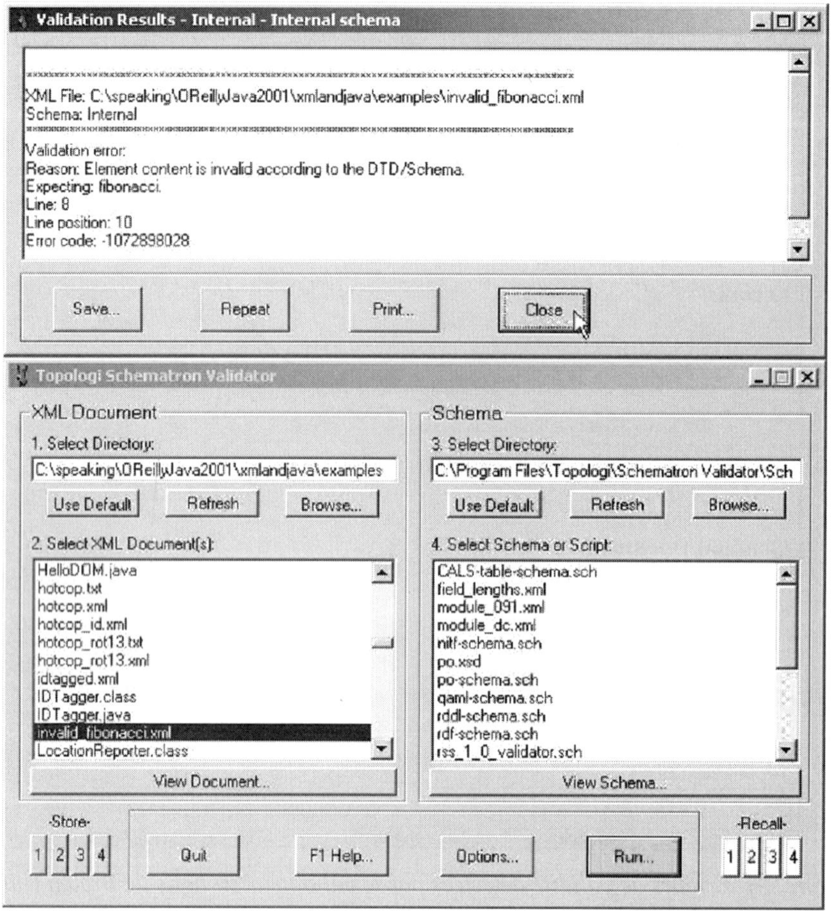

Figure 3-2. Erreurs de validité détectées par Topologi Schematron Validator

Déclarations d'élément

Chaque élément utilisé dans un document valide doit être déclaré dans la DTD du document avec une déclaration d'élément. Les déclarations d'élément ont cette structure simple :

```
<!ELEMENT nom_élément (modèle_contenu)>
```

Le nom de l'élément peut être n'importe quel nom XML autorisé. Le *modèle de contenu* désigne quel sous-élément l'élément peut ou ne peut pas avoir et dans quel ordre. Les modèles de contenu peuvent être très complexes. Ils peuvent indiquer, par exemple, qu'un élément doit avoir trois sous-éléments d'un type donné, ou deux sous-éléments d'un type suivis par un autre d'un type différent, ou un nombre quelconque d'éléments choisis parmi sept types différents et mélangés avec du texte.

#PCDATA

Le modèle de contenu le plus simple est probablement celui qui indique qu'un élément ne doit contenir que des données textuelles analysées, et ne contenant aucun sous-élément de quelque type que ce soit. Dans ce cas, le modèle de contenu se compose simplement du mot-clé #PCDATA. Par exemple, cette déclaration renseigne un élément numéro_téléphone contenant du texte, mais ne pouvant pas être décrits par des éléments code_zone, nombre et extension :

```
<!ELEMENT numéro_téléphone (#PCDATA)>
```


Sous-éléments

Un autre modèle de contenu simple est celui indiquant qu'un élément doit avoir exactement un sous-élément d'un type donné. Dans ce cas, le modèle de contenu se composera simplement du nom du sous-élément, entre parenthèses. Cette déclaration indique qu'un élément fax doit contenir exactement un seul élément numéro_téléphone :

```
<!ELEMENT fax (numéro_téléphone)>
```

Un élément fax ne peut rien contenir en dehors d'un élément numéro_téléphone et il ne peut pas en contenir plus ou moins de un.

Séquences

En pratique, un modèle de contenu qui ne désigne qu'un seul sous-élément est peu fréquent. La plupart des éléments contiennent à la fois des données textuelles analysées et éventuellement plusieurs sous-éléments. La façon la plus simple pour indiquer plusieurs sous-éléments est de les séparer par une virgule. C'est ce que l'on appelle une *séquence*. Elle indique que les éléments nommés doivent apparaître dans un ordre spécifique. Par exemple, cette déclaration d'élément indique qu'un élément nom doit contenir exactement un sous-élément prénom suivi exactement par un autre sous-élément nom_famille :

```
<!ELEMENT nom (prénom, nom_famille)>
```

Étant donné cette déclaration, l'élément nom est valide :

```
<nom>
  <prénom>Madonna</prénom>
  <nom_famille>Cicone</nom_famille>
</nom>
```

Cependant, cet élément ne l'est pas parce qu'il inverse l'ordre des deux éléments :

```
<nom>
  <nom_famille>Cicone</nom_famille>
  <prénom>Madonna</prénom>
</nom>
```

Cet élément est invalide parce qu'il omet l'élément nom_famille :

```
<nom>
  <prénom>Madonna</prénom>
</nom>
```

Cet élément est invalide parce qu'il ajoute un élément second_prénom :

```
<nom>
  <prénom>Madonna</prénom>
  <second_prénom>Louise</second_prénom>
  <nom_famille>Cicone</nom_famille>
</nom>
```

Nombre de sous-éléments

Comme les exemples précédents l'ont montré, toutes les instances d'un élément donné n'ont pas exactement le même nombre de sous-éléments. Vous pouvez compléter par l'un des trois suffixes le nom d'un élément dans le modèle de contenu pour indiquer combien d'instances de cet élément sont attendues à cet endroit :

? Autorise zéro ou un élément

* Autorise zéro ou plusieurs éléments

+ Autorise un ou plusieurs éléments

Par exemple, cette déclaration indique qu'un élément nom doit contenir l'élément prénom, peut ou ne pas contenir les éléments second_prénom et nom_famille :

```
<!ELEMENT nom (prénom, second_prénom?, nom_famille?)>
```

Étant donné cette déclaration, tous ces éléments nom sont valides :

```
<nom>
  <prénom>Madonna</prénom>
  <nom_famille>Cicone</nom_famille>
</nom>
<nom>
  <prénom>Madonna</prénom>
  <second_prénom>Louise</second_prénom>
  <nom_famille>Cicone</nom_famille>
</nom>
<nom>
  <prénom>Madonna</prénom>
</nom>
```

Toutefois, ces éléments nom ne sont pas valides :

```
<nom>
  <prénom>George</prénom>
  <!--seulement un second prénom est autorisé-->
  <second_prénom>Herbert</second_prénom>
  <second_prénom>Walker</second_prénom>
  <nom_famille>Bush</nom_famille>
```

```
</nom>
<nom>
  <!--le prénom doit précéder le nom de famille-->
  <nom_famille>Cicone</nom_famille>
  <prénom>Madonna</prénom>
</nom>
```

Vous pouvez autoriser plusieurs second prénoms en positionnant un astérisque après second_prénom :

```
<!ELEMENT nom (prénom, second_prénom*, nom_famille?)>
```

Si vous avez besoin qu'un second_prénom soit inclus, mais autoriser tout de même plusieurs second prénoms, vous devriez utiliser un signe plus à la place, comme cela :

```
<!ELEMENT nom (prénom, second_prénom+, nom_famille?)>
```


Choix

Quelque fois l'instance d'un élément peut contenir une sorte de sous-élément et une autre peut contenir un sous-élément différent. Cette situation peut être indiquée par un *choix*. Un choix est une liste de noms d'élément séparés par des barres verticales. Par exemple, cette déclaration indique qu'un élément méthodeRéponse contient soit un sous-élément param soit un sous-élément faute :

```
<!ELEMENT méthodeRéponse (param | faute)>
```

Cependant, l'élément ne peut pas contenir les deux sous-éléments simultanément. Chaque élément méthodeRéponse doit contenir l'un ou l'autre.

Les choix peuvent être étendus à un nombre arbitraire d'éléments possibles. Par exemple, cette déclaration indique que chaque élément chiffre peut contenir exactement un des sous-éléments zero, un, deux, trois, quatre, cinq, six, sept, huit ou neuf :

```
<!ELEMENT chiffre
  (zero | un | deux | trois | quatre | cinq | six | sept | huit | neuf)
>
```

Parenthèses

Pris séparément, les choix, les séquences et les suffixes sont assez limités. Cependant, ils peuvent être combinés de manière complexe pour décrire à peu près n'importe quel modèle de contenu convenable. Un choix ou une séquence peuvent être indifféremment insérés à l'intérieur de parenthèses. Les parenthèses peuvent être suivies par ?, * ou +. Vous pouvez également imbriquer des éléments mis entre parenthèses dans d'autres choix ou séquences.

Imaginez que vous voulez indiquer qu'un élément cercle contient un élément centre suivi soit par un élément radian, soit diamètre, de manière exclusive. Cette déclaration le montre :

```
<!ELEMENT cercle (centre, (radian | diamètre))>
```

Pour continuer avec cet exemple de géométrie, imaginons un élément centre pouvant être exprimé soit en coordonnées cartésiennes ou polaires. Alors chaque centre contient soit un élément x et un élément y, soit un élément r et un élément θ. On déclare cela en utilisant deux courtes séquences, chacune d'elles étant mise entre parenthèses et associée à un choix :

```
<!ELEMENT centre ((x, y) | (r, θ))>
```

Imaginez que vous ne voulez pas vous soucier de savoir si l'élément x est positionné avant l'élément y, ou vice versa, pas plus que cela ne pose un problème que r vienne avant θ. Alors vous allez étendre le choix pour couvrir les quatre possibilités :

```
<!ELEMENT centre ((x, y) | (y, x) | (r, θ) | (θ, r) )>
```

En fonction du nombre d'éléments dans la séquence, le nombre de permutations augmente d'une manière plus qu'exponentielle. Donc, cette technique n'est pas pratique passé deux ou trois sous-éléments. Les DTD ne sont pas très utiles quand vous voulez *n* instances de *A* et *m* instances de *B*, mais sans tenir compte de l'ordre dans lequel elles arrivent.

Les suffixes peuvent également être appliqués aux éléments mis entre parenthèses. Par exemple, imaginez un polygone défini non pas par des éléments point, mais par des coordonnées distinctes pour chaque sommet, dans un ordre donné :

```
<polygone>
  <r>0</r>  <θ>0</θ>
  <x>0</x>  <y>10</y>
  <x>10</x> <y>0</y>
</polygone>
```

Nous voulons indiquer qu'un polygone est composé d'au moins trois paires *x-y* ou coordonnées *r*-θ. Un x est toujours suivi par un y, et un r est toujours suivi par θ. C'est ce que montre cette déclaration :

```
<!ELEMENT polygone
  (((x, y) | (r, θ)), ((x, y) | (r, θ)), ((x, y) | (r, θ))+)>
```

Le signe plus est appliqué à la combinaison (x, y) et (r, θ) entre parenthèses, chacun étant une séquence mis entre parenthèse.

Pour revenir à l'exemple du nom, imaginez que vous voulez indiquer qu'un nom ne puisse contenir qu'un prénom et un nom de famille, ou un prénom et un nom de famille avec un nombre indéfini de seconds prénoms. Cette déclaration réalise ceci :

```
<!ELEMENT nom (nom_famille
               | (prénom, ( (second_prénom+, nom_famille) | (nom_famille?) )
               ) >
```

Contenu mixte

Dans un document descriptif un seul élément contient souvent à la fois des sous-éléments, des données non balisées et des données textuelles sans blancs. Rappelez-vous cet élément définition du chapitre 2, *Principes de XML* :

```
<définition>La <terme>Machine de Turing</terme> est un automate
abstrait à états finis comportant une mémoire infinie dont il peut
être prouvé qu'il peut être équivalent à n'importe quel autre
automate à états finis, contenant une quantité de mémoire quelconque
mais fixe. Ainsi, ce qui est vrai pour une machine de Turing est vrai
pour toute machine équivalente quelque soit son implémentation.
</définition>
```

L'élément définition contient du texte qui n'est pas sans blanc et un sous-élément terme. Cela s'appelle un *contenu mixte*. Un élément qui contient du contenu mixte est déclaré de la façon suivante :

```
<!ELEMENT définition (#PCDATA | terme)*>
```


Cette déclaration indique qu'un élément définition peut contenir des données textuelles analysées et des sous-éléments terme. Elle ne spécifie ni dans quel ordre ils apparaissent ni le nombre de chaque instance. Cette déclaration autorise une définition à avoir un, aucun ou 23 sous-éléments terme.

Vous pouvez ajouter n'importe quel nombre de sous-éléments à la liste d'un contenu mixte, toutefois #PCDATA doit toujours être le premier de la liste. Cette déclaration indique qu'un élément paragraphe peut contenir n'importe quel nombre d'éléments nom, profession, note, emphase et date, dans n'importe quel ordre et entrecoupés des données textuelles analysées :

```
<!ELEMENT paragraphe
  (#PCDATA | nom | profession | note | emphase | date )*
>
```

C'est le *seul* moyen d'indiquer qu'un élément contient un contenu mixte. Vous ne pouvez pas dire, par exemple, qu'il doit y avoir exactement un sous-élément terme dans l'élément définition et de la donnée textuelle analysée. Vous ne pouvez pas utiliser de parenthèses autour d'une déclaration de contenu mixte pour qu'il fasse partie d'un ensemble plus grand. Vous pouvez seulement dire que l'élément contient n'importe quel nombre de n'importe quel élément d'une liste définie dans n'importe quel ordre tout en contenant indifféremment de la donnée textuelle analysée.

Éléments vides

Certains éléments, appelés *éléments vides*, ne possèdent aucun contenu. Les éléments vides sont quelques fois écrits sous la forme d'une seule balise avec un /> à la fin :

```
<image source="bus.jpg" width="152" height="345"
      alt="Alan Turing debout devant un bus"
/>
```

Ces éléments vides sont déclarés en utilisant le mot-clé EMPTY pour le modèle de contenu :

```
<!ELEMENT image EMPTY>
```

Cela indique simplement que l'élément image doit être vide, et non qu'il doit être écrit avec un marqueur d'élément vide. Étant donné cette déclaration, voilà également un élément image valide :

```
<image source="bus.jpg" width="152" height="345"
       alt="Alan Turing debout devant un autobus "></image>
```

Si un élément est vide, alors il ne peut rien contenir, pas même un espace blanc. Par exemple, voilà un élément image invalide :

```
<image source="bus.jpg" width="152" height="345"
       alt="Alan Turing debout devant un autobus">
</image>
```

ANY

Des DTD assez vagues veulent dire quelque fois qu'un élément existe sans indiquer ce qu'il doit ou ne doit pas contenir. Dans ce cas, vous pouvez utiliser le mot-clé ANY comme modèle de contenu. Cette déclaration indique qu'un élément page peut contenir n'importe quel contenu, y compris un contenu mixte, des sous-éléments et même d'autres éléments page :

```
<!ELEMENT page ANY>
```

Néanmoins les sous-éléments qui apparaissent effectivement dans le contenu de l'élément page du document doivent être déclarés dans les déclarations d'éléments. ANY ne vous permet pas d'utiliser des éléments non déclarés.

ANY est quelque fois utile quand vous commencez la conception d'une DTD et de la structure du document et, que vous n'avez pas encore une image claire de comment tout cela sera organisé. Cependant, utiliser ANY dans des DTD finalisées est une très mauvaise chose. Vous le verrez peut-être utilisé quand des sous-ensembles externes de DTD et des entités changent d'une façon incontrôlable. Toutefois, cette situation est en réalité assez rare. Vous n'aurez réellement besoin de ANY que si vous écrivez une DTD seulement pour une application, comme XSLT ou RDF, qui associent le contenu d'applications XML inconnu de manière arbitraire.

Déclarations d'attribut

Outre le fait de déclarer ses éléments, un document valide doit déclarer tous les attributs des éléments. Cela est fait avec les déclarations ATTLIST. Un seul ATTLIST peut déclarer plusieurs attributs pour un seul type d'élément. Toutefois, si le même attribut est répété dans plusieurs éléments, il doit être déclaré séparément pour chaque élément où il doit apparaître. Plus loin dans ce chapitre, vous verrez comment utiliser les appels d'entité paramètre pour rendre cette répétition moins lourde.

Par exemple, cette déclaration ATTLIST décrit l'attribut source de l'élément image :

```
<!ATTLIST image source CDATA #REQUIRED>
```

Elle indique que l'élément image a un attribut appelé source. La valeur de l'attribut source est une donnée textuelle et montre que l'élément image dans le document doit obligatoire fournir une valeur pour l'attribut source.

Une simple instruction ATTLIST peut déclarer différents attributs pour le même document. Par exemple, cette déclaration ATTLIST ne déclare pas seulement l'attribut source de l'élément image, mais aussi les attributs width, height et alt :

```
<!ATTLIST image source CDATA #REQUIRED
                width  CDATA #REQUIRED
                height CDATA #REQUIRED
                alt    CDATA #IMPLIED
>
```

Cette déclaration indique que les attributs source, width et height sont obligatoires. Cependant, l'attribut alt est optionnel et peut être oublié par certains éléments image. Ces quatre attributs sont déclarés contenir de la donnée textuelle, le type d'attribut le plus générique.

Cette déclaration a le même effet et le même sens que quatre déclarations ATTLIST différentes, une pour chaque attribut. Utiliser une déclaration ATTLIST par attribut est une question de convenance personnelle, mais les concepteurs de DTD les plus expérimentés préfèrent la représentation avec plusieurs attributs. Quelque soit l'utilisation judicieuse des blancs, cette solution n'est pas moins lisible que l'alternative.

Types d'attributs

Dans les documents XML bien formés, les valeurs d'attributs peuvent être n'importe quelle chaîne de texte. Les seules restrictions sont que les occurrences de < ou de & doivent être échappés par < et & et quelque soit le type de caractère utilisé pour délimiter la valeur (simple ou doubles quotes), il doit aussi être échappé. Cependant, la DTD permet dans une certaine mesure des déclarations plus fortes sur le contenu de la valeur. En effet, ces déclarations sont plus fortes que celles qui peuvent être faites sur le contenu des éléments. Par exemple, vous pourrez indiquer que la valeur d'un attribut doit être unique dans le document, qu'une unité lexicale nominale XML doit être autorisée ou choisie dans une liste de valeurs établies.

Dix types d'attributs existent dans XML :

- CDATA
- NMTOKEN
- NMTOKENS
- ENUMERATION
- ENTITY
- ENTITIES
- ID
- IDREF

- IDREFS
- NOTATION

Seuls ces dix types d'attribut sont autorisés. Une DTD ne peut pas indiquer que la valeur d'un attribut doit être, par exemple, un entier ou une date, entre 1966 et 2002.

CDATA

Une valeur d'attribut CDATA peut contenir n'importe quelle chaîne de caractères possible dans la valeur d'un attribut XML bien formé. C'est le type d'attribut le plus général. Vous pouvez utiliser ce type pour un attribut alt d'un élément image parce qu'il n'y a pas de forme de texte particulière dans un tel attribut, comme le montre l'exemple suivant :

```
<!ATTLIST image alt CDATA #IMPLIED>
```

Vous pouvez également utiliser ce type pour d'autres types de données, comme les prix, les URI, les adresses email et postales, des citations, etc., dont la structure est plus qu'une simple chaîne de caractère de texte, mais qui ne correspondent à aucun autres types :

```
<!ATTLIST sku
 liste_prix          CDATA #IMPLIED
 prix_proposé        CDATA #IMPLIED
 prix_vente          CDATA #IMPLIED
>
<!-- Ces trois attributs devraient être de la forme €XX.YY -->
```

NMTOKEN

Une *unité lexicale nominale* XML ressemble de près à un nom XML. Elle doit se composer des mêmes caractères qu'un nom XML : alphanumériques et/ou des caractères graphiques et des signes de ponctuation _, -, ., et :. Comme un nom XML, une unité lexicale nominale XML ne doit pas contenir d'espace. Cependant, une unité lexicale nominale diffère d'un nom XML parce que tous les caractères peuvent être le premier caractère d'une unité lexicale nominale, alors que seul les lettres, signes graphiques et le caractère souligné peuvent être le premier caractère d'un nom XML. Ainsi, 12 et .cshrc sont des unités lexicales nominales autorisées, alors que ce ne sont pas des noms XML corrects. Chaque nom XML est une unité lexicale nominale, mais toutes les unités lexicales nominales XML ne sont pas des noms XML.

La valeur d'un attribut déclarée avec un type NMTOKEN est une unité lexicale nominale XML. Par exemple, si vous savez que l'attribut année d'un élément journal devrait contenir un entier comme 1990 ou 2015, vous devriez le déclarer par un type NMTOKEN, puisque toutes les années sont des atomes nominaux :

```
<!ATTLIST journal année NMTOKEN #REQUIRED>
```

Cette déclaration ne prémunit pas encore l'auteur du document de l'initialisation des valeurs de l'attribut année à des valeurs comme 99 ou Mars, mais il élimine au moins quelques mauvaises valeurs, et tout particulièrement celles contenant des blancs comme 1990 C.E. ou Sally a un petit mouton.

NMTOKENS

Un attribut de type NMTOKENS contient une ou plusieurs unités lexicales nominales XML séparées par des blancs. Vous pourrez utiliser cet attribut pour décrire l'attribut dates d'un élément concerts, si les dates sont de la forme 08-26-2000 (mm-jj-aaaa) :

```
<concerts dates="08-21-2001 08-23-2001 08-27-2001">
 Kat and the Kings
</concerts>
```

La bonne déclaration est :

```
<!ATTLIST concerts dates NMTOKENS #REQUIRED>
```

D'autre part, vous ne devez pas utiliser cette déclaration pour une liste de dates ayant la forme 08/27/2001 parce que le slash n'est pas un caractère de nom autorisé.

Énumération

L'énumération est le seul type d'attribut n'étant pas représenté par un mot-clé XML. Le modèle de contenu est plutôt une liste de toutes les valeurs possibles pour un attribut, séparées par des barres verticales. Chaque valeur possible doit être une unité lexicale nominale. Les déclarations suivantes indiquent que la valeur de l'attribut mois de l'élément date doit être un des 12 noms de mois, la valeur de l'attribut jour doit être un nombre compris entre 1 et 31 et la valeur de l'attribut année doit être un entier entre 1970 et 2009 :

```
<!ATTLIST date mois (Janvier | Février | Mars | Avril | Mai | Juin
  | Juillet | Août | Septembre | Octobre | Novembre | Décembre) #REQUIRED
>
<!ATTLIST date jour (1 | 2 | 3 | 4 | 5 | 6 | 7 | 8 | 9 | 10 | 11 | 12
  | 13 | 14 | 15 | 16 | 17 | 18 | 19 | 20 | 21 | 22 | 23 | 24 | 25
  | 26 | 27 | 28 | 29 | 30 | 31) #REQUIRED
>
<!ATTLIST date année (1970 | 1971 | 1972 | 1973 | 1974 | 1975 | 1976
  | 1977 | 1978 | 1979 | 1980 | 1981 | 1982 | 1983 | 1984 | 1985 | 1986
  | 1987 | 1988 | 1989 | 1990 | 1991 | 1992 | 1993 | 1994 | 1995 | 1996
  | 1997 | 1998 | 1999 | 2000 | 2001 | 2002 | 2003 | 2004 | 2005 | 2006
  | 2007 | 2008 | 2009 ) #REQUIRED
>
<!ELEMENT date EMPTY>
```

Étant donné cette DTD, cet élément date est valide :

```
<date mois="Janvier" jour="22" année="2001"/>
```

Cependant, ces éléments date ne sont pas valides :

```
<date mois="01"      jour="22" année="2001"/>
<date mois="Jan"     jour="22" année="2001"/>
<date mois="Janvier" jour="02" année="2001"/>
<date mois="Janvier" jour="2"  année="1969"/>
<date mois="Janvier" jour="22" année="2001"/>
```

Nous pouvons mettre cette astuce de côté parce que toutes les valeurs voulues sont des unités lexicales nominales XML autorisées. Toutefois, nous ne pourrons pas utiliser la même astuce si les valeurs possibles intègrent des espaces blancs ou n'importe quelle ponctuation en dehors du caractère souligné, trait d'union, deux points et point.

ID

Un attribut de type ID doit contenir un nom XML (non une unité lexicale nominale) qui est unique dans le document. De manière plus précise, aucun autre attribut de type ID dans le document ne peut avoir la même valeur. Les attributs qui ne sont pas de type ID ne sont pas pris en considération. Chaque élément ne peut pas avoir plus d'un attribut de type ID.

Comme le mot-clé le laisse entendre, les attributs de type ID sont utilisés pour assigner un identifiant unique aux éléments. Les attributs de type ID n'ont pas à avoir le nom « ID » ou « id, » comme ils ont communément. Cette déclaration ATTLIST indique que chaque élément employé doit avoir un attribut ID numéro_sécu :

```
<!ATTLIST employé numéro_sécu ID #REQUIRED>
```

Les nombres ID sont dangereux parce qu'un nombre n'est pas un nom XML, et n'est donc pas un ID XML autorisé. La solution classique préfixe les valeurs avec un caractère souligne ou une lettre normale. Par exemple :

```
<employé numéro_sécu="_123-45-6789"/>
```

IDREF

Un attribut de type IDREF fait référence à un attribut de type ID d'un élément du document. Ainsi, il doit être un nom XML. Les attributs IDREF sont généralement utilisés pour établir des relations plusieurs-à-plusieurs entre les éléments, lorsque la simple imbrication ne suffit pas.

Par exemple, imaginez un document XML contenant une liste d'éléments projet et employé. Chaque projet a un attribut de type ID projet_id, et tout employé a un attribut de type ID numéro_sécu.

De plus, chaque projet a un sous-élément membre_équipe qui identifie qui travaille sur le projet et chaque élément employé a un sous-élément tâches qui indique quels projets sont assignés à cet employé. Vu que chaque projet est assigné à plusieurs employés et que certains employés sont affectés à plusieurs projets, il n'est pas possible de mettre les employés sous-éléments des projets ou les projets sous-éléments des employés. La solution est d'utiliser un attribut de type IDREF de la manière suivante :

```
<projet projet_id="p1">
 <but>Plan de développment stratégique</but>
 <membre_équipe personne="ss123-45-6789"/>
 <membre_équipe personne="ss876-54-3210"/>
</projet>

<projet projet_id="p2">
```

```
    <but>Déployez Linux</but>
    <membre_équipe personne="ss123-45-6789"/>
    <membre_équipe personne="ss876-12-3456"/>
  </projet>

  <employé numéro_sécu="ss123-45-6789">
    <nom>Fred Smith</nom>
    <tâches projet_id="p1"/>
    <tâches projet_id="p2"/>
  </employé>

  <employé numéro_sécu="ss876-54-3210">
    <nom>Jill Jones</nom>
    <tâches projet_id="p1"/>
  </employé>

  <employé numéro_sécu="ss876-12-3456">
    <nom>Sydney Lee</nom>
    <tâches projet_id="p2"/>
  </employé>
```

DTD

Dans cet exemple, l'attribut projet_id de l'élément tâches et l'attribut numéro_sécu de l'élément employé devraient être déclarés avoir un type ID. L'attribut employé de l'élément membre_équipe et l'attribut projet_id de l'élément personne devraient avoir un attribut de type IDREF. La déclaration ATTLIST correspondante ressemble à ce qui suit :

```
<!ATTLIST employé  numéro_sécu        ID #REQUIRED>
<!ATTLIST projet projet_id            ID #REQUIRED>

<!ATTLIST membre_équipe employé       IDREF #REQUIRED>
<!ATTLIST tâches  projet_id           IDREF #REQUIRED>
```

Ces déclarations contraignent l'attribut employé de l'élément membre_équipe et l'attribut projet_id de l'élément tâches à correspondre à l'ID de quelque chose dans le document. Cependant, ils ne contraignent, ni l'attribut employé de l'élément membre_équipe à correspondre seulement aux ID de l'élément employé, ni l'attribut projet_id de l'élément personne à correspondre seulement aux ID de l'élément projet. Un membre_équipe peut d'une manière valide, mais pas nécessairement correcte, conserver l'ID d'un autre projet ou du même projet.

IDREFS

Un attribut de type IDREFS contient une liste de noms XML séparés pas des blancs, chacun d'eux devront être l'ID d'un élément du document. Cet attribut est utilisé quand un élément a besoin de faire référence à plusieurs autres éléments. Par exemple, l'exemple précédent du projet pourrait être réécrit pour remplacer l'affectation des sous-éléments de l'élément employé avec un seul attribut tâches. De la même façon, les sous-éléments membre_équipe de l'élément projet pourrait être remplacé par l'attribut équipe, comme dans cette déclaration :

```
<projet projet_id="p1" équipe="ss123-45-6789 ss876-54-3210">
  <but>Plan de développement stratégique</but>
</projet>

<projet projet_id="p2" équipe="ss123-45-6789 ss876-12-3456">
  <but>Déployez Linux</but>
</projet>

<employé numéro_sécu="ss123-45-6789" tâches="p1 p2">
  <nom>Fred Smith</nom>
</employé>

<employé numéro_sécu="ss876-54-3210" tâches="p1">
  <nom>Jill Jones</nom>
</employé>

<employé numéro_sécu="ss876-12-3456" tâches="p2">
  <nom>Sydney Lee</nom>
</employé>
```

Les déclarations correspondantes sont :

```
<!ATTLIST employé numéro_sécu        ID     #REQUIRED
                  tâches             IDREFS #REQUIRED>
<!ATTLIST projet projet_id           ID     #REQUIRED
                  équipe             IDREFS #REQUIRED>
```

ENTITY

Un attribut de type ENTITY contient le nom d'une entité non analysée déclarée n'importe où dans la DTD. Par exemple, un élément image pourrait avoir un attribut entité identifiant un fichier MPEG ou QuickTime à afficher lorsque la vidéo est activée :

```
<!ATTLIST image source ENTITY #REQUIRED>
```

Si la DTD déclarait une entité non analysée appelée X-Men-trailer, cet élément image pourrait être utilisé pour inclure ce fichier vidéo dans le document XML :

```
<image source="X-Men-trailer"/>
```

Nous reviendrons sur les entités non analysées plus loin.

ENTITIES

Un attribut de type ENTITIES contient les noms, séparés par des blancs, de plusieurs entités non analysées, déclarées n'importe où dans la DTD. Par exemple, un élément voir_séquences pourrait avoir un attribut ENTITIES identifiant les fichiers JPEG à afficher dans l'ordre où ils ont à être montrés :

```
<!ATTLIST voir_séquences séquences ENTITIES #REQUIRED>
```

Si la DTD déclarait des noms d'entités non analysées appelées slide1, slide2, slide3, et ainsi de suite jusqu'à slide10, alors vous pourriez utiliser cet élément voir_séquences pour inclure la présentation dans le document XML :

```
<voir_séquences séquences="séquence1 séquence2 séquence3 séquence4 séquence5
                         séquence6 séquence7 séquence8 séquence9 séquence10"/>
```

NOTATION

Un type d'attribut NOTATION contient le nom d'une notation déclarée dans la DTD du document. Ce type d'attribut est peut-être le plus rare et n'est pas beaucoup utilisé en pratique. En théorie, vous pouvez l'utiliser pour associer des types à certains éléments. Ces déclarations définissent quatre notations pour différents types d'image et indique alors que chaque élément image doit avoir un attribut type qui choisit exactement l'une d'elles :

```
<!NOTATION gif  SYSTEM "image/gif">
<!NOTATION tiff SYSTEM "image/tiff">
<!NOTATION jpeg SYSTEM "image/jpeg">
<!NOTATION png  SYSTEM "image/png">
<!ATTLIST  image type NOTATION (gif | tiff | jpeg | png) #REQUIRED>
```

L'attribut type de chaque élément image peut avoir une des quatre valeurs gif, tiff, jpeg ou png et pas n'importe quelle autre valeur. Cet attribut présente un petit avantage sur le type énumération, parce que le type MIME d'une notation est en théorie disponible. Un type énumération ne peut pas spécifier image/png ou image/gif comme une valeur autorisée à cause du slash qui n'est pas un caractère autorisé dans les noms XML.

Attribut par défaut

Outre le fait de fournir un type de données, chaque déclaration ATTLIST inclut une déclaration par défaut pour cet attribut. Quatre possibilités existent pour cette option :

#IMPLIED

L'attribut est optionnel. Chaque instance de l'élément peut, ou ne pas, proposer une valeur pour l'attribut. Aucune valeur par défaut n'est fournie.

#REQUIRED

L'attribut est obligatoire. Chaque instance de l'élément doit proposer une valeur pour l'attribut. Aucun valeur par défaut n'est fournie.

#FIXED

La valeur de l'attribut est fixe et non modifiable. Cet attribut a une valeur spécifiée, que l'attribut soit ou ne soit pas explicitement noté sur l'instance particulière d'un élément. En général, elle n'est pas incluse dans des instances spécifiques, si bien qu'elle doit avoir une valeur renseignée si elle est incluse.

Littéral

La vraie valeur par défaut en tant que chaîne entre guillemets.

Par exemple, cette déclaration ATTLIST indique que les éléments personne peuvent, mais ne sont pas obligés d'avoir les attributs naissance et mort :

```
<!ATTLIST personne naissance CDATA #IMPLIED
                   mort CDATA #IMPLIED
>
```

Cette déclaration ATTLIST indique que chaque élément cercle doit avoir des attributs centre_x, centre_y et radian :

```
<!ATTLIST cercle centre_x NMTOKEN #REQUIRED
                 centre_y NMTOKEN #REQUIRED
                 radian   NMTOKEN #REQUIRED
>
```

Cette déclaration ATTLIST indique que chaque élément biographie a un attribut xmlns:xlink et que la valeur de l'attribut est http://www.w3.org/1999/xlink, et ce même si la balise de début de l'élément ne comporte pas explicitement d'attribut xmlns:xlink :

```
<!ATTLIST biographie
  xmlns:xlink CDATA #FIXED "http://www.w3.org/1999/xlink">
```

Cette déclaration ATTLIST indique que chaque élément page_web a un attribut protocole. Si un élément page_web particulier n'a pas d'attribut protocole explicite, alors il en a un avec la valeur http :

```
<!ATTLIST page_web protocole NMTOKEN "http">
```

Déclarations d'entité générale

Comme vous l'avez appris au chapitre 2, XML fournit cinq références d'entité :

<
: Le signe inférieur à, le chevron ouvrant (<).

&
: L'esperluette(&).

>
: Le signe supérieur à, le chevron fermant (>).

"
: Les guillemets ("), encore appelés double quotes.

'
: L'apostrophe ou la simple quote (').

La DTD peut définir beaucoup d'autres d'entités. C'est très pratique à la fois dans les documents valides et dans les documents que vous n'envisagez pas de valider.

Les références d'entité sont définies par une déclaration ENTITY dans la DTD. Cette déclaration donne le nom de l'entité, devant être un nom XML, et le texte de substitution de l'entité. Cette déclaration d'entité définit &super; comme abréviation pour *supercalifragilisticexpealidocious* :

```
<!ENTITY super "supercalifragilisticexpealidocious">
```

Une fois la définition faite, vous pouvez utiliser &super; n'importe où vous auriez dû écrire le mot complet (et probablement avec des fautes).

Les entités peuvent contenir aussi bien des balises que du texte. Cette déclaration définit &footer; comme une abréviation pour le pied de page standard d'une page web qui est répété sur plusieurs pages :

```
<!ENTITY footer '<hr size="1" noshade="true"/>
<font CLASS="footer">
<a href="index.html">Accueil O&apos;Reilly </a> |
<a href="sales/bookstores/">Librairies O&apos;Reilly </a> |
<a href="order_new/">Comment commander</a> |
<a href="oreilly/contact.html">Contacts O&apos;Reilly </a><br>
<a href="http://international.oreilly.com/">International</a> |
<a href="oreilly/about.html">Informations sur O&apos;Reilly</a> |
<a href="affiliates.html">Sociétés affiliées</a>
</font>
<p>
<font CLASS="copy">
Copyright 2000, O&apos;Reilly &amp; Associates, Inc.<br/>
<a href="mailto:webmaster@oreilly.com">webmaster@oreilly.com</a>
</font>
</p>
'>
```

Le texte de substitution doit être bien formé. Par exemple, vous ne pouvez pas mettre une balise de début dans une entité et mettre la balise de fin correspondante dans une autre.

Vous devez également vous assurez que les guillemets utilisés à l'intérieur du texte sont différents de ceux qui le délimitent. Ici nous choisissons de simple apostrophes pour entourer le texte de substitution et les guillemets à l'intérieur. Cependant, nous avons à modifier l'apostrophe de « O'Reilly » par la référence d'entité générale prédéfinie '. Le texte de substitution doit lui-même contenir les références d'entité qui sont traitées avant que le texte soit remplacé. Toutefois, les auto-références et références circulaires sont interdites.

Les entités générales insèrent le texte de substitution dans le corps du document XML. Elles peuvent être aussi utilisées à l'intérieur des DTD aux endroits où elles devront être éventuellement incluses dans le corps du document, par exemple dans la valeur par défaut d'un attribut ou dans un autre texte de substitution. Cependant, elles ne peuvent pas être utilisées pour fournir le texte de la DTD elle-même. Cette déclaration, par exemple, est illégale :

```
<!ENTITY coordonnées "((x, y) | (y, x) | (θ, r) | (r, θ))" >
```

```
<!ELEMENT polygone (&coordonnées;, &coordonnées;, &coordonnées;+)>
```

Brièvement, nous allons voir comment utiliser un autre type d'entité, l'entité paramètre, pour obtenir le résultat que nous recherchons ici.

Entités générales externes analysées

L'exemple relatif au pied de page est à la limite de ce que vous pouvez mettre dans une DTD. En pratique, les sites web préfèrent stocker un contenu répétitif comme celui-là dans un fichier externe et l'insérer dans leurs pages en utilisant PHP, les *server-side includes* ou un mécanisme similaire. XML supporte cette technique au travers des appels d'entité générale externe, et donc dans ce cas, c'est le client, plutôt que le serveur, qui est responsable de l'insertion des différentes parties du document dans un tout cohérent.

Un appel d'entité générale externe analysée est déclaré dans la DTD en utilisant la déclaration ENTITY. Cependant, au lieu de la substitution de texte concrète, le mot-clé SYSTEM et l'URI du texte de substitution est donné :

```
<!ENTITY footer SYSTEM "http://www.oreilly.com/boilerplate/footer.xml">
```

À la place, une URL relative est souvent utilisée :

```
<!ENTITY footer SYSTEM "/boilerplate/footer.xml">
```

Dans tous les cas, quand le parseur voit un appel d'entité générale &footer; dans les données textuelles d'un élément, le parseur doit le remplacer par le document trouvé à *http://www.oreilly.com/boilerplate/footer.xml*. Les appels d'entité générales externes ne sont pas autorisés dans les valeurs d'attribut. Généralement, cela n'est pas un trop gros problème puisque les valeurs d'attribut sont souvent suffisamment courtes pour être insérées facilement dans le document.

Remarquez que nous avons écrit que le parseur *peut* remplacer l'appel d'entité dans le document à partir de l'URL. Nous n'avons pas dit qu'il devra remplacer l'appel d'entité. Dans ce domaine, les parseurs ont quelque liberté de manœuvre sur le volume des spécifications XML qu'ils souhaitent implémenter. Un parseur validant doit récupérer ce type d'entité externe. Toutefois, un parseur non-validant peut ou peut ne pas choisir de rapatrier l'entité.

De plus, tous les fichiers texte ne peuvent pas faire usage d'entités externes. Pour être chargé dans un appel d'entité général, le document doit potentiellement être bien formé lorsqu'il est inséré dans le document existant. Cette exigence ne signifie pas que l'entité externe, elle-même, doit être bien formée. En particulier, l'entité externe peut ne pas avoir un seul élément racine. Toutefois, si un tel élément racine était enveloppé dans l'entité externe, le document résultant devrait être bien formé. Ainsi, tous les éléments qui commencent à l'intérieur de l'entité doivent se finir à l'intérieur de la même entité. Ils ne peuvent pas se terminer à l'intérieur d'une entité différente. De plus, l'entité externe n'a pas de prologue et donc ne peut pas avoir de déclaration XML ou une déclaration de type de document.

Déclarations de texte

À l'inverse d'une déclaration XML, une entité externe peut contenir une déclaration de texte. Elle ressemble à une déclaration XML. La principale différence est que la déclaration de codage des caractères dans une déclaration de texte est obligatoire, bien que l'information de version soit optionnelle. Il n'y a pas non plus de déclaration standalone. Le principal intérêt de la déclaration de texte est de signaler au parseur si l'entité externe utilise un codage de caractère différent de celui du document. Voilà une déclaration de texte fréquente :

```
<?xml version="1.0" encoding="MacRoman"?>
```

Cependant, vous pouvez aussi utiliser cette déclaration de texte sans attribut version :

```
<?xml encoding="MacRoman"?>
```


L'*exemple 3-5* est une entité externe bien formée qui peut être incluse depuis un autre document en utilisant un appel d'entité générale externe.

Exemple 3-5. Une entité externe analysée

```
<?xml encoding="ISO-8859-1"?>
<hr size="1" noshade="true"/>
<font CLASS="footer">
 <a href="index.html">Accueil O'Reilly </a> |
 <a href="sales/bookstores/">Librairies O'Reilly </a> |
 <a href="order_new/">Comment commander </a> |
 <a href="oreilly/contact.html">Contacts O'Reilly</a><br>
 <a href="http://international.oreilly.com/">International</a> |
 <a href="oreilly/about.html">Informations sur O'Reilly</a> |
 <a href="affiliates.html">Sociétés affiliées</a>
</font>
<p>
 <font CLASS="copy">
  Copyright 2000, O'Reilly &amp; Associates, Inc.<br/>
  <a href="mailto:webmaster@oreilly.com">webmaster@oreilly.com</a>
 </font>
</p>
```

Entités et notations externes non analysées

Toute donnée n'est pas du XML. Il existe de nombreux fichiers texte ASCII qui ne prennent pas la peine d'échapper < en < ou de respecter les autres contraintes qui limitent un document XML. Même si beaucoup de photographies JPEG, d'images GIF, de films QuickTime et de fichiers son MIDI existent, aucun d'eux ne sont pourtant bien formés pour XML. Tous, cependant, sont nécessairement les composants de nombreux documents.

XML propose l'*entité externe non analysée* comme mécanisme pour l'inclusion de ces derniers dans vos documents. La DTD spécifie un nom et un URI pour l'entité contenant les données non-XML. Par exemple, cette déclaration ENTITY combine le nom turing_getting_off_bus avec l'image JPEG à *http://www.turing.org.uk/turing/pi1/bus.jpg*:

```
<!ENTITY turing_getting_off_bus
      SYSTEM "http://www.turing.org.uk/turing/pi1/bus.jpg"
      NDATA jpeg>
```

Notations

Lorsque les données ne sont pas dans un format XML, la déclaration NDATA indique le type de la donnée. Ici le nom jpeg est employé. XML ne reconnaît pas ce nom comme une image définie par le *Joint Photographic Experts Group*. Ce nom identifie plutôt une notation déclarée ailleurs dans la DTD utilisant une déclaration NOTATION comme :

```
<!NOTATION jpeg SYSTEM "image/jpeg">
```

Ici, j'ai utilisé le type MIME image/jpeg comme identifiant externe pour la notation. Toutefois, il n'y a pas de standard ou même de proposition pour définir exactement cet identifiant. Les applications particulières doivent définir leurs propres attentes pour le contenu et le sens des notations.

Insertion d'entités non analysées dans des documents

La DTD déclare seulement la présence, la localisation et le type de l'entité non analysée. Pour inclure l'entité dans le document à un ou plusieurs endroits, insérez un élément avec un attribut de type ENTITY dont la valeur est le nom de l'entité non analysée déclarée dans la DTD. Vous ne devez pas utiliser d'appel d'entité comme &turing_getting_off_bus;. L'appel d'entité peut seulement faire référence aux entités analysées.

Imaginez l'élément image et son attribut source déclaré comme ceci :

```
<!ELEMENT image EMPTY>
<!ATTLIST image source ENTITY #REQUIRED>
```

Alors cet élément image fera référence à l'image à *http://www.turing.org.uk/turing/pi1/bus.jpg*:

```
<image source="turing_getting_off_bus"/>
```

Nous devons vous avertir que XML ne garantit aucun comportement précis dans une application qui rencontre une entité non analysée comme celle-là. Elle peut très bien ne pas afficher l'image à l'utilisateur. En fait, le parseur peut très bien fonctionner dans un environnement où il n'y a pas d'utilisateur auquel montrer l'image. Le parseur peut ne pas charger ou effectuer n'importe quel type de connexion avec le serveur où se trouve actuellement l'image. Tout au plus, il indique à l'application pour laquelle il fait l'analyse que si il y a une entité non analysée à un URI particulier avec une notation particulière, il laisse l'application décider de ce qu'elle veut faire, avec cette information.

Inclure du contenu non-XML dans des documents XML

Les entités générales non analysées ne sont pas le seul moyen pour inclure du contenu non-XML dans des documents XML. En particulier, une simple URL, associée éventuellement avec XLink, fait du bon travail dans de nombreux cas, comme il le fait avec HTML (qui s'en sort très bien sans entités non analysées). Inclure toutes les informations nécessaires dans un seul élément vide comme <image source = "http:// www.turing.org.uk/turing/pi1/bus.jpg"/> peut s'avérer préférable à séparer la même information entre l'élément où elle est utilisée et la DTD du document qui l'utilise. La seule chose qu'une entité non analysée apporte est une notation, mécanisme pas assez conforme à la norme pour être plus utilisé.

En fait, de nombreux développeurs XML expérimentés, y compris les auteurs de ce livre, trouvent que les entités non analysées sont compliquées, sources d'erreurs et n'auraient jamais dû être incluses en premier lieu dans XML. Néanmoins, elles font partie des spécifications, c'est pourquoi nous les présentons.

Utilisation des notations comme cibles d'instruction de traitement

Les notations peuvent également identifier la cible d'une instruction de traitement. La cible d'une instruction de traitement doit être un nom XML et non un chemin complet, comme */usr/local/bin/tex*. Une notation peut identifier un nom XML court comme tex, avec une spécification plus complète du programme externe pour laquelle est destinée l'instruction de traitement. Par exemple, cette notation associe la cible tex avec le chemin d'accès le plus complet /usr/local/bin/tex :

```
<!NOTATION tex SYSTEM "/usr/local/bin/tex">
```

En pratique, cette technique est peu utilisée ou requise. La plupart des applications qui lisent des fichiers XML et qui font attention à des instructions de traitement spécifiques identifient simplement une chaîne de caractères cible particulière, comme php ou robots.

Entités paramètre

De nombreux éléments partagent souvent tout ou partie des mêmes listes d'attributs et modèles de contenu. Par exemple, n'importe quel élément XLink a un attribut xlink:type et xlink:href et éventuellement xlink:show et xlink:actuate. Dans XHTML, les éléments th et td contiennent à peu près le même contenu. Répéter les modèles de contenu ou listes d'attributs identiques dans de nombreuses déclarations d'éléments est ennuyeux et risque d'erreur. Ajouter un nouveau sous-élément à la déclaration de quelques éléments, tout en oubliant de les inclure dans les autres, est parfaitement possible.

Par exemple, imaginez une application XML gérant des listes de biens immobiliers nécessitant des éléments distincts pour des appartements, des sous-locations, des logements et des maisons à vendre. Les déclarations d'éléments pourraient ressembler à ceci :

```
<!ELEMENT appartement  (adresse, surface, chambres, salle_de_bain, loyer)>
<!ELEMENT collocation  (adresse, surface, chambres, salle_de_bain, loyer)>
<!ELEMENT poulailler   (adresse, surface, chambres, salle_de_bain, prix)>
<!ELEMENT logement     (adresse, surface, chambres, salle_de_bain, prix)>
<!ELEMENT maison       (adresse, surface, chambres, salle_de_bain, prix)>
```

Les recouvrements et les répétitions de texte foisonnent dans ces déclarations. Si ultérieurement vous avez besoin d'ajouter un élément supplémentaire, comme date_disponibilité, alors vous aurez à l'ajouter aux cinq éléments. Il est préférable de définir une constante qui maintient les parties communes du modèle de contenu pour les cinq éléments qui se réfèrent à cette constante depuis chaque modèle de contenu d'éléments. Alors pour ajouter ou retirer quelque chose à tous les éléments, vous n'avez qu'à modifier la définition de la constante.

Un appel d'entité s'avère être le candidat évident. Toutefois, les appels d'entité générale ne sont pas autorisés à fournir un texte de substitution pour un modèle de contenu ou une liste d'attributs, seulement pour des parties de la DTD qui seront incluses dans le document XML lui-même. XML fournit plutôt une nouvelle notion pour une utilisation réservée exclusivement à l'intérieur des DTD, l'*entité paramètre*, qui s'y réfère au travers d'un *appel d'entité paramètre*. Les entités paramètres se comportent et sont déclarées à peu près comme les entités générales. Cependant, elles utilisent % au lieu de &, et peuvent être seulement utilisées dans une DTD, alors que les entités générales peuvent l'être seulement dans le contenu du document.

Syntaxe d'entité paramètre

Une entité paramètre est définie comme une entité générale. Cependant, un caractère pourcent supplémentaire est positionné entre <!ENTITY et le nom de l'entité :

```
<!ENTITY % contenu_résidentiel "adresse, surface, chambres, salle_de_bain">
<!ENTITY % contenu_location    "loyer">
<!ENTITY % contenu_achat       "prix">
```

Une entité paramètre se différencie d'un appel d'entité générale par un caractère pourcent au lieu d'une esperluette :

```
<!ELEMENT appartement  (%contenu_résidentiel;, %contenu_location;)>
<!ELEMENT collocation  (%contenu_résidentiel;, %contenu_location;)>
<!ELEMENT poulailler   (%contenu_résidentiel;, %contenu_achat;)>
<!ELEMENT logement     (%contenu_résidentiel;, %contenu_achat;)>
<!ELEMENT maison       (%contenu_résidentiel;, %contenu_achat;)>
```

Lorsque le parseur lit ces déclarations, il remplace le texte de substitution de l'entité par un appel d'entité. Maintenant pour ajouter un élément date_disponibilité au modèle de contenu de ces cinq déclarations d'éléments, vous avez juste à l'ajouter à l'entité contenu_résidentiel, comme cela :

```
<!ENTITY % contenu_résidentiel "adresse, surface, chambres, salle_de_bain,
date_disponibilité">
```

Cette même technique fonctionne également bien pour les modèles de contenu des attributs et les noms et types d'élément. Vous verrez de nombreux exemples de cette technique dans le chapitre 4, *Espaces de noms*, et au chapitre 9, *XPath*.

Cette astuce est limitée aux DTD externes. Les sous-ensembles internes de DTD n'autorisent pas les appels d'entité paramètre à être seulement une partie de la déclaration d'un marqueur. Cependant, ils peuvent être utilisés dans des sous-ensembles internes de DTD pour insérer au moins une déclaration entière de marqueur, comme au travers d'entités paramètres externes.

Redéfinition des entités paramètres

Les appels d'entités paramètres sont particulièrement puissants parce qu'ils peuvent être redéfinis. Si un document possède à la fois un sous-ensemble de DTD interne et externe, la DTD interne peut déterminer un nouveau texte de substitution pour les entités. Si les modèles de contenu de ELEMENT et ATTLIST dans la DTD externe sont rédigés de manière indirecte avec des appels d'entités paramètres, à la place de noms littéraux, le sous-ensemble interne de la DTD peut changer la DTD du document. Un simple document peut ajouter des sous-éléments bedrooms à la liste en redéfinissant l'entité contenu_résidentiel comme cela :

```
<!ENTITY % contenu_résidentiel "adresse, surface, chambres, bedrooms,
                                salle_de_bain, date_disponibilité">
```

En cas de conflit des déclarations d'entités, la première rencontrée est prioritaire. Le sous-ensemble interne de la DTD est lu en premier. Ainsi, sa définition de l'entité contenu_résidentiel est prioritaire. Lorsque le sous-ensemble externe de la DTD est lu, chaque déclaration utilisant l'entité contenu_résidentiel contiendra un sous-élément bedrooms qu'elle n'aurait pas pu contenir d'une autre manière.

XHTML modulaire, que nous allons aborder au chapitre 7, *XML sur le Web*, utilise massivement ce moyen pour autoriser certains documents à sélectionner seulement le sous-ensemble de HTML dont ils ont réellement besoin.

Sous-ensembles externes de DTD

Les DTD réellement utilisées aujourd'hui peuvent être des DTD relativement complexes. La DTD SVG comporte un millier de lignes. La DTD de XHTML 1.0 stricte, la plus petite des trois DTD XHTML fait plus de 1 500 lignes. Et ce ne sont que des DTD d'une taille raisonnable. La DTD XML de DocBook comporte plus de 11 000 lignes. Travailler, en toute compréhension, avec une DTD si longue est difficile quand elle est stockée dans un seul fichier.

Heureusement les DTD peuvent être séparées en différentes parties. Par exemple, la DTD DocBook est distribuée en 28 parties séparés, couvrant les différentes parties des spécifications (une pour les tableaux, une pour les notations, une pour les déclarations d'entité, etc.). Ces différentes parties sont associées au moment de la validation en utilisant des *appels d'entité paramètre externe.*

Une entité paramètre externe est déclarée en utilisant une déclaration normale ENTITY complétée par un signe pourcent, %, tout comme une entité paramètre classique. Cependant, plutôt que d'inclure directement le texte de substitution, la déclaration contient le mot-clé SYSTEM suivi d'un URI vers le morceau de la DTD à insérer. La déclaration suivante ENTITY définie une entité externe appelée names, dont le contenu est issu du fichier situé à l'URI relatif *names.dtd.* Ainsi, l'appel d'entité paramètre %names; insère le contenu de ce fichier dans la DTD courante :

```
<!ENTITY % names SYSTEM "names.dtd">
%names;
```

Vous pouvez aussi bien utiliser des URI relatifs que des URI absolus. Mais dans la plupart des cas, les URI relatifs sont plus pratiques.

Inclusion conditionnelle

XML propose la directive IGNORE pour mettre en commentaire une partie des déclarations. Par exemple, un parseur va ignorer l'élément production_note comme si il était absent de la DTD :

```
<![IGNORE[
 <!ELEMENT production_note (#PCDATA)>
]]>
```

Cette déclaration peut paraître inutile. Après tout, vous pouvez utiliser un vrai commentaire pour commenter les déclarations que vous voulez retirer de la DTD. Si vous préférez cette option, la directive INCLUDE aura l'air d'autant plus inutile. Son objectif est d'indiquer que ces déclarations sont effectivement utilisées dans la DTD :

```
<![INCLUDE[
 <!ELEMENT production_note (#PCDATA)>
]]>
```

Cette déclaration a le même effet et le même sens ; elle se comporte comme si la directive INCLUDE n'était pas présente. Cependant, considérons maintenant ce qui se passe si nous n'utilisons pas directement INCLUDE et IGNORE. Supposons, qu'au lieu de cela, nous définissions un appel d'entité comme suit :

```
<!ENTITY % notes_permises "INCLUDE">
```

Nous utiliserions alors un appel d'entité paramètre au lieu des mots-clés :

```
<![%notes_permises;[
 <!ELEMENT production_note (#PCDATA)>
]]>
```

L'entité paramètre notes_permises peut être redéfinie en dehors de cette DTD. En particulier, elle peut être redéfinie dans un sous-ensemble interne de la DTD d'un document. Cela donne une possibilité pour les documents d'activer ou non la déclaration production_note.

Cette technique est utile parce qu'elle permet aux auteurs de documents de ne sélectionner que les fonctionnalités de la DTD dont ils ont besoin.

Deux exemples de DTD

Certaines des meilleures techniques de conception de DTD deviennent évidentes seulement quand vous vous intéressez à de plus grands documents. Dans cette partie, nous allons écrire des DTD qui couvrent les deux différents formats de documents pour décrire les personnes, présentés dans l'*exemple 2-4* et l'*exemple 2-5* du chapitre précédent.

DTD orientées donnée

Les DTD orientées donnée sont très directes. Elles utilisent massivement des séquences, quelques fois des choix et rarement du contenu mixte. L'*exemple 3-6* montre ce type de DTD.

Puisque cet exemple est court et facile à comprendre, du moment que le document et la DTD sont à la fois sur la même page, nous en avons fait une DTD interne et nous l'avons incluse dans le document.

Toutefois, nous pouvons facilement la mettre dans un fichier à part.

Exemple 3-6. Une DTD flexible, jusqu'ici orientée donnée, décrivant des personnes

```
<?xml version="1.0" encoding="ISO-8859-1"?>
<!DOCTYPE personne [
 <!ELEMENT personne (nom+, profession*)>

 <!ELEMENT nom EMPTY>
 <!ATTLIST nom prénom CDATA #REQUIRED
               nom_famille  CDATA #REQUIRED>
 <!-Les attributs prénom et nom_famille sont obligatoires
      mais ils peuvent être vides. Par exemple,
      <nom prénom="Cher" nom_famille=""> -->

 <!ELEMENT profession EMPTY>
 <!ATTLIST profession value CDATA #REQUIRED>
]>
<personne>
 <nom prénom="Alan" nom_famille="Turing"/>
 <profession value="informaticien"/>
 <profession value="mathématicien"/>
```

Exemple 3-6. Une DTD flexible, jusqu'ici orientée donnée, décrivant des personnes (suite)

```
  <profession value="cryptographe"/>
</personne>
```

Cette DTD est entièrement contenue dans le sous-ensemble interne de la DTD et opère de haut en bas. Premièrement, la déclaration de l'élément personne déclare que chaque personne doit avoir un ou plusieurs sous-éléments nom et zéro ou plusieurs sous-éléments profession, dans cet ordre. Cette règle autorise les gens à changer leurs noms ou à utiliser des surnoms. Elle suppose que chaque personne a au moins un nom, mais peut ne pas avoir de profession.

Cette déclaration nécessite aussi que tous les éléments nom précédent tous les éléments profession. Ici, la DTD est moins souple qu'elle ne devrait idéalement être ; il n'y a pas de raison particulière pour que les noms viennent en premier. Cependant, si on autorisait une disposition plus aléatoire, il serait difficile d'indiquer qu'il doit y avoir au moins un élément nom. Une des faiblesses des DTD est qu'elles vous imposent parfois un ordre de séquence quand vous avez juste besoin d'une contrainte sur le nombre de quelques éléments. Les schémas sont plus souples dans ce cas.

Les éléments nom et profession sont tous deux vides, c'est pourquoi leurs déclarations sont très simples. Les déclarations des attributs sont un peu plus complexes. Dans ces trois cas la forme des attributs est ouverte, c'est-à-dire que les trois attributs sont déclarés avec un type CDATA. Ces trois attributs sont obligatoires. Cependant, vous pouvez noter l'utilisation des commentaires pour proposer des solutions pour les cas limites, comme pour les vedettes sans nom de famille. Les commentaires sont un outil essentiel pour apporter du sens à des DTD quelque fois un peu obscures.

DTD orientées narration

Les DTD orientées narration ont tendance à être plus décousues et utilisent des modèles de contenu mixte plus volontairement que ne le font les DTD qui décrivent des documents plus proche de bases de données. En conséquence, elles ont tendance à être écrites de bas en haut, commençant par les éléments les plus petits et se construisant jusqu'aux plus importants. Elles ont également tendance à utiliser des entités paramètres pour regrouper des modèles de contenu identiques et des listes d'attributs.

L'*exemple 3-7* est une DTD autonome pour les biographies comme celle montrée dans l'*exemple 2-5* du précédent chapitre. Remarquez que tout ce qu'elle déclare n'est pas actuellement dans l'*exemple 2-5*. C'est souvent le cas dans des documents narratifs. Par exemple, toutes les pages web ne contiennent pas des listes à puces, mais la DTD XHTML a pourtant besoin de déclarer l'élément ul pour les documents XHTML qui doivent en contenir. Remarquez également que certains attributs présents dans l'*exemple 2-5* ont leurs valeurs fixées par défaut. Ils pourraient ainsi être omis du document du moment que ce dernier est rattaché à la DTD.

Exemple 3-7. Une DTD orientée narration pour les biographies

```
<!ATTLIST biographie xmlns:xlink CDATA #FIXED "http://www.w3.org/1999/xlink">
<!ELEMENT personne (prénom, nom_famille)>
<!--  Les dates de naissance et de décès sont de la forme jj/mm/aaaa -->
<!ATTLIST personne naissance CDATA #IMPLIED
                   mort CDATA #IMPLIED>

<!ELEMENT date   (mois, jour, année)>
<!ELEMENT mois  (#PCDATA)>
<!ELEMENT jour    (#PCDATA)>
<!ELEMENT année   (#PCDATA)>

<!-- xlink:href doit contenir un URI. -->
<!ATTLIST emphase xlink:type (simple) #IMPLIED
                    xlink:href CDATA    #IMPLIED>

<!ELEMENT profession (#PCDATA)>
<!ELEMENT note    (#PCDATA)>

<!-- La source est donnée en fonction des conventions de citation du
     Chicago Manual of Style   -->
<!ATTLIST note source CDATA #REQUIRED>

<!ELEMENT prénom (#PCDATA)>
<!ELEMENT nom_famille  (#PCDATA)>

<!ELEMENT image EMPTY>
<!ATTLIST image source CDATA   #REQUIRED
                width  NMTOKEN #REQUIRED
                height NMTOKEN #REQUIRED
                ALT    CDATA   #IMPLIED
>

<!ENTITY % top_level "( #PCDATA | image | paragraphe | définition
                      | personne | profession | emphase | nom_famille
                      | prénom | note | date )*">

<!ELEMENT paragraphe  %top_level; >
<!ELEMENT définition %top_level; >
<!ELEMENT emphase  %top_level; >
<!ELEMENT biographie  %top_level; >
```

L'élément racine biographie a un modèle de contenu mixte classique. Puisque de nombreux éléments peuvent contenir d'autres éléments d'une façon assez imprévisible, nous regroupons tous les éléments de haut niveau (les éléments qui apparaissent comme élément racine direct des sous-éléments) dans un appel d'entité top_level simple. Alors, nous pouvons les rendre tous potentiellement sous-éléments les uns des autres d'une manière directe. Cette étape rend l'ajout de nouveaux éléments ultérieurement plus facile. C'est important, puisque ce petit exemple n'est certainement pas suffisant pour couvrir toutes les biographies possibles.

Localisation de DTD standard

Les DTD et la validité sont fort importantes lorsque vous échangez des données avec d'autres personnes car elles vous laissent vérifier que ce que vous envoyez est ce que le destinataire attend, et vice-versa. Bien sûr, cet arrangement ne fonctionne que si les deux intervenants de la conversation se sont mis d'accord sur la DTD et le vocabulaire qu'ils vont utiliser. De nombreuses DTD standard existent pour différentes professions et disciplines, et davantage sont créées chaque jour. Utiliser un vocabulaire et une DTD établis est souvent mieux que de concevoir les vôtres.

Cependant, il n'existe aucun répertoire central qui documente et relie de telles initiatives. Nous connaissons au moins trois tentatives de création de répertoire central :

- schema.net de James Tauber à *http://www.schema.net/* ;
- xml.org de OASIS à *http://www.xml.org/xml/registry.jsp* ;
- l'iniative Biztalk de Microsoft à *http://www.biztalk.org* (inscription obligatoire).

Cependant, aucune de ces trois tentatives ne s'est affirmée comme un répertoire standardisé de DTD, et aucune d'elles ne couvre plus qu'une minorité des DTD publiques existantes. En fait, la plus grande liste de DTD en ligne ne va même pas tenter d'être un répertoire général. C'est simplement le résultat de la collection d'informations XML et SGML depuis de nombreuses années. Vous pouvez trouvez sur ce site la liste des applications XML de Robin Cover à *http://www.oasis-open.org/cover/siteIndex.html#toc-applications*.

Le W3C est un des plus prolifiques producteurs de DTD XML standardisées. Il a porté à peu près tous ces futurs développements, y compris SVG, *Scalable Vector Graphics*, PICS, *Platform for Internet Content Selection*, RDF, *Resource Description Framework*, MathML, *Mathematical Markup Language* et même HTML lui-même, vers XML. Les DTD pour ces applications XML sont généralement publiées comme annexes aux spécifications des applications. Les spécifications sont toutes accessibles à *http://www.w3.org/TR/*.

Cependant, XML n'est pas réservé au Web et l'activité va encore plus loin à l'extérieur du W3C qu'à l'intérieur. De manière générale, quelque soit votre domaine, vous devriez regarder vers les organismes de normalisation de ce domaine pour des DTD relatives à votre centre d'intérêt. Par exemple, l'*American Institute of Certified Public Accountants* a publié une DTD pour XFRML, *Extensible Financial Reporting Markup Language*. L'OMG, *Object Management Group*, a publié une DTD pour décrire des diagrammes UML, *Unified Modeling Language*, en XML. La *Society of Automotive Engineers* travaille sur des applications XML pour publier des informations sur les émissions de gaz automobiles comme le demande le décret américain de 1990 sur la propreté de l'air. Dans chaque industrie qui utilise massivement les technologies de l'information, des groupes plus ou moins formels travaillent déjà sur des DTD qui couvrent des parties de cette industrie.

CHAPITRE 4

Espaces de noms

Les espaces de noms répondent à deux objectifs pour XML :

1. Distinguer des éléments et attributs issus de vocabulaires différents avec des significations différentes et pouvant être amenés à partager le même nom.
2. Grouper tous les éléments et attributs relatifs à une même application XML pour que les logiciels puissent les reconnaître facilement.

Le premier objectif est facile à expliquer et à saisir mais le second est plus important en pratique.

Les espaces de noms sont mis en œuvre en ajoutant un préfixe à chaque élément et attribut. Chaque préfixe est associé à un URI. Les URI par défaut peuvent être également donnés pour des éléments qui n'ont pas de préfixe. Les éléments et les attributs qui sont rattachés au même URI sont dans le même espace de noms. Les URI courants identifient les éléments de nombreuses applications XML.

Nécessité des espaces de noms

Certains documents combinent des balises provenant de plusieurs applications XML. Par exemple, un document XHTML peut contenir à la fois des images SVG et des équations MathML. Une feuille de style XSLT contient à la fois des instructions XSLT et des éléments du vocabulaire de l'arbre résultant. Et les éléments XLinks sont toujours en symbiose avec les éléments du document dans lequel ils apparaissent, puisque Xlink ne définit pas lui-même d'éléments, seulement des attributs.

Dans certains cas, ces applications peuvent utiliser le même nom pour faire référence à des choses différentes. Par exemple, dans SVG un élément `set` fixe la valeur d'un attribut à une durée de temps spécifique, alors que dans MathML un élément `set` représente un ensemble mathématique comme l'ensemble de tous les nombres positifs. Il est essentiel de savoir quand vous travaillez avec un élément set MathML et avec un élément set SVG sinon la validation, l'affichage, le tri et beaucoup d'autres tâches deviendront confuses et n'aboutiront pas.

Considérez l'*exemple 4-1*. Cet exemple est une simple liste de tableaux incluant le titre de chaque tableau, la date où chacun a été peint, l'artiste qui l'a peint et une description :

Exemple 4-1. Une liste de tableaux

```
<?xml version="1.0" encoding="ISO-8859-1" standalone="yes"?>
<catalogue>

<peinture>
    <titre>Souvenir d'un jardin à Etten</titre>
    <artiste>Vincent Van Gogh</artiste>
    <date>novembre, 1888</date>
    <description>
      Deux femmes regardent sur la gauche. Une troisième travaille dans son jardin.
    </description>
</peinture>

<peinture>
    <titre>La balançoire</titre>
    <artiste>Pierre-Auguste Renoir</artiste>
    <date>1876</date>
    <description>
     Jeune fille sur une balançoire. Deux hommes et un bébé l'observent.
    </description>
</peinture>

<!-- Beaucoup d'autres tableaux... -->

</catalogue>
```

Maintenant imaginez que l'*exemple 4-1* soit proposé comme page web et que vous vouliez le rendre accessible à des moteurs de recherche. L'utilisation de RDF, *Resource Description Framework*, pour inclure les métadonnées dans la page est une des possibilités. Ceci décrit la page pour n'importe quel moteur de recherche ou autre robot qui pourrait venir. Utilisez le vocabulaire de métadonnées de *Dublin Core* (*http://purl.oclc.org/dc/*), un vocabulaire standard pour des informations de type catalogue de bibliothèque pouvant être encodées en XML ou en d'autres syntaxes ; une description de RDF de cette page pourrait ressembler à quelque chose comme :

```
<RDF>
  <Description about="http://www.oreilly.fr/archives/xmlnut2/
impressionists.xml">
    <titre> Tableaux impressionnistes </titre>
    <auteur> Elliotte Rusty Harold </auteur>
    <description>
        Liste de tableaux impressionnistes célèbres organisée
        par peintre et date.
```

```
      </description>
      <date>22-08-2000</date>
   </Description>
  </RDF>
```

Ici nous avons utilisé les éléments Description et RDF de RDF et les éléments titre, auteur, description et date du Dublin Core. Nous n'avons pas d'autres choix pour ces noms ; ils sont établis par leurs caractéristiques respectives. Si nous voulons un logiciel standard qui connaisse RDF et le Dublin Core pour comprendre nos documents, nous devons utiliser ces noms. L'*exemple 4-2* combine cette description avec la liste réelle de tableaux.

Exemple 4-2. Une liste de tableaux comprenant des informations de catalogue sur la liste

```
<?xml version="1.0" encoding="ISO-8859-1" standalone="yes"?>
<catalogue>

<RDF>
 <Description
      about="http://www.oreilly.fr/archives/xmlnut2/impressionists.xml">
    <titre> Tableaux impressionnistes </titre>
    <auteur> Elliotte Rusty Harold </auteur>
    <description>
     Liste de tableaux impressionnistes célèbres organisée
     par peintre et date.
   </description>
   <date>22-08-2000</date>
 </Description>
 </RDF>
<peinture>
   <titre>Souvenir d'un jardin à Etten</titre>
   <artiste>Vincent Van Gogh</artiste>
   <date>novembre 1888</date>
   <description>
    Deux femmes regardent sur la gauche. Une troisième travaille dans son jardin.
   </description>
</peinture>

<peinture>
   <titre>La balançoire</titre>
   <artiste>Pierre-Auguste Renoir</artiste>
   <date>1876</date>
   <description>
   Une jeune femme sur une balançoire. Deux hommes et un bébé l'observent.
   </description>
</peinture>

<!-- Beaucoup d'autres tableaux... -->

</catalogue>
```

Espaces de noms

Maintenant nous avons un problème. Plusieurs éléments ont été surchargés avec des significations différentes dans diverses parties du document. L'élément `titre` est utilisé à la fois pour le titre de la page et pour les titres des tableaux. L'élément `date` est utilisé à la fois pour la date où la page a été écrite et la date où le tableau a été peint. Un élément `description` décrit des pages et un autre décrit des peintures.

Cette situation présente toutes sortes de problèmes. La validation est difficile parce que les éléments du catalogue et du Dublin Core avec un même nom peuvent avoir différents modèles de contenu. Pour les navigateurs web, vous pouvez vouloir cacher la description de la page alors que vous voulez montrer la description d'un tableau, mais tous les langages de feuilles de style ne peuvent pas distinguer les deux. Les logiciels de traitement peuvent comprendre le format de date utilisé par l'élément `date` du Dublin Core mais non le format libre utilisé dans l'élément `date` des tableaux.

Nous pourrions changer les noms de l'élément et utiliser `titre_peinture` au lieu de `titre`, `date_peinture` au lieu de `date` et ainsi de suite. Cependant, ce n'est pas commode si vous avez déjà beaucoup de documents formatés dans l'ancienne version du vocabulaire. Il peut également ne pas être possible de faire ce changement dans tous les cas, particulièrement si les collisions des noms se produisent en raison de conflits entre deux ou plusieurs vocabulaires standards, et non en raison de conflits entre votre vocabulaire et un vocabulaire standard. Par exemple, RDF évite de justesse une collision avec Dublin Core sur les éléments `Description` et `description`.

Dans d'autres cas, les conflits de nom pourraient ne pas se produire, mais il peut encore être important pour un logiciel de déterminer rapidement et de manière décisive à quelle application XML appartient un élément ou un attribut donné. Par exemple, un processeur XSLT a besoin de distinguer des instructions XSLT des éléments de l'arbre résultant.

Syntaxe des espaces de noms

Les espaces de noms lèvent les problèmes d'ambiguïté des éléments en assignant les éléments et attributs à des URI. En général, tous les éléments d'une application XML seront assignés à un URI et tous les éléments et attributs d'une application XML différente seront assignés à un URI différent. Ces URI sont parfois appelés *espaces de noms*. Les URI séparent les éléments et les attributs en deux ensembles disjoints. Les éléments avec le même nom mais des URI différents sont des éléments différents ; les éléments avec le même nom et le même URI sont les mêmes. Il y a habituellement une association entre les espaces de noms et les applications XML, cependant certaines applications peuvent utiliser plusieurs espaces de noms pour subdiviser différentes parties de l'application. Par exemple, XSL utilise des espaces de noms différents pour XSLT, *XSL Transformations*, et XSL-FO, *XSL Formatting Objects*.

Noms qualifiés, préfixes et parties locales

Puisque les URI contiennent souvent des caractères comme /, % et ~ qui ne sont pas autorisés dans les noms XML, des préfixes courts, comme `rdf` et `xsl`, les remplacent dans les noms d'éléments et d'attributs. Chaque préfixe est associé à un seul URI. Les noms avec des préfixes associés à ce même URI sont dans le même espace de noms. Les noms avec des préfixes associés à des URI différents sont dans des espaces de noms différents. Les éléments et les attributs dans les espaces de noms ont des noms qui comportent un caractère deux points :

```
rdf:description
xlink:type
xsl:template
```

Tout ce qui est avant les deux points est appelé le *préfixe*. Tout ce qui est après les deux points est appelé la *partie locale*. Le nom complet, incluant les deux points, est appelé le *nom qualifié*, le *QName* ou le *nom complet*. Le préfixe identifie l'espace de noms auquel l'élément ou l'attribut fait référence. La partie locale identifie l'élément particulier ou l'attribut dans l'espace de noms.

Dans un document contenant à la fois des éléments `set` de SVG et MathML, l'un peut être un élément `svg:set` et l'autre un élément `mathml:set`. Cette distinction devrait éliminer toute confusion entre les éléments. Dans une feuille de style XSLT, qui transforme des documents en XSL formatting objects, le processeur XSLT devrait reconnaître les éléments avec le préfixe `xsl` comme instructions XSLT et les éléments avec le préfixe `fo` comme éléments littéraux résultants.

Les préfixes peuvent être constitués à partir de n'importe quel caractère d'un nom XML autorisé mis à part les deux points. Les préfixes commençant avec les trois lettres « xml » (quelle que soit la casse) sont réservés à une utilisation par XML et ses spécifications associées. Sinon, vous pouvez nommer vos préfixes de n'importe quelle façon pratique. Une limitation de plus que les espaces de noms ajoute à XML 1.0 est que la partie locale ne contienne pas de caractère deux points. En résumé, la seule utilisation autorisée des deux points dans XML est de séparer le préfixe de l'espace de noms de la partie locale en un nom qualifié ou pour les attributs que XML défini lui-même, comme `xml:space` et `xml:lang`.

Association des préfixes aux URI

Chaque préfixe dans un nom qualifié doit être associé à un URI. Par exemple, tous les éléments XSLT des feuilles de style XSLT 1.0 sont associées à l'URI *http://www.w3.org/1999/XSL/Transform*. Le `préfixe` habituel `xsl` est utilisé à la place de l'URI complet *http://www.w3.org/1999/XSL/Transform*.

Conventions sur les URI

Vous ne pouvez pas utiliser l'URI directement dans le nom. Les slashes dans la plupart des URI ne sont pas les caractères autorisés dans les noms XML. Toutefois, se rapporter au nom complet sans imaginer un préfixe particulier, est de temps en temps utile. Une convention utilisée sur beaucoup de listes de diffusion XML et dans la documentation XML est d'entourer l'URI dans des accolades et de le préfixer au nom. Le nom qualifié `xsl:template` pourrait être écrit avec comme nom complet `{http://www.w3.org/1999/XSL/Transform}template`. Une autre convention est d'ajouter le nom local au nom de l'espace de nom après un signe dièse de telle façon qu'il devienne un identifiant de fragment d'URI. Par exemple, `http://www.w3.org/1999/XSL/Transform#template`. Toutefois, les deux formes ne sont que des facilités pour la communication entre individus lorsque l'URI est important et que le préfixe ne l'est pas. Pas plus un parseur XML qu'un processeur XSLT n'acceptera ou ne comprendra les formes longues.

Les préfixes sont liés aux URI des espaces de noms en associant un attribut `xmlns:`*`préfixe`* à l'élément préfixé ou à l'un de ses ancêtres (`préfixe` devrait être substitué par le préfixe réel utilisé). Par exemple, l'attribut `xmlns:rdf` de cet élément `rdf:RDF` lie le préfixe `rdf` à l'URI de l'espace de noms *http://www.w3.org/TR/REC-rdf-syntax#* :

```
<rdf:RDF xmlns:rdf="http://www.w3.org/TR/REC-rdf-syntax#">
 <rdf:Description about="http://oreilly.fr/archives/xmlnut2/impressionists.xml">
  <titre> Tableaux impressionnistes </dc:titre>
   <auteur> Elliotte Rusty Harold </auteur>
   <description>
   Liste de tableaux impressionnistes célèbres organisée
   par peintre et date.
  </description>
  <date>22-08-2000</date>
  </rdf:Description>
</rdf:RDF>
```

Les associations ont la portée de l'élément auxquelles elles sont déclarées et de son contenu. L'attribut `xmlns:rdf` déclare le préfixe `rdf` pour l'élément `rdf:RDF` et ses sous-éléments. Un processeur RDF reconnaîtra `rdf:RDF` et `rdf:Description` comme éléments de RDF parce que tous les deux ont des préfixes liés à l'URI particulier défini par les spécifications de RDF. Il ne considérera pas les éléments `titre`, `auteur`, `description` et `date` comme des éléments RDF parce qu'ils n'ont pas des préfixes liés à l'URI *http://www.w3.org/TR/REC-rdf-syntax#*.

Le préfixe peut être déclaré dans l'élément de plus haut niveau qui utilise le préfixe, ou dans n'importe quel ancêtre. Cela peut être l'élément racine du document ou un élément de plus bas niveau. Par exemple, les éléments du Dublin Core pourraient être attachés à l'espace de noms *http://purl.org /dc/* en ajoutant l'attribut `xmlns:dc` à l'élément `rdf:Description`, comme montré dans l'*exemple 4-3*, puisque tous les éléments du Dublin Core dans ce document apparaissent à l'intérieur d'un seul élément `rdf:Description`. Dans les documents dont les éléments s'étalent plus, mettre la déclaration de l'espace de noms dans la balise de début de l'élément racine pourrait être plus commode. Au besoin, un seul élément peut inclure plusieurs déclarations d'espaces de noms pour différents espaces de noms.

Exemple 4-3. Un document contenant à la fois SVG et XLinks

```
<?xml version="1.0" encoding="ISO-8859-1" standalone="yes"?>
<catalogue>
```

Exemple 4-3. Un document contenant à la fois SVG et XLinks (suite)

```
<rdf:RDF xmlns:rdf="http://www.w3.org/TR/REC-rdf-syntax#">
  <rdf:Description xmlns:dc="http://purl.org/dc/"
     about="http://www.oreilly.fr/archives/xmlnut2/impressionists.xml">
    <dc:titre> Tableaux impressionnistes </dc:titre>
    <dc:auteur> Elliotte Rusty Harold </dc:auteur>
    <dc:description>
     Une liste de tableaux impressionnistes célèbres
     organisées par peintre et date.
    </dc:description>
    <dc:date>22-08-2000</dc:date>
  </rdf:Description>
</rdf:RDF>

<peinture>
  <titre>Souvenir d'un jardin à Etten</titre>
  <artiste>Vincent Van Gogh</artiste>
  <date>novembre, 1888</date>
  <description>
    Deux femmes regardent vers la gauche. Une troisième travaille dans son jardin.
  </description>
</peinture>

<peinture>
  <titre>La balançoire</titre>
  <artiste>Pierre-Auguste Renoir</artiste>
  <date>1876</date>
  <description>
    Une jeune femme sur une balançoire. Deux hommes et un bébé l'observent.
  </description>
</peinture>

<!-- Beaucoup d'autres peintures...-->

</catalogue>
```

Une DTD pour ce document peut inclure différents modèles de contenu pour les éléments `dc:description` et `description`. Une feuille de style peut associer différents styles à `dc:titre` et `titre`. Le logiciel qui trie le catalogue en fonction des dates peut prêter attention aux éléments `date` et ignorer les éléments `dc:date`.

Dans cet exemple, les éléments sans préfixe comme `catalogue`, `peinture`, `description`, `artiste` et `titre` ne sont dans aucun espace de noms. De plus, les attributs sans préfixe, tel que l'attribut `about` de `rdf:Description` de l'exemple précédent ne sont jamais dans un espace de noms. Le fait d'être l'attribut d'un élément dans l'espace de noms *http://www.w3.org/TR/REC-rdf-syntax#* n'est pas suffisant pour associer l'attribut à l'espace de noms *http://www.w3.org/TR/REC-rdf-syntax#*. La seule façon pour qu'un attribut appartienne à un espace de noms est qu'il ait un préfixe déclaré, comme `xlink:type` et `xlink:href`.

Il est possible de redéfinir un préfixe dans un document de sorte que le préfixe se rapporte à l'URI d'un espace de noms dans un élément et se rapporte à un URI d'espace de noms différent dans d'autres documents. Dans ce cas, l'élément ancêtre le plus proche qui déclare le préfixe a la priorité. Cependant, dans la plupart des cas la redéfinition des préfixes est une mauvaise idée qui ne mène qu'à la confusion.

URI d'espaces de noms

Beaucoup d'applications XML ont des préfixes habituels. Par exemple, les éléments SVG utilisent souvent le préfixe `svg` et les éléments RDF ont souvent le préfixe `rdf`. Cependant, ces préfixes sont simplement des conventions et peuvent être modifiés par nécessité, convenance ou caprice. Avant qu'un préfixe puisse être utilisé, il doit être lié à un URI comme *http://www.w3.org/2000/svg* ou *http://www.w3.org/1999/02/22-rdf-syntax-ns#*. Seules les URI sont normalisés et non les préfixes. Le préfixe peut changer du moment que l'URI reste le même. Un processeur RDF recherche un URI et non un préfixe spécifique. Tant que personne en dehors du domaine *w3.org* n'utilise les URI d'espaces de noms du domaine *w3.org* et si le W3C peut surveiller ce que ses collaborateurs utilisent comme espaces de noms, tout conflit peut être évité.

Les URI d'espaces de noms ne désignent pas nécessairement un document ou une page réels. En fait, ils n'ont pas à utiliser le modèle *http*. Ils pourraient même utiliser un autre protocole, comme *mailto*, dans lequel les URI ne désignent pas de documents. Toutefois, si vous définissez votre propre espace de noms en utilisant un URI *http*, documenter les spécifications à l'URI de l'espace de noms ne serait pas une mauvaise idée. Le W3C a été fatigué de recevoir des informations rendant compte de liens cassés pour les URI des espaces de noms de leurs spécifications, si bien qu'ils ont ajouté de simples pages aux URI de leurs espaces de noms. Pour des objectifs plus formels proposant des possibilités de résolution automatique et autres caractéristiques, vous pouvez positionner un document RDDL (*Resource Directory Description Language*) à l'URI de l'espace de noms. Cette possibilité sera abordée plus loin dans le chapitre 14. Cependant, vous n'êtes pas obligé de le faire. Beaucoup d'URI d'espaces de noms mènent à des erreurs « 404-Not Found » quand vous les transmettez à un navigateur web. Les URI des espaces de noms sont des identificateurs purement formels ; ils ne sont pas les adresses d'une page et ne sont pas censés être suivis comme hyperliens.

Les parseurs comparent les URI des espaces de noms caractère par caractère. Si les URI diffèrent, ne serait-ce que d'un endroit normalement insignifiant, alors ils définissent des espaces de noms différents. Par exemple, *http://www.w3.org/1999/XSL/Transform*, *http://www.W3.ORG/1999/XSL/Transform*, *http://www.w3.org/1999/XSL/Transform/* et *http://www.w3.org/1999/XSL/Transform/index.html* pourraient tous désigner la même page. Cependant, seul le premier est autorisé dans les feuilles de style XSLT. S'ils étaient utilisés tous les quatre, ils créeraient quatre espaces de noms différents.

Utilisation d'un espace de noms par défaut avec l'attribut xmlns

Vous savez que tout contenu d'un élément spécifique est issu d'une application XML spécifique. Par exemple, vous avez de grandes chances de ne trouver d'élément SVG,

Scalable Vector Graphics, qu'à l'intérieur d'un élément parent svg. Vous pouvez indiquer qu'un élément sans préfixe et tous ses éléments descendants appartiennent à un espace de noms en associant à un attribut xmlns sans préfixe pour l'élément de plus haut niveau :

```
<svg xmlns="http://www.w3.org/2000/svg"
  width="12cm" height="10cm">
 <ellipse rx="110" ry="130" />
 <rect x="4cm" y="1cm" width="3cm" height="6cm" />
</svg>
```

Ici, bien qu'aucun élément n'ait de préfixe, les éléments svg, ellipse et rect sont dans l'espace de noms *http://www.w3.org/2000/svg*.

Les attributs sont une autre histoire. Les espaces de noms par défaut ne s'appliquent qu'aux éléments et non aux attributs. Dans cet exemple, les attributs width, height, rx, ry, x et y ne sont pas dans un espace de noms.

Vous pouvez changer l'espace de noms par défaut dans un élément particulier en ajoutant un attribut xmlns à l'élément. L'*exemple 4-4* est un document XML qui initialise l'espace de noms par défaut à *http://www.w3.org/1999/xhtml* pour tous les éléments XHTML. Cette déclaration d'espace de noms s'applique à la plupart du document. Toutefois, l'élément svg a un attribut xmlns qui positionne l'espace de noms par défaut à *http://www.w3.org/2000/svg* pour lui-même et son contenu. Cependant, l'information XLink est incluse dans les attributs, si bien que les attributs doivent être positionnés dans l'espace de noms Xlink, en utilisant des préfixes explicites.

Espaces de noms

Exemple 4-4. Un document XML qui utilise les espaces de noms par défaut

```
<?xml version="1.0" encoding="ISO-8859-1"?>
<html xmlns="http://www.w3.org/1999/xhtml"
      xmlns:xlink="http://www.w3.org/1999/xlink">
  <head><titre>Trois espaces de noms</titre></head>
  <body>
    <h1 align="center">Une ellipse et un rectangle</h1>
    <svg xmlns="http://www.w3.org/2000/svg"
         width="12cm" height="10cm">
      <ellipse rx="110" ry="130" />
      <rect x="4cm" y="1cm" width="3cm" height="6cm" />
    </svg>
    <p xlink:type="simple" xlink:href="ellipses.html">
      Pour en savoir plus sur les ellipses
    </p>
    <p xlink:type="simple" xlink:href="rectangles.html">
      Pour en savoir plus sur les rectangles
    </p>
    <hr/>
    <p>Dernière modification le 13 mai 2002</p>
  </body>
</html>
```

L'espace de noms par défaut ne s'applique pas aux éléments ou aux attributs avec les préfixes, qui appartiennent encore à l'espace de noms auquel leur préfixe est lié. Cependant, le sous-élément sans préfixe d'un élément préfixé peut appartenir à l'espace de noms par défaut.

Déclarations d'attribut pour xmlns

Lorsque les espaces de noms sont utilisés seulement pour identifier les éléments et attributs d'une application XML particulière et non pour distinguer différents éléments avec un même nom, une DTD peut associer à un attribut `xmlns` fixé aux éléments principaux conteneurs d'une application pour s'assurer que tout est placé dans le bon espace de noms, et ce sans attributs `xmlns` explicites dans le document. Par exemple, cette déclaration `ATTLIST` positionne l'espace de noms par défaut de tous les éléments `svg` à *http://www.w3.org/2000/svg*:

```
<!ATTLIST svg xmlns CDATA #FIXED "http://www.w3.org/2000/svg">
```

Cela vous permet d'omettre les attributs `xmlns` dans tous vos éléments `svg`.

Un document n'a pas besoin d'être valide pour tirer profit de cette omission. Tout ce qui est exigé c'est que le parseur lise la DTD. Tous les parseurs devraient lire le sous-ensemble interne de DTD et traiter n'importe quelle déclaration `ATTLIST` qu'ils y trouvent. Quelques parseurs non-validants peuvent sauter les sous-ensembles externes de DTD et peuvent ainsi s'embrouiller. Idéalement, vous devriez utiliser un parseur qui peut valider, donc qui pourrait lire le sous-ensemble externe de DTD, si bien que vous pourriez l'utiliser avec la validation désactivée.

Gestion des espaces de noms par les parseurs

Les espaces de noms ne font pas partie de XML 1.0. Ils ont été imaginés environ un an après la publication de la spécification XML originale. Toutefois, une attention toute particulière a été prise pour assurer une compatibilité descendante. Ainsi, un parseur XML 1.0 qui ne connaît rien aux espaces de noms ne devrait avoir aucun souci pour lire un document qui les utilise. Les deux points sont des caractères autorisés pour les noms d'éléments et d'attributs dans XML 1.0. Le parseur signale simplement que certains noms contiennent des deux points. Les seuls problèmes possibles se produisent lorsque différents noms qualifiés font référence au même nom complet ou lorsque le même nom qualifié indique un nom complet différent dans différentes parties d'un document.

Un parseur supportant les espaces de noms ajoute quelques vérifications aux vérifications usuelles des contraintes de formes qu'il réalise. Plus particulièrement, il garantit que tous les préfixes sont associés à des URI. Il rejète les documents qui utilisent des préfixes sans association, mis à part pour `xml` et `xmlns`, lorsqu'ils sont utilisés comme indiqué dans les spécifications XML 1.0 ou les spécifications des espaces de noms dans XML. Il rejette de même les noms d'éléments et d'attributs qui contiennent plus d'un deux points. Sinon il se comporte à peu près exactement comme un parseur ne prenant pas en compte les espaces de noms. D'autres logiciels qui reposent sur un parseur XML brut, un moteur XSLT par exemple, peuvent traiter les éléments différemment en fonction de l'espace de noms auxquel ils appartiennent. Cependant, le parseur XML lui-même n'en tient pas compte, du moment que toutes les contraintes de forme et sur les espaces de noms sont respectées.

Une exception peut se produire dans un cas peu fréquent : lorsque des éléments avec des préfixes différents appartiennent au même espace de noms. Dans ce cas, un parseur qui tient compte des espaces de noms signale que les éléments sont les mêmes, alors qu'un parseur qui n'en tient pas compte les signale comme différents. De même, il est rare que deux éléments ou attributs avec le même nom qualifié soient dans des espaces de noms différents parce que le préfixe commun est lié à des URI différents dans des parties différentes du document. Avoir deux noms sans préfixe dans des espaces de noms par défaut différents est à peu près similaire. Dans tous ces cas, un parseur prenant en compte les espaces de noms les signalent comme différents, alors qu'un processeur qui n'en tient pas compte les traitent comme s'ils étaient identiques. De nombreux parseurs vous laissent activer ou non le traitement des espaces de noms.

Espaces de noms et DTD

Les espaces de noms sont complètement indépendants des DTD et peuvent être utilisés à la fois dans des documents valides et non valides. Un document peut avoir une DTD mais ne pas utiliser les espaces de noms ou utiliser des espaces de noms mais ne pas avoir de DTD. Il peut utiliser à la fois des espaces de noms et des DTD, ou ni l'un ni l'autre. Les espaces de noms ne modifient pas la syntaxe des DTD de quelque façon que ce soit ou ne changent pas la définition de la validité. Par exemple, la DTD d'un document valide utilisant un élément nommé `dc:titre` doit inclure la déclaration d'un `ELEMENT` qui définit correctement le contenu de l'élément `dc:titre` :

```
<!ELEMENT dc:titre (#PCDATA)>
```

Le nom de l'élément dans le document doit correspondre exactement au nom de l'élément de la DTD, y compris le préfixe. La DTD ne peut pas omettre le préfixe et simplement déclarer un élément `titre`. Les attribut préfixés opèrent de la même façon. Par exemple, si un élément utilisé dans le document à des attributs `xlink:type` et `xlink:href`, alors la DTD doit déclarer les attributs `xlink:type` et `xlink:href` et non uniquement `type` et `href`.

Inversement, si un élément utilise un attribut `xmlns` pour indiquer l'espace de noms par défaut et ainsi ne pas attacher les préfixes aux éléments, les noms d'éléments doivent être déclarés sans préfixe dans la DTD. Le validateur ne connaît pas plus les espaces de noms qu'il ne s'en soucie. Tout ce qu'il voit est qu'il est possible que des noms de certains éléments et attributs contiennent des deux points ; et pour autant qu'il soit concerné, de tels noms sont parfaitement valides du moment qu'ils sont déclarés.

Appels d'entité paramètre pour les préfixes des espaces de noms

Exiger des DTD de déclarer les noms préfixés au lieu du nom complet ou de certaines combinaisons de parties locales et URI d'espaces de noms rend difficile le changement de préfixe dans des documents valides. Changer le préfixe implique le changement de toutes les déclarations qui utilisent ce préfixe dans la DTD. Pourtant, avec un peu de réflexion, les appels d'entités paramètres peuvent soulager un peu de ce désagrément.

Tout d'abord, définissez à la fois le préfixe de l'espace de noms et les deux points qui séparent le préfixe du nom local comme entités paramètres :

```
<!ENTITY % dc-prefixe "dc">
<!ENTITY % dc-séparateur ":">
```

Ensuite, définissez les noms qualifiés comme autant d'appels d'entités paramètres :

```
<!ENTITY % dc-titre       "%dc-prefixe;%dc-séparateur;titre">
<!ENTITY % dc-auteur      "%dc-prefixe;%dc-séparateur;auteur">
<!ENTITY % dc-description "%dc-prefixe;%dc-séparateur;description">
<!ENTITY % dc-date        "%dc-prefixe;%dc-séparateur;date">
```

Définition de noms qualifiés
Vous ne devez pas oublier cette étape et essayez d'utiliser les entités paramètres `dc-prefixe` et `dc-séparateur` directement dans les déclarations `ELEMENT` et `ATTLIST`. Cela devrait échouer parce que les parseurs XML ajoutent des espaces supplémentaires autour du texte de substitution de l'entité lorsqu'ils sont utilisés en dehors d'un autre texte de substitution d'une entité.

Alors utilisez les appels d'entités pour le nom qualifié dans toutes les déclarations :

```
<!ELEMENT %dc-titre; (#PCDATA)>
<!ELEMENT %dc-auteur; (#PCDATA)>
<!ELEMENT %dc-description; (#PCDATA)>
<!ELEMENT %dc-date; (#PCDATA)>
<!ELEMENT rdf:Description
  ((%dc-titre; | %dc-auteur; | %dc-description; | %dc-date; )*)
>
```

Maintenant, un document qui a besoin de changer le préfixe change également les définitions de l'entité paramètre. Dans certains cas, éditer la DTD directement pourra changer les définitions. Dans d'autres cas, cela peut être fait en surchargeant les définitions dans le sous-ensemble interne propre à la DTD du document. Par exemple, pour changer le préfixe de `dc` à `dublin`, ajouter cette définition d'entité quelque part dans votre DTD avant la définition normale :

```
<!ENTITY % dc-prefixe "dublin">
```

Si vous vouliez utiliser l'espace de noms par défaut plutôt que des préfixes explicites, redéfinissez à la fois les entités `dc-prefixe` et `dc-séparateur` comme chaîne de caractères vides :

```
<!ENTITY % dc-prefixe "">
<!ENTITY % dc-séparateur  "">
```

CHAPITRE 5

Internationalisation

Nous vous avons dit que les documents XML contiennent du texte, mais nous n'avons pas encore indiqué quel type de texte, c'est ce que nous allons voir maintenant. Les documents XML renferment du texte Unicode. Unicode est un jeu de caractères suffisamment important pour inclure toutes les langues vivantes du monde et certaines langues mortes. Il peut être écrit dans de nombreux types de codages des caractères, y compris UCS-2 et le sur-ensemble UTF-8 du code ASCII. Toutefois, étant donné que les éditeurs de texte Unicode sont encore assez rares, les documents XML peuvent aussi être écrits dans d'autres jeux de caractères et codages, qui sont alors convertis en Unicode lorsque le document est analysé. La déclaration de codage indique le jeu de caractères utilisé par un document. Vous pouvez utiliser des appels de caractères, comme `θ` pour ajouter des caractères Unicode, comme θ, indisponibles dans le jeu de caractères dans lequel le document est écrit.

Les ordinateurs ne comprennent pas vraiment le texte. Ils ne reconnaissent pas plus la lettre latine *Z* que la lettre grecque γ, ou l'idéogramme han 齵. Un ordinateur ne comprend que des nombres comme 90, 947 ou 40821. Un *jeu de caractères* associe certains caractères, comme *Z*, à certains nombres, comme 90. Ces nombres sont appelés *points de caractère*. Un *codage de caractères* décide comment ces points de caractère sont représentés en octets. Par exemple, le point de caractère 90 peut être codé comme un octet signé, un entier court non signé codé en petit-boutien (*little endian*), une suite de quatre octets, en complément à deux, un entier grand-boutien (*big endian*), ou d'une façon encore plus compliquée.

Une écriture comme le cyrillique peut être écrite dans plusieurs jeux de caractères, comme KOI8-R, Unicode ou ISO 8859-5. Un jeu de caractère comme Unicode peut être représenté par différents types de codage, comme UTF-8, UCS-2 ou UTF-16. Toutefois en général, de simples jeux de caractères comme ASCII et KOI8-R ont seulement un seul codage.

Métadonnées du jeu de caractères

Quelques environnements suivent les types de codages particuliers dans lesquels les documents sont écrits. Par exemple, les serveurs web qui transmettent les documents XML les précèdent d'un en-tête HTTP qui pourrait ressembler à quelque chose comme :

```
HTTP/1.1 200 OK
Date: Sun, 28 Oct 2001 11:05:42 GMT
Server: Apache/1.3.19 (Unix) mod_jk mod_perl/1.25 mod_fastcgi/2.2.10
Connection: close
Transfer-Encoding: chunked
Content-Type: text/xml; charset=iso-8859-1
```

Le champ `Content-Type` de l'en-tête HTTP fournit le type de média MIME du document. Il peut, comme proposé ici, indiquer dans quel jeu de caractères le document est écrit. Un parseur XML lisant ce document depuis un serveur web devrait utiliser cette information pour déterminer le type de codage de caractères du document.

Beaucoup de serveurs web omettent le paramètre `charset` du type de média MIME. Dans ce cas, si le type de média MIME est `text/xml`, alors le document est supposé être dans le type de codage us-ascii. Si le type de média MIME est `application/xml`, alors le parseur essaie de deviner le jeu de caractères en lisant les tous premiers octets du document.

Puisque l'ASCII n'est pratiquement jamais le jeu de caractères adéquat pour un document XML, `application/xml` est préférable à `text/xml`. Malheureusement, la plupart des serveurs web, y compris Apache 2.0.36 et versions antérieures, sont configurés pour utiliser `text/xml` par défaut. Cela vaut la peine d'éditer votre fichier *mime.types* pour le corriger. Sinon, du moins avec Apache, si vous n'avez pas les privilèges administrateur de votre serveur web, vous pouvez utiliser les directives AddType et AddCharset dans vos fichiers *.htaccess* pour outrepasser les valeurs par défaut de la plupart des serveurs.

Nous nous sommes intéressés aux types MIME dans les en-têtes HTTP car c'est l'endroit le plus adapté où les métadonnées du jeu de caractères sont appliquées aux documents XML. Cependant, les types MIME sont aussi utilisés dans quelques fichiers systèmes (par exemple, BeOS), les courriers électroniques et dans d'autres environnements. D'autres systèmes peuvent proposer d'autres formes de métadonnées sur le jeu de caractères. Si une telle information est disponible pour un document, quelque soit la forme qu'elle prend, le parseur devrait l'utiliser, bien qu'en pratique c'est un point où tous les parseurs et programmes ne sont pas aussi homogènes qu'ils le devraient.

Déclaration de codage

Tout document XML devrait avoir une déclaration de codage incluse dans sa déclaration XML. La déclaration de codage indique au parseur dans quel jeu de caractères le document est écrit. C'est utilisé seulement lorsqu'une autre métadonnée à l'extérieur du fichier n'est pas disponible. Par exemple, cette déclaration XML détermine que le document utilise le codage de caractères US-ASCII :

```
<?xml version="1.0" encoding="US-ASCII" standalone="yes"?>
```

Celle-ci indique que le document utilise un jeu de caractères Latin-1, bien qu'il utilise le nom ISO-8859-1 plus officiel :

```
<?xml version="1.0" encoding="ISO-8859-1"?>
```

Même si la métadonnée n'est pas disponible, la déclaration de codage peut être omise si le document est écrit dans les codages Unicode UTF-8 ou UTF-16. UTF-8 est un sur-ensemble strict de ASCII, donc les fichiers ASCII peuvent être des documents XML valides sans déclaration de codage. Remarquez, toutefois, que cela ne s'applique qu'aux seuls fichiers ASCII 7-bit. Cela n'inclut pas le jeu de caractères ASCII étendu que certains éditeurs génèrent avec des caractères comme ©, ç ou ".

Même si la métadonnée du jeu de caractères est disponible, la plupart des parseurs l'ignorent. C'est pourquoi, nous recommandons fortement d'inclure la déclaration de codage dans tous vos documents XML qui ne sont pas écrits en UTF-8 ou UTF-16.

Déclaration de texte

Les documents XML peuvent être composés de nombreuses entités analysées, comme vous l'avez vu au chapitre 3, *Définition de Type de Document*. Ces entités externes analysées peuvent être des fragments de DTD ou des morceaux de code XML qui seront insérés dans un document maître en utilisant des appels d'entités générales externes analysées. L'entité externe analysée n'utilise pas obligatoirement dans tous les cas le même jeu de caractères que le document maître. En effet, une entité externe analysée peut faire référence à de nombreux fichiers, chacun pouvant être écrit avec un jeu de caractères différent. Il est donc important de spécifier le jeu de caractères pour une entité externe analysée indépendamment du jeu de caractères utilisé par le document incluant.

Ainsi, chaque entité externe analysée devrait avoir une *déclaration de texte*. Si elle est présente, la déclaration de texte doit être la première chose de l'entité externe analysée. Par exemple, cette déclaration de texte indique que l'entité associée est codée dans le jeu de caractères KOI8-R :

```
<?xml version="1.0" encoding="KOI8-R"?>
```

La déclaration de texte ressemble à une déclaration XML. Elle possède une information sur la version et une déclaration de codage. Cependant, une déclaration de texte peut ne pas avoir de déclaration standalone. De plus, l'information sur la version peut être omise. Une déclaration de texte correcte qui définit le type de codage en tant que KOI8-R pourrait ressembler à cela :

```
<?xml encoding="KOI8-R"?>
```

Cependant, ce n'est pas une déclaration XML correcte. L'*exemple 5-1* montre une entité externe analysée contenant plusieurs couplets du *Cavalier de bronze* de Pouchkine dans une écriture cyrillique. La déclaration de texte identifie le type de codage comme étant KOI8-R. L'*exemple 5-1* n'est pas en lui-même un document XML bien formé parce qu'il n'a pas d'élément racine. Il existe seulement pour une insertion dans d'autres documents.

Exemple 5-1. Une entité externe analysée avec une déclaration de texte identifiant le jeu de caractère KOI8-R

```
<?xml version="1.0" encoding="KOI8-R"?>
<стих>Была ужасная пора,</стих>
<стих>Об ней свежо воспоминанье...</стих>
<стих>Об ней друзья мои, для вас</стих>
<стих>Начну свое повествованье.</стих>
<стих>Печален будет мой рассказ</стих>
```

Les sous-ensembles externes de DTD demeurent dans des entités externes analysées et peuvent ainsi avoir des déclarations de texte. En effet, ils devraient avoir des déclarations de texte s'ils étaient écrits dans un jeu de caractère différent des variantes d'Unicode. L'*exemple 5-2* montre un fragment de DTD en KOI8-R qui pourrait être utilisé pour valider l'*exemple 5-1* après son insertion dans un document plus important.

Exemple 5-2. Une DTD avec une déclaration de texte identifiant un jeu de caractères KOI8-R

```
<?xml version="1.0" encoding="KOI8-R"?>
<!ELEMENT <стих> (#PCDATA)>
```

Jeux de caractères XML

Un parseur XML est censé gérer les types de codage UTF-16, UTF-8 d'Unicode. Toutefois, on autorise les processeurs XML à comprendre et traiter beaucoup d'autres jeux de caractères. En particulier, la spécification recommande aux processeurs de reconnaître et d'être capable de lire ces types de codage :

UTF-8	UTF-16
ISO-10646-UCS-2	ISO-10646-UCS-4
ISO-8859-1	ISO-8859-2
ISO-8859-3	ISO-8859-4

ISO-8859-5	ISO-8859-6
ISO-8859-7	ISO-8859-8
ISO-8859-9	ISO-2022-JP
Shift_JIS	EUC-JP

Beaucoup de processeurs XML comprennent d'autres types de codage. Par exemple, les processeurs écrits en Java comprennent souvent tous les jeux de caractères disponibles dans n'importe quelle machine virtuelle Java. Pour les connaître, jetez un coup d'œil à *http://java.sun.com/products/jdk/1.3/docs/guide/intl/encoding.doc.html*. De plus, certains processeurs peuvent reconnaître des alias pour ces types de codage ; Latin-1 et 8859_1 sont quelque fois utilisés comme synonymes de ISO-8859-1. Cependant, l'utilisation de ces noms limite la portabilité de votre document. Nous vous recommandons d'utiliser des noms standard pour des types de codage standard. Pour les types de codage dont le nom n'est pas donné par les spécifications XML 1.0, utilisez un des noms déposés par l'IANA, *Internet Assigned Numbers Authority*, et qui sont listés à *ftp://ftp.isi.edu/in-notes/iana/assignments/character-sets*. Toutefois, connaître le nom du jeu de caractères et sauvegarder un fichier dans ce jeu de caractères n'implique pas que votre processeur XML pourra lire ce fichier. Les processeurs XML sont seulement censés supporter UTF-8 et UTF-16. Ils ne sont pas censés supporter les centaines de types de codages différents utilisés dans le monde.

Unicode

Unicode est un jeu de caractères standard international qui peut être utilisé pour écrire des documents dans à peu près n'importe quelle langue que vous pouvez parler, apprendre ou rencontrer dans toute votre vie, à moins d'être enlevé par des martiens. La version 3.2, version de mai 2002, contient 95156 caractères. Unicode couvre évidemment l'alphabet latin dans lequel la majeure partie de ce livre est écrit. Unicode couvre aussi les écritures grecques, grec ancien et moderne, et les écritures cyrilliques utilisées en Serbie et dans presque toute l'ancienne Union Soviétique. Unicode couvre de nombreuses écritures à base d'idéogrammes, y compris le jeu de caractères han utilisé en Chine et au Japon, le sillabaire coréen hangûl et les représentations phonétiques de ces langages, dont le katakana et le hiragana. Il prend en compte diverses écritures de droite à gauche comme l'arabe ou l'hébreu. Il couvre des écritures usuelles du sous-continent Indien comme le devanagari, le thaï, le bengali et le tibétain. Et cela ne représente pas la moitié des écritures supportées par Unicode. Vraisemblablement moins d'une personne sur mille aujourd'hui parle une langue qui n'est pas représentée par Unicode. Dans le futur, Unicode ajoutera encore plus de caractères, rendant cette fraction encore plus petite. Unicode peut potentiellement contenir plus d'un million de caractères, mais personne n'est disposé à indiquer d'où proviendra la plupart du million de caractères Unicode restants.[1]

1. En privé, quelques développeurs sont disposés à admettre qu'ils se préparent au jour où nous ferons partie d'une fédération galactique de milliers d'espèces intelligentes.

Le jeu de caractères Unicode associe des caractères à des points de caractère : en fait, des nombres. Ces nombres peuvent alors être codés dans de nombreux schémas, y compris :

- UCS-2
- UCS-4
- UTF-8
- UTF-16

UCS-2 et UTF-16

UCS-2, connu aussi comme ISO-10646-UCS-2, est peut-être le codage Unicode le plus naturel. Il représente chaque caractère comme un double octet, entier non-signé entre 0 et 65535. Ainsi la lettre majuscule *A*, point de caractère 65 dans Unicode, est représentée par les deux octets 00 et 41 (en hexadécimal). La lettre majuscule *B*, point de caractère 66, est représentée par les deux octets 00 et 42. Les deux octets 03 et A3 représentent la lettre majuscule grecque Σ, point de caractère 931.

UCS-2 se présente sous deux formes, grand-boutien et petit-boutien. Dans UCS-2 grand-boutien, l'octet le plus significatif du caractère vient en premier. Dans UCS-2 petit-boutien, l'ordre est inversé. Ainsi, dans UCS-2 grand-boutien, la lettre *A* est #x0041.[2] Dans UCS-2 petit-boutien, les octets sont inversés et *A* est #x4100. Dans UCS-2 grand-boutien, la lettre *B* est #x0042. Dans UCS-2 petit-boutien, c'est #x4200. Dans UCS-2 grand-boutien, la lettre Σ est #x03A3. Dans UCS-2 petit-boutien, c'est #xA303. Dans ce livre, nous utilisons la notation grand-boutien, mais les parseurs ne peuvent pas le supposer. Ils doivent être capable de déterminer l'ordre significatif des octets du document par eux-mêmes.

Pour distinguer UCS-2 grand-boutien et petit-boutien, un document codé avec UCS-2 commence habituellement par le caractère Unicode #xFEFF, espace insécable de chasse nulle, plus communément appelé *indicateur d'ordre des octets*. Ce caractère a l'avantage d'être invisible. De plus, si ces octets sont échangés, le caractère #xFFFE résultant n'existe actuellement pas dans Unicode. Ainsi un programme peut regarder les deux premiers octets d'un document UCS-2 et indiquer immédiatement si le document est, ou n'est pas, de type grand-boutien, selon que ces octets sont #xFEFF ou #xFFFE.

Cependant UCS-2 présente trois inconvénients majeurs :

- Les fichiers contenant principalement du texte latin occupent donc deux fois plus de place qu'avec UCS-2 qu'ils ne le font dans un jeu de caractères sur un octet, comme ASCII ou Latin-1.
- UCS-2 n'a pas de compatibilité ascendante ou descendante avec ASCII. Les outils qui sont habitués à des jeux de caractères sur un octet ne peuvent pas traiter correctement un fichier UCS-2, même si le fichier contient seulement des caractères issus du jeu de caractères ASCII. Par exemple, un programme écrit en C qui attend l'octet nul pour terminer des chaînes de caractères s'arrêtera devant un fichier UCS-2 contenant principalement du texte en anglais parce que presque un octet sur deux est nul.

2. Pour des raisons qui viendront rapidement évidentes, ce livre a adopté la convention selon laquelle #x précède les nombres hexadécimaux. À tous les deux chiffres hexadécimaux correspond un octet.

- UCS-2 est limité à 65 536 caractères.

En pratique ce dernier problème n'est pas si important. Bien qu'Unicode définisse actuellement moins de 95156 points de caractères, il s'arrange néanmoins pour couvrir les besoins de la plupart des gens, mis à part les langues mortes et les écritures sémitiques, comme le phénicien et le klingon. Les symboles mathématiques rencontrent aussi ce problème. Unicode prévoit, cependant, des moyens de représentation des points de caractère au-delà de 95156 en reconnaissant certaines séquences de deux octets comme la moitié d'une paire de seizets d'indirection. Un document Unicode qui utilise UCS-2 plus une paire de seizets d'indirection est dit être dans le type de codage UTF-16.

Cependant les deux autres problèmes concernent plus les développeurs. UTF-8 est un codage de remplacement à Unicode qui s'adresse aux deux.

UTF-8

UTF-8 est un type de codage à longueur variable de Unicode. Les caractères 0 à 127, c'est-à-dire le jeu de caractères ASCII, sont codés chacun dans un octet, exactement comme ils devraient l'être en ASCII. En ASCII, l'octet ayant la valeur 65 représente la lettre *A*. Avec UTF-8, l'octet ayant la valeur 65 représente aussi la lettre *A*. Il y a une correspondance parfaite entre les caractères ASCII et les octets UTF-8. Ainsi, les fichiers ASCII purs sont aussi des fichiers UTF-8 valides.

UTF-8 représente les caractères de 128 à 2047, un intervalle qui couvre la plupart des écritures non idéographiques sur deux octets chacun. Les caractères 2048 à 65535, couvrant le chinois, le japonais et le coréen pour l'essentiel, ne sont représentés que sur trois octets chacun. Les caractères avec des points de caractère au-delà de 65535 sont codés chacun sur quatre octets. Pour un fichier qui contient pour la plupart du texte de type latin, ce système réduit effectivement de moitié la taille de fichier de ce qu'il serait avec UCS-2. Au contraire, pour un fichier contenant principalement du chinois, du japonais ou du coréen, sa taille peut augmenter de 50%. Pour les autres écritures, la taille du fichier est quasiment la même.

UTF-8 est probablement le codage le plus largement supporté de Unicode. Par exemple, les fichiers Java *.class* stockent les chaînes de caractères de cette façon, c'est le codage originel sur BeOS. C'est aussi le codage par défaut utilisé par un processeur XML, à moins de trouver d'une autre manière un indicateur d'ordre des octets ou une déclaration de codage. Il y a de grandes chances pour qu'un programme qui vous indique qu'il sauvegarde en Unicode, sauvegarde réellement en UTF-8.

Jeux de caractères ISO

Unicode est devenu célèbre depuis peu. Auparavant, l'espace et les coûts de traitement relatifs aux fichiers Unicode poussaient les vendeurs à favoriser des jeux de caractères sur un octet qui ne pouvaient que gérer l'anglais et quelques autres langues dignes d'intérêt, mais pas toute la panoplie des langues humaines. L'ISO, *International Standards Organization*, a standardisé 14 de ces jeux de caractères comme standard ISO 8859. Pour tous ces jeux de caractères sur un octet, les caractères de 0 à 127 sont identiques au jeu de caractère ASCII ; les caractères de 128 à 159 sont les contrôles C1 ; et les caractères de 160 à 255 sont les caractères supplémentaires nécessaires aux écritures comme le grec, le cyrillique et le turc.

ISO-8859-1 (Latin-1)

ASCII plus les lettres accentuées et autres caractères nécessaires pour la plupart des langues d'Europe de l'ouest basées sur un alphabet latin, comprenant l'allemand, le danois, l'espagnol, le français, le finlandais, le hollandais, l'italien, l'islandais, le norvégien, le portugais et le suédois.

ISO-8859-2 (Latin-2)

ASCII plus les lettres accentuées et autres caractères nécessaires pour écrire la plupart des langues d'Europe centrale et d'Europe de l'est basées sur un alphabet latin, comprenant l'allemand, l'anglais, le croate, le hongrois, le polonais, le roumain, le slovaque, le slovène, le serbe et le tchèque.

ISO-8859-3 (Latin-3)

ASCII plus les lettres accentuées et autres caractères nécessaires pour écrire l'espéranto, le maltais et le turc.

ISO-8859-4 (Latin-4)

ASCII plus les lettres accentuées et autres caractères nécessaires pour écrire la plupart des langues Baltes, incluant l'estonien, le groënlandais, le lapon, le letton et le lithuanien. Maintenant déclassé. Les nouvelles applications devraient utiliser 8859-10 (Latin-6) ou 8859-13 (Latin-7).

ISO-8859-5

ASCII plus l'alphabet cyrillique utilisé pour le russe et de nombreuses autres langues de l'ancienne Union Soviétique et des pays slaves, comprenant le bulgare, le biélorusse, le macédonien, le serbe et l'ukrainien.

ISO-8859-6

ASCII plus l'arabe de base. Cependant, le jeu de caractères n'a pas les lettres supplémentaires nécessaires pour les langues non arabes écrites en écriture arabe, comme le farsi et l'urdu.

ISO-8859-7

ASCII plus le grec moderne. Ce jeu n'a pas les lettres supplémentaires et les accents nécessaires pour le grec ancien et le byzantin.

ISO-8859-8

ASCII plus l'écriture hébraïque utilisée pour l'hébreu et le yiddish.

ISO-8859-9 (Latin-5)

Quasiment identique à Latin-1, mis à part six lettres utilisées en islandais qui ont été remplacées par six lettres utilisées en turc.

ISO-8859-10 (Latin-6)

ASCII plus les lettres accentuées et autres caractères nécessaires pour la plupart des pays baltes, comprenant l'estonien, l'islandais, le groënlandais, le lapon, le letton et le lithuanien.

ISO-8859-11

ASCII plus le thaï.

ISO-8859-13 (Latin-7)

Encore une nouvelle tentative pour couvrir correctement la région balte. Très proche de Latin-6, excepté pour quelques ponctuations.

ISO-8859-14 (Latin-8)

ASCII plus les langues celtes, comprenant le gaélique et le gallois.

ISO-8859-15 (Latin-9, Latin-0)

Une version révisée du Latin-1 qui remplace certains symboles inutiles, comme π, par des lettres françaises et finlandaises supplémentaires. Au lieu des signes de devise internationale, ces jeux de caractères incluent le signe euro, €.

ISO-8859-16 (Latin-10)

Une version révisée du Latin-2 améliorée pour le roumain. Les autres langues supportées par ce jeu de caractères incluent l'albanais, l'allemand, l'anglais, le croate, le finnois, le français, le hongrois, l'italien, le polonais et le slovène.

De nombreux organismes de normalisation nationaux ont produit d'autres jeux de caractères pour couvrir les écritures et langues de leur choix à l'intérieur de leur frontières géographiques et politiques. Par exemple, le *Korea Industrial Standards Association* a développé le standard KS C 5601-1992 pour le codage du coréen. Ces jeux de caractères standard nationaux peuvent être aussi utilisés dans des documents XML, à condition que vous incluiez la déclaration de type de codage correcte et que votre parseur sache comment transformer ces jeux de caractères en Unicode.

Jeux de caractères dépendants de la plate-forme

En plus des jeux de caractères standard abordés précédemment, de nombreux vendeurs ont à un moment ou à un autre produit des jeux de caractères propriétaires pour satisfaire les besoins de leurs plates-formes spécifiques. Ils contiennent souvent des caractères spéciaux que les fournisseurs ont jugé utiles, comme l'emblème d'Apple , ou les caractères traçant les contours comme ╒ et ╡, utilisés pour les limites entre cellules dans les premiers tableurs DOS. Microsoft, IBM et Apple sont les trois plus prolifiques inventeurs de jeux de caractères. Le plus populaire des jeux de caractères est dans doute le Cp1252 de Microsoft, une variante de Latin-1 qui remplace les contrôles C1 par des caractères graphiques. Des centaines de ces jeux de caractères dépendants de la plate-forme sont utilisés aujourd'hui. La documentation de ces derniers varie de excellente à inexistante.

Les jeux de caractères spécifiques pour une plate-forme devraient être utilisés seulement dans un seul système. Ils ne devraient jamais être utilisés pour transférer des données entre systèmes. Le faire peut mener ainsi à de biens mauvaises surprises à des endroits inattendus. Par exemple, l'affichage d'un fichier qui contient quelques caractères Cp1252 supplémentaires ‹, ‰, ^, ƒ, ", †, ..., ‡, œ, Œ, •, ', ', ", ", –, —, Ÿ, š, ™, › et ~ sur un terminal VT-220 peut effectivement bloquer l'écran. Néanmoins, ces jeux de caractères sont fréquemment utilisés et souvent vus sur le Web même lorsqu'ils ne devraient pas y être. Il n'y a absolument aucune règle indiquant que vous ne pouvez pas les utiliser pour un document XML, à condition que vous incluiez la déclaration de type de codage correcte et que votre parseur le comprenne. Le seul avantage à utiliser ces jeux de caractères est que les éditeurs de texte existants sont vraisemblablement plus à l'aise avec eux qu'avec Unicode et ses amis. Néanmoins, nous recommandons fortement de ne pas les utiliser et de vous conformer aux standards documentés plus largement supportés par toutes les plates-formes.

Cp1252

Le jeu de caractères dépendant de la plate-forme le plus répandu et celui que vous êtes susceptible de rencontrez le plus sur l'Internet est Cp1252, aussi (et inexactement) connu comme *Windows ANSI*. C'est le jeu de caractères par défaut utilisé par la plupart des PC américains et d'Europe de l'ouest, ce qui explique son omniprésence. Cp1252 est un jeu de caractères sur un octet quasiment identique au jeu de caractères standard ISO-8859-1 (en fait, de nombreux documents Cp1252 sont souvent à assimilés à tort à des documents Latin-1). Cependant, ce jeu de caractères remplace les contrôles C1, dans l'intervalle de points de caractère de 128 à 159 avec des caractères graphiques additionnels, comme ‰, ‡ et Ÿ. Ces caractères ne poseront pas de problèmes sur d'autres systèmes Windows. Toutefois, d'autres plates-formes auront des difficultés pour les voir correctement et peuvent même tomber en panne dans certains cas extrêmes. Cp1252 (et ses équivalents utilisés sur les systèmes Windows autres que ceux destinés aux pays occidentaux) devrait être évité.

MacRoman

Le Mac OS utilise un jeu de caractères différents, sur un octet et qui est un sur-ensemble d'ASCII. La version utilisée en Amérique et la plupart de l'Europe de l'ouest est appelée MacRoman. Des variations pour d'autres pays comprennent MacGreek, MacHebrew, MacIceland et ainsi de suite. La plupart des processeurs Java basés sur XML peuvent accepter ces codages s'ils sont correctement nommés, mais la plupart des outils non Macintosh ne le peuvent pas. Par exemple, si la phrase en français « Je l'ai cherché de tous bords, tous côtés » est écrite sur un Macintosh et lue sur un PC, l'utilisateur du PC verra « Je lÕai cherchŽ de tous bords, tous c™tŽs », ce qui n'est pas du tout la même chose. Généralement, le résultat est partiellement compréhensible si la majorité du texte est ASCII, mais il ne sera ni d'une grande fidélité, ni d'une grande qualité. Les jeux de caractères spécifiques pour Mac devraient aussi être évités.

Conversions entre jeux de caractères

La solution à ce fouillis consiste à utiliser Unicode aussi bien dans les formats UTF-16 que UTF-8 pour tous vos documents XML. Un nombre croissant d'outils supportent en natif un des ces deux formats; même si Notepad, éditeur sans prétention, offre une option pour enregistrer les fichiers en Unicode sur Windows NT 4.0 et 2000. Microsoft Word 97 et les versions suivantes enregistrent le texte des documents en Unicode, quoi que différent de documents XML, les fichiers Word sont tout sauf du texte pur. Beaucoup de données binaires d'un fichier Word ne sont ni de l'Unicode, ni n'importe quelle autre sorte de texte. Cependant, Word 2000 peut actuellement sauvegarder des fichiers de texte brut en Unicode, et reste l'éditeur Unicode de choix lorsque nous avons besoin d'un type de document avec plusieurs écritures. Pour sauvegarder un document Word 2000 en texte Unicode, sélectionnez le format texte codé à partir du menu « Enregistrer sous » de la boîte de dialogue de Word. Enfin sélectionnez l'un des quatre formats Unicode dans la boîte de conversion résultante.

Néanmoins, à l'aube du troisième millénaire, la plupart de nos outils sont encore principalement adaptés à des éditeurs de jeux de caractères spécifiques qui ne peuvent contenir que quelques langues en même temps. Ainsi, apprendre à convertir vos documents d'un jeu de caractères propriétaire vers un jeu de caractères plus standard est crucial.

Quelques uns des meilleurs éditeurs XML et HTML vous laissent choisir le jeu de caractères dans lequel vous souhaitez sauvegarder et réalisent automatiquement les conversions du jeu de caractères original que vous utilisez pour l'édition. Sur Unix, le jeu de caractères est un des jeux de caractères ISO standard et vous pouvez directement sauvegarder dans ce format. Sur Mac, vous pouvez éviter des problèmes si vous utilisez des documents ASCII pur. Sur Windows, vous pouvez aller un peu plus loin et utiliser Latin-1, si vous faites attention de ne pas utiliser les caractères spéciaux ne faisant pas partie de la spécification ISO-8859-1 officielle. Autrement vous aurez à convertir votre document de son type de codage originel dépendant de la plate-forme en un des jeux de caractères standard indépendant.

François Pinard a écrit pour Linux et Unix un outil de conversion de jeu de caractères open source appelé *recode*, que vous pouvez télécharger depuis *http://www.iro.umontreal.ca/contrib/recode/* ou sur l'un des sites mirroirs GNU. Wojciech Galazka a porté recode pour DOS, disponible à l'adresse suivante: *ftp://ftp.simtel.net/pub/simtelnet/gnu/djgpp/v2gnu/rcode34b.zip*. Vous pouvez aussi utiliser l'outil *native2ascii* du Kit de développement Java disponible à l'adresse: *http://java.sun.com/products/jdk/1.3/docs/tooldocs/win32/native2ascii.html*. Tout d'abord convertissez votre fichier de son codage natif en un format Unicode spécial Java encodé en ASCII; utilisez alors le même outil dans l'autre sens pour convertir le format Java dans le codage que vous voulez. Par exemple, pour convertir le fichier *monfichier.xml* du type de codage Cp1252 de Windows vers UTF-8, exécutez ces deux commandes l'une après l'autre :

```
% native2ascii -encoding Cp1252 monfichier.xml monfichier.jtx
% native2ascii -reverse -encoding UTF-8 monfichier.jtx monfichier.xml
```

Jeu de caractères par défaut pour documents XML

Avant qu'un parseur XML ne puisse lire un document, il doit connaître le jeu de caractères et le codage utilisés le document. Dans certains cas, une métainformation externe indique au parseur quel type de codage est utilisé par le document. Par exemple, un en-tête HTTP peut contenir l'en-tête d'un type de contenu comme celui-ci :

```
Content-type: text/html; charset=ISO-8859-1
```

Cependant, les parseurs XML ne comptent généralement pas sur la disponibilité de telles informations. Même s'ils le peuvent, ils sont incapables de supposer qu'il est correct. Par contre un parseur XML essaiera de deviner le jeu de caractères en fonction des quelques premiers octets du document. Voici les principales vérifications que le parseur réalise :

- Si les deux premiers octets du document sont #xFEFF, alors le parseur reconnaît les octets comme étant l'*indicateur d'ordre des octets* Unicode. Il déduit alors que le document est écrit dans le codage UCS-2 grand-boutien de Unicode. Avec cette information il peut lire le reste du document.
- Cependant si les deux premiers octets du document sont #xFFFE, alors le parseur reconnaît la représentation petit-boutien de l'indicateur d'ordre des octets de Unicode. Il sait maintenant que le document est écrit dans le codage UCS-2 petit-boutien de Unicode et avec cette information il peut lire le reste du document.
- Si les quatre premiers octets du document sont #x3C3F786D, c'est-à-dire, les caractères ASCII `<?xm`, alors il déduit que le fichier est écrit dans un sur-ensemble de ASCII. En particulier, il suppose que le fichier est écrit dans le codage UTF-8 de Unicode. Même si ce n'est pas vrai, cette information est suffisante pour continuer à lire le document jusqu'à ce qu'il obtienne la déclaration du codage et trouve quel jeu de caractères est vraiment utilisé.

Les parseurs qui comprennent EBCDIC ou UCS-4 peuvent aussi appliquer de telles méthodes pour détecter ces types de codage. Toutefois, UCS-4 n'est pas vraiment utilisé et reste encore d'un intérêt majoritairement théorique ; de plus, EBCDIC est un héritage des familles de jeux de caractères qui ne devraient plus être utilisés dans les nouveaux documents. Aucun de ces jeux n'est important dans la pratique.

Appels de caractères

Unicode contient environ 95000 caractères différents couvrant à peu près toutes les langues écrites au monde. Définir des appels d'entité pour chacun de ces caractères, dont la plupart ne seront jamais utilisés dans aucun document, imposerait une charge trop lourde pour les parseurs XML. Plutôt que de choisir quels caractères sont importants pour être codés comme entités, XML choisit une autre approche. Il détermine des appels d'entité seulement pour les caractères ayant une signification spéciale comme les balises dans un document XML : <, >, &, " et '. Tous sont des caractères ASCII qui sont faciles à écrire dans n'importe quel éditeur de texte.

Pour les autres caractères inaccessibles depuis un éditeur de texte ASCII, XML vous laisse utiliser les *appels de caractère*. Un appel de caractère donne le point de code d'un caractère Unicode particulier auquel il correspond, soit en décimal, soit en hexadécimal. Les appels de caractères décimaux ressemblent à `њ`. Les appels de caractères hexadécimaux ont un `x` supplémentaire après le `&#;` c'est-à-dire qu'ils ressemblent à `њ`. Ces deux appels font référence au même caractère, њ, la lettre minuscule cyrillique « nje » utilisée en serbe et macédonien. Par exemple, imaginez que vous vouliez inclure la maxime grecque « σοφός εαυτόν γιγνωσκει » (« L'homme sage se connaît lui-même ») dans votre document XML. Toutefois, vous n'avez qu'un éditeur de texte ASCII à votre disposition. Vous pourriez remplacer chaque lettre grecque par l'appel de caractère correspondant :

```
<maxime>
 &#x3C3;&#x3BF;&#x3C6;&#x3CC;&#x3C2;
 &#x3AD;&#x3B1;&#x3C5;&#x3C4;&#x3CC;&#x3BD;
 &#x3B3;&#x3B9;&#x3B3;&#x3BD;&#x3CE;&#x3C3;&#x3BA;&#x3B5;&#x3B9;
</maxime>
```

Pour le processeur XML, un document qui utilise un appel d'entité caractère faisant référence à un caractère Unicode qui n'existe pas dans le type de codage est équivalent à un document Unicode dans lequel tous les appels de caractères sont remplacés par les caractères auxquels ils font actuellement référence. En d'autres termes, ce document XML est le même que le précédent :

```
<maxime>
 σοφόός εαυτόόν γιγνωσκει
</maxime>
```

Les appels de caractères peuvent être utilisés dans le contenu d'éléments, les valeurs d'attributs et les commentaires. Ils ne peuvent pas être utilisés dans des noms d'élément, d'attribut, cibles d'instructions de traitement ou mots-clés XML, comme `DOCTYPE` ou `ELEMENT`. Ils peuvent être utilisés dans la DTD, dans les attributs par défaut et dans le texte de substitution d'une entité. Les noms de balises et d'attributs peuvent être écrits dans des langues comme que le grec, le russe, l'arabe ou le chinois, mais vous devez utiliser un jeu de caractères permettant d'insérer les caractères concernés. Vous ne pouvez pas insérer ces caractères avec des appels de caractères. Par exemple, celui-là est bien formé :

```
<λογος>
 &#x3C3;&#x3BF;&#x3C6;&#x3CC;&#x3C2;
</λογος>
```

Celui-ci n'est pas bien formé :

```
<&#x3BB;&#x3BF;&#x3B3;&#x3BF;&#x3C2;>
 &#x3C3;&#x3BF;&#x3C6;&#x3CC;&#x3C2;
</&#x3BB;&#x3BF;&#x3B3;&#x3BF;&#x3C2;>
```

Il existe donc plus de 95000 caractères Unicode que vous pouvez inclure dans vos documents XML à l'aide des entités de caractères. Le chapitre 26, *Jeux de caractères*, propose les codes des caractères en décimal et en hexadécimal pour les écritures les plus communément utilisées. Le lecteur intéressé trouvera le jeu complet dans *le standard Unicode version 3.0* du consortium Unicode (Addison Wesley, 2000). Vous pouvez également consulter les tableaux de code en ligne à *http://www.unicode.org/charts/*.

Si vous utilisez fréquemment un groupe d'appels de caractères particulier, vous pourrez trouver plus facile de les définir en tant qu'entités et vous référer alors aux entités. L'*exemple 5-3* montre une DTD définissant les entités que vous pourrez utiliser pour épeler les mots grecs des exemples précédents.

Exemple 5-3. Une DTD définissant les appels d'entités générales pour plusieurs lettres grecques

```
<!ENTITY sigma               "&#x3C3;">
<!ENTITY omicron_with_tonos "&#x3CC;">
<!ENTITY phi                 "&#x3C6;">
<!ENTITY omicron             "&#x3BF;">
<!ENTITY final_sigma         "&#x3C2;">
<!ENTITY epsilon_with_tonos "&#x3AD;">
<!ENTITY alpha               "&#x3B1;">
<!ENTITY lambda              "&#x3C3;">
<!ENTITY upsilon             "&#x3C5;">
<!ENTITY tau                 "&#x3C4;">
<!ENTITY nu                  "&#x3BD;">
<!ENTITY gamma               "&#x3B3;">
<!ENTITY iota                "&#x3B9;">
<!ENTITY omega_with_tonos   "&#x3CE;">
<!ENTITY kappa               "&#x3BA;">
<!ENTITY epsilon             "&#x3B5;">
```

Ces entités peuvent même être utilisées dans des documents non valides, à condition que les déclarations soient faites dans la DTD interne au document que tous les parseurs XML sont requis de traiter, ou que votre parseur lise le sous-ensemble externe de la DTD. Par convention, les fragments de DTD qui ne font rien mais qui définissent des entités ont le suffixe en trois lettres *.ent*. Ces fragments sont généralement importés dans la DTD du document en utilisant des appels d'entités paramètres externes. L'*exemple 5-4* montre comment la maxime devrait être écrite en utilisant ces entités, tout en supposant qu'elles pourront être trouvée à l'URL relative *greek.ent*.

Exemple 5-4. La maxime utilisant les appels d'entités au lieu des appels de caractères

```
<?xml version="1.0" encoding="ISO-8859-1" standalone="no"?>
<!DOCTYPE maxime [

<!ENTITY % alphabet_grec SYSTEM "grec.ent">
%alphabet_grec;

]>
<maxime>
  &sigma;&omicron_with_tonos;&phi;&omicron;&final_sigma;
  &epsilon_with_tonos;&alpha;&upsilon;&tau;&omicron_with_tonos;&nu;
```

Exemple 5-4. La maxime utilisant les appels d'entités au lieu des appels de caractères (suite)

```
  &gamma;&iota;&gamma;&nu;&omega_with_tonos;&sigma;&kappa;&epsilon;&iota;
</maxime>
```

Certains sous-ensembles d'entités standard sont très largement disponibles pour votre propre utilisation. La DTD XHTML 1.0 inclut trois jeux d'entités que vous pouvez utiliser dans votre propre travail :

Les caractères Latin-1, http://www.w3.org/TR/xhtml1/DTD/xhtml-lat1.ent
: Les caractères non ASCII depuis 160 et au-delà de ISO-8859-1

Les caractères spéciaux, http://www.w3.org/TR/xhtml1/DTD/xhtml-special.ent
: Les lettres de ISO-8859-2 (Latin-2) qui ne sont pas dans Latin-1, comme Œ et des ponctuations variées, comme la dague, le signe Euro et le tiret embossé.

Les symboles, http://www.w3.org/TR/xhtml1/DTD/xhtml-symbol.ent
: L'alphabet grec (bien que les caractères accentués soient manquants) et diverses ponctuations, opérateurs mathématiques et autres symboles fréquemment utilisés en mathématique.

Le chapitre 26 fournit des tableaux détaillés montrant tous les caractères dans ces ensembles d'entités. Vous pouvez les utiliser directement depuis leur URL du W3C ou les copier sur vos propres systèmes. Par exemple, pour utiliser les entités des jeux de symboles dans un document, ajouter le texte suivant à la DTD de votre document :

```
<!ENTITY % HTMLsymbol PUBLIC
  "-//W3C//ENTITIES Symbols for XHTML//EN"
  "http://www.w3.org/TR/xhtml1/DTD/xhtml-symbol.ent">
%HTMLsymbol;
```

Puisque celles-là sont des DTD assez standard, elles ont à la fois des ID publics et des URL. D'autres groupes ou personnes ont écrit des jeux d'entités que vous pouvez utiliser de la même façon, bien que n'étant pas une collection canonique de jeux d'entités qui couvrent tout ce qui existe dans Unicode. SGML a inclus environ 20 jeux d'entités différents couvrant le grec, le cyrillique, le latin étendu, les symboles mathématiques, les points diacritiques, les caractères graphiques en forme de boîte et les marques de publication. Ces derniers ne sont pas une partie standard de XML, mais de nombreuses applications comme DocBook (*http://www.docbook.org/*) et MathML (*http://www.w3.org/TR/MathML2/chapter6.html#chars_entity-tables*) les ont transféré vers XML. MathML a aussi de nombreux jeux utiles d'entités contenant plus de symboles mathématiques.

xml:lang

Puisque les documents XML sont écrits en Unicode, XML est un choix excellent pour les documents multilingues, comme un commentaire arabe dans un texte grec (ce qui ne peut être fait dans la plupart des autres jeux de caractères). Dans des documents multilingues, il est utile d'être capable d'identifier dans quelle langue une section du document est écrite. Par exemple, un correcteur orthographique qui ne connaît que l'anglais ne devrait pas essayer de vérifier une citation en français.

Chaque élément XML peut avoir un attribut `xml:lang` qui indique la langue dans laquelle le contenu de cet élément est écrit. Par exemple, la maxime précédente pourrait ressembler à :

```
<maxime xml:lang="el">
 &#x3C3;&#x3CC;&#3C6;&#3BF;&#3C2; &#x3AD;&#3B1;&#3C5;&#3C4;&#x3CC;&#x3BD;
 &#x3B3;&#x3B9;&#x3B3;&#x3BD;&#X3CE;&#x3C3;&#x3BA;&#x3B5;&#x3B9;
</maxime>
```

Cela l'identifie comme du Grec. Le code spécifique utilisé, el, vient du mot grec pour le Grec, ελληνικα.

Codes de langue

La valeur de l'attribut de langue `xml:lang` devrait être un des codes sur deux lettres définis dans ISO-639, *Codes pour la représentation des noms des langues*, disponible à l'adresse *http://lcweb.loc.gov/standards/iso639-2/langhome.html*, si un tel code existe pour la langue en question.

Pour les langues qui ne sont pas listées dans ISO-639, vous pouvez utiliser un identifiant de langue déposé par l'IANA. Actuellement il existe environ 20 de ces identifiants, comprenant `i-navajo`, `i-klingon` et `i-lux`. La liste complète peut être trouvée à l'adresse *ftp://ftp.isi.edu/in-notes/iana/assignments/languages/tags*. Tous les identifiants commencent par `i-`. Par exemple :

```
<maxime xml:lang="i-klingon">Heghlu'meH QaQ jajvam</maxime>
```

Si la langue dont vous avez besoin n'est toujours pas présente dans ces deux listes, vous pouvez créer votre propre code de langue, du moment qu'il commence par le préfixe `x-` ou `X-` pour l'identifier comme un code de langue défini par un utilisateur. Par exemple, le titre de ce journal est écrit dans la langue imaginaire quenya de J. R. R. Tolkien :

```
<journal xml:lang="x-quenya">Tyalië Tyelelliéva</journal>
```

Sous-codes

Dans certains cas, la connaissance de la langue n'est pas suffisante. Vous aurez également besoin de connaître la région où la langue est parlée. Par exemple, le français a un vocabulaire, une orthographe et une prononciation un peu différente en France, au Québec, en Belgique et en Suisse. Bien qu'écrit avec un jeu d'idéogrammes identiques, le mandarin et le cantonais sont des dialectes chinois très différents et mutuellement inintelligibles.

Pour gérer ces différences, le code de langue peut être suivi par n'importe quel sous-code qui précise la langue. Les traits d'union séparent le code de langue du sous-code et les sous-codes entre eux. Si le code de langue est un code ISO-639, le premier sous-code devrait être une des deux lettres du pays définies par ISO-3166, *Codes pour la représentation des noms de pays*, que vous pouvez trouver à *http://www.ics.uci.edu/pub/ietf/http/related/iso3166.txt*. Cet attribut `xml:lang` indique du français canadien :

```
<p xml:lang="fr-CA">Marie vient pour la fin de semaine.</p>
```

Le code de langue s'écrit souvent en minuscule et le code de pays en majuscule. Toutefois, ce n'est qu'une convention, non une obligation.

Déclarations ATTLIST de xml:lang

Bien que les spécifications XML 1.0 définissent l'attribut `xml:lang`, vous devez quand même le déclarer dans les DTD de vos documents valides. Par exemple, cette information déclare l'élément `maxime` employé plusieurs fois dans ce chapitre :

```
<!ELEMENT maxime (#PCDATA)>
<!ATTLIST maxime xml:lang NMTOKEN #IMPLIED>
```

Ici j'ai utilisé le type `NMTOKEN`, puisque tous les codes de langues utilisés sont des unités lexicales nominales bien formées.

Vous pouvez déclarer l'attribut `xml:lang` comme cela vous arrange. Par exemple, si vous voulez absolument sa présence dans l'élément `maxime`, vous pouvez le forcer à `#REQUIRED`:

```
<!ATTLIST maxime xml:lang NMTOKEN #REQUIRED>
```

Ou, si vous vouliez autoriser seulement du texte en français et en anglais dans vos documents, vous devriez l'indiquer comme un type énuméré avec l'anglais par défaut comme cela :

```
<!ATTLIST maxime xml:lang (en | fr) 'en'>
```

À moins d'utiliser un type énuméré, le parseur ne vérifiera pas que la valeur que vous lui avez donné suit les règles mises en évidence ici. Il est de votre responsabilité de veiller à utiliser les codes de langue appropriés et leurs sous-codes.

Deuxième Partie

Documents narratifs

CHAPITRE 6

XML comme format de documents

XML est avant tout un format de documents. Il a toujours été destiné aux pages web, livres, articles scientifiques, poèmes, histoires courtes, manuels de référence, tutoriels, cours, plaidoyers, contrats, feuilles d'entretien et autres documents lus par des humains. Son usage comme syntaxe pour les données informatiques dans des applications, comme le traitement d'ordres, la sérialisation d'objets, l'échange et la sauvegarde de bases de données et les échanges de données électroniques, est essentiellement un heureux accident.

La plupart des programmeurs en informatique sont mieux entraînés à travailler avec les structures rigides qu'on rencontre dans les applications orientées données que dans le format plus libre d'un livre ou d'un article. XML est peut-être unique en répondant aussi bien aux besoins des deux communautés. Ce chapitre montre par la réflexion et l'exemple les structures rencontrées dans les documents censés être lus par des personnes plutôt que par des ordinateurs. Les chapitres suivants aborderont les pages web puis les technologies d'adressage, telles que XSLT, XLink et les feuilles de styles, principalement destinées aux documents que des personnes liront. Après avoir vu ces technologies, nous examinerons XML comme un format pour les données relativement transitoires censées être lues par des ordinateurs, plutôt que des documents semi-permanents destinés à la consommation humaine.

L'héritage de SGML

Pour ceux qui n'auraient pas lu l'introduction, reprenons un peu l'historique de XML.

XML est une forme simplifiée du SGML, *Standardized General Markup Language*. Le langage qui deviendra finalement SGML a été inventé par Charles F. Goldfarb, Ed Mosher et Ray Lorie, travaillant à IBM, dans les années 1970. Il fut développé par plusieurs centaines de personnes de part le monde jusqu'à son adoption comme standard ISO 8879 en 1986. SGML était destiné à résoudre beaucoup des mêmes problèmes que XML résoud et ce presque de la même manière. Il était, et est, un langage de balisage sémantique et structurel pour des documents textuels. SGML est extrêmement puissant et a eu du succès dans l'armée et le gouvernement américains, l'aérospatiale et d'autres domaines qui avaient besoin de gérer efficacement des documents techniques de dizaines de milliers de pages.

Le plus grand succès de SGML a été HTML. Pourtant, HTML est juste une application SGML. Il est bien moins puissant que SGML. SGML fut aussi utilisé pour définir d'autres formats de documents, dont DocBook et *Text Encoding Initiative* (TEI), dont on discutera brièvement.

Cependant, SGML est très complexe. La spécification officielle de SGML est composée de plus de 150 pages très techniques. Elle couvre de nombreux cas particuliers et scénarios peu probables. Elle est si complexe que peu de programmes ne l'ont jamais mis en œuvre entièrement ; les programmes qui implémentent ou reposent sur des sous-ensembles différents de SGML sont souvent incompatibles. La particularité qu'un programme considère essentielle est souvent considérée comme un détail et omise par un autre. Néanmoins, l'expérience de SGML a beaucoup appris aux développeurs quant à la bonne conception, mise en œuvre et usage des langages de balisage pour une grande variété de documents. Une grand partie de ce savoir s'applique aussi bien à XML.

Par ailleurs, précisons que les documents XML ne sont pas seulement utilisés sur le Web ; XML peut facilement prendre en compte des besoins de publication pour une variété de médias, dont les livres, magazines, revues, journaux et brochures. XML est particulièrement utile quand vous avez besoin de publier pour un ou plusieurs de ces médias. En appliquant différentes feuilles de style, au même document source, vous pouvez produire des pages web, des notes de conférence et une copie prête pour l'impression.

Structure des documents narratifs

Tous les documents XML sont des arbres. Cependant, les arbres sont des structures de données universelles. Si vous avez été formé à l'informatique (et très probablement même si vous ne l'avez pas été), vous avez rencontré des arbres binaires, des arbres rouge-noir, des arbres équilibrés, des B-arbres et des arbres ordonnés. Toutefois, les documents XML correspondent rarement à ces structures. Les documents XML sont plutôt du type d'arbre le plus général, sans restriction particulière sur la façon dont les nœuds sont ordonnés et à quels autres nœuds ils sont connectés et comment. Les documents XML narratifs sont même moins enclins que les documents XML orientés données à avoir une structure identifiable au-delà du simple fait d'être arbre.

Alors, à quoi ressemble un document XML narratif ? Il a bien sûr un élément racine, comme tout document XML. En général cet élément racine représente le document luimême. Par exemple, si le document est un livre, l'élément racine sera `livre`. Si c'est un article, l'élément racine sera `article`.

En général l'élément racine contient aussi des éléments fournissant des métainformations sur le document ; c'est-à-dire le titre de l'ouvrage, l'auteur du document ou les dates de rédaction et de dernière modification.

Il est courant de mettre les métainformations dans un enfant de l'élément racine et le contenu principal du document dans un autre. Les documents HTML sont écrits ainsi. L'élément racine est `html`. Les métainformations sont dans un élément `head` et le contenu principal dans l'élément `body`. TEI suit aussi ce modèle, ainsi que DocBook.

Les sections du document peuvent ensuite être divisées en sous-sections. Les sous-sections, elles-mêmes, peuvent aussi être divisées. Le nombre de niveaux de sous-sections dépend généralement de la taille du document. Une encyclopédie a des sections tandis qu'une brochure ou un prospectus n'en ont quasiment aucune. Chaque section et sous-section a normalement un titre. Elle peut aussi avoir des éléments et attributs qui indiquent des métainformations à propos de la section, comme l'auteur et la date de dernière modification.

Jusqu'ici, le contenu mixte est évité. Les éléments ne contiennent en général que des éléments enfants et des blancs négligeables. Toutefois, à un moment, il sera nécessaire d'insérer le texte actuel du document, les mots qui seront lus. Dans la plupart des langues occidentales, ces textes seront probablement divisés en paragraphes et autres éléments de blocs : titres, figures, encadrés et notes de bas de page. Les DTD de documents génériques, comme DocBook, n'indiqueront rien de plus.

Les paragraphes et autres éléments blocs contiennent surtout des mots à la suite les uns des autres, c'est-à-dire du texte. Une partie de ce texte peut être balisée par des éléments internes. Par exemple, vous pouvez souhaiter indiquer qu'une portion de texte à l'intérieur d'un élément bloc est une date ou une personne, ou simplement qu'elle est importante. Cependant la plupart du texte ne sera pas annoté ainsi.

Les différentes applications XML divergent quant à savoir si des éléments blocs peuvent ou non contenir d'autres éléments blocs. Par exemple, un paragraphe peut-il contenir une liste ? Un élément de liste peut-il contenir un paragraphe ? Il est probablement plus facile de travailler avec des documents plus structurés dans lesquels les blocs ne peuvent contenir d'autres blocs (particulièrement d'autres blocs du même type). Cependant, un bloc a souvent de très bonnes raisons de contenir d'autres blocs. Par exemple, un long élément de liste ou une citation peut contenir plusieurs paragraphes.

Toute cette structure, de la racine jusqu'à l'élément interne le plus profondément emboîté, tend à être linéaire ; c'est-à-dire qu'une personne lira les mots pratiquement dans le même ordre qu'ils apparaissent dans le document. Si tout le balisage était retiré et que vous vous retrouviez avec le texte brut uniquement, le résultat serait toujours lisible. Le balisage peut être utilisé pour indexer ou formater le document, mais ce n'est pas une partie essentielle du contenu.

Un autre point important à propos de ces types de documents XML : ils ne sont pas seulement composés de mots à la suite, ils sont composés de *mots*. Ils contiennent du texte destiné à être lu par des personnes. Ils ne contiennent pas de nombres, de dates ou de chiffres monétaires, sauf quand ils apparaissent comme partie du flot normal du récit. Le contenu #PCDATA des éléments du plus bas niveau de l'arbre a principalement un type : une chaîne de caractères. Si un élément a un autre type, il s'agit généralement d'une métainformation sur le document (numéro de figure, date de dernière modification, etc.), plus que du contenu du document lui-même.

Il faudrait longtemps pour expliquer pourquoi les DTD ne fournissent pas de fort typage des données, voir aucun. Les documents pour lesquels SGML a été conçu n'en avaient pas besoin. Les documents XML utilisés pour des emplois pour lesquels SGML n'a pas été conçu, comme le suivi de stocks ou des données de recensement, en ont besoin, c'est pourquoi diverses personnes et organisations ont inventé une pléthore de langages de schémas. Toutefois les schémas n'ajoutent pas grand chose aux DTD pour ce type de documents narratifs.

Tous les documents XML ne sont pas comme ceux que nous avons décrit ici. Même les documents XML narratifs ne répondent pas tous à cette description. Cependant, un nombre étonnant d'applications XML narratives suit ce modèle simple, peut-être avec une particularité ici ou là. En effet, les récits suivent cette structure simple, qui a prouvé son utilité dans les milliers d'années qui ont suivi l'invention de l'écriture. Si vous définissez vos propres DTD pour des documents narratifs généraux, vous allez probablement obtenir quelque chose de très similaire. Si vous définissez vos propres DTD pour des documents narratifs plus spécialisés, les noms de vos éléments peuvent changer pour refléter votre domaine. Par exemple si vous écriviez la prochaine édition du guide du Scout, une de vos sous-section pourrait être appelée `MeritBadge`. Toutefois, la hiérarchie de base des éléments du document – métainformation, sections et sous-sections, éléments blocs et texte mis en valeur – restera sûrement inchangée.

TEI

Text Encoding Initiative (TEI), (*http://www.tei-c.org/*), est une application SGML conçue pour le balisage de la littérature classique, comme *L'Énéide* de Virgile ou les œuvres complètes de Thomas Jefferson. TEI est un exemple de choix de DTD narrative. Puisqu'elle est conçue pour l'analyse littéraire de textes plutôt que la lecture occasionnelle ou la publication, elle inclut des éléments à la fois pour les structures de document communes (chapitre, scène, strophe, etc.) et les éléments typographiques, la structure grammaticale, la position des illustrations dans la page et ainsi de suite. Ces structures et éléments ne sont pas importants pour la plupart des lecteurs, mais ils sont cruciaux pour l'audience à laquelle est destinée TEI. Pour de nombreux projets universitaires, deux manuscrits de *L'Énéide* ne sont pas nécessairement les mêmes. Les erreurs de transcription et les corrections faites par divers moines au Moyen Âge peuvent être importantes.

TEI est une application SGML. Elle utilise plusieurs particularités de SGML qu'on ne retrouve pas dans XML, dont le connecteur `&` et la minimisation de balises. Cependant, XML apparaît comme l'avenir. Ainsi, comme la plupart des applications SGML en développement, TEI est en train de migrer vers XML. Une version légère de la DTD de TEI est disponible pour les auteurs qui préfèrent travailler en XML pur. Elle n'est pas tout à fait aussi complète que la version SGML, mais en est très proche et suffisante pour beaucoup d'utilisations pratiques.

L'*exemple 6-1* montre un document TEI Lite relativement simple utilisant la version XML de la DTD de TEI. Le contenu est tiré du livre que vous lisez en ce moment. Bien qu'une copie complète de ce manuscrit encodé en TEI serait bien plus longue, cet exemple simple montre les propriétés basiques de la plupart des documents TEI représentant des livres. (Au-delà de la prose, TEI peut être utilisée pour des pièces, poésies, des missels et essentiellement toute autre forme de littérature écrite.)

Exemple 6-1. Un document TEI

```
<?xml version="1.0" encoding="ISO-8859-1" standalone="no"?>
<!DOCTYPE TEI.2 SYSTEM "xteilite.dtd">
<TEI.2>

 <teiHeader>
  <fileDesc>
   <titleStmt>
    <title>XML in a Nutshell</title>
    <author>Harold, Elliotte Rusty</author>
    <author>Means, W. Scott</author>
   </titleStmt>
   <publicationStmt><p></p></publicationStmt>
   <sourceDesc><p>Premier brouillon</p></sourceDesc>
  </fileDesc>
 </teiHeader>

 <text id="HarXMLi">

  <front>
   <div type='toc'>
    <head>Table des matières</head>
    <list>
     <item>Introduction à XML</item>
     <item>XML comme format de document</item>
     <item>XML sur le Web</item>
    </list>
   </div>

  </front>

  <body>

   <div1 type="chapter">
    <head>Introduction à XML</head>
    <p></p>
   </div1>
```

Exemple 6-1. Un document TEI (suite)

```
    <div1 type="chapter">
     <head>XML comme format de document</head>
     <p>
      XML est avant tout un format de documents. Il a toujours
      été destiné aux pages web, livres, articles scientifiques,
      poèmes, histoires courtes, manuels de référence, tutoriels
      cours, plaidoyers, contrats, feuilles d'entretien et autres
      documents lus par des humains. Son usage comme une syntaxe
      pour les données informatiques dans des applications comme
      le traitement d'ordres, la sérialisation d'objets, l'échange
      et la sauvegarde de bases de données et les échanges de
      données électroniques, est principalement un heureux accident.
     </p>

     <div2 type="section">
      <head>L'héritage de SGML</head>
      <p></p>
     </div2>

     <div2 type="section">
      <head>TEI</head>
      <p></p>
     </div2>

     <div2 type="section">
      <head>DocBook</head>
      <p>
      DocBook (<hi>http://www.docbook.org/</hi) est
      une application SGML conçue pour les nouveaux documents. Il
      est communément utilisé pour les documentations informatiques.
      Plusieurs livres O'Reilly ont été écrits en DocBook,
      dont <bibl><title>DocBook, la référence</title>
      de <author>Norm Walsh</author></bibl>. Une grande partie
      du corpus du <abbr expan='Projet de Documentation de Linux'>LDP</abbr>
      (<hi>http://www.linuxdoc.org/</hi>) est écrite en DocBook.
      </p>
     </div2>

    </div1>

    <div1 type="chapter">
     <head>XML sur le Web</head>
     <p></p>
    </div1>
   </body>

   <back>
    <div1 type="index">
```

Exemple 6-1. Un document TEI (suite)

```
      <list>
       <head>INDEX</head>
       <item>SGML, 8, 9, 91, 92, 94</item>
       <item>DocBook, 97-101</item>
       <item>TEI, 94-97, 101</item>
       <item>Text Encoding Initiative, voir TEI</item>
      </list>
     </div1>
    </back>

  </text>
 </TEI.2>
```

L'élément racine de tout document TEI est TEI.2. Il est toujours divisé en deux parties : un en-tête représenté par un élément teiHeader et le contenu principal du document par un élément text. L'en-tête contient des informations sur le document source, par exemple de quel manuscrit médiéval exact le texte provient, l'encodage du document ou des mots-clés le décrivant.

L'élément text est lui-même divisé en trois parties :

L'avant-propos dans l'élément front
: L'avant-propos inclut préface, table des matières, page de dédicace et images de couverture. Chacun de ces éléments est représenté par un élément div avec un attribut type dont la valeur identifie la division (table des matières, préface, page de titre, etc). Chaque division contient d'autres éléments qui en décrivent le contenu.

Le corps du travail dans l'élément body
: Le corps inclut les différents chapitres qui constituent le document. Chacun de ces éléments est représenté par un élément div1 avec un attribut type qui identifie cette section particulière comme volume, livre, partie, chapitre, poème, scène, etc. Chaque élément div1 a un fils head donnant son titre.

L'après-propos dans l'élément back
: L'après-propos inclut l'index et le glossaire.

Ces parties peuvent être elles-mêmes subdivisées. Les div1s peuvent contenir des div2s, les div2s des div3s, les div3s des div4s et ainsi de suite jusqu'aux div7. Toutefois, pour un type de document donné, il existe une dernière division. Cette division contient les paragraphes, représentés par des éléments p pour la prose ou les strophes, représentés par des éléments lg pour la poésie. Les strophes sont découpées en vers, représentées par des éléments l.

Les vers et les paragraphes ont un contenu mixte, c'est-à-dire qu'ils contiennent du texte. Cependant des parties de ce texte peuvent être marquées par des éléments indiquant que des mots ou caractères particuliers sont des noms de personnes (name), sont des corrections (corr), sont difficile à déchiffrer (unclear), contiennent des fautes d'orthographes (sic), etc.

Cette structure reflète étroitement la structure des documents originaux. C'est vrai pour la plupart des applications XML narratives qui doivent manipuler avec justesse des documents génériques. TEI est un exemple très représentatif d'une structure de document XML typique.

DocBook

DocBook (*http://www.docbook.org/*) est une application SGML conçue pour les nouveaux documents. Il est communément utilisé pour les documentations informatiques. Plusieurs livres O'Reilly ont été écrits en DocBook, dont *DocBook: The Definitive Guide of Norm* de Norman Walsh et Leonard Muellner (disponible en français sous le titre *DocBook – La référence*). Une grande partie du corpus du Projet de Documentation de Linux (*http://www.linuxdoc.org/*) est écrite en DocBook.

La version actuelle de DocBook, 4.1.2, est disponible à la fois en SGML et en XML. La version XML n'est pas exactement la même que la version SGML mais en est très proche dans la plupart des cas. Les personnes en charge de DocBook ont annoncé leur projet de migrer vers une unique DTD entièrement compatible avec SGML et XML pour la version 5.0. L'*exemple 6-2* montre un document DocBook XML simple basé sur ce livre. Inutile de dire que la version complète de ce document serait bien plus longue.

Exemple 6-2. Un document DocBook

```
<?xml version="1.0" encoding="ISO-8859-1" standalone="no"?>
<!DOCTYPE book PUBLIC "-//OASIS//DTD DocBk XML v4.1.2//EN"
                      "docbook/docbookx.dtd">
<book>
 <title>XML in a Nutshell</title>

 <bookinfo>
  <author>
   <firstname>Elliotte Rusty</firstname>
   <surname>Harold</surname>
  </author>
  <author>
   <firstname>W. Scott</firstname>
   <surname>Means</surname>
  </author>
 </bookinfo>

 <toc>
  <tocchap><tocentry>Introduction à XML</tocentry></tocchap>
  <tocchap><tocentry>XML comme format de document</tocentry></tocchap>
  <tocchap><tocentry>XML sur le Web</tocentry></tocchap>
 </toc>

 <chapter>
  <title>Introduction à XML</title>
```

Exemple 6-2. Un document DocBook (suite)

```
    <para></para>
  </chapter>

  <chapter>
    <title>XML comme format de document</title>

    <para>
      XML est avant tout un format de documents. Il a toujours été
      destiné aux pages web, livres, articles scientifiques, poèmes,
      histoires courtes, manuels de référence, tutoriels, cours,
      plaidoyers, contrats, feuilles d'entretien et autres documents
      lus par des humains. Son usage comme une syntaxe pour les données
      informatiques dans des applications comme le traitement d'ordres,
      la sérialisation d'objets, l'échange et la sauvegarde de bases de
      données et les échanges de données électroniques, est
      principalement un heureux accident.
    </para>

    <sect1>
      <title>L'héritage de SGML</title>
      <para></para>
    </sect1>

    <sect1>
      <title>TEI</title>
      <para></para>
    </sect1>

    <sect1>
      <title>DocBook</title>
      <para>
        <ulink url="http://www.docbook.org/">DocBook</ulink>
        est une application SGML conçue pour les nouveaux documents. Il
        est communément utilisé pour les documentations informatiques.
        Plusieurs livres O'Reilly ont été écrits en DocBook, dont
        <citation><citetitle>DocBook, la référence</citetitle> de
        Norman Walsh et Leonard Muellner</citation>. Une grande partie
        du corpus du <ulink url="http://www.linuxdoc.org/">Projet de
        Documentation de Linux est écrite en DocBook. </para>
    </sect1>

  </chapter>

  <chapter>
   <title>XML sur le web</title>
   <para></para>
  </chapter>
```

Exemple 6-2. Un document DocBook (suite)

```
  <index>
   <indexentry>
    <primaryie>SGML, 8, 9, 91, 92, 94</primaryie>
   </indexentry>
   <indexentry>
    <primaryie>DocBook, 97-101</primaryie>
   </indexentry>
   <indexentry>
    <primaryie>TEI, 94-97, 101</primaryie>
   </indexentry>
   <indexentry>
    <primaryie>Text Encoding Initiative</primaryie>
    <seeie>TEI</seeie>
   </indexentry>
  </index>

</book>
```

DocBook offre de nombreux avantages aux rédacteurs techniques. Premièrement, il est ouvert, non propriétaire, et peut être créé avec n'importe quel éditeur de texte. Écrire des documents *Open Source* pour des logiciels *Open Source* avec des outils fermés et propriétaires comme Microsoft Word serait un peu stupide. Si vos documents sont écrits en DocBook, ils ne sont liés à aucune plate-forme, aucun vendeur, ou aucune application logicielle. Ils sont portables sur n'importe quel environnement imaginable.

Deuxièmement, DocBook n'est pas seulement théoriquement éditable avec un éditeur de texte basique ; sa simplicité rend aussi son édition pratique. Si vous avez besoin d'aide, des outils gratuits, dont un mode majeur pour Emacs, sont disponibles sur *http://www.nwalsh.com/emacs/docbookide/index.html*.

Troisièmement, comme beaucoup de bonnes applications XML, DocBook est modulaire. Vous pouvez utilisez les parties dont vous avez besoin et ignorer le reste. Si vous avez besoin de tableaux, un module très puissant est disponible. Dans le cas contraire, vous n'avez pas à connaître ou utiliser ce module. D'autres modules couvrent divers ensembles d'entités et les équations.

DocBook est un format rédactionnel et non un format pour la présentation finie. Avant qu'une personne ne lise un document DocBook, il doit être converti dans un autre format :

- HTML
- XSL Formatting Objects
- Rich Text Format (RTF)
- $\TeX$

Par exemple, si vous vouliez une documentation imprimée et de haute qualité pour un programme, vous pourriez convertir le document DocBook en TeX, utiliser les outils TeX standard pour convertir le fichier TeX résultant en fichier DVI ou PostScript, et imprimer ce fichier. Si vous vouliez juste le lire sur votre ordinateur, vous le convertiriez probablement en HTML et le chargeriez dans votre navigateur web. Pour d'autres usages, vous choisiriez un autre format. Quand vous utilisez DocBook, vous avez accès à tous ces formats, gratuitement pour l'essentiel. Produire plusieurs sorties dans différents formats à partir d'un unique document source DocBook est très facile. De plus, cet avantage n'est pas juste limité à DocBook. La plupart des formats XML soigneusement pensés sont également simples à publier dans d'autres formats.

Pérennité des documents

Les documents XML destinés à être traités par les ordinateurs sont souvent transitoires. Si vous créez un document SOAP (*Simple Object Access Protocol* : protocole simple d'accès aux objets) représentant une requête à un serveur Windows hébergeant .NET, ce document n'existe que le temps que prendra le client pour l'envoyer au serveur et le serveur pour l'interpréter vers ses structures de données internes. Une fois ce traitement terminé, le document sera détruit. Il n'aura existé probablement pas plus de deux minutes, encore moins deux ans. Le document est un support de communication éphémère entre deux systèmes, sans plus de permanence que les milliards d'autres messages échangés par jour par les ordinateurs, dont la plupart ne sont pas sauvegardés sur disque, encore moins archivés pour la postérité.

Certaines applications enregistrent des données informatiques plus pérennes en XML. Par exemple, XML est le format de fichier natif du tableur Gnumeric. Ce format cependant n'est réellement compris que de Gnumeric et peut-être les autres applications GNOME. Il a été conçu pour remplir des besoins spécifiques de ce programme uniquement. Échanger des données avec d'autres applications, même celles qui n'ont pas été encore inventées, est un souci secondaire.

Les documents XML destinés aux humains tendent à être plus pérennes et moins liés aux logiciels. Si vous encodez la Déclaration d'Indépendance des États-Unis en XML, vous voulez qu'elle puisse être lue dans 2, 200 ou 2 000 ans. Vous voulez aussi qu'elle puisse être vue avec n'importe quel outil adapté, y compris ceux qui n'existent pas encore. Ces besoins ont des implications importances à la fois pour l'application XML que vous concevez pour contenir les données et les outils que vous utilisez pour les lire et les écrire.

La première règle est que le format doit être très bien documenté. Il doit y avoir une DTD et cette DTD doit être bien commentée. De plus, une quantité significative de documentation écrite doit aussi exister. La documentation écrite ne peut se substituer à la documentation formelle d'une DTD mais c'est une aide inestimable pour comprendre la DTD.

Les formats standard, comme DocBook et TEI, doivent être préférés aux applications XML commerciales. Vous devez éviter les DTD propriétaires appartenant à une quelconque personne ou société et dont le futur dépend de leur prospérité. Même les DTD provenant de consortiums à but non lucratif, comme OASIS ou TEI, doivent avoir une licence assez libre pour que les restrictions sur la propriété intellectuelle n'autorisent personne à vous barrer la route. Au moins un fournisseur de DTD a effectivement déposé des brevets sur ses DTD. Celles-ci doivent être évitées comme la peste. Tenez-vous en aux DTD qui peuvent être librement copiées et distribuées et peuvent être récupérées de nombreux lieux différents.

Une fois votre choix arrêté sur une DTD standard, essayez d'éviter de la modifier. Si vous le devez absolument, documentez vos changements avec le maximum de détails. Ajoutez des commentaires à la fois dans vos DTD et vos documents expliquant ce que vous avez fait. Utilisez les entités paramètres des DTD pour ajouter de nouveaux types d'éléments, ou en supprimer d'autres, plutôt que de modifier les DTD elles-mêmes.

Procéder de la façon inverse par le format ne devrait pas être difficile si la documentation était perdue. Assurez-vous d'utiliser des noms complets pour les éléments et attributs tout au long du document. L'élément `para` de DocBook est en ce sens meilleur que le `p` de TEI. `Paragraph` aurait été encore mieux.

Toute la structure inhérente au document doit être indiquée par du balisage seul. Elle ne doit pas être déduite par l'utilisateur, ni encodée en utilisant des séparateurs tels que des espaces. Ceci est un exemple de ce qu'il ne faut pas faire en SVG :

```
<polygon style="fill: blue; stroke: green; stroke-width: 12"
        points="350,75 379,161 469,161 397,215 423,301 350,250
                277,301 303,215 231,161 321,161" />
```

L'attribut `style` contient trois éléments distincts et sans relation entre eux. Sa compréhension nécessite d'interpréter le format CSS, non XML. L'attribut `points` est encore pire. Cet attribut est une longue liste de nombres, mais il ne contient aucune information sur le rôle de chacun. Vous ne pouvez pas, par exemple, déterminer quelles sont les coordonnées `x` et les coordonnées `y`. Une approche comme celle-ci est préférable :

```
<polygon fill="blue" stroke="green" stroke-width="12">
 <point x="350" y="75"/>
 <point x="379" y="161"/>
 <point x="469" y="161"/>
 <point x="397" y="215"/>
 <point x="423" y="301"/>
 <point x="350" y="250"/>
 <point x="277" y="301"/>
 <point x="303" y="215"/>
 <point x="231" y="161"/>
 <point x="321" y="161"/>
</polygon>
```

La syntaxe de style basée sur les attributs est autorisée en SVG. Cependant le débat sur la forme à utiliser pour les coordonnées s'est quelque peu enflammé dans le groupe de travail sur SVG du W3C. Celui-ci a finalement décidé, malheureusement selon nous, que la forme la plus verbeuse ne devrait jamais être adoptée à cause de sa taille, même si la plupart des membres pensait qu'elle reflétait mieux l'esprit de XML. Nous pensons que le groupe de travail a accordé trop d'importance à la taille du document dans une ère où la capacité des disques durs et la bande passante des réseaux croît exponentiellement. Il a aussi ignoré la facilité avec laquelle le second format pouvait être compressé pour le transport et l'enregistrement.

Les feuilles de style sont importantes. Nous sommes tous familiers de la recommandation de séparer le style du contenu. Vous avez entendu assez d'avertissements sur le fait de ne pas inclure d'informations de style pures, comme les italiques ou les choix de fontes, dans vos documents XML. Attention toutefois à ne pas tomber dans l'excès inverse et inclure du contenu dans vos feuilles de style. Le nom des auteurs, les titres, les copyrights et les autres informations qui changent selon le document appartiennent au document, pas à la feuille de style, même s'ils ajoutent des métainformations plus que du contenu réel.

Ne perdez jamais de vue que vous n'écrivez pas juste pour les deux prochains mois ou années mais peut-être pour les deux prochains millénaires. Ayez pitié du pauvre historien qui aura à déchiffrer votre balisage avec des outils et des informations limités.

Transformation et présentation

Le balisage d'un document XML typique décrit la structure du document, mais il a tendance à ne pas décrire sa présentation ; c'est-à-dire qu'il indique comment le document est organisé, mais pas à quoi il ressemble. Bien qu'un document XML soit du texte, et que quelqu'un puisse le lire tel quel s'il le veut vraiment, il est en général transformé dans un autre format avant d'être présenté à une audience. Une idée clé des langages de balisage en général, et XML en particulier, est que le format d'entrée n'a pas besoin d'être le même que le format de sortie. En d'autres termes, ce que vous voyez n'est pas ce que vous avez, ni ce que vous voulez avoir. Le langage de balisage d'entrée est conçu pour le confort de l'auteur, le format de sortie pour celui du lecteur.

Bien sûr, cette conception nécessite un moyen de transformer le format d'entrée en format de sortie. La plupart des documents XML subissent une transformation avant d'être présentés au lecteur. La transformation peut se faire vers un autre vocabulaire XML, comme XHTML ou XSL-FO, ou un format non XML comme PostScript ou RTF.

Le langage de transformation semi-officiel pour XML est XSLT (*Extensible Stylesheet Language Transformations*). Un document XSLT contient une liste de modèles. Chaque modèle a un motif indiquant à quels éléments et autres nœuds il correspond. Un processeur XSLT lit le document d'entrée. Quand il voit quelque chose qui correspond à un modèle de la feuille de style, il écrit dans le document de sortie le contenu du modèle. Une partie de ce contenu est normalement une instruction qui dit au processeur d'inclure du contenu du document d'entrée dans le document de sortie. Cette instruction autorise, par exemple, le texte du document de sortie d'être le même alors que tout le balisage est modifié. Par exemple, vous pouvez écrire une feuille de style qui transforme les documents DocBook en documents TEI. XSLT sera traité plus en détails dans le chapitre 8, *XSLT*.

Néanmoins, XSLT n'est pas le seul langage de transformation de documents XML. D'autres langages de feuilles de style, comme DSSSL (*Document Style Sheet and Semantics Language*) (*http://www.netfolder.com/DSSSL/*), existent, ainsi qu'une variété d'outils propriétaires comme OmniMark (*http://www.omnimark.com/*). La plupart de ces outils ont leurs forces et faiblesses particulières pour certains types de documents spécifiques. Des programmes sur mesure écrits dans une grande variété de langages, comme Java, C++, Perl et Python, peuvent utiliser différentes API, comme SAX, DOM ou JDOM, pour transformer des documents. Cependant, pour choisir quel outil utiliser, le facteur le plus important à considérer est le langage et la syntaxe avec lesquels vous êtes le plus familier. *De linguis non disputandum est.*

Il existe aussi de nombreux choix pour le format de sortie d'une transformation. Un fichier PostScript peut être imprimé sur du papier, des transparents, des diapositives ou même des tee-shirts. Vous pouvez voir un document PDF sur tous ces supports et sur écran. Toutefois, pour l'affichage sur écran, le PDF est largement inférieur au HTML, qui est généralement accessible sur toute plate-forme et est très facile à générer à partir de documents XML *via* XSLT. Générer un fichier PostScript ou PDF requiert normalement une étape supplémentaire lors de laquelle un logiciel spécialisé convertit un format de sortie XML dédié comme XSL-FO en ce que vous voulez.

Fournir une feuille de style descriptive qui fait état de la façon de formater chaque élément d'un document original est une alternative à la transformation. C'est le domaine de CSS (*Cascading Stylesheets*). CSS fonctionne particulièrement bien pour les documents narratifs, qui nécessitent seulement une liste des fontes, styles ou tailles à appliquer au contenu de chaque élément. Quand tout le balisage est retiré, ce qui reste est plus ou moins une version texte brut de ce que vous voulez voir. Aucun réordonnancement ou réarrangement n'est nécessaire. Cette approche n'est pas aussi bien adaptée aux documents orientés données. Dans ces documents, le contenu brut peut n'être rien d'autre qu'une masse indifférenciée de nombres, dates ou autres informations qu'il est difficile de comprendre sans le contexte et les annotations fournies par le balisage. Dans ce cas, une approche combinée, dans laquelle la transformation produit un nouveau document contenant les informations réarrangées et annotées, est plus appropriée. Une feuille de style CSS peut alors appliquer ses règles aux éléments du document transformé.

CHAPITRE 7

XML sur le Web

Au départ, XML visait à apporter toute la puissance et la structure de SGML au Web dans une forme assez simple à l'usage des non-initiés. Comme la plupart des grandes inventions, XML s'est trouvé des usages bien au-delà des ambitions de ses auteurs. En effet, XML est bien plus utilisé en dehors du Web que sur le Web. Néanmoins, XML est toujours un langage très attrayant pour écrire et servir des pages web. Puisque les documents XML doivent être bien formés et que les parseurs doivent rejeter les documents mal formés, les pages XML sont moins enclines aux incompatibilités entre les navigateurs. Puisque les documents XML sont extrêmement structurés, ils sont beaucoup plus faciles à parser pour les robots. Puisque les noms des balises et des attributs XML reflètent la nature de leur contenu, les moteurs de recherche peuvent plus facilement déterminer le sens réel d'une page.

XML est présent sur le Web de trois manières. La première est XHTML, une variante « XML-isée » de HTML 4.0 qui restreint HTML à la syntaxe XML. Par exemple, XHTML requiert qu'à toute balise de début corresponde une balise de fin et que toutes les valeurs d'attribut soient entre guillemets. XHTML ajoute aussi quelques règles de syntaxe à HTML, comme les balises d'éléments vides qui finissent par `/>` et la déclaration XML. La plus grande partie de XHTML peut être affichée correctement dans les navigateurs actuels, avec cependant quelques exceptions.

La seconde façon de mettre XML sur le Web est l'affichage direct des documents XML utilisant un vocabulaire arbitraire dans les navigateurs web. Généralement, le formatage de ces documents est fourni par une feuille de style XSLT qui transforme le document en HTML (éventuellement XHTML) ou une feuille de style CSS. Cette fonctionnalité requiert un navigateur comprenant XML et ce n'est généralement pas le cas de la base installée des clients web.

Une troisième option est de mixer un vocabulaire XML brut, comme MathML et SVG, avec XHTML. Ceci est accompli en utilisant XHTML 1.1, aussi connu comme XHTML modulaire (*Modular XHTML*). XHTML modulaire permet d'encapsuler des informations d'indexation RDF, des équations MathML et des images SVG dans vos documents XHTML. Les espaces de noms déterminent à quelle application appartient chaque élément.

XHTML

XHTML est une recommandation officielle du W3C. Elle définit une version de HTML compatible avec XML, plus exactement elle redéfinit HTML comme une application XML au lieu d'une application SGML. Juste en regardant un document XHTML, vous ne remarquerez sûrement aucune différence. Il utilise toujours les mêmes `<p>`, `<li>`, `<table>`, `<h1>` et autres balises auxquelles vous êtes habitués. Les éléments et attributs ont les mêmes noms familiers qu'en HTML. La syntaxe est toujours fondamentalement la même.

La différence n'est pas tant dans ce qui est autorisé, mais dans ce qui ne l'est pas. Bien que `<p>` soit une balise XHTML valide, `<P>` ne l'est pas. `<table border="0" width="515">` est du XHTML valide, et non `<table border=0 width=515>`. Un paragraphe préfixé d'un `<p>` et suffixé d'un `</p>` est du XHTML légal, ce n'est pas le cas d'un paragraphe dont la balise de fin `</p>` est omise. La plupart des documents HTML existants demandent des modifications considérables pour devenir des documents XHTML bien formés et valides. Cependant, dès qu'ils sont des documents XHTML valides, ce sont aussi des documents XML valides qui peuvent être manipulés avec les mêmes éditeurs, parseurs et autres outils que vous utilisez pour travailler sur un document XML.

De HTML à XHTML

La plupart des changements requis pour transformer un document HTML existant en document XHTML implique de rendre le document bien formé. Par exemple, étant donné un document HTML, vous devrez probablement faire au moins quelques uns de ces changements pour en faire un document XHTML :

- ajouter les balises de fin manquantes, comme `</p>` et `</li>` ;
- réécrire les éléments de façon à ce qu'ils s'emboîtent plutôt qu'ils ne se chevauchent. Par exemple, changer `<p><em>un paragraphe mis en valeur</p></em>` en `<p><em>un paragraphe mis en valeur</em></p>` ;
- utiliser la même casse pour les balises de début et de fin correspondantes (de préférence tout en minuscules) ;
- ajouter des guillemets ou apostrophes autour des valeurs des attributs. Par exemple, changer `<p align=center>` en `<p align="center">` ;
- s'assurer que tous les attributs ont une valeur. Par exemple, changer `<input type="checkbox" checked>` en `<input type="checkbox" checked="checked">` ;

- remplacer toute occurrence de & ou < dans les données textuelles ou les valeurs d'attribut par & et <. Par exemple, changer A&P en A&P et <a href="http://www.google.com/search?client=google&q=Java%20XML"> en <a href="http://www.-google.com/search?client=google&q=Java%20XML"> ;
- s'assurer que le document a un seul et unique élément racine, de préférence html ;
- changer les balises d'éléments vides comme <hr> en <hr/> ou <hr></hr> ;
- ajouter des tirets aux commentaires, de telle manière que <! ceci est un commentaire> devienne <!-- ceci est un commentaire --> ;
- encoder le document en UTF-8 ou UTF-16 ou ajouter une déclaration XML indiquant l'encodage utilisé.

Cependant, il ne suffit pas à un document XHTML d'être bien formé, il doit aussi être valide. Pour créer un document XHTML valide, vous devez aussi faire ces changements :

- ajouter une déclaration DOCTYPE indiquant une des trois DTD XHTML ;
- mettre les noms des éléments et des attributs en minuscules ;
- faire tous les autres changements nécessaires pour que le document soit valide par rapport à la DTD. Par exemple, éliminer les éléments non-standard, comme marquee, ajouter les attributs obligatoires, comme l'attribut alt de img, ou déplacer les sous-éléments hors des éléments en ligne dans lesquels ils ne sont pas autorisés, par exemple un blockquote à l'intérieur d'un p.

De plus, la spécification XHTML impose plusieurs contraintes qui, strictement parlant, ne sont requises ni pour la contrainte de forme ni pour la validité. Cependant, elle rendent le l'analyse des documents XHTML un peu plus facile :

- l'élément racine du document doit être html ;
- une déclaration DOCTYPE utilisant un PUBLIC ID pour identifier l'une des trois DTD XHTML doit être présente ;
- l'élément racine doit avoir un attribut xmlns identifiant l'espace de noms par défaut comme http://www.w3.org/1999/xhtml.

Enfin, vous pouvez, si vous voulez, ajouter une déclaration XML ou une instruction de traitement xml-stylesheet au prologue de votre document. L'*exemple 7-1* montre un document HTML, tiré du site web américain O'Reilly, contenant plusieurs des problèmes de validité que vous trouverez sur le Web aujourd'hui. En fait, cette page est plus soignée que la plupart des autres sur le Web. Néanmoins, toutes les valeurs d'attribut ne sont pas entre guillemets. L'attribut noshade de l'élément HR n'a même pas de valeur, et il n'y a pas de déclaration de type de document. Les balises sont un mélange de majuscules et de minuscules, surtout de majuscules. L'élément DD n'a pas de balise de fin et certaines données textuelles de la seconde définition ne font pas partie d'un DT ou DD.

Exemple 7-1. Un document HTML courant

```
<HTML><HEAD>
 <TITLE>O'Reilly Shipping Information</TITLE>
</HEAD>
<BODY BGCOLOR="#ffffff" VLINK="#0000CC" LINK="#990000" TEXT="#000000">
<table border=0 width=515>
<tr>
<td>
<IMG SRC="/www/graphics_new/generic_ora_header_wide.gif" BORDER=0>
<H2>U.S. Shipping Information </H2>
<HR taille="1" align=left noshade>
<DL>
<DT> <B>UPS Ground Service (Continental US only -- 5-7 business
days):</B></DT>
<DD>
<PRE>
$  5.95 - $ 49.99 ........................ $ 4.50
$ 50.00 - $ 99.99 ........................ $ 6.50
$100.00 - $149.99 ........................ $ 8.50
$150.00 - $199.99 ........................ $10.50
$200.00 - $249.99 ........................ $12.50
$250.00 - $299.99 ........................ $14.50
</PRE>
<DT> <B>Federal Express:</B></DT>
(Shipping within 24 hours of receipt of order by O'Reilly)
<DD>
<PRE>
<EM>1 or 2 books</EM>:
Economy 2-day ............................ $ 8.75
Overnight Standard (Afternoon Delivery) ... $12.75
Overnight Priority (Morning Delivery) ..... $16.50

</PRE>
</DL>
<b>Alaska and Hawaii:</b> add $10 to Federal Express rates.
<P>
<A HREF="int-ship.html"><b>International Shipping Information</b></A>
<P>
<CENTER>
<HR SIZE="1" NOSHADE>
<FONT SIZE="1" FACE="Verdana, Arial, Helvetica">
<A HREF="http://www.oreilly.com/">
<B>O'Reilly Home</B></A> <B> | </B>
<A HREF="http://www.oreilly.com/sales/bookstores">
<B>O'Reilly Bookstores</B></A> <B> | </B>
<A HREF="http://www.oreilly.com/order_new/">
<B>How to Order</B></A> <B> | </B>
<A HREF="http://www.oreilly.com/oreilly/contact.html">
<B>O'Reilly Contacts<BR></B></A>
```

Exemple 7-1. Un document HTML courant (suite)

```
<A HREF="http://www.oreilly.com/international/">
<B>International</B></A> <B> | </B>
<A HREF="http://www.oreilly.com/oreilly/about.html">
<B>About O'Reilly</B></A> <B> | </B>
<A HREF="http://www.oreilly.com/affiliates.html">
<B>Affiliated Companies</B></A><p>
<EM>&copy; 2000, O'Reilly &amp; Associates, Inc.</EM>
</FONT>
</CENTER>
</td>
</tr>
</table>

</BODY>
</HTML>
```

L'*exemple 7-2* montre ce même document après qu'il ait été converti en XHTML. Tous les problèmes notés précédemment plus quelques autres ont été corrigés. Un nombre d'attributs de présentation dépréciés, comme les attributs taille et noshade de hr ont dû être remplacés par des styles CSS. Nous avons aussi ajouté le type de document nécessaire et la déclaration d'espace de noms. Dorénavant, tous les navigateurs HTML et XML peuvent lire ce document.

Exemple 7-2. Un document XHTML valide

```
<!DOCTYPE html PUBLIC "-//W3C//DTD XHTML 1.0 Strict//EN"
       "http://www.w3.org/TR/xhtml1/DTD/xhtml1-strict.dtd">
<html xmlns="http://www.w3.org/1999/xhtml">
<head>
<meta name="generator" content="HTML Tidy, see www.w3.org" />
<style type="text/css">
 body      {background-color: #FFFFFF; color: #000000}
 a:visited {color: #0000CC}
 a:link    {color: #990000}
</style>
<title>O'Reilly Shipping Information</title>
</head>
<body>
<table border="0" width="515">
<tr>
<td><img src="/www/graphics_new/generic_ora_header_wide.gif"
style="border-width: 0" alt="O'Reilly"/>
<h2>U.S. Shipping Information</h2>

<hr style="height: 1; text-align: left"/>
<dl>
<dt><b>UPS Ground Service (Continental US only -- 5-7 business
days):</b></dt>
```

Exemple 7-2. Un document XHTML valide (suite)

```
<dd>
<pre>
$  5.95 - $ 49.99 ........................ $ 4.50
$ 50.00 - $ 99.99 ........................ $ 6.50
$100.00 - $149.99 ........................ $ 8.50
$150.00 - $199.99 ........................ $10.50
$200.00 - $249.99 ........................ $12.50
$250.00 - $299.99 ........................ $14.50
</pre>
</dd>

<dt><b>Federal Express:</b></dt>

<dd>(Shipping within 24 hours of receipt of order by O'Reilly)</dd>

<dd>
<pre>
<em>1 or 2 books</em>:
Economy 2-day ............................ $ 8.75
Overnight Standard (Afternoon Delivery) ... $12.75
Overnight Priority (Morning Delivery) ..... $16.50

</pre>
</dd>
</dl>

<b>Alaska and Hawaii:</b> add $10 to Federal Express rates.

<p><a href="int-ship.html"><b>International Shipping
Information</b></a></p>

<div style="font-size: xx-small; font-face: Verdana, Arial, Helvetica;
            text-align: center">
<hr style="height: 1"/>
<a
href="http://www.oreilly.com/"><b>O'Reilly Home</b></a> <b>|</b> <a
href="http://www.oreilly.com/sales/bookstores"><b>O'Reilly
Bookstores</b></a> <b>|</b> <a
href="http://www.oreilly.com/order_new/"><b>How to Order</b></a>
<b>|</b> <a href="http://www.oreilly.com/oreilly/contact.html"><b>
O'Reilly Contacts<br />
</b></a> <a href="http://www.oreilly.com/international/"><b>
International</b></a> <b>|</b> <a
href="http://www.oreilly.com/oreilly/about.html"><b>About
O'Reilly</b></a> <b>|</b> <a
href="http://www.oreilly.com/affiliates.html"><b>Affiliated
Companies</b></a></div>
```

Exemple 7-2. Un document XHTML valide (suite)

```
<p style="font-size: xx-small; font-family: Verdana, Arial, Helvetica"
<em>&copy; 2000, O'Reilly &amp; Associates, Inc.</em></p>
</td>
</tr>
</table>
</body>
</html>
```

Faire toutes ces modifications peut être assommant pour de longs documents ou des ensemble de nombreux documents. Heureusement, il existe un outil *open source* qui réalise la plupart du travail pour vous. *Tidy* de Dave Raggett (*http://tidy.sourceforge.net/*) est un programme C, porté sur la plupart des systèmes d'exploitations, pour convertir les mauvais documents HTML en XHTML valide. Par exemple, pour convertir le fichier *mauvais.html* en *bon.xml* vous utiliseriez :

```
% tidy --output-xhtml yes mauvais.html bon.xml
```

Tidy corrige autant qu'il peut et vous avertit quand il ne peut pas faire la correction et que vous devez la faire à la main. Par exemple, il vous indique qu'un attribut `alt` obligatoire manque à un élément `img`.

Trois DTD pour XHTML

XHTML existe sous trois formes, selon la DTD que vous choisissez :

Strict

La forme de XHTML recommandée par le W3C. Elle inclut tous les éléments et attributs de base, comme `p` et `class`, mais pas les éléments des attributs dépréciés, comme `applet` et `center`. Elle interdit aussi l'usage des attributs de présentation, comme les attributs `bgcolor`, `vlink`, `link` et `text` de l'élément `body`. Ces caractéristiques sont fournies par CSS. XHTML Strict est identifié par cette déclaration `DOCTYPE` :

```
<!DOCTYPE html PUBLIC "-//W3C//DTD XHTML 1.0 Strict//EN"
                      "DTD/xhtml1-strict.dtd" >
```

L'*exemple 7-2* utilisait cette DTD.

Transitional

Une forme plus souple de XHTML quand vous ne pouvez vous passer facilement des éléments et attributs dépréciés tels que `applet` et `bgcolor`. Elle est identifiée par cette déclaration `DOCTYPE` :

```
<!DOCTYPE html PUBLIC "-//W3C//DTD XHTML 1.0 Transitional//EN"
                      "DTD/xhtml1-transitional.dtd" >
```

Frameset

La même que la DTD Transitional excepté qu'elle autorise les éléments relatifs aux cadres comme `frameset` et `iframe`. Elle est identifiée par cette déclaration `DOCTYPE` :

```
<!DOCTYPE html PUBLIC "-//W3C//DTD XHTML 1.0 Frameset//EN"
                      "DTD/xhtml1-frameset.dtd" >
```

Ces trois DTD utilisent toutes l'espace de noms *http://www.w3.org/1999/xhtml*. Vous devriez choisir la DTD Strict à moins que vous n'ayez une bonne raison d'en utiliser une autre.

Prise en charge par les navigateurs

Les navigateurs web actuels interprètent XHTML de façon inconsistante et notamment Netscape 4.7 et versions précédentes, et Internet Explorer 5.0 et versions précédentes. Ils ne le gèrent certainement pas, puisqu'ils acceptent une telle variété de HTML mal formé, invalide et totalement erroné. Cependant, quelques navigateurs courants ont des problèmes avec certaines structures de XHTML.

La déclaration XML et les instructions de traitement

Certains navigateurs affichent les instructions de traitement et la déclaration XML. Elles devraient si possible être omises.

Peu de navigateurs reconnaissent ou respectent l'encodage indiqué dans la déclaration XML. Qui plus est, de nombreux navigateurs ne reconnaîtront pas automatiquement du texte en UTF-8 ou UCS-2. Si vous utilisez un encodage non ASCII, vous devriez inclure un élément `meta` dans l'en-tête identifiant l'encodage utilisé :

```
<meta http-equiv="Content-type"
      content='text/html; charset=UTF-8'></meta>
```

Éléments vides

Les navigateurs réagissent différemment avec les deux syntaxes pour les éléments vides. Certains comprennent `<hr/>` mais pas `<hr></hr>` (généralement en affichant deux filets horizontaux au lieu d'un), tandis que d'autres reconnaissent `<hr></hr>` mais pas `<hr/>` (omettant complètement l'élément). Le rendu le plus constant semble être atteint en utilisant une balise d'élément vide avec un attribut optionnel, tel que `class` ou `id`, comme dans `<hr class="empty" />`. L'attribut `class` n'a pas ici de raison d'être, excepté que sa présence empêche les navigateurs de butter sur le `/>`. N'importe quel autre attribut autorisé par la DTD fera aussi très bien l'affaire.

D'autre part, si une instance particulière d'un élément est vide mais que toutes les instances de cet élément n'ont pas à l'être – par exemple, un `p` ne contenant aucun texte – vous devriez utiliser la syntaxe en deux balises, comme `<p></p>`, plutôt que la syntaxe pour les éléments vides `<p/>`.

Appels d'entité

Les scripts inclus dans les pages contiennent souvent des caractères réservés comme & ou <, le document n'étant pas alors bien formé. Cependant, la plupart des interpréteurs JavaScript et VBScript ne reconnaîtront pas & et < en lieu et place des opérateurs qu'ils représentent. Si le script ne peut pas être réécrit sans ces opérateurs (par exemple, en changeant une comparaison inférieur à en supérieur ou égal à avec les arguments inversés), vous devriez utiliser des scripts externes plutôt qu'internes.

De plus, la plupart des navigateurs ne prenant pas en charge XML ne reconnaissent pas l'entité prédéfinie '. Si possible, vous devriez éviter de l'utiliser et la remplacer par un ' littéral. Le seul endroit où ce caractère pourrait poser problème est à l'intérieur des valeurs d'attribut marquées d'apostrophes parce qu'elles contiennent des guillemets. Toutefois, la plupart des navigateurs reconnaissent l'entité " pour le caractère ", donc vous pouvez entourer l'attribut de guillemets et remplacer ceux qui font partie de la valeur par ".

Autres caractéristiques non supportées

Il existe quelques autres différences subtiles entre l'interprétation que font les navigateurs de XHTML et celle qui est attendue. Par exemple, XHTML autorise les appels de caractères et les sections CDATA, mais peu de navigateurs les comprennent à l'heure actuelle. Cependant, il est peu probable que vous en rencontriez en convertissant HTML vers XHTML, on peut généralement s'en passer quand on écrit du XHTML en partant de rien.

Mozilla, Internet Explorer 5.5, Netscape 6.0, Opera 5.0 et leurs versions ultérieures savent parser et afficher du XHTML valide sans difficultés et sans avoir besoin de prendre ces précautions d'écriture. Cependant, relativement peu d'utilisateurs ont mis à jour leurs navigateurs au niveau requis pour XHTML, les concepteurs web se préoccupant de leurs utilisateurs feront le nécessaire pour les années à venir.

Affichage direct de XML dans les navigateurs

Enfin, on peut espérer que les navigateurs seront capable d'afficher non pas uniquement des documents XHTML mais n'importe quel type de document XML. Comme il serait trop prétentieux de demander aux navigateurs de fournir une sémantique pour toutes les applications XML, autant actuelles qu'à venir, des feuilles de style seront attachées à chaque document pour donner les instructions nécessaire au rendu de chaque élément.

Les langages de feuilles de style actuels majeurs sont :

- Cascading StyleSheets niveau 1 (CSS1)
- Cascading StyleSheets niveau 2 (CSS2)
- XSL Transformations 1.0

Éventuellement, il existe d'autres versions de ces langages, dont au moins CSS3 et XSLT 2.0. Mais commençons par voir comment les versions existantes sont supportées par les navigateurs existants.

L'instruction de traitement xml-stylesheet

La feuille de style est associée au document par une instruction de traitement `xml-stylesheet` dans le prologue : après la déclaration XML mais avant la balise de début de l'élément racine du document. Cette instruction de traitement utilise des pseudo-attributs pour décrire la feuille de style ; ils ressemblent à des attributs mais n'en sont pas car `xml-stylesheet` est une instruction de traitement et non un élément.

Les pseudo-attributs obligatoires href et type

L'instruction de traitement `xml-stylesheet` requiert deux pseudo-attributs. Le pseudo-attribut `href` indique l'URL, éventuellement relative, où la feuille de style peut être trouvée. Le pseudo-attribut `type` indique le type MIME de la feuille de style : `text/css` pour une feuille de style CSS, `text/xml` ou `application/xml` pour une feuille de style XSLT. Dans l'*exemple 7-3*, l'instruction de traitement `xml-stylesheet` indique au navigateur d'appliquer la feuille de style *personne.css* à ce document avant de le montrer au lecteur.

Exemple 7-3. Un document XML très simple, mais complet

```
<?xml version="1.0"?>
<?xml-stylesheet href="personne.css" type="text/css"?>
<personne>
 Alan Turing
</personne>
```

Internet Explorer de Microsoft utilise `type="text/xsl"` pour les feuilles de style XSLT. Cependant, le type MIME `text/xsl` n'a pas été et ne sera pas enregistré auprès de l'IANA. C'est une invention provenant de l'imaginaire de Microsoft. Dans le futur, `application/xslt+xml` permettra probablement d'identifier précisement les feuilles de style XSLT.

En plus de ces deux pseudo-attributs obligatoires, il existe quatre pseudo-attributs optionnels :

- media
- charset
- alternate
- title

Le pseudo-attribut media

Le pseudo-attribut `media` contient une courte phrase identifiant le média pour lequel cette feuille de style devrait être utilisée, par exemple du papier, un écran d'ordinateur ou une télévision. Un média peut-être indiqué seul ou dans une liste dont les éléments sont séparés par des virgules. Les valeurs reconnues sont :

`screen`
: Écrans d'ordinateurs.

`tty`
: Télétypes, terminaux, xterms et autres périphériques textuels à chasse fixe.

`tv`
: Télévisions, WebTV, consoles de jeux vidéo, etc.

`projection`
: Diapositives, transparents et présentations sur grand écran.

`handheld`
: PDA, téléphones cellulaires, GameBoy, etc.

`print`
: Papier.

`braille`
: Périphériques tactiles pour non-voyants.

`aural`
: Lecteurs d'écran et synthétiseurs vocaux.

`all`
: Tous les médias listés ci-dessus et ceux qui n'ont pas encore été inventés.

Par exemple, cette instruction de traitement `xml-stylesheet` précise que la feuille de style CSS localisée à l'URL *http://www.ibiblio.org/xml/style/titus.css* devrait être utilisée pour les télévisions, les projections et l'imprimerie :

```
<?xml-stylesheet href="http://www.cafeconleche.org/style/titus.css"
                 type="text/css" media="tv, projection, print"?>
```

Le pseudo-attribut charset

Le pseudo-attribut `charset` indique dans quel encodage est écrite la feuille de style. Les valeurs possibles sont les mêmes que pour la déclaration d'encodage d'un document XML. Par exemple, pour dire que la feuille de style *coran.css* est encodée en ISO-8869-6, on utilisera cette instruction de traitement :

```
<?xml-stylesheet href="coran.css" type="text/css" charset="ISO-8859-6"?>
```

Les pseudo-attributs alternate et title

Le pseudo-attribut `alternate` indique si la feuille de style est la principale pour un média donné ou une alternative dans des cas particuliers. La valeur par défaut est `no`, pour indiquer la feuille de style principale. Si `alternate` vaut `yes`, le navigateur peut donner à l'utilisateur le choix d'autres feuilles de style. S'il offre ce choix, il utilise la valeur du pseudo-attribut `title` pour indiquer à l'utilisateur en quoi la feuille de style diffère. Ces trois instructions de traitement `xml-stylesheet` proposent à l'utilisateur le choix entre du texte de taille moyenne, petite ou grande :

```
<?xml-stylesheet href="grand.css" type="text/css"
                 alternate="yes" title="Grandes polices"?>
<?xml-stylesheet href="petit.css" type="text/css"
                 alternate="yes" title="Petites polices"?>
<?xml-stylesheet href="moyen.css" type="text/css" title="Polices normales"?>
```

Les navigateurs qui ne peuvent demander à l'utilisateur de choisir une feuille de style utilisent simplement le premier choix qui correspond le mieux au type de média de l'environnement.

Internet Explorer

Microsoft Internet Explorer 4.0 (IE4) inclut un parseur XML accessible par JavaScript ou VBScript. IE l'utilise en interne pour les chaînes et l'Active Desktop. Vos propres programmes JavaScript ou VBScript peuvent utiliser ce parseur pour lire des données XML et les insérer dans une page web. Cependant, afficher une page XML à partir d'une URL est au-delà des possibilités d'IE4. Qui plus est, IE4 ne comprend aucun langage de feuille de style quand il est appliqué à XML.

Internet Explorer 5 (IE5) et 5.5 (IE5.5) comprennent XML ; mais le parseur est un peu bogué et rejette des documents quand il ne le devrait pas, dont, ce qui est particulièrement gênant, la spécification XML 1.0 elle-même. Internet Explorer 6 (IE6) a amélioré le support de XML, mais il n'est toujours pas complètement conforme.

IE5 et les versions suivantes peuvent afficher directement des fichiers XML, avec ou sans feuille de style associée. Si aucune feuille n'est fournie, IE5 en emploie alors une par défaut. Cette feuille de style XSLT interne affiche la structure arborescente du document XML. Un petit DHTML permet à l'utilisateur d'étendre ou de cacher les nœuds de l'arbre. La *figure 7-1* montre IE5 en action, il s'agit de l'affichage de l'*exemple 6-1* du précédent chapitre.

IE5 supporte aussi une partie de CSS niveau 1 et CSS niveau 2. Cependant, ce support est inconsistant. Certains aspects de CSS fonctionnant pour les documents HTML ne fonctionnent pas si on les applique à des documents XML. IE5.5 et IE6 étendent leur support de CSS, toutefois ils ne comprennent toujours pas toutes les propriétés et tous les sélecteurs de CSS. En fait, nombre de fonctionnalités CSS, qui fonctionnent dans IE6 pour du HTML, restent sans effet lorsqu'elles sont appliquées aux documents XML.

IE5 et IE5.5 supportent leur propre version de XSLT, basée sur un des premiers brouillons de la spécification XSLT. Ils ne supportent *pas* XSLT 1.0. On peut les reconnaître à l'espace de noms de la feuille de style. Une feuille de style écrite pour IE5 utilise l'espace de noms *http://www.w3.org/TR/WD-xsl* tandis qu'une feuille de style conçue pour un processeur XSLT conforme utilise *http://www.w3.org/1999/XSL/Transform*. Malgré les similarités superficielles, ces deux langages ne sont pas compatibles. Une feuille de style écrite pour IE5 ne marchera pas avec les autres processeurs XSLT et une feuille de style utilisant le standard XSLT 1.0 standard ne fonctionnera pas dans IE5. IE6 supporte non seulement le XLST réél, mais aussi le dialecte non-standard de Microsoft.

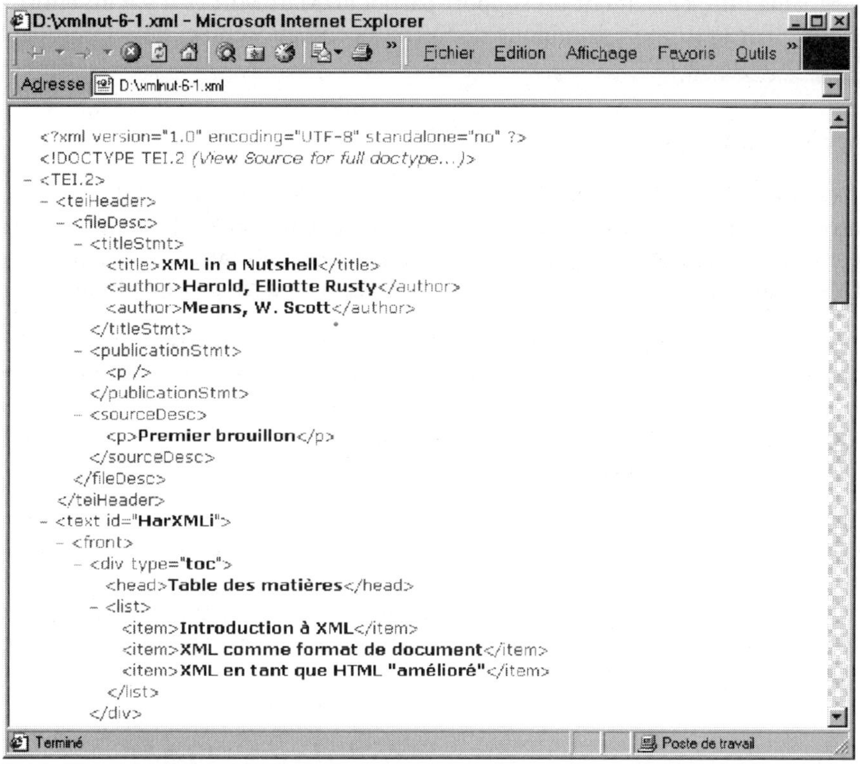

Figure 7-1. Un document vu avec la feuille de style interne d'IE5

Netscape et Mozilla

Netscape 4.x et les versions antérieures ne fournissent pas de support significatif pour l'affichage de XML. Netscape 4.0.6 et suivants utilisent XML en interne pour certaines fonctionnalités, comme « What's Related ». Cependant, le parseur utilisé n'est pas accessible aux auteurs, même *via* JavaScript.

Mozilla et Netscape 6.0 ont un support complet pour l'affichage de XML. CSS niveau 2 est complétement supporté. Mozilla peut lire une page web XML, télécharger les feuilles de style associées, les appliquer au document et montrer le résultat à l'utilisateur, cela complétement automatiquement et comme XML sur le Web a toujours été censé fonctionner.

Netscape 6.2 supporte également XSLT 1.0, mais au moment de l'écriture de ces lignes, ce support reste entaché de bogues et il est difficile de le faire fonctionner. Vous devez utiliser des fichiers situé sur un serveur web (pas le disque local) et le serveur web doit fournir le type MIME exact pour le document XML et sa feuille de style. Même dans ce cas, la transformation échoue la moitié du temps. Mozilla 1.0 possède le meilleur support de XSLT de tous les navigateurs actuels, ainsi il est fort probable que les futures versions de Netscape 6 (qui est basé sur des versions bêta antérieures de Mozilla) fonctionneront bien mieux. Mozilla offre également un support partiel de MathML ; et il y a un effort tiers en cours pour offrir le support graphique de SVG. Cependant, celui-ci ne sera probablement pas prêt pour Mozilla 1.0.

Autres approches

Écrire vos pages web en XML ne signifie pas forcément les servir en XML. Les navigateurs de quatrième génération et antérieures, qui ne supportent pas XML de manière significative, seront parmi nous encore pendant plusieurs années. Satisfaire les utilisateurs requiert du HTML ordinaire, fonctionnant avec des navigateurs aussi vieux que Mosaic 1.0.

Écrire les pages en XML et les servir en HTML est une pratique courante. Quand le serveur reçoit un requête pour un document XML, il le convertit automatiquement en HTML et l'envoie. Des serveurs plus sophistiqués mettent en cache les documents convertis. Ils peuvent aussi reconnaître les navigateurs qui prennent en compte XML et leur envoient les données brutes.

La solution la plus utilisée pour faire cette conversion est une feuille de style XSLT et une servlet Java. Bien sûr, la plupart des moteurs XSLT comme Xalan-J et SAXON incluent des servlets qui font exactement ce travail. Cependant, d'autres combinaisons sont possibles, par exemple utiliser PHP ou CGI à la place d'une servlet. L'idée est d'être sûr que les navigateurs ne recevront que ce qu'ils savent lire et afficher. Nous aborderons XSLT plus en détails dans le prochain chapitre.

Écriture de documents avec Modular XHTML

XHTML 1.1 divise les trois DTD XHTML en modules. Des entités paramètre les connectent en incluant, ou laissant de côté, des modules particuliers. Les modules sont :

Module Structure, `%xhtml-struct.module;`

Strict minimum des éléments nécessaires pour un document HTML : `html`, `head`, `title` et `body`.

Module Text, `%xhtml-text.module;`

Éléments de base contenant du texte et autres éléments en ligne : `abbr`, `acronym`, `address`, `blockquote`, `br`, `cite`, `code`, `dfn`, `div`, `em`, `h1`, `h2`, `h3`, `h4`, `h5`, `h6`, `kbd`, `p`, `pre`, `q`, `samp`, `span`, `strong` et `var`.

Module Hypertext, `%xhtml-hypertext.module;`

Élément utilisés pour les liens : l'élément `a`.

Module List, `%xhtml-list.module;`

Éléments utilisés pour les listes : `dl`, `dt`, `dd`, `ul`, `ol` et `li`.

Module Applet, `%xhtml-applet.module;`

Éléments nécessaires pour les applets Java : `applet` et `param`.

Module Presentation, `%xhtml-pres.module;`

Balisage orienté vers la présentation : `b`, `big`, `hr`, `i`, `small`, `sub`, `sup` et `tt`.

Module Edit, `%xhtml-edit.module;`

Éléments pour le suivi des révisions : `del` et `ins`.

Module Bidirectional Text, `%xhtml-bdo.module;`

L'élément `bdo` indiquant la direction lorsque du texte comprend des langues s'écrivant de gauche à droite, comme l'anglais et le français, et du texte dans des langues s'écrivant de droite à gauche, comme l'hébreu ou l'arabe.

Module Basic Forms, `%xhtml-basic-form.module;`

Formulaires comme ceux définis en HTML 3.2 utilisant les éléments `form`, `input`, `select`, `option` et `textarea`.

Module Forms, `%xhtml-form.module;`

Formulaires tels que définis dans HTML 4.0 utilisant les éléments `form`, `input`, `select`, `option`, `textarea`, `button`, `fieldset`, `label`, `legend` et `optgroup`.

Module Basic Tables, `%xhtml-basic-table.module;`

Support minimal des tableaux, incluant seulement les éléments `table`, `caption`, `th`, `tr` et `td`.

Module Tables, `%xhtml-table.module;`

Support des tableaux plus complet, n'incluant pas uniquement les éléments `table`, `caption`, `th`, `tr` et `td`, mais aussi `col`, `colgroup`, `tbody`, `thead` et `tfoot`.

Module Image, `%xhtml-image.module;`

L'élément `img`.

Module Client-side Image Map, `%xhtml-csismap.module;`

Les éléments `map` et `area` et des attributs supplémentaires pour plusieurs autres éléments nécessaires pour le support des images cliquables côté clients.

Module Server-side Image Map, `%xhtml-ssismap.module;`

Ce module n'apporte pas de nouvel élément, il ajoute l'attribut `ismap` à l'élément `img`.

Module Object, `%xhtml-object.module;`

L'élément `object` pour inclure du contenu exécutable, comme des applets Java ou des contrôles ActiveX, dans les pages web.

Module Param, `%xhtml-param.module;`

L'élément `param` pour passer des paramètres des pages web à leur contenu exécutable, tel que des applets Java ou des contrôles ActiveX.

Module Frames, `%xhtml-frames.module;`

Les éléments nécessaires pour mettre en œuvre des cadres, dont `frame`, `frameset` et `noframes`.

Module Iframe `%xhtml-iframe.mod;`

L'élément `iframe` pour les cadres en ligne.

Module Intrinsic Events, `%xhtml-events.module;`

Attributs pour ajouter le support de scripts, comme `onsubmit` et `onfocus`, attachés aux éléments déclarés dans les autres modules.

Module Metainformation, `%xhtml-meta.module;`

L'élément `meta` utilisé dans les en-têtes.

Module Scripting Module, `%xhtml-script.module;`

Éléments pour JavaScript et VBScript : `script` et `noscript`.

Module Stylesheet, `%xhtml-style.module;`

L'élément `style` pour définir des feuilles de style CSS.

Module Link, `%xhtml-link.module;`

L'élément `link` indiquant les relations avec divers documents externes, comme des glossaires, des pages précédentes ou suivantes et des traductions.

Module Base, `%xhtml-base.module;`

L'élément `base` indiquant quelle URL sert de base à la résolution des URL relatives.

Module Target, `%xhtml-target.module;`

L'attribut `target` utilisé pour indiquer le cadre ou la fenêtre de destination d'un lien.

Module Style Attribute, `%xhtml-inlstyle.module;`

L'attribut `style` pour attacher des styles CSS à des éléments individuels dans le document.

Module Name Identification, `%xhtml-nameident.module;`

L'attribut `name` est une ancienne version, dépréciée, de l'attribut `id`.

Module Legacy, `%xhtml-legacy.module;`

Éléments et attributs dépréciés, dont `basefont`, `center`, `font`, `s`, `strike` et `u`.

Module Ruby, `%xhtml11-ruby.module;`

Les éléments `ruby`, `rbc`, `rtc`, `rb`, `rt`, et `rp` utilisés dans les textes d'Extrême-Orient pour placer de petites parties de texte à côté du texte principal, indiquant généralement la prononciation.

Intégration de XHTML dans vos applications

L'avantage de diviser XHTML en tous ces différents modules est de pouvoir choisir les fragments que l'on veut. Vos documents utilisent des tableaux, utilisez le module Table. Vous n'en avez pas besoin, laissez le de côté. Vous avez uniquement les fonctionnalités donc vous avez vraiment besoin.

Par exemple, supposons que vous conceviez une DTD pour un catalogue. Chaque entrée dans ce catalogue est un élément `catalogue_entrée`. Chaque `catalogue_entrée` contient un nom (`nom`), un prix (`prix`), un code (`code`), une couleur (`couleur`), une taille (`taille`) et d'autres éléments que l'on trouve généralement dans les catalogues. De plus, chaque `catalogue_entrée` contient un texte explicatif formaté et ressemble à quelque chose d'équivalent à :

```
<catalogue_entrée>
 <nom>Égouttoir en aluminium</nom>
 <prix>34.99</prix>
 <code>54X8</code>
 <couleur>argent</couleur>
 <taille>XL</taille>
 <description>
  <p>
   Ce robuste panier d'évier <strong>chromé</strong>
   est digne des <em>cuisines les plus raffinées</em>.
   Il fera un cadeau très apprécié pour
  </p>
  <ul>
   <li>Noël</li>
   <li>un anniversaire</li>
   <li>la Fête des Mères</li>
  </ul>
  <p>et toutes les autres occasions !</p>
 </description>
</catalogue_entrée>
```

Écrire ce type de documents est assez facile. Le problème est de le valider. Plutôt que de réinventer une DTD complète pour décrire tout le formatage nécessaire dans les textes descriptifs, réutilisez XHTML. La DTD XHTML 1.1 utilise intensivement des appels d'entités paramètre pour définir le modèle de contenu et les listes des attributs des différents éléments. Trois de ces entités nécessitent une description particulière :

`%Inline.mix;`

Une liste d'éléments, tels que `em`, `a` et `q`, ne nécessitant en général pas de saut de ligne, se résout en :

```
br | span | em | strong | dfn | code | samp | kbd | var | cite |
abbr | acronym | q | tt | i | b | big | small | sub | sup |
bdo | a | img | map | applet | ruby | input | select | textarea |
label | button | ins | del | script | noscript
```

`%Block.mix;`

Une liste d'éléments, tels que `p`, `blockquote` et `ul`, demandant généralement un saut de ligne, se résout en :

```
h1 | h2 | h3 | h4 | h5 | h6 | ul | ol | dl | p | div | pre |
blockquote | address | hr | table | form | fieldset | ins |
del | script | noscript
```

`%Flow.mix;`

Une liste contenant à la fois `Inline.mix` et `Block.mix`, se résout en :

```
h1 | h2 | h3 | h4 | h5 | h6 | ul | ol | dl | p | div | pre |
blockquote | address | hr | table | form | fieldset | br |
span | em | strong | dfn | code | samp | kbd | var | cite | abbr |
acronym | q | tt | i | b | big | small | sub | sup | bdo | a | img |
map | applet | ruby | input | select | textarea | label | button |
ins | del | script | noscript
```

Vous pouvez déclarer que l'élément `description` contient essentiellement n'importe quel fragment XHTML valide de cette manière :

```
<!ENTITY % xhtml PUBLIC "-//W3C//DTD XHTML 1.1//EN" "xhtml/xhtml11.dtd">
%xhtml;
<!ELEMENT description (#PCDATA | %Flow.mix;)*>
```

Si vous vouliez limiter le contenu de `description` uniquement aux éléments de bloc, vous déclareriez :

```
<!ENTITY % xhtml PUBLIC "-//W3C//DTD XHTML 1.1//EN" "xhtml/xhtml11.dtd">
%xhtml;
<!ELEMENT description ((%Block.mix;)*)>
```

Les deux premières lignes importent la DTD XHTML principale à partir d'une URL relative, dans un répertoire particulier nommé *xhtml*. Ce répertoire doit contenir les DTD des modules fournies avec les trois spécifications du W3C :

- XHTML 1.1 - XHTML modulaire (*http://www.w3.org/TR/xhtml11/*) ;
- *Modularization of XHTML* (modularisation de XHTML) (*http://www.w3.org/TR/xhtml-modularization*) :
- Ruby Annotation (*http://www.w3.org/TR/ruby*)

La troisième ligne utilise un appel d'entité définie dans cette DTD pour donner le modèle de contenu de l'élément `description`.

Malheureusement, cette DTD va un peu trop loin. Elle inclut non seulement le HTML que vous voulez, comme `p`, `em` et `ul`, mais aussi un grand nombre d'éléments que vous ne voulez pas pour un catalogue imprimé, tels que `a`, `applet` et `img`. Cependant, vous pouvez omettre ces éléments. La DTD XHTML principale importe chaque module à l'intérieur de blocs `INCLUDE/IGNORE` comme celui-ci pour le module Hypertext :

```
<!-- Module Hypertext (requis) ................................ -->
<!ENTITY % xhtml-hypertext.module "INCLUDE" >
<![%xhtml-hypertext.module;[
<!ENTITY % xhtml-hypertext.mod
 PUBLIC "-//W3C//ELEMENTS XHTML Hypertext 1.0//EN"
   "http://www.w3.org/TR/xhtml-modularization/DTD/xhtml-hypertext-1.mod" >
%xhtml-hypertext.mod;]]>
```

Si l'entité paramètre `%xhtml-hypertext.module;` était définie précédemment avec la valeur `IGNORE` au lieu de `INCLUDE`, cette déclaration aurait la préséance, et aucun des éléments et attributs définis dans le module Hypertext, en particulier l'élément `a`, ne serait inclus dans la DTD résultante.

Admettons que vous n'ayez besoin que des modules Structure, Basic Text et List. Utilisez une DTD pilote qui redéfinit les entités paramètres pour les autres modules à la valeur `IGNORE`. L'*exemple 7-4* démontre cette idée.

Exemple 7-4. DTD d'un catalogue utilisant XHTML et omettant des éléments

```
<!ELEMENT catalogue (catalogue_entrée*)>
<!ELEMENT catalogue_entrée (nom, prix, code, couleur, taille, description)>
<!ELEMENT nom (#PCDATA)>
<!ELEMENT taille (#PCDATA)>
<!ELEMENT prix (#PCDATA)>
<!ELEMENT code (#PCDATA)>
<!ELEMENT couleur (#PCDATA)>

<!-- met de côté les modules dont nous n'avons pas besoin -->
<!ENTITY % xhtml-hypertext.module "IGNORE" >
<!ENTITY % xhtml-ruby.module      "IGNORE" >
<!ENTITY % xhtml-edit.module      "IGNORE" >
<!ENTITY % xhtml-pres.module      "IGNORE" >
<!ENTITY % xhtml-applet.module    "IGNORE" >
<!ENTITY % xhtml-param.module     "IGNORE" >
<!ENTITY % xhtml-bidi.module      "IGNORE" >
<!ENTITY % xhtml-form.module      "IGNORE" >
<!ENTITY % xhtml-table.module     "IGNORE" >
<!ENTITY % xhtml-image.module     "IGNORE" >
<!ENTITY % xhtml-csismap.module   "IGNORE" >
<!ENTITY % xhtml-ssismap.module   "IGNORE" >
<!ENTITY % xhtml-meta.module      "IGNORE" >
<!ENTITY % xhtml-script.module    "IGNORE" >
<!ENTITY % xhtml-style.module     "IGNORE" >
<!ENTITY % xhtml-link.module      "IGNORE" >
```

Exemple 7-4. DTD d'un catalogue utilisant XHTML et omettant des éléments (suite)

```
<!ENTITY % xhtml-base.module      "IGNORE" >

<!-- importe la DTD XHTML, au moins ses parties que nous n'ignorons pas.
     Vous devrez probablement changer le System ID pour pointer
     vers le répertoire dans lequel vous avez placé les DTD.
-->
<!ENTITY % xhtml11.mod PUBLIC "-//W3C//DTD XHTML 1.1//EN"
                              "xhtml11/DTD/xhtml11.dtd">
%xhtml11.mod;
<!ELEMENT description (%Block.mix;)+>
```

Intégration de vos applications dans XHTML

Une particularité encore plus importante de XHTML modulaire est qu'il vous autorise à ajouter de nouveaux éléments que HTML ne supporte pas. Par exemple, pour inclure des images SVG dans vos documents, importez simplement la DTD SVG et redéfinissez l'entité paramètre `Misc.extra` pour autoriser l'élément racine `svg` de SVG. (Cette étape vous permet seulement de valider vos documents XHTML qui contiennent des balises SVG. Elle ne donne pas à votre navigateur la faculté d'afficher ces images comme par magie.) Cela se fait en redéfinissant une de ces trois entités paramètres :

`%Inline.extra`
: Indiquez l'élément racine de votre application ici si vous voulez l'ajouter au modèle de contenu de tous les éléments en ligne, tels que `span`, `em`, `code` et `textarea`.

`%Block.extra;`
: Indiquez l'élément racine de l'application ici si vous voulez l'ajouter au modèle de contenu de tous les éléments de bloc, comme `div`, `h1`, `p` et `pre`.

`%Misc.extra;`
: Indiquez ici l'élément racine de l'application pour l'ajouter à la fois au modèle de contenu des éléments en ligne et des éléments de bloc.

La valeur de chacune de ces trois entités paramètre doit être une liste des éléments que vous voulez ajouter au modèle de contenu, séparés par une barre verticale et débutant de même. Par exemple, pour inclure des équations MathML dans les éléments en ligne et de bloc, importez la DTD MathML et redéfinissez l'entité paramètre `Misc.extra` pour inclure l'élément racinemath de MathML comme ceci :

```
<!ENTITY % Misc.extra "| math">
```

Si vous voulez autoriser les équations MathML et les images SVG au niveau bloc, importez leurs DTD respectives et redéfinissez l'entité paramètre `Block.extra` de cette façon :

```
<!ENTITY % Block.extra "| math | svg">
```

Ici l'ordre est important. La DTD MathML et la déclaration `Block.extra` doivent toutes les deux être analysées avant que la DTD XHTML le soit. L'*exemple 7-5* montre ceci avec une DTD qui intègre MathML 1.0 et XHTML et place une déclaration d'espace de noms pour faire bonne mesure :

Exemple 7-5. Une DTD qui intègre MathML dans XHTML

```
<!ENTITY % mathml SYSTEM "mathml/mathml.dtd">
%mathml;

<!ATTLIST math xmlns CDATA #FIXED "http://www.w3.org/1998/Math/MathML/">

<!ENTITY % Misc.extra "| math">

<!ENTITY % xhtml PUBLIC "-//W3C//DTD XHTML 1.1//EN" "xhtml11/DTD/xhtml11.dtd">
%xhtml;
```

Vous pouvez aussi intégrer de nouveaux éléments, comme `math`, dans des éléments individuels tels que `p` sans changer les autres éléments de bloc. Le modèle de contenu de chaque élément XHTML est défini par une entité paramètre *`Element`*`.content` (par exemple, `%p.content;`, `%em.content;` et `%td.content;`). La définition standard de `p.content` ressemble à cela :

```
<!ENTITY % p.content
     "( #PCDATA | %Inline.mix; )*" >
```

Afin que l'élément `math` soit un sous-élément des éléments `p`, mais non de chaque élément de bloc, redéfinissez `p.content` de cette manière :

```
<!ENTITY % p.content "( #PCDATA | %Inline.mix; | math )*" >
```

La DTD XHTML 1.1 est assez complexe. Vous pouvez jouer d'astuces pour intégrer différentes parties de la DTD, principalement en définissant et redéfinissant différentes entités paramètres. La meilleure façon d'apprendre à utiliser ces entités et de lire les DTD. Les commentaires dans les DTD sont souvent plus descriptifs et précis que la spécification.

Créer votre propre XHTML

La DTD XHTML 1.1 n'inclut pas tous les modules disponibles. Par exemple, les cadres et les éléments de présentation sont délibérément omis et peuvent difficilement être ajoutés. C'est la façon « pas si subtile » pour le W3C de dire que vous ne devriez pas utiliser ces éléments. Si vous voulez les utiliser, vous devez créer votre propre DTD complète en utilisant les modules individuels dont vous avez besoin.

Pour ce faire, vous devez tout d'abord définir l'URI d'espace de noms et le préfixe pour vos éléments et attributs. Le W3C fournit un modèle que vous pouvez adapter dans ce but à *http://www.w3.org/TR/xhtml-modularization/DTD/templates/template-qname-1.mod.*

L'exemple 7-6 montre un fragment de DTD définissant les noms des éléments today et quoteoftheday que l'un des auteurs utilise pour ses sites web. Le module est basé sur le modèle fourni par le W3C.

Exemple 7-6. Un module de DTD définissant les éléments today et quoteoftheday et leurs attributs

```
<!-- ............................................................... -->
<!-- Module de Noms Qualifiés pour CafeML ............................ -->
<!-- fichier: cafe-qname-1.mod

    Ceci est un module d'extension de XHTML, une reformulation de HTML
    comme application XML modulaire.

    Ce module est connu par les identifiants PUBLIC et SYSTEM :

PUBLIC "-//Elliotte Rusty Harold//ELEMENTS CafeML Qualified Names 1.0//EN"
      "cafe-qname-1.mod"

    Révisions:
    (aucune)
    ............................................................... -->

<!-- NOTES: Utilisation de l'extension Noms Qualifiés pour CafeML

    Ceci est un module pour le langage 'CafeML',
    il déclare actuellement deux nouveaux éléments, <quoteoftheday>
    et <today>. La convention de nommage des entités paramètre utilise
    les majuscules pour le nom de l'entité et les minuscules pour les
    préfixes d'espaces de noms. C'est ainsi que cet exemple utilise
    'CAFEML' et 'cafeml' respectivement.

    Veuillez noter les trois variantes :

      'CafeML'   le nom du langage
      'CAFEML'   utilisé comme préfixe des entités paramètre
      'cafeml'   le préfixe d'espace de noms par défaut

    L'entité %NS.prefixed; doit être déclarée avec la valeur
    "INCLUDE" pour autoriser la préfixation.
-->


<!-- :::::::::::::::::::::::::::::::::::::::::::::::::::::::::::::::: -->

<!-- Noms Qualifiés pour CafeML

    Ce module est en deux parties, notées Section 'A' et 'B':
```

Exemple 7-6. Un module de DTD définissant les éléments today et quoteoftheday et leurs attributs (suite)

```
          La Section A déclare les entités paramètres pour le support
          des noms qualifiés, des déclarations d'espaces de noms et de
          la préfixation pour CafeML.

          La Section B déclare les entités paramètres fournissant
          des noms qualifiés à tous les types d'élément de CafeML.

     Les étapes recommandées pour créer des modules conformes
     sont énumérées ci-dessous et s'étendent sur les deux modules Noms
     Qualifiés pour CafeML et Extension CafeML.
-->

<!-- Section A: Structure des Espaces de Noms pour XHTML :::::::: -->

<!-- 1. Déclare un mot-clé de section conditionnelle %CAFEML.prefixed;
        utilisé pour activer la préfixation d'espace de noms. La valeur
        par défaut devrait hériter de '%NS.prefixed;' de la DTD pilote,
        ainsi, tant qu'il n'est rédéfini, le comportement par défaut
        suit le schéma de préfixation générale de la DTD.

-->
<!ENTITY % NS.prefixed "IGNORE" >
<!ENTITY % CAFEML.prefixed "%NS.prefixed;" >

<!-- 2. Déclare une entité paramètre (c-à-d., %CAFEML.xmlns;) contenant
        la référence d'URI utilisée pour identifier l'espace de noms
        du module :
-->
<!ENTITY % CAFEML.xmlns  "http://www.cafeconleche.org/xmlns/cafeml" >

<!-- 3. Déclare l'entité paramètre (c-à-d, %CAFEML.prefix;) contenant
        la chaînes de caractères du préfixe de l'espace de noms par défaut
        lorsque la préfixation est active. Elle peut être redéfinie dans la DTD
        pilote ou dans un sous-ensemble interne d'une instance de document.
        Si aucun préfixe par défaut n'est souhaité, elle peut être déclaré
        par une chaînes de caractères vide.

     NOTE: Comme spécifié dans [XMLNAMES], le préfixe d'espace de noms sert
     d'intermédiaire à la référence d'URI, et n'est pas important en lui-même.

-->

<!ENTITY % CAFEML.prefix  "cafeml" >

<!-- 4. Déclare l'entité paramètre (c-à-d, %CAFEML.pfx;) contenant les
        préfixe(s) colonisé(s) (c-à-d, '%CAFEML.prefix;:') utilisé(s) lorque la
```

Exemple 7-6. Un module de DTD définissant les éléments today et quoteoftheday et leurs attributs (suite)

```
        préfixation est activée. C'est une chaîne de caractères vide
        dans le cas contraire.
-->
<![%CAFEML.prefixed;[
<!ENTITY % CAFEML.pfx  "%CAFEML.prefix;:" >
]]>
<!ENTITY % CAFEML.pfx  "" >

<!-- 5. L'entité paramètre %CAFEML.xmlns.extra.attrib; peut être redéclarée afin
        de contenir toute déclaration d'attribut d'espace de noms autre que
        CafeML destiné à être inclus dans CafeML. Lorsque la préfixation est
        activée elle contient l'attribut préfixé par xmlns ainsi que toutes
        les déclarations d'espace de noms incluses dans CafeML.
        Dans le cas contraire, il s'agit de la chaîne de caractères vide.
-->
<![%CAFEML.prefixed;[
<!ENTITY % CAFEML.xmlns.extra.attrib
      "xmlns:%CAFEML.prefix; %URI.datatype;   #FIXED '%CAFEML.xmlns;'" >
]]>
<!ENTITY % CAFEML.xmlns.extra.attrib "" >

<!ENTITY % XHTML.xmlns.extra.attrib
      "%CAFEML.xmlns.extra.attrib;"
>

<!-- Section B: Noms qualifiés pour CafeML :::::::::::::::::::::::::::::: -->

<!-- Cette section déclare les entités paramètres utilisées pour le support des
     noms qualifiés par un espace de noms, pour tous les types d'élément CafeML
-->
<!-- module:  cafe-1.mod -->
<!ENTITY % CAFEML.quoteoftheday.qname  "%CAFEML.pfx;quoteoftheday" >
<!ENTITY % CAFEML.today.qname   "%CAFEML.pfx;today" >

<!-- fin du module cafe-qname-1.mod -->
```

Ensuite, définissez les éléments et attributs avec ces noms dans un module que vous créérez. Le W3C fournit un modèle adaptable à cette intention à l'adresse *http:// www.w3.org /TR/xhtml-modularization/DTD/templates/template-1.mod*. Ce modèle utilise la même technique et la même convention que les modules XHTML prédéfinis; par exemple, il utilise des appels d'entités paramètres se résolvant en `INCLUDE` ou `IGNORE` pour changer le comportement du module.

L'*exemple 7-7* montre un fragment de DTD qui définit les éléments `today` et `quoteoftheday`. L'élément `today` peut contenir n'importe quel contenu de niveau bloc par l'utilisation de l'entité paramètre `Block.mix` et a un attribut `date` obligatoire. L'élément `quoteoftheday` contient toujours exactement un élément blockquote, suivi d'exactement un élément p sans attribut.

Exemple 7-7. Un fragment de DTD définissant les éléments today et quoteoftheday

```
<!-- ........................................................... -->
<!-- Module de l'extension de CafeML ......................... -->
<!-- file: CafeML-1.mod

     C'est une extension de XHTML, une reformulation de HTML comme
     application modulaire de XML.

     Ce module de DTD est identifié par les identifiants PUBLIC et SYSTEM :

       PUBLIC "Elliotte Rusty Harold//ELEMENTS CafeML Qualified Names 1.0//EN"
       SYSTEM "CafeML-1.mod"

     Révisions:
     (aucune)
     ........................................................... -->

<!-- Modèle Extension

     Ce module déclare deux éléments d'extension,
     today et quoteoftheday. La convention de nommage de l'entité
     paramètre utilise les majuscules pour le nom de l'entité et les
     minuscules pour les préfixes d'espace de noms. Ainsi cet exemple
     utilise respectivement 'CAFEML' et 'cafe'.

     Ce module déclare les entités paramètres utilisées pour fournir des
     noms qualifiés, par un espace de noms, pour tous les types d'élément
     de CAFEML, ainsi qu'une structure extensible pour les déclarations
     d'espaces de noms basées sur les attributs pour tous les types d'élément.

     Le mot-clé conditionnel %NS.prefixed; de section doit être
     déclaré "INCLUDE" afin que la préfixation puisse être utilisée.
     Par défaut, les modules appartenant à des espaces de noms étrangers
     (c-à-d, non XHTML) devraient hériter de %NS.prefixed; de XHTML, mais
     cela peut être redéfini lorsque seule la préfixation des balises
     non XHTML est souhaitée.

     XHTML utilise une chaîne de caractères vide pour la valeur par défaut
     du préfixe d'espace de noms. Cette valeur de préfixe peut être déclarée
     soit dans une DTD pilote soit dans un sous-ensemble interne du document.

     NOTE: Comme spécifié dans [XMLNAMES], le préfixe d'espace de noms sert
     d'intermédiaire à l'URI et n'est pas important en lui-même.
-->
```

Exemple 7-7. Un fragment de DTD définissant les éléments today et quoteoftheday (suite)

```
<!-- ............................................................ -->

<!-- 1. Déclare les attributs xmlns utilisés par CAFEML quand la préfixation
        est activée. Cette entité devrait être appelée dans tous les types
        d'élément comme partie intégrante des attributs communs de CAFEML.

        Si la DTD entière est préfixée par un espace de noms, CAFEML devrait
        hériter de %NS.decl.attrib;. Dans le cas contraire, il doit déclarer
        %NS.decl.attrib; ainsi qu'un attribut xmlns par défaut sur ses propres
        types d'élément.

-->
<![%CAFEML.prefixed;[
<!ENTITY % CAFEML.xmlns.attrib
     "%NS.decl.attrib;"
>
]]>
<!ENTITY % CAFEML.xmlns.attrib
     "xmlns        %URI.datatype;            #FIXED '%CAFEML.xmlns;'"
>

<!-- ici commencent les déclarations des différentes balises du module ........
-->

<!ENTITY % CAFEML.Common.attrib
     "%CAFEML.xmlns.attrib;
      id           ID                        #IMPLIED"
>

<!-- 2. Dans la liste des attributs de chaque élément, déclarez les différentes
        déclarations d'espace de noms XML légales dans l'instance du document
        en incluant l'entité paramètre %NamespaceDecl.attrib; dans la partie
        ATTLIST de chaque type d'élément.
-->

<!ENTITY % CAFEML.today.qname  "today" >
<!ELEMENT %CAFEML.today.qname;  ( %Flow.mix; )* >
<!ATTLIST %CAFEML.today.qname;
      %CAFEML.Common.attrib;
      date CDATA #REQUIRED
>

<!ENTITY % CAFEML.quoteoftheday.qname  "quoteoftheday" >
<!ELEMENT %CAFEML.quoteoftheday.qname;  ( %blockquote.qname;,
                                          %p.qname; ) >
<!ATTLIST %CAFEML.quoteoftheday.qname;
      %CAFEML.Common.attrib;
```

Exemple 7-7. Un fragment de DTD définissant les éléments today et quoteoftheday (suite)

```
>

<!-- 3. Si le module ajoute des attributs aux éléments définis dans des
        modules ne partageant pas l'espace de noms de ce module, déclarez
        alors ces attributs, ils utiliseront ainsi le préfixe %CAFEML.pfx;.
        Par exemple:

<!ENTITY % CAFEML.img.monattr.qname "%CAFEML.pfx;monattr" >
<!ATTLIST %img.qname;
      %CAFEML.img.monattr.qname;  CDATA      #IMPLIED
>

 Cela permettra d'ajouter un attribut monattr à l'élément img du module Image
 mais le nom de cet attribut sera son nom qualifié, incluant un préfixe,
 lorsque les préfixes sont sélectionnés pour une instance de document.

 Nous n'avons pas besoin de le faire pour ce module.

-->

<!-- fin du module CafeML-1.mod -->
```

Ensuite vous devez écrire un module de modèle de document qui définit les entités paramètres utilisées pour des spécifications de contenu dans les divers modules. C'est valable non seulement pour les modules de CafeML, mais aussi pour les modules de XHTML. (C'est de cette façon que vos éléments s'intègrent aux divers éléments de XHTML.) Le W3C ne fournit pas de modèle pour cela. Cependant, il est normalement facile d'adapter le module de modèle de document de XHTML 1.1 ou de XHTML Basic pour inclure vos nouveaux éléments. L'*exemple 7-8* est un module de modèle de document basé sur celui de XHTML 1.1.

Exemple 7-8. Un module de modèle de document pour CafeML

```
<!-- ...................................................... -->
<!-- Module CafeML Model  ..................................... -->
<!-- fichier: CafeML-model-1.mod

  PUBLIC "-//Elliotte Rusty Harold//ELEMENTS XHTML CafeML Model 1.0//EN"
  SYSTEM "CafeML-model-1.mod"

     xmlns:cafeml="http://www.cafeconleche.org/xmlns/cafeml"
     ................................................... -->

<!-- Définit le modèle de contenu pour Misc.extra -->
<!ENTITY % Misc.extra
     "| %CAFEML.today.qname; | %CAFEML.quoteoftheday.qname; ">
```

Exemple 7-8. Un module de modèle de document pour CafeML (suite)

```
<!-- .................... Elements en ligne (Inline) .................... -->

<!ENTITY % HeadOpts.mix
     "( %meta.qname; )*" >

<!ENTITY % I18n.class "" >

<!ENTITY % InlStruct.class "%br.qname; | %span.qname;" >

<!ENTITY % InlPhras.class
     "| %em.qname; | %strong.qname; | %dfn.qname; | %code.qname;
      | %samp.qname; | %kbd.qname; | %var.qname; | %cite.qname;
      | %abbr.qname; | %acronym.qname; | %q.qname;" >

<!ENTITY % InlPres.class "" >

<!ENTITY % Anchor.class "| %a.qname;" >

<!ENTITY % InlSpecial.class "| %img.qname; " >

<!ENTITY % Inline.extra "" >

<!-- %Inline.class; inclut tous les éléments en ligne utilisés,
     comme un composant dans les éléments mélangés.
-->
<!ENTITY % Inline.class
     "%InlStruct.class;
      %InlPhras.class;
      %InlPres.class;
      %Anchor.class;
      %InlSpecial.class;"
>

<!-- %InlNoAnchor.class; inclut tous les éléments en ligne n'étant pas des
     ancres, utilisés comme un composant dans les éléments mélangés.
-->

<!ENTITY % InlNoAnchor.class
     "%InlStruct.class;
      %InlPhras.class;
      %InlPres.class;
      %InlSpecial.class;"
>

<!-- %InlNoAnchor.mix; inclut les éléments en ligne n'étant pas des ancres
-->
<!ENTITY % InlNoAnchor.mix
```

Exemple 7-8. Un module de modèle de document pour CafeML (suite)

```
        "%InlNoAnchor.class;
         %Misc.class;"
>

<!-- %Inline.mix; inclut tous les éléments en ligne, en incluant %Misc.class;
-->
<!ENTITY % Inline.mix
        "%Inline.class;
         %Misc.class;"
>

<!-- ..................... Éléments constituant un bloc .................. -->
<!ENTITY % Heading.class
        "%h1.qname; | %h2.qname; | %h3.qname;
         | %h4.qname; | %h5.qname; | %h6.qname;" >

<!ENTITY % List.class "%ul.qname; | %ol.qname; | %dl.qname;" >

<!ENTITY % BlkStruct.class "%p.qname; | %div.qname;" >

<!ENTITY % BlkPhras.class
        "| %pre.qname; | %blockquote.qname; | %address.qname;" >

<!ENTITY % BlkPres.class "| %hr.qname;" >

<!ENTITY % Block.extra "" >

<!ENTITY % Table.class "| %table.qname;" >

<!ENTITY % BlkSpecial.class
        "%Table.class;"
>

<!-- %Block.class; inclut tous les éléments de bloc, utilisés
        en tant que composant dans les éléments mélangés.
-->
<!ENTITY % Block.class
        "%BlkStruct.class;
         %BlkPhras.class;
         %BlkPres.class;
         %BlkSpecial.class;
         %Block.extra;"
>

<!-- %Block.mix; inclut tous les éléments de bloc plus %Misc.class;
-->
<!ENTITY % Block.mix
```

Exemple 7-8. Un module de modèle de document pour CafeML (suite)

```
        "%Heading.class;
         | %List.class;
         | %Block.class;
        %Misc.class;"
>

<!-- ............... Tous les éléments de contenu ................. -->

<!-- %Flow.mix; inclut tous les contenus texte, de bloc ou en ligne
-->
<!ENTITY % Flow.mix
        "%Heading.class;
         | %List.class;
         | %Block.class;
         | %Inline.class;
        %Misc.class;"
>

<!-- modèle spécial pour le contenu de l'élément pre -->
<!ENTITY % pre.content
       "( #PCDATA
        | %Inline.class; )*"
>

<!-- fin du module CafeML-model-1.mod -->
```

En conclusion, substituez la DTD standard de XHTML, qui n'importe que les modules standard de XHTML, avec une nouvelle qui importe non seulement les modules standard que vous souhaitez, mais aussi tous les nouveaux modules que vous avez définis. Encore une fois, le W3C fournit un modèle pour cela que vous pouvez télécharger à l'adresse *http://www.w3.org/TR/xhtml-modularization/DTD/templates/template.dtd*. Ce modèle est une DTD minimale qui réalise les importations nécessaires et déclare les références nécessaires d'entité de paramètre dont tous les autres modules dépendent. L'*exemple 7-9* est une DTD basée sur ce modèle. Il intègre le module d'éléments défini dans l'*exemple 7-7*, ainsi que les tables de XHTML, les images, les métainformations et les modules standard de présentation de blocs.

Exemple 7-9. Une DTD XHTML intégrant la DTD Cafe

```
<!-- ............................................................ -->
<!-- XHTML + CafeML DTD ......................................... -->
<!-- fichier: CafeML.dtd -->

<!-- CafeML DTD -->
<!-- Merci d'utiliser ces identifiants publics formels afin de l'identifier :
         "-//Elliotte Rusty Harold//DTD XHTML CafeDTD//EN"
-->
```

Exemple 7-9. Une DTD XHTML intégrant la DTD Cafe (suite)

```
<!ENTITY % XHTML.version  "-//W3C//DTD XHTML CafeDTD//EN" >

<!-- Importe tous les modules de noms qualifiés en dehors de XHTML -->
<!ENTITY % CAFEML-qname.mod SYSTEM "cafe-qname-1.mod">
%CAFEML-qname.mod;

<!-- Définit les préfixes d'espace de noms supplémentaires sur lesquels repose
     cette DTD -->
<!ENTITY NS.prefixed.extras.attrib "" >

<!-- Définit le fichier du modèle de contenu utilisé par l'ossature -->
<!ENTITY % xhtml-model.mod SYSTEM "CafeML-model-1.mod" >

<!-- réservé pour les futurs usages avec les profiles de document -->
<!ENTITY % XHTML.profile  "" >

<!-- Support du texte bidirectionnel
     Cette entité (fonctionnalité de test) est utilisée pour déclarer des
     éléments et les attributs pour le support de l'internationalisation.
     Affectez lui INCLUDE ou IGNORE, comme cela est le plus approprié pour votre
     langage de balises.
-->
<!ENTITY % XHTML.bidi            "IGNORE" >

<!-- :::::::::::::::::::::::::::::::::::::::::::::::::::::::::::::::: -->
<!-- Redéclaration Pré-Framework                  .................... -->
<!-- Cette section sert de localisation pour l'insertion de déclarations
     de balises dans la DTD précédant les déclarations de l'ossature.
-->
<!ENTITY % xhtml-prefw-redecl.module "IGNORE" >
<![%xhtml-prefw-redecl.module;[
%xhtml-prefw-redecl.mod;
<!-- fin du module xhtml-prefw-redecl.module -->]]>

<!-- Le module events doit être inclus ici, si besoin. Dans ce squelette, il est
     ignoré (IGNORE).

-->
<!ENTITY % xhtml-events.module "IGNORE" >

<!-- Module Modular Framework  ................................... -->
<!ENTITY % xhtml-framework.module "INCLUDE" >
<![%xhtml-framework.module;[
<!ENTITY % xhtml-framework.mod
     PUBLIC "-//W3C//ENTITIES XHTML 1.1 Modular Framework 1.0//EN"
            "xhtml-framework-1.mod" >
%xhtml-framework.mod;]]>
```

Exemple 7-9. Une DTD XHTML intégrant la DTD Cafe (suite)

```
<!-- Redéclarations Post-Framework  .................. -->
<!-- Cette section sert de localisation pour l'insertion de déclarations
     de balises dans la DTD suivant les déclarations de l'ossature.
-->
<!ENTITY % xhtml-postfw-redecl.module "IGNORE" >
<![%xhtml-postfw-redecl.module;[
%xhtml-postfw-redecl.mod;
<!-- fin du module xhtml-postfw-redecl.module -->]]>

<!-- Module Text (requis)  ............................. -->
<!ENTITY % xhtml-text.module "INCLUDE" >
<![%xhtml-text.module;[
<!ENTITY % xhtml-text.mod
     PUBLIC "-//W3C//ELEMENTS XHTML 1.1 Text 1.0//EN"
            "xhtml-text-1.mod" >
%xhtml-text.mod;]]>

<!-- Module Hypertext (requis) ................................ -->
<!ENTITY % xhtml-hypertext.module "INCLUDE" >
<![%xhtml-hypertext.module;[
<!ENTITY % xhtml-hypertext.mod
     PUBLIC "-//W3C//ELEMENTS XHTML 1.1 Hypertext 1.0//EN"
            "xhtml-hypertext-1.mod" >
%xhtml-hypertext.mod;]]>

<!-- Module Lists (requis)  ................................. -->
<!ENTITY % xhtml-list.module "INCLUDE" >
<![%xhtml-list.module;[
<!ENTITY % xhtml-list.mod
     PUBLIC "-//W3C//ELEMENTS XHTML 1.1 Lists 1.0//EN"
            "xhtml-list-1.mod" >
%xhtml-list.mod;]]>

<!-- Vos modules peuvent être inclus ici. Utilisez la forme de base définie,
     ci-dessus et assurez-vous d'inclure la définition du FPI public dans votre
     fichier catalogue pour chaque module que vous définissez. Vous pouvez
     également inclure des modules définis par le W3C à cet endroit.
-->
<!-- Module CafeML (module personnel)  ..................... -->
<!ENTITY % cafeml.module "INCLUDE" >
<![%cafeml.module;[
<!ENTITY % cafeml.mod
     PUBLIC "-//Cafe con Leche//XHTML Extensions today 1.0//EN"
            "CafeML-1.mod" >
%cafeml.mod;]]>

<!-- Module Tables (optionel)  ..................... -->
```

Exemple 7-9. Une DTD XHTML intégrant la DTD Cafe (suite)

```
<!ENTITY % xhtml-table.module "INCLUDE" >
<![%xhtml-table.module;[
<!ENTITY % xhtml-table.mod
     PUBLIC "-//W3C//ELEMENTS XHTML Tables 1.0//EN"
            "xhtml-table-1.mod" >
%xhtml-table.mod;]]>

<!-- Module Meta (optionel) ...................... -->
<!ENTITY % xhtml-meta.module "INCLUDE" >
<![%xhtml-meta.module;[
<!ENTITY % xhtml-meta.mod
     PUBLIC "-//W3C//ELEMENTS XHTML Meta 1.0//EN"
            "xhtml-meta-1.mod" >
%xhtml-meta.mod;]]>

<!-- Module Image (optionel) ...................... -->
<!ENTITY % xhtml-image.module "INCLUDE" >
<![%xhtml-image.module;[
<!ENTITY % xhtml-image.mod
     PUBLIC "-//W3C//ELEMENTS XHTML Images 1.0//EN"
            "xhtml-image-1.mod" >
%xhtml-image.mod;]]>

<!-- Module Block Presentation (optionel) ...................... -->
<!ENTITY % xhtml-blkpres.module "INCLUDE" >
<![%xhtml-blkpres.module;[
<!ENTITY % xhtml-blkpres.mod
     PUBLIC "-//W3C//ELEMENTS XHTML Block Presentation 1.0//EN"
            "xhtml-blkpres-1.mod" >
%xhtml-blkpres.mod;]]>

<!-- Module Document Structure (requis) ...................... -->
<!ENTITY % xhtml-struct.module "INCLUDE" >
<![%xhtml-struct.module;[
<!ENTITY % xhtml-struct.mod
     PUBLIC "-//W3C//ELEMENTS XHTML 1.1 Document Structure 1.0//EN"
            "xhtml-struct-1.mod" >
%xhtml-struct.mod;]]>
<!-- fin de la DTD CAFEML ............................................ -->
<!-- ............................................................ -->
```


Amélioration des méthodes de recherche sur le Web

Une partie de l'engouement pour XML tient à ce que les moteurs de recherche vont finalement pouvoir comprendre le sens des documents en regardant leur balisage. Par exemple, vous pouvez chercher des informations sur le film *Sneakers* (Les Experts) dans un moteur de recherche et avoir des réponses noyées entre « Internet Wide Area 'Tiger Teamers' mailing list », « Children's Side Zip Sneakers Recalled by Reebok », « Infant's 'Little Air Jordan' Sneakers Recalled by NIKE », « Sneakers.com athletic shoes from Nike, Reebok, Adidas, Fila, New » et 32395 autres résultats que Google retourne pour cette recherche et qui n'ont rien à voir avec le film.[1]

En pratique, ce développement est toujours nébuleux, principalement parce que peu de pages web sont disponibles en XML, même si de plus en plus de fichiers côté applicatif (*backends*) sont disponibles en XML. Les robots des moteurs de recherche ne voient que la forme HTML des documents. Comme cette situation change lentement, et que les moteurs de recherche deviennent plus intelligents, nous devrions voir de plus en plus de résultats pertinents. En attendant, il est possible d'ajouter des indications XML à vos pages HTML que les moteurs de recherche bien informés pourront exploiter en utilisant *Resource Description Framework* (RDF), le Dublin Core et l'instruction de traitement `robots`.

RDF

Resource Description Framework (RDF), (*http://www.w3.org/RDF/*) est un encodage XML pour un modèle de données particulièrement simple. Un document RDF décrit des ressources. Chaque ressource possède zéro ou plus propriétés. Chaque propriété a un nom et une valeur, la valeur pouvant elle-même être une autre ressource.

L'élément racine d'un document RDF est `RDF`. Chaque ressource est représentée par un élément `Description` dont l'attribut `about` contient un URI, ou autre identificateur, désignant la ressource décrite. Chaque sous-élément d'une `Description` représente une propriété de la ressource. Le contenu du sous-élément est la valeur de la propriété. Tous les éléments RDF, comme `RDF` et `Description`, font partie de l'espace de noms *http://www.w3.org /1999/02/22-rdf-syntax-ns#*. Les valeurs des propriétés appartiennent en général à un autre espace de noms.

Supposons que nous voulions indiquer que le livre *XML in a Nutshell* a pour auteurs W. Scott Means et Elliotte Rusty Harold. En d'autres termes, la ressource identifiée par l'URI *urn:isbn:0596002920* a deux propriétés `author` avec la valeur `W. Scott Means` pour la première et `Elliotte Rusty Harold` pour la seconde. L'*exemple 7-9* le représente.

Exemple 7-9. Un document RDF nommant les auteurs de XML in a Nutshell

```
<rdf:RDF xmlns:rdf="http://www.w3.org/1999/02/22-rdf-syntax-ns#">

  <rdf:Description about="urn:isbn:059600290">
   <author>Elliotte Rusty Harold</author>
   <author>W. Scott Means</author>
  </rdf:Description>

</rdf:RDF>
```

1. Pour être honnête, quatre des dix premiers résultats retournés par Google étaient à propos du film.

Dans cet exemple, les valeurs des propriétés `author` sont seulement du texte. Cependant, elles auraient pu être du XML ou d'autres éléments RDF. On aurait aussi pu avoir des conteneurs, des schémas et des propriétés imbriquées. Mais, cet exemple est une description suffisante pour des métadonnées sur le Web.

Dublin Core

Le Dublin Core, *http://purl.org/dc/*, est un ensemble standard de quinze informations avec une sémantique précise reflétant le type de données qu'on trouve généralement dans les catalogues ou les bibliographies. Ces éléments sont :

Title
: Le nom par lequel la ressource est connue. Par exemple, le titre de ce livre est *XML in a Nutshell*.

Creator
: La personne ou l'organisme ayant créé la ressource, par exemple un peintre, un auteur, un illustrateur ou un compositeur. Par exemple, les créateurs de ce livre sont W. Scott Means et Elliotte Rusty Harold.

Subject
: Le sujet contient normalement une liste de mots-clés, provenant probablement d'un autre vocabulaire, par exemple la *Dewey Decimal System* ou les catégories de Yahoo, identifiant les thèmes de la ressource. En utilisant le vocabulaire de la *Library of Congress Subject Headings*, le sujet de ce livre est « XML (Document Markup Language) ».

Description
: D'ordinaire une courte description du contenu de la ressource ; elle peut aussi contenir une image ou une table des matières. Par exemple, une description de ce livre pourrait être « Un cours rapide et un manuel de référence sur XML et les technologies associées et leurs spécifications ».

Publisher
: Le nom de la personne, la société ou l'organisme qui met la ressource à disposition. Par exemple, les éditeurs de ce livre sont les Éditions O'Reilly.

Contributor
: Une personne ou un organisme qui a contribué à la ressource mais n'est pas son créateur principal. Par exemple, les éditeurs de ce livre, Laurie Petrycki et Simon St Laurent, pourraient être identifiés comme contributeurs, ainsi que l'artiste qui a dessiné la couverture, Susan Hart.

Date
: La date à laquelle le livre a été créé ou publié, normalement donnée sous la forme AAAA-MM-JJ. Par exemple, la date de ce livre pourrait être 2002-10-11.

Type

Le type abstrait de la ressource, comme image, texte, son, logiciel. Par exemple, une description de ce livre pourrait avoir le type *text*.

Format

Pour les objets concrets comme les livres, le format décrit les dimensions physiques de la ressource. Par exemple, la version papier de *XML in a Nutshell* est de 17,5 x 24 cm. Pour les objets digitaux comme les pages web, le format peut en être le type MIME. Une version en ligne de ce livre aurait le format `text/html`.

Identifier

Un identifiant formel pour la ressource, comme un numéro ISBN, un URI ou un numéro de Sécurité Sociale. L'identifiant de ce livre est 2841772233.

Source

La ressource de laquelle est tirée la présente ressource. Par exemple, cette traduction pourrait référencer l'édition anglaise originale comme sa source.

Language

La langue dans laquelle la ressource est écrite, généralement un code de langue ISO-639, éventuellement suffixé par un tiret et un code de pays ISO-3166. Par exemple, la langue de l'édition originale de ce livre est en-US, celle de cette traduction fr-FR.

Relation

Une référence à un ressource qui de quelque manière que ce soit entretient une relation avec la ressource courante. Une relation utilise en général un identifiant formel, comme un URI ou un numéro ISBN. Par exemple, une référence pourrait indiquer la page web pour ce livre.

Coverage

Le lieu, la durée ou la juridiction couvert par la ressource. Par exemple, la couverture de la version originale de ce livre pourrait être les États-Unis, le Canada, l'Australie, le Royaume Uni et l'Irlande. La couverture de cette traduction la France, le Québec, Haïti, la Belgique et la Suisse. Cette information est généralement une liste suivant une syntaxe formelle, comme des codes de pays.

Rights

Informations à propos du copyright, d'un brevet, d'une marque déposée ou toute autre restriction sur le contenu de la ressource. Ce type d'information pour ce livre pourrait être « Copyright 2002 Éditions O'Reilly ».

Le Dublin Core peut être encodé sous différentes formes, dont les éléments `META` du HTML et RDF. Nous nous concentrerons sur l'encodage en RDF. Typiquement, chaque ressource est décrite avec un élément `rdf:Description`. Cet élément contient des sous-éléments pour chaque information du Dublin Core connue sur la ressource. Le nom de ces éléments correspond aux noms d'une des 15 propriétés du Dublin Core. Ces éléments sont placés dans l'espace de noms *http://www.purl.org/dc/*. *L'exemple 7-10* montre une description Dublin Core de ce livre encodée en RDF.

Exemple 7-10. Une description Dublin Core de XML in a Nutshell encodée en RDF

```
<?xml version="1.0" encoding="UTF-8" standalone="yes"?>
<rdf:RDF xmlns:rdf="http://www.w3.org/1999/02/22-rdf-syntax-ns#"
      xmlns:dc="http://purl.org/dc/elements/1.1/">

  <rdf:Description about="urn:isbn:2841772233">
   <dc:Title>XML in a Nutshell</dc:Title>
   <dc:Creator>W. Scott Means</dc:Creator>
   <dc:Creator>Elliotte Rusty Harold</dc:Creator>
   <dc:Subject>XML (Document markup language)</dc:Subject>.
   <dc:Description>
    Un cours rapide et un manuel de référence sur XML et les
    technologies associées et leurs spécifications
   </dc:Description>
   <dc:Publisher>Éditions O'Reilly</dc:Publisher>
   <dc:Contributor>Laurie Petrycki</dc:Contributor>
   <dc:Contributor>Simon St. Laurent</dc:Contributor>
   <dc:Contributor>Susan Hart</dc:Contributor>
   <dc:Date>2002-10-11</dc:Date>
   <dc:Type>text</dc:Type>
   <dc:Format>17,5 cm x 24 cm</dc:Format>
   <dc:Identifier>2841772233</dc:Identifier>
   <dc:Language>fr-FR</dc:Language>
   <dc:Relation>http://www.oreilly.fr/catalogue/xml-in-a-nutshell/</dc:Relation>
   <dc:Coverage>FR QC.CA HT BE CH</dc:Coverage>
   <dc:Rights>Copyright 2002 Éditions O'Reilly</dc:Rights>
  </rdf:Description>

</rdf:RDF>
```

Il n'existe encore aucun standard pour associer un document RDF au document XML qu'il décrit. Une possibilité est d'inclure l'élément `rdf:RDF` dans le document, par exemple comme sous-élément de `BookInfo` de la source DocBook de ce livre. Fournir, au niveau des serveurs, ces métainformations *via* un autre canal que le document est une autre possibilité. Un protocole standard pourrait être défini qui autoriserait, par exemple, les moteurs de recherche à demander ces informations pour toute page d'un site. Une convention pourrait être adoptée qui permettrait à l'URL *xyz/meta.rdf* de contenir des métadonnées Dublin Core encodées en RDF pour toute URL *xyz* sur un site web donné.

Robots

En HTML, la balise `META robots` indique aux moteurs de recherche et autres robots s'ils peuvent ou non indexer une page. Walter Underwood a proposé l'instruction de traitement suivante comme un équivalent pour les documents XML :

```
<?robots index="yes" follow="no"?>
```

Les robots cherchent cette instruction dans le prologue de chaque document XML qu'ils rencontrent. La syntaxe de cette instruction de traitement particulière a deux pseudo-attributs, `index` et `follow`, dont la valeur peut être soit `yes` soit `no`. Si l'attribut `index` a la valeur yes, le moteur de recherche indexe cette page, s'il a la valeur `no` il ne l'indexe pas. De même, si `follow` a la valeur yes, les liens dans ce document sont suivis ; s'il a la valeur `no`, ils ne le seront pas.

CHAPITRE 8

XSLT

XSL (*Extensible Stylesheet Language*) est divisé en deux parties : *XSL Transformations* (XSLT) et *XSL Formating Objects* (XSL-FO). Ce chapitre décrit XSLT. Le chapitre 13, *XSL-FO*, couvrira XSL-FO.

XSLT est une application XML pour la spécification de règles permettant de transformer un document XML en un autre document XML. Un document XSLT – c'est-à-dire une feuille de style XSLT – contient des règles de modèle. Chaque règle possède un motif ainsi qu'un modèle. Un processeur XSLT compare les éléments et les autres nœuds d'un document XML en entrée avec les règles de modèle présentes dans une feuille de style. Lorsqu'il y a correspondance, il écrit le modèle de cette règle dans l'arbre de destination. Une fois le processus terminé, il peut sérialiser l'arbre de sortie dans un document XML ou dans un autre format, comme du texte brut ou du HTML.

Ce chapitre décrit les modèles et autres éléments qui apparaissent dans une feuille de style XSLT. XSLT utilise la syntaxe XPath pour identifier les éléments. Dans ce chapitre, nous introduirons quelques notions sur Xpath, mais il sera principalement abordé au chapitre 9, *XPath*.

Exemple de document

Pour expliquer les transformations XSL, nous avons tout d'abord besoin d'un document à transformer. L'*exemple 8-1* montre le document utilisé dans ce chapitre. L'élément racine est `personnes` ; il contient deux éléments `personne`. Les éléments `personne` ont approximativement la même structure (un nom suivi de professions et de passe-temps) avec quelques différences notables. Par exemple, Alan Turing a trois professions tandis que Richard Feynman n'en a qu'une. Feynman a un `initiale_milieu` et un `loisir`, ce qui n'est pas le cas de Turing. Néanmoins, ces variations se basent clairement sur la même structure. Une DTD permettant les deux organisations serait facile à écrire.

Exemple 8-1. Un document XML décrivant deux personnes

```
<?xml version="1.0" encoding="ISO-8859-1"?>
<personnes>
  <personne naissance="1912" mort="1954">
    <nom>
      <prénom>Alan</prénom>
      <nom_famille>Turing</nom_famille>
    </nom>
    <profession>informaticien</profession>
    <profession>mathématicien</profession>
    <profession>cryptographe</profession>
  </personne>
  <personne naissance="1918" mort="1988">
    <nom>
      <prénom>Richard</prénom>
      <initiale_milieu>M</initiale_milieu>
      <nom_famille>Feynman</nom_famille>
    </nom>
    <profession>physicien</profession>
    <loisir>Jouer des bongos</loisir>
  </personne>
</personnes>
```

L'*exemple 8-1* est un document XML. Pour les besoins de cet exemple, il sera enregistré dans un fichier nommé *personnes.xml*. Il n'a pas de DTD, cependant ce n'est que secondaire : XSLT travaille aussi bien avec des documents valides qu'invalides (mais bien formés). Ce document n'utilise pas d'espace de noms, mais il le pourrait. XSLT travaille très bien avec les espaces de noms. Contrairement à la validation, XSLT fait attention à l'URI d'espace de noms, pas au préfixe. Ainsi, il est possible d'utiliser un préfixe pour un élément dans le document en entrée et des préfixes différents pour le même espace de noms dans la feuille de style et le document de sortie.

xsl:stylesheet et xsl:transform

Une feuille de style XSLT est un document XML. Elle peut, et généralement devrait, avoir une déclaration XML. Elle peut avoir une déclaration de type de document, même si la plupart des feuilles de style n'en ont pas. L'élément racine de ce document est `stylesheet` ou `transform`. Ce sont des synonymes, vous pouvez utiliser l'un ou l'autre à votre convenance. Il n'y a absolument aucune différence entre les deux mis à part leur nom. Ils ont tous deux les mêmes sous-éléments et attributs possibles. Ils signifient tous deux la même chose pour un processeur XSLT.

Ces éléments `stylesheet` et `transform`, comme tous les autres éléments XSLT, sont dans l'espace de noms *http://www.w3.org/1999/XSL/Transform*. Cet espace de noms est généralement rattaché au préfixe `xsl`, vous pouvez donc écrire `xsl:transform` ou `xsl:stylesheet` plutôt que `transform` et `stylesheet`.

Tout comme l'attribut `xmlns:xsl` déclarant le préfixe, l'élément racine doit posséder un attribut `version` dont la valeur doit être `1.0`. Une feuille de style XSLT minimale, contenant seulement l'élément racine, est montrée dans l'*exemple 8-2*.

Cet URI d'espace de noms doit être correct. Si un seul caractère est erroné, le résultat de la transformation sera la feuille de style, à la place du document d'entrée transformé. Il y a une bonne raison à cela (voyez la section 2.3 de la spécification XSLT 1.0, *Literal Result Element as Stylesheet*), mais ce comportement curieux apparaîtra plus comme un bogue du processeur XSLT si vous ne vous y attendez pas. Si votre processeur XSLT vous renvoie votre feuille de style, c'est certainement un problème d'URI d'espace de noms incorrect.

Internet Explorer 5.0 et 5.5 supportent partiellement un très ancien document de travail de XSLT. Ils ne supportent pas XSLT 1.0, et bien entendu aucune des feuilles de style XSLT de ce livre ne fonctionnera donc avec IE5[1]. Les feuilles de style destinées au XSLT de Microsoft utilisent l'espace de noms *http://www.w3.org/TR/WD-xsl*. IE6 offre le support des espaces de noms *http://www.w3.org/1999/XSL/Transform* et *http://www.w3.org/TR/WD-xsl*. Les bons développeurs XSLT n'utilisent pas cet espace de noms et ne s'associent pas avec des développeurs qui le font.

Exemple 8-2. Une feuille de style XSLT minimale

```
<?xml version="1.0" "encoding=ISO-8859-1"?>
<xsl:stylesheet version="1.0"
                xmlns:xsl="http://www.w3.org/1999/XSL/Transform">

</xsl:stylesheet>
```

Aussi bizarre que cela puisse paraître, c'est une feuille de style XSLT tout à fait acceptable ; un processeur XSLT peut l'appliquer à un document XML pour produire un document de sortie. L'*exemple 8-3* montre le résultat d'une telle transformation appliquée à l'*exemple 8-1*.

Exemple 8-3. personne.xml transformé par la feuille de style XSLT minimale

```
<?xml version="1.0" encoding="ISO-8859-1"?>

     Alan
     Turing

     informaticien
     mathématicien
     cryptographe
```

1. Une mise à jour du composant MSXML permet cependant d'ajouter un support presque complet de XSLT à IE5. Vous trouverez la dernière mise à jour sur *http://msdn.microsoft.com/xml/*.

Exemple 8-3. personne.xml transformé par la feuille de style XSLT minimale (suite)

```
    Richard
    M
    Feynman

  physicien
  Jouer des bongos
```

On peut voir que la sortie consiste en une déclaration de texte suivie du texte du document d'entrée. Dans ce cas, le résultat est une entité analysée externe bien formée ; mais n'est pas en soi un document XML complet.

Le balisage du document d'entrée a été supprimé. L'application d'une feuille de style vide, comme celle de l'*exemple 8-2*, à n'importe quel document XML reproduit le contenu, mais non le balisage. Pour changer cela, nous devons ajouter des règles de modèles à la feuille de style indiquant au processeur XSLT comment traiter les éléments spécifiques du document d'entrée. En l'absence de règles de modèle spécifique, un processeur XSLT utilise des règles modèle prédéfinies dont l'effet vient d'être démontré.

Processeurs XSLT

Un processeur XSLT est un composant logiciel qui lit une feuille de style XSLT et un document XML, et qui convertit le document d'entrée en un document de sortie en suivant les instructions données dans la feuille de style. Un processeur XSLT peut être intégré dans un navigateur web, comme MSXML est intégré dans Internet Explorer 5.5. Il peut être intégré dans un serveur web ou un serveur applicatif, comme Cocoon du Apache XML Project (*http://saxon.sourceforge.net/*). Il peut aussi être un programme indépendant lancé en ligne de commande, comme SAXON de Michael Kay ou Xalan du Apache XML Project (*http://xml.apache.org/xalan-j/*).

Processeurs en ligne de commande

Les détails de l'installation, la configuration et l'utilisation d'un processeur XSLT sont propres à chacun. En général, vous devez installer le processeur dans votre *path*, ou éventuellement ajouter son fichier *jar* à votre *class path* s'il est écrit en Java. Ensuite, passez les noms du fichier d'entrée, de la feuille de style et du fichier de sortie sur la ligne de commande. Par exemple, avec Xalan, l'*exemple 8-3* est créé de cette façon :

```
% java org.apache.xalan.xslt.Process -IN personne.xml -XSL minimale.xsl
  -OUT 8-3.txt
========= Parsing file:D:/livres/xian/exemple/08/minimale.xsl ==========
Parse of file:D:/livres/xian/exemple/08/minimale.xsl took 771 milliseconds
========= Parsing personne.xml ==========
Parse of personne.xml took 90 milliseconds
=============================
Transforming...
transform took 20 milliseconds
XSLProcessor: done
```

Pour les détails, consultez la documentation de votre processeur XSLT.

L'instruction de traitement xml-stylesheet

Les documents XML qui seront servis directement aux navigateurs web peuvent avoir dans leur prologue une instruction de traitement `xml-stylesheet` indiquant au navigateur où trouver la feuille de style associée au document, comme nous l'avons examiné au précédent chapitre. Si la feuille de style est une feuille de style XSLT, le pseudo-attribut `type` doit avoir la valeur `application/xml`. Par exemple, cette instruction de traitement `xml-stylesheet` indique au navigateur d'appliquer la feuille de style trouvée à l'URL *http://www.oreilly.com/styles/personne.xsl*. Des URL relatives peuvent aussi être utilisées :

```
<?xml version="1.0"?>
<?xml-stylesheet type="application/xml"
                 href="http://www.oreilly.com/styles/personne.xsl"?>
<personnes>
...
```

> Internet Explorer de Microsoft utilise `type="text/xsl"` pour les feuilles de style XSLT. Cependant, le type MIME `text/xsl` n'a pas été et ne sera pas enregistré auprès de l'IANA. C'est une invention provenant de l'imaginaire de Microsoft. Dans le futur, `application/xslt+xml` permettra probablement d'identifier précisement les feuilles de style XSLT.

Modèles et règles de modèles

Pour contrôler la sortie créée, on ajoute des règles de modèles à la feuille de style XSLT. Chaque modèle est représenté par un élément `xsl:template`. Cet élément a un attribut `match` dont la valeur est un motif XPath identifiant à quoi il correspond. Il contient aussi un modèle qui est instancié et dont la sortie est produite quand le motif est trouvé. La terminologie est un peu ardue ici : l'élément `xsl:template` est une règle de modèle contenant un modèle. Cet élément `xsl:template` ne constitue pas le modèle lui-même.

Le motif le plus simple est le nom de l'élément. Ainsi, cette règle de modèle indique qu'à chaque occurence de l'élément `personne`, le processeur de feuille de style doit émettre le texte « Une personne » :

```
<xsl:template match="personne">Une personne</xsl:template>
```

L'*exemple 8-4* est une feuille de style complète utilisant ce modèle.

Exemple 8-4. Une feuille de style XSLT très simple

```
<?xml version="1.0"?>
<xsl:stylesheet version="1.0"
                xmlns:xsl="http://www.w3.org/1999/XSL/Transform">
```

Exemple 8-4. Une feuille de style XSLT très simple (suite)

```
  <xsl:template match="personne">Une personne</xsl:template>

</xsl:stylesheet>
```

Quand vous appliquez cette feuille de style au document de l'*exemple 8-1*, vous obtenez ce résultat :

```
<?xml version="1.0" encoding="iso-8855-1"?>


  Une personne

  Une personne
```

Il y avait deux éléments personne dans le document d'entrée. Chaque fois que le processeur en a vu un, il a émis le texte « Une personne ». Les blancs en dehors des éléments personne ont été préservés, mais tout le contenu des éléments personne a été remplacé par le contenu de règles de modèle, qui est appelé *modèle*.

Le texte « Une personne » est appelé *donnée textuelle littérale*, une manière un peu pompeuse de dire « du texte brut copié de la feuille de style vers le document de sortie ». Un modèle peut aussi contenir des éléments résultat littéraux qui seront copiés de la feuille de style vers le document de sortie. Par exemple, l'*exemple 8-5* encadre le texte « Une personne » entre les balises <p> et </p> :

Exemple 8-5. Une feuille de style XSLT simple avec des éléments résultat littéraux

```
<?xml version="1.0"?>
<xsl:stylesheet version="1.0"
                xmlns:xsl="http://www.w3.org/1999/XSL/Transform">

  <xsl:template match="personne">
    <p>Une personne</p>
  </xsl:template>

</xsl:stylesheet>
```

La sortie devient alors :

```
<?xml version="1.0" encoding="iso-8855-1"?>

  <p>Une personne</p>

  <p>Une personne</p>
```

Les balises <p> et </p> sont copiées de la feuille de style dans le document de sortie. La seule restriction majeure concernant le balisage que vous pouvez émettre est qu'il doit être du XML bien formé car la feuille de style doit être du XML bien formé. Par exemple, vous ne pouvez pas écrire une règle modèle comme celle-ci :

```
<xsl:template match="personne">
  Une personne<p>
</xsl:template>
```

Ici la balise <p> n'a pas de balise de fin correspondante, donc la feuille de style est mal formée. Tout balisage que vous incluez dans votre feuille de style XSLT doit ainsi être bien formé. Les balises d'éléments vides doivent se terminer par />, les valeurs d'attributs doivent être entre guillemets, les signes inférieur à doivent être échappés en < et toutes les entités doivent être déclarées dans une DTD, à l'exception des cinq entités prédéfinies. XSLT ne fait aucune exception aux règles de la contrainte de forme.

Calcul de la valeur d'un élément avec xsl:value-of

Le texte de sortie est généralement plus lié au document d'entrée qu'il ne l'était dans les deux derniers exemples. D'autres éléments XSLT peuvent sélectionner un contenu particulier du document d'entrée et l'insérer dans le document de sortie.

Un des éléments les plus utiles est `xsl:value-of`. Cet élément calcule la valeur textuelle d'un élément particulier en entrée et l'insère dans le résultat. La valeur de l'élément est son contenu textuel après que tout le balisage ait été retiré. Un attribut `select` contenant une expression XPath identifie l'élément dont la valeur sera calculée.

Par exemple, supposons que vous vouliez juste extraire les noms des personnes du document d'entrée. Vous pourriez alors utiliser une feuille de style comme celle de l'*exemple 8-6*. Ici le modèle `personne` produit seulement la valeur du sous-élément `nom` de l'élément `personne` courant entre des balises <p> et </p>.

Exemple 8-6. Une feuille de style XSLT simple utilisant xsl:value-of

```
<?xml version="1.0"?>
<xsl:stylesheet version="1.0"
                xmlns:xsl="http://www.w3.org/1999/XSL/Transform">

  <xsl:template match="personne">
    <p>
      <xsl:value-of select="nom"/>
    </p>
  </xsl:template>

</xsl:stylesheet>
```

XSLT

Quand un processeur XSLT applique cette feuille de style à l'*exemple 8-1*, il produit ce texte :

```
<?xml version="1.0" encoding="ISO-8859-1"?>

  <p>
      Alan
```

```
      Turing
    </p>

    <p>
      Richard
      M
      Feynman
    </p>
```

Appliquer des modèles avec xsl:apply-templates

Par défaut, un processeur XSLT lit le document XML d'entrée de haut en bas, commençant à l'élément racine et descendant dans l'arborescence en suivant l'ordre d'apparition des éléments. Les modèles sont activés dans l'ordre de rencontre des éléments. Ceci signifie qu'un modèle pour un élément sera activé avant les modèles correspondant à ses sous-éléments.

Cependant, un modèle peut changer cet ordre de parcours ; c'est-à-dire qu'il peut spécifier quels éléments devront être traités après et que certains éléments devront être traités au milieu du traitement d'un autre élément. Il peut même empêcher certains éléments d'être traités. En fait, les *exemples 8-4* à *8-6* empêchent tous implicitement le traitement des sous-éléments de chaque élément `personne`. À la place, ils fournissent leurs propres instructions indiquant ce que le processeur XSLT doit et ne doit pas faire avec ces sous-éléments.

L'élément `xsl:apply-templates` vous laisse libre de choisir l'ordre de traitement que vous voulez. Son attribut `select` contient une expression XPath indiquant au processeur XSLT quels nœuds traiter à ce point de la transformation.

Par exemple, supposons que vous vouliez lister les noms des personnes du document d'entrée, mais vous voulez mettre le nom de famille en premier, quel que soit l'ordre dans lequel les noms apparaissent, et vous ne voulez pas des professions et passe-temps. Tout d'abord, vous avez besoin d'un modèle pour `nom` ressemblant à ceci :

```
<xsl:template match="nom">
  <xsl:value-of select="nom_famille"/>,
  <xsl:value-of select="prénom"/>
</xsl:template>
```

Ce modèle seul n'est cependant pas suffisant, parce que s'il était le seul modèle de la feuille de style, le résultat contiendrait les noms mais aussi les professions et passe-temps. Vous avez aussi besoin d'un modèle pour `personne` indiquant d'appliquer les modèles seulement aux sous-éléments `nom` et pas aux autres sous-éléments, comme `profession` et `loisir`. Le modèle suivant remplit ce rôle :

```
<xsl:template match="personne">
  <xsl:apply-templates select="nom"/>
</xsl:template>
```

L'*exemple 8-7* montre la feuille de style complète.

Exemple 8-7. Une feuille de style XSLT simple utilisant xsl:apply-templates

```
<?xml version="1.0"? encoding="ISO-8859-1">
<xsl:stylesheet version="1.0"
                xmlns:xsl="http://www.w3.org/1999/XSL/Transform">

  <xsl:template match="nom">
    <xsl:value-of select="nom_famille"/>,
    <xsl:value-of select="prénom"/>
  </xsl:template>

  <xsl:template match="personne">
    <xsl:apply-templates select="nom"/>
  </xsl:template>

</xsl:stylesheet>
```

Quand un processeur XSLT applique cette feuille de style à l'*exemple 8-1*, il produit ce résultat :

```
<?xml version="1.0" encoding="ISO-8859-1"?>

  Turing,
    Alan

  Feynman,
    Richard
```

L'ordre des modèles dans la feuille de style n'a pas d'importance, seul compte l'ordre des éléments dans le document d'entrée.

Appliquer des modèles est important lorsque les enfants ont des modèles propres, même si on n'a pas besoin de réordonner les éléments. Par exemple, supposons que vous vouliez un modèle pour l'élément racine personnes qui encadre tout le document dans un en-tête et un corps HTML. Ce modèle doit utiliser xsl:apply-templates pour indiquer où il veut que les sous-éléments soient placés. Ce modèle pourrait ressembler à ça :

```
<xsl:template match="personnes">
  <html>
    <head><title>Scientifiques célèbres</title></head>
    <body>
      <xsl:apply-templates select="personne"/>
    </body>
  </html>
</xsl:template>
```

XSLT

Ce modèle dit au processeur XSLT de remplacer tout élément personnes du document d'entrée (dans lequel il n'y en a qu'un) par un élément html. Cet élément contient des données textuelles littérales et plusieurs éléments résultat littéraux, parmi lesquels un élément body. Ce dernier contient un sous-élément xsl:apply-templates qui indique au processeur XSLT de traiter tous les sous-éléments personne de l'élément personnes courant et d'insérer le résultat de chaque modèle correspondant dans l'élément body du document de sortie.

Si vous préférez appliquer les modèles à tous les types de sous-éléments de personnes, plutôt qu'aux seuls sous-éléments personne, vous pouvez omettre l'attribut select, comme montré dans l'*exemple 8-8*. Vous pouvez aussi utiliser les expressions XPath plus complexes abordées au prochain chapitre pour être plus précis dans la sélection des éléments auxquels vous voulez ou non appliquer les modèles.

Exemple 8-8. Une feuille de style XSLT générant un document HTML complet

```
<?xml version="1.0" encoding="ISO-8859-1"?>
<xsl:stylesheet version="1.0"
                xmlns:xsl="http://www.w3.org/1999/XSL/Transform">

  <xsl:template match="personnes">
    <html>
      <head><title>Scientifiques célèbres</title></head>
      <body>
        <xsl:apply-templates/>
      </body>
    </html>
  </xsl:template>

  <xsl:template match="nom">
    <p><xsl:value-of select="nom_famille"/>,
    <xsl:value-of select="prénom"/></p>
  </xsl:template>

  <xsl:template match="personne">
    <xsl:apply-templates select="nom"/>
  </xsl:template>

</xsl:stylesheet>
```

Quand un processeur XSLT applique cette feuille de style à l'*exemple 8-1*, il produit le document HTML bien formé de l'*exemple 8-9*. Regardez cet exemple de près et vous pourrez déceler un important changement, qui n'est pas explicitement dû aux instructions de la feuille de style.

Exemple 8-9. Document HTML produit en appliquant l'exemple 8-8 à l'exemple 8-1

```
<html>
<head>
<title>Scientifiques célèbres</title>
</head>
<body>

  <p>Turing,
    Alan</p>
```

Exemple 8-9. Document HTML produit en appliquant l'exemple 8-8 à l'exemple 8-1 (suite)

```
    <p>Feynman,
      Richard</p>

  </body>
  </html>
```

La différence entre l'*exemple 8-9* et les précédents exemples de sorties est que la déclaration de texte a disparu ! Bien qu'un élément XSLT soit disponible pour spécifier si vous voulez ou non une déclaration de texte précédant le résultat (`xsl:output`), nous ne l'avons pas utilisé ici. Le processeur XSLT a en fait noté que l'élément racine était `html` et s'est ajusté en conséquence. Puisqu'une sortie HTML est un cas courant, XSLT utilise une règle spéciale pour le prendre en compte. En plus d'omettre la déclaration de texte, le processeur utilise la syntaxe HTML pour les éléments vides, comme `<br>`, au lieu de la syntaxe XML, `<br/>`. (Les documents d'entrée et la feuille de style doivent toujours être des documents XML bien formés.) Le processeur XSLT fait environ une demi-douzaine d'autres changements quand il sait qu'il produit un document HTML, tous conçus pour rendre la sortie plus acceptable pour les navigateurs web existant que l'est du XML bien formé.

Modèles implicites

Il existe sept sortes de nœuds dans un document XML : le nœud racine, les nœuds d'élément, les nœuds d'attribut, les nœuds de texte, les nœuds de commentaire, les nœuds d'instruction de traitement et les nœuds d'espace de noms. Pour chacun de ces types de nœuds, XSLT fournit une règle modèle prédéfinie par défaut qui indique ce qui doit être fait de ce nœud si l'auteur de la feuille de style n'a pas fourni d'instruction plus spécifique. Ces règles utilisent les expressions XPath spéciales *joker* pour prendre en compte tous les nœuds d'un type donné. Ces règles modèle déterminent ensemble en grande partie quels nœuds seront activés et quand.

Modèle implicite pour les nœuds de texte et les attributs

La règle modèle prédéfinie la plus basique copie la valeur des nœuds de texte et d'attribut dans le document de sortie. Elle ressemble à ceci :

```
<xsl:template match="text()|@*">
  <xsl:value-of select="."/>
</xsl:template>
```


Le nœud `text()` est un modèle XPath correspondant à tous les nœuds de texte, comme `prénom` correspond à tous les nœuds d'élément `prénom`. `@*` correspond à tous les nœuds d'attribut. La barre verticale combine ces deux expressions de façon à correspondre à la fois aux nœuds de texte et aux nœuds d'attribut. Le contenu de ce modèle dit que quand un attribut ou un nœud de texte est sélectionné, le processeur doit émettre la valeur de ce nœud. Pour un nœud de texte, cette valeur est simplement le texte du nœud. Pour un nœud d'attribut, c'est la valeur de l'attribut, pas son nom.

L'*exemple 8-10* est une feuille de style qui tire les dates de naissance et de décès des attributs naissance et mort de l'*exemple 8-1*. La règle modèle par défaut pour les attributs en prend les valeurs, mais une règle explicite les sélectionne.Le signe @ présent dans les expressions @naissance et @mort indique qu'il s'agit d'attributs de l'élément trouvé et non d'éléments enfant.

Exemple 8-10. Une feuille de style XSLT lisant des attributs

```
<?xml version="1.0" "encoding=ISO-8859-1"?>
<xsl:stylesheet version="1.0"
                xmlns:xsl="http://www.w3.org/1999/XSL/Transform">

  <xsl:template match="personnes">
    <html>
     <head><title>Scientifiques célèbres</title></head>
     <body>
      <dl>
      <xsl:apply-templates/>
       </dl>
     </body>
    </html>
  </xsl:template>

  <xsl:template match="personne">
    <dt><xsl:apply-templates select="nom"/></dt>
    <dd><ul>
     <li>Né: <xsl:apply-templates select="@naissance"/></li>
     <li>Mort: <xsl:apply-templates select="@mort"/></li>
    </ul></dd>
  </xsl:template>

</xsl:stylesheet>
```

Quand un processeur XSLT applique cette feuille de style à l'*exemple 8-1*, il produit le document HTML de l'*exemple 8-11*.

Exemple 8-11. Document HTML produit en appliquant l'exemple 8-10 à l'exemple 8-1

```
<html>
  <head>
        <title>Scientifiques célèbres</title>
    </head>
    <body>
     <dl>


      <dt>
       Alan
       Turing
```

Exemple 8-11. Document HTML produit en appliquant l'exemple 8-10 à l'exemple 8-1 (suite)

```
        </dt>
        <dd>
          <ul>
            <li>Né : 1912</li>
            <li>Mort : 1954</li>
          </ul>
        </dd>


        <dt>
          Richard
          M
          Feynman

        </dt>
        <dd>
          <ul>
            <li>Né : 1918</li>
            <li>Mort : 1988</li>
          </ul>
        </dd>


      </dl>
    </body>
</html>
```

Il est important de noter que bien que ce modèle indique ce qui doit se passer quand un nœud d'attribut est atteint, par défaut un processeur XSLT n'atteint jamais les nœuds d'attributs, et ne produit donc jamais la valeur de l'attribut. Les valeurs des attributs sont émises seulement si une règle spécifique leur applique un modèle, et aucune des règles par défaut ne le fait parce que les attributs ne sont pas considérés comme enfants de leurs parents. En d'autres termes, si un élément `E` a un attribut `A`, alors `E` est le parent de `A` mais `A` n'est pas l'enfant de `E`. Appliquer les modèles aux sous-éléments d'un élément avec `<xsl:apply-templates/>` ne s'applique pas aux attributs de l'élément. Pour ceci, l'élément `xsl:apply-templates` doit contenir une expression XPath sélectionnant spécifiquement les attributs.

Modèle implicite pour les éléments et le nœud racine

La règle modèle la plus importante garantit que les sous-éléments seront traités. Cette règle est la suivante :

```
<xsl:template match="*|/">
  <xsl:apply-templates/>
</xsl:template>
```

L'astérisque * est un modèle XPath *joker* (générique) qui correspond aux nœuds d'éléments, sans tenir compte de leur nom ou de l'espace de noms auquel ils appartiennent. La barre oblique / (slash) correspond au nœud racine. Ce nœud est le premier que le processeur sélectionne pour le traitement, et le processeur applique donc ce modèle en premier (sauf si un autre modèle correspond aussi au nœud racine). Ici aussi, la barre verticale combine les deux modèles de façon à correspondre à la fois aux nœuds d'élément et au nœud racine. Cette règle signifie qu'un processeur XSLT trouve éventuellement et applique les modèles à tous les nœuds à l'exception des nœuds d'attribut et d'espace de noms, parce que tout nœud qui n'est pas un nœud d'attribut ou d'espace de noms est soit le nœud racine, soit un enfant du nœud racine, soit un enfant d'un élément. Seuls les nœuds d'attribut et des nœuds d'espace de noms ne sont pas les enfants de leurs parents. (Vous pouvez les imaginer comme des nœuds déshérités.)

Bien sûr, des modèles spécifiques peuvent redéfinir le comportement par défaut. Par exemple, lorsque vous mettez un modèle pour les éléments `personne` dans votre feuille de style, les enfants des éléments `personne` sélectionnés ne sont pas nécessairement traités sauf si votre modèle l'indique.

Modèle implicite pour les commentaires et les instructions de traitement

La règle modèle par défaut pour les commentaires et les instructions de traitement est la suivante :

```
<xsl:template match="processing-instruction()|comment()"/>
```

Cette règle correspond à tous les commentaires et les instructions de traitement. Elle ne produit aucune sortie dans l'arbre résultat. À moins que vous ne fournissiez une règle spécifique pour ces nœuds, aucun d'eux ne sera copié du document d'entrée dans le document de sortie.

Modèle implicite pour les nœuds d'espace de noms

Une règle modèle similaire existe pour les nœuds d'espace de noms. Cette règle est réellement implicite et doit être implémentée dans le code du processeur XSLT ; elle ne peut même pas être écrite dans une feuille de style XSLT parce qu'il n'y a pas d'expression XPath correspondant aux nœuds d'espace de noms. C'est-à-dire qu'il n'y a pas de fonction `namespace()` dans XPath. Le processeur XSLT insère les déclarations d'espace de noms nécessaires dans le document de sortie automatiquement, sans assistance particulière de la part des modèles.

Modes

Parfois le même contenu en entrée doit apparaître plusieurs fois dans le document de sortie, formaté selon un modèle différent à chaque fois. Par exemple, les titres des chapitres d'un livre seraient formatés, d'une façon pour les chapitres eux-mêmes, et d'une autre façon pour la table des matières. Les éléments xsl:apply-templates et xsl:template peuvent avoir un attribut mode optionnel qui associe différents modèles à différents usages. L'attribut mode d'un élément xsl:template indique dans quel mode le modèle doit être activé. Un élément xsl:apply-templates avec un attribut mode active uniquement les modèles ayant un attribut mode correspondant. L'*exemple 8-12* montre cette activation avec une feuille de style qui commence par produire une liste des noms des personnes. Cette action s'effectue dans le mode tdm. Puis un modèle et un élément xsl:apply-templates distincts dans le mode par défaut (vraiment aucun mode du tout) produisent le contenu complet de tous les éléments personne.

Exemple 8-12. Une feuille de style qui utilise des modes

```
<?xml version="1.0" encoding="ISO-8859-1"?>
<xsl:stylesheet version="1.0"
                xmlns:xsl="http://www.w3.org/1999/XSL/Transform">

  <xsl:template match="personnes">
    <html>
      <head><title>Scientifiques célèbres</title></head>
      <body>
        <ul><xsl:apply-templates select="personne" mode="tdm"/></ul>
        <xsl:apply-templates select="personne"/>
      </body>
    </html>
  </xsl:template>

  <!-- Modèle mode Table Des Matières -->
  <xsl:template match="personne" mode="tdm">
    <xsl:apply-templates select="nom" mode="tdm"/>
  </xsl:template>

  <xsl:template match="nom" mode="tdm">
    <li><xsl:value-of select="nom_famille"/>,
    <xsl:value-of select="prénom"/></li>
  </xsl:template>

  <!-- Modèle mode normal -->
  <xsl:template match="personne">
    <p><xsl:apply-templates/></p>
  </xsl:template>

</xsl:stylesheet>
```

L'*exemple 8-13* montre le résultat de cette feuille de style appliquée à personne.xml. Le modèle personne de l'*exemple 8-12* applique les modèles à ses sous-éléments deux fois. La première fois, dans le mode tdm, le premier modèle personne de la feuille de style est sélectionné et écrit chaque personne sous la forme <li>Turing, Alan</li>. Aucun mode n'est spécifié la seconde fois. Le deuxième modèle personne est alors sélectionné et copie les données textuelles de chaque élément dans un élément p.

Exemple 8-13. Sortie d'une feuille de style utilisant des modes pour traiter chaque personne deux fois avec des modèles différents

```
<html>
<head>
<title>Scientifiques célèbres</title>
</head>
<body>
<ul>
<li>Turing,
   Alan</li>
<li>Feynman,
   Richard</li>
</ul>
<p>

    Alan
    Turing

   informaticien
   mathématicien
   cryptographe
 </p>
<p>

    Richard
    M
    Feynman

   physicien
   Jouer des bongos
 </p>
</body>
</html>
```

Pour chaque mode utilisé dans la feuille de style, le processeur XSLT ajoute une règle modèle à son jeu de règles implicites. Cette règle s'applique à tous les éléments et au nœud racine dans le mode spécifié et applique les modèles à leurs sous-éléments dans le même mode (puisque la règle modèle usuelle pour les éléments et le nœud racine n'a pas de mode). Par exemple, la règle implicite supplémentaire pour l'*exemple 8-12* ressemble à ceci :

```
<xsl:template match="*|/" mode="tdm">
  <xsl:apply-templates mode="tdm"/>
</xsl:template>
```

Modèles de valeur d'attribut

Inclure une valeur d'attribut connue dans le document de sortie, comme le contenu littéral d'un élément résultat littéral, est facile. Par exemple, cette règle modèle enferme chaque élément personne en entrée dans un élément HTML span avec un attribut class de valeur personne :

```
<xsl:template match="personne">
  <span class="personne"><xsl:apply-templates/></span>
</xsl:template>
```

Ce processus est plus délicat si la valeur de l'attribut n'est pas connue à l'écriture de la feuille de style et doit, à la place, être lue depuis le document d'entrée. La solution est d'utiliser un *modèle de valeur d'attribut*. Un modèle de valeur d'attribut est une expression XPath entre accolades qui prend place dans la valeur de l'attribut dans la feuille de style. Quand le processeur émet cet attribut, il remplace le modèle de valeur d'attribut par sa valeur. Par exemple, supposons que vous vouliez écrire un modèle nom qui change les éléments nom en entrée en éléments vides avec des attributs prénom, initiale et patronyme comme ceci :

```
<nom prénom="Richard" initiale="M" patronyme="Feynman"/>
```

Ce modèle permet de réaliser cette tâche :

```
<xsl:template match="nom">
  <nom  prénom="{prénom}"
        initiale="{initiale_milieu}"
        patronyme="{nom_famille}" />
</xsl:template>
```

La valeur de l'attribut first de la feuille de style est remplacée par la valeur de l'élément prénom du document d'entrée, la valeur de l'attribut initiale par celle de l'élément initiale_milieu, et celle de patronyme par celle de nom_famille.

XSLT et les espaces de noms

Les expressions qui sélectionnent et correspondent aux éléments identifient ces éléments par leur nom local et leur URI d'espace de noms. Elles ne considèrent pas les préfixes. Généralement, le même préfixe est lié au même URI dans le document d'entrée et la feuille de style. Ce n'est cependant pas une obligation. Considérons l'*exemple 8-14*. Cet exemple est exactement le même que l'*exemple 8-1*, excepté que dorénavant tous les éléments appartiennent à l'espace de noms *http://espacenoms.oreilly.fr/archives/xmlnut2/personne*.

Exemple 8-14. Document décrivant deux personnes et utilisant un espace de noms par défaut

```
<?xml version="1.0" encoding="ISO-8859-1"?>
<personnes xmlns="http://espacenoms.oreilly.fr/archives/xmlnut2/personne">

  <personne naissance="1912" mort="1954">
    <nom>
      <prénom>Alan</prénom>
      <nom_famille>Turing</nom_famille>
    </nom>
    <profession>informaticien</profession>
    <profession>mathématicien</profession>
    <profession>cryptographe</profession>
  </personne>

  <personne naissance="1918" mort="1988">
    <nom>
      <prénom>Richard</prénom>
      <initiale_milieu>M</initiale_milieu>
      <nom_famille>Feynman</nom_famille>
    </nom>
    <profession>physicien</profession>
    <loisir>Jouer des bongos</loisir>
  </personne>

</personnes>
```

À l'exception des modèles implicites, aucun des modèles mentionnés jusqu'alors dans ce chapitre ne fonctionneront sur ce document ! Considérons ce modèle de l'*exemple 8-8* :

```
<xsl:template match="nom">
  <p><xsl:value-of select="nom_famille"/>,
  <xsl:value-of select="prénom"/></p>
</xsl:template>
```

Ce modèle correspond aux éléments nom ne possèdant aucun espace de noms. Cependant, les éléments nom de l'*exemple 8-13* en possèdent un. Il s'agit de *http://espacenoms.oreilly.fr/archives/xmlnut2/personne*. Cette règle de modèle n'est donc plus jamais appliquée. Pour y remédier, nous associons le préfixe pe à l'URI d'espace de noms *http://espacenoms.oreilly.fr/personnes*. Ainsi, pe:nom est désormais utilisé à la place de nom. Le fait que le document en entrée n'utilise pas le préfixe pe est sans importance tant que les URI d'espace de noms correspondent. L'*exemple 8-15* est une réécriture de l'*exemple 8-8* afin qu'il fonctionne avec l'*exemple 8-14*.

Exemple 8-15. Feuille de style XSLT pour les documents utilisant l'espace de noms fictif http://espacenoms.oreilly.fr/archives/xmlnut2/personnes

```
<?xml version="1.0" encoding="ISO-8859-1"?>
<xsl:stylesheet version="1.0"
```

Exemple 8-15. Feuille de style XSLT pour les documents utilisant l'espace de noms fictif http://espacenoms.oreilly.fr/archives/xmlnut2/personnes (suite)

```
              xmlns:xsl="http://www.w3.org/1999/XSL/Transform"
              xmlns:pe="http://espacenoms.oreilly.fr/archives/xmlnut2/personne">

  <xsl:template match="pe:personnes">
    <html>
      <head><title>Scientifiques célèbres</title></head>
      <body>
        <xsl:apply-templates/>
      </body>
    </html>
  </xsl:template>

  <xsl:template match="pe:name">
    <p><xsl:value-of select="pe:nom_famille"/>,
    <xsl:value-of select="pe:prénom"/></p>
  </xsl:template>

  <xsl:template match="pe:personne">
    <xsl:apply-templates select="pe:nom"/>
  </xsl:template>

</xsl:stylesheet>
```

Le résultat serait fondamentalement le même que celui obtenu en appliquant l'*exemple 8-8* à l'*exemple 8-1* mis à part la présence d'un attribut supplémentaire `xmlns:pe` au niveau de l'élément racine.

Autres éléments XSLT

XSLT fait bien plus que ce que nous avons vu dans ce chapitre d'introduction. Les autres fonctionnalités dont nous n'avons pas parlé incluent :

- des modèles nommés ;
- la numérotation et le tri des éléments en sortie ;
- le traitement conditionnel ;
- l'itération ;
- des éléments et fonctions d'extension ;
- l'importation d'autres feuilles de style.

Le chapitre 23, *Référence XSLT*, discutera des éléments qui fournissent ces fonctionnalités. XSLT étant une machine de Turing complète et pouvant invoquer des fonctions d'extensions écrites dans d'autres langages, par exemple Java, il y a de très grandes chances que vous puissiez l'utiliser pour toutes les transformations dont vous aurez besoin.

Au-delà de ces éléments additionnels, vous pouvez faire bien plus, simplement en étendant les expressions et motifs XPath utilisés dans les attributs `select` et `match` des éléments avec lesquels vous êtes déjà familiers. Ces techniques seront explorées dans le chapitre suivant.

Les techniques aperçues dans ce chapitre posent les bases de tous les travaux avancés ultérieurs avec XSLT. La clé pour transformer les documents XML avec XSLT est de faire correspondre des modèles aux éléments du document d'entrée. Ces modèles contiennent à la fois des données résultat littérales et des éléments XSLT indiquant au processeur où chercher plus de données. Cette idée simple est la base de tout ce que l'on fait avec XSLT.

CHAPITRE 9

XPath

XPath est un langage non-XML utilisé pour identifier des parties particulières de documents XML. Il permet d'écrire des expressions qui réfèrent au premier élément `personne` du document, au septième sous-élément du troisième élément `personne`, à l'attribut `ID` du premier élément `personne` dont le contenu est le texte « Fred Jones », à toutes les instructions de traitement `xml-stylesheet` du prologue du document et ainsi de suite. XPath indique les nœuds par leur position, position relative, type, contenu et plusieurs autres critères. XSLT utilise des expressions XPath pour sélectionner des éléments particuliers du document d'entrée et leur faire correspondre un modèle pour les copier dans le document de sortie ou les traiter plus avant. XPointer utilise des expressions XPath pour identifier un point ou une région particulière d'un document XML lié par un XLink.

Le langage XML Schema du W3C emploie des expressions XPath afin de définir des contraintes d'unicité et de cohérence d'occurences (co-occurence). XForms se fonde sur XPath pour lier les contrôles des formulaires aux instances de données, pour exprimer des contraintes sur des valeurs saisies par l'utilisateur, et pour calculer les valeurs qui dépendent d'autres valeurs.

Les expressions XPath peuvent aussi représenter des nombres, des chaînes de caractères ou des booléens. Ainsi, les feuilles de style XSLT autorisent une arithmétique simple pour numéroter et faire des références croisées entre figures, tableaux et équations. La manipulation de texte dans XPath permet à XSLT d'accomplir des tâches comme mettre le titre d'un chapitre en majuscules dans l'en-tête, mais en casse mixte lors d'une référence dans le corps du texte.

Structure arborescente d'un document XML

Un document XML est une arborescence de nœuds. Certains nœuds contiennent d'autres nœuds. Un seul nœud racine contient enfin tous les autres nœuds. XPath est un langage pour sélectionner des nœuds et ensembles de nœuds de cette arborescence. Du point de vue de XPath, il existe sept types de nœuds :

- le nœud racine ;
- les nœuds d'élément ;
- les nœuds de texte ;
- les nœuds d'attribut ;
- les nœuds de commentaire ;
- les nœuds d'instructions de traitement ;
- les nœuds d'espace de noms ;

Notez que quelques constructions n'apparaissent pas dans cette liste : sections CDATA, appels d'entité, déclaration de type de document. XPath opère sur un document XML après que ces éléments aient été fusionnés dans le document. Par exemple, XPath ne peut pas identifier la première section CDATA d'un document ou encore dire si un attribut particulier était inclus directement dans la balise de début de l'élément ou hérité de la déclaration de l'attribut dans la DTD.

Considérons le document de l'*exemple 9-1*. Ce document montre les sept types de nœud. La *figure 9-1* est un diagramme de la structure arborescente de ce document.

Exemple 9-1. Ce document XML d'exemple est utilisé dans ce chapitre

```
<?xml version="1.0" encoding="ISO-8859-1"?>
<?xml-stylesheet type="application/xml" href="personne.xsl"?>
<!DOCTYPE personnes [
 <!ATTLIST page_accueil xlink:type CDATA #FIXED "simple"
                xmlns:xlink CDATA #FIXED "http://www.w3.org/1999/xlink">
 <!ATTLIST personne id ID #IMPLIED>
]>
<personnes>

  <personne naissance="1912" mort="1954" id="p342">
    <nom>
      <prénom>Alan</prénom>
      <nom_famille>Turing</nom_famille>
    </nom>
    <!-- Le mot informaticien existait-il à l'époque de Turing ? -->
    <profession>informaticien</profession>
    <profession>mathématicien</profession>
    <profession>cryptographe</profession>
    <page_accueil xlink:href="http://www.turing.org.uk/"/>
  </personne>

  <personne naissance="1918" mort="1988" id="p4567">
    <nom>
      <prénom>Richard</prénom>
      <initiale_milieu>&#x50;</initiale_milieu>
      <nom_famille>Feynman</nom_famille>
    </nom>
    <profession>physicien</profession>
    <loisir>Jouer des bongos</loisir>
  </personne>

</personnes>
```

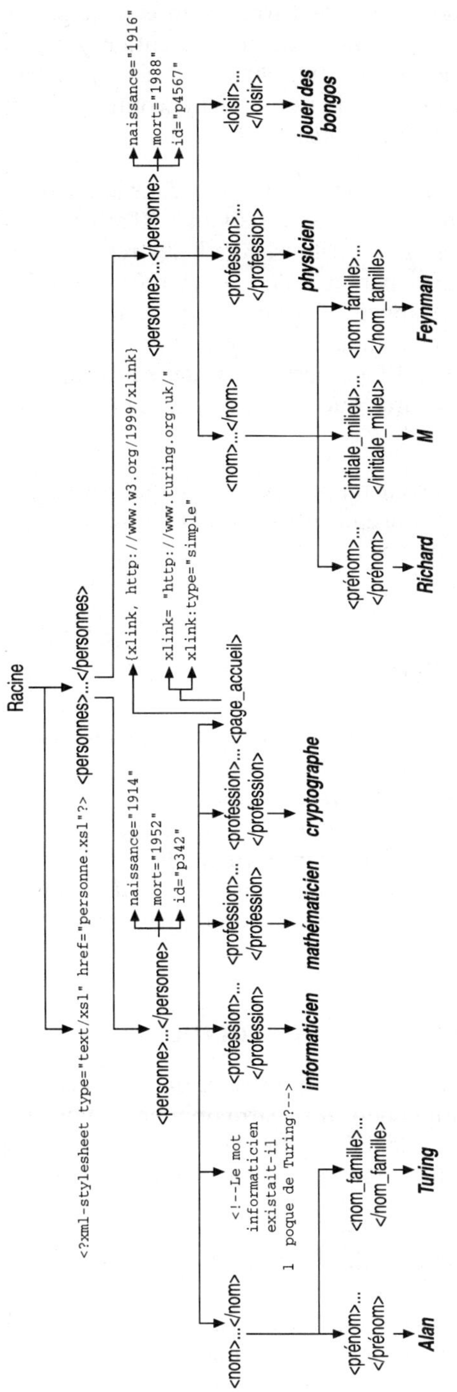

Figure 9-1. La structure arborescente de l'exemple 9-1

Le modèle de données XPath a quelques propriétés qui ne paraissent pas évidentes. Premièrement, le nœud racine de l'arborescence n'est *pas* le même que son élément racine. Le nœud racine contient le document entier, y compris l'élément racine et les commentaires et instructions de traitement précédant sa balise de début et suivant sa balise de fin. Dans l'*exemple 9-1*, le nœud racine contient l'instruction de traitement `xml-stylesheet` et l'élément racine `personnes`.

Le modèle de données XPath n'inclut pas tout dans le document. En particulier, la déclaration XML et la DTD ne sont *pas* adressables *via* XPath. Cependant, si la DTD fournit des valeurs par défaut à certains attributs, XPath les reconnaîtra. L'élément `homepage` a un attribut `xlink:type` fourni par la DTD. De la même manière, tous les appels d'entité analysée sont résolus. Les appels d'entité, les appels de caractère et les sections CDATA ne sont pas identifiables individuellement, bien que toute donnée qu'ils contiennent soit adressable. Par exemple, XSLT ne permet pas de mettre tout le texte se trouvant dans des sections CDATA en gras parce que XPath ne sait pas quel texte fait ou non partie d'une section CDATA.

Enfin, les attributs `xmlns` sont rapportés comme des nœuds d'espace de noms. Ils ne sont pas considérés comme des nœuds d'attribut. De plus, ces nœuds sont attachés à tous les nœuds d'élément et d'attribut dans la portée de la déclaration. Ils ne sont pas juste attachés au seul élément dans lequel l'espace de noms est déclaré.

Chemins de localisation

L'expression XPath la plus utile est le *chemin de localisation*. Un chemin de localisation utilise au moins une étape de localisation pour identifier un ensemble de nœuds dans un document. Cet ensemble peut être vide ou contenir un ou plusieurs nœuds. Ces nœuds peuvent être des nœuds d'élément, d'attribut, de texte, de commentaire, d'instruction de traitement ou le nœud racine, ou n'importe quelle combinaison de ceux-ci. Un chemin de localisation est construit à partir d'une suite d'*étapes de localisation*. Chaque étape de localisation est évaluée de façon relative à un nœud particulier dans le document. Celui-ci est appelé le *nœud contextuel*.

Chemin de localisation de la racine

Le chemin de localisation le plus simple est celui qui sélectionne le nœud racine du document. Ce chemin est simplement une barre oblique /. (Vous noterez qu'une grande partie de la syntaxe XPath a été délibérément choisie de façon similaire à la syntaxe des shells Unix. / est la racine d'un système de fichier Unix et est le nœud racine d'un document XML.)

La barre oblique / est un chemin de localisation absolu, car, quelque soit le nœud contextuel, quelque soit l'endroit où l'on se trouve dans le document, il signifie toujours la même chose : le nœud racine du document. Il est relatif au document que vous traitez mais rien d'autre à l'intérieur de ce document.

Étapes de localisation de sous-élements

Le second plus simple chemin de localisation est un unique nom d'élément. Il sélectionne tous les sous-éléments du même nom. Par exemple, le chemin XPath `profession` sélectionne tous les sous-éléments `profession` du nœud contextuel. Les éléments exacts qui sont sélectionnés dépendent du nœud contextuel, donc c'est un chemin XPath relatif. Si le nœud contextuel est l'élément `personne` d'Alan Turing dans l'*exemple 9-1*, le chemin de localisation `profession` sélectionne ses trois sous-éléments `profession` :

```
<profession>informaticien</profession>
<profession>mathématicien</profession>
<profession>cryptographe</profession>
```

Si le nœud contextuel est l'élément `personne` de Richard Feynman, son unique sous-élément `profession` sera sélectionné :

```
<profession>physicien</profession>
```

Avec XSLT, le nœud contextuel d'une expression XPath apparaissant dans un attribut `select` d'un élément `xsl:apply-templates` ou similaire devient le nœud courant de la transformation. Considérons la feuille de style de l'*exemple 9-2*. Concentrons-nous sur le modèle des éléments `personne`. Le processeur XSLT active ce modèle deux fois, une pour chaque nœud `personne` du document, à cause de l'instruction `<xsl:apply-templates select="personne"/>` du modèle `personnes`. La première fois que cette règle modèle est activée, le nœud contextuel est assigné à l'élément `personne` d'Alan Turing, la seconde fois à l'élément `personne` de Richard Feynman. Quand le même modèle est activé avec un nœud contextuel différent, l'expression XPath dans `<xsl:value-of select="nom"/>` s'applique à un élément différent, et la sortie produite est ainsi différente.

Exemple 9-2. Une feuille de style très simple pour l'exemple 9-1

```
<?xml version="1.0"encoding="ISO-8859-1"?>
<xsl:stylesheet version="1.0"
                xmlns:xsl="http://www.w3.org/1999/XSL/Transform">

  <xsl:template match="personnes">
   <xsl:apply-templates select="personne"/>
  </xsl:template>

  <xsl:template match="personne">
   <xsl:value-of select="nom"/>
  </xsl:template>

</xsl:stylesheet>
```

Lorsque XPath est utilisé dans d'autres systèmes comme XPointer ou encore XForms, d'autres moyens sont fournis pour déterminer le nœud contextuel.

Étapes de localisation d'attribut

Les attributs font aussi partie de XPath. Pour sélectionner un attribut particulier d'un élément, utilisez une arobase @ suivi du nom de l'attribut voulu. Par exemple, l'expression XPath @né sélectionne l'attribut né du nœud contextuel. L'*exemple 9-3* est une feuille de style XSLT simple qui génère un tableau HTML des noms et dates de naissance et de décès à partir de documents tels que l'*exemple 9-1*.

Exemple 9-3. Une feuille de style utilisant des étapes de localisation de la racine, de sous-élément et d'attribut

```
<?xml version="1.0"encoding="ISO-8859-1"?>
<xsl:stylesheet version="1.0"
                xmlns:xsl="http://www.w3.org/1999/XSL/Transform">

  <xsl:template match="/">
    <html>
      <xsl:apply-templates select="personnes"/>
    </html>
  </xsl:template>

  <xsl:template match="personnes">
    <table>
      <xsl:apply-templates select="personne"/>
    </table>
  </xsl:template>

  <xsl:template match="personne">
    <tr>
      <td><xsl:value-of select="nom"/></td>
      <td><xsl:value-of select="@naissance"/></td>
      <td><xsl:value-of select="@mort"/></td>
    </tr>
  </xsl:template>

</xsl:stylesheet>
```

La feuille de style de l'*exemple 9-3* a trois modèles. Le premier a un motif qui correspond au nœud racine, /. Le processeur XSLT active ce modèle et prend pour nœud contextuel le nœud racine. Il produit alors la balise de début <html>. Celle-ci est suivie d'un élément xsl:apply-templates qui sélectionne les nœuds correspondant à l'expression personnes. Si le document d'entrée est l'*exemple 9-1*, il n'y en a qu'un, l'élément racine. Cet élément est sélectionné, considéré comme nœud contextuel et son modèle, celui ayant le motif personnes, est appliqué. Le processeur XSLT produit une balise de début <table> puis rencontre un élément xsl:apply-templates qui sélectionne les nœuds correspondant à l'expression personne. Deux sous-éléments du nœud contextuel correspondent, ils sont traités l'un après l'autre en utilisant le modèle personne. Le processeur XSLT considère chaque élément personne sélectionné tour à tour comme le nœud contextuel et commence à le traiter. Il émet les valeurs de son sous-élément `nom` et de ses attributs `naissance` et `mort`, à l'intérieur d'une ligne de tableau et trois cellules. Le résultat est le suivant :

```
<html>
  <table>
    <tr>
      <td>
        Alan
        Turing

      </td>
      <td>1912</td>
      <td>1954</td>
    </tr>
    <tr>
      <td>
        Richard
        M
        Feynman

      </td>
      <td>1918</td>
      <td>1988</td>
    </tr>
  </table>
</html>
```

Les étapes de localisation comment(), text() et processing-instruction()

Même si les nœuds d'élément, d'attribut ainsi que le nœud racine représentent 90 % des besoins dans les documents XML, quatre types de nœud restent cependant à traiter : les nœuds d'espace de noms, de texte, d'instruction de traitement et enfin les nœuds de commentaire. Les nœuds d'espace de noms sont rarement invoqués explicitement. Les trois autres types possèdent des tests de nœud qui leur sont spécifiques. Ce sont :

- `comment()`
- `text()`
- `processing-instruction()`

Comme les nœuds de commentaire et de texte n'ont pas de nom, les étapes `comment()` et `text()` correspondent à tout commentaire ou nœud de texte enfant direct du nœud contextuel. Chaque commentaire est représenté par un nœud de commentaire distinct. Chaque nœud de texte contient le maximum de texte contigu non interrompu par une balise. Les appels d'entité et les sections CDATA sont résolues en texte et en balisage et n'interrompent pas les nœuds de texte.

Par défaut, les feuilles de style XSLT traitent les nœuds de texte mais non les commentaires. Vous pouvez ajouter un modèle pour les commentaires à une feuille de style pour qu'elle le fasse. Le modèle suivant remplace chaque commentaire par le texte « Commentaire supprimé » en italiques :

```
<xsl:template match="comment()">
  <i>Commentaire supprimé</i>
</xsl:template>
```

Sans argument, l'étape de localisation `processing-instruction()` sélectionne toutes les instructions de traitement enfant du nœud contextuel. Si elle a un argument, elle sélectionne uniquement les instructions de traitement de la cible spécifiée. Par exemple, l'expression XPath `processing-instruction('xml-stylesheet')` sélectionne toutes les instructions de traitement sous-éléments du nœud contextuel dont la cible est `xml-stylesheet`.

Jokers

Les jokers permettent de sélectionner différents éléments et types de nœuds en même temps. Il existe trois jokers : `*`, `node()` et `@*`.

L'astérisque * correspond à tout nœud d'élément, quelque soit son nom. Par exemple, ce modèle XSLT indique que tous les éléments doivent voir leurs sous-éléments traités mais ne rien produire :

```
<xsl:template match="*"><xsl:apply-templates select="*"/></xsl:template>
```

Le joker * ne sélectionne pas les attributs, les nœuds de texte, les commentaires ou les instructions de traitement. Ainsi dans cet exemple, une sortie n'est produite que de sous-éléments ayant un modèle surchargeant celui-ci.

Vous pouvez mettre un préfixe d'espace de noms devant l'astérisque. Dans ce cas, seuls les éléments du même espace de noms sont sélectionnés. Par exemple, `svg:*` correspond à tous les éléments ayant le même URI d'espace de noms que celui auquel est lié le préfixe svg. Comme d'habitude, c'est l'URI qui importe, pas le préfixe. Le préfixe peut être différent entre la feuille de style et le document source, tant que l'URI d'espace de noms est le même.

Le joker `node()` correspond à tous les nœuds : nœuds d'élément, de texte, d'attribut, d'instruction de traitement, d'espace de noms et de commentaire.

Le joker `@*` correspond à tous les nœuds d'attribut. Par exemple, ce modèle XSLT copie les valeurs de tous les attributs d'un élément `personne` vers un élément `attributes` :

```
<xsl:template match="personne">
  <attributes><xsl:apply-templates select="@*"/></attributes>
</xsl:template>
```

Comme pour les éléments, vous pouvez attacher un préfixe d'espace de noms au joker pour sélectionner uniquement les attributs appartenant à un espace de noms spécifique.

Par exemple, `@xlink:*` correspond à tous les attributs XLink, pour peu que le préfixe `xlink` soit lié à l'espace de noms `http://www.w3.org/1999/xlink`. Encore une fois, c'est l'URI qui importe, pas le préfixe.

Sélections multiples avec |

Il est possible de sélectionner plus d'un type d'élément ou d'attribut, mais pas tous. Vous pourriez aussi vouloir, par exemple, un modèle XSLT qui s'applique aux éléments `profession` et `loisir`, mais non aux éléments `nom`, `personne` ou `personnes`. Vous pouvez combiner des étapes de localisations individuelles avec la barre verticale | pour indiquer que vous voulez sélectionner un quelconque des éléments nommés. Par exemple, `profession|loisir` sélectionne les sous-éléments `profession` et `loisir` du nœud contextuel, `prénom|initiale_milieu|nom_famille` sélectionne les sous-éléments `prénom`, `initiale_milieu` et `nom_famille`, `@id|@xlink:type` les attributs `id` et `xlink:type`, et `*|@*` les éléments et les attributs, mais non les nœuds de texte, de commentaire ou d'instruction de traitement. Ce modèle XSLT applique les modèles à tous les sous-éléments `nom`, `profession` et `loisir` des éléments `personne` de l'*exemple 9-1* :

```
<xsl:template match="personne">
  <xsl:apply-templates select="nom|profession|loisir"/>
</xsl:template>
```

Chemins de localisation composés

Les expressions XPath que vous avez vu jusqu'ici – noms d'éléments, `@` suivi d'un nom d'attribut, `/`, `comment()`, `text()`, `node()` et `processing-instruction()` – sont des étapes de localisation uniques. Vous pouvez combiner ces étapes avec une barre oblique pour descendre dans la hiérarchie depuis le nœud sélectionné vers d'autres nœuds. Vous pouvez aussi utiliser un point pour référer au nœud courant, un double point pour référer au nœud parent et une double barre oblique pour les descendants du nœud contextuel. À l'exception de `//`, ils sont similaires à la syntaxe du shell Unix pour naviguer dans un système de fichiers hiérarchique.

Construction de chemins de localisation composés à partir d'étapes de localisation avec /

La barre oblique `/` combine différentes étapes de localisation pour construire un chemin de localisation composé. Chaque étape du chemin est relative à celle qui la précède. Si le chemin commence par `/`, la première étape est relative au nœud racine, sinon elle est relative au nœud contextuel. Par exemple, considérons l'expression XPath `/personnes/personne/nom/prénom`. Cette expression commence au nœud racine, sélectionne tous ses sous-éléments `personnes`, tous les sous-éléments `personne` de ces nœuds, puis tous leurs sous-éléments `nom` et enfin leurs enfants `prénom`. Appliquée à l'*exemple 9-1*, l'expression indique ces deux éléments :

```
<prénom>Alan</prénom>
<prénom>Richard</prénom>
```

XPath

Pour pointer uniquement sur leur contenu textuel, nous devons faire un pas de plus. L'expression XPath `/personnes/personne/nom/prénom/text()` sélectionne les textes « Alan » et « Richard ».

Ces expressions commencent toutes deux par `/`, ce sont donc des chemins de localisation absolus, qui commencent à la racine. Les chemins de localisation peuvent aussi partir du nœud contextuel, ils sont dits relatifs. Par exemple, l'expression XPath `personne/@id` sélectionne les attributs `id` des sous-éléments `personne` de l'élément contextuel.

Sélection parmi les descendants avec //

Une double barre oblique `//` sélectionne parmi tous les descendants du nœud contextuel. Au début d'une expression XPath, elle sélectionne parmi tous les descendants du nœud racine. Par exemple, l'expression `//@id` sélectionne tous les attributs `id` du document, et `personne//@id` tous les attributs `id` de n'importe quel élément contenu dans le sous-élément `personne` du nœud contextuel.

Sélection de l'élément parent avec ..

Un double point `..` indique le parent du nœud courant. Par exemple, `//@id/..` identifie tous les éléments du document qui ont un attribut `id`. L'expression `//initiale_milieu/../prénom` identifie tous les éléments `prénom` ayant un élément `initiale_milieu` frère. Appliquée à l'*exemple 9-1*, cette expression sélectionne `<prénom>Richard</prénom>` mais non `<prénom>Alan</prénom>`. Nous verrons plus loin qu'il existe une syntaxe plus naturelle pour ces dernières sélections.

Sélection du nœud contextuel avec .

Enfin, le point (.) indique le nœud courant. En XSLT, il est fréquemment utilisé lorsque vous avez besoin d'obtenir la valeur du nœud venant d'être selectionné. Par exemple, cette règle de modèle copie le contenu de chaque commentaire, présent dans le document en entrée, à l'intérieur d'un élément `span` dans le document produit.

```
<xsl:template match="comment()">
  <span class="comment"><xsl:value-of select="."></span>
</xsl:template>
```

Le `.`, la valeur de l'attribut `select` de `xsl:value-of`, correspond au nœud courant. Ceci s'applique tout aussi bien aux nœuds d'éléments, aux nœuds d'attribut et à tous les autres types de nœuds. Par exemple, ce modèle correspond aux éléments `nom` du document d'entrée et copie leur valeur dans un texte fortement accentué dans le document de sortie :

```
<xsl:template match="nom">
   <strong><xsl:value-of select="."></strong>
</xsl:template>
```

Prédicats

En général, une expression XPath peut référer à plus d'un nœud, mais il est nécessaire parfois de restreindre l'ensemble de nœuds pour n'en sélectionner que quelques-uns. Chaque étape du chemin de localisation peut avoir un ou plusieurs prédicats qui sélectionnent dans la liste de nœuds courante à ce moment de l'évaluation. Les prédicats contiennent des expressions booléennes qui seront testées pour chaque nœud dans la liste de nœuds contextuelle. Si l'expression est fausse, le nœud est retiré de la liste, sinon il y est maintenu.

Par exemple, supposons que l'on veuille trouver tous les éléments profession dont la valeur est physicien. L'expression XPath //profession[.="physicien"] trouve ces éléments. Ici, le point correspond au nœud profession courant. Vous pouvez utiliser des apostrophes au lieu des guillemets, c'est souvent utile quand l'expression XPath apparaît dans une valeur d'attribut déjà en guillemets; par exemple <xsl:apply-templates select="//profession[.='physicien']"/>.

Utilisez l'expression //personne[profession="physicien"] pour demander tous les éléments personne ayant un sous-élément profession de valeur « physicien ». Si vous voulez trouver l'élément personne avec l'id p4567, mettez un @ devant le nom de l'attribut, comme dans //personne[@id="p4567"].

En plus du signe égal, XPath gère un ensemble complet d'opérateurs de comparaison: <, >, <=, >= et !=. L'expression //personne[@naissance<=1976], par exemple, localise tous les éléments personne du document ayant un attribut né dont la valeur numérique est inférieure ou égale à 1976. Notez que si < ou <= sont utilisés dans un document XML, vous devez toujours échapper le signe inférieur à en < ; par exemple <xsl:apply-templates select="//personne[@naissance<=1976]"/>. XPath n'est pas dispensé des règles normales de XML sur la contrainte de forme. D'un autre côté, si l'expression apparaît en dehors d'un document XML, comme cela peut être le cas dans certains usages de XPointer, vous n'avez pas besoin de le faire.

XPath fournit aussi les opérateurs booléens and et or pour combiner les expressions logiquement. Par exemple, l'expression XPath //personne[@naissance<=1920 and @naissance>=1910] sélectionne tous les éléments personne dont la valeur de l'attribut né est comprise entre 1910 et 1920 compris. //nom[prénom="Richard" or prénom="Dick"] sélectionne tous les éléments nom ayant un sous-élément prénom de valeur Richard ou Dick.

Dans certains cas, le prédicat peut ne pas être un booléen, mais la conversion peut être évidente. Les prédicats qui s'évaluent à un nombre sont vrais s'ils sont égaux à la position du nœud contextuel. Les prédicats qui indiquent des ensembles de nœuds sont vrais si l'ensemble n'est pas vide. Les chaînes de caractères sont vraies si la chaîne n'est pas vide. Par exemple, supposons que l'on ne veuille sélectionner que les éléments nom ayant un sous-élément initiale_milieu. L'expression XPath //nom[initiale_milieu] sélectionne tous les éléments nom puis vérifie chacun d'eux pour voir s'il a un sous-élément initiale_milieu. Seuls ceux qui répondent à ce critère sont retenus. Quand on l'applique à l'*exemple 9-1*, cette expression indique l'élément nom de Richard M. Feynman mais non celui de Alan Turing.

N'importe laquelle, voir toutes les étapes d'un chemin de localisation, peuvent avoir des prédicats. Par exemple, l'expression XPath /personnes/personne[@naissance< 1950]/nom[prénom="Alan"] sélectionne d'abord tous les sous-éléments personnes du nœud racine (il n'y en a qu'un dans l'*exemple 9-1*). Ensuite elle choisit tous les éléments personne dont l'attribut né a une valeur numérique inférieure à 1950 parmi ces éléments. Enfin, elle sélectionne tous les sous-éléments nom qui ont un sous-élément prénom ayant la valeur Alan dans ce groupe d'éléments.

Chemins de localisation non abrégés

Jusqu'à maintenant, nous avons utilisé ce qu'on appelle des *étapes de localisation abrégés*. Ces étapes sont beaucoup plus faciles à écrire, moins verbeuses et plus familières pour beaucoup de monde. Cependant, XPath offre aussi une syntaxe non abrégée plus verbeuse mais peut être moins énigmatique et beaucoup plus flexible.

Toute étape d'un chemin de localisation a deux parties obligatoires, un axe et un test de nœud, et une partie optionnelle, les prédicats. L'axe vous indique quelle direction prendre à partir du nœud contextuel pour chercher les nœuds suivants. Le test de nœud vous dit quels nœuds inclure le long de cet axe et les prédicats restreignent la recherche selon une expression.

Dans les étapes de localisation abrégées, l'axe et le test de nœud sont combinés. Ils sont séparés par un double deux-points :: dans une étape non abrégée. Par exemple, le chemin de localisation personnes/personne/@id et composé de trois étapes. La première étape sélectionne les éléments personnes le long de l'axe enfant, la seconde les éléments personne le long du même axe et la troisième les nœuds id le long de l'axe attribut. En utilisant la syntaxe non abrégée, le même chemin de localisation est écrit child::personnes/child::personne/attribute::id.

L'étape de localisation de la racine n'a pas d'autre notation que la barre oblique /. Ainsi, la forme complète /child::personnes/child::personne, par exemple, est équivalente à la forme abrégée /personnes/personne. Les étapes de localisation non abrégées peuvent aussi avoir des prédicats. Par exemple, le chemin /personnes/personne[@naissance< 1950]/nom[prénom="Alan"] devient /child::personnes/child::personne[attribute::naissance< 1950]/child::nom-[child::prénom="Alan"] si on n'utilise que des étapes non abrégées.

Une grande partie de la forme non abrégée est verbeuse et peu utilisée en pratique. Cependant, elle offre une capacité cruciale qui rend sa connaissance essentielle. La forme non abrégée est la seule façon d'accéder à la plupart des axes parmi lesquels une expression XPath peut prendre les nœuds. La syntaxe abrégée vous laisse parcourir les axes child, parent, self, attribute et descendant-or-self. La syntaxe non abrégée ajoute huit axes supplémentaires :

Ancestor

Tous les nœuds d'élément contenant le nœud contextuel ; les nœuds parent, grands-parents, arrière grands-parents, etc., jusqu'au nœud racine. Cet axe est parcouru dans l'ordre inverse du document.

Following-sibling

Tous les nœuds suivant le nœud contextuel dans l'ordre du document et qui ont le même élément parent.

Preceding-sibling

Tous les nœuds précédant le nœud contextuel et ayant le même élément parent, dans l'ordre inverse du document.

Following

Tous les nœuds suivant le nœud contextuel, dans l'ordre du document.

Preceding

Tous les nœuds précédant le nœud contextuel, dans l'ordre inverse du document.

Namespace

Tous les espaces de noms en vigueur pour le nœud contextuel, qu'ils soient déclarés dans celui-ci ou un de ses ancêtres.

Descendant

Tous les descendants du nœud contextuel mais pas ce dernier.

Ancestor-or-self

Le nœud contextuel et tous ses ancêtres.

L'*exemple 9-4* montre plusieurs de ces axes avec la syntaxe complète, non abrégée. L'exemple produit une liste des éléments `personne` ressemblant plus ou moins à ceci (après ajout de blancs) :

```
<dt>Richard M Feynman</dt>
<dd>
   <ul>
      <li>physicien</li>
      <li>Jouer des bongos</li>
   </ul>
</dd>
```

Exemple 9-4. Une feuille de style XSLT utilisant des étapes XPath non abrégées

```
<?xml version="1.0"encoding="ISO-8859-1"?>
<xsl:stylesheet version="1.0"
               xmlns:xsl="http://www.w3.org/1999/XSL/Transform">

  <xsl:template match="/">
   <dl>
```

XPath

Exemple 9-4. Une feuille de style XSLT utilisant des étapes XPath non abrégées (suite)

```
      <xsl:apply-templates select="descendant::personne"/>
    </dl>
  </xsl:template>

  <xsl:template match="personne">
    <dt><xsl:value-of select="child::nom"/></dt>
    <dd>
      <ul>
        <xsl:apply-templates select="child::nom/following-sibling::*"/>
      </ul>
    </dd>
  </xsl:template>

  <xsl:template match="*">
    <li><xsl:value-of select="self::*"/></li>
  </xsl:template>

  <xsl:template match="homepage"
                xmlns:xlink="http://www.w3.org/1999/xlink">
    <li><xsl:value-of select="attribute::xlink:href"/></li>
  </xsl:template>

</xsl:stylesheet>
```

Le premier modèle correspond au nœud racine. Il applique les modèles à tous ses descendants qui sont des éléments `personne`; c'est-à-dire qu'il se déplace le long de l'axe `descendant` avec un test de nœud `personne`. Cette expression XPath peut être réécrite en utilisant une syntaxe abrégée comme `//personne`.

Le second modèle correspond aux éléments `personne`. Il place la valeur de l'enfant `nom` de chaque élément `personne` dans un élément `dt`. Ce chemin aurait pu être abrégé en `nom`. Ensuite, il applique les modèles à tous les éléments qui suivent l'élément `nom` au même niveau hiérarchique. Il commence au nœud contextuel `personne` puis se déplace le long de l'axe `child` pour trouver l'élément `nom`. De là, il suit l'axe `following-sibling` en cherchant tous les éléments, quelque soit leur nom (*), après l'élément `nom` et enfants du même élément `personne`. Ce chemin aurait pu être abrégé en `nom/following-sibling::*`, il n'existe pas de forme abrégée pour l'axe `following-sibling`.

Le troisième modèle correspond à tous les éléments qui n'ont pas de modèle spécifique ; il met simplement l'élément dans un élément `li`. Le chemin XPath `self::*` sélectionne l'élément courant, le nœud contextuel. Cette expression aurait pu être abrégée en un simple point.

Le quatrième et dernier modèle correspond aux éléments `homepage`. Dans ce cas, on a besoin de sélectionner la valeur de l'attribut `xlink:href`, donc suivre l'axe `attribute` à partir du nœud contextuel. Le test de nœud cherche les attributs `xlink:href`. Plus exactement, il cherche un attribut de nom local `href` et dont le préfixe est lié à l'espace de noms `http://www.w3.org/1999/xlink`. Ce chemin aurait pu être abrégé en `@xlink:href`.

Expressions XPath générales

Jusqu'à présent, nous nous sommes concentrés sur le sous-ensemble, très utile, des expressions XPath appelé chemins de localisation. Les chemins de localisation identifient un ensemble de nœuds dans un document XML et sont utilisés dans les expressions de sélection XSLT. Toutefois les chemins de localisation ne sont pas le seul type d'expression XPath possible. Les expressions XPath peuvent aussi retourner des nombres, des booléens ou des chaînes de caractères. Par exemple, toutes les expressions suivantes sont des expressions XPath légales :

- `3.141529`
- `2+2`
- `'Rosalind Franklin'`
- `true()`
- `32.5 < 76.2`
- `position()=last()`

Les expressions XPath qui ne sont pas des ensembles de nœuds ne peuvent pas être utilisées dans l'attribut `match` d'un élément `xsl:template`. Elles peuvent cependant être utilisées comme valeurs pour l'attribut `select` des éléments `xsl:value-of` et les prédicats des chemins de localisation.

Les nombres

Les entiers purs n'existent pas dans XPath. Tous les nombres sont des doubles IEEE 754 à virgule flottante codés sur 8 octets, même s'ils n'ont pas de partie décimale explicite. Ce format est identique au type primitif Java `double`. En plus de représenter les nombres compris entre 4.94065645841246544e-324 et 1.79769313486231570e+308 (positifs ou négatifs) et le zéro, ce type inclut des représentations des infinis positif et négatif et une valeur spéciale NaN (*not a number*) utilisée comme résultat de certains opérations, comme la division de zéro par zéro.

XPath fournit cinq opérateurs arithmétiques de base, familiers à tout programmeur :

+ Addition

– Soustraction

* Multiplication

div
: Division

mod
: Modulo (reste de la division euclidienne)

La barre oblique, plus commune, ne pouvait pas être utilisée pour la division puisqu'elle l'est déjà comme séparateur d'étapes dans un chemin de localisation. Un nouvel opérateur a donc été choisi. L'opérateur Java `%` a aussi été remplacé pour le mot `mod`. À part ces petites différences de syntaxe, les cinq opérateurs ont exactement le même comportement qu'en Java. Par exemple, 2+2 vaut 4, 6.5 div 1.5 vaut 4.33333333, 6.5 mod 1.5 vaut 0.5 et ainsi de suite. L'élément `<xsl:value-of select="6*7"/>` dans un modèle XSLT insérera le texte `42` dans le document de sortie quand le modèle sera traité. La plupart du temps, une feuille de style effectue de simples calculs sur des nombres lus depuis le document en entrée. Par exemple, cette règle de modèle détermine le siècle dans lequel une personne est née :

```
<xsl:template match="personne">
  <siècle>
    <xsl:value-of select="(@naissance - (@naissance mod 100)) div 100"/>th
  </siècle>
</xsl:template>
```

Chaînes de caractères

Les chaînes de caractères XPath sont des séquences ordonnées de caractères Unicode comme « Fred », « Ethel », « » ou « Ξηνο ». Les chaînes de caractères littérales peuvent être encadrées au choix de guillemets ou d'apostrophes. Ceux-ci ne font pas partie de la chaîne de caractères. La seule restriction que XPath place sur une chaîne de caractères littérale est qu'elle ne doit pas contenir le type de guillemets (simple ou double) qui la délimite. Si elle contient des apostrophes, elle doit être encadrée par des guillemets et vice versa. Les chaînes de caractères peuvent contenir des blancs, y compris des tabulations, retours chariot, fins de ligne, barres obliques inverses et autres caractères qui seraient illégaux dans de nombreux langages de programmation. Cependant, si l'expression XPath fait partie d'un document XML, certaines de ces possibilités peuvent être exclues par les règles de contrainte de forme XML, selon le contexte.

Vous pouvez utiliser les opérateurs de comparaison = et != pour vérifier que deux chaînes de caractères sont identiques. Vous pouvez aussi utiliser les opérateurs <, >, <=, >= mais, sauf si les deux termes représentent clairement des nombres (par exemple – 7.5 ou 54.2), les résultats n'auront probablement aucun sens. En général, on ne peut pas définir de réelle notion d'ordre de chaînes de caractères Unicode sans connaissance détaillée de leur contenu.

Les autres opérations sur les chaînes de caractères sont fournies par des fonctions XPath et sont abordées dans les sections suivantes.

Booléens

Un booléen est une valeur qui a exactement deux états : vrai ou faux. Chaque booléen doit avoir une de ces deux valeurs binaires. XPath ne fournit pas de représentation littérale des booléens. Si vous utilisez `<xsl:value-of select="true"/>` dans une feuille de style XSLT, le processeur XSLT cherchera un sous-élément du nœud contextuel nommé `true`.

Cependant, les fonctions XPath `true()` et `false()` peuvent se substituer à ces représentations littérales manquantes assez facilement.

Cependant les booléens sont en général créés par des comparaisons entre d'autres objets, le plus souvent des nombres. XPath fournit tous les opérateurs de comparaison usuels, dont =, !=, <, >, <= et >=. Les opérateurs `and` et `or` peuvent aussi être utilisés pour combiner des expressions booléennes en suivant les règles communes de la logique booléenne.

Les booléens sont le plus souvent utilisés dans les prédicats des chemins de localisation. Dans `//personne[profession="physicien"]`, `profession="physicien"` est un booléen, le résultat est soit vrai soit faux, il n'y a pas d'autre possibilité. Les booléens sont aussi utilisés dans les attributs `test` des éléments `xsl:if` et `xsl:when`. Par exemple, ce modèle XSLT copie la valeur de l'élément profession dans le résultat si et seulement si son contenu est « physicien » ou « informaticien » :

```
<xsl:template match="profession">
  <xsl:if test=".='informaticien' or .='physicien'">
    <xsl:value-of select="."/>
  </xsl:if>
</xsl:template>
```

Cette règle XSLT met en italique la valeur de l'élément `profession` si et seulement si son contenu est la chaîne de caractères « informaticien » :

```
<xsl:template match="profession">
  <xsl:choose>
    <xsl:when test=".='informaticien'">
      <i><xsl:value-of select="."/></i>
    </xsl:when>
    <xsl:otherwise>
      <xsl:value-of select="."/>
    </xsl:otherwise>
  </xsl:choose>
</xsl:template>
```

Enfin, la fonction `not()` inverse la valeur de son argument booléen. Par exemple, si `.='informaticien'` est vrai, `not(.='informaticien')` sera faux et *vice versa*.

Fonctions XPath

XPath fournit de nombreuses fonctions qui peuvent s'avérer utiles dans les prédicats et autres expressions. Toutes ces fonctions sont décrites dans le chapitre 22, *Référence XPath*. Par exemple, la fonction `position()` retourne la position du nœud courant dans la liste de nœuds contextuelle. Ce modèle XSLT utilise la fonction `position()` pour calculer le numéro de la personne traitée, relativement aux autres nœuds de la liste de nœuds contextuelle :

```
<xsl:template match="personne">
  Personne <xsl:value-of select="position()"/>,
```

```
    <xsl:value-of select="nom"/>
  </xsl:template>
```

Chaque fonction XPath retourne l'un de ces quatre types :

- booléen ;
- nombre ;
- ensemble de nœuds ;
- chaîne de caractères.

Il n'existe pas de procédures (fonctions ne retournant aucune valeur, comme les fonctions *void* en Java ou C) dans XPath. D'autre part, XPath n'est pas aussi fortement typé que des langages comme Java ou C. Vous pouvez souvent utiliser ces types en argument d'une fonction, quelque soit le type attendu ; le processeur fera la conversion aussi bien que possible. Si vous utilisez un booléen quand une chaîne de caractères est attendue, le processeur le substituera par une des deux valeurs `true` ou `false`. La seule exception concerne les fonctions attendant des ensembles de nœuds comme arguments. XPath ne peut convertir une chaîne de caractères, un nombre ou un booléen en ensemble de nœuds.

Les fonctions sont identifiées par des parenthèses après leur nom. Parfois ces fonctions prennent des arguments entre les parenthèses. La fonction `round()` attend un unique nombre comme argument. Elle retourne ce nombre arrondi au plus proche entier. Par exemple, `<xsl:value-of select="round(3.4)"/>` insérera `3` dans l'arbre résultat.

D'autres fonctions prennent plus d'un argument. Par exemple, la fonction `starts-with()` attend deux arguments, tous deux de type chaîne de caractères. Elle retourne vrai si la première chaîne commence par la seconde. Par exemple, cet élément `xsl:apply-templates` sélectionne tous les éléments `nom` dont le sous-élément `nom_famille` commence par un `T` :

```
<xsl:apply-templates select="nom[starts-with(nom_famille, 'T')]"/>
```

Dans cet exemple, le premier argument de la fonction `starts-with()` est en fait un ensemble de nœuds, non une chaîne de caractères. Le processeur XPath convertit cet ensemble de nœuds en sa valeur textuelle (le contenu de l'élément `nom_famille`) avant de tester si elle commence par un `T`.

Certaines fonctions XPath ont un nombre variable d'argument. La fonction `concat()` prend en argument un nombre quelconque de chaînes de caractères et en retourne la concaténation. Par exemple, `concat("a", "b", "c", "d")` retourne `"abcd"`.

En plus des fonctions définies par XPath et abordées dans ce chapitre, la plupart des utilisations de XPath comme XSLT et XPointer définissent des fonctions supplémentaires utiles dans leur contexte particulier. Vous les utilisez comme les fonctions prédéfinies. XSLT vous laisse même écrire des fonctions d'extension en Java ou d'autres langages qui permettent de faire pratiquement tout, par exemple faire une requête SQL à un serveur de bases de données distant et retourner le résultat sous forme d'ensemble de nœuds.

Fonctions sur les ensembles de nœuds

Ces fonctions opèrent sur les ensembles de nœuds, des collections ordonnées de nœuds XPath, ou retournent des informations les concernant. Nous avons déjà vu la fonction `position()`. Deux fonctions liées sont `last()` et `count()`. La fonction `last()` retourne le nombre de nœuds de la liste de nœuds contextuelle, qui est identique à la position du dernier nœud dans la liste. La fonction `count()` est similaire, sauf qu'elle retourne le nombre de nœuds de l'ensemble passé en argument plutôt que la liste de nœuds contextuelle. Par exemple `count(//nom)` indique combien le document comporte d'éléments `nom`. L'*exemple 9-5* utilise les fonctions `position()` et `count()` pour lister les personnes du document sous la forme « Personne 1 parmi 10, Personne 2 parmi 10, etc ». Dans le second modèle, la fonction `position()` indique quel élément `personne` est actuellement traité, et la fonction `count()` combien le document comporte d'éléments `personne` au total.

Exemple 9-5. Une feuille de style XSLT utilisant les fonctions position() et count()

```
<?xml version="1.0"encoding="ISO-8859-1"?>
<xsl:stylesheet version="1.0"
                xmlns:xsl="http://www.w3.org/1999/XSL/Transform">

  <xsl:template match="personne">
    <xsl:apply-templates select="personne"/>
  </xsl:template>

  <xsl:template match="personne">
    Personne <xsl:value-of select="position()"/>
    parmi <xsl:value-of select="count(//personne)"/>:
    <xsl:value-of select="nom"/>
  </xsl:template>

</xsl:stylesheet>
```

La fonction `id()` prend en argument une chaîne de caractères contenant un ou plusieurs ID séparés par des blancs et retourne l'ensemble des nœuds du document ayant ces ID. Ce sont des nœuds avec des attributs déclarés de type ID dans la DTD, qui ne s'appellent pas nécessairement `ID` ou `id`. (Une DTD doit être non seulement présente mais aussi analysée par le parseur afin que la fonction `id()` puisse être utilisée.) Ainsi, dans l'*exemple 9-1*, `id('p342')` indique l'élément `personne` de Alan Turing et `id('p342 p4567')` ceux de Alan Turing et Richard Feynman.

La fonction `id()` permet de former des chemins de localisation absolus qui ne partent pas de la racine. Par exemple `id('p342')/nom` indique l'élément `nom` de Alan Turing, où que se trouve son élément `personne` dans le document, du moment qu'il n'a pas changé d'ID. Cette fonction est spécialement utile avec XPointer, où elle prend la place des ancres nommées de HTML.

Enfin, trois fonctions sont liées aux espaces de noms. La fonction `local-name()` prend en argument un ensemble de nœuds, le plus souvent ne contenant qu'un seul élément, et retourne le nom local du premier de ces nœuds dans l'ordre du document. La fonction `namespace-uri()` prend en argument un ensemble de nœuds et retourne l'URI d'espace de noms du premier dans l'ordre du document. Enfin, la fonction `name()` prend en argument un ensemble de nœuds et retourne le nom préfixé du premier de ces nœuds dans l'ordre du document. Pour ces trois fonctions, l'argument peut être omis, dans ce cas c'est le nœud contextuel qui est utilisé. Par exemple, appliquée à l'*exemple 9-1*, l'expression XPath `local-name(//homepage/@xlink:href)` renvoie `href`, `namespace-uri(//homepage/@xlink:href)` retourne `http://www.w3.org/1999/xlink` et `name(//homepage/@xlink:href)` vaut `xlink:href`.

Fonctions sur les chaînes de caractères

XPath inclut des fonctions pour les manipulations de base des chaînes de caractères, comme calculer leur longueur ou changer les majuscules en minuscules. Il n'a cependant pas toute la puissance des bibliothèques Python ou Perl; par exemple, il n'y a pas de support pour les expressions régulières. Cependant, XPath est suffisant pour beaucoup des manipulations simples dont on peut avoir besoin avec XSLT ou XPointer.

La fonction `string()` convertit son argument, d'un type quelconque, en une chaîne de caractères. Les booléens sont convertis en `true` et `false`. Les ensembles de nœuds en la valeur textuelle du premier de ces nœuds. Cette valeur est la même que celle obtenue avec l'élément `xsl:value-of`: c'est le texte Unicode complet de l'élément après que tous les appels d'entité aient été résolus et les balises, commentaires et instructions de traitement supprimés. Les nombres sont convertis dans un format utilisé par la plupart des langages de programmation, par exemple « 1987 », « 299792500 » ou « 2.71828 ».

> Dans XSLT, l'élément `xsl:decimal-format` et la fonction `format-number()` fournissent un contrôle plus précis du formatage. Vous pouvez ainsi insérer des séparateurs entre les groupes, changer le séparateur décimal, utiliser des chiffres non-européens, et faire d'autres réglages similaires.

La fonction `starts-with()` prend en argument deux chaînes de caractères. Elle retourne vrai si la première commence par la seconde. Par exemple, `starts-with('Richard', 'Ric')` est vrai, alors que `starts-with('Richard', 'Rick')` est faux. Il n'y a pas de fonction symétrique `ends-with()`.

La fonction `contains()` prend aussi en argument deux chaînes de caractères. Cependant, elle retourne vrai si le premier argument contient le second – c'est-à-dire si le second argument est une sous-chaîne du premier – indépendamment de sa position. Par exemple, `contains('Richard', 'ar')` est vrai et `contains('Richard', 'art')` est faux.

La fonction `substring-before()` prend en argument deux chaînes de caractères et retourne la sous-chaîne de la première qui précède la première occurrence de la seconde. Si le second argument n'apparaît pas dans le premier, `substring-before()` retourne une chaîne vide. Par exemple, `substring-before('DD/MM/YYYY', '/')` retourne `'DD'`. La fonction `substring-after()` prend aussi deux arguments de type chaîne de caractères mais retourne la sous-chaîne de la première qui suit la première occurrence de la seconde. Si la seconde n'apparaît pas dans la première, substring-after() renvoie une chaîne vide. Par exemple, substring-after('DD/MM/YYYY', '/') retourne 'MM/YYYY', substring-before(substring-after('DD/MM/YYYY', '/'), '/') renvoie 'MM' et substring-after(substring-after('DD/MM/YYYY', '/'), '/') vaut 'YYYY'.

Si vous connaissez la position de la sous-chaîne que vous voulez dans une chaîne de caractères donnée, utilisez plutôt la fonction substring(). Elle prend trois arguments : la chaîne de caractères de laquelle la sous-chaîne sera extraite, la position dans cette chaîne de caractères marquant le début de la copie et le nombre de caractères à copier. Le troisième argument peut être omis, dans ce cas le résultat contiendra tous les caractères à partir de la position spécifiée jusqu'à la fin de la chaîne. Par exemple, substring('DD/MM/YYYY', 1, 2) retourne 'DD', substring('DD/MM/YYYY', 4, 2) renvoie 'MM' et substring('DD/MM/YYYY', 7) vaut 'YYYY'.

La fonction string-length() retourne un nombre donnant la longueur de la chaîne de caractère passée en argument, ou la valeur textuelle du nœud contextuel si l'argument est omis. Dans l'*exemple 9-1*, string-length(//nom[position()=1]) vaut 29. Si cette valeur vous semble trop grande, souvenez-vous que tous les caractères blancs sont inclus. Si elle vous semble trop petite, rappelez-vous que le balisage n'est pas pris en compte.

Théoriquement, vous pourriez utiliser ces fonctions pour normaliser les blancs ; cependant, puisque ce traitement serait relativement complexe et que ce besoin est si commun, XPath fournit la fonction normalize-space() pour le faire. Dans l'*exemple 9-1*, la valeur de string(//nom[position()=1]) est :

```
        Alan
        Turing
```

Cet exemple contient beaucoup de blancs qui n'ont été insérés que pour rendre le document XML plus agréable à lire. normalize-space(string(//nom[position()=1])) est plus raisonnable :

```
Alan Turing
```

Bien qu'une bibliothèque de manipulation de chaînes de caractères plus puissante puisse être utile, XSLT est vraiment conçu pour transformer la structure d'un document XML. Il n'est pas censé avoir la puissance générale d'un langage comme Perl, qui peut prendre en compte des formats de chaînes de caractères variables et arbitrairement complexes.

Fonctions sur les booléens

Ces fonctions sont simples et peu nombreuses. Elles retournent un booléen vrai ou faux. La fonction true() renvoie toujours vrai et la fonction false() toujours faux. Ces fonctions se substituent dans XPath aux représentations littérales des booléens.

En principe, la fonction not() inverse la valeur booléenne de son argument. Par exemple, not(@id>400) est presque toujours équivalent à @id<=400. (NaN est un cas spécial.)

La fonction boolean() convertit son argument en booléen et retourne le résultat. Si l'argument est omis, elle convertit le nœud contextuel. Les nombres 0 et NaN (*not a number*) sont considérés faux ; tous les autres nombres sont vrais. Les ensembles de nœuds sont pris comme faux s'ils sont vides, vrais s'ils contiennent au moins un nœud. Les chaînes de caractères sont fausses si leur longueur est nulle, vraies sinon. Notez que selon cette règle, la chaîne de caractère "false" est évaluée vraie. La conversion d'un booléen en chaîne de caractères ou d'une chaîne de caractères en booléen n'est donc pas réversible.

Fonctions sur les nombres

XPath inclut quelques fonctions numériques simples, permettant d'additionner des groupes de nombres ou de trouver le plus proche entier d'un nombre. Il n'a pas la puissance des bibliothèques mathématiques de Java ou de FORTRAN – par exemple, il n'y a pas de fonctions pour calculer la racine carrée ou la puissance d'un nombre. Toutefois, il est suffisant pour la plupart des mathématiques de bases nécessaires pour XSLT ou les besoins plus simples de XPointer.

La fonction number() peut prendre n'importe quel type en argument et le convertit en nombre. Si l'argument est omis, elle convertit le nœud contextuel. Les booléens sont convertis en 1 ou 0 pour respectivement les valeurs vrai et faux. Les chaînes de caractères sont converties de façon plausible. Par exemple, la chaîne de caractère « 7.5 » est convertie en 7.5 (le nombre). La chaîne de caractères « Fred » est convertie en NaN. Les ensembles de nœuds subissent une première conversion en chaîne de caractères qui sera transformée en nombre. Les règles détaillées sont plus complexes mais tant que l'objet que vous voulez convertir peut raisonnablement être interprété comme un seul nombre, la fonction number() fera probablement ce que vous en attendez, dans le cas contraire elle retournera NaN.

Les fonctions round(), floor() et ceiling() prennent toutes en argument un unique nombre. La fonction floor() retourne le plus grand entier inférieur ou égal à son argument, la fonction ceiling() renvoie le plus petit entier supérieur ou égal à son argument, la fonction round() arrondit son argument au plus proche entier. Pour arrondir des nombres comme 1.5 et – 3.5 qui sont exactement entre deux entiers, round() retourne le plus grand des deux.

La fonction sum() prend en argument un ensemble de nœuds. Elle convertit chaque nœud en sa valeur numérique comme par un appel à la fonction number(), en fait la somme et retourne le résultat.

CHAPITRE 10

XLink

XLink est une syntaxe basée sur des attributs pour attacher des liens aux documents XML. Les liens XLink peuvent être de simples liens Point A-vers-Point B, comme les liens auxquels vous êtes familiers avec l'élément A de HTML. Ils peuvent aussi être bidirectionnels, liant deux documents dans les deux sens de sorte que vous pouvez aller de A vers B ou de B vers A. Ils peuvent même être multidirectionnels, présentant plusieurs chemins entre un nombre quelconque de documents XML. Les documents ne sont pas forcément des documents XML ; les liens XLink peuvent être placés dans un document XML listant les connexions entre les autres documents qui peuvent ou non être des documents XML. Prenez note : ces liens tiers vous permettent de lier des pages que vous ne contrôlez pas, comme la page d'accueil du *New York Times* ou de la CIA. À la base, XLink n'est rien d'autre qu'une syntaxe XML pour décrire des graphes dans lesquels les sommets sont les documents à des URI particuliers et les arêtes les liens entre ces documents. Ce que vous mettez dans ce graphe est à votre convenance.

Au mieux, les navigateurs web actuels supportent les liens XLink simples, qui ne font à peine plus que copier la fonction de l'élément A de HTML. De nombreux navigateurs ne supportent pas du tout XLink. Cependant, des applications particulières peuvent faire bien plus. Puisque XLink est si puissant, vous ne devriez pas être surpris de pouvoir faire plus que de simples liens bleus soulignés sur des pages web. XLink peut décrire des tables des matières ou des index. Il peut connecter des corrections au texte qu'il décrit, il peut indiquer les chemins possibles dans des cours en ligne ou des mondes virtuels. Des applications différentes interprètent des ensembles différents de liens XLink différemment. De la même façon qu'aucun navigateur ne comprend vraiment les sémantiques de toutes les différentes applications XML, aucun programme ne peut traiter toutes les collections de liens XLink.

Liens simples

Un lien simple définit une connexion à sens unique entre deux ressources. La source, la *ressource de départ* de la connexion, est l'élément contenant le lien lui-même. La cible ou *ressource d'arrivée* de la connexion est identifiée par un URI. Le lien va de la ressource de départ à la ressource d'arrivée. La ressource de départ est toujours un élément XML. La ressource d'arrivée peut être un document XML, un élément XML particulier, un groupe d'éléments XML, une portion de texte dans un document XML ou quelque chose qui n'est même pas une partie de document XML, comme une vidéo MPEG ou un fichier PDF. L'URI n'est pas obligatoirement une URL, il peut être, par exemple, le numéro d'ISBN d'un livre (comme *urn:isbn:1565922247*).

Un lien XLink simple est encodé dans un document XML comme un élément de nom quelconque ayant un attribut `xlink:type` de valeur `simple` et un attribut `xlink:href`. La valeur de ce dernier est l'URI de la cible du lien. Le préfixe `xlink` doit être lié à l'URI d'espace de noms *http://www.w3.org/1999/xlink*. Par exemple, supposons que cet élément `roman` apparaisse dans une liste de littérature pour enfants et que nous voulions le lier au texte du roman disponible à l'URL *ftp://archive.org/pub/etext/etext93/wizoz10.txt* :

```
<roman>
  <titre>The Wonderful Wizard of Oz</titre>
  <auteur>L. Frank Baum</auteur>
  <année>1900</année>
</roman>
```

Nous mettons un attribut `xlink:type` avec la valeur `simple` à l'élément `roman`, un attribut `xlink:href` contenant l'URL du lien, ainsi qu'un attribut `xmlns:xlink` qui associe le préfixe `xlink` à l'espace de noms `http://www.w3.org/1999/xlink`. Le résultat est le suivant :

```
<roman xmlns:xlink= "http://www.w3.org/1999/xlink"
       xlink:type = "simple"
       xlink:href = "ftp://archive.org/pub/etext/etext93/wizoz10.txt">
  <titre>The Wonderful Wizard of Oz</titre>
  <auteur>L. Frank Baum</auteur>
  <année>1900</année>
</roman>
```

Ceci établit un lien simple de l'élément `roman` vers le fichier texte accessible à *ftp://archive.org/pub/etext/etext93/wizoz10.txt*. Les navigateurs sont libres d'interpréter ce lien comme bon leur semble. Cependant, l'interprétation la plus simple, et celle implémentée par les quelques navigateurs expérimentaux qui supportent XLink, est de faire un lien hypertexte bleu souligné qui remplace la page courante par le fichier lié quand l'utilisateur clique dessus. D'autres procédés sont cependant possibles.

XLink repose entièrement sur les espaces de noms. Le préfixe `xlink` n'est qu'une convention. Il peut être changé mais doit être lié à l'URI *http://www.w3.org/1999/xlink*. Cette association peut être faite dans l'élément lien lui-même, comme l'élément `roman` de l'exemple, ou un de ses ancêtres jusqu'à l'élément racine du document. Les prochains exemples dans ce chapitre et le suivant utiliseront exclusivement le préfixe `xlink` et supposeront qu'il a été correctement déclaré dans un élément parent.

Tout élément lien XLink doit avoir un attribut `xlink:type` indiquant le type du lien (ou de la partie d'un lien). Cet attribut a six valeurs possibles :

- simple ;
- extended ;
- locator ;
- arc ;
- title ;
- resource.

Les liens XLink simples sont les seuls similaires aux liens HTML. Les cinq autres types de liens seront abordés plus loin.

L'attribut `xlink:href` identifie la ressource liée. Il contient toujours un URI. Il est possible d'utiliser des URI relatifs ou absolus, comme pour les liens HTML. Cependant, l'URI n'est pas forcément une URL. Par exemple, si nous voulions faire un lien vers l'édition imprimée du *Wonderful Wizard of Oz*, dont le numéro d'ISBN est 0688069444, nous écririons l'élément `roman` comme ceci :

```
<roman xmlns:xlink= "http://www.w3.org/1999/xlink"
       xlink:type = "simple"
       xlink:href = "urn:isbn:0688069444">
  <titre>The Wonderful Wizard of Oz</titre>
  <auteur>L. Frank Baum</auteur>
  <année>1900</année>
</roman>
```

Comportement des liens

Jusqu'à présent, nous avons veiller à parler dans l'abstrait. Nous avons dit qu'un lien XLink décrit une connexion entre deux ressources, mais nous n'avons rien dit de plus sur la façon dont cette connexion est présentée à l'utilisateur final ou ce que les logiciels lisant le document en font. Nous ne nous sommes pas posés ces questions parce qu'elles n'ont pas une seule réponse. Par exemple, quand le navigateur rencontre un élément `roman` qui utilise une URL `http`, cliquer sur le lien devrait probablement charger le texte du roman dans la fenêtre courante, remplaçant alors le document qui contenait le lien. Peut être devrait-il plutôt ouvrir une nouvelle fenêtre pour y montrer le nouveau document. Le comportement d'un navigateur rencontrant l'élément `roman` avec l'URN `isbn` est encore moins définissable. Doit-il réserver le livre correspondant à la librairie locale pour que l'utilisateur puisse s'y rendre et le récupérer ? ou l'acheter à une librairie en ligne ? Dans d'autres cas, quelque chose d'autre encore doit être appelé. Par exemple, le contenu de certains liens est inséré directement dans le document, comme pour cet élément `image` :

```
<image width="152" height="345" xlink:type="simple"
       xlink:href="http://www.turing.org.uk/turing/pi1/bus.jpg" />
```

Ici, l'auteur attend probablement que le navigateur charge et affiche l'image dès qu'il lit le lien. Plutôt qu'ouvrir une nouvelle fenêtre ou remplacer le document courant, l'image devrait y être incluse.

De même que XML est plus flexible que HTML quant aux documents qu'il décrit, XLink est aussi plus flexible sur les liens qu'il définit. Un lien XLink indique une connexion entre deux documents, mais c'est à l'application lisant le lien de décider ce que la connexion signifie. Ce n'est pas nécessairement une phrase bleue soulignée sur laquelle l'utilisateur clique dans un navigateur pour aller du premier document source à la cible.

Les auteurs peuvent faire des suggestions aux navigateurs sur la façon dont les liens devraient être pris en compte avec les attributs `xlink:show` et `xlink:actuate`. Le premier, `xlink:show`, indique au navigateur, ou à une autre application, que faire quand le lien est activé ; par exemple, montrer la cible du lien dans la même fenêtre ou en ouvrir une nouvelle. Le second, `xlink:actuate`, précise au navigateur quand activer le lien, par exemple s'il doit le suivre dès qu'il le voit ou s'il doit attendre une demande explicite de l'utilisateur.

xlink:show

L'attribut optionnel `xlink:show` a cinq valeurs possibles qui suggèrent le contexte dans lequel l'application chargeant la ressource liée devrait l'afficher :

new
: Ouvre une nouvelle fenêtre et y affiche le contenu à l'URI du lien (la ressource d'arrivée).

replace
: Montre la ressource d'arrivée dans la fenêtre courante, en remplaçant le document actuel.

embed
: Inclut la ressource d'arrivée dans le document courant à l'endroit de l'élément lien.

other
: Fait autre chose qu'ouvrir une nouvelle fenêtre, remplacer le document de la fenêtre courante ou inclure la ressource dans le document existant. Le comportement exact peut être défini par un autre balisage, non standard, compris par une application particulière.

none
: Ne spécifie aucun comportement.

Ces cinq valeurs ne sont que des suggestions que les navigateurs, ou d'autres applications suivant les liens Xlink, sont libres d'ignorer. Par exemple, un robot d'indexation n'ouvrira pas de fenêtre pour aucun lien et pourra ignorer les liens inclusifs (`xlink:show="embed"`) et traiter les quatre autres types identiquement. Certains navigateurs, comme Mozilla, ayant une interface graphique peu usuelle pourront ouvrir un nouveau panneau dans une fenêtre existante pour `xlink:show="new"` plutôt que créer une toute nouvelle fenêtre. Un comportement particulier est autorisé s'il a un sens dans le contexte de l'application.

xlink:actuate

L'attribut optionnel `xlink:actuate` a quatre valeurs possibles pour suggérer quand l'application lisant le document qui contient le lien XLink devrait le suivre :

onLoad
: Le lien devrait être suivi dès que l'application le voit.

onRequest
: Le lien devrait être suivi quand l'utilisateur en fait la demande.

other
: Un autre balisage dans le document, non défini par XLink, détermine quand suivre le lien.

none
: Aucun détail n'est donné pour indiquer si le lien doit être suivi et quand. En effet, suivre le lien peut n'avoir aucun sens, comme dans l'exemple précédent dans lequel un lien pointait sur le numéro d'ISBN d'un livre plutôt qu'une URL où il aurait pu être trouvé.

Ces quatre valeurs ne sont que des suggestions que les navigateurs et les autres applications suivant les liens XLink sont libres d'ignorer. Par exemple, un robot d'indexation utilisera son propre algorithme pour décider quand suivre ou non un lien. Pour un même attribut, différents comportements sont autorisés, du moment qu'ils ont un sens pour l'application lisant le document.

Un lien simple traditionnel, comme ceux créés par l'élément `A` de HTML et celui du premier exemple, pourra être codé comme ceci :

```
<roman xlink:type="simple"
       xlink:href="ftp://archive.org/pub/etext/etext93/wizoz10.txt"
       xlink:actuate="onRequest" xlink:show="replace">
  <titre>The Wonderful Wizard of Oz</titre>
  <auteur>L. Frank Baum</auteur>
  <année>1900</année>
</roman>
```

Ce code indique d'attendre une demande explicite de l'utilisateur pour suivre le lien (par exemple, cliquer son contenu) et remplacer alors le document existant par celui trouvé à l'URL *ftp://archive.org/pub/etext/etext93/wizoz10.txt*. D'autre part, si vous utilisez des liens XLink pour inclure des images dans vos documents, vous voulez qu'ils soient suivis immédiatement et insérés dans le document. La syntaxe suivante serait appropriée :

```
<image xlink:type="simple"
```

```
        xlink:actuate="onLoad" xlink:show="embed"
        xlink:href="http://www.turing.org.uk/turing/pi1/bus.jpg"
        width="152" height="345" />
```

Les deux attributs xlink:show et xlink:actuate sont optionnels. Une application doit être conçue pour fonctionner raisonnablement s'ils sont manquants.

Sémantique des liens

Un lien décrit une relation entre deux ressources. Ces ressources peuvent ne pas être des documents XML, et même si elles le sont, les relations qu'elles entretiennent peuvent varier. Par exemple, les liens peuvent indiquer des relations parent-enfant, précédent-suivant, employeur-employé ou acheteur-fournisseur. Les éléments lien peuvent avoir des attributs xlink:titre et xlink:role pour spécifier la signification de la connexion entre les ressources. L'attribut xlink:titre contient un court texte décrivant la ressource distante, comme ce qu'une bulle d'aide pourrait afficher quand l'utilisateur bouge sa souris sur le lien. L'attribut xlink:role contient un URI. Il fait référence à une description ou à une annotation de la ressource distante. Par exemple, il pourrait indiquer le type de contenu MIME de la ressource distante en pointant sur une page d'enregistrement de ce type au niveau de l'IANA (*Internet Assigned Numbers Authority*), comme *http://www.isi.edu/in-notes/iana/assignments/media-types/application/xml*.

Par exemple, cet élément roman utilise l'attribut xlink:titre pour indiquer que le texte provient du Project GUTenberg, tandis que l'attribut xlink:role pointe sur la page d'accueil de ce dernier :

```
<roman xlink:type="simple"
 xlink:href="ftp://archive.org/pub/etext/etext93/wizoz10.txt"
 xlink:title= "The complete text of the novel from Project Gutenberg"
 xlink:role="http://promo.net/pg/" >
  <titre>The Wonderful Wizard of Oz</titre>
  <auteur>L. Frank Baum</auteur>
  <année>1900</année>
</roman>
```

Comme pour presque tout ce qui a rapport à XLink, ce que les navigateurs et autres applications feront exactement de ces informations et comment elles seront présentées aux lecteurs reste à déterminer.

Liens étendus

Alors qu'un lien simple décrit une connexion unidirectionnelle entre un élément XML et une ressource distante, un lien étendu décrit une collection de ressources et des chemins entre ces ressources. Chaque chemin connecte exactement deux ressources. Toute ressource individuelle peut être connectée à une autre, deux autres, aucune, toutes les autres ressources ou n'importe quel sous-ensemble des ressources d'une collection. Elle peut même être connectée à elle-même. En termes informatiques, un *lien étendu* est un graphe étiqueté, orienté, dans lequel les chemins sont des arcs, les documents des nœuds et les étiquettes des URI.

Les liens simples sont faciles à comprendre par analogie aux liens HTML. Cependant, il n'existe pas d'analogie aussi évidente pour les liens étendus. À quoi ressemblent ces liens, comment les applications les interprètent et comment les interfaces utilisateur les présentent est imprécis. Aucune métaphore visuelle simple, comme « cliquez sur le texte bleu souligné pour passer à une nouvelle page », n'a été inventée pour les liens étendus, et aucun navigateur ne supporte de telles métaphores. Comment ils seront utilisés et quelles interfaces utilisateur seront conçues sont encore à voir.

En XML, un lien étendu est représenté par un élément lien étendu, un élément de nom quelconque ayant un attribut `xlink:type` de valeur `extended`. Par exemple, considérons cet élément lien étendu indiquant le roman *The Wonderful Wizard of Oz* :

```
<roman xlink:type="extended">
  <titre>The Wonderful Wizard of Oz</titre>
  <auteur>L. Frank Baum</auteur>
  <année>1900</année>
</roman>
```

La plupart des liens étendus contiennent des ressources locales, des ressources distantes et des arcs entre ces ressources. Une ressource distante est représentée par un élément localisateur. C'est un élément de nom quelconque ayant un attribut `xlink:type` de valeur `locator`. Une ressource locale est représentée par un élément ressource, un élément de nom quelconque ayant un attribut `xlink:type` de valeur `resource`. Un élément arc, un élément de nom quelconque ayant un attribut `xlink:type` de valeur `arc`, représente une connexion entre deux ressources.

Localisateurs

Chaque élément localisateur a un attribut `xlink:type` avec la valeur `locator` et un attribut `xlink:href` contenant l'URI de la ressource qu'il localise. Par exemple, cet élément `roman` pour *The Wonderful Wizard of Oz* contient trois localisateurs identifiant des éditions particulières du livre :

```
<roman xlink:type = "extended">
  <titre>The Wonderful Wizard of Oz</titre>
  <auteur>L. Frank Baum</auteur>
  <année>1900</année>
  <édition xlink:type="locator" xlink:href="urn:isbn:0688069444" />
  <édition xlink:type="locator" xlink:href="urn:isbn:0192839306" />
  <édition xlink:type="locator" xlink:href="urn:isbn:0700609857" />
</roman>
```

Généralement, chaque localisateur a aussi un attribut `xlink:label` qui sert d'identifiant (étiquette) à l'élément. La valeur de cet attribut peut être n'importe quel nom XML ne contenant pas de deux-points (c'est-à-dire un nom sans préfixe d'espace de noms). Dans l'exemple précédent, nous pourrions ajouter des identifiants basés sur le numéro d'ISBN comme ceci :

```
<roman xlink:type = "extended">
  <titre>The Wonderful Wizard of Oz</titre>
  <auteur>L. Frank Baum</auteur>
  <année>1900</année>
  <édition xlink:type="locator" xlink:href="urn:isbn:0688069444"
                               xlink:label="ISBN0688069444"/>
  <édition xlink:type="locator" xlink:href="urn:isbn:0192839306"
                               xlink:label="ISBN0192839306"/>
  <édition xlink:type="locator" xlink:href="urn:isbn:0700609857"
                               xlink:label="ISBN0700609857"/>
</roman>
```

Le numéro seul ne pourrait pas être utilisé parce qu'un nom XML ne peut pas commencer par un chiffre. Dans la plupart des cas, les étiquettes sont uniques au sein d'un lien étendu, mais ce n'est pas une obligation.

Les localisateurs peuvent aussi avoir les attributs sémantiques optionnels `xlink:titre` et `xlink:role` pour fournir de plus amples informations à propos de la ressource distante. Ces attributs ont la même signification que pour les liens XLink simples. L'attribut `xlink:titre` contient un court texte décrivant la ressource et l'attribut `xlink:role` un URI pointant sur une plus longue description. Les éléments `édition` peuvent indiquer le nom de l'éditeur et une URL en utilisant ces attributs :

```
<roman xlink:type = "extended">
  <titre>The Wonderful Wizard of Oz</titre>
  <auteur>L. Frank Baum</auteur>
  <année>1900</année>
  <édition xlink:type="locator" xlink:href="urn:isbn:0688069444"
           xlink:title="William Morrow"
           xlink:role="http://www.williammorrow.com/"
           xlink:label="ISBN0688069444"/>
  <édition xlink:type="locator" xlink:href="urn:isbn:0192839306"
           xlink:title="Oxford University Press"
           xlink:role="http://www.oup-usa.org/"
           xlink:label="ISBN0192839306"/>
  <édition xlink:type="locator" xlink:href="urn:isbn:0700609857"
           xlink:title="University Press of Kansas"
           xlink:role="http://www.kansaspress.ku.edu/"
           xlink:label="ISBN0700609857"/>
</roman>
```

Arcs

Les chemins entre les ressources sont appelés *arcs*. Les arcs sont représentés par des éléments arcs, c'est-à-dire des éléments de nom quelconque ayant un attribut `xlink:type` de valeur `arc`. Chaque élément arc doit avoir un attribut `xlink:from` et un `xlink:to`.

L'attribut `xlink:from` identifie la source du lien et l'attribut `xlink:to` sa cible. Ces attributs ne contiennent pas d'URI, comme on aurait pu le penser, mais un nom correspondant à la valeur de l'attribut `xlink:label` d'un des éléments localisateurs du lien étendu.

L'*exemple 10-1* montre un lien étendu contenant les trois premiers romans de la série du Magicien d'Oz (*The Wonderful Wizard of Oz*, *The Marvelous Land of Oz* et *Ozma of Oz*) et utilise des arcs pour connecter le premier au second, le second au troisième et *vice versa*. Dans cet exemple, l'élément racine `series` est le lien étendu, chaque élément `roman` un localisateur et les éléments `next` et `previous` les arcs.

Exemple 10-1. Un lien étendu avec trois localisateurs et quatre arcs

```
<série xlink:type="extended" xmlns:xlink="http://www.w3.org/1999/xlink">

  <auteur>L. Frank Baum</auteur>
  <!-- éléments localisateurs -->
  <roman xlink:type="locator" xlink:label="oz1"
         xlink:href="ftp://archive.org/pub/etext/etext93/wizoz10.txt">
    <titre>The Wonderful Wizard of Oz</titre>
    <année>1900</année>
  </roman>
  <roman xlink:type="locator" xlink:label="oz2"
         xlink:href="ftp://archive.org/pub/etext/etext93/ozland10.txt">
    <titre>The Marvelous Land of Oz</titre>
    <année>1904</année>
  </roman>
  <roman xlink:type="locator" xlink:label="oz3"
         xlink:href="ftp://archive.org/pub/etext/etext93/wizoz10.txt">
    <titre>Ozma of Oz</titre>
    <année>1907</année>
  </roman>

  <!-- arcs -->
  <suivant    xlink:type="arc" xlink:from="oz1" xlink:to="oz2" />
  <suivant    xlink:type="arc" xlink:from="oz2" xlink:to="oz3" />
  <précédent  xlink:type="arc" xlink:from="oz2" xlink:to="oz1" />
  <précédent  xlink:type="arc" xlink:from="oz3" xlink:to="oz2" />
</série>
```

La *figure 10-1* est un diagramme de ce lien étendu. Les ressources y sont représentées par des livres et les arcs par des flèches. Cependant, bien que nous puissions comprendre le lien de cette manière abstraite, cela ne nous dit pas comment un navigateur pourrait présenter les liens aux utilisateurs et comment les utilisateurs pourraient choisir lequel suivre. Ce lien étendu pourrait être interprété comme rien de plus que l'ordre dans lequel imprimer ces documents. Tous les détails de l'interprétation sont laissés à la discrétion de l'application.

Figure 10-1. Un lien étendu avec trois ressources et quatre arcs pour les relier

Arcs multiples à partir d'un élément arc

Un unique élément arc définit parfois plusieurs arcs. Si plusieurs éléments partagent la même étiquette, un élément utilisant cette étiquette dans son attribut `xlink:to` ou `xlink:from` définit des arcs entre toutes les ressources de même étiquette. L'*exemple 10-2* montre un lien étendu contenant des éléments localisateurs pour trois libraires en ligne différentes et une édition du *Wonderful Wizard of Oz*. Chaque élément `magasin` a une étiquette `acheter`, et un unique élément arc `achat` connecte tous ces éléments. La *figure 10-2* montre la structure du graphe de ce lien étendu.

Exemple 10-2. Un lien étendu avec un élément arc mais trois arcs

```
<livre xlink:type="extended" xmlns:xlink="http://www.w3.org/1999/xlink">

  <auteur>L. Frank Baum</auteur>
  <titre>The Wonderful Wizard of Oz</titre>

  <!-- éléments localisateurs -->
  <édition xlink:type="locator" xlink:href="urn:isbn:0192839306"
           xlink:title="Oxford University Press"
           xlink:role="http://www.oup-usa.org/"
           xlink:label="ISBN0192839306"/>

  <magasin xlink:type="locator"
           xlink:href="http://www.amazon.com/exec/obidos/ASIN/0192839306"
           xlink:label="acheter">Amazon</magasin>

  <magasin xlink:type="locator" xlink:href=
   "http://www1.fatbrain.com/asp/bookinfo/bookinfo.asp?theisbn=0192839306"
           xlink:label="acheter">Fatbrain</magasin>
```

Exemple 10-2. Un lien étendu avec un élément arc mais trois arcs (suite)

```
    <magasin xlink:type="locator" xlink:href=
  "http://shop.bn.com/booksearch/isbninquiry.asp?isbn=0192839306"
            xlink:label="acheter">Barnes &amp; Noble</magasin>

    <!-- arcs -->
    <achat xlink:type="arc" xlink:from="ISBN0192839306" xlink:to="acheter" />

  </livre>
```

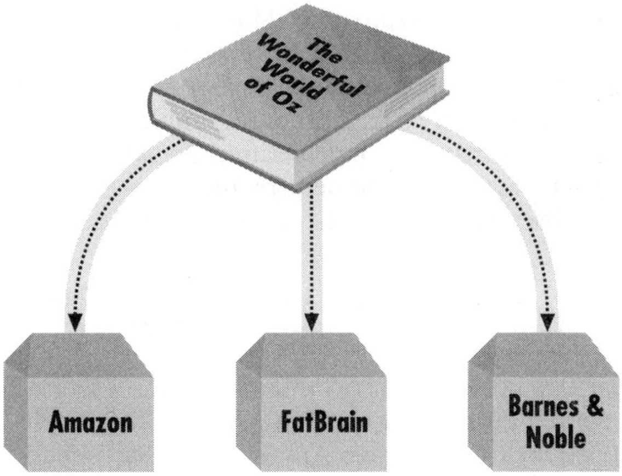

Figure 10-2. Un élément arc peut générer plusieurs arcs

Si un élément arc n'a pas d'attribut `xlink:from`, il utilise toutes les ressources du lien étendu comme sources. S'il n'a pas d'attribut `xlink:to`, il les utilise toutes comme cibles.

Cependant, c'est une erreur pour plus d'un élément arc de définir un arc entre deux mêmes ressources, autant implicitement qu'explicitement. Si un lien étendu contient *N* ressources et un élément arc, comme `<édition xlink:type="arc"/>`, sans attribut `xlink:from` ni `xlink:to`, il ne peut y avoir d'autre élément arc parce que cet élément arc définit tous les N^2 arcs possibles entre les ressources du lien étendu.

Titres des arcs

Chaque élément arc peut optionnellement avoir un attribut `xlink:titre`, comme tous les autres éléments XLink. Cet attribut contient un court texte décrivant l'arc. Dans l'*exemple 10-1*, nous pourrions donner ces titres aux arcs :

```
<suivant   xlink:type="arc" xlink:from="oz1" xlink:to="oz2"
           xlink:title="Suivant" />
<suivant   xlink:type="arc" xlink:from="oz2" xlink:to="oz3"
           xlink:title="Suivant" />
<précédent xlink:type="arc" xlink:from="oz2" xlink:to="oz1"
           xlink:title="Précédent" />
```

```
<précédent xlink:type="arc" xlink:from="oz3" xlink:to="oz2"
           xlink:title="Précédent" />
```

Pour traiter un lien étendu, un navigateur pourrait montrer le titre aux utilisateurs comme contenu du lien de manière à ce qu'ils puissent choisir quel arc ils veulent suivre depuis leur position actuelle. Le contenu pourrait aussi apparaître dans un menu quand l'utilisateur serait sur une des pages référencées. XLink ne requiert pas, ni ne suggère, une quelconque interface utilisateur pour les arcs ou leur titre.

Rôles des arcs

Les éléments ne peuvent pas avoir d'attribut `xlink:role`. Ils peuvent cependant avoir un attribut `xlink:arcrole`, qui contient un URI pointant vers la description de l'arc. Plus particulièrement, cet URI devrait pointer sur une ressource indiquant la relation que l'arc décrit ; par exemple parent-enfant ou employeur-employé. Il n'y a cependant aucun moyen de valider cette information à part vérifier que `xlink:arcrole` contient un URI valide, et même cet URI n'est pas absolument requis. Dans l'*exemple 10-2* nous pourrions ajouter un attribut `xlink:arcrole` sur l'arc `achat` pointant vers l'URL relative *achat_details.txt* :

```
<achat xlink:type="arc" xlink:from="ISBN0192839306" xlink:to="acheter"
          xlink:arcrole="http://www.exemple.com/details_achat.txt" />
```

Le fichier *achat_details.txt* pourrait alors contenir le texte « sera acheté chez ». Ce texte indiquerait que la source du lien est achetée à partir de la cible ; par exemple, « *The Wonderful Wizard of Oz* sera acheté chez Amazon », « *The Wonderful Wizard of Oz* sera acheté chez Fatbrain » ou « *The Wonderful Wizard of Oz* sera acheté chez Barnes & Noble ». Toutefois, bien que cet usage soit suggéré, les processeurs XLink ne le mettent pas en application, et on ne pourrait le leur reprocher puisque cela requierrait qu'ils comprennent ce qu'ils lisent. L'attribut `xlink:arcrole` est optionnel. Vous n'êtes pas tenu de l'inclure dans vos arcs et les processeurs XLink ne sont pas obligés d'en tenir compte le cas échéant.

Ressources locales

Les localisateurs représentent des ressources distantes : des ressources qui ne font pas partie du document contenant le lien étendu. Les liens étendus peuvent aussi contenir des ressources locales, dans lesquelles l'élément lien étendu contient les données. Un élément ressource représente chacune de ces ressources. C'est un élément de nom quelconque ayant un attribut `xlink:type` de valeur `resource`. Dans l'*exemple 10-1*, l'élément lien étendu `séries` contient un sous-élément `auteur`. Donner à cet élément un attribut `xlink:type="resource"` en fait une ressource locale :

```
<auteur xlink:type="resource">L. Frank Baum</auteur>
```

Un élément ressource a généralement les mêmes attributs qu'un élément localisateur, c'est-à-dire `xlink:label`, `xlink:role` et `xlink:titre`. Ces attributs ont les mêmes sémantiques que pour les éléments localisateurs. Par exemple, l'étiquette peut être utilisée comme ressource source ou cible des arcs. Un arc peut connecter deux ressources, une ressource à un localisateur, un localisateur à une ressource ou deux localisateurs. Les arcs ne tiennent pas compte du fait que les ressources soient locales ou distantes. Pour faire un lien depuis ou vers cette ressource, elle a besoin d'un attribut `xlink:label` :

```
<auteur xlink:type="resource" xlink:label="baum">L. Frank Baum</auteur>
```

Pour dresser des liens depuis cette ressource locale vers tous les livres, ajoutez simplement ces trois éléments arcs :

```
<livre xlink:type="arc" xlink:from="baum" xlink:to="oz1" />
<livre xlink:type="arc" xlink:from="baum" xlink:to="oz2" />
<livre xlink:type="arc" xlink:from="baum" xlink:to="oz3" />
```

Pour vous déplacer dans l'autre direction, inversez simplement les valeurs des attributs `xlink:from` et `xlink:to`.

Éléments titres

Comme vous l'avez vu, les éléments liens étendus, les éléments localisateurs, les éléments arcs et les éléments ressources peuvent avoir un attribut `xlink:titre` fournissant un court texte identifiant le lien. Ces attributs ne sont cependant pas toujours suffisants. Dans un document qui n'est qu'un long lien étendu, vous pouvez marquer les titres en utilisant XHTML ou un autre vocabulaire. Ainsi, un titre peut à la place (ou en plus) être fourni par un sous-élément titre, un élément dont l'attribut `xlink:type` a la valeur `titre`.

Supposons que vous vouliez fournir une description complète de chaque édition du `Wonderful Wizard of Oz` plutôt que simplement lister leur éditeur. Dans ce cas, donnez à l'élément `édition` un sous-élément titre contenant le balisage adapté, comme par exemple :

```
<édition xlink:type="locator" xlink:href="urn:isbn:0700609857"
         xlink:title="University Press of Kansas"
         xlink:role="http://www.kansaspress.ku.edu/"
         xlink:label="ISBN0700609857">
  <info_éditeur xlink:type="title">
    <ul>
      <li>The Kansas Centennial Edition</li>
      <li>Illustrated by Michael McCurdy</li>
      <li>Foreword by Ray Bradbury</li>
      <li>1999</li>
      <li>216 pages</li>
      <li>SRP: $24.95</li>
    </ul>
  </info_éditeur>
</édition>
```

Vous pouvez utiliser le balisage que vous souhaitez à l'intérieur de l'élément titre, tant qu'il s'agit de XML bien formé. XLink n'apporte aucune contrainte sur le balisage. L'interprétation du balisage est du ressort de l'application. Ici nous avons utilisé du HTML standard que tous les navigateurs devraient être capables d'afficher. Cependant, on le répète depuis assez longtemps, le comportement exact du navigateur, même si les navigateurs supportaient les liens XLink étendus, est difficile à prévoir.

Bases de liens

Une des particularités les plus révolutionnaires de XLink est sa capacité à définir des liens entre des documents qu'on ne contrôle pas. Par exemple, l'*exemple 10-1* est un lien étendu décrivant et liant trois documents avec lequel aucun des auteurs de ce livre n'a affaire. Les liens entre des ressources purement distantes sont appelés *liens tiers*. Un lien tiers est créé quand les attributs `xlink:from` et `xlink:to` d'un arc contiennent tous les deux des étiquettes d'éléments localisateurs. Les liens d'une ressource distante à une ressource distante sont appelés *liens entrants*. Un lien entrant est créé quand l'attribut `xlink:from` d'un arc contient l'étiquette d'un élément localisateur et l'attribut `xlink:to` l'étiquette d'un élément ressource. Les liens d'une ressource locale à une ressource distante sont appelés *liens sortants*. Un lien sortant est établi quand l'attribut `xlink:from` contient l'étiquette d'un élément ressource et `xlink:to` celle d'un élément localisateur. Les liens simples sont aussi des liens sortants.

Un document XML contenant des liens entrants ou tiers est appelé *base de liens*. Une base de liens établit des liens depuis des documents extérieurs à la base elle-même, dont des documents que les auteurs de la base de liens ne possèdent pas et ne peuvent pas contrôler. Comment un navigateur ou une autre application charge une base de lien et découvre ses liens est toujours une question non résolue. Le processus implique probablement de visiter un site web fournissant une base de liens. En voyant le lien étendu tentant d'établir des liens depuis un troisième site web, le navigateur devrait demander aux utilisateurs s'ils souhaitent accepter les liens suggérés. Il pourrait même utiliser les attributs `xlink:role` et `xlink:titre` pour les aider à prendre leur décision. Cependant, si l'expérience passée avec les cookies, les appliquettes Java et les contrôles ActiveX est un guide, les interfaces utilisateurs initiales sont susceptibles d'être pauvres et les choix offerts limités.

Une fois que le navigateur a chargé la base de liens et qu'il va sur une page référencée comme ressource de départ d'au moins un lien de la base, il devrait informer les utilisateurs que la page est référencée et leur donner un moyen de suivre le lien. Les interfaces utilisateur restent à être inventées. Peut être sera-t-elle une nouvelle fenêtre montrant les liens tiers associés à la page, ou peut être intégrera-t-elle simplement les liens dans la page mais utilisera une couleur de soulignement différente. Les utilisateurs pourraient toujours activer les liens de la même manière qu'ils activent un lien HTML normal.

Si ce procédé est adopté, il serait utile que la ressource de départ du lien ne soit pas obligatoirement le document entier mais puisse en être juste une partie, comme un paragraphe, nom propre ou titre de livre particulier. Vous pouvez attacher un XPointer à l'URI identifiant la ressource de départ du lien, qui identifie une partie spécifique ou un point du document de départ. Le chapitre suivant, *XPointer*, abordera ce sujet plus en détails.

DTD pour XLink

Pour qu'un document contenant des liens XLink soit valide, tous les attributs XLink utilisés dans le document doivent être déclarés dans une DTD, comme tous les attributs. Certains attributs peuvent en général être déclarés #FIXED, de façon à ne pas devoir être explicitement inclus dans le document lui-même. Par exemple, ce fragment de DTD décrit l'élément roman que l'on a vu plus tôt :

```
<!ELEMENT roman  (titre, auteur, année)>
<!ATTLIST roman  xmlns:xlink CDATA    #FIXED 'http://www.w3.org/1999/xlink'
                 xlink:type (simple) #FIXED 'simple'
                 xlink:href  CDATA    #REQUIRED>
<!ELEMENT titre  (#PCDATA)>
<!ELEMENT auteur (#PCDATA)>
<!ELEMENT année  (#PCDATA)>
```

Étant donné que cette DTD déclare les attributs xmlns:xlink et xlink:type fixes, un élément roman a seulement besoin d'un attribut xlink:href pour être un lien simple complet :

```
<roman xlink:href = "urn:isbn:0688069444">
  <titre>The Wonderful Wizard of Oz</titre>
  <auteur>L. Frank Baum</auteur>
  <année>1900</année>
</roman>
```

Les documents contenant de nombreux éléments XLink utilisent souvent des appels d'entités paramètre pour définir les attributs communs. Supposons que les éléments roman, anthologie et ouvrages_généraux soient des liens XLink simples. Leurs attributs XLink pourraient être déclarés dans une DTD comme ceci :

```
<!ENTITY % simplelink
  "xlink:type (simple) #FIXED 'simple'
   xlink:href  CDATA   #REQUIRED
   xmlns:xlink CDATA   #FIXED 'http://www.w3.org/1999/xlink'
   xlink:role  CDATA   #IMPLIED
   xlink:title CDATA   #IMPLIED
   xlink:actuate (onRequest | onLoad | other | none) 'onRequest'
   xlink:show (new | replace | embed | other | none) 'new'"
>
<!ATTLIST anthologie        %simplelink;>
<!ATTLIST roman             %simplelink;>
<!ATTLIST ouvrages_généraux %simplelink;>
```

Des techniques similaires peuvent s'appliquer aux déclarations des attributs de liens XLink étendus.

CHAPITRE 11

XPointers

XPointers n'est pas une syntaxe XML, qui localise des points ou des régions dans des documents XML. Un XPointer est attaché à la fin d'un URI comme identifiant de fragment pour indiquer une partie spécifique d'un document XML, plutôt que le document entier. La syntaxe de XPointer est basée sur celle de XPath, utilisée par XSLT et décrite dans le chapitre 9, *XPath*. Aux quatre types de données de base de XPath – booléen, ensemble de nœuds, nombre et chaîne de caractères – XPointer ajoute les points et les régions, ainsi que les fonctions nécessaires pour travailler avec ces nouveaux types. Il ajoute aussi une syntaxe synthétique pour des formes particulièrement utiles et communes d'expressions XPath.

Ce chapitre est basé sur la spécification XPointer du W3C du 11 septembre 2001. C'est une version « Candidate Recommendation ». Ce document de travail comporte des problèmes connus et certains détails décrits ici sont susceptibles de changer. La version la plus à jour de la recommandation XPointer peut être trouvée à l'adresse *http://www.w3.org/TR/xptr*.

XPointers sur les URL

Une URL identifiant un document ressemble en général à : *http://java.sun.com:80/products/jndi/index.html*. Le *scheme*, *http* dans cet exemple, vous dit quel protocole l'application devrait utiliser pour récupérer le document et la partie *authority*, *java.sun.com:80*, à partir de quel hôte. Cette dernière partie peut aussi contenir le port sur lequel se connecter à l'hôte et le nom d'utilisateur et le mot de passe à utiliser. Le chemin, */products/jndi/index.html*, vous dit quel fichier, dans quel répertoire, demander au serveur. Ce fichier peut ne pas toujours être un fichier réel d'un système de fichiers, mais devrait néanmoins être un document complet que le serveur sait comment générer et retourner. Vous êtes probablement déjà familier avec cela et XPointer n'en change rien.

Vous savez probablement aussi que certaines URL contiennent un identifiant de fragment pointant sur une ancre nommée du document localisé par le chemin de l'URL. Le symbole dièse # sépare cette ancre du chemin. Si nous ajoutions le fragment *download* à l'URL précédente, il deviendrait *http://java.sun.com:80/products/jndi/index.html#download*. Quand un navigateur web suit un lien vers cette URL, il cherche une ancre de nom *download* dans le document *http://java.sun.com:80/products/jndi/index.html*, comme celle-ci :

```
<a name="download"></a>
```

Il déplace alors le contenu de la fenêtre à la position du document où l'ancre a été trouvée. Ce procédé est simple et il fonctionne bien pour les besoins simples de HTML. Cependant, il présente un inconvénient : pour lier vers un point particulier du document, vous devez pouvoir le modifier pour y insérer une ancre nommée. XPointer essaie d'éliminer cette restriction en permettant de spécifier où vous voulez faire le lien en utilisant une expression XPath complète comme identifiant de fragment. De plus, XPointer étend XPath par des opérations pour sélectionner des points ou des régions particuliers d'un document XML. Ces points et régions ne coïncident pas nécessairement avec un nœud ou un ensemble de nœuds du document. Par exemple, un XPointer peut décrire la région de texte actuellement sélectionnée dans un éditeur.

Un XPointer est simplement une expression XPath, souvent un chemin de localisation, entre les parenthèses de `xpointer()`. Voici des XPointers valides :

```
xpointer(/)
xpointer(//prénom)
xpointer(id('sec-intro'))
xpointer(/personnes/personne/nom/prénom/text())
xpointer(//initiale_milieu[position()=1]/../prénom)
xpointer(//profession[.="physicien"])
xpointer(/child::personnes/child::personne[@index<4000])
xpointer(/child::personnes/child::personne/attribute::id)
```

Tous ces XPointers ne se rapportent pas nécessairement à un élément simple. En fonction du document pris en compte lors de l'évaluation, un XPointer peut identifier zéro, un ou plusieurs nœuds. La plupart du temps, les nœuds identifiés sont des éléments, mais ils peuvent également être des nœuds d'attribut ou de texte, ou encore des points ou des régions.

Si vous êtes incertain quant au résultat de la localisation d'un XPointer donné, vous pouvez le sauvegarder à l'aide d'un XPointer alternatif. Par exemple, ce XPointer cherche en premier lieu des éléments `prénom`. Cependant, s'il n'en trouve pas, il recherche à la place, des éléments `nom_famille` :

```
xpointer(//prénom)xpointer(//nom_famille)
```

Les éléments `nom_famille` ne seront trouvés que s'il n'y a pas d'éléments `prénom`. Vous pouvez enchaîner autant d'instructions XPointer que vous le souhaitez. Par exemple, ce

XPointer cherche d'abord des éléments `prénom`. S'il n'en trouve pas, il cherche ensuite des éléments `nom_famille`. Si aucun n'est trouvé, des éléments `initiale_milieu` sont alors recherchés. Si cette recherche n'en trouve pas, il renvoie un ensemble de nœuds vide :

```
xpointer(//prénom)xpointer(//nom_famille)xpointer(//initiale_milieu)
```

Aucun caractère spécial ou blanc n'est requis entre les différentes instructions `xpointer()`, même si les caractères blancs sont autorisés. Ce XPointer signifie la même chose :

```
xpointer(//prénom) xpointer(//nom_famille) xpointer(//initiale_milieu)
```


XPointer dans les liens

Ce sur quoi pointe un XPointer dépend évidemment du document sur lequel ce dernier est appliqué. Par exemple, si vous souhaitez avoir une URL pointant vers le premier élément `nom` du document *http://www.cafeconleche.org/personne.xml*, vous saisirez sans doute :

```
http://www.cafeconleche.org/personne.xml#xpointer(//nom[position()=1])
```

Si le XPointer utilise des caractères non autorisés dans les URI, comme par exemple le caractère inférieur `<`, le guillement double `"`, ou des caractères non-ASCII tels que `é`, ils doivent alors échappés, comme l'indique la spécification des URI, avant que le XPointer ne soit attaché à l'URI. En pratique, chaque caractère est remplacé par un signe pourcent suivi de la valeur hexadécimale de chaque octet du caractère dans l'encodage UTF-8 de l'Unicode. Ainsi, `<` sera écrit `%3C`, `"` sera remplacé par `%22`, enfin `é` sera écrit `%C3%A9`.

En HTML, les URL des éléments `a` peuvent contenir des identifiants de fragment XPointer. Par exemple :

```
<a href = "http://www.cafeconleche.org/personne.xml#xpointer(//nom[1])">
  Le nom d'une personne
</a>
```

Si un navigateur suivait ce lien, il chargerait probablement le document entier et déplacerait le contenu de la fenêtre au début de son premier élément `nom`. Aucun navigateur ne supporte cependant XPointer, donc le comportement exact est ouvert à discussion. Cependant, aucun navigateur ne supporte encore XPointer. Le comportement exact est donc soumis à discussion. Dans certaines situations, il serait logique pour le navigateur de ne montrer que le(s) nœud(s) d'élément auxquel(s) se réferre le XPointer plutôt que le document entier.

Puisque XPath peut seulement localiser les nœuds d'un document XML bien formé, XPointer ne peut pointer que sur des documents XML. Vous ne pouvez pas l'utiliser pour lier sur des documents HTML, des fichiers texte ou d'autres documents non-XML. Cependant, faire un lien depuis des documents XML, imprimer des XPointers dans des livres, les peindre sur des façades d'immeubles ou les communiquer par n'importe quel moyen permettant de communiquer du texte est acceptable.

XPointer est plus souvent utilisé avec XLink. Ce lien simple, qui suit, pointe vers le premier enfant `livre` du sous-élément `livres` de l'élément racine `testament` dans le document à l'URI relatif *ot.xml* :

```
<Au_commencement xlink:type="simple"
   xlink:href="ot.xml#xpointer(/testament/livres/livre[position()=1])">
  Génèse
</Au_commencement>
```

Dans les liens étendus, XPointer peut aider à identifier les ressources de départ et d'arrivée d'un arc. Ce lien XLink étendu établit un arc entre le dernier élément `v` du document à l'URI relatif *ot.xml* et le premier élément `v` du document à l'URI relatif *nt.xml*. Il établit ensuite un lien du premier élément `v` de *nt.xml* au dernier élément `v` de *ot.xml* :

```
<Bible xlink:type="extended" xmlns:xlink="http://www.w3.org/1999/xlink">

  <testament xlink:type="locator" xlink:label="ot"
             xlink:href="ot.xml#xpointer(//v[position()=last()])"/>
  <testament xlink:type="locator" xlink:label="nt"
             xlink:href="nt.xml#xpointer(//v[position()=1])" />

  <suivant    xlink:from="ot" xlink:to="nt"/>
  <précédent  xlink:from="nt" xlink:to="ot"/>

</Bible>
```

Les liens peuvent même être purement internes ; ils peuvent lier d'un endroit du document à un autre, du même document. L'élément `transparent` de l'exemple suivant contient des liens XLink simples pointant vers les éléments `transparent` suivant et précédent :

```
<transparent xmlns:xlink="http://www.w3.org/1999/xlink">

  <point>Acme Wonder Goo est un dessert délicieux !</point>
  <point>Acme Wonder Goo est un puissant nettoyant pour le plancher !</point>
  <point>Deux produits en un !</point>

  <premier xlink:type="simple"
           xlink:href="#xpointer(//transparent[position()=1])">
    Début  </premier>
  <dernier  xlink:type="simple"
            xlink:href="#xpointer(//transparent[position()=last()]))">
    Fin
  </dernier>
</tranparent>
```

Quand les expressions XPath utilisées dans un XPointer sont elles-mêmes relatives, le nœud contextuel est le nœud racine de l'entité contenant le XPointer.

Noms nus

XPointer fournit de nombreuses extensions pratiques à XPath. Le *nom nu* (*bare name*) est un des plus simples. Un nom nu est similaire à une ancre nommée HTML ; il identifie l'élément qu'il désigne par son nom. Ce nom est fourni par un attribut ID de l'élément pointé, plutôt qu'un élément spécial `a` avec un attribut `nom`. Pour lier à un élément avec un nom nu, ajoutez le séparateur de fragment usuel # à l'URL, suivi par l'ID de l'élément. Par exemple, l'URL *http://www.w3.org /TR/1999/REC-xpath-19991116.xml#NT-AbsoluteLocationPath* pointe vers l'élément de la spécification XPath 1.0 ayant un attribut de type ID et de valeur *NT-AbsoluteLocationPath*.

L'attribut ID est un attribut déclaré comme ayant le type ID dans la DTD du document. Il n'a pas à être nommé `ID` ou `id`. Les noms nus ne peuvent pas lier vers des éléments de documents n'ayant pas de DTD, parce que de tels documents ne peuvent pas avoir d'attributs ID.

L'impossibilité d'utiliser des ID dans les documents sans DTD ou schémas est un défaut important de XML. Une réflexion est d'ailleurs engagée sur ce point. Le remède peut peut-être provenir d'une définission d'un attribut générique ID tel que `xml:id` ou d'un espace de noms identifiant les attributs de type ID.

Supposons que vous vouliez faire un lien vers la section *Motivation and Summary* de la *Namespaces in XML, Recommendation*, à l'URL *http://www.w3.org /TR/1999/REC-xml-names-19990114/xml-names.xml*. Un rapide coup d'œil au code source de ce document révèle qu'il a un attribut `id` de valeur `sec-intro` et que cet attribut est déclaré de type ID dans la DTD associée. Sa balise de début ressemble à ceci :

```
<div1 id='sec-intro'>
```

Ainsi, *http://www.w3.org /TR/1999/REC-xml-names-19990114/xml-names.xml#sec-intro* est une URL pointant sur cette section. Le nom ne doit pas être entre `xpointer()`, la valeur de l'ID seule est suffisante. Ce lien est juste un raccourci pour un XPointer utilisant une expression XPath et sa fonction `id()`. La même URL aurait pu être écrite *http://www.w3.org /TR/ 1999/REC-xml-names-19990114/xml-names.xml#xpointer(id('sec-intro'))*.

Séquences d'enfants

De nombreux XPointers descendent exclusivement le long de l'axe enfant, sélectionnant les éléments par leur position relative par rapport à leurs *frères* ; `xpointer(/child::*[position()=1]/child::*[position()=2]/child:: *[position()=3])` sélectionne le troisième sous-élément du second enfant de l'élément racine. Puisque c'est si commun, XPointer permet d'abréger cette syntaxe en fournissant uniquement les numéros des sous-éléments, séparés par des barres obliques. Cette abréviation est appelée une *séquence d'enfants* (*child sequence*). Le XPointer précédent pourrait être réécrit comme une séquence d'enfants sous la forme, plus compacte, /1/2/3. Une séquence d'enfants ne doit pas être entre xpointer() comme une expression normale.

La section *Motivation and Summary* de la *Namespaces in XML, Recommendation* est un élément div. Cet élément est le premier sous-élément du second enfant de l'élément racine. Ainsi l'URL *http://www.w3.org /TR/1999/REC-xml-names-19990114/xml-names.xml#/1/2/1* pointe-t-elle sur cette section.

Points

Les expressions XPath, les noms nus et les séquences d'enfants vous permettent de pointer uniquement vers des nœuds ou des ensembles de nœuds complets. On veut parfois pointer sur autre chose qu'un nœud, comme le troisième mot du second paragraphe ou l'année d'un attribut date de la forme date="01/03/1950". XPointer ajoute les points et les régions à la syntaxe XPath pour rendre ceci possible. Un *point* représente la position précédant ou suivant n'importe quelle balise, commentaire, instruction de traitement, ou caractère dans une section #PCDATA. Les points peuvent également être des positions à l'intérieur de commentaires, d'instructions de traitement, ou de valeurs d'attribut. Les points ne peuvent pas être situés à l'intérieur d'une référence d'entité, bien qu'ils puissent l'être à l'intérieur du texte substitué de l'entité. Une *région* constitue l'étendue des données textuelles analysées entre deux points. Les nœuds, les points et les régions sont collectivement nommées *emplacements* ; un ensemble pouvant contenir des nœuds, des points et des régions est appellé un *ensemble d'emplacements*. En d'autres termes, un emplacement est une généralisation du nœud XPath qui inclut des points et des régions, mais aussi des éléments, des attributs, des espaces de noms, des nœuds texte, des commentaires, des instructions de traitement, ainsi que le nœud racine.

Un point est identifié par son *nœud conteneur* et par un index non négatif dans ce nœud. Si le nœud contient des nœuds enfants, c'est-à-dire, si c'est un document ou un nœud d'élément, il y a alors des points avant et après chacun de ses enfants (excepté aux extrémités, où le point après un nœud enfant sera également le point avant le prochain nœud enfant). Si le nœud ne contient pas de nœud enfant, lorsqu'il s'agit d'un commentaire, d'une instruction de traitement, d'un attribut, d'un espace de noms, ou d'un nœud texte, il y a alors un point avant et après chaque caractère de la chaîne de caractères représentant la valeur du nœud. De plus, le point après un caractère sera identique au point avant le caractère suivant.

Considérons le document de l'*exemple 11-1*. Il contient un élément roman comptant sept nœuds enfants, dont trois sont des nœuds d'élément et les quatre autres des nœuds texte contenant seulement des espaces.

Exemple 11-1. Un document roman

```
<?xml version="1.0" encoding="ISO-8859-1"?>
<?xml-stylesheet type="text/css" value="roman.css"?>
<!-- Vous devez reconnaître ceci du chapitre précédent -->
<roman copyright="public domain">
```

Exemple 11-1. Un document roman (suite)

```
  <titre>The Wonderful Wizard of Oz</titre>
  <auteur>L. Frank Baum</auteur>
  <année>1900</année>
</roman>
```

Huit points sont localisés directement dans l'élément `roman`, numérotés de 0 à 7, un immédiatement après et un avant chaque balise. La *figure 11-1* identifie ces points.

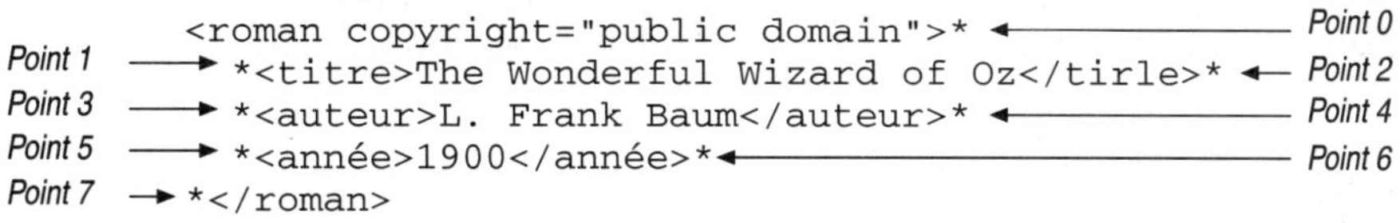

Figure 11-1. Les points à l'intérieur de l'élément roman

Cinq points sont présents à l'intérieur du nœud de texte enfant de l'élément `année` :

- le point 0 entre `<année>` et `1`
- le point 1 entre `1` et `9`
- le point 2 entre `9` et `0`
- le point 3 entre `0` et `0`
- le point 4 entre `9` et `</année>`

Notez que les points apparaissent entre les caractères du texte plutôt que sur les caractères eux-mêmes. Les points sont de dimension nulle. Ils identifient un emplacement, mais ils n'ont aucune extension, pas même un simple caractère. Pour indiquer un ou plusieurs caractères, vous devez indiquer une région entre deux points.

XPointer ajoute deux fonctions à XPath pour faciliter la sélection de points immédiatement avant ou après un élément ou un nœud de texte, `start-point()` et `end-point()`. Par exemple, ce XPointer identifie le premier point à l'intérieur de l'élément `titre`, soit le point entre le nœud titre et son nœud texte enfant :

```
xpointer(start-point(//titre))
```

Cet XPointer indique le point immédiatement après la balise `</auteur>` :

```
xpointer(end-point(//auteur))
```

S'il existait plusieurs éléments `titre` ou `auteur` dans le document, ces fonctions sélectionneraient plusieurs points.

Ce XPointer identifie le point précédent la lettre T dans le texte « The Wonderful Wizard of Oz » :

```
xpointer(start-point(//titre/text()))
```

Ce point tombe immédiatement après celui identifié par `xpointer(start-point(//titre))`. Il existe deux points différents, même s'ils tombent entre les deux mêmes caractères (> et `T`) du texte.

Pour choisir des points différents de ceux de début et de fin d'un nœud, vous devez d'abord former une région qui commence ou se termine avec le point qui vous intéresse. Pour cela, utilisez en premier lieu `string-range()`, puis la fonction `start-point` ou `end-point` sur cette région. Nous verrons comment dans la section suivante.

Régions

Une *région* est l'étendue de données textuelles analysées entre deux points. Elle peut ou non représenter un fragment bien formé de XML. Par exemple, une région peut inclure la balise de début d'un élément mais pas sa balise de fin. Ceci rend les régions adéquates pour représenter le texte qu'un utilisateur sélectionne avec la souris. Les régions sont créées avec quatre fonctions que XPointer ajoute à XPath :

- `range()`
- `range-inside()`
- `range-to()`
- `string-range()`

La fonction range()

La fonction `range()` prend en argument une expression XPath qui retourne un ensemble d'emplacements. Pour chaque emplacement de cet ensemble, la fonction `range()` renvoie une région couvrant exactement cet emplacement. Le point de départ de la région est le point juste avant l'emplacement, et l'extrémité de cette région est le point juste après l'emplacement. Si l'emplacement est un nœud d'élément, alors la région commence juste avant la balise de début de l'élément et se termine après sa balise de fin. Par exemple, considérons ce XPointer :

```
xpointer(range(//titre))
```

Si on l'applique à l'*exemple 11-1*, il sélectionne une région couvrant l'unique élément `titre` exactement. Si le document avait comporté plus d'un élément `titre`, il aurait retourné une région pour chaque élément `titre`. S'il n'y avait eu aucun élément `titre` dans le document, il n'aurait retourné aucune région.

Considérons maintenant cet XPointer :

```
xpointer(range(/roman/*))
```

Si on l'applique à l'*exemple 11-1*, il retourne trois régions, une pour chacun des trois sous-éléments de l'élément racine `roman`.

La fonction range-inside()

La fonction `range-inside()` prend en argument une expression XPath retournant un ensemble de lieux. Pour chaque nœud de cet ensemble, elle retourne une région couvrant exactement le contenu du nœud. Pour tout, sauf un nœud d'élément, cette région est la même que celle retournée par la fonction `range()`. Pour un nœud d'élément, cette région inclut le contenu de l'élément, sans ses balises de début et de fin. Par exemple, en considérant l'*exemple 11-1*, `xpointer(range-inside(//titre))` retourne une région couvrant `The Wonderful Wizard of Oz` et non `<titre>TheWonderful Wizard of Oz</titre>`. Pour un commentaire, une instruction de traitement, un attribut, du texte, ou encore un nœud d'espace de noms, la région désigne la chaîne de caractères réprésentant ce nœud. Pour une région, il s'agit de la région elle-même. Pour un point, cette région commence et se termine avec ce point.

La fonction range-to()

La fonction `range-to()` est évaluée en respect du nœud contextuel. Elle prend un ensemble d'emplacements en argument qui ne devrait retourner qu'un seul emplacement. Les points de début des nœuds contextuels sont les points de début des régions qu'elle retourne. Le point de l'extrémité de l'argument est le point de fin des régions. Si l'ensemble contextuel des nœuds contient plusieurs nœuds, alors la fonction `range-to()` renvoie plusieurs régions.

> Cette fonction n'est pas totalement spécifiée dans la recommandation candidate de XPointer. En particulier, ce qui doit se produire si l'argument contient plus ou moins d'un seul emplacement n'est pas clair.

Par exemple, supposons que l'on veuille produire une région unique couvrant tout ce qu'il y a entre `<titre>` et `</année>` dans l'*exemple 11-1*. Ce XPointer produit la région en commençant par le point de départ de l'élément `titre` et en continuant jusqu'au point d'arrivée de l'élément `année` :

```
xpointer(//titre/range-to(année))
```

Ces régions ne doivent pas nécessairement couvrir des fragments XML bien formés. Par exemple, la balise d'ouverture d'un élément peut être incluse mais pas celle de fermeture. Ce XPointer sélectionne `<titre>The Wonderful Wizard of Oz` :

```
xpointer(//titre/range-to(text()))
```

Il débute par le point de départ de l'élément `titre`, mais finit au point de fin de son élément texte enfant, la balise de fin est ainsi omise.

La fonction string-range()

La fonction `string-range()` est étrange. Plutôt que de traiter un ensemble d'emplacements comprenant diverses balises, commentaires, instructions de traitement, et ainsi de suite, elle ne traite que le texte d'un document après avoir supprimé toutes les balises. Elles sont plus ou moins ignorées.

La fonction `string-range()` prend en arguments une expression XPath identifiant des emplacements et une chaîne de caractères. Cette dernière sera confrontée à chaque chaîne de caractères des différents emplacements pour tenter de trouver une région correspondante. La fonction renvoie une région pour chaque partie pour laquelle il y a un résultat positif, en couvrant exactement la chaîne de caractères correspondante. La confrontation de chaînes de caractères est sensible à la casse. Par exemple, ce XPointer produit des régions pour toutes les occurrences du mot « Wizard » contenues dans les éléments `titre` du document :

```
xpointer(string-range(//titre, "Wizard"))
```

S'il y plusieurs résultats, alors des régions multiples sont retournées. Par exemple, ce XPointer renvoie deux régions lorsqu'il est appliqué à l'*exemple 11-1*, une pour le W dans « Wonderful » et une pour le W de « Wizard » :

```
xpointer(string-range(//titre, "W"))
```

> Cette fonction n'est également pas complètement spécifiée dans la recommandation candidate de XPointer. En particulier, elle n'est pas claire quant au comportement attendu lorsque plusieurs sélections se recouvrent.

Vous pouvez également indiquer à la fonction un décalage ainsi qu'une longueur de sorte que les chaînes de caractères commencent à partir d'un certain nombre de caractères dans le résultat de la correspondance et s'arrêtent à la longueur indiquée. Le point avant le premier caractère dans la chaîne de caractères à rechercher est 1. Par exemple, ce XPointer choisit les quatre premiers caractères suivant le mot « Wizard » dans les éléments `titre` :

```
xpointer(string-range(//titre, "Wizard", 7, 4))
```

Les indices négatifs fonctionnent, et désignent des caractères situés, dans le document, avant le début du résultat de la correspondance. Par exemple, ce XPointer choisit les quatre premiers caractères précédant le mot « Wizard » dans les éléments `titre` :

```
xpointer(string-range(//titre, "Wizard", -3, 4))
```

Si le décalage ou la longueur amène la région à sortir du document, aucune région n'est alors renvoyée.

Les régions de chaîne de caractères pouvant commencer et se terminer n'importe où dans le contenu textuel d'un document, elles représentent la façon d'indiquer des points qui ne tombent pas sur des limites de nœud. Créez simplement une région qui débute ou se termine à une position sur laquelle vous désirez pointer, puis utilisez `start-point()` ou `end-point()` sur cette dernière. Par exemple, ce XPointer renvoie le point précédant immédiatement le mot « Wizard » dans l'élément `titre` du listing 11-1 :

```
xpointerstart-point(start-pointxpointer(string-range(//titre, "Wizard")))
```


XPointers relatifs

Normalement, un XPointer est un identifiant de fragment relié à une URL. Le nœud racine du document désigné par cette URL représente l'emplacement contextuel pour le XPointer. Cependant, les XPointer peuvent également être utilisés par eux-mêmes sans avoir d'URL explicites dans les documents XML. Par défaut, le nœud contextuel pour un tel XPointer est le nœud racine du document dans lequel le XPointer apparaît. Cependant, le nœud contextuel pour l'expression XPath du XPointer peut être changé, soit par la fonction `here()` soit par `origin()`

here()

La fonction `here()` n'est utilisée qu'à l'intérieur des documents XML. Elle se rapporte au nœud contenant le XPointer. Si ce nœud est un nœud texte, elle se réfère au nœud d'élément qui contient ce nœud texte. `here()` est utile dans des liens relatifs. Par exemple, ces éléments `navigation` lient la page dans laquelle ils sont contenues aux pages (éléments `page`) précédentes et suivantes.

```
<page>
  contenu de la page...
  <navigation xlink:type="simple"
    xlink:href="#xpointer(here()/../../preceding-sibling::page[1])">
    Précédente
  </navigation>
  <navigation xlink:type="simple"
    xlink:href="#xpointer(here()/../../following-sibling::page[1])">
    Suivante
  </navigation>
</page>
```

Dans ces éléments, la fonction `here()` se réferre aux nœuds d'attribut `xlink:href` qui contiennent le XPointer. Le premier `..` sélectionne l'élément parent `navigation`. Le second `..` sélectionne son élément parent `page`, et la dernière étape de localisation sélectionne l'élément `page` précédent ou suivant.

origin()

La fonction `origin()` est utile quand le document a été chargé d'un lien « out-of-line ». Il se rapporte au nœud à partir duquel l'utilisateur a initié la traversée, même si ce n'est pas le nœud qui définit le lien. Par exemple, considérons un lien étendu comme le suivant. Il possède de nombreux éléments roman qui sont tous des localisateurs (*locator*) partageant la même étiquette.

```
<série xlink:type="extended" xmlns:xlink="http://www.w3.org/1999/xlink">

  <!-- éléments localisateurs -->
  <roman xlink:type="locator" xlink:label="oz"
         xlink:href="ftp://archive.org/pub/etext/etext93/wizoz10.txt">
    <titre>The Wonderful Wizard of Oz</titre>
    <année>1900</année>
  </roman>
  <roman xlink:type="locator" xlink:label="oz"
         xlink:href="ftp://archive.org/pub/etext/etext93/ozland10.txt">
    <titre>The Marvelous Land of Oz</titre>
    <année>1904</année>
  </roman>
  <roman xlink:type="locator" xlink:label="oz"
         xlink:href="ftp://archive.org/pub/etext/etext93/wizoz10.txt">
    <titre>Ozma of Oz</titre>
    <année>1907</année>
  </roman>
  <!-- de nombreux autres éléments roman... -->

  <suite xlink:type="locator" xlink:label="suivant"
        xlink:href="#xpointer(origin()/following-sibling::roman[1])" />
  <suivant xlink:type="arc" xlink:from="oz" xlink:to="suivant" />

</série>
```

L'élément suite utilise un XPointer ainsi que la fonction origin() afin de définir un localisateur vers le roman suivant dans la série. Si l'utilisateur est en train de lire *The Wonderful Wizard of Oz*, l'élément suite localise *The Marvelous Land of Oz*. Si l'utilisateur lit *The Marvelous Land of Oz*, le même élément suite désigne *Ozma of Oz*, et ainsi de suite. L'élément suivant définit les liens de chaque roman (puisqu'ils partagent tous la même étiquette oz) dans la suite. La ressource finale permet de changer d'un roman vers le suivant.

CHAPITRE 12

CSS

La plupart des éléments XML bien conçus décrivent la sémantique de leur contenu. Ce contenu doit être formaté et présenté aux utilisateurs. Pour ceci, des informations de formatage sont appliquées au document XML et le balisage sémantique est transformé en un langage de présentation. Il existe plusieurs syntaxes pour la couche de présentation. Deux en particulier méritent qu'on s'y intéresse :

- *Cascading StyleSheets* (CSS)
- *XSL Formatting Objects* (XSL-FO)

CSS est une syntaxe non-XML utilisée pour décrire l'apparence d'éléments particuliers du document. CSS est un langage très simple. Aucune transformation n'est effectuée ; les données textuelles analysées sont présentées plus ou moins comme elles apparaissent dans le document XML, bien que vous puissiez toujours transformer le document avec XSLT et appliquer une feuille de style CSS au résultat si vous avez besoin de réordonner le contenu du document avant de le présenter à l'utilisateur. Une feuille de style ne change le balisage du document XML en aucune façon. Elle applique simplement des règles au balisage existant.

Au contraire, XSL-FO est une application XML complète décrivant la mise en page d'un texte. On y trouve des éléments représentant des pages, des blocs de texte dans ces pages, des images, des règles horizontales. Normalement, les utilisateurs ne travaillent pas directement avec cette application. Ils utilisent une feuille de style XSLT pour transformer le balisage natif du document en XSL-FO. L'application qui affichera le document lit le balisage XSL-FO et le présente à l'utilisateur.

Dans ce chapitre et le suivant, nous illustrerons les caractéristiques des deux langages majeurs de feuilles de style en les appliquant au document XML bien formé simple montré dans l'*exemple 12-1*. Ce document n'a pas de déclaration de type de document et n'est pas valide, bien qu'une DTD (ou un schéma) puisse facilement être ajoutée. En général, les DTD n'influencent pas les feuilles de style, sauf à changer le contenu du document avec des entités, des valeurs d'attribut par défaut, etc.

Exemple 12-1. La recette du pain de froment de Marjorie Anderson

```
<?xml version="1.0" encoding="ISO-8859-1" standalone="yes"?>
<?xml-stylesheet type="text/css" href="recette.css"?>
<recette source="Marjorie Anderson">
  <plat>Pain de froment</plat>
  <ingredients>
    <ingredient>
       <quantite>1 tasse</quantite>
      <produit>farine</produit>
    </ingredient>
    <ingredient>
      <quantite>4 cuillères à soupe</quantite>
      <produit>levure</produit>
    </ingredient>
    <ingredient>
      <quantite>1 1/2 cuillère à café</quantite>
      <produit>sel</produit>
    </ingredient>
    <ingredient>
      <quantite>1 tasse</quantite>
      <produit>farine de froment</produit>
    </ingredient>
    <ingredient>
      <quantite>1 1/2 tasse</quantite>
      <produit>lait entier</produit>
    </ingredient>
    <ingredient>
      <quantite>4 cuillères à soupe</quantite>
      <produit>beurre fondu</produit>
    </ingredient>
  </ingredients>

  <realisation>
    <etape>Mélangez la farine, la levure, le sucre &amp; le sel.</etape>
    <etape>Ajoutez une tasse de farine de froment.</etape>
    <etape>
      Ajoutez un oeuf battu et 1 1/2 tasse de lait entier
       pour faire une pâte. Bien mélanger.
    </etape>
    <etape>
      Ajoutez le beurre fondu et battre jusqu'à obtention d'un mélange léger
       et homogène.
    </etape>
    <etape>
```

Exemple 12-1. La recette du pain de froment de Marjorie Anderson (suite)

```
      Versez dans un moule peu profond ou des moules à muffins beurrés.
    </etape>
    <etape>
      Mettre dans un four chaud à <temperature>220º C</temperature> pendant
      <temps>25 minutes</temps>.
    </etape>
    <etape optional="yes">
      Coupez en parts si vous avez utilisé un grand moule.
    </etape>
  </realisation>

  <histoire>
    Après le décès de ma belle-mère <personne>Marjorie Anderson</personne>,
    Beth et moi avons trouvé cette recette dans les pages des "recettes
    additionnelles" d'un livre de cuisine régionale dans son placard.
    Il était publié par The Episcopal Churchwomen,
    Church of Ascension, <ville>Mt. Sterling</ville>,
    <etat>Kentucky</etat>.
  </histoire>

</recette>
```

Vous noterez que les noms d'éléments n'ont aucun accent. En effet, CSS ne les supporte pas.

Les trois niveaux de CSS

À l'heure de la réalisation de ce livre, il existe trois versions de CSS. CSS Level 1 était une recommandation du W3C de 1996 utilisée uniquement pour HTML, bien que l'extension à XML était évidente. La spécification CSS Level 1 était incomplète et a conduit à des implémentations différentes d'un navigateur à l'autre.

CSS Level 2 est la recommandation actuelle et celle sur laquelle ce chapitre se concentre. CSS Level 2 place XML et HTML sur un pied d'égalité. En fait, CSS Level 2 fonctionne souvent mieux avec XML qu'avec HTML parce qu'il n'a pas alors à interagir avec des sémantiques de rendu prédéfinies. CSS Level 2 est en règle générale un sur-ensemble de CSS Level 1. Toutes les feuilles de style CSS Level 1 sont des feuilles de style CSS Level 2 de même signification.

Le W3C travaille en ce moment sur CSS Level 3. Quand il sera complet, il modularisera la spécification CSS pour permettre aux logiciels d'implémenter un sous-ensemble de fonctionnalités CSS sans avoir à tout prendre en compte. Par exemple, les navigateurs à synthèse vocale pourront implémenter les feuilles de style orales et ignorer le modèle de formatage visuel. CSS Level 3 ajoute aussi plusieurs caractéristiques à CSS, dont la mise en page multicolonne, un meilleur support des langues non-occidentales comme l'arabe et le chinois, le support des espaces de noms XML, des sélecteurs plus puissants et un média paginé. Les navigateurs n'ont cependant pas encore implémenté CSS Level 3.

Syntaxe de CSS

La syntaxe de CSS n'est pas une syntaxe XML, mais elle est si triviale que cela importe peu. Une feuille de style CSS est simplement une liste des éléments auxquels appliquer des styles, généralement un par ligne. Si l'élément est dans un espace de noms, son nom qualifié, par exemple `recette:plat`, doit être utilisé (le caractère : ayant une signification spéciale dans la syntaxe CSS il faut l'écrire `\:`, donc `recette\:plat`). Le préfixe doit être identique dans la feuille de style et dans le document XML. Chaque nom d'élément est suivi de la liste des styles que vous voulez appliquer à cet élément. Des commentaires peuvent être insérés en utilisant le style de commentaire `/*-*/` familier aux programmeurs C. Les blancs (les espaces) ne sont pas particulièrement significatifs et peuvent donc être utilisés pour formater la feuille de style. L'*exemple 12-2* est une feuille de style CSS simple pour la recette de l'*exemple 12-1*. La *figure 12-1* montre la recette affichée par le navigateur Opera 5.0 avec cette feuille de style.

Exemple 12-2. Une feuille de style CSS pour des recettes

```
/* Style par défaut pour tout le document */
recette {font-family: "New York", "Times New Roman", serif;
         font-size: 12pt; }

/* Fait ressembler l'élément plat à un titre */
plat     {
  display: block;
  font-family: Helvetica, Arial, sans-serif;
  font-size: 20pt;
  font-weight: bold;
  text-align: center;
}

/* Une liste à puces */
ingredient  {display: list-item;}

/* Formate ces deux éléments comme des paragraphes */
realisation, histoire {
  display: block;
  margin-top: 12pt;
  margin-left: 4pt;
}
```

Cette feuille de style a quatre règles de style. Chaque règle nomme le ou les éléments qu'elle formate, suivis d'une paire d'accolades contenant les propriétés de style à appliquer à ces éléments. Chaque propriété a un nom, par exemple `font-family`, et une valeur, par exemple `"New York", "Times New Roman", serif`. Des points-virgules séparent les propriétés. Ni les noms ni les valeurs ne sont sensibles à la casse ; `font-family` est équivalent à `FONT-FAMILY` et `Font-Family`. CSS Level 2 définit plus d'une centaine de propriétés de styles différentes. Vous n'avez cependant pas besoin de les connaître toutes. Des valeurs raisonnables sont fournies par défaut pour toutes les propriétés que vous ne déclarez pas.

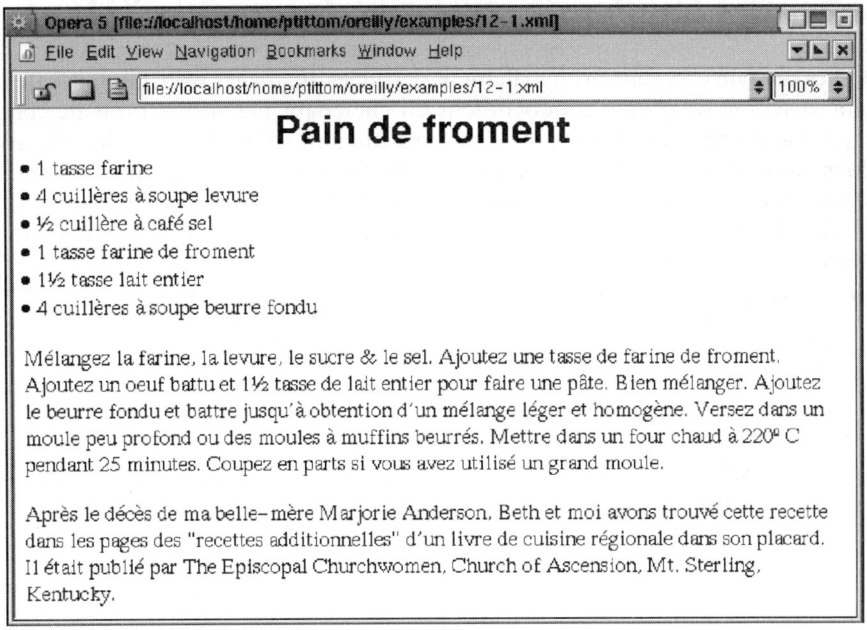

Figure 12-1. Un document XML balisé sémantiquement, après application d'une feuille de style CSS

Par exemple, la première règle s'applique à l'élément `recette` et dit qu'il doit être formaté en utilisant la fonte New York en taille 12 points. Si New York n'est pas disponible, Times New Roman est choisie à la place. Si elle n'est pas non plus disponible, n'importe quelle fonte serif suffira. Ces styles s'appliquent aussi à tous les descendants de l'élément `recette`; les styles sont hérités par *cascade*. Puisque `recette` est l'élément racine, il définit la fonte par défaut pour tout le document.

La seconde règle fait ressembler l'élément `plat` à un titre, comme vous pouvez le voir sur la *figure 12-1*. Elle définit une fonte sans serif bien plus grande, grasse et centrée. De plus, `display` est défini à la valeur `block`. Cela signifie qu'un passage à la ligne apparaîtra entre lui et ses éléments enfants précédent et suivant. La troisième règle formate les ingrédients en liste à puce, tandis que la quatrième formate les éléments `realisation` et `histoire` comme de simples paragraphes avec un peu d'espace sur leurs côtés gauche et supérieur.

Tous les éléments du document n'ont pas de règle de style assignée et ils n'en ont pas tous besoin. Par exemple, les éléments `etape` n'ont pas de style particulier. Ils héritent simplement de différents styles de leurs ancêtres `realisation` et `recette` et utilisent les valeurs par défaut pour les autres propriétés. Une autre feuille de style pourrait ajouter une règle pour les éléments `etape` redéfinissant les styles hérités. La règle suivante leur déclarerait une fonte Palatino de taille 10 points :

```
etape  {font-family: Palatino, serif; font-size: 10pt; }
```

Associer des feuilles de style aux documents XML

Les feuilles de style CSS sont principalement destinées aux pages web. Les navigateurs web trouvent la feuille de style d'un document en cherchant des instructions de traitement `xml-stylesheet` dans son prologue. Cette instruction de traitement devrait avoir les pseudo-attributs `type` de valeur `text/css` et `href` dont la valeur est une URL absolue ou relative localisant la feuille de style. L'instruction de traitement suivante attache la feuille de style de l'*exemple 12-2* (*recette.css*) à l'*exemple 12-1* si les deux figurent dans le même répertoire :

```
<?xml-stylesheet type="text/css" href="recette.css"?>
```

En comptant les pseudo-attributs obligatoires `type` et `href`, l'instruction de traitement `xml-stylesheet` peut avoir jusqu'à six pseudo-attributs :

`type`
: Le type MIME de la feuille de style ; `text/css` pour CSS et `application/xml` (pas `text/xsl` !)[1] pour XSLT.

`href`
: L'URL absolue ou relative où la feuille de style peut être trouvée.

`charset`
: Ce pseudo-attribut contient le nom de l'encodage utilisé pour la feuille de style, comme UTF-8 ou ISO-8859-7. Cet encodage n'est pas forcément le même que celui utilisé pour le document. Les encodages autorisés sont ceux utilisés dans le pseudo-attribut `encoding` de la déclaration XML.

`title`
: Ce pseudo-attribut donne un titre à la feuille de style. Si plus d'une feuille de style est disponible pour un document, le navigateur peut présenter au lecteur une liste des titres de toutes les feuilles de style disponibles et lui demander d'en choisir une.

`media`
: Les pages imprimées, les télévisions et les écrans d'ordinateurs sont tous des médias fondamentalement différents nécessitant des feuilles de style différentes. Par exemple, une lecture agréable sur écran nécessite des fontes plus grandes que sur une page imprimée. Ce pseudo-attribut indique à quel type de média cette feuille de style est destinée. Il y a neuf valeurs possibles :

- `screen`
- `tty`
- `tv`
- `projection`
- `handheld`

1. Certains processeurs XSLT ne comprennent cependant que *text/xsl* et non *text/xml*.

- `print`
- `braille`
- `aural`
- `all`

Vous pouvez rendre un même document attrayant dans de nombreux environnements différents en indiquant plusieurs instructions de traitement `xml-stylesheet`, chacune pointant vers une feuille de style différente et utilisant un type de média différent.

`alternate`

Ce pseudo-attribut doit avoir une des deux valeurs `yes` ou `no`. `yes` indique une feuille de style alternative qui ne sera normalement pas utilisée. `no` indique la feuille de style principale, à utiliser sauf si l'utilisateur a choisi une feuille de style différente. La valeur par défaut est `no`.

Ce groupe d'instructions de traitement `xml-stylesheet` pourrait être placé dans le prologue de la recette pour la rendre accessible à un plus grand panel de périphériques :

```
<?xml-stylesheet type="text/css" href="recette.css" media="screen"
      alternate="no" title="Pour les navigateurs web"
      charset="US-ASCII"?>
<?xml-stylesheet type="text/css"
      href="printable_recette.css" media="print"
      alternate="no" title="Pour l'impression" charset="ISO-8859-1"?>
<?xml-stylesheet type="text/css" href="big_recette.css" media="projection"
      alternate="no" title="Pour des présentations" charset="UTF-8"?>
<?xml-stylesheet type="text/css" href="tty_recette.css" media="tty"
      alternate="no" title="Pour Lynx" charset="US-ASCII"?>
<?xml-stylesheet type="text/css" href="small_recette.css" media="handheld"
      alternate="no" title="Pour les Palm Pilots" charset="US-ASCII"?>
```

Sélecteurs

CSS a des capacités de sélection des éléments auxquels une règle donnée s'applique avec quelques limites. De nombreuses feuilles de style utilisent uniquement des noms d'éléments ou des listes de noms d'éléments séparés par des virgules, comme dans l'*exemple 12-2*. CSS fournit cependant d'autres sélecteurs de base, bien qu'ils ne soient en rien comparables à la syntaxe XPath de XSLT.

Le sélecteur universel

L'astérisque correspond à tous les éléments ; la règle est appliquée à tout élément du document avec lequel aucune autre règle n'entre en conflit. Par exemple, cette règle dit que tous les éléments doivent utiliser une grande fonte :

```
* {font-size: large;}
```

Descendants, enfants et frères

Un nom d'élément A suivi d'un autre nom d'élément B correspond à tous les éléments B descendants d'éléments A. Cette règle s'applique aux éléments quantite descendants d'éléments ingredients, mais pas à ceux apparaissant autre part dans le document :

```
realisation quantite {font-size: medium;}
```

Si les deux noms d'éléments sont séparés par un signe >, le second élément doit être un enfant immédiat du premier pour que la règle s'y applique. Cette règle donne aux sous-éléments quantite d'éléments ingredient la même taille de fonte que son élément ingredient parent :

```
ingredient > quantite {font-size: inherit;}
```

Si les deux noms d'éléments sont séparés par un signe +, le second élément doit être l'élément enfant suivant immédiatement le premier. Cette règle définit la propriété border-top-style uniquement au premier élément histoire suivant un élément realisation :

```
realisation + histoire {border-top-style: solid;}
```

Sélecteurs d'attribut

Les crochets permettent de sélectionner des éléments ayant des attributs ou des valeurs d'attribut particuliers. Cette règle masque tous les éléments etape ayant un attribut optional :

```
etape[optional] {display: none;}
```

Cette règle cache tous les éléments ayant un attribut optional quelque soit leur nom :

```
*[optional] {display: none;}
```

On utilise un signe = pour sélectionner un élément par la valeur d'un de ses attributs. Cette règle masque tous les éléments etape ayant un attribut optional de valeur yes :

```
etape[optional="yes"] {display: none;}
```

Vous pouvez aussi sélectionner les éléments contenant un mot particulier dans la valeur d'un attribut donné en utilisant l'opérateur ~=. Le mot doit être complet et des blancs doivent le séparer des autres dans la valeur de l'attribut, comme dans un attribut de type NMTOKENS ou ENTITIES. Cette règle met en gras tous les éléments recette dont l'attribut source contient le mot « Anderson » :

```
recette[source~="Anderson"] {font-weight: bold;}
```

Enfin, l'opérateur |= se rapporte au premier terme d'une valeur d'attribut séparée par un trait d'union, comme par exemple Anderson-Harold ou encore fr-CA.

```
recette[source|="Marjorie"] {font-weight: bold;}
```

CSS fournit aussi une syntaxe spéciale pour identifier les éléments par une valeur d'ID donnée, même quand vous ne connaissez pas le nom exact de l'attribut ID. Séparez simplement l'ID du nom de l'élément par un dièse #. Cette règle s'applique à l'unique élément etape dont l'ID a la valeur P833 :

```
etape#P833 {font-weight: 800;}
```

Sélecteurs de pseudo-classes

Les sélecteurs de pseudo-classes sélectionnent les éléments selon une condition n'impliquant pas leur nom. Il en existe sept. Ils sont séparés du nom de l'élément par un deux-points. Par exemple, la pseudo-classe `first-child` correspond au premier sous-élément de l'élément nommé. Si on l'applique à l'*exemple 12-1*, cette règle ne met en italique que le premier élément `etape` :

```
etape:first-child {font-style: italic;}
*:link {color: blue; text-decoration: underline;}
```

La pseudo-classe `link` se rapporte à l'élément nommé si et seulement si cet élément est la source d'un lien non encore visité. Par exemple, cette règle présente tous les liens dans le document en bleu et souligné.

La pseudo-classe `visited` s'applique à tous les liens visités du nom spécifié. Cette règle marque tous les liens visités en violet et souligné :

```
*:visited {color: purple; text-decoration: underline;}
*:active {color: red;}
```

La pseudo-classe `active` s'applique à tous les éléments que l'utilisateur est en train d'activer (par exemple, en cliquant sur la souris). La signification exacte de l'activation d'un élément dépend du contexte, et toutes les applications ne peuvent activer des éléments. Par exemple, cette règle présente tous les éléments actifs en rouge.

La pseudo-classe `hover` s'applique à tous les éléments activables dans lesquels le curseur est actuellement positionné mais qui n'ont pas encore été activé. Cette règle affiche tous ces éléments en vert et souligné :

```
*:hover {color: green; text-decoration: underline;}
```

La pseudo-classe `focus` correspond à tous les éléments qui ont actuellement le *focus* (lorsqu'ils acceptent les événements du clavier, de la souris ou autres). Cette règle dessine une bordure rouge d'un pixel d'épaisseur autour de l'élément qui a le focus, étant supposé qu'un tel élément existe :

```
*:focus {border: 1px solid red;}
```

Enfin, la pseudo-classe `lang` correspond à tous les éléments du langage spécifié, tel qu'il a été déterminé par l'attribut `xml:lang`. Cette règle utilise la fonte David New Hebrew pour tous les éléments écrits en hébreu (plus exactement, tous les éléments dont l'attribut `xml:lang` a la valeur `he`) :

```
*:lang(he) {font-family: "David New Hebrew";}
```

Sélecteurs de pseudo-éléments

Les sélecteurs de pseudo-éléments sélectionnent des choses qui ne sont en fait pas des éléments. Comme les sélecteurs de pseudo-classes, ils sont attachés au sélecteur d'élément par un deux-points. Il existe quatre de ces sélecteurs :

- `first-letter`
- `first-line`
- `before`
- `after`

Le pseudo-élément `first-letter` sélectionne la première lettre d'un élément. Cette règle fait de la première lettre de l'élément `histoire` une lettrine :

```
histoire:first-letter {
  font-size: 200%;
  font-weight: bold;
  float: left;
  padding-right: 3pt;
}
```

Le pseudo-élément `first-line` applique un formatage à chaque caractère de la première ligne d'un élément bloc. Si la fenêtre du navigateur est redimensionnée de telle façon que des caractères s'ajoutent ou se retirent de la première ligne, le formatage change. Cette règle formate la première ligne de l'élément `histoire` en petites capitales plutôt qu'en lettres minuscules :

```
histoire:first-line {font-variant: small-caps;}
```

Les pseudo-éléments `before` et `after` sélectionnent les points immédiatement avant et après l'élément spécifié. Vous ne pouvez pas vraiment appliquer des styles de fonte ou de texte à un point, mais vous pouvez insérer du texte à cet endroit avec la propriété `content`. Par exemple, cette règle insère le texte « Ingrédients ! » avant l'élément `ingredients` :

```
ingredients:before {content: "Ingredients!"}
```

La règle suivante ajoute le numéro de l'instruction devant chaque élément `etape` sous la forme 1., 2., 3., etc :

```
etape:before {
  content: counter(etape) ". ";
  counter-increment: etape;
}
```

La propriété display

`Display` est une des plus importantes propriétés de CSS. Elle indique comment les éléments seront disposés sur une page. Il existe 18 valeurs légales ; les deux principales sont `inline` et `block`. La propriété `display` peut aussi créer des listes et des tableaux ou cacher complètement des éléments.

Éléments en ligne

Mettre `display` à `inline`, la valeur par défaut, place l'élément à la position suivante disponible, de la gauche vers la droite, de façon très semblable à la façon dont les mots de ce paragraphe sont disposés les uns par rapport aux autres. La position exacte peut changer pour les langues s'écrivant de droite à gauche, comme l'hébreu, ou de haut en bas comme le chinois traditionnel. Les sauts de lignes entre ces éléments ne sont pas systématiques. Si nécessaire, le texte peut s'étendre sur plusieurs lignes. Dans les *exemples 12-1* et *12-2*, les éléments `quantite`, `etape`, `personne`, `ville` et `etat` sont tous en ligne. C'était le formatage par défaut et il n'a pas été nécessaire de le spécifier explicitement.

Éléments blocs

Par opposition aux éléments en ligne (*inline*), un élément ayant la propriété `display: block` est séparés de ses frères, généralement par un retour à la ligne. Par exemple, en HTML, les paragraphes et les titres sont des éléments blocs. Dans les *exemples 12-1* et *12-2*, les éléments `plat`, `realisation` et `histoire` étaient tous formatés avec `display: block`.

Éléments listes

Un élément dont la propriété `display` est positionné à `list-item` est aussi formaté comme un élément bloc. Cependant, une puce est ajoutée au début du bloc. Les propriétés `list-style-type` et `list-style-position` contrôlent quel caractère ou image est utilisé pour la puce et comment exactement la liste est indentée. Par exemple, cette règle formaterait les éléments `etape` en liste numérotée plutôt que de les afficher en un unique paragraphe :

```
etape {
  display: list-item;
  list-style-type: decimal;
  list-style-position: inside;
}
```

Éléments cachés

Un élément dont la propriété `display` est positionnée à `none` n'est pas inclus dans le document présenté au lecteur. Il est invisible ; n'occupe pas de place et n'affecte pas le positionnement des autres éléments. Par exemple, cette règle cache complètement l'élément `histoire` :

```
histoire {display: none}
```

Éléments tableaux

Dix valeurs de `display` identifient les éléments comme faisant partie d'un tableau :

- `table`
- `inline-table`
- `table-row-group`
- `table-header-group`
- `table-footer-group`

- `table-row`
- `table-column-group`
- `table-column`
- `table-cell`
- `table-caption`

La signification de ces valeurs est évidente par analogie au balisage des tableaux HTML 4.0. Leur usage devrait être consistant les unes par rapport aux autres et avec les autres éléments du document. Par exemple, un élément formaté comme ligne de tableau (`table-row`) devrait avoir un élément parent formaté comme tableau (`table`) et ses sous-éléments formatés comme cellules (`table-cell`). Les trois règles suivantes formatent les ingrédients dans un tableau simple :

```
ingredients       { display: table;      }
ingredient        { display: table-row;  }
quantite, produit { display: table-cell; }
```

Pixels, points, picas et autres unités de longueur

Beaucoup de propriété CSS représentent des longueurs. Quelques-unes des plus importantes sont :

- `border-width`
- `font-size`
- `line-height`
- `margin-left`, `margin-top`, `margin-right` et `margin-bottom`
- `left`
- `top`
- `height`
- `width`

CSS fournit de nombreuses unités différentes pour spécifier les longueurs. Elles sont réparties en deux groupes :

- unités de longueur absolues : pouces, centimètres, millimètres, points et picas ;
- unités de longueur relatives : em, ex, pixels et pourcentages.

Les unités de longueur absolues sont appropriées pour l'impression (`print`) mais devraient être évitées pour les autres médias. Les unités de longueur relatives devraient être utilisées pour tous les autres médias, exceptés les pixels qui ne devraient jamais être utilisés.

Cette règle déclare l'élément `plat` comme devant faire exactement un demi centimètre de haut :

```
plat { height: 0.5 cm;}
```

Cependant, les documents destinés à l'affichage sur écrans, comme des télévisions ou des moniteurs d'ordinateur, ne devraient pas utiliser de taille fixe. Pour une bonne raison, la taille d'un pouce ou d'un autre unité absolue peut varier selon la résolution du moniteur. Les utilisateurs n'ont pas tous non plus les mêmes réglages par défaut et ce qui paraît bon sur un moniteur peut être illisible sur un autre. À la place, vous devriez utiliser des unités relatives, comme l'em, relatif à la largeur de la lettre majuscule *M* dans la fonte courante, ou l'ex, relatif à la hauteur de la lettre minuscule *x* dans la fonte courante. La règle suivante affecte à la propriété `line-height` de l'élément `histoire` un taille d'une fois et demi la hauteur de la lettre *x* :

```
histoire { line-height: 1.5ex;}
```

Le pixel est aussi une unité relative, bien que ce à quoi elle est relative est la taille d'un pixel sur l'affichage courant. Cette taille est généralement aux alentours d'un point[2], mais elle peut varier d'un système à l'autre. Nous ne recommandons pas l'utilisation de pixels à moins que vous n'ayez besoin d'aligner quelque chose avec une image *bitmap* affichée à une échelle 1:1 exactement. Les pages web formatées avec des longueurs en pixels apparaissent invariablement trop petites ou trop grandes sur les moniteurs de certains utilisateurs.

Indiquer les longueurs en pourcentages d'une autre longueur est une technique très utile. Ce à quoi ce pourcentage s'applique varie selon la propriété où il est employé. Par exemple, une longueur en pourcentage pour la propriété `line-height` est relative à la hauteur de fonte (`font-height`) du même élément. Ces deux règles donnent à l'élément `plat` une hauteur de fonte de 0,5 centimètres et une hauteur de ligne de 0,75 :

```
plat  { font-height: 0.5cm; }
plat  { line-height: 150%; }
```

Propriétés des fontes

Les fontes sont une des choses les plus basiques que les concepteurs veulent définir avec CSS. Le texte est-il en italique ? En gras ? Quelle police de caractères est utilisée et à quelle taille ? CSS fournit des propriétés pour définir toutes ces caractéristiques de base du texte. En particulier, vous pouvez utiliser les propriétés :

`font-family`
: Cette propriété liste des noms de fontes, séparés par des virgules, par ordre de préférence. Le dernier de la liste devrait toujours être un nom générique parmi `serif`, `sans-serif`, `monospace`, `cursive` et `fantasy`. Les noms composés, comme *Times New Roman*, doivent être entre guillemets.

2. Windows a par défaut des pixels de trois quarts de points, tandis que sur Mac OS et beaucoup de systèmes Unix un pixel est égal ou presque à un point.

CSS

`font-style`

La valeur `italic` indique qu'une version en italique de la fonte doit être utilisée, si elle est disponible. La valeur `oblique` suggère que le texte soit incliné par un algorithme plutôt qu'en utilisant une fonte spécialement conçue en italique. La valeur par défaut est `normal` (ni en italiques ni incliné). Un élément peut aussi utiliser `inherit` pour hériter de la valeur de la propriété `font-size` de son élément parent.

`font-size`

Cette propriété spécifie la taille de la fonte. Elle doit être indiquée comme une des valeurs `xx-small`, `x-small`, `small`, `medium`, `large`, `x-large` ou `xx-large`. Elle peut alternativement être un pourcentage de la propriété `font-size` de l'élément parent, ou indiquée comme une longueur, telle que `0.2cm` ou `12pt`, mais ceci ne devrait être utilisé que pour l'impression.

`font-variant`

Si cette propriété est définie à la valeur `small-caps`, le texte est rendu en petites capitales COMME CECI au lieu d'utiliser des lettres minuscules normales.

`font-weight`

Cette propriété détermine la graisse du texte. Elle est généralement spécifiée comme un des mots-clés `normal` (la valeur par défaut), `bold`, `bolder` ou `lighter`. Elle peut aussi être un multiple de 100, de `100` (le plus fin) à `900` (le plus fort). Tous les navigateurs ne permettent cependant pas neuf niveaux de graisse différents.

`font-stretch`

Cette propriété vous permet d'ajuster l'espace entre les lettres pour afficher le texte plus ou moins compact. Les valeurs valides sont `normal` (la valeur par défaut), `wider`, `narrower`, `ultra-condensed`, `extra-condensed`, `condensed`, `semi-condensed`, `semi-expanded`, `expanded`, `extra-expanded` et `ultra-expanded`.

Cette règle de style utilise toutes ces propriétés pour faire de l'élément plat un titre imposant :

```
plat {
  font-family: Helvetica, Arial, sans-serif;
  font-size: x-large;
  font-style: italic;
  font-variant: small-caps;
  font-weight: 900;
  font-stretch: semi-expanded;
}
```

Propriétés du texte

Ces propriétés couvrent les aspects du formatage du texte qui ne peuvent être ajustées simplement en changeant la fonte. Ces aspects incluent l'indentation et l'alignement du paragraphe. Les plus communes de ces propriétés incluent :

`text-indent`

La propriété `text-indent` spécifie la taille du retrait d'alinéa de la première ligne du bloc. (L'indentation de toutes les lignes est généralement faite *via* les propriétés des marges.) Les indentations extérieures peuvent être créées avec une valeur négative. Cette propriété s'applique uniquement aux éléments blocs. La règle de style suivante indente la première ligne de l'élément `histoire` de 0,5 in. par rapport au bord gauche :

```
histoire { text-indent: 0.5in; }
```

`text-align`

La propriété `text-align` peut prendre les valeurs `left`, `right`, `center` ou `justify` pour justifier le texte respectivement à gauche, à droite, au centre ou à la fois. Cette propriété ne s'applique qu'aux éléments blocs.

`text-decoration`

La propriété `text-decoration` peut avoir pour valeur `underline`, `overline`, `line-through` ou `blink` pour produire les effets décrits : souligné, surligné, barré ou clignotant. Heureusement, avec CSS2, les navigateurs peuvent ignorer les demandes de texte clignotant.

`text-transform`

La propriété `text-transform` a trois valeurs principales : `capitalize`, `uppercase` et `lowercase`. `Uppercase` met tout le texte en majuscules, COMME CECI, `lowercase` le met en minuscules, comme ceci, et `capitalize` met en majuscules uniquement les initiales de chaque mot, Comme Ceci. La valeur par défaut est `none` qui ne fait aucune transformation. La valeur peut aussi être `inherit` pour utiliser la même transformation que l'élément parent.

Changer la casse en anglais ou en français est assez facile mais peut devenir bien plus compliqué pour d'autres langues. Les logiciels sont écris en particulier par des anglophones ; ils font en général un travail très médiocre avec les langues européennes utilisant beaucoup de ligatures, comme le maltais, ou les langues à contextes comme l'arabe. Pour d'autres langues que l'anglais et le français, il est préférable de faire la transformation directement dans le document plutôt que se reposer sur un moteur de feuilles de style pour décider quelle lettre passer en majuscules.

`white-space`

La propriété `white-space` détermine si le texte doit couler ou non. Elle a seulement quatre valeurs légales : `normal`, `pre`, `nowrap` et `inherit`. `Normal` est la valeur par défaut et indique simplement de faire couler le texte comme il convient, comme dans ce paragraphe. `Pre` dit de conserver tous les retours à la ligne et les espaces du document, comme le fait l'élément `pre` en HTML. `Nowrap` demande que les suites de blancs soient condensées mais qu'aucun retour à la ligne supplémentaire ne soit inséré. Enfin, `inherit` prend simplement le même comportement que l'élément parent.

Couleurs

CSS a plusieurs propriétés pour les couleurs de différents éléments :

`color`
: La couleur du texte lui-même (noir sur cette page).

`background-color`
: La couleur du fond derrière le texte (blanc sur cette page).

`border-color`
: La couleur d'une boîte visible encadrant le texte.

CSS utilise un espace de 24 bits pour spécifier les couleurs, comme HTML. Souvenez-vous cependant que ce n'est pas parce que vous pouvez indiquer une couleur que le périphérique pourra l'afficher. Une imprimante noir et blanc n'imprimera pas de rouge, quelque soit la façon dont vous l'identifiez. Elle pourrait vous donner des niveaux de gris par contre. Comme beaucoup d'autres propriétés, la couleur dépend du média *via* lequel le document est présenté.

La façon la plus simple de choisir une couleur est d'utiliser l'une des seize constantes nommées: `aqua`, `black`, `blue`, `fuchsia`, `gray`, `green`, `lime`, `maroon`, `navy`, `olive`, `purple`, `red`, `silver`, `teal`, `white` et `yellow`. D'autres couleurs sont définies de manière à être les mêmes que différents éléments de l'interface utilisateur. Par exemple, `WindowText` est de la même couleur que le texte des fenêtres du système local.

En plus de cette courte liste, vous pouvez spécifier une couleur en indiquant ses trois composantes – rouge, vert et bleu –, comme vous le faites pour la couleur de fond des pages HTML. Chaque composante est donnée comme un nombre entre 0 et 255, 255 représentant la quantité maximale. Les nombres peuvent être donnés en décimal ou hexadécimal. La règle suivante colore l'élément `plat` en rouge, `histoire` en vert et `realisation` en bleu :

```
plat        { color: #FF0000; }
histoire    { color: #00FF00; }
realisation { color: #0000FF; }
```

Si vous préférez, vous pouvez indiquer la couleur en nombres décimaux séparés par des virgules à l'intérieur d'une fonction `rgb()`. Par exemple, le blanc est `rgb(255,255,255)` et le noir `rgb(0,0,0)`. Les couleurs dont toutes les composantes sont égales forment divers niveaux de gris. Les règles suivantes mettent les éléments `ingredient` en gris clair et leurs sous-éléments `quantite` en gris plus foncé :

```
ingredient { color: rgb(43,43,43); }
quantite   { color: rgb(21,21,21); }
```

Vous pouvez même définir une couleur en pourcentages de chaque composante. Les deux règles précédentes peuvent être reécrites comme ceci :

```
ingredient { color: rgb(16.9%,16.9%,16.9%); }
quantite   { color: rgb(8.2%,8.2%,8.2%); }
```

CHAPITRE 13

XSL-FO

Le précédent chapitre a couvert CSS ; celui-ci aborde XSL-FO. Par opposition à CSS, XSL-FO est une application XML complète permettant de décrire la disposition précise du texte dans une page. Plusieurs éléments pour représenter les pages, les blocs de texte dans les pages, les graphiques, des lignes horizontales, et plus encore sont disponibles. Cependant, la majeure partie du temps, vous n'écrirez pas directement du XSL-FO. À la place, vous écrirez une feuille de style XSLT qui permettra de transformer les balises de votre document en XSL-FO. L'application présentant le document lit le XSL-FO et l'affiche à l'utilisateur. Puisque la plupart des navigateurs actuels ne permettent pas le rendu direct des documents XSL-FO, une troisième étape est normalement nécessaire. En effet, un autre processeur transforme le XSL-FO en un troisième format, tel que le pdf ou TEX.

Une fois de plus, nous démontrons les fonctionnalités de XSL-FO en l'appliquant à un document XML simple bien formé, montré dans l'*exemple 12-1* dans le dernier chapitre. Pour faciliter sa compréhension, il est répété ici dans l'*exemple 13-1*.

Exemple 13-1. La recette du pain de froment de Marjorie Anderson

```
<?xml version="1.0" encoding="ISO-8859-1" standalone="yes"?>
<?xml-stylesheet type="text/css" href="recette.css"?>
<recette source="Marjorie Anderson">
  <plat>Pain de froment</plat>
  <ingredients>
    <ingredient>
      <quantite>1 tasse</quantite>
      <produit>farine</produit>
    </ingredient>
    <ingredient>
      <quantite>4 cuillères à soupe</quantite>
      <produit>levure</produit>
    </ingredient>
```

Exemple 13-1. La recette du pain de froment de Marjorie Anderson (suite)

```
    <ingredient>
      <quantite>1 1/2 cuillère à café</quantite>
      <produit>sel</produit>
    </ingredient>
    <ingredient>
      <quantite>1 tasse</quantite>
      <produit>farine de froment</produit>
    </ingredient>
    <ingredient>
      <quantite>1 1/2 tasse</quantite>
      <produit>lait entier</produit>
    </ingredient>
    <ingredient>
      <quantite>4 cuillères à soupe</quantite>
      <produit>beurre fondu</produit>
    </ingredient>
  </ingredients>

  <realisation>
    <etape>Mélangez la farine, la levure, le sucre &amp; le sel.</etape>
    <etape>Ajoutez une tasse de farine de froment.</etape>
    <etape>
      Ajoutez un oeuf battu et 1 1/2 tasse de lait entier
       pour faire une pâte. Bien mélanger.
    </etape>
    <etape>
      Ajoutez le beurre fondu et battre jusqu'à obtention d'un mélange léger
       et homogène.
    </etape>
    <etape>
      Versez dans un moule peu profond ou des moules à muffins beurrés.
    </etape>
    <etape>
      Mettre dans un four chaud à <temperature>220º C</temperature> pendant
      <temps>25 minutes</temps>.
    </etape>
    <etape optional="yes">
      Coupez en parts si vous avez utilisé un grand moule.
    </etape>
  </realisation>

  <histoire>
    Après le décès de ma belle-mère <personne>Marjorie Anderson</personne>,
    Beth et moi avons trouvé cette recette dans les pages des "recettes
    additionnelles" d'un livre de cuisine régionale dans son placard.
    Il était publié par The Episcopal Churchwomen,
    Church of Ascension, <ville>Mt. Sterling</ville>,
    <etat>Kentucky</etat>.
  </histoire>

</recette>
```

XSL-FO

Un document XSL-FO décrit la mise en page d'une série de blocs ou zones emboîtés placés sur une page au moins. Ces boîtes contiennent du texte ou occasionnellement une image externe, un filet horizontal ou des items. Il existe quatre types de boîtes :

- les zones blocs ;
- les zones en ligne ;
- les zones lignes ;
- les zones glyphes.

Les zones blocs et les zones en ligne sont créées par des éléments particuliers du document d'objets de formatage. Lors du formatage des zones lignes et glyphes sont créées selon les besoins. Le moteur de rendu décide généralement où exactement placer les boîtes et quelle taille leur donner selon leur contenu. Vous pouvez cependant spécifier des propriétés de ces boîtes pour ajuster leur position relative ou absolue, leur espacement et leur taille sur une page. La plupart du temps, comme dans cette figure, les boîtes individuelles ne se chevauchent pas. Cependant, définir les propriétés de `left`, `top`, `right` et `absolute-position` des boîtes peuvent les forcer à se recouvrir.

Chaque boîte a une zone de contenu dans laquelle est placé son contenu, généralement du texte, mais éventuellement une image ou un filet. Cette zone de contenu est entourée d'une zone d'espacement, un espace vide. Une bordure optionnelle peut encadrer cette zone. La taille d'une zone est la taille combinée de sa bordure, son espacement et son contenu. La boîte peut aussi avoir une marge, ajoutant de l'espace vide autour de la zone de la boîte, comme illustré par le diagramme de la *figure 13-1*.

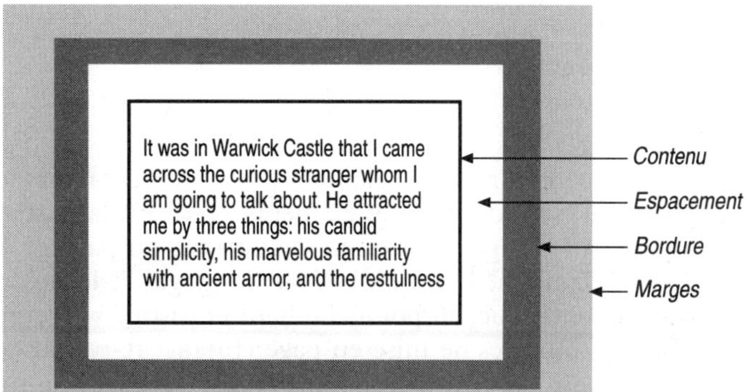

Figure 13-1. Contenu, remplissage, bordure et marge d'une zone XSL-FO

Des propriétés du texte comme la famille de fonte, sa taille, l'alignement et la graisse peuvent être appliquées en attachant les propriétés appropriées à une des boîtes contenant le texte. Le texte prend les propriétés spécifiées dans la plus proche boîte englobante. Attacher des attributs aux éléments qui génèrent les boîtes définit les propriétés. Ces propriétés ont généralement les mêmes sémantiques que les propriétés CSS du même nom. Seule la syntaxe pour appliquer les propriétés à des régions de texte particulières diffère.

Les éléments du document XSL-FO ne correspondent pas aux boîtes dans un rapport 1:1. Le document XSL-FO contient plutôt une représentation un petit peu plus abstraite du document. Le logiciel de formatage utilise les éléments XSL-FO pour décider quelles boîtes créer et où les placer. Lors de ce traitement, il découpe les longs blocs décrits dans le document XSL-FO par les éléments `fo:block` en de plus petites zones lignes et zones glyphes. Il peut aussi diviser des zones blocs décrites par le document XSL-FO en plusieurs autres si un saut de page est nécessaire au milieu. XSL-FO vous permet cependant d'interdire ces cassures si nécessaire. Le logiciel de formatage génère aussi le nombre de pages correct pour le contenu trouvé. En bref, le document XSL-FO contient des instructions et indications qui sont utilisées pour décider où les éléments figureront et sur quelles pages; mais vous n'avez pas besoin de préciser la position exacte de chaque boîte.

Structure d'un document XSL-FO

L'élément `fo:root` est racine de tous les documents XSL-FO. Cet élément déclare normalement le préfixe `fo` qui doit être lié à l'URI d'espace de noms `http://www.w3.org/1999/XSL/Format`. Comme toujours, le préfixe peut changer si l'URI reste le même. Dans ce chapitre, nous supposerons que le préfixe `fo` est associé à `http://www.w3.org/1999/XSL/Format`. Un document typique ressemble à ceci :

```
<?xml version="1.0" encoding="ISO-8859-1"?>
<fo:root xmlns:fo="http://www.w3.org/1999/XSL/Format">
  <!-- éléments XSL Formatting Objects -->
</fo:root>
```

Ce document n'est normalement pas écrit directement, comme ici. Il est plutôt formé à partir d'un modèle XSLT comme celui-ci :

```
<xsl:template match="/">
  <fo:root>
    <xsl:apply-templates/>
  </fo:root>
</xsl:template>
```

L'élément `fo:root` doit contenir deux éléments, `fo:layout-master-set` et `fo:page-sequence`. `fo:layout-master-set` contient des éléments décrivant la mise en page globale, dont la taille de la page, si les pages sont en mode portrait ou paysage et la largeur des marges. `fo:page-sequence` contient le texte placé sur les pages et les instructions pour le mettre en forme, comme « italique, 20 points de haut et justifié ». Le moteur de formatage utilise l'ensemble des modèles de mise en page (`fo:layout-master-page`) pour créer une page. Il lui ajoute ensuite son contenu tiré de `fo:page-sequence` jusqu'à ce qu'elle soit pleine. Il crée alors la page suivante et la remplit de la même façon. Ce processus continue jusqu'à ce que tout le contenu soit positionné. En ajoutant ces éléments, un document ressemble à ceci :

```
<?xml version="1.0" encoding="ISO-8859-1"?>
<fo:root xmlns:fo="http://www.w3.org/1999/XSL/Format">

  <fo:layout-master-set>
    <!-- modèles de mise en page -->
```

```
  </fo:layout-master-set>

  <fo:page-sequence master-reference="first">
    <!-- données à placer dans la page -->
  </fo:page-sequence>

</fo:root>
```

Le moteur de formatage utilise le positionnement maître de mise en page pour créer une page. Il ajoute alors à la page le contenu provenant de fo:page-sequence jusqu'à ce que la page soit pleine. Puis, il crée la page suivante et y place la prochaine série de contenu. Ce processus continue jusqu'à ce que tout le contenu ait été traité.

Modèles de mise en page

XSL-FO 1.0 ne définit qu'un seul type de modèle de mise en page, fo:simple-page-master. Ce modèle représente une page rectangulaire standard de largeur et longueur fixes et avec des marges sur les quatre côtés. Son nom est donné par l'attribut master-name. Par exemple, cet élément décrit un modèle nommé first et représentant une page de 8.5 cm par 11 cm avec 1 cm de marge sur chaque côté :

```
<fo:simple-page-master margin-right="1cm"  margin-left="1cm"
                       margin-bottom="1cm" margin-top="1cm"
                       page-width="8.5cm"  page-height="11cm"
                       master-name="first">
  <!-- Les différentes parties de la page -->
</fo:simple-page-master>
```

La zone de la page à l'intérieur des marges est divisée en cinq régions : début, fin, avant, après et corps. Le sens de l'écriture détermine où ces régions sont disposées sur la page. Dans les systèmes d'écriture de gauche à droite et de haut en bas comme le français, le début est à gauche, la fin à droite, l'avant en haut et l'après en bas, comme le montre le diagramme de la *figure 13-2*. Si le texte avait été en hébreu, la région de début aurait été à droite de la page et la région de fin à gauche. En chinois traditionnel, le début est en haut, la fin en bas, l'avant à gauche et l'après à droite. D'autres combinaisons sont possibles.

Ces régions sont représentées par des sous-éléments fo:region-start, fo:region-end, fo:region-before, fo:region-after et fo:region-body de l'élément fo:simple-page-master. Chacun d'eux a un attribut region-name permettant de leur donner un nom et dont la valeur par défaut, respectivement pour chaque élément, xsl-region-start, xsl-region-end, xsl-region-before, xsl-region-after et xsl-region-body. Grâce à ces noms, vous pouvez placer différents contenus dans chacune de ces cinq régions. L'après contient souvent un numéro de page et l'avant peut contenir le titre du livre ou du chapitre.

Le corps et son élément fo:region-body correspondant sont obligatoires. Les quatre autres éléments sont facultatifs. Par défaut, la région du corps occupe la page entière et les autres régions des zones nulles. Pour décrire cette page très simple, ajoutez un sous-élément fo:region-body vide à l'élément fo:simple-page-master :

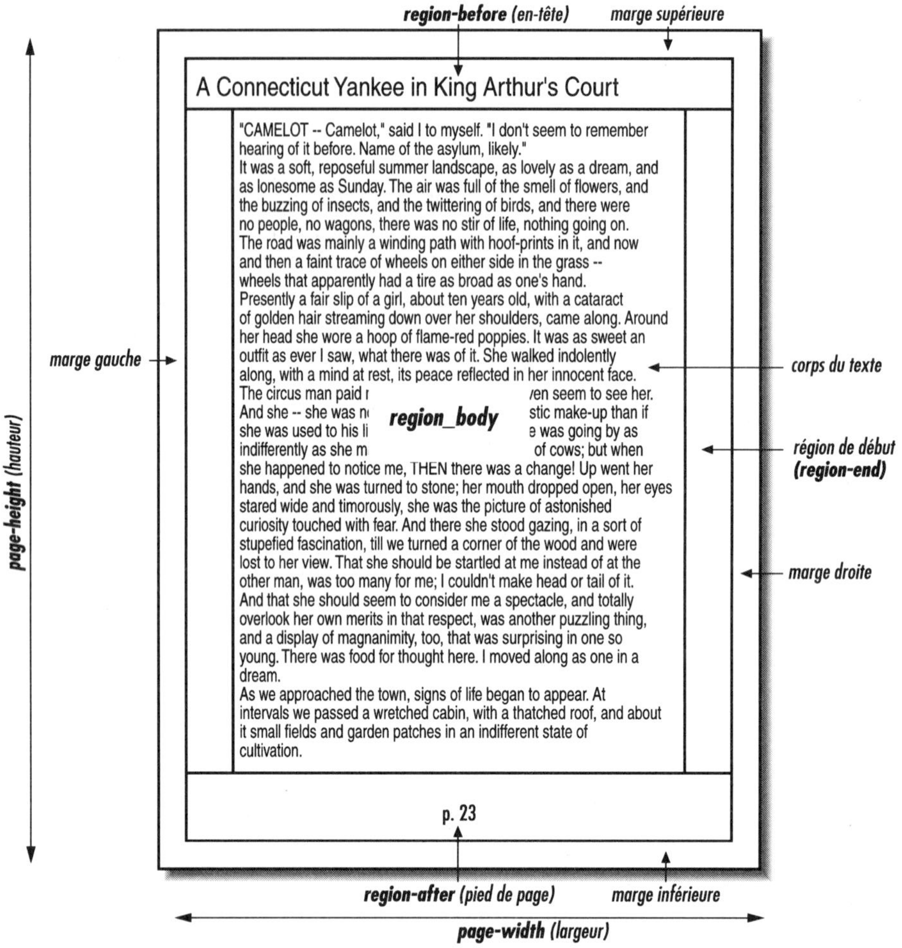

Figure 13-2. Les cinq régions dans un système d'écriture de gauche à droite et de haut en bas

```
<fo:simple-page-master margin-right="1cm"  margin-left="1cm"
                       margin-bottom="1cm" margin-top="1cm"
                       page-width="8.5cm"  page-height="11cm"
                       master-name="first">
  <fo:region-body/>
</fo:simple-page-master>
```

Vous pouvez cependant ajouter des attributs `extent` aux quatre régions périphériques pour spécifier la hauteur des régions avant et après et la largeur des régions de début et de fin. La région du corps doit alors avoir des marges au moins aussi larges que l'étendue de chaque région périphérique pour la décaler en leur centre. Dans le cas contraire, le contenu placé dans le corps est affiché par dessus celui des autres régions. Par exemple, cet élément `fo:simple-page-master` a des marges d'un demi centimètre sur chaque bord, représentant la zone non imprimable de nombreuses imprimantes. Les régions de début et de fin mesurent un demi centimètre, l'avant et l'après un centimètre. Les marges du corps correspondent aux dimensions des régions périphériques :

```
<fo:simple-page-master margin-right="0.5cm"  margin-left="0.5cm"
                       margin-bottom="0.5cm" margin-top="0.5cm"
                       page-width="8.5cm"    page-height="11cm"
                       master-name="first">
  <fo:region-before extent="0.5cm"/>
  <fo:region-after  extent="0.5cm"/>
  <fo:region-start  extent="0.5cm"/>
  <fo:region-end    extent="0.5cm"/>
  <fo:region-body   margin-top="1.0cm"  margin-bottom="1.0cm"
                    margin-left="0.5cm" margin-right="0.5cm"/>
</fo:simple-page-master>
```

Les détails de l'ensemble des modèles de mise en page sont généralement fixés dans une feuille de style. Voici donc le modèle XSLT révisé pour inclure un élément `fo.layout-master-set` complet :

```
<xsl:template match="/">
  <fo:root>
    <fo:layout-master-set>
      <fo:simple-page-master margin-right="1cm"  margin-left="1cm"
                             margin-bottom="1cm" margin-top="1cm"
                             page-width="8.5cm"  page-height="11cm"
                             master-name="first">
        <fo:region-body/>
      </fo:simple-page-master>
    </fo:layout-master-set>

    <fo:page-sequence master-name="first">
      <!-- données à placer dans la page -->
    </fo:page-sequence>

  </fo:root>
</xsl:template>
```

XSL-FO

Flux de contenu dans les pages

Nous ajoutons ensuite un enfant `fo:flow` au `fo:page-sequence` à l'endroit où le texte du document transformé apparaît et lui donnons un attribut `flow-name` indiquant la région dans laquelle l'afficher. Cet élément possède un attribut `flow-name` qui spécifie la région de la page dans laquelle son contenu sera inséré. Les valeurs possibles sont `xsl-region-body`, `xsl-region-start`, `xsl-region-end`, `xsl-region-before` et `xsl-region-after`.

Le programme de formatage instancie une page basée sur le modèle nommé dans l'attribut `master-reference` de `fo:page-sequence`, la remplit avec le contenu de l'élément `fo:flow` jusqu'à ce que la page soit pleine, puis instancie une seconde page. Il remplit alors la page avec la suite du contenu de `fo:flow`, instancie une troisième page et continue ainsi jusqu'à avoir épuisé toutes les données de `fo:flow`.

L'élément `fo:flow` contient des blocs (paragraphes, listes, etc.). Le plus simple de ces éléments est `fo:block`. Les autres sont `fo:block-container`, `fo:list-block`, `fo:table` et `fo:table-and-caption`. Nous commencerons par l'élément `fo:block`. `fo:block` peut contenir une combinaison de texte brut et d'objets de formatage, tels que `fo:external-graphic`, `fo:inline`, `fo:page-number`, `fo:footnote` et d'autres éléments `fo:block`. Pour le moment, nous nous restreindront aux données textuelles analysées. Voici un `fo:flow` de base pour la recette :

```
<fo:flow>
  <fo:block>Pain de froment</fo:block>

      <fo:block>1 tasse farine</fo:block>
      <fo:block>4 cuillères à soupe levure</fo:block>
      <fo:block>1/2 cuillère à café sel</fo:block>
      <fo:block>1 tasse farine de froment</fo:block>
      <fo:block>1 1/2 tasse lait entier</fo:block>
      <fo:block>4 cuillères à soupe beurre fondu</fo:block>

  <fo:block>
    Mélangez la farine, la levure, le sucre &amp; le sel.
    Ajoutez une tasse de farine de froment.
      Ajoutez un oeuf battu et 1 1/2 tasse de lait entier
      pour faire une pâte. Bien mélanger.
      Ajoutez le beurre fondu et battre jusqu'à obtention d'un mélange léger
      et homogène.
      Versez dans un moule peu profond ou des moules à muffins beurrés.
      Mettre dans un four chaud à 220º C pendant 25 minutes.
      Coupez en parts si vous avez utilisé un grand moule.
  </fo:block>

  <fo:block>
    Après le décès de ma belle-mère Marjorie Anderson,
    Beth et moi avons trouvé cette recette dans les pages des "recettes
    additionnelles" d'un livre de cuisine régionale dans son placard.
    Il était publié par The Episcopal Churchwomen,
    Church of Ascension, Mt. Sterling, Kentucky.
  </fo:block>

</fo:flow>
```

Ceci est un modèle XSLT produisant le contenu de cet élément `fo:flow` (modulo les blancs non significatifs) par un usage judicieux des modèles prédéfinis :

```
<xsl:template match="plat|ingredient|realisation|histoire">
  <fo:block><xsl:apply-templates/></fo:block>
</xsl:template>
```

Générer le document fini

Nous avons maintenant l'ensemble d'outils minimum nécessaire pour faire un document XSL-FO complet. L'*exemple 13-2* est une feuille de style XSLT qui transforme les documents comme l'*exemple 13-1* en documents XSL-FO.

Exemple 13-2. Une transformation XSLT vers XSL-FO

```
<?xml version="1.0" encoding="ISO-8859-1"?>
<xsl:stylesheet version="1.0"
                xmlns:xsl="http://www.w3.org/1999/XSL/Transform"
                xmlns:fo="http://www.w3.org/1999/XSL/Format">

  <xsl:template match="/">
    <fo:root>
      <fo:layout-master-set>
        <fo:simple-page-master margin-right="1cm"  margin-left="1cm"
                               margin-bottom="1cm" margin-top="1cm"
                               page-width="8.5cm"  page-height="11cm"
                               master-name="first">
          <fo:region-body/>
        </fo:simple-page-master>
      </fo:layout-master-set>

      <fo:page-sequence master-reference="first">

        <fo:flow flow-name="xsl-region-body">
          <xsl:apply-templates/>
        </fo:flow>

      </fo:page-sequence>

    </fo:root>
  </xsl:template>

  <xsl:template match="plat|ingredient|realisation|histoire">
    <fo:block><xsl:apply-templates/></fo:block>
  </xsl:template>

</xsl:stylesheet>
```

L'*exemple 13-3* montre le document XSL-FO complet produit par l'exécution d'un moteur XSLT comme Xalan ou SAXON avec la recette de pain de froment et cette feuille de style. Il manque des blancs à cause de la façon dont XSLT traite les espaces dans le document transformé. Cependant cela ne sera pas significatif quand le document sera affiché.

Exemple 13-3. Un document XSL-FO décrivant une recette de pain de froment

```
<?xml version="1.0" encoding="ISO-8859-1"?>
<fo:root xmlns:fo="http://www.w3.org/1999/XSL/Format">
<fo:layout-master-set><fo:simple-page-master master-name="first" page-height="11cm"
page-width="8.5cm" margin-top="1cm" margin-bottom="1cm" margin-left="1cm"
margin-right="1cm"><fo:region-body/></fo:simple-page-master>
</fo:layout-master-set><fo:page-sequence master-reference="first">
<fo:flow flow-name="xsl-region-body">
```

XSL-FO

Exemple 13-3. Un document XSL-FO décrivant une recette de pain de froment (suite)

```
<fo:block>Pain de Froment</fo:block>

  <fo:block>
    1 tasse
    farine
  </fo:block>
  <fo:block>
    4 cuillères à soupe
    levure
  </fo:block>
  <fo:block>
    1/2 cuillère à café
    sel
  </fo:block>
  <fo:block>
    1 tasse
    farine de froment
  </fo:block>
  <fo:block>
    1 1/2 tasse
    lait entier
  </fo:block>
  <fo:block>
    4 cuillères à soupe
    beurre fondu
  </fo:block>

 <fo:block>
  Mélangez la farine, la levure, le sucre &amp; le sel.
  Ajoutez 1 tasse de farine de froment.

  Ajoutez un oeuf battu et 11/2 tasse de lait entier pour faire une
   pâte. Bien mélanger.


  Ajoutez le beurre fondu et battre jusqu'à obtention d'un mélange léger et homogène.


  Versez dans un moule peu profond ou des moules à muffins beurrés.


  Mettre dans un four chaud à 220º C pendant 25 minutes.


  Coupez en parts si vous avez utilisé un grand moule.

</fo:block>

<fo:block>
  Après le décès de ma belle-mère Marjorie Anderson,
  Beth et moi avons trouvé cette recette dans les pages des "recettes
```

Exemple 13-3. Un document XSL-FO décrivant une recette de pain de froment (suite)

```
      additionnelles" d'un livre de cuisine régionale dans son placard.
      Il était publié par The Episcopal Churchwomen,
      Church of Ascension, Mt. Sterling,
      Kentucky.
    </fo:block>

  </fo:flow></fo:page-sequence></fo:root>
```

La dernière étape de ce processus est de convertir le document XSL-FO en un autre format qui peut être vu sur écran ou papier. La dernière étape dans ce processus est la conversion du document XSL-FO en un autre format qui peut être visualisé sur écran ou sur papier. Pour cela, l'exécution d'un programme de formatage tel que FOP, (*http://xml.apache.org/fop/*) du projet de logiciel libre XML d'Apache, est nécessaire. FOP est un programme Java qui fonctionne sur la plupart des plates-formes. Au moment de la réalisation de ce livre, il subsiste quelques impasses significatives dans sa complétude, mais le projet avance rapidement. Une fois FOP installé dans votre CLASSPATH, cette ligne de commande transforme le fichier *ex13-3.fo* en document PDF :

```
% java org.apache.fop.apps.Fop -fo ex13-3.fo -pdf ex13-3.pdf
```

FOP peut également transformer un document XSL-FO en document texte, en PostScript, en un fichier PCL, en transparents SVG ou encore l'afficher à l'écran en utilisant l'API 2D de Java.

Il existe d'autres programmes qui traitent les documents XSL-FO :

- XEP, proposé par la société RenderX (*http://www.renderx.com/FO2PDF.html*), est un produit commercial de conversion XSL-FO vers PDF, écrit en Java, au même titre que FOP.
- Passive TEX, crée par Sebastian Rahtz, est une collection de macros TEX qui permettent de convertir des documents XSL-FO en TEX. Pour cela, une distribution récente de TEX est requise. C'est un projet de logiciel libre (*http://users.ox.ac.uk/~rahtz/passivetex/*).
- Antenna House propose un logiciel de formatage XSL (*http://www.antennahouse.com/xslformatter.html*). Celui-ci est un logiciel Windows payant. Il peut afficher et imprimer des documents XSL-FO grâce au GDI de Windows.
- IBM fournit un logiciel libre, écrit en Java : *XSL Formatting Objects Composer* (*http://www.alphaworks.ibm.com/tech/xfc*). Celui-ci prend en compte une « partie substantielle » de *XSL Formatting Objects* 1.0. Il peut afficher des documents XSL-FO à l'écran, ou bien les convertir en PDF.

Propriétés de XSL-FO

Nous allons maintenant formater l'exemple précédent. Pour ajouter l'éclat de différentes fontes, les titres en gras, les listes à puces et autres caractéristiques séduisantes, nous devons associer des propriétés appropriées aux différents XSL-FO. Ces propriétés sont indiquées par des attributs optionnels. Bonne nouvelle : la plupart des noms et sémantiques des propriétés sont les mêmes qu'avec CSS. Par exemple, pour mettre le texte d'un élément `fo:block` en gras, donnez-lui un attribut `font-weight` de valeur `bold` :

```
<fo:block font-weight="bold">Pain de froment</fo:block>
```

La similarité avec la règle CSS équivalente est évidente :

```
plat {font-weight: bold}
```

Le nom et la valeur de la propriété sont les mêmes. Le sens de la propriété est le même. De manière similaire, vous pouvez utiliser tous les mots-clés et valeurs de `font-weight`, comme `lighter` et `100`, `200`, `300` ou `400`, que vous avez appris pour CSS. Seuls les détails syntaxiques sur la façon dont la valeur `bold` est assignée à la propriété `font-weight` et comment cette propriété est attachée à l'élément `plat` a changé. Quand XSL-FO et CSS convergent, ils le font bien.

De nombreuses autres propriétés sont issues de CSS par pure interpolation. Dans l'*exemple 12-2* du chapitre 12, l'élément `plat` était formaté avec cette règle :

```
plat   {
  display: block;
  font-family: Helvetica, Arial, sans-serif;
  font-size: 20pt;
  font-weight: bold;
  text-align: center;
}
```

Avec XSL-FO, il le sera par ce modèle XSLT :

```
<xsl:template match="plat">
  <fo:block font-family="Helvetica, Arial, sans-serif" font-size="20pt"
            font-weight="bold" text-align="center">
    <xsl:apply-templates/>
  </fo:block>
</xsl:template>
```

De façon similaire, les marges des divers éléments sont définies par les propriétés de marge des différents éléments :

```
<xsl:template match="realisation|histoire">
  <fo:block margin-top="12pt" margin-left="4pt">
    <xsl:apply-templates/>
  </fo:block>
</xsl:template>
```

Dans quelques cas, les propriétés CSS deviennent des éléments XSL-FO plutôt que des attributs. Pour formater les ingrédients en liste à puces, utilisez les éléments `fo:list-block`, `fo:list-item`, `fo:list-item-label` et `fo:list-item-body`, comme dans ce modèle XSLT :

```
<xsl:template match="ingredient">
  <fo:list-item>
      <!-- Puce Unicode -->
```

```
        <fo:list-item-label>&#x2022;</fo:list-item-label>
        <fo:list-item-body><xsl:apply-templates/></fo:list-item-body>
      </fo:list-item>
    </xsl:template>
```

Nous avons maintenant tous les outils nécessaires à l'élaboration d'un document XSL-FO attrayant. L'*exemple 13-4* est une feuille de style XSLT qui transforme les documents comme l'*exemple 13-1* en documents XSL-FO.

Exemple 13-4. Une transformation XSLT vers XSL-FO

```
<?xml version="1.0" encoding="ISO-8859-1"?>
<xsl:stylesheet version="1.0"
                xmlns:xsl="http://www.w3.org/1999/XSL/Transform"
                xmlns:fo="http://www.w3.org/1999/XSL/Format">

  <xsl:template match="/">
    <fo:root>
      <fo:layout-master-set>
        <fo:simple-page-master margin-right="1cm"  margin-left="1cm"
                               margin-bottom="1cm" margin-top="1cm"
                               page-width="8.5cm"  page-height="11cm"
                               master-name="first">
          <fo:region-body/>
        </fo:simple-page-master>
      </fo:layout-master-set>

      <fo:page-sequence master-reference="first">

        <fo:flow flow-name="xsl-region-body">
          <xsl:apply-templates/>
        </fo:flow>

      </fo:page-sequence>

    </fo:root>
  </xsl:template>

  <xsl:template match="recette">
    <fo:block font-family="Times, 'Times New Roman', serif"
              font-size="12pt">
      <xsl:apply-templates/>
    </fo:block>
  </xsl:template>

  <xsl:template match="plat">
    <fo:block font-family="Helvetica, Arial, sans-serif" font-size="20pt"
              font-weight="bold" text-align="center">
      <xsl:apply-templates/>
    </fo:block>
```

Exemple 13-4. Une transformation XSLT vers XSL-FO (suite)

```
    </xsl:template>

    <xsl:template match="realisation|histoire">
      <fo:block margin-top="12pt" margin-left="4pt">
        <xsl:apply-templates/>
      </fo:block>
    </xsl:template>

    <xsl:template match="ingredients">
      <fo:list-block><xsl:apply-templates/></fo:list-block>
    </xsl:template>

    <xsl:template match="ingredient">
      <fo:list-item>
                <!-- Puce Unicode -->
        <fo:list-item-label>
          <fo:block>&#x2022;</fo:block>
        </fo:list-item-label>
        <fo:list-item-body>
          <fo:block><xsl:apply-templates/></fo:block>
        </fo:list-item-body>
      </fo:list-item>
    </xsl:template>

  </xsl:stylesheet>
```

L'*exemple 13-5* montre le document XSL-FO produit par l'application de cette transformation à la recette du pain de froment de l'*exemple 13-1*. Les blancs ont été nettoyés un peu à la main mais cela n'affectera pas le rendu final.

Exemple 13-5. Un document XSL-FO décrivant un recette de pain de froment

```
<?xml version="1.0" encoding="ISO-8859-1"?>
<fo:root xmlns:fo="http://www.w3.org/1999/XSL/Format">
  <fo:layout-master-set>
    <fo:simple-page-master master-reference="first" page-height="11cm"
      page-width="8.5cm" margin-top="1cm" margin-bottom="1cm"
      margin-left="1cm" margin-right="1cm">
      <fo:region-body/>
    </fo:simple-page-master>
  </fo:layout-master-set>
  <fo:page-sequence master-reference="first">
   <fo:flow>
    <fo:block font-family="Times, 'Times New Roman', serif"
     font-size="12pt">
      <fo:block font-family="Helvetica, Arial, sans-serif"
        font-size="20pt" font-weight="bold"
        text-align="center">Pain de froment</fo:block>
  <fo:list-block>
  <fo:list-item>
```

Exemple 13-5. Un document XSL-FO décrivant un recette de pain de froment (suite)

```
      <fo:list-item-label>
        <fo:block>*</fo:block>
      </fo:list-item-label>
      <fo:list-item-body><fo:block>
        1 tasse
        farine
      </fo:block></fo:list-item-body>
    </fo:list-item>
    <fo:list-item>
      <fo:list-item-label>
        <fo:block>*</fo:block>
      </fo:list-item-label>
      <fo:list-item-body><fo:block>
        4 cuillères à soupe
        levure
      </fo:block></fo:list-item-body>
    </fo:list-item>
    <fo:list-item>
      <fo:list-item-label>
        <fo:block>*</fo:block>
      </fo:list-item-label>
      <fo:list-item-body><fo:block>
        1/2 cuillère à café
        sel
      </fo:block></fo:list-item-body>
    </fo:list-item>
    <fo:list-item>
      <fo:list-item-label>
        <fo:block>*</fo:block>
      </fo:list-item-label>
      <fo:list-item-body><fo:block>
        1 tasse
        farine de froment
      </fo:block></fo:list-item-body>
    </fo:list-item>
    <fo:list-item>
      <fo:list-item-label>
        <fo:block>*</fo:block>
      </fo:list-item-label>
      <fo:list-item-body><fo:block>
        1 1/2 tasse
        lait entier
      </fo:block></fo:list-item-body>
    </fo:list-item>
    <fo:list-item>
      <fo:list-item-label>
        <fo:block>*</fo:block>
      </fo:list-item-label>
```

Exemple 13-5. Un document XSL-FO décrivant un recette de pain de froment (suite)

```
      <fo:list-item-body><fo:block>
        4 cuillères à soupe
        beurre fondu
      </fo:block></fo:list-item-body>
    </fo:list-item>
    </fo:list-block>

    <fo:block margin-top="12pt" margin-left="4pt">
     Mélangez la farine, la levure, le sucre &amp; le sel.
     Ajoutez 1 tasse de farine de froment.

      Ajoutez un oeuf battu et 1¹/2 tasse de lait entier pour faire une
        pâte. Bien mélanger.

      Ajoutez le beurre fondu et battre jusqu'à obtention d'un mélange léger et homogène.


      Versez dans un moule peu profond ou des moules à muffins beurrés.

        Mettre dans un four chaud à 220º C pendant 25 minutes.

        Coupez en parts si vous avez utilisé un grand moule.

    </fo:block>

    <fo:block margin-left="4pt" margin-top="12pt">
      Après le décès de ma belle-mère Marjorie Anderson,
      Beth et moi avons trouvé cette recette dans les pages des "recettes
      additionnelles" d'un livre de cuisine régionale dans son placard.
      Il était publié par The Episcopal Churchwomen,
      Church of Ascension, Mt. Sterling,
      Kentucky.
    </fo:block>

</fo:block>
</fo:flow>
</fo:page-sequence>
</fo:root>
```

Ce document doit être passé par un moteur de rendu et un fichier PDF doit être produit pour la visualisation. La *figure 13-3* montre le résultat final de ce traitement.

XSL-FO ajoute quelques propriétés que CSS ne fournit pas. Pour en citer quelques-unes, certaines contrôlent la césure, l'insertion de guides, le nombre de colonnes dans la page, où les sauts de page doivent avoir lieu et quels paragraphes doivent être conservés ensembles sur la même page. CSS n'a aucune de ces propriétés. Pour la plus grande partie, les propriétés XSL-FO sont un sur-ensemble des propriétés CSS.

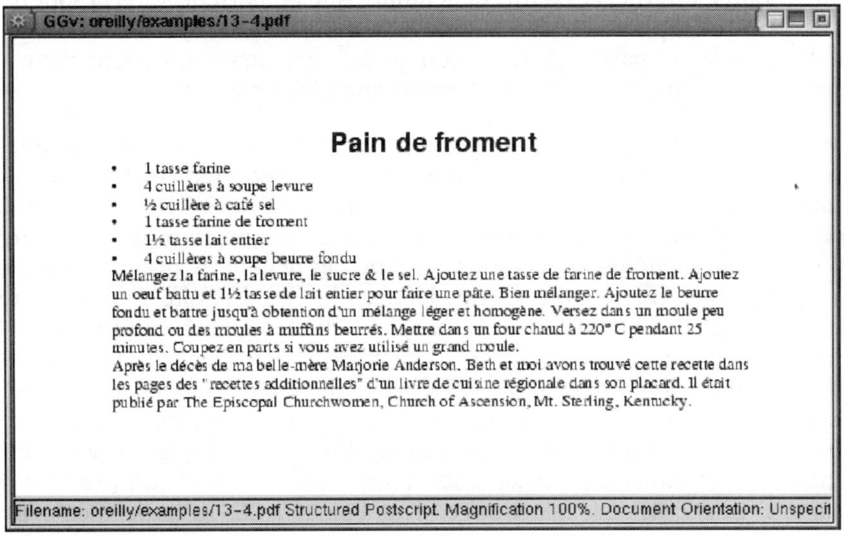

Figure 13-3. La recette convertie de XSL-FO en PDF

Choisir entre CSS et XSL-FO

CSS est un langage très simple, facile à apprendre et convivial, utilisé pour formater les pages web. S'il a la réputation d'être bogué et difficile à utiliser, c'est principalement en raison de mises en œuvre inconsistantes et non conformes au standard des navigateurs les plus utilisés. Opera 4.0 et versions supérieures, Mozilla et Netscape 6.0 et versions supérieures, supportent la plupart des caractéristiques de CSS Level 2 avec seulement quelques bogues mineurs. Le support par Internet Explorer est plus faible mais s'améliore.

Il est difficile d'imaginer un site web que l'on ne pourrait produire en utilisant XSLT pour transformer un document en HTML et lui appliquer une feuille de style CSS. Alternativement, vous pouvez transformer le document XML en un autre document XML et lui appliquer la feuille de style CSS. Si le contenu des éléments du document XML original est exactement ce que vous voulez présenter dans le document de sortie, dans le bon ordre, vous pouvez omettre l'étape de la transformation XSLT, comme nous l'avions fait dans l'*exemple 12-1* et l'*exemple 12-2* du chapitre 12.

Plus important encore, CSS est une spécification complète et soignée. Bien que des ajouts, dont CSS Level 3, soient inévitables, les concepteurs web comprennent déjà bien CSS Level 2 et les navigateurs actuels le supportent déjà. XSL-FO, au contraire, est toujours en état de changement rapide. Il n'est supporté directement par aucun navigateur. Pour voir un document XSL-FO, vous devez d'abord le convertir dans le format PDF, qui est relativement inadapté au Web. Ce format, comme HTML, s'adapte mal à la variété des tailles d'écran disponibles. De plus, visionner un document PDF dans le navigateur web requiert encore un module externe. Les outils tiers limités qui supportent XSL-FO sont de qualité alpha au mieux, ne supportent pas les derniers brouillons de travail de XSL-FO et laissent de côté de nombreuses parties de la version qu'ils implémentent. Personnellement, nous ne voyons guère de raison d'utiliser autre chose que CSS sur le Web.

D'un autre côté, XSL-FO va plus loin que CSS quant à l'impression de qualité. Par exemple, XSL-FO offre la mise en page multicolonnes, contrairement à CSS. Il vous laisse conditionner le formatage sur le contenu du document, pas CSS. XSL-FO permet de placer des notes de bas de page, des titres courants et d'autres informations dans les marges de la page. Il permet de numéroter les pages et de faire des références croisées à d'autres pages par leur numéro automatiquement. Pour l'impression, la nécessité de faire un rendu en PDF est beaucoup moins limitative et gênante puisque le support de distribution final est le papier de toutes façons. CSS Level 3 ajoutera certaines de ces caractéristiques mais se concentrera toujours sur la facilité d'utilisation et la présentation sur le Web plutôt que l'impression de qualité. En attendant que les logiciels soient plus fiables et plus complets, XSL-FO devrait être choisi explicitement pour l'édition de livres, revues, journaux et autres contenus imprimés à partir de documents XML. Il devrait concurrencer des solutions comme Quark XPress, TEX, troff et FrameMaker. CSS n'essaie même pas d'être compétitif dans ce domaine.

En conclusion : CSS est adapté aux pages web, XSL-FO au contenu imprimé et XSLT joue un rôle crucial dans la préparation du document d'entrée pour une éventuelle présentation avec CSS ou XSL-FO.

CHAPITRE 14

RDDL

RDDL, *Resource Directory Description Language*, est une application XML conçue par Jonathan Borden, Tim Bray et de nombreux autres membres de la liste de diffusion *xml-dev* pour décrire des applications XML identifiées par les URL d'un espace de noms. Un document RDDL se situe à l'URL de l'espace de noms de l'application qu'il décrit. RDDL est un mélange de XHTML Basic et d'un élément particulier, `rddl:resource`. Un élément `rddl:resource` est un simple XLink qui pointe vers une ressource relative à l'application que le document RDDL décrit. Avec des navigateurs, tout un chacun peut lire les parties XHTML pour en savoir plus sur l'application. Le logiciel, lui, peut lire les éléments `rddl:resource`.

Que doit-on retrouver à la fin de l'URL d'un espace de noms ?

Les personnes qui ont écrit les spécifications des espaces de noms n'ont pas pu convenir de ce que l'on devait associer à la fin de l'URL d'un espace de noms. S'agirait-il d'une DTD, d'un schéma, d'un document de spécification, d'une feuille de style, d'un logiciel pour traiter l'application ou de quelque chose d'autre ? Tous sont possibles, mais aucun d'eux n'est exigé pour aucune application XML particulière. Certaines applications ont des DTD ; d'autres non. Certaines applications ont des schémas, d'autres non. Certaines applications ont des feuilles de styles ; d'autres non. Ainsi, pour la plupart, les espaces de noms ont été des identifiants purement formels. En fait, ils ne localisent ou n'identifient rien.

La recommandation *Namespaces in XML* indique explicitement que « le nom d'un espace de noms, pour satisfaire son objectif, devrait avoir les caractéristiques d'unicité et de persistance. Il n'a pas l'objectif d'être utilisé directement pour la récupération d'un schéma (si il y en a un). » C'est-à-dire, il n'est pas requis qu'il y ait quelque chose en particulier, comme une DTD ou un schéma, à la fin de l'URL d'un espace de noms. En effet, il n'est même pas exigé que le nom d'un espace de noms puisse être résolu. Cela pourrait être un URN non résoluble comme *urn:isbn:1565922247*. En fait, cela ne veut pas dire qu'il ne peut rien y avoir à la fin de l'URL d'un espace de noms, mais simplement qu'il n'est pas nécessaire qu'il y ait quelque chose.

Malgré tout, cela n'a pas arrêté de nombreux développeurs de saisir les URL d'espaces de noms dans la barre de navigation de leur navigateur et d'alimenter les fichiers de traces d'erreurs du W3C, notamment avec les erreurs « 404 Not Found ». Cela n'a pas empêché les questions hebdomadaires sur la liste de diffusion *xml-dev* pour savoir s'il est possible d'analyser un document XML sur un système déconnecté du Net. Par la suite, les membres de la liste de diffusion *xml-dev* ont établi qu'il était temps de mettre quelque chose à la fin des URL d'un espace de noms, même s'ils ne le devaient pas.

Cependant, la question demeurait toujours, quoi mettre sans pour autant mettre n'importe quoi ? Rick Jelliffe suggéra de régler le problème en introduisant une couche supplémentaire d'indirection et Tim Bray proposa de le faire *via* XHTML et XLinks. Au lieu de mettre simplement l'un d'entre eux à la fin de l'URL de l'espace de noms, un document XML, contenant une liste de toutes les choses relatives à l'application XML identifiée par cette URL particulière, pourrait être associé à la fin de l'URL de l'espace de noms.

L'expérience avait montré que lorsque l'on présentait une chaîne de caractères commençant par http, les développeurs la transcrivait dans la barre de navigation d'un navigateur.[1] Par conséquent, la syntaxe de base de RDDL devrait être compréhensible lorsqu'elle est chargée dans un navigateur, de préférence du HTML. De plus, pour rendre le traitement machine simple, elle devrait être aussi du XML bien formé, peut-être valide. Bien entendu, XHTML est venu à l'esprit, et XHTML modulaire proposait juste assez d'extensibilité pour autoriser la syntaxe supplémentaire RDDL nécessaire.

Syntaxe de RDDL

Un document RDDL est un document XHTML Basic, avec un nouvel élément, `rddl:resource`. XHTML Basic est un sous-ensemble de XHTML qui inclut les modules Structure, Texte, Liste, Formulaire, Tableau, Image, Objet, Méta information, Lien et Base. Il n'y a pas de cadres ou d'éléments de présentation déclassés comme `font` et `bold`. Cependant, c'est suffisant pour écrire tout ce que vous pourrez raisonnablement rédiger pour une application XML.

1. Tiré des mots immortels de Claude L. Bullard, « Malgré toute l'agitation autour des URN/URI/URL, il n'en reste pas moins que si quelqu'un met http:// n'importe où dans l'espace d'affichage d'un navigateur, le système l'affiche en bleu et avec un curseur en forme de main. Le singe demande une ressource et quand il ne l'obtient pas, cela le bouleverse. Les singes ne lisent pas les spécifications pour trouver pourquoi ils devraient être bouleversés. Ils deviennent rouges et montrent du doigt. »

De plus, un document RDDL contient un nouvel élément, resource, qui doit être associé à l'espace de noms *http://www.rddl.org/*. Cette URL est habituellement associée au préfixe rddl. Le préfixe peut changer du moment que l'URL reste la même. Cependant, la DTD RDDL déclare l'élément resource avec le nom rddl:resource, donc un document RDDL sera valide seulement s'il utilise le préfixe rddl.

Un élément rddl:resource est un simple XLink dont l'attribut xlink:href désigne la ressource associée et dont les attributs xlink:role et xlink:arcrole identifient la nature et l'objectif de cette dernière. L'élément rddl:resource peut apparaître n'importe où un élément p peut apparaître et contenir tout ce qu'un élément div peut contenir. Les navigateurs web ignorent généralement les balises rddl:resource de début et de fin, mais afficheront leur contenu. Les logiciels automatisés à la recherche de ressources ne s'intéressent qu'aux éléments rddl:resource et à leurs attributs, et ignorent tout de XHTML.

Rappelez-vous du vocabulaire définissant une personne utilisé de nombreuses fois dans ce livre. Quand on l'a vu la dernière fois dans le chapitre 8, il ressemblait à ce qui est présenté dans l'*exemple 14-1*. Tous les éléments de ce document se trouvent dans l'espace de noms par défaut *http://www.oreilly.fr/archives/xmlnut2/namespaces/personnes*.

Exemple 14-1. Un document XML décrivant deux personnes qui utilisent un espace de noms par défaut

```
<?xml version="1.0" encoding="ISO-8859-1"?>
<personnes xmlns="http://www.oreilly.fr/archives/xmlnut2/namespaces/personnes">
  <personne naissance="1912" mort="1954">
    <nom>
      <prénom>Alan</prénom>
      <nom_famille>Turing</nom_famille>
    </nom>
    <profession>informaticien</profession>
    <profession>mathématicien</profession>
    <profession>cryptographe</profession>
  </personne>

  <personne naissance="1918" mort="1988">
    <nom>
      <prénom>Richard</prénom>
      <initiale_milieu>P</initiale_milieu>
      <nom_famille>Feynman</nom_famille>
    </nom>
    <profession>physicien</profession>
    <loisir>joueur de bongo</loisir>
  </personne>

</personnes>
```

Plusieurs chapitres ont détaillé les feuilles de style, les DTD et (encore à venir) les schémas pour cette application. L'*exemple 14-2* est un document RDDL très simple qui réunit tout cela. Pour cette application, ce document devrait être associé à l'espace de noms, *http://*

www.oreilly.fr/archives/xmlnut2/namespaces/personnes. La déclaration DOCTYPE référence la DTD RDDL au lieu de la DTD XHTML Basic, la seule différence étant l'ajout d'un élément rddl:resource. Ce document est à la fois valide et bien formé. La *figure 14-1* montre ce document dans un navigateur, où il ressemble à tout autre document HTML.

Exemple 14-2. Un document RDDL

```
<!DOCTYPE html PUBLIC "-//XML-DEV//DTD XHTML RDDL 1.0//EN"
                      "http://www.rddl.org/rddl-xhtml.dtd">
<html xmlns="http://www.w3.org/1999/xhtml"
      xmlns:xlink="http://www.w3.org/1999/xlink"
      xmlns:rddl="http://www.rddl.org/">

<head>
  <title>Une application XML décrivant des personnes</title>

</head>
<body>
<h1> Une application XML décrivant des personnes </h1>
<rddl:resource xlink:type="simple"
  xlink:href="urn:isbn:1565922247"
  xlink:role="http://dublincore.org/documents/dcmi-type-vocabulary/#text"
  xlink:arcrole="http://www.rddl.org/purposes#normative-reference">
  <p>
    http://www.oreilly.fr/archives/xmlnut2/namespaces/personnes est l'URL de
    l'espace de noms pour une application XML qui décrit des personnes dans
    un mode orientée données utilisé comme exemple dans <cite>XML in a
    Nutshell</cite>, deuxième édition par Elliotte Rusty Harold et
    W. Scott Means (O'Reilly &amp;Associates, 2002).
  </p>
</rddl:resource>

<h2>Ressources associées</h2>
<p>
 De nombreux exemples de ce livre adressent cette application d'une
 façon ou d'une autre. Ceux-ci incluent:
</p>

<ul>
<li>
 <rddl:resource xlink:type="simple"
  xlink:href="http://www.oreilly.fr/archives/xmlnut2/3-5.dtd"
  xlink:role="http://www.isi.edu/in-notes/iana/assignments/media-types/
             application/xml-dtd"
  xlink:arcrole="http://www.rddl.org/purposes#validation">
    <a href="http://www.oreilly.fr/archives/xmlnut2/3-5.dtd">
      Exemple 3-5</a>: Une DTD orientée données pour décrire des personnes
   </rddl:resource>
```

Exemple 14-2. Un document RDDL (suite)

```
</li>
<li>
<rddl:resource xlink:type="simple"
 xlink:href="http://www.oreilly.fr/archives/xmlnut2/8-15.xsl"
 xlink:role="http://www.w3.org/1999/XSL/Transform"
 xlink:arcrole="http://www.isi.edu/in-notes/iana/assignments/media-types/text/html">
  <a href="http://www.oreilly.fr/archives/xmlnut2/8-15.xsl">
    Exemple 8-15</a>: Une feuille de style XSLT pour les documents sur les personnes
 </rddl:resource>
</li>
</ul>

<p>
  Ce document lui-même est l'
  <a href="http://www.oreilly.fr/archives/xmlnut2/14-2.html">
   exemple 14-2</a> du chapitre sur RDDL.
</p>

</body>
</html>
```


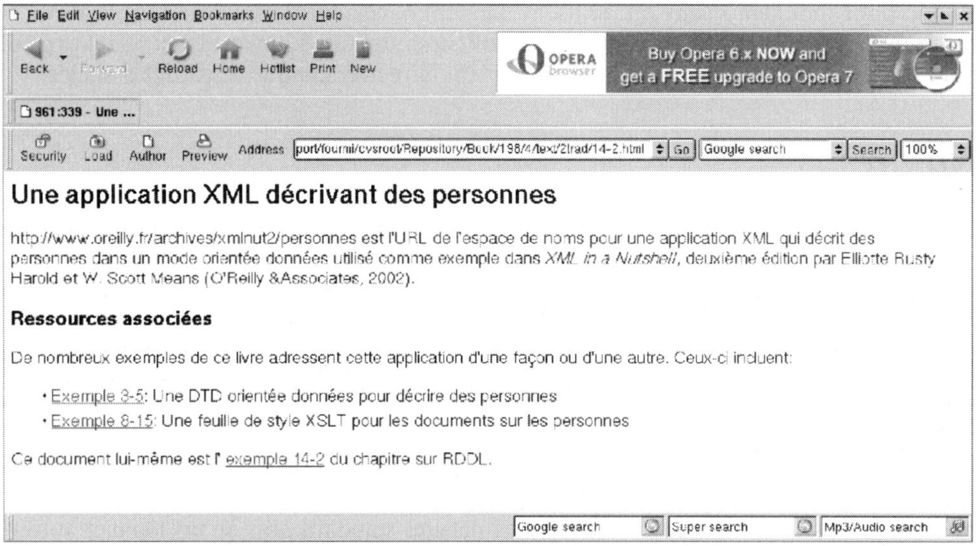

Figure 14-1. Pour un navigateur web, un document RDDL est un document HTML comme un autre

Ce document contient trois éléments `rddl:resource` indiquant les ressources associées. Deux d'entre eux sont à l'intérieur d'une liste et un contient un paragraphe au début de la page. Le premier est rattaché à la spécification non officielle de l'application sur les personnes, ce livre lui-même. L'attribut `xlink:href` utilise un URI *isbn* pour identifier le livre. `xlink:role` contient une URL du Dublin Core qui indique que la nature de cette ressource est du texte. L'attribut `xlink:arcrole` contient une URL bien connue définie dans la spécification RDDL pour indiquer que l'objectif de cette ressource est une référence normative.

Le second élément `rddl:resource` pointe vers la DTD définie en premier dans le chapitre 3. Sa nature est indiquée par une URL de type média MIME, et son objectif est la validation. L'attribut `xlink:href` l'associe à l'emplacement réel de la DTD. Cependant, un navigateur web classique ne reconnaîtra pas ce dernier, donc l'élément `rddl:resource` contient un lien HTML classique `<a>` que le navigateur affichera en bleu et sur lequel l'utilisateur pourra cliquer. Ce n'est pas rare de dupliquer des balises dans un document RDDL – un ensemble de marqueurs pour les machines et un autre pour les individus – chacun disant à peu prêt la même chose.

Le dernier élément `rddl:resource` pointe vers la feuille de styles XSLT définie dans le chapitre 8. Ici l'attribut `xlink:role` contient l'URI de l'espace de noms pour XSLT, indiquant que cette ressource est une feuille de styles XSLT. L'attribut `xlink:arcrole` contient l'URL de type média MIME pour HTML, signalant que cette feuille de style transformera les documents en HTML.

C'est un exemple très simple. Un vrai document RDDL contiendrait beaucoup plus de HTML pour indiquer à ceux qui le lisent dans un navigateur le sujet de l'application. Les machines ignoreront le HTML et regarderont les attributs `xlink:role` et `xlink:arcrole` pour comprendre exactement ce qu'elles doivent faire avec chaque ressource associée.

Natures

La *nature* d'une ressource associée indique ce qu'est la ressource. Par exemple, la nature d'une page web devrait être du HTML et la nature d'une image devrait être du JPEG. La nature est référencée par une URL. Normalement, cette URL de la nature est l'URL d'un espace de noms pour les applications XML et une URL de type média MIME pour tout le reste. Par exemple, la nature de XSLT est écrite comme *http://www.w3.org/1999/XSL/Transform*. La nature de JPEG est écrite comme *http://www.isi.edu/in-notes/iana/assignments/media-types/image/jpeg*.

La spécification RDDL détermine deux douzaines de natures qui peuvent être utilisées dans les attributs `xlink:role`. De plus, vous êtes libre de définir les vôtres, mais dans la mesure du possible, vous devrez utiliser les natures standard afin qu'un logiciel automatisé puisse comprendre vos documents et repérer les ressources associées qu'il a besoin de localiser. Voici les natures standard et leurs URL :

Feuille de styles CSS	*http://www.isi.edu/in-notes/iana/assignments/media-types/text/css*
DTD	*http://www.isi.edu/in-notes/iana/assignments/media-types/application/xml-dtd*
Boîte aux lettres	*http://www.rddl.org/natures#mailbox*
HTML générique	*http://www.isi.edu/in-notes/iana/assignments/media-types/text/html*
HTML 4.0	*http://www.w3.org/TR/html4/*
HTML 4 Strict	*http://www.w3.org/TR/html4/strict*
HTML 4 Transitoire	*http://www.w3.org/TR/html4/transitional*
HTML 4 avec jeu de cadres	*http://www.w3.org/TR/html4/frameset*
XHTML	*http://www.w3.org/1999/xhtml*
XHTML 1.0 Strict	*http://www.w3.org/TR/xhtml1/DTD/xhtml1-strict*
XHTML 1.0 Transitoire	*http://www.w3.org/TR/xhtml1/DTD/xhtml1-transitional*
Schéma RDF	*http://www.w3.org/2000/01/rdf-schema#*
Cœur de la grammaire RELAX	*http://www.xml.gr.jp/xmlns/relaxCore*
Grammaire de l'espace de nom RELAX	*http://www.xml.gr.jp/xmlns/relaxNamespace*
Schéma Schematron	*http://www.ascc.net/xml/schematron*
OASIS Open Catalog	*http://www.rddl.org/natures#SOCAT*
Langage XML Schema XML du W3C	*http://www.w3.org/2000/10/XMLSchema*
Donnée XML	*http://www.w3.org/TR/REC-xml.html#dt-chardata*
Texte XML échappé	*http://www.w3.org/TR/REC-xml.html#dt-escape*
Entité XML non analysée	*http://www.w3.org/TR/REC-xml.html#dt-unparsed*
RFC IETF	*http://www.ietf.org/rfc/rfc2026.txt*
standard ISO	*http://www.iso.ch/*
Logiciel Python	*http://www.rddl.org/natures/software#python*
Logiciel Java	*http://www.rddl.org/natures/software#java*

Beaucoup d'autres natures peuvent être raisonnablement dérivées en suivant ces exemples. Par exemple, on pourrait donner à une image PNG la nature *http://www.isi.edu/in-notes/iana/assignments/media-types/image/png* parce que les documents PNG ont pour type de média MIME image/png. On pourrait donner aux logiciels écrits dans le langage Ruby une nature *http://www.rddl.org/natures/software#ruby*. Un document RDF peut avoir la nature *http://www.w3.org/1999/02/22-rdf-syntax-ns#* pris depuis son espace de noms, et ainsi de suite.

Objectifs

L'*objectif* d'une ressource associée indique pourquoi la ressource sera utilisée. Les objectifs permettent de faire la distinction entre des ressources de même nature utilisées pour différentes choses. Par exemple, DocBook a de multiples feuilles de style XSLT pour transformer des documents DocBook en HTML, XHTML, morceau de HTML et XSL-FO.

Ces derniers sont tous des ressources associées avec la même nature mais avec des objectifs différents. À la différence des natures, les objectifs sont optionnels. Vous ne devez pas les utiliser si vous n'avez pas besoin de distinguer des ressources d'une même nature, mais vous le pouvez si vous le souhaitez.

Les noms des objectifs sont des URL. Ces URL sont mises dans l'attribut `xlink:arcrole` d'un élément `rddl:resource`. La spécification RDDL définit environ vingt URL d'objectifs bien connus différents, la plupart sous la forme *http://www.rddl.org/purposes#purpose*. De plus, vous êtes libre de définir les vôtres ; mais vous devrez utiliser les URL habituelles pour les objectifs courants afin que les logiciels automatisés puissent comprendre vos documents et repérer les ressources associées qu'ils ont besoin de localiser. Voici une liste des objectifs standard et leurs URL :

Validation	*http://www.rddl.org/purposes#validation*
Validation à partir d'un schéma	*http://www.rddl.org/purposes#schema-validation*
Module DTD	*http://www.rddl.org/purposes#module*
Module Schéma	*http://www.rddl.org/purposes#schema-module*
Modules de notations de DTD	*http://www.rddl.org/purposes#notations*
Module logiciel	*http://www.rddl.org/purposes#software-module*
Paquetage logiciel	*http://www.rddl.org/purposes#software-package*
Projet logiciel	*http://www.rddl.org/purposes#software-project*
JAR	*http://www.rddl.org/purposes#JAR*
Extension XSLT	*http://www.rddl.org/purposes/software#xslt-extension*
Référence	*http://www.rddl.org/purposes#reference*
Référence normative	*http://www.rddl.org/purposes#normative-reference*
Référence non normative	*http://www.rddl.org/purposes#non-normative-reference*
Version majeure	*http://www.rddl.org/purposes#prior-version*
Définition	*http://www.rddl.org/purposes#definition*
Icône	*http://www.rddl.org/purposes#icon*
Alternatif	*http://www.rddl.org/purposes#alternate*
Annuaire RDDL	*http://www.rddl.org/purposes#directory*

De plus, l'objectif d'une transformation XSLT est souvent l'URI de la nature de la ressource qui est produit par la transformation. Par exemple, l'objectif d'une feuille de style qui convertit des documents en XHTML strict devrait probablement être *http://www.w3.org/TR/xhtml1/DTD/xhtml1-strict*.

Troisième Partie

Données centrées sur XML

CHAPITRE 15

XML comme format de données

En dépit de ses origines liées à la documentation, aujourd'hui les applications les plus courantes de XML, concernent le stockage et la transmission d'informations. Ces informations sont destinées à être utilisées par différentes applications et différents systèmes. Les nouvelles technologies et les *frameworks* (tels que les services web) dépendent fortement du contenu XML pour la communication et la négociation entre applications hétérogènes.

Les techniques appropriées pour concevoir, construire et maintenir à jour une application centrée sur les données XML changent considérablement, selon les fonctionnalités attendues et le public visé. Ce chapitre aborde les différentes approches, techniques et technologies à considérer lors de la conception d'une nouvelle application organisée autour des données XML.

Le choix de XML comme format de données

Avant l'apparition de XML, chaque programmeur devait déterminer le format des données à stocker ou transmettre. Dans la plupart des cas, les données ne devaient jamais être utilisées en dehors de leur programme initial, les programmeurs les enregistraient ainsi dans le format le plus adapté à leurs besoins. Un certain nombre de formats de fichier sont apparus *de facto* au cours des années (RTF, CSV et le format variable de fichier *.ini* de Windows). Ainsi, les données écrites par un programme ne pouvaient généralement être lues que par ce même programme. En fait, bien souvent, seule une *version* spécifique du même programme était capable de lire les données.

La prolifération rapide de XML et d'outils libres pour XML dans la communauté des programmeurs, a fourni aux développeurs une option évidente lors de la phase de choix du format dans lequel stocker ou transmettre les données d'une application. Pour la grande majorité des applications, les bénéfices de l'utilisation de XML, pour enregistrer et rechercher des données, compensent largement la nécessité d'inclure un parseur XML dans celle-ci. Les atouts principaux de l'utilisation de XML en tant que format de données sont :

Une syntaxe simple
: Facile à générer et à analyser.

La possibilité de structurer
: Les balises permettent aux programmes de représenter facilement les structures imbriquées.

La facilité du débogage
: Un format de données lisible par un humain qui peut facilement être consulté ou créé à l'aide d'un simple éditeur de texte.

L'indépendance du langage et de la plate-forme
: XML et Unicode garantissent que votre fichier de données sera portable sur toutes les combinaisons d'architecture et de langage utilisées actuellement.

En se basant sur ces avantages de base, XML permet d'envisager la mise en œuvre de nouveaux types d'application qui aurait été précédemment impossible (ou très coûteuse).

D'autres technologies cherchent également à réaliser cette compatibilité entre les programmes, mais elles utilisent des formats binaires. ASN.1 (*Abstract Syntax Notation One*) est probablement le plus avancé. L'ISO et ITU-T développent des normes pour travailler avec XML et ASN.1 *via* diverses combinaisons ; pour plus d'informations sur ces développements, reportez-vous à l'adresse *http://asn1.elibel.tm.fr/en/xml/*.

Environnements hétérogènes

Les applications industrielles modernes sont souvent composées de logiciels s'exécutant sur différents ordinateurs utilisant différents systèmes d'exploitation. Le choix d'un protocole de communication revient alors à trouver le plus petit dénominateur commun à chaque système. Avec le nombre important de parseurs XML pouvant être librement intégrés dans vos applications, XML devient un format populaire pour le partage de données d'entreprise.

Imaginez une application classique d'une entreprise devant, *via* un site web interne, fournir aux utilisateurs connectés des données provenant d'un ordinateur central. Dans ce cas, XML agit comme une « colle » qui relierait un serveur web à l'application spécifique de l'ordinateur central. L'application XML simple, jouant le rôle d'interface, reçoit des requêtes provenant du serveur web, communique avec l'application centrale, puis convertit le résultat en XML. En utilisant une technologie comme XSLT, le serveur web peut alors transformer le XML en un des formats utilisés par le Web. En adoptant XML comme langage commun dans le système d'informations, il devient plus facile de réutiliser des données existantes dans de nouveaux contextes.

Même sur des systèmes plus réduits, XML est utile pour partager des informations entre des applications écrites dans des langages différents ou fonctionnant dans différents environnements. Si un programme Perl et un programme Java doivent communiquer, produire et traiter du XML peut être la plus simple des solutions. XML peut également servir de format pour leurs communications ou fournir un pont pour d'autres systèmes devant entrer dans la conversation.

Communications

Construire un protocole de communication flexible pour relier des systèmes hétérogènes a toujours été un problème majeur en informatique. Avec la prolifération des réseaux et l'avènement de l'Internet, l'importance des systèmes répartis s'est encore accentuée.

Même si XML n'est qu'un format de données, et non un protocole, sa flexibilité et sa capacité d'utilisation indépendamment de la plate-forme ont inspiré de nouveaux développements dans le domaine des protocoles. La communication par messages XML a commencé avant même que la spécification de XML ne soit achevée, et les différentes formes de transmission de messages XML ont continué à évoluer.

Un des systèmes précurseurs, et toujours présent, transmet du XML au-dessus des requêtes POST HTTP. L'expéditeur construit un document XML, qu'il envoie de la même façon que les données d'un formulaire HTML. Le destinataire traite le XML et renvoie une réponse, elle aussi en XML. Certains développeurs ont créé des vocabulaires sur mesure pour ces transactions, alors que d'autres ont migré vers des vocabulaires normalisés tels que XML-RPC et SOAP.

XML-RPC est un protocole très simple. Il utilise des messages XML véhiculés par HTTP afin de représenter des appels de procédure à distance (RPC). Les messages XML identifient les méthodes, les paramètres et les résultats de l'appel à ces méthodes. Les documents XML utilisent un ensemble simple mais pertinent de types de données (comprenant les tableaux et les structures) pour passer l'information entre les ordinateurs. Pour plus d'informations sur XML-RPC, consultez le site *http://www.xmlrpc.com/*.

SOAP offre beaucoup plus de flexibilité que XML-RPC, mais il est aussi beaucoup plus complexe. SOAP (autrefois *Simple Object Access Protocol*, aujourd'hui cet acronyme n'a plus de signification) utilise XML pour encapsuler l'information envoyée entre les programmes. Désormais, SOAP n'est plus lié au protocole de transport HTTP, cependant celui-ci est généralement utilisé. Il offre une approche RPC et une approche orientée document, et emploie des types de données provenant de XML Schema (avec certaines extensions propres comme pour les tableaux) pour identifier les informations de type. SOAP est souvent associé à WSDL (*Web Services Description Language*) et UDDI (*Universal Description, Discovery, and Integration*) dans les discussions sur les « services web ». Pour plus d'informations sur SOAP et les services web, rendez-vous à *http://www.w3.org/2002/ws/*.

Certains développeurs favorisent l'utilisation de solutions autres que SOAP, basées sur HTTP et XML-RPC, en adhérant aux concepts de REST (*Representational State Transfer*). Pour plus d'informations sur cette approche architecturale et sur la perspective qu'elle offre, voyez *http://internet.conveyor.com/RESTwiki/moin.cgi*.

Le protocole BEEP (*Blocks Extensible Exchange Protocol*) possède une approche très différente de SOAP et de XML-RPC. Plutôt que de composer des documents voyageant au-dessus des protocoles existants, BEEP emploie XML pour construire des protocoles en se basant sur les sockets TCP. BEEP supporte non seulement la technique de message/réponse du modèle HTTP, mais aussi des modes de transmission synchrones et asynchrones plus complexes. Des messages SOAP peuvent être transmis au-dessus de BEEP. C'est aussi le cas pour une grande variété d'autres formats XML et pour l'information binaire. Plus d'informations sur BEEP sont disponibles à l'adresse *http://www.beepcore.org*.

Sérialisation d'objets

Comme pour le problème des communications, la question de savoir où et comment enregistrer l'état des objets persistants a été traitée de différentes façons au cours des années. Avec la large adoption des langages orientés objet, tels que C++ et Java, il est fréquent que le langage et l'environnement d'exécution se chargent des détails de la sérialisation. Cependant, ces technologies sont malheureusement antérieures à XML.

La plupart des méthodes de sérialisation existantes sont fortement dépendantes du langage et de l'architecture. L'objet sérialisé est le plus souvent enregistré dans un format binaire qui n'est pas lisible par un humain. Ces fichiers ne tolèrent aucune corruption de données. De plus, le maintien de la compatibilité entre versions, lorsque la représentation des objets change, demande un travail spécifique supplémentaire de la part du programmeur.

Les caractéristiques qui rendent XML populaire en tant que protocole de communication le rendent également populaire comme format de sérialisation d'objet. Il est alors facile de visualiser le contenu d'un objet, de le modifier manuellement et d'éventuellement le corriger s'il est endommagé. La nature flexible de XML permet au format du fichier d'être étendu *ad infinitum*, tout en conservant une compatibilité ascendante entres versions successives. La hiérarchie des balises XML constitue un moyen propre pour les structures d'objets imbriquées. Les conversions d'objets vers XML (et inversement) peuvent être raisonnablement transparentes. (Appliquer une structure XML arbitraire à des structures d'objet est un problème beaucoup plus complexe.)

Un certain nombre d'outils sérialisent des objets écrits dans divers environnements en tant que documents XML et peuvent recréer les objets à partir de XML. Par exemple, Java 1.4 ajoute une « API pour la persistance à long terme » à son paquetage `java.beans`, donnant aux développeurs une alternative à son obscur format binaire de sérialisation (toujours supporté). Le vocabulaire XML ressemble beaucoup à Java et il est clairement conçu pour être utilisé dans un cadre Java, même si d'autres environnements peuvent importer et exporter la sérialisation. Pour plus d'informations sur cette API et le XML généré, consultez *http://java.sun.com/j2se/1.4/docs/guide/beans/changes14.html#ltp*. L'architecture .NET de Microsoft fournit des fonctionnalités similaires, mais elle utilise une approche basée sur XML Schema.

Sauvegarde et chargement de données

La frontière séparant un fichier XML d'une base de données peut être floue. Bien que les documents XML soient trop verbeux et lents à parcourir pour la recherche d'informations, pour des applications de bases de données performantes, ils peuvent être utilisés comme moyen de stockage simple et autonome pour de petites bases de données.

XML peut jouer un rôle dans la communication entre les bases de données et tout autre logiciel, fournissant des morceaux d'informations sous forme réutilisable plus facilement qu'une réponse typique de requête. Côté client, les fichiers de données XML peuvent être utilisés pour alléger la charge des serveurs web, en déportant sur le navigateur internet de l'ordinateur de bureau certaines applications non transactionnelles de recherche et de récupération de données. Côté serveur, XML peut être utilisé comme un mécanisme alternatif pour fournir des résultats de requête.

XML trouve également une utilisation en tant que supplément à l'information stockée dans les bases de données relationnelles, et de plus en plus de bases de données incluent le support en natif de XML, non seulement comme format de réponse, mais aussi comme type de données. Le nombre de bases de données XML natives croît sans cesse. Celles-ci enregistrent des documents XML et fournissent des outils d'interrogation de données. Pour plus d'informations sur les nombreux outils de gestion des données XML disponibles, consultez l'adresse *http://www.rpbourret.com/xml/XMLDatabaseProds.htm*.

Développement de formats XML orientés données

En dépit de la maturité de la plupart des technologies de base concernant XML, le développement d'application XML est seulement reconnu maintenant comme une discipline à part entière. Beaucoup d'architectes et de développeurs XML tentent d'adapter des méthodologies de conception existantes (comme UML) ainsi que des modèles de conception pour construire des langages de balises. Cependant, il n'existe toujours pas de processus de conception largement reconnu.

> Le terme « application XML » est souvent employé dans un contexte XML pour décrire un vocabulaire XML pour un domaine particulier plutôt qu'un logiciel chargé de son traitement. Ce terme peut sembler un peu étrange aux développeurs ayant l'habitude de créer des applications logicielles, mais il se comprend si vous pensez à l'intégration d'une application logicielle avec une application XML, par exemple.

Les applications XML peuvent porter sur un vocabulaire propriétaire utilisé pour enregistrer de simples configurations d'un programme, comme elles peuvent également intervenir dans un standard industriel très répandu destiné au stockage de crédits de consommateurs. Les étapes de base de la création d'une nouvelle application XML sont décrites ci-dessous, même si les détails et parfois l'ordre peuvent changer :

- déterminez les besoins de l'application ;
- recherchez des applications existantes qui pourraient répondre à ces exigences ;
- choisissez un modèle de validation ;
- décidez d'une structure d'espace de noms ;
- prévoyez l'évolution (en termes d'extensions) de l'application ;
- considérez l'impact de la conception pour les développeurs de l'application ;
- déterminez comment les anciennes et les nouvelles versions de l'application coexisteront.

Les sections suivantes explorent plus en détails chacune de ces étapes.

Exigences d'une application basique

La première étape de la conception d'une nouvelle application XML est similaire à celle de beaucoup d'autres méthodologies. Avant que l'application puisse être conçue, il est important de déterminer exactement quels sont ses besoins. Il est nécessaire de répondre à quelques questions de base avant de poursuivre.

Où et comment les nouveaux documents seront-ils créés ?

Les documents créés automatiquement par un logiciel ou un serveur de base de données seront structurés différemment de ceux qui doivent être créés par des personnes *via* un éditeur XML. Un logiciel n'aura aucun problème pour produire 100 éléments avec des attributs et des correspondances complexes. Il n'en sera probablement pas de même pour une personne.

Si vous possédez une application ou un format défini auquel vous ajoutez du XML, vous avez certainement déjà des structures de données que vous adapterez au XML. Selon les autres besoins de votre application, vous devez être capable de baser votre format XML sur des structures existantes. Si vous partez d'une feuille blanche ou que vous devez échanger de l'information avec d'autres programmes qui ne partagent pas ces structures, vous devrez sans doute partir des données elles-mêmes et construire l'application en créant le XML autour de l'information.

Quelle sera la complexité du document ?

La complexité des données qui seront modélisées par le document XML a évidemment un impact sur la conception de l'application. Un document contenant quelques types d'éléments simples sera plus simple à décrire qu'un autre document qui contiendrait des douzaines d'éléments différents avec des contraintes importantes de type de données. La complexité d'une application affectera non seulement le type de validation à utiliser mais aussi la façon dont les documents seront créés et traités.

Comment les documents seront-ils utilisés ?

Si les documents XML utilisant un même vocabulaire sont uniquement échangés entre programmes semblables, il est intéressant de modéliser ces documents en s'inspirant directement des structures internes des programmes sans se soucier s'il serait facile ou difficile de les utiliser pour d'autres programmes ou pour des humains. À l'inverse, peut-être que les informations seront utilisées par une autre application, ou lues par une personne (pour mettre au point ou pour accéder directement à l'information), ou encore stockées pour une future utilisation. Dans ce cas, il est plus efficace d'assurer la facilité de lecture ou de traitement du document, même s'il est légèrement plus ardu à créer.

Les documents résultants seront-ils largement distribués ?

D'une façon générale, l'exploitation d'une nouvelle application XML est connue à l'avance. Certains documents sont créés et lus par la même application dans le même système. D'autres seront utilisés pour transmettre d'importantes informations entre systèmes d'informations de différentes organisations. D'autres encore sont créés pour la publication sur le Web et seront visualisés par des centaines ou même des milliers de personnes à travers le monde. Les formats XML qui seront largement partagés nécessitent une documentation complète, les rendant aisément disponibles aux utilisateurs potentiels. Les modèles formels de validation seront également plus importants pour les documents qui sont partagés au-delà d'une petite communauté de participants définis.

Cette structure de document sera-t-elle incorporée dans des applications externes ?

Certaines applications XML ne sont jamais utilisées en tant que tel, mais sont destinées à être incorporées dans d'autres applications XML. D'autres forment des standards par eux-mêmes, mais peuvent également être inclus dans d'autres applications. Voici quelques méthodes qui pourraient être employées pour intégrer un langage de balises provenant d'une application dans une autre :

Inclusion simple

Les balises provenant d'une application sont incluses dans un élément conteneur d'une autre application. Un exemple courant est l'inclusion d'un contenu XHTML dans un autre document.

Mélange d'éléments inclus

Les balises provenant d'une application sont mélangées « en ligne » avec le contenu d'une autre application. Cela peut compliquer la validation et rendre l'application qui inclut dépendante de tout changement survenant dans l'application incluse. Vous pourrez trouver un exemple de ce type d'application en examinant l'initiative GDA (*Global Document Annotation*) (*http://www.oasis-open.org/cover/gda.html*).

Mélange d'attributs inclus

Certaines applications XML sont composées d'attributs qui peuvent être attachés aux éléments de l'application hôte. *XML Linking* (XLink) est un exemple typique de ce type d'application. Il définit uniquement des attributs pouvant être utilisés dans d'autres vocabulaires.

Lorsque vous décidez de construire une nouvelle application, d'utiliser une application existante, ou une combinaison des deux, vous devez garder à l'esprit qu'il faut commencer par répondre à ces questions.

À la recherche de solutions disponibles

Avant de commencer à concevoir et à implémenter une nouvelle application XML, il est conseillé de prendre quelques minutes pour rechercher sur l'Internet ce qui existe déjà en la matière. Depuis la première version de la recommandation XML, réalisée en 1998, des milliers de nouvelles applications XML ont été développées autour de cette technologie. Bien que leur qualité et leur finition varient considérablement, il est souvent plus efficace de commencer avec une DTD ou un schéma existant (quelque soit son imperfection) plutôt que de partir d'une feuille blanche. Dans certains cas, des logiciels mettant en œuvre une définition XML donnée sont déjà disponibles et représentent par conséquent une économie de développement potentielle.

Développement d'un vocabulaire XML

Il est également possible que votre application puisse s'adapter à un framework générique existant, tel que XML-RPC ou SOAP. Vous devez, ou ne devez pas (selon le cas), créer votre propre vocabulaire XML. XML-RPC utilise uniquement son propre vocabulaire, alors que les différents modèles de SOAP peuvent vous permettre de réduire la quantité de travail que doit réaliser votre vocabulaire.

Plusieurs répertoires d'applications XML sont disponibles sur l'Internet. Un bon « meta-répertoire » de DTD et de schémas peut être trouvé sur le site d'O'Reilly consacré à XML *http://www.xml.com*. Ces répertoires énumèrent les applications de diverses disciplines, couvrant divers sujets, avec des conditions d'autorisation d'utilisation variables. Les « XML Cover Pages », situées à l'adresse *http://xml.coverpages.org*, fournissent également des informations sur une grande variété de vocabulaires, de logiciels et de projets connexes à XML. La recherche d'applications existantes peut également permettre de trouver des collaborateurs potentiels, parfois utiles si le format XML est destiné à être utilisé au travers de plusieurs organisations.

Prise en compte des évolutions

Certaines applications n'ont pas besoin d'évoluer avec le temps (un vocabulaire décrivant les brins de base d'ADN, par exemple), mais pour d'autres, il est intéressant de fournir un mécanisme permettant aux utilisateurs d'étendre l'application avec leurs propres besoins.

Celles basées sur des DTD apportent la possibilité de fournir une entité paramètre dans la définition du type de document. Elle peut être référencée ou redéfinie par une instance de ce document. Prenez la DTD simple montrée dans l'*exemple 15-1*.

Exemple 15-1. extensible.dtd

```
<!ENTITY % varContenu "(EMPTY)">
<!ELEMENT variable %varContenu;>
```

Cet extrait de code ne constitue pas une application très intéressante en soi, mais elle fournit une possibilité d'extension. L'auteur de document peut ainsi la rendre plus utile en fournissant une déclaration d'entité alternative pour le contenu de l'élément `variable`, comme dans l'*exemple 15-2*.

Exemple 15-2. Document étendant extensible.dtd

```
<?xml version="1.0"?>
<!DOCTYPE variable SYSTEM "extensible.dtd"
[
<!ENTITY % varContenu "(#PCDATA)">
]>
<variable>Contenu utile</variable>
```

Le langage XML Schema fournit un support plus complet et permet de mieux contrôler l'extension des langages à balises, notamment grâce aux éléments `extension`, `include`, `redefine` et `import`. Ces deux mécanismes peuvent être employés en conjonction pour créer des modèles d'application très puissants et très personnalisables.

Choix d'une méthode de validation

Lors de la conception d'une nouvelle application XML, la première décision importante d'implémentation concerne le type de validation (s'il y en a un) qui sera appliqué sur les instances du document. Dans beaucoup de cas, le prototypage d'un ensemble de documents d'exemple est la meilleure façon de déterminer quel niveau de validation doit être utilisé.

Si votre application sauvegarde simplement un certain état interne du programme entre ses différentes utilisations (telles que les positions de fenêtre ou des configurations de menu dans une application avec une interface utilisateur), il n'est pas vraiment nécessaire de se donner la peine de construire un schéma et de valider les documents. Ces documents de configuration étant toujours écrits et lus par le même programme, la structure est fixée par la logique du programme. La seule raison de valider de tels documents consisterait à détecter la corruption de fichier, qui génèrerait probablement une erreur (document mal formé) dans tous les cas.

Les documents XML échangés entre différents systèmes qui ne sont pas maintenus par la même équipe de développement, forment un exemple d'application exigeant un certain niveau de validation. Dans ce cas, une DTD ou un schéma peut servir de modèle définitif pour s'assurer que tous les systèmes envoient et reçoivent l'information dans les formats attendus.

Il est nécessaire d'avoir un type de validation très rigoureux lors du développement d'un nouveau standard XML qui sera mis en œuvre par beaucoup de vendeurs différents sans aucun contrôle ou restriction explicite. Par exemple, la norme XHTML 1.1 est spécifiée par une DTD très explicite et bien documentée, gérée par le W3C. Cette DTD publique permet à des vendeurs de logiciels utilitaires et d'applications de s'assurer que leurs systèmes pourront fonctionner tant que des instances de document conformes à la norme leur seront fournis.

Après avoir déterminé le niveau de validation pour une application particulière, il faut choisir le langage de validation. Le mécanisme de DTD de XML 1.0 est toujours le standard le plus largement supporté, même s'il manque de puissance expressive, exigée par certaines applications sophistiquées orientées données. La recommandation XML Schema du W3C, quant à elle, fournit des types très riches et des expressions de modèle de contenu, mais apporte également un niveau supplémentaire de complexité.

Les développeurs peuvent aussi fournir des DTD et des schémas XML, ou encore les combiner avec d'autres vocabulaires permettant de décrire les structures XML, en particulier RELAX NG (*http://www.oasis-open.org/committees/relax-ng/*) et Schematron (*http://www.ascc.net/xml/resource/schematron/schematron.html*). RDDL, décrit dans le chapitre 14, fournit un ensemble d'outils pour le support et l'explication de telles combinaisons de formats utilisant les espaces de noms.

Support des espaces de noms

Pratiquement, chaque application XML destinée à être partagée publiquement devrait inclure au moins un niveau de base de support d'espace de noms. Même si aucun projet n'est en cours pour réaliser une application particulière du document, il est beaucoup plus simple de mettre en œuvre les espaces de noms tout au début, plutôt que les appliquer rétroactivement sur une application existante.

Les espaces de noms affectent toute la gestion du document, depuis la manière dont il est validé, jusqu'à la façon dont il est transformé (en utilisant un langage de feuille de style comme XSLT). Voici quelques problèmes concernant les espaces de noms à considérer avant de choisir un URI et de commencer à travailler.

Les instances de document devront-elles être validées en employant une DTD ?

Si tel est le cas, une planification sur la façon dont les préfixes d'espace de noms seront assignés et incorporés dans la DTD est nécessaire. Les DTD n'intègrent pas les espaces de noms. Une utilisation stratégique d'entités de paramètre peut donc rendre les futures modifications de préfixes beaucoup plus simples.

Les balises de cette application seront-elles intégrées à d'autres applications ?

Si tel est le cas, il faut réfléchir aux collisions potentielles de noms de balises. L'approche la plus sûre consite à forcer chaque élément de votre application à être explicitement qualifié à l'aide d'un espace de noms. C'est possible avec un schéma XML, en positionnant les attributs `elementFormDefault` et `attributeFormDefault` de l'élément `schema` à `qualified`.

Existe-t-il d'anciens documents à supporter ?

Si une application doit valider les documents XML existants, une réflexion sur l'effort que cela implique est bienvenue. Dans la plupart des cas, le simple ajout d'une déclaration d'espace de noms par défaut sera suffisant. Cependant, si la nouvelle application inclut des balises provenant de différents espaces de noms, il faut penser à la façon de mettre à jour les anciens documents.

Maintenir la compatibilité

La compatibilité ascendante avec les documents existants est un point fondamental pour les applications XML largement utilisées par divers publics. Les difficultés auxquelles les organismes de normalisation font face en gérant la mise à jour d'une application populaire (telle que HTML) sont énormes. Même si la plupart des applications ne seront pas aussi répandues que HTML, une certaine réflexion préalable est nécessaire sur la façon dont les nouvelles versions d'un schéma ou d'une DTD interagiront avec les documents existants.

Une approche possible pour garantir la compatibilité ascendante est de créer un espace de noms nouveau et distinct. Il servira pour marquer les nouvelles déclarations d'élément ou peut-être pour changer l'espace de noms du document entier afin de refléter un changement de version substantiel. Une autre stratégie envisageable consiste à seulement *étendre* des applications existantes sans retirer les fonctionnalités antérieures. Le plus important est alors de s'assurer que chaque instance de document pour une application donnée possède un certain repère, aisément identifiable, qui l'associe avec une version particulière de la DTD ou du schéma. La bonne nouvelle vient de la nature fortement transformable de XML. Elle facilite en effet grandement le passage des formats des documents anciens vers les nouveaux formats de document.

Supprimer une fonctionnalité est possible, mais fréquemment difficile, une fois qu'un format est largement répandu. Une approche consiste à marquer une fonctionnalité comme désuète (l'inscrire comme destinée à être supprimée (deprecated) dans une ou plusieurs versions avant qu'elle ne le soit réellement). Alors que les fonctionnalités tombées en désuétude traînent souvent dans les implémentations longtemps après qu'elles n'aient été marquées comme supprimées, elles changent les attentes des développeurs construisant de nouvelles applications et rendent possibles, si le développement est lent, leur suppression.

Partage de vos formats XML

La création d'un format de données constitue souvent seulement la première étape du processus destiné à le rendre utile. Si un vocabulaire XML n'est utilisé que pour un processus particulier à l'intérieur d'un logiciel, il n'y pas vraiment de raison de fournir des informations sur son fonctionnement, excepté pour les futurs développeurs qui pourront travailler sur cette application. D'un autre côté, si le format de données est destiné à être largement utilisé par des personnes ou des organismes qui ne peuvent pas normalement interagir au-delà de l'échange des messages, alors il probablement utile de fournir beaucoup plus de support sur ce format.

Il y a une variété d'informations différentes sur un format de données qui sont fréquemment intéressantes pour le partage :

- une documentation lisible par l'homme, peut-être même dans plusieurs langues ;
- des schémas et des DTD formels définissant les structures et le contenu ;
- des feuilles de style et de transformation pour présenter les données ou les convertir d'un format vers un autre ;
- du code pour traiter les données, peut-être même dans une variété de langages ou d'environnements.

Les deux premières approches (documentation et schémas lisibles par l'homme) représentent typiquement les bases. Les définitions formelles et les commentaires bruts sur la façon de fonctionner sont souvent suffisants pour les formats utilisés par des programmeurs individuels ou des petits groupes. Cependant, le vaste partage de formats exige souvent davantage d'explications. Les feuilles de style et le code sont des options supplémentaires qui peuvent simplifier son adoption par les développeurs.

Le niveau approprié de publicité pour un vocabulaire XML peut varier considérablement, allant d'aucune publicité, à la création d'un document RDDL ou d'un site de support, en passant par l'enregistrement du format dans un des répertoires d'applications XML, ou encore la création d'un groupe de travail ou d'un consortium.

CHAPITRE 16

Schémas XML

Bien que les DTD renforcent les règles structurelles de base, beaucoup d'applications ont besoin d'une méthode de validation plus puissante et plus expressive. Le W3C a développé la recommandation XML Schema, publiée le 2 mai 2001 après une longue période d'incubation, pour répondre à ces besoins. Les schémas peuvent décrire des restrictions complexes sur des éléments et des attributs. Plusieurs schémas peuvent être combinés pour valider des documents qui utilisent différents vocabulaires XML. Ce chapitre fournit une rapide introduction aux usages et concepts des schémas XML du W3C.

Ce chapitre introduit progressivement les structures et concepts XML Schemas, en commençant par la structure principale commune à tous les schémas. Le chapitre débute par un schéma très simple et ajoute, au fur et à mesure, des fonctionnalités jusqu'à ce que toutes les caractéristiques XML Schema principales aient été introduites.

Vue d'ensemble

Un schéma est une description formelle du contenu d'un document valide. Un schéma XML est un document XML qui contient une description formelle du contenu d'un document XML valide. Un schéma du langage XML Schema du W3C est un schéma XML écrit dans la syntaxe particulière recommandée par le W3C.

> Dans ce chapitre quand nous utilisons le mot *schéma* sans précision supplémentaire, nous faisons référence spécifiquement à un schéma écrit dans le langage XML Schema du W3C. Cependant, il existe de nombreux autres langages de schémas XML, comme RELAX NG et Schematron, avec leurs propres forces et leurs propres faiblesses.

Un document XML décrit par un schéma est appelé une *instance de document*. Si un document satisfait toutes les contraintes spécifiées par le schéma, il est considéré *schéma valide*. Le document du schéma est associé avec une instance de document au travers d'une des méthodes suivantes :

- L'attribut `xsi:schemaLocation` d'un élément contient une liste d'espaces de noms utilisés à l'intérieur de cet élément et les URL des schémas à partir desquelles il est possible de valider les éléments de ces espaces de noms.
- L'attribut `xsi:noNamespaceSchemaLocation` contient l'URL du schéma utilisée pour valider les éléments n'appartenant à aucun espace de noms.
- Le parseur validant peut essayer de localiser le schéma en utilisant l'espace de noms de l'élément de l'une des façons suivantes : soit directement en cherchant un schéma associé à cet espace de noms, soit indirectement en cherchant un document RDDL associé à cet espace de noms ou de manière implicite en connaissant par avance quel schéma est applicable pour cet espace de noms.
- Un parseur validant peut recevoir des instructions pour valider un document donné à partir d'un schéma explicitement indiqué, ignorant toutes les instructions pouvant être fournies dans le document lui-même.

Schémas contre DTD

Les DTD offrent la possibilité de faire des validations simples sur les éléments suivants dans les documents XML :

- éléments imbriqués ;
- contraintes d'occurrence d'élément ;
- attributs autorisés ;
- types d'attribut et valeurs par défaut.

Toutefois, les DTD ne fournissent pas de contrôle précis sur le format et les types de données d'un élément, ainsi que sur les valeurs d'attribut.

En dehors de quelques types d'attribut particuliers (`ID`, `IDREF`, `ENTITY`, `NMTOKEN` et ainsi de suite), lorsqu'un élément ou un attribut a été déclaré contenant des données caractères, aucune limitation ne peut être imposée sur la longueur, le type ou le format de ce contenu. Pour les documents narratifs (tels que les pages web, les chapitres d'un livre, les bulletins d'informations, etc), ce niveau de contrôle est probablement suffisant.

Mais comme XML fait une incursion dans des applications plus orientées données (comme les services web utilisant SOAP), un contrôle plus précis sur le contenu du texte des éléments et des attributs devient important. Le standard XML Schema du W3C inclut les caractéristiques suivantes :

- types de donnée simple et complexe ;
- dérivation de type et héritage ;

- contraintes d'occurrences d'élément ;
- déclarations d'éléments et d'attributs supportant les espaces de noms.

La plus importante des ces caractéristiques est l'ajout des types de donnée simple pour les données analysées et les valeurs d'attribut. À la différence des DTD, les schémas peuvent imposer des règles spécifiques sur les contenus des éléments et des attributs. En plus d'un large choix de types simples définis (comme `string`, `integer`, `decimal` et `dateTime`), le langage de schéma propose un mécanisme pour la déclaration de nouveaux types de données à partir d'anciens types et en réutilisant des types d'autres schémas.

Au-delà des types de donnée simple, les schémas autorisent des restrictions plus explicites sur le nombre et la séquence de sous-éléments pouvant apparaître à un endroit précis. Cela reste vrai même lorsque les éléments sont mélangés avec des données, contrairement au modèle de contenu mixte (`#PCDATA`) supporté par les DTD.

Peu de choses faites par les DTD ne peuvent pas l'être par XML Schema. Définir des entités générales pour une utilisation dans des documents est l'une d'entre elles. Les inclusions XML (XInclude) peuvent être capables de remplacer quelques utilisations des entités générales, mais les DTD restent extrêmement pratiques pour les entités courtes.

Considérations sur les espaces de noms

Comme les documents XML sont échangés entre différentes personnes et organisations autour du monde, l'utilisation adéquate des espaces de noms devient critique pour éviter des incompréhensions. Selon le type de document observé, un élément simple comme `<nomComplet>Zoe</nomComplet>` pourrait avoir des significations largement différentes. Cela pourrait être le nom d'une personne, le nom d'un animal familier ou le nom d'un bateau récemment amarré. En associant chaque élément à l'URI d'un espace de noms, il est possible de faire la distinction entre deux éléments ayant le même nom local.

Comme la recommandation *Namespace in XML* a été publiée après la recommandation XML 1.0, les DTD ne proposent pas de support explicite pour la déclaration d'applications XML supportant les espaces de noms. À la différence des DTD (où les déclarations d'éléments et d'attributs doivent inclure un préfixe d'espace de noms), les schémas procèdent à la validation à partir de la combinaison de l'URI de l'espace de noms et du nom local plutôt qu'à partir du nom préfixé.

Les espaces de noms sont également utilisés dans les instances de document pour inclure des directives pour le processeur de schéma. Par exemple, les attributs spécifiques utilisés pour associer un élément à un schéma (`schemaLocation` et `noNamespaceSchemaLocation`) doivent être associés à l'URI officiel de l'espace de noms d'une instance XML Schema (`http://www.w3.org/2001/XMLSchema-instance`) afin que le processeur de schéma le reconnaisse comme une de ses instructions.

L'essentiel sur les schémas

Cette section va construire, pas à pas, le document d'un schéma simple représentant l'entrée d'un carnet d'adresses, en introduisant, au besoin, les différentes caractéristiques du langage XML Schema. L'*exemple 16-1* montre un document XML bien formé très simple :

Exemple 16-1. adressedoc.xml

```
<?xml version="1.0" encoding="ISO-8859-1"?>
<nomComplet>Scott Means</nomComplet>
```

En supposant que l'élément `nomComplet` puisse seulement contenir une simple valeur de chaîne de caractères, le schéma pour ce document pourrait ressembler à l'*exemple 16-2.*

Exemple 16-2. adresse-schema.xsd

```
<?xml version="1.0" encoding="ISO-8859-1"?>
<xs:schema xmlns:xs="http://www.w3.org/2001/XMLSchema">
 <xs:element name="nomComplet" type="xs:string"/>
</xs:schema>
```

Il est également fréquent d'associer l'instance de document d'exemple de manière explicite avec le document du schéma. Vu que l'élément `nomComplet` n'est dans aucun espace de noms, l'attribut `xsi:noNamespaceSchemaLocation` est utilisé comme dans l'*exemple 16-3.*

Exemple 16-3. adressedoc.xml avec la référence à un schéma

```
<?xml version="1.0" encoding="ISO-8859-1"?>
<nomComplet xmlns:xsi="http://www.w3.org/2001/XMLSchema-instance"
  xsi:noNamespaceSchemaLocation="adresse-schema.xsd">Scott Means</nomComplet>
```

Valider le document simple à partir de son schéma nécessite un parseur XML validant qui supporte les schémas comme le parseur *open source* Xerces du projet XML d'Apache (*http://xml.apache.org/xerces-j/*). Il est écrit en Java et intègre un programme en ligne de commande, `dom.DOMWriter`, pouvant être utilisé pour valider *adressedoc.xml* de la manière suivante :

```
% java dom.DOMWriter -V -S adressedoc.xml
```

Tant que le document est valide, `DOMWriter` affichera tout simplement le document source sur la sortie standard. Un document invalide amènera le parseur à générer un message d'erreur. Par exemple, l'ajout des éléments `b` au contenu de l'élément `nomComplet` enfreint les règles du schéma :

```
<?xml version="1.0" encoding="ISO-8859-1"?>
<nomComplet xmlns:xsi="http://www.w3.org/2001/XMLSchema-instance"
  xsi:noNamespaceSchemaLocation="adresse-schema.xsd">
  Scott <b>Means</b></nomComplet>
```

Si ce document avait été validé avec `DOMWriter`, les erreurs de validité suivantes auraient été détectées par Xerces :

```
[Error] adressedoc.xml:4:13: Element type "b" must be declared.
[Error] adressedoc.xml:4:31: Datatype error: In element 'nomComplet' : Can not
have element children within a simple type content.
```

Structuration d'un document

Maintenant que nous avons un schéma de base et un document valide à partir desquels travailler, il est temps d'examiner la structure d'un document de schéma et son contenu. Chaque document de schéma se compose d'un seul élément racine `xs:schema`. Cet élément contient les déclarations de tous les éléments et attributs qui doivent apparaître dans une instance de document valide.

> Les éléments XML qui composent un schéma XML doivent appartenir à l'espace de noms XML Schema (*http://www.w3.org/2001/XMLSchema*), fréquemment associé au préfixe `xs:`. Pour le reste de ce chapitre, tous les éléments du schéma seront écrits en utilisant le préfixe `xs:` pour indiquer qu'ils appartiennent à l'espace de noms du schéma. Les éléments de l'instance déclarés par les éléments de haut niveau dans le schéma (sous-éléments directs de l'élément `xs:schema`) sont considérés comme des éléments globaux. Par exemple, le schéma simple dans l'*exemple 16-2* déclare de manière globale un élément : `nomComplet`. D'après les règles de construction d'un schéma, tout élément déclaré de manière globale peut apparaître comme élément racine de l'instance de document.

Dans le cas présent, puisqu'un seul élément a été déclaré, cela ne devrait pas être un problème. Mais lors de la rédaction de schémas plus complexes, cet effet secondaire doit être pris en compte. Si plus d'un élément est déclaré globalement, un document schéma valide peut ne pas contenir l'élément racine que vous attendez.

Les conflits de nommage sont un autre problème potentiel avec les déclarations globales multiples. Lors de la rédaction des déclarations d'un schéma, déclarer deux choses de même type et de même portée est une erreur. Par exemple, essayer de déclarer deux éléments globaux `nomComplet` entraînera une erreur. Mais déclarer un élément et un attribut avec le même nom n'entraînera aucun conflit, car les deux noms ne sont pas utilisés de la même façon.

Annotations

Maintenant qu'un schéma opérationnel est disponible, il est de bonne pratique d'inclure de la documentation sur la personne qui l'a écrit, son rôle, les restrictions de droits d'auteur, etc. Puisque le document d'un schéma XML est un document XML à part entière, une solution simple aurait été d'utiliser les commentaires XML pour inclure de la documentation.

L'inconvénient majeur lié à l'utilisation des commentaires XML est que les parseurs ne sont pas obligés de les conserver intacts lors de l'analyse des documents, et les applications ont beaucoup à faire pour négocier leurs structures internes. Cela augmente la probabilité que, à un certain point, des documentations importantes soient perdues lors de simples transformations ou de procédures d'édition. Rédiger une documentation à partir de marqueurs inclus avec les déclarations d'élément et de type dont ils dépendent augmente à l'infini les possibilités d'une génération automatique de documentation.

Pour s'adapter à cette information supplémentaire, la plupart des éléments d'un schéma peuvent contenir un élément optionnel `xs:annotation` comme premier sous-élément. L'élément d'annotation peut alors contenir n'importe quelle combinaison d'éléments `xs:documentation` et `xs:appinfo`, disponibles pour contenir de l'information supplémentaire lisible aussi bien par les hommes et que par les machines.

L'élément xs:documentation

Comme exemple concret, ajoutons à notre document de schéma simple quelques informations sur les auteurs et les droits d'usage comme proposé dans l'*exemple 16-4.*

Exemple 16-4. adresse-schema.xsd avec des annotations

```
<xs:schema xmlns:xs="http://www.w3.org/2001/XMLSchema">

 <xs:annotation>
  <xs:documentation xml:lang="fr">
    Exemple de schéma simple issu de
    <a href="http://www.oreilly.com/catalog/xmlnut">XML in a Nutshell</a>
    de chez O'Reilly. Copyright 2002 O'Reilly &amp; Associates
  </xs:documentation>
 </xs:annotation>

 <xs:element name="nomComplet" type="xs:string"/>

</xs:schema>
```

L'élément `xs:documentation` autorise un attribut `xml:lang` pour identifier la langue de ce court message. Cet attribut peut aussi être appliqué à l'élément `xs:schema` pour établir la langue par défaut pour le document entier. Pour plus d'informations sur l'utilisation de l'attribut `xml:lang`, reportez-vous aux chapitres 5 et 20.

Vous pouvez également observer que l'élément documentation contient un marqueur supplémentaire : un élément a (à la HTML). L'élément `xs:documentation` est autorisé à contenir n'importe quel XML bien-formé, et pas seulement les éléments du schéma. La section *Autoriser n'importe quel contenu* plus loin dans ce chapitre explique la façon de le faire dans vos propres documents.

L'élément xs:appinfo

En vérité, il y a une petite différence entre l'élément `xs:documentation` et l'élément `xs:appinfo`. L'un et l'autre peuvent contenir n'importe quelle combinaison de données et de marqueurs que l'auteur du schéma veut inclure. Mais les promoteurs des spécifications des schémas destinaient l'élément `xs:documentation` à contenir un contenu lisible par une personne, alors que l'élément `xs:appinfo` contiendrait des extensions d'information spécifiques à l'application en rapport avec un élément particulier du schéma.

Par exemple, disons qu'il est nécessaire de proposer un texte d'aide contextuelle pour tous les éléments décrits dans le schéma. Ce texte pourrait être utilisé pour générer des bulles d'aide dans une IHM ou un choix système dans une boîte aux lettres vocale. Dans l'un ou l'autre cas, il serait très pratique d'associer cette information directement avec l'élément en question en utilisant `xs:appinfo`, comme cela :

```
. . .
<xs:element name="nomComplet" type="xs:string">
  <xs:annotation>
    <xs:appinfo>
      <texte-aide>Entrez le nom complet de la personne.</texte-aide>
    </xs:appinfo>
  </xs:annotation>
 </xs:element>
. . .
```

Bien que les schémas autorisent l'expression de règles très sophistiquées et performantes, ils ne peuvent pas couvrir chaque besoin imaginable qu'un développeur de schémas peut rencontrer. C'est pourquoi il est important de se rappeler qu'il existe un mécanisme qui peut être utilisé pour inclure vos propres informations spécifiques à l'application directement dans les déclarations de schémas.

> Schematron est particulièrement bien adapté pour utiliser les annotations et il est capable de vérifier un grand nombre de situations bien au-delà des limites des schémas XML. Pour plus d'informations sur Schematron, consultez *http://www.ascc.net/xml/resource/schematron/schematron.html.*

Déclarations d'éléments

Les documents XML sont principalement composés d'éléments imbriqués, et l'élément `xs:element` est l'une des déclarations les plus souvent utilisées dans les schémas classiques. L'exemple simple de schéma inclut déjà la déclaration d'un élément global qui indique au processeur de schémas que les instances doivent se composer d'un seul élément appelé `nomComplet` :

```
<xs:element name="nomComplet" type="xs:string">
```

Cette déclaration utilise deux attributs pour décrire l'élément qui peut se présenter dans une instance : `name` et `type`. L'attribut `name` parle de lui-même, mais l'attribut `type` demande quelques explications complémentaires.

Types simples

Les schémas supportent deux types différents de contenu : simple et complexe. Le contenu simple est similaire aux types de donnée de base qui sont trouvés dans la plupart des langages modernes de programmation (chaînes de caractères, entier, date, heure, etc.). Les types simples ne peuvent pas, par définition, contenir d'éléments imbriqués.

Dans l'exemple précédent, la paire attribut/valeur `type="xs:string"` indique au processeur de schéma que cet élément ne peut contenir qu'un contenu simple de type prédéfini `xs:string`. Le *tableau 16-1* établit une liste représentative des types de donnée prédéfinis qui sont définis dans les spécifications des schémas. Consultez le chapitre 21 pour une liste complète.

Tableau 16-1. Types prédéfinis des schémas simples

Type	*Description*
`anyURI`	Un URI (Uniform Resource Identifier).
`base64Binary`	Données binaires encodées en Base64.
`boolean`	Peut contenir soit vrai ou faux, soit 0 ou 1.
`byte`	Valeur signée comprise entre -128 et 127.
`dateTime`	Combinaison de valeur d'une date absolue et d'une heure absolue.
`duration`	Quantité relative de temps, exprimée dans les unités année, mois, jour, heure, etc.
`ID, IDREF, IDREFS, ENTITY, ENTITIES, NOTATION, NMTOKEN, NMTOKENS`	Valeurs identiques à celles définies dans la section de déclaration d'attributs des recommandations XML 1.0.
`integer`	N'importe quel nombre positif ou négatif.
`language`	Peut contenir les mêmes valeurs que l'attribut xml:lang des spécifications XML 1.0.
`name`	Un nom XML.
`normalizedString`	Chaîne avec des caractères nouvelle ligne, tabulation et retour chariot normalisés par des espaces blancs.
`string`	Chaîne de caractères Unicode.
`token`	Identique à `normalizedString` avec des espaces multiples compactés et sans les espaces blancs de début et de fin.

Comme les valeurs d'attribut ne peuvent pas contenir d'éléments, les attributs doivent toujours être déclarés avec des types simples. Aussi, un élément déclaré comme type simple ne peut avoir aucun attribut. Cela signifie que si un attribut doit être ajouté à l'élément `nomComplet`, certains changements significatifs à la déclaration de l'élément sont nécessaires.

Déclarations d'attributs

Pour rendre l'élément `nomComplet` plus instructif, il serait bon d'ajouter un attribut de langue pour fournir un conseil sur la façon de le prononcer. Bien que le fait d'ajouter un attribut à un élément semble être une action facile, elle est rendue compliquée par le fait que les éléments avec des types simples (comme `xs:string`) ne peuvent pas avoir de valeurs d'attribut.

Les attributs sont déclarés en utilisant l'élément `xs:attribute`. Les attributs peuvent être déclarés globalement par des éléments `xs:attribute` de haut niveau (qui pourront être référencés de n'importe où dans le schéma) ou localement comme partie d'une définition de type complexe associée à un élément particulier.

Pour associer un attribut `langue` à la déclaration de l'élément `nomComplet`, un nouveau type complexe basé sur le type prédéfini `xs:string` doit être créé. Pour faire cela, trois nouveaux éléments de schéma doivent être utilisés: `xs:complexType`, `xs:simpleContent` et `xs:extension`:

```
<xs:element name="nomComplet">

  <xs:complexType>
    <xs:simpleContent>
      <xs:extension base="xs:string">
        <xs:attribute name="langue" type="xs:language"/>
      </xs:extension>
    </xs:simpleContent>
  </xs:complexType>

</xs:element>
```

Cette déclaration n'a plus d'attribut `type`. Au lieu de cela, elle contient un sous-élément `xs:complexType`. Cet élément indique au processeur de schéma que l'élément `nomComplet` peut avoir des attributs, l'élément `xs:simpleContent`, quant à lui, indique au processeur que le contenu de l'élément est un type simple. Pour définir le contenu de type simple, il utilise l'attribut `base` de l'élément `xs:extension` pour *dériver* un nouveau type du type prédéfini `xs:string`. L'élément `xs:attribute` à l'intérieur de l'élément `xs:extension` indique que ce type dérivé peut avoir un attribut nommé `langue` qui contient des valeurs respectant le type simple prédéfini `xs:language` (indiqué dans le *tableau 16-1*). La dérivation de type est une partie importante de la création de schéma et sera détaillée plus loin dans ce chapitre.

Groupes d'attributs

Dans les DTD, les entités paramètres sont employées pour encapsuler les déclarations des groupes répétés d'attributs qui sont partagées par les différents types d'élément. Les schémas proposent une fonctionnalité similaire dans un mode un peu plus formel en utilisant l'élément `xs:attributeGroup`.

Un groupe d'attributs est simplement un groupe nommé de déclarations `xs:attribute` (ou de références à d'autres groupes d'attributs) pouvant être référencé à l'intérieur d'une définition de type complexe. Le groupe d'attributs doit être déclaré comme élément global avec un attribut `name`. Ce groupe est référencé dans une définition de type complexe en ajoutant un autre élément `xs:attributeGroup` avec un attribut `ref` qui correspond au nom du groupe d'attributs de haut niveau souhaité.

Dans le schéma `nomComplet`, un groupe d'attributs pourrait être utilisé pour créer un ensemble d'attributs relatifs à la nationalité de la personne. Cet ensemble d'attributs pourrait être utilisé pour de nombreux éléments, y compris l'élément `nomComplet`, sans répéter les mêmes déclarations d'attributs. Ainsi, si il était nécessaire par la suite d'étendre cet ensemble d'attributs, cela pourrait être fait à un seul endroit :

```
<xs:element name="nomComplet">
. . .
      <xs:extension base="xs:string">
        <xs:attributeGroup ref="nationalité"/>
      </xs:extension>
. . .
</xs:element>

<xs:attributeGroup name="nationalité">
  <xs:attribute name="langue" type="xs:language"/>
</xs:attributeGroup>
```

Travailler avec les espaces de noms

Jusque-là, les espaces de noms ont seulement été considérés pour lier le processeur de schémas et le langage de schéma lui-même. Mais la spécification des schémas a été écrite avec pour objectif que les schémas puissent supporter et décrire les espaces de noms XML. Dans un modèle idéal, n'importe quel parseur XML accédant à l'Internet devrait être capable de valider n'importe quel document XML, en lui donnant seulement l'espace de noms du document. En fait, le standard RDDL (*Resource Directory Description Language*) est une tentative pour construire une base qui permettra cette fonctionnalité, et qui est décrite en détail au chapitre 14.

Espaces de noms cibles

Associer un schéma avec un espace de noms XML particulier est extrêmement simple : ajoutez un attribut `targetNamespace` à l'élément racine `xs:schema`, comme ceci :

```
<xs:schema xmlns:xs="http://www.w3.org/2001/XMLSchema"
  targetNamespace="http://namespaces.oreilly.fr/xmlnut2/adresse">
```

Les adresses indiquées sont données à titre d'exemple. L'URI désignant l'espace de noms ne correspond à aucun emplacement réel.

Il est important de se rappeler que de nombreux documents XML 1.0 ne sont pas du tout associés à des espaces de noms. Pour valider ces documents, il est nécessaire d'utiliser un schéma qui ne possède aucun attribut `targetNamespace`. Lors de la rédaction de schémas qui ne sont pas associés à un espace de noms cible, vous devez explicitement qualifier les éléments du schéma (comme `xs:element`) pour empêcher toute confusion avec les déclarations globales de votre application.

Cependant, faire ce simple changement a un impact sur de nombreuses autres parties de l'application d'exemple. Essayer de valider le document `adressedoc.xml` comme il est (avec l'attribut `xsi:noNamespaceSchemaLocation`) amène le processeur de schéma Xerces à faire état de cette erreur de validité :

```
General Schema Error: Schema in adresse-schema.xsd has a different target
namespace from the one specified in the instance document :.
```

Pour corriger cela, il est nécessaire de changer l'instance de document pour référencer correctement le nouveau schéma autorisant l'espace de noms. Cela se fait en utilisant l'attribut `xsi:schemaLocation`, comme suit :

```
<nomComplet xmlns:xsi="http://www.w3.org/2001/XMLSchema-instance"
  xsi:schemaLocation="http://namespaces.oreilly.fr/xmlnut2/adresse
    adresse-schema.xsd"
  langue="fr">Scott Means</nomComplet>
```

Remarquez que la valeur de l'attribut `schemaLocation` contient deux atomes. Le premier est l'URI de l'espace de noms cible, qui correspond à l'espace de noms cible du schéma. Le second est l'emplacement physique du document de schéma réel.

Malheureusement, il subsiste encore des problèmes. Si ce document est validé, le validateur reportera des erreurs telles que :

```
Element type "nomComplet" must be declared.
Attribute "langue" must be declared for element type "nomComplet".
```

Et cela parce que, bien que l'emplacement du schéma ait été déclaré, l'élément n'appartient pas réellement à un espace de noms. Un espace de noms par défaut doit être déclaré ou un préfixe d'espace de noms qui correspond à l'espace de noms cible du schéma est utilisé. Le document suivant utilise un espace de noms par défaut :

```
<nomComplet xmlns:xsi="http://www.w3.org/2001/XMLSchema-instance"
  xsi:schemaLocation="http://namespaces.oreilly.fr/xmlnut2/adresse
    adresse-schema.xsd"
```

```
    xmlns="http://namespaces.oreilly.fr/xmlnut2/adresse"
    langue="fr">Scott Means</nomComplet>
```

Mais avant que ce document puisse être validé avec succès, il est nécessaire de résoudre un autre problème, apparu lorsqu'un espace de noms cible a été ajouté au schéma. Dans la déclaration de l'élément `nomComplet`, une référence au groupe d'attributs `nationalité` est présente. En associant ce schéma avec l'espace de noms cible, chaque déclaration globale a été associée implicitement avec cet espace de noms. Cela signifie que l'attribut `ref` de l'élément de groupe d'attributs dans la déclaration de l'élément doit être mis à jour pour désigner un groupe d'attributs qui appartient au nouvel espace de noms cible.

La façon la plus simple de le faire est de déclarer un nouveau préfixe d'espace de noms dans le schéma qui pointe vers l'espace de noms cible et de l'utiliser pour préfixer toute référence à des déclarations locales.

```
<xs:schema xmlns:xs="http://www.w3.org/2001/XMLSchema"
  targetNamespace="http://namespaces.oreilly.fr/xmlnut2/adresse"
  xmlns:adr="http://namespaces.oreilly.fr/xmlnut2/adresse">
. . .
        <xs:attributeGroup ref="adr:nationalité"/>
. . .
```

Maintenant que ces trois changements simples ont été faits, le document sera de nouveau validé correctement à partir du schéma.

> La leçon évidente à tirer de cela est que les espaces de noms devraient être intégrés au plus tôt dans la conception de vos schémas. Sinon, cela impliquera beaucoup de nettoyage, à commencer par les différentes hypothèses faites et qui ne sont plus valides.

Contrôle de la qualification

Un des principaux soucis avec les DTD est qu'elles ne supportent pas les préfixes des espaces de noms puisqu'elles précèdent *les espaces de noms dans la recommandation XML*. Bien que la recommandation *Namespaces in XML* ait expliqué avec grande peine que les préfixes étaient seulement des paramètres fictifs et que seuls les URI d'espace de noms avaient de l'importance, il aurait été pénible et maladroit de concevoir une DTD pouvant supporter des préfixes arbitraires. Les schémas corrigent cela en validant à partir des URI d'espace de noms et des noms locaux plutôt qu'à partir des noms préfixés.

Les attributs `elementFormDefault` et `attributeFormDefault` de l'élément `xs:schema` vérifient que les éléments et attributs déclarés localement sont qualifiés par un espace de noms à l'intérieur des instances de document. Imaginez que l'attribut `attributeFormDefault` soit positionné à `qualified` dans le schéma de cette manière :

```
<xs:schema xmlns:xs="http://www.w3.org/2001/XMLSchema"
  targetNamespace="http://namespaces.oreilly.fr/xmlnut2/adresse"
```

```
    xmlns:adr="http://namespaces.oreilly.fr/xmlnut2/adresse"
    attributeFormDefault="qualified">
```

Maintenant, si `adressedoc.xml` est validé à partir de son schéma, le validateur reporte l'erreur suivante :

```
Attribute "langue" must be declared for element type "nomComplet".
```

Puisque la forme de l'attribut par défaut a été positionnée à `qualified`, le processeur de schéma ne reconnaît pas l'attribut `langue` non qualifié comme appartenant au même schéma que l'élément `nomComplet`. En effet, les attributs, à la différence des éléments, n'héritent pas de l'espace de noms par défaut porté par l'attribut `xmlns="..."`. Ils doivent toujours être explicitement préfixés s'ils ont besoin d'appartenir à un espace de noms particulier.

La façon la plus facile de corriger l'instance de document est de déclarer un préfixe d'espace de noms explicite et de l'utiliser pour qualifier les éléments et attributs, comme cela est montré dans l'*exemple 16-5*.

Exemple 16-5. adressedoc.xml avec un préfixe d'espace de noms explicite

```
<?xml version="1.0" encoding="ISO-8859-1"?>
<adr:nomComplet xmlns:xsi="http://www.w3.org/2001/XMLSchema-instance"
  xsi:schemaLocation="http://namespaces.oreilly.fr/xmlnut2/adresse
    adresse-schema.xsd"
  xmlns:adr="http://namespaces.oreilly.fr/xmlnut2/adresse"
  adr:langue="fr">Scott Means</adr:nomComplet>
```

L'attribut `elementFormDefault` assure la même fonction pour la qualification de l'espace de noms des éléments imbriqués. S'il est positionné à `qualified`, les éléments imbriqués doivent appartenir à l'espace de noms cible du schéma (que ce soit au travers d'une déclaration d'espace de noms par défaut ou d'un préfixe explicite).

Types complexes

Schémas XML

Un schéma fournit un type à chaque élément et attribut qu'il déclare. Dans l'*exemple 16-5*, l'élément `nomComplet` possède un *type complexe*. Les éléments avec des types complexes peuvent contenir des éléments imbriqués et avoir des attributs. Seuls les éléments peuvent avoir des types complexes. Les attributs ont toujours des types simples.

Puisque le type est déclaré *via* un élément `xs:complexType` associé directement à la déclaration de l'élément, c'est *un type anonyme* plutôt qu'un *type nommé*.

Les nouveaux types sont définis en utilisant les éléments `xs:complexType` ou `xs:simpleType`. Si un nouveau type est déclaré globalement avec un élément de haut niveau, il est nécessaire de lui attribuer un nom de telle manière qu'il puisse être référencé à partir des déclarations d'éléments et d'attributs dans le schéma. Si un type est déclaré en ligne (à l'intérieur de la déclaration d'un élément ou d'un attribut), il n'a pas besoin d'être nommé. Mais puisqu'il n'a pas de nom, il ne peut pas être référencé par d'autres déclarations d'éléments ou d'attributs. Lors de la construction de schémas importants et complexes, les types de données auront besoin d'être partagés entre différents éléments. Pour faciliter cette réutilisation, il est nécessaire de créer des types nommés.

Pour montrer comment les types nommés et le contenu complexe interagissent, développons le schéma de l'exemple. Un nouvel élément adresse contiendra l'élément nomComplet, et le nom de la personne sera séparé en un composant prénom et nom. Une instance de document caractéristique pourrait ressembler à l'*exemple 16-6*.

Exemple 16-6. adressedoc.xml après l'ajout des éléments adresse, prénom et nom

```
<?xml version="1.0" encoding="ISO-8859-1"?>
<adr:adresse xmlns:xsi="http://www.w3.org/2001/XMLSchema-instance"
    xsi:schemaLocation="http://namespaces.oreilly.fr/xmlnut2/adresse
      adresse-schema.xsd"
    xmlns:adr="http://namespaces.oreilly.fr/xmlnut2/adresse"
    adr:langue="fr">
  <adr:nomComplet>
    <adr:prénom>Scott</adr:prénom>
    <adr:nom>Means</adr:nom>
  </adr:nomComplet>
</adr:adresse>
```

Afin de s'adapter à ce nouveau format, d'importants changements structurels du schéma sont nécessaires, comme proposé dans l'*exemple 16-7*.

Exemple 16-7. adresse-schema.xsd supportant l'élément adresse

```
<xs:schema xmlns:xs="http://www.w3.org/2001/XMLSchema"
  targetNamespace="http://namespaces.oreilly.fr/xmlnut2/adresse"
  xmlns:adr="http://namespaces.oreilly.fr/xmlnut2/adresse"

  attributeFormDefault="qualified" elementFormDefault="qualified">
<xs:element name="adresse">
  <xs:complexType>
    <xs:sequence>
      <xs:element name="nomComplet">
        <xs:complexType>
          <xs:sequence>
            <xs:element name="prénom" type="adr:nomComposant"/>
            <xs:element name="nom" type="adr:nomComposant"/>
          </xs:sequence>
        </xs:complexType>
      </xs:element>
    </xs:sequence>
  <xs:attributeGroup ref="adr:nationalité"/>
  </xs:complexType>
 </xs:element>
```

Exemple 16-7. adresse-schema.xsd supportant l'élément adresse (suite)

```
  <xs:complexType name="nomComposant">
   <xs:simpleContent>
     <xs:extension base="xs:string"/>
   </xs:simpleContent>
  </xs:complexType>
</xs:schema>
```

La principale différence entre ce schéma et la version précédente est que le nom de l'élément racine a changé de `nomComplet` à `adresse`. Le même résultat aurait pu être obtenu en créant une nouvelle déclaration d'élément de haut niveau pour le nouvel élément `adresse`, mais cela aurait ouvert une brèche permettant à une instance de document valide de contenir seulement un élément `nomComplet` et rien d'autre.

Dans la déclaration de l'élément `adresse`, un nouveau type complexe anonyme est déclaré. À la différence de l'ancienne déclaration, ce type est déclaré pour contenir un contenu complexe en utilisant l'élément `xs:sequence`. L'élément de séquence indique au processeur de schéma que la liste d'éléments contenus doit apparaître dans le document cible dans l'ordre exact où ils sont déclarés. Dans ce cas, la séquence ne contient qu'une déclaration d'élément.

La déclaration de l'élément imbriqué est pour l'élément `nomComplet`, qui reproduit à nouveau le processus de déclaration de `xs:complexType` et `xs:sequence`. À l'intérieur de cette séquence imbriquée, deux déclarations d'éléments apparaissent pour les éléments `prénom` et `nom`.

Ces deux déclarations, à la différence de toute déclaration d'éléments antérieure, référencent explicitement un nouveau type complexe déclaré dans le schéma, le type `adr:nomComposant`. Il est pleinement qualifié pour le différencier lors d'éventuels conflits avec des types de donnée prédéfinis de schéma.

Le type `nomComposant` est déclaré par l'élément `xs:complexType` suivant immédiatement la déclaration de l'élément `adresse`. Il est identifié comme un type nommé par la présence de l'attribut `name`, mais pour tout le reste il est construit de la même façon que si cela avait été un type anonyme.

Contraintes d'occurrence

La caractéristique des schémas qui devrait être la bienvenue pour les développeurs de DTD, est la possibilité d'indiquer explicitement le nombre minimum et maximum de fois où un élément peut apparaître à un endroit particulier dans un document en utilisant les attributs `minOccurs` et `maxOccurs` de l'élément `xs:element`. Par exemple, cette déclaration ajoute un second prénom optionnel à l'élément `nomComplet` :

```
<xs:element name="nomComplet">
  <xs:complexType>
    <xs:sequence>
```

```
        <xs:element name="prénom" type="adr:nomComposant"/>
        <xs:element name="secondPrénom" type="adr:nomComposant"
            minOccurs="0"/>
        <xs:element name="nom" type="adr:nomComposant"/>
      </xs:sequence>
    </xs:complexType>
  </xs:element>
```

Remarquez que la déclaration de l'élément secondPrénom a une valeur minOccurs à 0. Si elle n'est pas mentionnée explicitement, la valeur par défaut pour minOccurs et maxOccurs est 1. Par conséquent, positionner minOccurs à 0 signifie que l'élément secondPrénom peut apparaître de 0 à 1 fois. Tout cela est similaire à l'utilisation de l'opérateur ? dans la déclaration d'une DTD. Une autre valeur possible pour l'attribut maxOccurs est unbounded, ce qui indique que l'élément en question peut apparaître un nombre illimité de fois. Cette valeur est utilisée pour produire un effet similaire aux opérateurs * et + dans la déclaration d'une DTD.

Types de contenu d'élément

Jusque-là vous avez vu des éléments qui contiennent uniquement des caractères ou d'autres éléments. Les prochaines sections couvrent chacun des types possibles de contenu d'élément, du plus au moins restrictif:

- contenu vide;
- contenu simple;
- contenu mixte;
- tout type.

Éléments vides

Dans de nombreux cas, il est utile de déclarer un élément qui ne peut rien contenir. La plupart de ces éléments transportent toutes leurs informations *via* les attributs ou simplement par leurs positions par rapport à d'autres éléments (par exemple, l'élément br de XHTML).

Ajoutons un élément d'information de contact à l'élément adresse qui sera utilisé pour contenir une liste des façons de contacter une personne. L'*exemple 16-8* montre l'instance de l'exemple suite à l'ajout du nouvel élément contacts et un exemple d'entrée de téléphone.

Exemple 16-8. adressedoc.xml avec l'élément contacts

```
<?xml version="1.0" encoding="ISO-8859-1"?>
<adr:adresse xmlns:xsi="http://www.w3.org/2001/XMLSchema-instance"
    xsi:schemaLocation="http://namespaces.oreilly.fr/xmlnut2/adresse
```

Exemple 16-8. adressedoc.xml avec l'élément contacts (suite)

```
        adresse-schema.xsd"

      xmlns:adr="http://namespaces.oreilly.fr/xmlnut2/adresse"
      adr:langue="fr">
    <adr:nomComplet>
      <adr:prénom>William</adr:prénom>
      <adr:secondPrénom>Scott</adr:secondPrénom>
      <adr:nom>Means</adr:nom>
    </adr:nomComplet>
    <adr:contacts>
      <adr:téléphone adr:numéro="888.737.1752"/>
    </adr:contacts>
  </adr:adresse>
```

Supporter ce nouveau contenu exige des modifications supplémentaires au document du schéma. Bien qu'il soit possible de déclarer le nouvel élément en ligne à l'intérieur de la déclaration existante de l'élément d'adresse, cela a du sens, pour clarifier, de créer un nouveau type global et de le référencer par un nom :

```
<xs:element name="adresse">
  <xs:complexType>
    <xs:sequence>
      <xs:element name="nomComplet">
. . .
      </xs:element>
      <xs:element name="contacts" type="adr:contactsType" minOccurs="0"/>
    </xs:sequence>
  <xs:attributeGroup ref="adr:nationalité"/>
  </xs:complexType>
</xs:element>
```

La déclaration pour le nouveau type complexe contactsType ressemble à cela :

```
<xs:complexType name="contactsType">
  <xs:sequence>
    <xs:element name="téléphone" minOccurs="0">
      <xs:complexType>
        <xs:attribute name="numéro" type="xs:string"/>
      </xs:complexType>
    </xs:element>
  </xs:sequence>
</xs:complexType>
```

La syntaxe utilisée pour déclarer un élément vide est réellement très simple. Observez que la déclaration xs:element pour l'élément téléphone précédent contient une définition de type complexe incluant une seule déclaration d'attribut. Cela indique au processeur de schéma que l'élément téléphone peut seulement contenir un contenu complexe (éléments), et comme aucune déclaration d'élément imbriqué n'est fournie, il doit rester vide.

Contenu complexe

L'exemple précédent a pris réellement un raccourci avec le langage de schéma. Une des premières déclarations de l'élément `nomComplet` a utilisé l'élément `xs:simpleContent` pour indiquer que cet élément pourrait contenir seulement un contenu simple (aucun élément imbriqué). Il existe un élément de déclaration de contenu correspondant qui précise qu'un type complexe peut seulement contenir un contenu complexe (des éléments). C'est l'élément `xs:complexContent`.

Lorsque l'élément `téléphone` a été déclaré en utilisant un élément `xs:complexType` sans déclaration d'élément imbriqué, le processeur de schéma a automatiquement déduit qu'il devrait contenir seulement un contenu complexe. La déclaration de l'élément `téléphone` pourrait être ré-écrite comme cela, en utilisant l'élément `xs:complexContent` :

```
<xs:element name="téléphone" minOccurs="0">
  <xs:complexType>
    <xs:complexContent>
      <xs:restriction base="xs:anyType">
      <xs:attribute name="numéro" type="xs:string"/>
      </xs:restriction>
    </xs:complexContent>
  </xs:complexType>
</xs:element>
```

La raison la plus fréquente d'utiliser l'élément `xs:complexContent` est de dériver un type complexe d'un type existant. Cet exemple dérive un nouveau type par restriction du type prédéfini `xs:anyType`. `xs:anyType` est la racine de tous les types prédéfinis de schéma et représente une séquence sans restriction de caractères et de balises. Puisque `xs:complexType` mentionne que l'élément peut seulement contenir un contenu élément, l'effet de cette restriction est d'éviter à l'élément de contenir soit une donnée caractère soit une balise.

Contenu simple

Au début, l'élément `xs:simpleContent` a été utilisé pour déclarer un élément qui pourrait seulement contenir un contenu simple :

```
<xs:element name="nomComplet">
  <xs:complexType>
    <xs:simpleContent>
      <xs:extension base="xs:string">
        <xs:attribute name="langue" type="xs:language"/>
      </xs:extension>
    </xs:simpleContent>
  </xs:complexType>
 </xs:element>
```

Le type de base pour cette extension, dans ce cas, est le type de données prédéfini `xs:string`. Mais les types simples ne sont pas limités aux types prédéfinis. L'élément xs:simpleType peut définir de nouveaux types de donnée simples, qui peuvent être référencés par des déclarations d'éléments et d'attributs dans le schéma.

Définition de nouveaux types simples

Pour montrer comme de nouveaux types simples peuvent être définis, enrichissons l'élément téléphone de l'application d'exemple pour supporter un nouvel attribut nommé localisation. Cet attribut sera utilisé pour différencier les numéros de téléphone professionnels et personnels. Cet attribut aura un nouveau type simple appelé localisationType, qui sera référencé depuis la définition contactsType :

```
<xs:complexType name="contactsType">
  <xs:sequence>
    <xs:element name="téléphone" minOccurs="0">
      <xs:complexType>
        <xs:attribute name="numéro" type="xs:string"/>
        <xs:attribute name="localisation" type="adr:localisationType"/>
      </xs:complexType>
    </xs:element>
  </xs:sequence>
</xs:complexType>

<xs:simpleType name="localisationType">
  <xs:restriction base="xs:string"/>
</xs:simpleType>
```

Bien sûr, un type localisation qui associe le type prédéfini xs:string n'est pas particulièrement utile. Heureusement, les schémas peuvent contrôler les valeurs possibles de types simples au travers de mécanismes appelés *facettes*.

Facettes

Dans le vocable schéma, une facette est un aspect d'une valeur possible pour un type de donnée simple. En fonction du type de base, certaines facettes ont plus de sens que d'autres. Par exemple, un type de donnée numérique peut être restreint par les valeurs minimales et maximales possibles qu'il peut contenir. Mais ces types de restrictions n'auraient pas de sens pour une valeur booléenne. La liste suivante énumère les différents types de facette supportés par un processeur de schéma :

- length (ou minLength et maxLength)
- pattern
- enumeration
- whiteSpace
- maxInclusive et maxExclusive

- minInclusive et minExclusive
- totalDigits
- fractionDigits

Les facettes sont appliquées aux types simples en utilisant l'élément xs:restriction. Chaque facette est exprimée comme un élément distinct à l'intérieur du bloc de restriction et plusieurs facettes peuvent être combinées pour restreindre les valeurs potentielles de types simples.

Gestion des espaces blancs

La facette whiteSpace contrôle la façon dont le processeur de schéma gérera les espaces blancs dans la donnée cible. La normalisation des espaces blancs a lieu avant l'application de n'importe quelle autre facette. Il existe trois valeurs possibles pour la facette whiteSpace :

preserve
: Conserve tous les espaces blancs exactement comme ils étaient dans le document source (gestion de base des espaces blancs de XML 1.0 pour un contenu à l'intérieur d'éléments).

replace
: Remplace les occurrences des caractères #x9 (tabulation), #xA (saut de ligne) et #xD (retour chariot) par les caractères #x20 (espace).

collapse
: Réalise en premier l'étape de remplacement, puis réduit les caractères d'espaces multiples en un seul espace.

Restriction de longueur

Les facettes de restriction de longueur sont facilement compréhensibles. La facette length impose à une valeur d'être *exactement* de la longueur donnée. Les facettes minLength et maxLength peuvent être utilisées pour définir l'intervalle des valeurs d'un type donné. Par exemple, prenons le type nomComposant du schéma. Que se passe-t-il si le composant d'un nom ne peut pas dépasser 50 caractères (par à une limitation de base de données par exemple) ? Cette règle peut être renforcée en utilisant la facette maxLength. Intégrer cette facette nécessite un nouveau type simple à référencer depuis la définition de type complexe nomComposant :

```
<xs:complexType name="nomComposant">
  <xs:simpleContent>
    <xs:extension base="adr:nomChaîneDeCaractères"/>
  </xs:simpleContent>
</xs:complexType>

<xs:simpleType name="nomChaîneDeCaractères">
```

```
  <xs:restriction base="xs:string">
    <xs:maxLength value="50"/>
  </xs:restriction>
</xs:simpleType>
```

Le nouveau type simple `nomChaîneDeCaractères` est dérivé du type prédéfini `xs:string`, mais limité à 50 caractères (la valeur par défaut est illimitée). La même approche peut être faite avec les facettes `length` et `minLength`.

Énumérations

Un des types de restriction les plus utiles est l'énumération simple. Dans de nombreux cas, il est suffisant de limiter les valeurs possibles pour un élément ou un attribut à une liste prédéfinie. Par exemple, les valeurs du nouveau type simple `localisationType` défini précédemment pourraient être limitées à une liste d'options valides telles que :

```
<xs:simpleType name="localisationType">
  <xs:restriction base="xs:string">
    <xs:enumeration value="bureau"/>
    <xs:enumeration value="domicile"/>
    <xs:enumeration value="mobile"/>
  </xs:restriction>
</xs:simpleType>
```

Ainsi, si l'attribut `localisation` de toute instance de document contenait une valeur non trouvée dans la liste de valeurs énumérées, le processeur de schéma produirait une erreur de validité.

Facettes numériques

Environ la moitié des types de donnée prédéfinis par la spécification du schéma matérialise des données numériques d'un type ou d'un autre. Bien d'autres types pourraient être appelés numériques étant donné que les types date/heure et durée sont aussi considérés comme des quantités scalaires. Les deux sections suivantes relatent tout des facettes numériques disponibles, mais pour une liste complète des facettes applicables aux types de donnée, consultez le chapitre 21.

Valeurs minimales et maximales

Quatre facettes contrôlent les valeurs minimales et maximales des éléments :

- `minInclusive`
- `minExclusive`
- `maxInclusive`
- `maxExclusive`

La différence fondamentale entre le sens inclusif et exclusif des facettes min et max est de savoir si la valeur donnée est une partie considérée de l'ensemble des valeurs autorisées. Par exemple, les deux déclarations de facette suivantes sont équivalentes :

```
<xs:maxInclusive value="1"/>
<xs:maxExclusive value="0"/>
```

La différence entre inclusif et exclusif devient plus significative lorsqu'on a affaire à des valeurs décimales ou en point flottant. Par exemple, si `minExclusive` était positionné à `5.0`, La valeur équivalente `minInclusive` nécessiterait un nombre infini de neuf à la droite du point de décimale (`4.99999`). Ces facettes peuvent être également appliquées aux valeurs de date et de temps.

Longueur et précision

Il existe deux facettes qui contrôlent la longueur et la précision des valeurs numériques décimales : `totalDigits` et `fractionDigits`. La facette `totalDigits` indique le nombre total de chiffres (seul les chiffres sont pris en compte, pas les signes et points décimaux) qui sont autorisés dans un nombre complet. `fractionDigits` indique le nombre de ces chiffres qui doit apparaître à la droite du point décimal du nombre.

Respect d'un format

La facette `xs:pattern` peut désigner des restrictions très sophistiquées sur le format des valeurs de chaînes de caractères. La facette `pattern` compare la valeur en question par rapport à une expression régulière, et si la valeur n'est pas conforme à l'expression, elle génère une erreur de validation. Par exemple, cet élément `xs:simpleType` déclare un type simple de numéro de sécurité sociale américaine en utilisant la facette `pattern` :

```
<xs:simpleType name="nss">
  <xs:restriction base="xs:string">
    <xs:pattern value="\d\d\d-\d\d-\d\d\d\d"/>
  </xs:restriction>
 </xs:simpleType>
```

Ce nouveau type simple met en vigueur la règle qu'un numéro de sécurité sociale américain est constitué de trois chiffres, un tiret suivi de deux chiffres, d'un autre tiret et quatre chiffres supplémentaires pour terminer. Le langage d'expression régulière est très proche de celui du langage de programmation Perl, mais il supporte également un large choix de caractères Unicode. Consultez le chapitre 21 pour plus d'informations sur le langage complet de filtrage.

Listes

XML 1.0 proposait quelques types de liste très simples qui pouvaient être déclarés comme valeurs d'attribut possibles : `IDREFS`, `ENTITIES` et `NMTOKENS`. Les schémas ont généralisé le concept des listes et proposent la possibilité de déclarer des listes de types arbitraires.

Ces types de liste sont eux-mêmes des types simples et peuvent être utilisés aux mêmes endroits que les types simples. Par exemple, si l'élément `nomComplet` devait être étendu pour s'adapter aux multiples second prénoms, une approche pourrait être de déclarer l'élément secondPrénom comme contenant une liste des valeurs nomChaîneDeCaractères :

```
 <xs:element name="secondPrénom" type="adr:nomListe" minOccurs="0"/>
. . .
<xs:complexType name="nomListe">
  <xs:simpleContent>
    <xs:extension base="adr:nomListeType"/>
  </xs:simpleContent>
 </xs:complexType>

 <xs:simpleType name="nomListeType">
  <xs:list itemType="adr:nomChaîneDeCaractères"/>
 </xs:simpleType>
```

Après cette modification, l'élément secondPrénom d'une instance de document peut contenir une liste illimitée de noms, chacun d'entre eux pouvant comporter jusqu'à 50 caractères séparés par des espaces blancs. Ici, l'utilisation de xs:complextype simplifiera grandement l'ajout d'attributs ultérieurement.

Unions

Dans certains cas, il est utile de permettre aux valeurs potentielles des éléments et des attributs d'avoir un type possible parmi plusieurs. L'élément xs:union permet à un type d'être déclaré à partir d'espaces de types différents. Par exemple, il pourrait être utile d'autoriser les utilisateurs à saisir leurs descriptions en un seul mot dans l'attribut localisation de l'élément téléphone, aussi bien que de le choisir depuis une liste. La déclaration de l'attribut localisation pourrait être modifiée pour inclure une union qui intègre le type localisationType et les types xs:NMTOKEN :

```
<xs:attribute name="localisation">
  <xs:simpleType>
    <xs:union memberTypes="adr:localisationType xs:NMTOKEN"/>
  </xs:simpleType>
</xs:attribute>
```

Maintenant l'attribut localisation peut contenir, soit adr:localisationType, soit un contenu xs:NMTOKEN.

Contenu mixte

XML 1.0 proposait la possibilité de déclarer un élément pouvant contenir des données caractères analysées (#PCDATA) et des occurrences illimitées d'élément issus d'une liste donnée. Les schémas fournissent la même fonctionnalité en y ajoutant la possibilité de contrôler le nombre et la séquence dans lesquels les éléments apparaissent dans les données caractères.

Autoriser un contenu mixte

L'attribut mixed de l'élément complexType s'assure que les données caractères peuvent apparaître dans le corps de l'élément auxquelles elles sont associées. Pour illustrer ce concept, l'*exemple 16-9* nous donne un nouveau schéma qui sera utilisé pour valider des documents lettre-formulaires.

Exemple 16-9. lettreformulaire.xsd

```
<xs:schema xmlns:xs="http://www.w3.org/2001/XMLSchema">
  <xs:element name="lettre">
    <xs:complexType mixed="true"/>
  </xs:element>
</xs:schema>
```

Ce schéma paraît déclarer un seul élément appelé lettre qui peut contenir des données caractères et rien d'autre. Mais essayer de valider le document suivant entraîne une erreur, comme cela est présenté dans l'*exemple 16-10.*

Exemple 16-10. lettreformulairedoc.xml

```
<lettre xmlns:xsi="http://www.w3.org/2001/XMLSchema-instance"
  xsi:noNamespaceSchemaLocation="lettreformulaire.xsd">Hello!</lettre>
```

L'erreur suivante est générée :

```
The content of the element type "lettre" must match "EMPTY".
```

C'est parce qu'il n'y a aucun contenu complexe pour l'élément lettre. Positionner mixed à true n'est pas la même chose que déclarer un élément qui pourrait contenir une chaîne de caractères. Les données caractères peuvent apparaître seulement par rapport à un autre contenu complexe, ce qui nous amène au sujet du positionnement relatif d'élément.

Contrôle du positionnement d'élément

Vous avez déjà vu l'élément xs:sequence, qui impose aux éléments qu'il contient d'apparaître exactement dans le même ordre où ils apparaissent dans l'élément de séquence. En plus de xs:sequence, les schémas fournissent également les éléments xs:choice et xs:all pour contrôler l'ordre dans lequel les éléments peuvent apparaître. Ces éléments peuvent être imbriqués pour créer des structures d'éléments sophistiquées.

Enrichissons l'exemple de lettre-formulaire, une séquence ajoute au schéma un support pour différentes parties d'une lettre

lettreformulaire.xsd:

```
<xs:element name="lettre">
  <xs:complexType mixed="true">
    <xs:sequence>
      <xs:element name="salutation"/>
```

```
        <xs:element name="corps"/>
        <xs:element name="fin"/>
      </xs:sequence>
    </xs:complexType>
  </xs:element>
```

Maintenant, grâce à l'élément `xs:sequence`, une lettre doit inclure un élément `salutation`, un élément `corps` et un élément `fin`, dans cet ordre. Mais dans certains cas, il est impératif qu'un, et seulement un élément, apparaisse parmi un ensemble de possibilités. L'élément `xs:choice` supporte cela. Par exemple, si l'élément `salutation` avait besoin d'être limité pour contenir seulement une salutation depuis une liste autorisée, il pourrait être déclaré pour le faire en utilisant `xs:choice` :

```
<xs:element name="salutation">
  <xs:complexType mixed="true">
    <xs:choice>
      <xs:element name="bonjour"/>
      <xs:element name="salut"/>
      <xs:element name="cher"/>
    </xs:choice>
  </xs:complexType>
</xs:element>
```

Maintenant une des salutations autorisées doit apparaître dans l'élément `salutation` de la lettre pour être considérée valide.

La dernière règle de construction basée sur l'ordre des éléments est l'élément `xs:all`. À la différence des éléments `xs:sequence` et `xs:choice`, l'élément `xs:all` doit apparaître en haut du modèle de contenu et peut seulement contenir des éléments qui sont facultatifs ou qui peuvent seulement apparaître une fois. `xs:all` indique au processeur de schéma que chacun des éléments contenus doivent apparaître une fois dans le document cible, mais ils peuvent apparaître dans n'importe quel ordre. Cela pourrait être appliqué à l'exemple de lettre-formulaire. Si la lettre-formulaire possédait certains éléments devant apparaître dans l'élément `corps`, mais sans ordre particulier, `xs:all` pourrait être utilisé pour contrôler leur présence :

```
<xs:element name="corps">
  <xs:complexType mixed="true">
    <xs:all>
      <xs:element name="élément"/>
      <xs:element name="prix"/>
      <xs:element name="dateArrivée"/>
    </xs:all>
  </xs:complexType>
</xs:element>
```

Cela permettrait à l'auteur de la lettre de mélanger ces éléments dans la narration sans être restreint à tout ordre particulier. De plus, cela empêcherait l'auteur d'ajouter accidentellement plusieurs références à la même valeur. Une instance de document valide, incluant le nouveau contenu `corps`, pourrait ressembler à l'*exemple 16-11*.

Exemple 16-11. lettreformulaire.xml

```
<lettre xmlns:xsi="http://www.w3.org/2001/XMLSchema-instance"
  xsi:noNamespaceSchemaLocation="formletter.xsd">
  <salutation><bonjour/> Bob!</salutation>
  <corps>
    Merci pour la commande de <élément/> (€<prix/>), il devrait arriver
    vers le  <dateArrivée/>.
  </corps>
  <fin/>
</lettre>
```

> Les constructions basées sur l'ordre des éléments ne sont pas uniquement limitées aux types complexes avec des contenus mixtes. Si l'attribut `mixed` n'est pas présent, la séquence de sous-éléments déclarée est toujours imposée, mais aucune donnée caractères n'est autorisée entre eux.

Utilisation des groupes

De même que l'élément `xs:attributeGroup` permet aux attributs fréquemment utilisés d'être réunis et référencés comme un groupe, l'élément `xs:group` autorise des séquences, des choix et des groupes de modèles de déclaration d'éléments particuliers d'être groupés et d'avoir un nom unique. Ces groupes peuvent être alors inclus dans un autre modèle de contenu d'éléments en utilisant un élément `xs:group` avec l'attribut `ref` positionné à la même valeur que l'attribut `name` du groupe source.

Autoriser n'importe quel contenu

Il est souvent nécessaire de permettre aux utilisateurs d'ajouter n'importe quel type de contenu de marqueurs qu'ils trouvent pratiques. Il est également utile d'indiquer au processeur de schéma de valider le contenu de certains éléments à partir d'une autre application de schéma. Ajouter du contenu XHTML dans un autre document est un exemple de cette utilisation.

Ces applications sont supportées par l'élément `xs:any`. Cet élément accepte des attributs qui indiquent quel niveau de validation, s'il y en a un, devrait être appliqué sur le contenu inclus. Il accepte aussi un espace de noms cible qui peut être utilisé pour limiter le vocabulaire du contenu inclus. Par exemple, revenons à l'exemple du carnet d'adresses, pour associer des éléments de texte enrichi `notes` avec une entrée d'adresse, vous pourriez ajouter la déclaration de l'élément suivant à la déclaration de l'élément `adresse` :

```
<xs:element name="notes" minOccurs="0">
  <xs:complexType>
    <xs:sequence>
```

```
        <xs:any namespace="http://www.w3.org/1999/xhtml"
             minOccurs="0" maxOccurs="unbounded"
             processContents="skip"/>
      </xs:sequence>
    </xs:complexType>
  </xs:element>
```

Les attributs de l'élément xs:any indiquent au processeur de schéma qu'aucun ou plusieurs éléments appartenant à l'espace de noms XHTML (*http://www.w3.org/1999/xhtml*) ne peuvent apparaître à cet endroit. Remarquez que cela est fait en positionnant minOccurs à 0 et maxOccurs à unbounded. Il déclare également que ces éléments pourraient être omis. Cela signifie qu'aucune validation ne sera réalisée à partir de l'espace de noms XHTML actuel par le parseur. D'autres valeurs possibles pour l'attribut processContents sont lax et strict. Lorsqu'il est positionné à lax, le processeur essayera de valider tout élément pour lequel il peut trouver une déclaration et ignorera tous les éléments non reconnus. L'option strict exige que chaque élément soit déclaré et validé par le schéma associé à l'espace de noms donné.

Il existe aussi un mécanisme dans les schémas pour déclarer que tout attribut peut apparaître dans un élément donné. L'élément xs:anyAttribute peut inclure les attributs namespace et processContents, qui réalisent la même fonction que dans l'élément xs:any. Par exemple, ajouter le marqueur suivant à l'élément adresse permettrait à n'importe quels attributs XLink d'apparaître dans une instance de document :

```
<xs:element name="adresse">
  <xs:complexType>
. . .
  <xs:attributeGroup ref="adr:nationalité"/>
  <xs:attribute name="nss" type="adr:nss"/>
  <xs:anyAttribute namespace="http://www.w3.org/1999/xlink"
      processContents="skip"/>
  </xs:complexType>
 </xs:element>
```

Comme une application évolue et devient plus complexe, il est important de prendre des mesures pour maintenir la lisibilité et l'extensibilité. Séparer un schéma important en plusieurs documents, importer des déclarations de schémas externes et dériver de nouveaux type de types existants sont les tâches classiques auxquelles devront faire face les concepteurs de schémas du monde réel.

Utilisation de plusieurs documents

De la même façon que de grands programmes informatiques sont séparés en plusieurs fichiers physiques sources, de grands schémas peuvent être séparés en schémas plus petits, documents de schémas indépendants. Bien qu'un seul grand schéma pourrait être arbitrairement séparé en de multiples documents plus petits, prendre le temps de regrouper les déclarations relatives en des modules réutilisables peut simplifier le développement de futurs schémas.

Il existe trois mécanismes pour inclure des déclarations de schémas externes pour une utilisation dans un schéma donné: `xs:include`, `xs:redefine` et `xs:import`. Les trois prochaines sections aborderont les différences entre ces méthodes et le moment et l'endroit où elles doivent être utilisées.

Intégration de déclarations externes

L'élément `xs:include` est la façon la plus simple d'intégrer le contenu d'un document externe dans un schéma. Pour illustrer comment `xs:include` devrait être utilisé, l'*exemple 16-12* montre un nouveau document de schéma nommé `adresse-physique.xsd` qui contient une déclaration pour un nouveau type complexe appelé `adressePhysiqueType`.

Exemple 16-12. adresse-physique.xsd

```
<xs:schema xmlns:xsd="http://www.w3.org/2001/XMLSchema"
  targetNamespace="http://namespaces.oreilly.fr/xmlnut2/adresse"
  xmlns:adr="http://namespaces.oreilly.fr/xmlnut2/adresse"
  attributeFormDefault="qualified" elementFormDefault="qualified">

  <xs:annotation>
    <xs:documentation xml:lang="fr">
      Exemple de schéma simple tiré de
      <a href="http://www.oreilly.com/catalog/xmlnut">XML in a
        Nutshell.</a> de chez O'Reilly.
      Copyright 2002 O'Reilly &amp; Associates
    </xs:documentation>
  </xs:annotation>

  <xs:complexType name="adressePhysiqueType">
    <xs:sequence>
      <xs:element name="rue" type="xs:string" maxOccurs="3"/>
      <xs:element name="ville" type="xs:string"/>
      <xs:element name="état" type="xs:string"/>
    </xs:sequence>
  </xs:complexType>

</xs:schema>
```

Le document du schéma `carnet-adresses.xsd` peut inclure et référencer cette déclaration:

```
<xs:schema xmlns:xsd="http://www.w3.org/2001/XMLSchema"
  targetNamespace="http://namespaces.oreilly.fr/xmlnut2/adresse"
  xmlns:adr="http://namespaces.oreilly.fr/xmlnut2/adresse"
  attributeFormDefault="qualified" elementFormDefault="qualified">
. . .

 <xs:include schemaLocation="adresse-physique.xsd"/>

 <xs:element name="adresse">
```

```
    <xs:complexType>
      <xs:sequence>
. . .
        <xs:element name="adressePhysique"
           type="adr:adressePhysiqueType"/>
. . .
      </xs:sequence>
. . .
    </xs:complexType>
  </xs:element>
```

Le contenu, qui a été inclus en utilisant l'élément `xs:include`, est traité comme si il était une partie intégrante du document de schéma procédant à l'inclusion. Mais à la différence des entités externes, le document inclus doit être un schéma valide à part entière. Cela signifie qu'il doit être un document XML bien-formé et avoir un élément `xs:schema` comme élément racine. L'espace de noms cible du schéma inclus doit également correspondre à celui du document à partir duquel se fait l'inclusion.

Modification des déclarations externes

L'élément `xs:include` permet d'inclure des déclarations externes, et est utilisé ainsi par un autre document de schéma. Mais quelques fois, il est utile d'étendre et de modifier les types et déclarations d'un autre schéma, et c'est là où entre en jeu l'élément `xs:redefine`.

Fonctionnellement, l'élément `xs:redefine` opère à peu près de la même façon que l'élément `xs:include`. La différence majeure est que, dans la portée de l'élément `xs:redefine`, les types issus du schéma inclus peuvent être redéfinis sans générer une erreur de la part du processeur de schéma. Par exemple, l'élément `xs:redefine` pourrait étendre le type `adressePhysiqueType` pour inclure des attributs de longitude et latitude sans modifier la déclaration originale de `adresse-physique.xsd` :

```
<xs:schema xmlns:xsd="http://www.w3.org/2001/XMLSchema"
  targetNamespace="http://namespaces.oreilly.fr/xmlnut2/adresse"
  xmlns:adr="http://namespaces.oreilly.fr/xmlnut2/adresse"
  attributeFormDefault="qualified" elementFormDefault="qualified">
. . .
<xs:redefine schemaLocation="adresse-physique.xsd">
  <xs:complexType name="adressePhysiqueType">
    <xs:complexContent>
      <xs:extension base="adr:adressePhysiqueType">
        <xs:attribute name="latitude" type="xs:decimal"/>
        <xs:attribute name="longitude" type="xs:decimal"/>
      </xs:extension>
    </xs:complexContent>
  </xs:complexType>
 </xs:redefine>
. . .
</xs:schema>
```

Importation de schémas pour d'autres espaces de noms

Les éléments `xs:include` et `xs:redefine` sont utiles quand les déclarations font toutes partie de la même application. Mais comme de plus en plus de schémas publics deviennent disponibles, l'ajout de déclarations de sources externes dans des applications particulières sera important. L'élément `xs:import` est proposé à cette fin.

En utilisant `xs:import`, il est possible de créer des types et des éléments globaux qui sont déclarés par un schéma appartenant à un autre espace de noms accessible depuis un schéma arbitraire. Le W3C a utilisé cette fonctionnalité pour créer des *librairies de types*. Un exemple de librairie de types a été développé par le groupe de travail sur les schémas et peut être consulté sur le site web du W3C à l'adresse *http://www.w3.org/2001/03/XMLSchema/TypeLibrary.xsd*.

Pour utiliser certains des types de cette librairie dans un schéma, ajouter l'élément `xs:import` suivant comme sous-élément de l'élément racine du schéma.

```
<xs:import namespace="http://www.w3.org/2001/03/XMLSchema/TypeLibrary"
    schemaLocation="http://www.w3.org/2001/03/XMLSchema/TypeLibrary.xsd"/>
```

Types complexes dérivés

Nous avons utilisé les éléments `xs:extension` et `xs:restriction` sans trop détailler leurs fonctionnements. Le langage de schéma fournit des fonctionnalités pour étendre des types existants, ce qui est conceptuellement équivalent à l'héritage dans la programmation orientée objet. Les éléments restriction et extension permettent la définition de nouveaux types soit par extension soit par limitation des valeurs potentielles des types existants.

Dérivation par extension

Lorsqu'on dérive un nouveau type à partir d'un type existant, le type résultant est équivalent à l'ajout du contenu de la nouvelle déclaration au contenu de la déclaration de base. Par exemple, l'exemple suivant déclare un nouveau type appelé `adressePostaleType` qui étend le type `adressePhysiqueType` pour inclure un code postal :

```
<xs:complexType name="adressePostaleType">
  <xs:complexContent>
    <xs:extension base="adr:adressePhysiqueType">
      <xs:sequence>
        <xs:element name="codePostal" type="xs:string"/>
      </xs:sequence>
    </xs:extension>
  </xs:complexContent>
</xs:complexType>
```

Cette déclaration ajoute un élément obligatoire, `codePostal`, au type `adressePhysiqueType` existant. Le plus grand avantage de cette approche est que comme les nouvelles déclarations sont ajoutées au type sous-jacent, le type dérivé en héritera automatiquement.

Dérivation par restriction

Lorsqu'un nouveau type est un sous-ensemble logique d'un type existant, l'élément `xs:restriction` permet d'exprimer directement cette relation. Tout comme le type `xs:extension`, il autorise la création d'un nouveau type sur la base d'un type existant. Dans le cas des types simples, cette restriction est une simple application de contraintes complémentaires sur la valeur de cette valeur simple.

Dans le cas de types complexes, cela n'est pas si facile. À la différence du processus d'extension, il est nécessaire de reproduire intégralement la définition du type du parent comme partie intégrante de la définition de la restriction. En omettant les parties de la définition du parent, l'élément restriction créé un nouveau type contraint. Comme exemple, cet élément `xs:complexType` dérive un nouveau type à partir de `adressePhysiqueType` qui autorise un seul élément `rue` pour contenir la rue de l'adresse. Le type `adressePhysiqueType` original ressemble à :

```
<xs:complexType name="adressePhysiqueType">
  <xs:sequence>
    <xs:element name="rue" type="xs:string" maxOccurs="3"/>
    <xs:element name="ville" type="xs:string"/>
    <xs:element name="état" type="xs:string"/>
  </xs:sequence>
</xs:complexType>
```

La version restreinte ressemble à :

```
<xs:complexType name="simpleAdressePhysiqueType">
  <xs:complexContent>
    <xs:restriction base="adr:adressePhysiqueType">
      <xs:sequence>
        <xs:element name="rue" type="xs:string"/>
        <xs:element name="ville" type="xs:string"/>
        <xs:element name="état" type="xs:string"/>
      </xs:sequence>
    </xs:restriction>
  </xs:complexContent>
 </xs:complexType>
```

Remarquez que ce type ressemble de très près à `adressePhysiqueType`, mis à part l'attribut `maxOccurs="3"` retiré de la déclaration de l'élément `rue`.

Utilisation des types dérivés

L'un des principaux avantages à la création de types dérivés est que le type dérivé peut apparaître à la place du type parent dans une instance de document. L'attribut `xsi:type` indique au processeur de schéma que l'élément sur lequel il se trouve est conforme à un type qui est dérivé du type normal attendu. Par exemple, prenez l'instance de document de l'*exemple 16-13*, conforme au schéma d'adresse.

Exemple 16-13. adressedoc.xml utilisant un type dérivé

```
<?xml version="1.0" encoding="ISO-8859-1"?>
<adr:adresse xmlns:xsi="http://www.w3.org/2001/XMLSchema-instance"
    xsi:schemaLocation="http://namespaces.oreilly.fr/xmlnut2/adresse
      adresse-schema.xsd"
    xmlns:adr="http://namespaces.oreilly.fr/xmlnut2/adresse"
    adr:langue="fr"
    adr:nss="123-45-6789">
. . .
  <adressePhysique adr:latitude="34.003855" adr:longitude="-81.034808"
    xsi:type="adr:simpleAdressePhysiqueType">
    <rue>1400 Main St.</rue>
    <ville>Columbia</ville>
    <état>SC</état>
  </adressePhysique>
. . .
</adr:adresse>
```

Remarquez que l'élément `adressePhysique` a un attribut `xsi:type` qui informe le validateur que l'élément courant est conforme au type `simpleAdressePhysiqueType`, plutôt qu'au type `adressePhysiqueType` normalement attendu. Cette caractéristique est particulièrement utile lors du développement d'applications dans un environnement international, puisque les types d'adresse distincts pourraient être dérivés pour chaque pays, et alors mis en évidence dans l'instance de document pour une validation adéquate.

Groupes de substitution

Une caractéristique proche des types dérivés est le *groupe de substitution*. Un groupe de substitution est une collection d'éléments qui sont interchangeables avec un élément particulier, appelé l'*élément de tête*, dans une instance de document. Afin de créer un groupe de substitution, il suffit qu'une déclaration d'élément intègre un attribut `substitutionGroup` qui nomme l'élément de tête pour ce groupe. Ensuite, quel que soit l'endroit où la déclaration de l'élément de tête est référencée dans le schéma, tout membre du groupe de substitution peut aussi apparaître. À la différence des types dérivés, il n'est pas nécessaire d'utiliser l'attribut `xsi:type` dans l'instance de document pour identifier le type de l'élément substitué.

> La restriction fondamentale sur les groupes de substitution est que chaque élément dans le groupe doit être du même type ou dériver du même type que l'élément de tête. Déclarer un élément numérique et essayer de lui ajouter un groupe de substitution basé sur un élément chaîne de caractères devrait générer une erreur de la part du processeur de schéma. Les éléments doivent aussi être déclarés globalement et dans l'espace de noms cible du schéma.

Contrôle de la dérivation de type

De même que certain langages de programmation orientés objet permettent au concepteur d'un objet d'imposer les limites sur la façon dont un objet peut être étendu, le langage de schéma permet aux rédacteurs de schémas de positionner des restrictions sur l'extension et la restriction du type.

Types et éléments abstraits

L'attribut `abstract` s'applique aux déclarations d'éléments et de types. Lorsqu'il est positionné à `true`, cet élément ou ce type ne peut pas apparaître directement dans une instance de document. Si un élément est déclaré comme abstrait, un membre d'un groupe de substitution basé sur cet élément doit apparaître. Si un type est déclaré comme abstrait, aucun élément déclaré avec ce type ne peut apparaître dans une instance de document.

L'attribut final

Jusqu'à présent, le schéma n'a pas indiqué de restrictions sur la façon dont les autres types ou éléments devraient être dérivés à partir de ces éléments et de ces types. L'attribut `final` peut être ajouté à la définition d'un type complexe et positionné soit à `#all`, `extension`, soit à `restriction`. Sur une définition de type simple, il peut être positionné à `#all` ou à une liste contenant n'importe quelle combinaison des valeurs `list`, `union` et/ou `restriction`, dans n'importe quel ordre. Lorsqu'un type est dérivé à partir d'un autre type qui a un attribut `final` positionné, le processeur de schéma vérifie que la dérivation souhaitée est autorisée. Par exemple, un attribut `final` pourrait éviter au type `adressePhysiqueType` d'être étendu :

```
<xs:complexType name="adressePhysiqueType" final="extension">
```

Étant donné que le schéma principal dans `adresse-schema.xsd` tente de redéfinir le type `adressePhysiqueType` dans un bloc `xs:redefine`, le processeur de schéma génère les erreurs suivantes alors qu'il essaie de valider l'instance du document :

```
ComplexType 'adressePhysiqueType': cos-ct-extends.1.1:
Derivation by extension is forbidden by either the base type
adressePhysiqueType_redefined or the schema.
Attribute "adr:latitude" must be declared for element type "adressePhysique".
Attribute "adr:longitude" must be declared for element type "adressePhysique".
```

La première erreur est le résultat de la tentative d'extension d'un type marqué comme non extensible. Les deux erreurs suivantes se sont produites parce que le nouveau type étendu n'avait pas été analysé et appliqué au contenu dans le document. Maintenant que vous avez vu comment tout cela fonctionne, enlever cette « caractéristique » particulière de la définition du type `adressePhysiqueType` rendra le schéma de nouveau opérationnel.

Positionnement des facettes fixées

Semblable à l'attribut `final`, l'attribut `fixed` est proposé pour marquer certaines facettes de types simples comme immuables. Les facettes qui ont été initialisées à `fixed="true"` ne peuvent pas être outrepassées dans les types dérivés.

Unicité et clés

Sans doute que l'un des traits les plus attendus des schémas est la possibilité d'exprimer des rapports plus sophistiqués entre valeurs dans les éléments et les attributs d'un document. Les limitations des index simples fournis par les attributs `ID` et `IDREF` de XML 1.0 étaient devenus réellement manifestes lorsque les documents ont commencé à inclure des types de données d'éléments distincts multiples avec des clés de données complexes. Les deux moyens pour garantir l'unicité d'un élément dans les schémas sont les éléments `xs:unique` et `xs:key`.

Garantie de l'unicité

L'élément `xs:unique` impose l'unicité de la valeur d'un élément et d'un attribut pour un ensemble d'éléments spécifiés dans un document de schéma. Cette contrainte d'unicité est construite en deux phases. Tout d'abord, l'ensemble de tous les éléments à évaluer est défini en utilisant une expression XPath. Ensuite, les valeurs des éléments et des attributs spécifiques qui doivent être uniques sont définis.

Pour l'illustrer, ajoutons une logique au schéma d'adresse pour empêcher un même numéro de téléphone d'apparaître plusieurs fois dans un élément `contacts` donné. Pour ajouter cette restriction, la déclaration d'élément pour `contacts` inclus une contrainte d'unicité :

```
<xs:element name="contacts" type="adr:contactsType" minOccurs="0">
  <xs:unique name="numéroTéléphone">
    <xs:selector xpath="téléphone"/>
    <xs:field xpath="@adr:numéro"/>
  </xs:unique>
</xs:element>
```

Maintenant, si un élément `contacts` donné contient deux éléments `téléphone` avec la même valeur pour leurs attributs `numéro`, le processeur de schéma générera une erreur.

Voilà l'algorithme de base que le processeur de schéma suit pour assurer ces restrictions :

1. Utiliser l'attribut `xpath` de l'élément `xs:selector` choisi pour construire un ensemble de tous les éléments auxquels les restrictions seront appliquées.

2. Combiner logiquement les valeurs référencées par chaque élément `xs:field` pour chaque élément sélectionné. Comparer les combinaisons des valeurs obtenues pour chacun des éléments.

3. Faire état de tous les conflits comme une erreur de validité.

Les plus perspicaces d'entre vous ont raison : la définition du type contactsType autorise uniquement un seul sous-élément téléphone. Donc cette restriction précise ne serait pas très utile. Modifier la définition contactsType pour autoriser plusieurs sous-éléments n'est pas difficile.

Clés et références

L'élément xs:key est fortement associé à l'élément xs:unique. Logiquement, l'élément xs:key opère de la même façon que l'élément xs:unique le fait. Il emploie l'élément xs:selector pour définir un ensemble des éléments auquel il s'applique, puis un ou plusieurs éléments xs:field sont utilisés pour définir quelles valeurs composent cette clé particulière. La différence principale est que, dans le cas de l'élément xs:key, l'unicité n'est pas la seule propriété souhaitée de ces éléments. L'objectif de l'élément xs:key est de définir un ensemble d'éléments qui peuvent être référencés en utilisant l'élément xs:keyref. Après avoir créé un élément adresse assez bien décrit, créer une collection de ces éléments nommée carnetAdresses serait une excellente façon de montrer de manière opérationnelle cette caractéristique.

Premièrement, le nouvel élément carnetAdresses est déclaré, en intégrant une clé basée sur l'attribut nss de chaque entrée adresse :

```
<xs:element name="carnetAdresses">
  <xs:complexType>
    <xs:sequence maxOccurs="unbounded">
      <xs:element ref="adr:adresse"/>
    </xs:sequence>
  </xs:complexType>
  <xs:key name="nssClef">
    <xs:selector xpath="adr:adresse"/>
    <xs:field xpath="@adr:nss"/>
  </xs:key>
 </xs:element>
```


Maintenant que la clé est définie, vous pouvez ajouter un nouvel élément à la déclaration de l'élément adresse qui associe l'enregistrement d'une adresse particulière à un autre enregistrement. Par exemple, pour énumérer les enfants d'une personne particulière dans le carnet d'adresses, ajoutez la déclaration suivante pour un élément enfants :

```
<xs:element name="adresse">
  <xs:complexType>
    <xs:sequence>
      <xs:element name="nomComplet">
. . .
      </xs:element>
      <xs:element name="enfants" minOccurs="0">
        <xs:complexType>
          <xs:sequence maxOccurs="unbounded">
```

```
            <xs:element name="enfant">
              <xs:complexType>
                <xs:attribute name="nss" type="adr:nss"/>
              </xs:complexType>
            </xs:element>
          </xs:sequence>
        </xs:complexType>
      </xs:element>
. . .
    </xs:sequence>
  <xs:attributeGroup ref="adr:nationalité"/>
  <xs:attribute name="nss" type="adr:nss"/>
  <xs:anyAttribute namespace="http://www.w3.org/1999/xlink"
      processContents="skip"/>
  </xs:complexType>
</xs:element>
```

Maintenant, un élément xs:keyref dans la déclaration de l'élément carnetAdresses fait respecter la contrainte que l'attribut nss d'un élément enfant particulier doit correspondre à un attribut nss sur un élément adresse dans le document courant :

```
<xs:element name="carnetAdresses">
. . .
  <xs:key name="nssClef">
    <xs:selector xpath="adr:adresse"/>
    <xs:field xpath="@adr:nss"/>
  </xs:key>
  <xs:keyref name="nssEnfant" refer="adr:nssClef">
    <xs:selector xpath="adr:adresse/enfants/enfant"/>
    <xs:field xpath="@adr:nss"/>
  </xs:keyref>
</xs:element>
```

Maintenant, si n'importe quel élément enfant dans une instance de document fait référence à un enregistrement adresse inexistant, le validateur de schéma générera une erreur.

CHAPITRE 17

Modèles de programmation

Ce chapitre présente brièvement les modèles de programmation les plus répandus pour analyser et manipuler des données XML. Le *traitement de XML* inclut un ensemble d'outils exigeant différentes approches. Ces outils offrent des avantages distincts, mais aussi des inconvénients.

Des processeurs XML de toutes sortes sont disponibles dans une grande variété de langages, comme C, C#, C++, COBOL, Haskell, Java, JavaScript (ECMAScript/JScript), Pascal, Perl, Python, Ruby, SmallTalk, TCL, et Visual Basic. Si auncun support de XML n'est disponible dans votre environnement de programmation, une recherche rapide permettra probablement de trouver une librairie. *XML.com* maintient une liste à jour de ressources concernant XML qui peut être un bon point de départ, consultez l'adresse *http://www.xml.com/resourceguide/*.

Modèles communs de programmation XML

Le texte XML structuré, sous forme de balises, peut être traité par des développeurs de bien des façons. Les programmes peuvent envisager XML comme du texte, comme un flot d'événements, comme un arbre, ou encore comme une sérialisation d'une autre structure. Les outils supportant toutes ces options sont largement disponibles.

Traiter du XML comme du texte

À la base, les documents XML sont des documents ayant un format texte. Le contenu et les balises sont tout deux représentés par du texte. Les éditeurs de texte peuvent donc être extrêmement utiles pour consulter, créer et modifier des documents XML. Cette base textuelle permet aux développeurs de travailler directement avec XML, leur laissant le choix d'utiliser, quand ils le souhaitent, des outils plus spécifiques.

Cependant, malgré cette nature textuelle, XML présente quelques limitations sérieuses pour les programmes qui tentent de manipuler des documents XML comme des documents ne contenant que du texte. Il est possible de traiter des documents XML extrêmement simples en utilisant des outils textuels de base comme des expressions régulières. Mais les fonctionnalités plus complexes, telles que la gestion des attributs par défaut, le traitement des entités et l'ajout d'espaces de noms aux documents, sont beaucoup plus ardues à prendre en compte. Le traitement d'un document comme du texte pur rend l'utilisation de telles spécificités extrêmement difficile.

Toutefois, ces outils représentent la majorité des outils traitant du XML. Beaucoup de développeurs utilisent des éditeurs tels que *vi*, Emacs, NotePad, WordPad, BBEdit et UltraEdit pour créer ou modifier des documents XML. Les expressions régulières (dans les environnements comme sed, grep, Perl et Python) peuvent être utilisées pour la recherche et la substitution ou encore pour affiner les documents avant une analyse syntaxique XML ou un traitement XSLT. Ces outils peuvent également être très utiles pour rechercher de l'information dans des documents XML, sans même avoir la compréhension de la structure environnante.

Ce type d'outils peut également être utilisé sur les résultats d'un programme d'analyse syntaxique XML. Des expressions régulières et des outils semblables de traitement du texte peuvent être appliqués utilement à ces résultats, permettant un travail sur le document quand sa nature spécifique à XML a été résolue. Par exemple, XML Schema du W3C inclut les expressions régulières en tant que mécanisme de validation des types de données, comme nous l'avons vu dans le chapitre 16. Un chercher/remplacer avisé ou un correcteur orthographique pourrait traiter seulement le contenu des éléments (et peut-être des attributs) sans affecter les balises qui définissent la structure.

Le traitement basé sur le texte peut être utilisé en conjonction avec d'autres traitements XML. L'analyse puis la resérialisation de documents XML après un autre traitement ne produit pas toujours les résultats escomptés. XSLT, par exemple, supprimera les références d'entité en les remplaçant par leur contenu. Pour les préserver, il est nécessaire de les remplacer dans le document initial par des symboles uniques, puis de substituer ces symboles dans le résultat. Avec des expressions régulières, c'est beaucoup plus simple. Les développeurs peuvent également vouloir remplacer des caractères particuliers par des références à des images ; ce peut être nécessaire lorsqu'un symbole obscur ou non standard est requis dans XHTML.

La dépendance de XML à l'égard d'Unicode implique, de la part des développeurs, de faire attention aux outils de traitement de texte qu'ils choisissent. Beaucoup d'environnements de développement ont été améliorés pour supporter Unicode, mais il reste des outils disponibles qui n'ont pas évolués dans ce sens. Avant d'utiliser ce type d'outils sur les résultats d'une analyse XML, assurez-vous qu'ils supportent Unicode. Les outils de traitement de texte étant appliqués aux documents XML bruts doivent supporter le codage de caractère utilisé par le document.

Traitement événementiel du XML

Lorsqu'un programme d'analyse syntaxique (parseur) lit un document, il le parcourt du début jusqu'à la fin. Il peut faire une pause pour rechercher des ressources externes (une DTD ou une entité externe, par exemple) mais il instaure une logique du document pendant qu'il le traverse. Il doit maintenir un contexte pour pouvoir appliquer les contraintes de forme et de validité ainsi que les espaces de noms. De plus, une liste de contenus appropriés est nécessaire pour traiter les valeurs par défaut des attributs ainsi que les entités. Mais le résultat final reste une « lecture » complète du document XML.

Les parseurs événementiels reportent ce qui apparaît durant la lecture, dans un flot d'événements représentant l'information contenue dans le document. Les « événements » représentent, par exemple, le début d'un élément, son contenu et la fin d'un élément. Si l'on considère ce document :

```
<nom><prénom>Keith</prénom><famille>Johnson</famille></nom>
```

Un parseur événementiel devrait reporter ce type d'événements :

```
startElement:nom
startElement:prénom
content: Keith
endElement:prénom
startElement:famille
content:Johnson
endElement:famille
endElement:nom
```

La liste et la structure des événements peuvent devenir beaucoup plus complexes à mesure que des fonctionnalités, telles que les espaces de noms, les attributs, les espaces entre les éléments, les commentaires, les instructions de traitement et les entités sont ajoutés. Cependant, le mécanisme de base reste simple et généralement très efficace.

Les parseurs événementiels doivent maintenir seulement une quantité limitée d'informations. Ils doivent comprendre la teneur des DTD (et sans doute des schémas) si les documents les utilisent. Ils doivent également mettre à jour des piles de contexte pour les noms d'élément et les déclarations d'espaces de noms. Ils n'ont pas besoin de construire une structure complète du document lors de l'analyse, ce qui réduit au minimum la quantité de mémoire requise pendant cette opération.

Ces parseurs exigent du consommateur d'événements un travail important. Traiter les événements signifie la création d'une machine à états, c'est-à-dire que le code comprend le contexte actuel et peut diriger l'information des événements vers le consommateur approprié. Puisque les événements surviennent pendant la phase de lecture du document, les applications doivent être préparées pour ignorer des résultats si une erreur fatale est présente quelque part dans le document. Les applications ne peuvent pas dépendre de l'information qui se produira plus tard dans un document pour interpréter l'événement actuel. Ainsi, il est difficile d'utiliser des technologies comme XPath, par exemple, dans un environnement basé sur les événements. De tels facteurs peuvent rendre difficile le travail immédiat avec des parseurs événementiels.

En dépit des difficultés potentielles, ce type de parseur s'avère très utile pour une grande variété de tâches. Les filtres peuvent traiter et modifier des événements avant de les passer à un autre processeur, exécutant efficacement un large éventail de transformations. Ils peuvent être empilés, fournissant ainsi des moyens relativement simples pour construire des pipelines de traitement XML, où l'information passe directement d'un processeur à l'autre. Ce type d'analyse est le plus efficace pour les applications souhaitant alimenter directement leurs propres structures internes avec l'information contenue dans les documents. Même les parseurs qui restituent les documents XML sous forme d'arbres complets, comme vous le verrez par la suite, construisent typiquement ces arbres à partir d'un flot d'événements.

L'API SAX (*Simple API for XML*), décrite dans les chapitres 19 et 25, est la plus utilisée des API basées sur les événements. SAX2, la version actuelle de SAX, est disponible à l'adresse *http://www.saxproject.org*. Expat, parseur écrit en C, très répandu, utilise lui aussi une API basée sur les événements. Pour de plus amples informations sur le parseur expat et ses API, allez faire un tour à *http://www.jclark.com/xml/expat.html*.

Modèles de traitement de XML sous forme d'arbre

Les documents XML, s'ils sont bien formés, décrivent des structures arborescentes. Typiquement, les documents contiennent un élément qui contient du texte, des attributs et d'autres éléments, qui peuvent eux-mêmes contenir des éléments, du texte et des attributs, et ainsi de suite. Les déclarations, les commentaires et les instructions de traitement enrichissent ce mélange, mais de façon générale ils possèdent tous une place dans l'arbre global.

Une grande variété de modèles d'arbre existe pour les documents XML. XPath (décrit au chapitre 9), utilisé dans les transformations XSLT, possède des attentes légèrement différentes par rapport à ce que propose l'API DOM (*Document Object Model*), qui est également différent de l'Infoset XML (*XML Information Set*), un autre projet du W3C. XML Schema (décrit aux chapitres 16 et 21) définit un PSVI (*Post-Schema Validation Infoset*), qui possède plus d'informations en lui-même (dérivé de XML Schema) que n'importe lequel des modèles d'arbre.

Les développeurs qui veulent manipuler des documents depuis leur programme utilisent des API permettant d'accéder à un modèle objet représentant le document XML. Les API basées sur les arbres fournissent à l'application un modèle du document entier, une fois l'analyse achevée avec succès. Les applications n'ont pas à se soucier du contexte ou d'un traitement de repositionnement lorsqu'une erreur se produit. En effet, le modèle d'arbre et l'analyse ont déjà pris en compte ces problèmes. Plutôt que de suivre un flot d'événements, une application peut simplement naviguer dans l'arbre afin de trouver les morceaux du document désirés. Les navigateurs et les éditeurs peuvent présenter ou modifier l'arbre, soit avec l'aval de l'utilisateur, soit *via* des requêtes en utilisant l'arbre comme une référence persistante du contenu actuel du document.

Travailler avec le modèle d'arbre d'un document n'est pas très différent conceptuellement d'une manipulation de document sous forme de texte. Le document entier est toujours disponible, et se déplacer autour des parties bien formées d'un document ou les modifier est assez facile. La totalité du contexte pour n'importe quelle partie du document est toujours disponible. Les développeurs peuvent utiliser des expressions XPath pour localiser le contenu. Ils peuvent également faire des choix en se basant sur le contenu à n'importe quel endroit du document, si les API proposent XPath. (Le niveau 3 de DOM ajoute un support formel de XPath, et diverses implémentations fournissent leur propre support.)

Les modèles d'arbre des documents ont quelques inconvénients. Ils peuvent prendre beaucoup de place en mémoire, en multipliant, par exemple, la taille du document initial. La navigation dans les documents peut exiger des traitements supplémentaires à l'analyse, car les développeurs ont un large choix sur la façon de procéder. (Les modèles d'arbre n'imposent pas le même genre de discipline que le traitement événementiel.) Ces deux problèmes peuvent rendre difficile l'extension et le partage des applications se basant sur des modèles d'arbre, bien que ce modèle soit approprié pour un nombre restreint de documents ou pour de petits documents.

DOM (*Document Object Model*), décrit dans les chapitres 18 et 24, est l'API basée sur une représentation arborescente la plus répandue. JDOM (*http://jdom.org/*) ainsi que DOM4J (*http://dom4j.org/*) sont des alternatives disponibles uniquement pour les environnements Java.

Transformations

La transformation de documents XML est une autre fonctionnalité disponible pour le programmeur XML. Le langage XSLT (*Extensible Stylesheet Language Transformation*), que nous avons abordé au chapitre 8, constitue l'outil le plus populaire actuellement pour transformer du XML en HTML, ou en n'importe quel autre langage régulier pouvant être exprimé en XSLT. Dans certains cas, utiliser une transformation pour faire un pré ou un post traitement sur des données XML qui vont, par la suite, être manipulées soit par DOM soit par SAX, peut être plus simple ou plus efficace. Par exemple, XSLT pourrait être utilisé comme préprocesseur pour une application qui commence à partir de documents XHTML. Un script pourrait extraire les fonctionnalités importantes depuis un document XHTML et convertir ces informations en un format XML spécifique à l'application.

Les transformations peuvent être utilisées de façon autonome, dans les navigateurs, ou en ligne de commande. Cependant, beaucoup d'implémentations XSLT et autres outils de transformation offrent des interfaces SAX ou DOM, permettant ainsi de simplifier leur utilisation dans une chaîne de traitements.

S'abstraire de XML

Les développeurs voulant bénéficier de l'aspect multiplate-forme de XML, mais qui n'ont pas la patience d'entrer dans les détails du balisage, peuvent utiliser divers outils se basant sur XML mais qui n'exigent pas de confrontation directe avec les structures XML. Les Web Services, mentionnés au chapitre 15, peuvent être vus comme un mouvement dans cette direction. Vous pouvez encore manipuler directement le XML si vous en avez besoin, mais vous pouvez vous en passer grâce à des boîtes à outils.

Ce genre d'application offre généralement une couche construite au dessus des traitements soit événementiels soit basés sur les structures arborescentes. Elle fournit ses propres API pour manipuler l'information sous-jacente. Ce niveau d'abstraction peut être très utile dans certains cas. Il peut également être un facteur d'inefficacité dans d'autres. Vous devez sans doute comprendre plus en profondeur XML si vous devez évaluer les avantages et les inconvénients de l'abstraction, d'autant plus lorsque vous devez fournir une passerelle entre systèmes ne supportant pas de couche d'abstraction spécifique, mais devant tout de même accéder à l'information.

Standards et extensions

Les spécifications de SAX et de DOM, accompagnées de celles traitant du noyau de XML, fournissent une base pour le traitement de XML. Les implémentations de ces standards, en particulier celles concernant DOM, varient parfois par rapport au cahier des charges. Quelques extensions sont elles-mêmes formellement spécifiées – SVG (*Scalable Vector Graphics*), par exemple, fournit la définition des extensions à DOM spécifiques pour le travail avec SVG. D'autres ne sont que des sortes d'ajout, qui apportent des fonctionnalités qu'un programmeur ou un éditeur a jugé importantes, mais qui ne font pas partie intégrante des spécifications originales. Les divers niveaux et modules de DOM ont également conduit les développeurs à réclamer plus de support de DOM, sauf sur certains sous-ensembles (ou extensions) particuliers des spécifications.

Le portage des standards apporte son lot de variations. SAX a été développé pour Java, et le projet du noyau SAX ne définit qu'une API Java. L'API de DOM est défini avec IDL (*Interface Definition Language*), mais toutes les implémentations n'ont pas interprété l'IDL exactement de la même façon. SAX2 et DOM sont donc à peu près portables, mais le changement d'environnement peut exiger de remettre en question ce que l'on sait déjà.

Certains environnements offrent également de bonnes bibliothèques n'ayant de rapport ni avec les interfaces SAX ni avec celles de DOM. Perl et Python offrent des librairies qui combinent le traitement événementiel avec celui à base d'arbres (par exemple, en permettant aux applications de travailler avec des arbres partiels plutôt que des événements SAX ou des arbres DOM entiers). La classe XMLReader de la plate-forme .NET de Microsoft offre de façon similaire une souplesse de traitement. Ces approches compliquent les changements d'environnements, mais elles peuvent être très utiles.

Combiner les approches

Alors que le texte, les événements, les arbres et les transformations peuvent sembler être des approches très différentes, il n'est pas exceptionnel de les combiner. La plupart des parseurs produisant des arbres DOM offrent également l'option des événements SAX, et un certain nombre d'outils peuvent créer des arbres DOM à partir d'événements SAX ou *vice versa*. Certains outils qui reçoivent et produisent des événements SAX construisent en réalité des arbres internes (beaucoup de processeurs XSLT agissent de la sorte, en utilisant des modèles internes optimisés pour leurs arbres plutôt que d'utiliser DOM). Les processeurs XSLT eux-mêmes acceptent souvent en entrée des événements SAX ou des arbres DOM, et peuvent produire ces modèles (ou du texte) en sortie.

La plupart des programmeurs qui désirent un accès direct aux documents XML commencent par utiliser des arbres DOM, qui sont au début plus faciles à appréhender. S'ils rencontrent des problèmes qui pourraient être traités plus efficacement dans un environnement événementiel, ils peuvent soit réécrire leur code afin de gérer les événements (c'est un gros travail) soit combiner les deux formes de traitement.

Problèmes de traitement XML communs

Comme avec n'importe quelle technologie, il y a plusieurs façons d'atteindre les objectifs de conception lors du développement d'une nouvelle application XML. Il existe aussi quelques problèmes potentiels qu'il est préférable de connaître avant de commencer. La compréhension des utilisations visées par ces fonctionnalités peut aider à s'assurer que les nouvelles applications seront compatibles non seulement avec ce pourquoi elles sont conçues, mais également avec d'autres systèmes de traitement de XML qui peuvent ne pas encore exister.

Ce que vous obtenez n'est pas ce que vous voyiez

La spécification de XML laisse plusieurs portes ouvertes, permettant aux parseurs XML de prendre quelques libertés avec le contenu littéral de votre document, tout en maintenant la signification sémantique. Les commentaires peuvent être omis et les références d'entité remplacées par le parseur sans un quelconque avertissement à l'application cliente. Les parseurs non validants ne sont pas obligés de rechercher les DTD externes ou les entités, même s'ils devraient au moins avertir les applications lorsque cela se produit. La reconstruction d'un document XML possédant exactement la même structure et le même contenu logique est possible, par contre garantir qu'il correspondra exactement (par un comparaison octet par octet) à l'original ne l'est pas.

> *XML Canonicalization* définit une forme de XML et un processus pour y accéder qui permettent d'avoir un degré beaucoup plus élevé de prévisibilité dans la reconstruction des documents à partir de leur modèle logique. Pour plus de détails, consultez l'adresse *http://www.w3.org/TR/xml-c14n*.

Les auteurs d'outils simples de traitement XML qui agissent sur les données sans les enregistrer ou les modifier peuvent considérer ces contraintes comme non restrictives. Cependant, la capacité de reconstruire un document XML avec précision depuis des structures de données en mémoire, devient plus critique pour les auteurs d'éditeurs XML et de solutions de gestion de contenu. Même si les parseurs n'ont pas obligation de signifier tous les commentaires, les espaces et les références d'entité disponibles, beaucoup le font ou peuvent le faire en positionnant des options de configuration spécifiques.

La seule vraie façon de s'assurer que votre parseur reporte les documents comme vous le souhaitez, et non simplement avec le minimum exigé par la spécification XML 1.0, se situe dans le contrôle de sa documentation et sa configuration en conséquence (ou encore le choix du bon parseur).

Commentaires

Malgré une pratique historique, dûe à HTML, quant à l'utilisation des commentaires pour des tâches telles que les inclusions coté serveur (SSI, *Server-Side Includes*), le masquage du code JavaScript ou des feuilles de style CSS (*Cascading StyleSheets*), utiliser un commentaire pour autre chose qu'une note lisible par l'homme est en général une mauvaise idée. Les parseurs XML peuvent (et le font fréquemment) ignorer totalement les commentaires, ne les transmettant pas à l'application. Les transformations agissent généralement de même.

Instructions de traitement

Les parseurs XML doivent permettre l'accès aux instructions de traitement pour les applications clientes. Les instructions de traitement fournissent un mécanisme de communication entre les auteurs de documents et les applications XML, et ce sans interférer avec le contenu de la documentation. Les validations par rapport à une DTD ou un schéma ignorent les instructions de traitement, permettant ainsi leur emploi n'importe où dans une structure de document sans avoir à changer cette DTD ou ce schéma. L'instruction de traitement la plus largement utilisée concerne l'inclusion de référence à une feuille de style à l'intérieur des documents XML. L'extrait de XML suivant illustre ce type de référence :

```
<?xml version="1.0"?>
<?xml-stylesheet type="text/css" href="test.css"?>
```

Une application capable de traiter du XML, telle que Internet Explorer 5.5, serait à même d'identifier l'intention de l'auteur d'afficher le document en utilisant la feuille de style `test.css`. Cette instruction de traitement peut également être utilisée pour des feuilles de style XSLT ou d'autres types de feuille de style n'étant pas encore développées, l'application doit alors savoir comment les traiter pour que le tout fonctionne. Les applications ne sachant pas prendre en compte les instructions de traitement peuvent toutefois les analyser et utiliser l'information du document XML, tout en les ignorant.

Pour de plus amples informations sur la façon d'utiliser les instructions de traitement pour qu'elles désignent une feuille de style, reportez-vous à la recommandation du W3C, *Associating Style Sheets with XML Documents* à l'adresse suivante *http://www.w3.org/TR/xml-stylesheet/*.

L'exemple des meubles du chapitre 20 (voir la *figure 20-1*) permet d'envisager une application des instructions de traitement. Une instruction de traitement dans le fichier *bibliothèque.xml* signale au processeur de cet exemple qu'il doit vérifier que la liste des éléments doit correspondre à la liste réelle des éléments requis pour le montage du meuble :

```
<liste_éléments>
    <élément id="A" quantité="1">dernier panneau</élément>
    <élément id="B" quantité="2">panneau de côté</élément>
    <élément id="C" quantité="1">panneau du fond</élément>
    <élément id="D" quantité="4">étagère</élément>
    <élément id="E" quantité="8">vis cachés</élément>
    <élément id="F" quantité="8">vis de jonction</élément>
    <élément id="G" quantité="22">clou 7/16"</élément>
    <élément id="H" quantité="16">cheville pour étagère</élément>
</liste_éléments>

<?meuble_app    vérifier_liste_éléments?>
```

Cette instruction de traitement n'a aucune signification sauf si l'application qui l'analyse comprend son type spécifique.

La spécification XML permet également l'association de la cible de l'instruction de traitement (le nom XML immédiatement après <?) avec une notation, comme vous le verrez dans la prochaine section (mais ce n'est pas obligatoire et c'est rarement utilisé).

Notations

La syntaxe de déclaration de notation XML fournit un moyen, pour l'auteur de document, de préciser le type d'une entité externe non analysée à l'intérieur du document XML. Si votre application requiert l'accès à des données externes qui ne peuvent pas être représentées en XML, pensez à déclarer un nom de notation et à l'utiliser le cas échéant dans la déclaration des entités externes non analysées. Par exemple, si votre application est un format de code source Java annoté, le pseudo-code compilé pourrait alors être référencé comme une entité externe non analysée.

Les notations fournissent efficacement des métadonnées, des identifiants que les applications peuvent appliquer à l'information. L'utilisation des notations exige des déclarations dans la DTD, comme décrit au chapitre 3. Les attributs de type NOTATION permettent d'utiliser les notations. Par exemple, si un document contient divers scripts conçus pour des environnements différents, il peut déclarer des notations, puis utiliser un attribut sur un élément afin d'identifier le type du script qu'il contient :

```
<!NOTATION DOS PUBLIC "-//MS/DOS Batch File/">
<!NOTATION BASH PUBLIC "-//UNIX/BASH Shell Script/">
<!ELEMENT batch_code (#PCDATA)*>
<!ATTLIST batch_code
    lang NOTATION (DOS | BASH)>
. . .
```

```
<batch_code lang="DOS">
  echo Bonjour à tous !
</batch_code>
```

Les applications qui lisent ce document et reconnaissent l'identifiant public peuvent interpréter correctement les données externes de l'élément, en se basant sur son type. (Les notations peuvent également avoir des identifiants système, et les applications peuvent utiliser l'une ou l'autre approche.)

Les notations s'utilisent également pour former des catégories d'instructions de traitement, permettant ainsi de spécialiser les applications XML. Par exemple, l'instruction de traitement `meuble_app`, utilisée dans l'exemple précédent, aurait pu être déclarée comme une notation dans la DTD :

```
<!NOTATION meuble_app SYSTEM "http://espacenoms.oreilly.com/meuble">
```

Ainsi, l'application traitant ce document peut vérifier que l'instruction de traitement lui était réellement destinée, et qu'elle ne l'était pas à une autre utilisant une instruction de traitement portant le même nom.

Entités non analysées

Les entités non analysées combinent les déclarations d'attribut et de notation pour définir des références au contenu qui demandera un traitement (non spécifié) postérieur par l'application. Les entités non analysées sont décrites plus en détails au chapitre 3. Bien qu'elles représentent une fonctionnalité disponible pour les applications, elles ne sont que rarement utilisées et ne sont généralement pas considérées comme interopérable parmi les processeurs XML. Les techniques permettant de faire des liens et des références, décrits dans la prochaine section, sont généralement utilisées à la place.

Liens et références

La possibilité de créer des liens entre documents et à l'intérieur d'un même document est important pour le succès à long terme de XML, particulièrement sur le Web et pour d'autres applications destinées à gérer des relations entre différentes informations. La spécification XLink, décrite au chapitre 10, définit la sémantique de la création de ces liens. Contrairement aux liens HTML simples, XLinks peut exprimer des rapports complexes entre les éléments source et les éléments de cible d'un lien.

Si votre application a besoin d'exprimer des associations entre différentes parties d'un document XML, ou entre différents documents, pensez à mettre en application la recommandation XLink pour cette fonctionnalité. Non seulement cela vous épargnera l'effort de définir un nouveau (et incompatible) schéma d'association, mais vos documents seront compréhensibles par les nouveaux outils de manipulation XML, ainsi que par les navigateurs lorsque le support de XLink sera plus grand. RDDL, décrit au chapitre 14, utilise de façon considérable XLink afin d'exprimer les liens compréhensibles pour la machine.

CHAPITRE 18

DOM

Le modèle objet de document (*Document Object Model* ou encore DOM) décrit une API pour accéder et utiliser des documents XML en tant que structures arborescentes. DOM est défini par un ensemble de recommandations du W3C qui décrivent un modèle objet indépendant du langage de programmation utilisé pour stocker les documents hiérarchiques en mémoire. La spécification la plus récente, DOM niveau 2, fournit des modèles pour manipuler des documents XML, des documents HTML et des feuilles de style CSS. Ce chapitre se limite aux sections de DOM applicables au traitement des documents XML.

Ce chapitre est basé sur la spécification du noyau du modèle objet de document niveau 2 (DOM Level 2 Core), qui a été finalisée le 13 novembre 2000. Cette version de la recommandation, ainsi que les errata qui s'y rapportent, est disponible sur le site web du W3C : *http://www.w3.org/TR/DOM-Level-2-Core/*. Au moment de l'écriture de ces lignes, la dernière version de travail du noyeau DOM niveau 3 avait été publiée le 14 janvier 2002. Ce document corrige des omissions et des insuffisances de la recommandation du niveau 2 et inclut un support de base de l'intégration de la validation dans la manipulation de document *via* l'API DOM. Les modules supplémentaires du niveau 3 de DOM ajoutent le support des modèles de contenu (DTD et schémas) ainsi que le support de la lecture et de l'écriture du XML en DOM et inversement.

Fondements de DOM

DOM est un ensemble d'API. Les diverses implémentations de DOM utilisent leurs propres objets pour supporter les interfaces définies dans la spécification. Ces interfaces sont spécifiées en modules, permettant ainsi aux implémentations de ne supporter que certaines parties du DOM. Les programmes d'analyse syntaxique XML (aussi nommés communément parseurs), par exemple, ne sont pas obligés de fournir le support des parties HTML spécifiques à DOM. Enfin, la modularisation a fourni un mécanisme simple qui permet aux développeurs logiciels d'identifier pour une implémentation donnée des parties qui sont supportées et celles qui ne le sont pas.

Les versions successives de DOM sont définies comme des niveaux. Le niveau 1 est la première publication du W3C, et il se concentre sur la manipulation du HTML et du XML dans un contexte de navigateur. En fait, il supporte le HTML dynamique et fournit une base pour le traitement des documents XML. Comme ce niveau suppose que les documents existent déjà dans le contexte du navigateur, il ne décrit qu'une structure d'objets ainsi que la façon de le manipuler, et non comment charger un document dans cette structure ou comment sauvegarder un document depuis cette structure.

Les niveaux ultérieurs ont ajouté des fonctionnalités. Le niveau 2, publié comme un ensemble de spécifications (une par module) inclut des mises à jour du noyau et des modules HTML du niveau 1. Il introduit de nouveaux modules pour les vues, les événements, le style, le parcours et les intervalles. Le niveau 3 ajoutera les schémas abstraits, la lecture, la sauvegarde, XPath et des mises à jour du noyau et des modules liés aux événements.

D'autres spécifications du W3C ont défini des extensions à DOM pour leurs propres besoins. MathML (*Mathematical Markup Language*), SVG (*Scalable Vector Graphics*), SMIL (*Synchronized Multimedia Integration Language*), ainsi que SMIL Animation ont tous défini des DOM qui permettent d'accéder aux détails de leurs propres vocabulaires.

Pour une vue d'ensemble des conditions que ces modules sont censé remplir, consultez *http://www.w3.org/TR/DOM-Requirements*. Pour une liste de toutes les spécifications de DOM, y compris celles encore en travaux, consultez l'adresse *http://www.w3.org/DOM/DOMTR*. DOM a également été inclus en référence dans une variété d'autres spécifications, notamment l'API Java pour le traitement de XML (*Java API for XML Processing* ou JAXP)

Les développeurs utilisant DOM pour traiter du XML se basent typiquement sur le module du noyau pour leur travail.

Notation DOM

Le modèle objet de document est destiné à être indépendant du système d'exploitation et du langage de programmation. Toutes les interfaces sont donc spécifiées en utilisant la notation du langage de description d'interface (IDL) définie par l'Object Management Group (*http://www.omg.org*). Pour être conforme à cette notation, ce chapitre et le chapitre 24 feront usage de la terminologie IDL pour décrire les spécificités de chaque interface. Par exemple, le mot « attribut » utilisé en IDL se réfère à ce que serait une variable membre en C++. Il ne faut donc pas confondre avec le terme « attribut XML » qui est un couple nom-valeur qui apparaît dans la balise de début d'un élément.

Les interfaces IDL, indépendantes du langage de programmation, doivent ensuite être traduites (selon les règles établies par l'OMG) dans une correspondance spécifique à un langage. Prenons l'interface suivante, par exemple :

```
interface NodeList {
  Node               item(in unsigned long index);
  readonly attribute unsigned long    length;
};
```

Cette interface peut s'exprimer ainsi par une interface Java :

```
package org.w3c.dom;

   public interface NodeList {
       public Node item(int index);

       public int getLength();

   }
```

La même interface sera définie en ECMAScript de la façon suivante :

```
Object NodeList
   L'objet NodeList possède les propriétés suivantes :
     length
       Cette propriété en lecture-seule possède est du type Number.
   L'objet NodeList possède les méthodes suivantes :
     item(index)
       Cette méthode retourne un objet Node.
       Le paramètre index possède est du type Number.
       Note: Cet objet peut être déférencé en utilisant la
       notation crochets (c-à-d. obj[1]). Le déférencement avec un
       index de type integer est équivalent à l'invocation de la
       méthode item avec cet index.
```

Les tableaux de ce chapitre représentent les informations DOM sous forme IDL. Les fonctionnalités sont accompagnées de leur version de disponibilité. Les implémentations de ces fonctionnalités peuvent varier ; contrôlez le document décrivant l'implémentation que vous choisissez afin de savoir comment elle supporte précisément les interfaces DOM.

Forces et faiblesses de DOM

Comme tous les outils de programmation, DOM est mieux adapté à certaines classes de problèmes qu'à d'autres. Puisque la hiérarchie d'objets conserve des références entre les différents nœuds représentant un document, il faut parser le document entièrement avant d'en disposer dans une application DOM. Cette étape nécessite également que l'intégralité du document soit conservée en mémoire, ce qui constitue souvent une charge significative. Parmi les premières mises en œuvre de DOM, certaines entraînaient une consommation supplémentaire de mémoire qui pouvait atteindre jusqu'à cent pour cent de la taille du document.

Ce modèle d'utilisation de la mémoire rend DOM inutilisable pour les applications de transformation de documents, ou pour les applications qui nécessitent une analyse incrémentale des données, comme les protocoles de communication à base de messages. Bien que DOM fournisse certaines méthodes pour modifier la structure d'un document en mémoire, il ne fournit aucune possibilité pour parser un document, ou sauvegarder de nouveaux documents. L'accès aléatoire autorisé par DOM en fait cependant un outil excellent pour les applications d'édition de document, de recherche de données ou de navigation.

Structure d'un noyau DOM

Les interfaces du noyau DOM fournissent un accès générique à tous les types de contenu de document. Par exemple, DOM définit directement un ensemble d'interfaces pour les structures de documents propres à HTML, telles que les tables, les paragraphes et les balises `<img>`. Mises à part ces interfaces spécialisées, vous pouvez accéder à la même information en utilisant les interfaces génériques du noyau.

Puisque XML est conçu pour permettre la création de nouveaux, et éventuellement uniques, langages de balisage structuré, les organismes de standardisation ne peuvent pas définir par avance des interfaces spécifiques pour ces applications. Les interfaces du noyau DOM permettent donc de manipuler des éléments de documents d'une manière totalement indépendante de l'application.

Le noyau DOM est lui-même subdivisé en interfaces fondamentales et interfaces étendues. Les interfaces fondamentales sont pertinentes aussi bien pour les documents XML que pour les documents HTML, alors que les interfaces étendues concernent les structures spécifiques à XML, telles que les déclarations d'entités et les instructions de traitement. Toutes les interfaces DOM sont dérivées de l'interface `Node`, qui fournit un ensemble générique de points d'entrée pour l'accès à la structure et au contenu d'un document ou d'un fragment de document.

Interfaces DOM génériques versus interfaces spécifiques

Pour simplifier les différents types de traitement de document et permettre une implémentation efficace de DOM par les langages de programmation, il existe deux méthodes distinctes pour accéder à un arbre de document dans le noyau du DOM : par l'interface générique `Node` et par les interfaces spécifiques pour chaque type de nœud. Même s'il existe plusieurs types distincts de balise pouvant apparaître dans un document XML (éléments, attributs, instructions de traitement, et ainsi de suite), les relations entre ces différentes fonctionnalités de document peuvent être exprimées sous forme d'une structure arborescente hiérarchique. Les éléments sont joints à leurs prédécesseurs et à leurs successeurs, mais aussi à leurs nœuds parent et fils. Bien qu'il y ait beaucoup de types de nœud différents, les relations parent, fils, et frère sont communes à tout document XML.

L'interface générique `Node` définit l'ensemble minimal d'attributs et de méthodes nécessaires pour exprimer cette structure arborescente. Un `noeud` (`Node`) donné contient toutes les informations pour localiser son nœud parent, ses nœuds fils, et frères. La prochaine section décrit l'interface `Node` en détails. En plus de l'interface générique `Node`, DOM définit également un ensemble d'interfaces spécifiques à XML qui représentent les spécificités distinctes du document, telles que les éléments, les attributs, les instructions de traitement, et ainsi de suite. Toutes les interfaces spécifiques sont dérivées de l'interface générique `Node`. Ainsi une application peut choisir les méthodes pour accéder à des données à l'intérieur de l'arbre DOM, en forçant le typage (cast). Elle utilise alors soit l'interface générique `Node` soit le type réel de l'objet en cours de traitement. Plus loin dans ce chapitre, la section *Interfaces spécifiques au type de nœud* aborde les interfaces spécifiques et leurs relations avec l'interface générique `Node`.

Interface Node et autres interfaces génériques

L'interface `Node` est la racine de la hiérarchie de classes du noyau DOM. Jamais directement instanciée, elle est l'interface racine de toutes les interfaces spécifiques, et vous pouvez l'utiliser pour extraire l'information à partir de n'importe quel objet DOM sans connaître son type réel. Il est possible d'accéder à la structure complète et au contenu d'un document en utilisant uniquement les méthodes et les propriétés fournies par l'interface `Node`. Le *tableau 18-1* décrit cette interface. Il contient les informations sur le type, l'emplacement, le nom et la valeur des données fondamentales correspondantes du document.

Tableau 18-1. L'interface Node

Type	*Nom*	*Lecture seule*	*DOM 2.0*
Attributs			
DOMString	nodeName	✗	
DOMString	nodeValue		
Short	Unsigned type	✗	
Node	parentNode	✗	
NodeList	childNodes	✗	
Node	firstChild	✗	
Node	lastChild	✗	
Node	previousSibling	✗	
Node	nextSibling	✗	
NamedNodeMap	attributes	✗	
Document	ownerDocument	✗	✗
DOMString	namespaceURI	✗	✗
DOMString	Prefix		✗
DOMString	localName	✗	✗
Methodes			
Boolean	hasAttributes		✗

Tableau 18-1. L'interface Node (suite)

Type		*Nom*	*Lecture seule*	*DOM 2.0*
Node		insertBefore		
	Node	newChild		
	Node	refChild		
Node		replaceChild		
	Node	newChild		
	Node	oldChild		
Node		removeChild		
	Node	oldChild		
Node		appendChild		
	Node	newChild		
Boolean		hasChildNodes		
Node		cloneNode		
	Boolean	Deep		
Void		normalize		✗
Boolean		isSupported		✗
	DOMString	Feature		✗
	DOMString	Version		✗

Puisqu'aucune instance de l'interface `Node` n'est jamais créée directement, l'attribut `nodeType` contient une valeur qui indique le type spécifique de l'objet instancié. En se basant sur `nodeType`, il est possible, sans risque, de forcer le type d'une référence générique `Node` en une interface spécifique. Le *tableau 18-2* décrit les valeurs du type de nœud ainsi que son interface associée. Le *tableau 18-3*, quant à lui, présente les valeurs des attributs `nodeName`, `nodeValue` et `attributes` pour chaque type de nœud.

Tableau 18-2. Types de nœud DOM et interfaces correspondantes

Type de nœud	*interface DOM*
`ATTRIBUTE_NODE`	`Attr`
`CDATA_SECTION_NODE`	`CDATASection`
`COMMENT_NODE`	`Comment`
`DOCUMENT_FRAGMENT_NODE`	`DocumentFragment`
`DOCUMENT_NODE`	`Document`
`DOCUMENT_TYPE_NODE`	`DocumentType`
`ELEMENT_NODE`	`Element`
`ENTITY_NODE`	`Entity`
`ENTITY_REFERENCE_NODE`	`EntityReference`

Tableau 18-2. Types de nœud DOM et interfaces correspondantes (suite)

Type de nœud	*interface DOM*
NOTATION_NODE	Notation
PROCESSING_INSTRUCTION_NODE	ProcessingInstruction
TEXT_NODE	Text

Tableau 18-3. Types de nœud DOM et résultat des méthodes

Type de nœud	*nodeName*	*nodeValue*	*Attributs*
ATTRIBUTE_NODE	nom de l'attribut	valeur de l'attribut	null
CDATA_SECTION_NODE	#cdata-section	contenu	null
COMMENT_NODE	#comment	contenu	null
DOCUMENT_FRAGMENT_NODE	#document-fragment	null	null
DOCUMENT_NODE	#document	null	null
DOCUMENT_TYPE_NODE	nom du type de document	null	null
ELEMENT_NODE	nom de la balise	null	NamedNodeMap
ENTITY_NODE	nom de l'entité	null	null
ENTITY_REFERENCE_NODE	nom de l'entité référencée	null	null
NOTATION_NODE	nom de la notation	null	null
PROCESSING_INSTRUCTION_NODE	cible	contenu à l'exception de la cible	null
TEXT_NODE	#text	contenu	null

Notez que l'attribut nodeValue retourne le contenu des nœuds contenant du texte simple et des nœuds définissant un commentaire, mais ne renvoie rien pour les éléments. La recherche du texte d'un élément exige de chercher les nœuds de type texte qu'il contient.

L'interface NodeList

L'interface NodeList permet d'accéder au contenu d'un nœud. Elle est utilisée, le plus souvent, pour rechercher des nœuds représentant du texte et des éléments fils des nœuds d'élément. Voir le *tableau 18-4* pour un résumé de l'interface NodeList.

Tableau 18-4. L'interface NodeList

Type	*Nom*	*Lecture seule*	*DOM 2.0*
Attributs			
Long	length	✗	
Méthodes			
Node	item		

Tableau 18-4. L'interface NodeList (suite)

Type		*Nom*	*Lecture seule*	*DOM 2.0*
	Long	index		

L'interface `NodeList` est extrêmement simple. Elle est généralement associée à une boucle pour parcourir les fils d'un nœud.

L'interface NamedNodeMap

L'interface `NamedNodeMap` est utilisée pour les listes non triées dont le contenu est identifié par un nom. Dans la pratique, cette interface sert à accéder aux attributs. Le *tableau 18-5* donne un résumé de l'interface `NamedNodeMap`.

Tableau 18-5. L'interface NamedNodeMap

Type		*Nom*	*Lecture seule*	*DOM 2.0*
Attributs				
Long		length	✗	
Méthodes				
Node		getNamedItem		
	DOMString	name		
Node		setNamedItem		
	Node	arg		
Node		removeNamedItem		
	DOMString	name		
Node		getNamedItemNS		✗
	DOMString	namespaceURI		✗
	DOMString	localName		✗
Node		setNamedItemNS		✗
	Node	arg		✗
Node		removeNamedItemNS		
	DOMString	namespaceURI		✗
	DOMString	localName		✗

Association de la structure du document aux nœuds

Bien que DOM ne spécifie pas d'interface pour l'analyse syntaxique d'un document, il définit comment les structures de la syntaxe du document sont encodées en tant qu'objets DOM. Un document est enregistré comme une structure arborescente hiérarchique, et chaque élément dans l'arbre est relié à ses parents, enfants et frères :

```
<exemple bogue="valeur"><noeud_texte>données de test.</noeud_texte></exemple>
```

La *figure 18-1* montre comment le simple document précédent sera stocké par un parseur DOM.

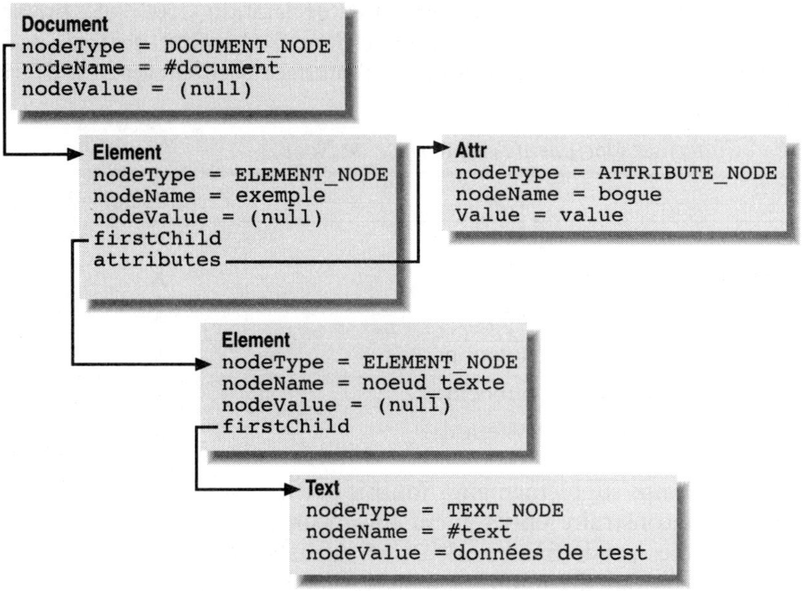

Figure 18-1. Stockage du Document et relations

Chaque objet dérivé de `Node` dans un document DOM contient des références à ses parent, fils, et frères. Ces relations permettent aux applications de traiter tout le document en utilisant les algorithmes standard de parcours d'arbre. « Parcourir l'arbre » est une approche courante pour trouver de l'information stockée dans un DOM. Nous la verrons dans l'*exemple 18-1* qui clôturera ce chapitre.

Interfaces spécifiques au type de nœud

Bien qu'il soit possible d'accéder aux données initiales du XML en utilisant uniquement l'interface `Node`, le noyau DOM fournit un ensemble d'interfaces spécifiques au type de nœud qui simplifient les tâches de programmation courantes. Ces types spécifiques de nœud peuvent être divisés en deux grandes catégories : les nœuds de structure et les nœuds de contenu.

Nœuds de structure

Dans un document XML, un certain nombre de structures syntaxiques sont présentes sans réellement faire partie du contenu. Les interfaces suivantes permettent d'accéder aux parties du document qui ne sont liées à aucune donnée textuelle ou d'élément.

DocumentType

L'interface `DocumentType` permet d'accéder aux notations de la définition de type du document XML, aux entités, au sous ensemble interne, à l'ID public, et à l'ID système. Un document ne pouvant posséder qu'une seule déclaration `!DOCTYPE`, un seul nœud `DocumentType` peut exister pour un document donné. L'attribut `doctype` de l'interface `Document` permet d'y accéder. La définition de l'interface `DocumentType` est décrite dans le *tableau 18-6*.

Tableau 18-6. L'interface DocumentType, dérivée de Node

Type	*Nom*	*Lecture seule*	*DOM 2.0*
Attributs			
NamedNodeMap	entities	✗	
DOMString	name	✗	
NamedNodeMap	notations	✗	
DOMString	publicId	✗	✗
DOMString	systemId	✗	✗

En utilisant les champs supplémentaires fournis par le niveau 2 de DOM, il est maintenant possible de reconstruire entièrement un document analysé en n'utilisant que les informations fournies par le framework DOM. Actuellement, il n'existe aucune possibilité de modifier le contenu du nœud `DocumentType` *via* la programmation.

ProcessingInstruction

Ce type de nœud fournit un accès direct au contenu d'une instruction de traitement XML nommée. Bien que les instructions de traitement apparaissent dans le texte du document, elles peuvent également se trouver avant ou après l'élément racine, ou encore dans les DTD. Le *tableau 18-7* décrit les attributs du nœud `ProcessingInstruction`.

Tableau 18-7. L'interface ProcessingInstruction, dérivée de Node

Type	*Name*	*Lecture seule*	*DOM 2.0*
Attributs			
DOMString	data		
DOMString	target		✗

Même si les instructions de traitement ressemblent aux balises XML classiques, gardez à l'esprit que seuls les noms des cibles, qui sont des unités lexicales XML, sont définis syntaxiquement. Le reste des données (jusqu'à la terminaison >) est totalement libre quant à la forme. Pour plus d'informations sur les utilisations (et les abus potentiels) des instructions de traitement XML, référez-vous au chapitre 17.

Notation

Les notations XML déclarent formellement le format pour des entités non analysées et les cibles d'instruction de traitement. La liste de toutes les notations disponibles est conservée dans un NamedNodeMap dans le nœud DOCTYPE du document, accessible *via* l'interface Document. La définition de l'interface Notation fait l'objet du *tableau 18-8*.

Tableau 18-8. L'interface Notation, dérivée de Node

Type	*Nom*	*Lecture seule*	*DOM 2.0*
Attributs			
DOMString	publicId	✗	
DOMString	systemId	✗	

Entity

Le nom de l'interface Entity est un peu ambigü, mais sa signification se clarifie lorsqu'elle est reliée à l'interface EntityReference, qui fait également partie du noyau DOM. L'interface Entity fournit un accès au nom de la notation utilisée par la déclaration d'entité, à l'ID public, ainsi qu'à l'ID système. Les nœuds d'entité analysés possèdent des childNodes, alors les entités non analysées (*unparsed*) ont un notationName. Cette interface est présentée dans le *tableau 18-9*.

Tableau 18-9. L'interface Entity, dérivée de Node

Type	*Nom*	*Lecture seule*	*DOM 2.0*
Attribut			
DOMString	notationName	✗	
DOMString	publicId	✗	
DOMString	systemId	✗	

Tous les membres de cette interface sont en lecture seule et ne peuvent donc pas être modifiés au cours de l'exécution.

Nœuds de contenu

Les données réelles d'un document XML sont entièrement contenues dans l'élément document. Les types de nœud suivants représentent les parties qui ne concernent pas la structure du document XML, c'est-à-dire les caractères, les éléments et les valeurs d'attribut.

Document

Chaque document analysé syntaxiquement déclenche la création d'un nœud Document unique en mémoire. (Des nœuds Document vides peuvent être créés *via* l'interface DOMImplementation.) Cette interface permet d'accéder à l'information de type du document et au nœud Element unique de plus haut niveau qui contient tout le corps du document analysé. Elle donne également l'accès aux méthodes de classe fabrique qui permettent à une application de créer de nouveaux nœuds de contenu, qui n'ont pas été créés en analysant le document. Tous les attributs et toutes les méthodes de l'interface Document sont présentés dans le *tableau 18-10*.

Tableau 18-10. L'interface Document, dérivée de Node

Type		*Nom*	*Lecture seule*	*DOM 2.0*
Attributs				
DocumentType		doctype	✗	
DOMImplementation		implementation	✗	
Element		documentElement	✗	
Méthodes				
Attr		createAttribute		
	DOMString	name		
Attr		createAttributeNS	✗	
	DOMString	namespaceURI	✗	
	DOMString	qualifiedName	✗	
CDATASection		createCDATASection		
	DOMString	data		
Comment		createComment		
	DOMString	data		
DocumentFragment		createDocumentFragment		
Element		createElement		
	DOMString	tagName		
Element		createElementNS	✗	
	DOMString	namespaceURI	✗	
	DOMString	qualifiedName		✗
EntityReference		createEntityReference		
	DOMString	name		
ProcessingInstruction		createProcessingInstruction		
	DOMString	target		
	DOMString	data		
Text		createTextNode		
	DOMString	data		
Element		getElementById	✗	
	DOMString	elementId		
NodeList		getElementsByTagName		
	DOMString	tagname		
NodeList		getElementsByTagNameNS	✗	
	DOMString	namespaceURI	✗	
	DOMString	localName	✗	
Node		importNode	✗	

Tableau 18-10. L'interface Document, dérivée de Node (suite)

Type	*Nom*	*Lecture seule*	*DOM 2.0*
Node	importedNode		✗
Boolean	deep	✗	

Les diverses méthodes `create...()` permettent aux applications de modifier la structure d'un document précédemment analysé. Notez que les nœuds créés en utilisant une instance de document, ne peuvent être insérés que dans l'arbre du document qui a servi à les créer. Le niveau 2 de DOM fournit une nouvelle méthode `importNode()` qui permet à un nœud, ainsi qu'à ses enfants, d'être copié d'un document dans un autre.

Outre les diverses méthodes de création de nœud, quelques méthodes permettent de localiser des éléments XML spécifiques ou des listes d'éléments. Les méthodes `getElementsByTagName()` et `getElementsByTagNameNS()` retournent une liste de tous les éléments XML sélectionnés par leur nom, ainsi que par l'espace de noms, s'il est indiqué. La méthode `getElementById()` renvoie un unique élément qui possède l'`ID` recherché.

DocumentFragment

Les applications qui permettent l'édition en temps réel des documents XML ont parfois besoin de mettre à part temporairement des nœuds du document, c'est-à-dire en dehors de la hiérarchie du document analysé. Un éditeur visuel offrant la fonctionnalité de presse-papier est un exemple. Lors de l'implémentation du service « couper », il est possible de déplacer temporairement les nœuds à couper vers un nœud `DocumentFragment` sans pour autant les effacer. Quand ils doivent être collés de nouveau dans le document, ils peuvent être déplacés à nouveau. L'interface `DocumentFragment`, dérivée de `Node`, n'a aucun attribut ni méthode spécifique.

Element

Les nœuds `Element` sont ceux le plus fréquemment utilisés avec un document XML typique. Ces nœuds sont les parents des nœuds `Text`, `Comment`, `EntityReference`, `ProcessingInstruction`, `CDATASection` et les enfants des nœuds `Element` qui constituent le corps du document. Ils permettent également l'accès aux objets `Attr` qui contiennent les attributs de l'élément. Le *tableau 18-11* présente tous les attributs et méthodes fournis par l'interface `Element`.

Tableau 18-11. L'interface Element, dérivée de Node

Type	*Nom*	*Lecture seule*	*DOM 2.0*
Attributs			
DOMString	tagName	✗	
Méthodes			
DOMString	getAttribute		
DOMString	name		

Tableau 18-11. L'interface Element, dérivée de Node (suite)

Type		*Nom*	*Lecture seule*	*DOM 2.0*
Attr		getAttributeNode		
	DOMString	name		
Attr		getAttributeNodeNS		✗
	DOMString	namespaceURI		✗
	DOMString	localName		✗
DOMString		getAttributeNS		✗
	DOMString	namespaceURI		✗
	DOMString	localName		✗
NodeList		getElementsByTagName		
	DOMString	name		
NodeList		getElementsByTagNameNS		✗
	DOMString	namespaceURI		✗
	DOMString	localName		✗
Boolean		hasAttribute		✗
	DOMString	name		✗
Boolean		hasAttributeNS		✗
	DOMString	namespaceURI		✗
	DOMString	localName		✗
Void		removeAttribute		
	DOMString	name		
Attr		removeAttributeNode		
	Attr	oldAttr		
Attr		removeAttributeNS		✗
	DOMString	namespaceURI		✗
	DOMString	localName		✗
Void		setAttribute		
	DOMString	name		
Attr		setAttributeNode		
	Attr	newAttr		
Attr		setAttributeNodeNS		
	Attr	newAttr		
Attr		setAttributeNS		✗
	DOMString	namespaceURI		✗
	DOMString	qualifiedName		✗
	DOMString	value		✗

Attr

Comme les attributs XML peuvent contenir des valeurs textuelles ou des références d'entité, DOM stocke les valeurs d'attribut d'élément en tant que sous arbre de Node. L'extrait de XML suivant montre un élément avec deux attributs :

```
<!ENTITY bookcase_pic SYSTEM "étagère.gif" NDATA gif>
<!ELEMENT image EMPTY>
<!ATTLIST image
   src ENTITY #REQUIRED
   alt CDATA #IMPLIED>
. . .
<image src="im_étagère" alt="vue au 3/4 de l'étagère"/>
```

Le premier attribut contient une référence à une entité non analysée ; le second contient une chaîne de caractères simple. Puisque le framework DOM enregistre des attributs d'élément par des instances de l'interface `Attr`, certains parseurs rendent le contenu des attributs disponible sous forme d'un sous arbre d'objets `Node`. Dans cet exemple, l'attribut `src` contiendrait une instance de `EntityReference`. Notez que l'attribut `nodeValue` du nœud `Attr` donne la valeur « à plat » des textes des fils du nœud `Attr`. Le *tableau 18-12* décrit les attributs et méthodes fournies par l'interface `Attr`.

Tableau 18-12. L'interface Attr, dérivée de Node

Type	*Nom*	*Lecture seule*	*DOM 2.0*
Attributs			
DOMString	name	✗	
Element	ownerElement	✗	✗
Boolean	specified		✗
DOMString	value		

Outre le nom et la valeur de l'attribut, l'interface `Attr` fournit l'indicateur `specified` qui permet de savoir si cet attribut particulier a été inclus explicitement dans le document XML ou bien hérité de la déclaration `!ATTLIST` de la DTD. Elle possède également un lien vers le nœud d'élément qui possède cet objet d'attribut.

CharacterData

Plusieurs types de données dans un arbre DOM représentent des blocs de caractères qui n'incluent aucune balise. `CharacterData` est une interface abstraite offrant des méthodes courantes de manipulation de texte. Celles-ci sont utilisées par les interfaces concrètes `Comment`, `Text`, et `CDATASection`. Le *tableau 18-13* détaille les attributs et méthodes de l'interface `CharacterData`.

Tableau 18-13. L'interface CharacterData, dérivée de Node

Type		*Nom*	*Lecture seule*	*DOM 2.0*
Attributs				
DOMString		data		
Unsigned long		length	✗	
Méthodes				
Void		appendData		
	DOMString	arg		
Void		deleteData		
	Unsigned long	offset		
	Unsigned long	count		
Void		insertData		
	Unsigned long	offset		
	DOMString	arg		
Void		replaceData		
	Unsigned long	offset		
	Unsigned long	count		
	DOMString	arg		

Comment

Les parseurs DOM n'ont pas obligation de rendre le contenu des commentaires XML disponible après l'analyse syntaxique. Il n'est donc vraiment pas conseillé de compter sur des données de type commentaire. Si votre application nécessite l'utilisation de métadonnées ne devant pas faire partie du document XML original, utilisez à la place des instructions de traitement. L'interface `Comment`, dérivée de `CharacterData`, n'a aucun attribut ou ni méthode spécifique.

EntityReference

Si un document XML contient des références d'entité générale dans le corps de ses éléments, le parseur DOM peut transmettre ces références comme nœuds `EntityReference`. Ce comportement n'est pas garanti car le parseur est libre d'expanser les références d'entité ou de caractère incluses avec la séquence de caractères Unicode qu'elle représente. L'interface `EntityReference`, dérivée de `Node`, n'a aucun attribut ou ni méthode spécifique.

Text

Les données textuelles d'un document XML sont enregistrées dans des nœuds `Text`. Les nœuds `Text` sont des fils des nœuds `Element` ou des nœuds `Attr`. Après l'analyse, chaque bloc contigu de données textuelles du document initial XML est traduit directement en un nœud `Text` unique. Une fois le document analysé, l'application cliente peut insérer, effacer et scinder des nœuds `Text` afin qu'ils puissent être côte à côte dans l'arbre du document. Le *tableau 18-14* décrit l'interface `Text`.

Tableau 18-14. L'interface Text, dérivée de CharacterData

Type	*Nom*	*DOM 2.0*
Méthodes		
Text	splitText	
Unsigned long	offset	

La méthode `splitText` permet de couper un nœud `Text` simple en deux nœuds à un point donné. Cette séparation est utile lorsqu'une application d'édition souhaite insérer des balises supplémentaires parmi les données caractères. Après la séparation, il est possible d'insérer des nœuds supplémentaires dans l'espace vide résultant.

CDATASection

Les sections `CDATA` fournissent une façon simple d'inclure des caractères normalement considérés comme des balises dans un document XML. Ces sections sont stockées dans l'arbre du document DOM comme des nœuds `CDATASection`. L'interface `CDATASection`, dérivée de `Text`, n'a ni attribut ni méthode spécifique.

L'interface DOMImplementation

Cette interface peut être considérée comme l'interface de plus haut niveau dans DOM. Elle fournit la méthode `hasFeature()`, qui permet au développeur, utilisant une implémentation de DOM donnée, de détecter quelles fonctionnalités spécifiques sont disponibles. Dans DOM niveau 2, elle permet également de créer de nouveaux nœuds `DocumentType`, qui peuvent ensuite servir à créer de nouvelles instances de `Document`. Le *tableau 18-15* décrit l'interface `DomImplementation`.

Tableau 18-15. L'interface DOMImplementation

Type		*Nom*	*DOM 2.0*
Méthodes			
Document		createDocument	✗
	DOMString	namespaceURI	✗
	DOMString	qualifiedName	✗
	DocumentType	doctype	✗
DocumentType		createDocumentType	✗
	DOMString	qualifiedName	✗
	DOMString	publicId	✗
	DOMString	systemId	✗

Tableau 18-15. L'interface DOMImplementation (suite)

Type		*Nom*	*DOM 2.0*
Boolean		hasFeature	
	DOMString	feature	
	DOMString	version	

Analyse d'un document avec DOM

Même si DOM ne spécifie pas d'interface réelle pour analyser un document, la plupart des implémentations en fournissent une. En principe, celle-ci est simple et accepte une référence à un fichier XML, à un flot de données, ou à un URI. Une fois le document analysé avec succès et validé (s'il s'agit d'un parseur validant), elle fournit généralement un mécanisme pour obtenir une référence à l'instance de l'interface `Document` qui représente le document analysé. L'extrait de code suivant montre comment analyser un document en utilisant le parseur DOM Xerces d'Apache :

```
// création d'un nouveau parseur
DOMParser dp = new DOMParser();

// analyse le document et récupère l'interface Document de DOM
dp.parse("http://www.w3.org/TR/2000/REC-xml-20001006.xml");
Document doc = dp.getDocument();
```

DOM niveau 3 ajoutera un mécanisme standard pour lire des documents XML et sauver (sérialiser) des arbres DOM en tant que XML. JAXP fournit également une approche standard pour ces processus en Java, même si JAXP et DOM niveau 3 offriront des approches différentes.

Une application DOM très simple

L'*exemple 18-1* illustre l'utilisation des interfaces abordées dans ce chapitre, dans une situation de programmation typique. Cette application utilise un document qui se base sur la DTD d'exemple *meuble.dtd*, vue dans le chapitre 20. Elle valide que la liste des pièces incluses dans le document correspond à celles effectivement utilisées.

Exemple 18-1. Application PartsCheck

```
/**
 * PartsCheck.java
 *
 * Exemple d'utilisation de DOM du livre _XML in a Nutshell_ (O'Reilly)
 *
 */
```

Exemple 18-1. Application PartsCheck (suite)

```
// on utilise le parseur Xerces de l'Apache Software Foundation
import org.apache.xerces.parsers.*;
import org.apache.xerces.framework.*;

// importation des interfaces DOM et SAX
import org.w3c.dom.*;
import org.xml.sax.*;

// et des classes java nécessaires
import java.io.*;
import java.util.*;

/**
 * Cette classe est conçue pour vérifier l'exactitude de la liste de
 * pièces d'un document XML qui représente un meuble. Elle utilise DOM
 * pour analyser la description de l'assemblage du meuble, et vérifie que
 * toutes les pièces mentionnées figurent dans la liste donnée dans le
 * document.
 */
public class PartsCheck {
  // constantes statiques
  public static final String FURNITURE_NS =
      "http://namespaces.oreilly.com/furniture/";
  // contient la liste des pièces utilisées, indexée par le numéro de pièce
  HashMap m_hmTruePartsList = new HashMap();

  /**
   * La fonction principale, qui permet à cette classe d'être utilisée
   * à partir de la ligne de commande. Vérifie la validité de chaque
   * document donné en paramètre.
   */
  public static void main(String[] args) {
    PartsCheck pc = new PartsCheck();

    try {
      for (int i = 0; i < args.length; i++) {
        pc.validatePartsList(args[i]);
      }
    } catch (Exception e) {
      System.err.println(e);
    }
  }

  /**
   * Étant donné l'identifiant système d'un document XML, cette fonction
   * vérifie que l'ensemble des pièces utilisées coïncide avec la
   * liste des pièces déclarées dans le document. Elle affiche des messages
```

Exemple 18-1. Application PartsCheck (suite)

```
     * d'avertissement sur la sortie standard des erreurs si ce n'est pas le cas.
     */
    public void validatePartsList(String strXMLSysID) throws IOException,
        SAXException
    {
      // création d'un nouveau parseur
      DOMParser dp = new DOMParser();

      // analyse du document et récupération d'un objet Document (DOM)
      dp.parse(strXMLSysID);
      Document doc = dp.getDocument();

      // construction d'une liste exacte des pièces
      countParts(doc.getDocumentElement(), 1);

      // comparaison avec la liste du document
      reconcilePartsList(doc);
    }

    /**
     * Met à jour la liste exacte en ajoutant la quantité donnée pour la
     * pièce donnée.
     */
    private void recordPart(String strPartNum, int cCount)
    {
      if (!m_hmTruePartsList.containsKey(strPartNum)) {
        // cette pièce n'existe pas encore
        m_hmTruePartsList.put(strPartNum, new Integer(cCount));
      } else {
        // mise à jour de la quantité
        Integer cUpdate = (Integer)m_hmTruePartsList.get(strPartNum);
        m_hmTruePartsList.put(strPartNum, new Integer(cUpdate.intValue() + cCount));
      }
    }

    /**
     * Compte les pièces utilisées dans ce noeud et ses enfants.
     */
    private void countParts(Node nd, int cRepeat)
    {
      // initialise le nombre d'itérations à 1
      int cLocalRepeat = 1;

      // vérifie si cet élément doit être traité
      if (FURNITURE_NS.equals(nd.getNamespaceURI())) {
        Node ndTemp;

        if ((ndTemp = nd.getAttributes().getNamedItem("répéter")) != null) {
```

Exemple 18-1. Application PartsCheck (suite)

```
        // ce noeud indique un nombre d'itération pour ses enfants
        cLocalRepeat = Integer.parseInt(ndTemp.getNodeValue());
      }

      if ((ndTemp = nd.getAttributes().getNamedItem("num_élément")) != null) {
        // initialise le compte à 1
        int cCount = 1;
        String strPartNum = ndTemp.getNodeValue();

        if ((ndTemp = nd.getAttributes().getNamedItem("quantité")) != null) {
          // il faut plusieurs pièces pour ce noeud
          cCount = Integer.parseInt(ndTemp.getNodeValue());
        }

        // multiplier la quantité locale par le nombre d'itérations
        // transmis par le père
        cCount *= cRepeat;

        // ajout de la nouvelle quantité au total
        recordPart(strPartNum, cCount);
      }
    }

    // puis traitement des noeuds enfants
    NodeList nl = nd.getChildNodes();
    Node ndCur;

    for (int i = 0; i < nl.getLength(); i++) {
      ndCur = nl.item(i);

      if (ndCur.getNodeType() == Node.ELEMENT_NODE) {
        // compte récursivement les pièces des enfants, en utilisant le nombre
        // d'itérations local
        countParts(ndCur, cLocalRepeat);
      }
    }
  }

  /**
   * Cette méthode compare la liste exacte et la liste contenue dans le document.
   */
  private void reconcilePartsList(Document doc)
  {
    Iterator iReal = m_hmTruePartsList.keySet().iterator();

    String strPartNum;
    int cReal;
    Node ndCheck;
```

Exemple 18-1. Application PartsCheck (suite)

```
      // boucle sur les pièces de la liste exacte
      while (iReal.hasNext()) {
        strPartNum = (String)iReal.next();
        cReal = ((Integer)m_hmTruePartsList.get(strPartNum)).intValue();

        // trouve l'élément représentant cette pièce dans la liste du document
        ndCheck = doc.getElementById(strPartNum);

        if (ndCheck == null) {
          // cette pièce n'est même pas mentionnée
          System.err.println("élément <élément> manquant pour la pièce no " +
              strPartNum + " (quantité " + cReal + ")");
        } else {
          Node ndTemp;

          if ((ndTemp = ndCheck.getAttributes().getNamedItem("quantité")) != null) {
            int cCheck = Integer.parseInt(ndTemp.getNodeValue());

            if (cCheck != cReal) {
              // les quantités sont différentes
              System.err.println("l'élément <élément> pour la pièce no " +
                  strPartNum + " est incorrect:  quantité exacte = " + cReal +
                  " (quantité dans le document : " + cCheck + ")");
            }
          } else {
            // aucune quantité pour cette pièce !
            System.err.println("attribut quantité manquant pour la pièce no " +
                strPartNum + " (quantité " + cReal + ")");
          }
        }
      }
    }
  }
```

Lorsque cette application est lancée avec le document d'exemple *bibliothèque.xml* du chapitre 20, elle produit la sortie suivante :

```
attribut quantité manquant pour la pièce no HC (quantité 8)

l'élément <élément> pour la pièce no A est incorrect: quantité exacte = 2
(quantité dans le document : 1)
```

Pour compiler et tester cette application, téléchargez et installez le parseur Java Xerces du projet XML d'Apache (*http://xml.apache.org/xerces-j*). Le code a été compilé et testé avec le JDK 1.3.1 de Sun.

CHAPITRE 19

SAX

SAX (*Simple API for XML*) est une API événementielle simple pour l'analyse de documents XML. De nombreux parseurs XML, dont Xerces, Crimson, MSXML, XML Parser for Java de Oracle et Ælfred, mettent en œuvre cette API. SAX a été définie initialement en Java, et est destinée principalement aux parseurs écrits dans ce langage. C'est pourquoi ce chapitre se concentre sur la version Java de l'API. Toutefois, SAX a été adaptée à la plupart des langages orientés objet majeurs, dont C++, Python, Perl et Eiffel. La traduction dans un de ces langages à partir de la version Java est en général évidente.

L'API SAX est unique dans la famille des API XML, parce qu'elle suit un modèle événementiel incrémental plutôt qu'un modèle hiérarchique et global. Lorsque le parseur XML lit un document XML, il envoie en temps réel de l'information à votre programme. Chaque fois qu'un parseur rencontre une balise de début, une balise de fin, des données textuelles ou une instruction de traitement, il en informe votre programme. Vous n'êtes pas obligé d'attendre que l'intégralité du document soit lue pour agir sur les données du début du document. Le document est présenté à votre programme morceau par morceau, du début jusqu'à la fin. Vous pouvez, soit sauvegarder les parties qui vous intéressent jusqu'à ce que le document soit lu totalement, soit les traiter dès que vous les recevez. De plus, il n'est pas nécessaire de conserver le document entier en mémoire. Cette caractéristique fait de SAX l'API la mieux adaptée au traitement de documents très volumineux, qui ne peuvent donc pas être conservés entièrement en mémoire.

Ce chapitre décrit exclusivement SAX2. En 2002 tous les parseurs majeurs qui supportent SAX supportent SAX2. La différence principale entre SAX1 et SAX2 est l'ajout de la gestion des espaces de noms. Cet ajout a nécessité de changer les noms et les paramètres de presque toutes les classes et méthodes de SAX. Les anciennes méthodes SAX1 sont toujours disponibles, mais sont considérées comme obsolètes, vous ne devriez pas les utiliser.

SAX est essentiellement une collection d'interfaces du paquetage `org.xml.sax`. Par exemple, on y trouve l'interface `XMLReader`. Cette interface représente le parseur XML. Elle déclare des méthodes pour parser un document et pour configurer le processus d'analyse, par exemple en activant ou en désactivant la validation. Pour parser un document avec SAX, il faut commencer par créer une instance de `XMLReader` à l'aide de la classe `XMLReaderFactory` du paquetage `org.xml.sax.helpers`. Cette classe a une méthode de *fabrique* appelée `createXMLReader()`, qui fournit une mise en œuvre spécifique de l'interface `XMLReader`. C'est la propriété système `org.xml.sax.driver` qui précise la classe concrète à instancier :

```
try {
 XMLReader parser = XMLReaderFactory.createXMLReader();
 // parser le document...
}
catch (SAXException e) {
 // impossible de créer une instance de XMLReader
}
```

L'appel de `XMLReaderFactory.createXMLReader()` est placé dans un bloc `try-catch` de façon à intercepter l'exception `SAXException`. Celle-ci est la super-classe des exceptions déclenchées pendant l'exécution, pour à peu près toutes les erreurs possibles pendant l'analyse d'un document XML. Dans notre cas, elle signifie, soit que la propriété système `org.xml.sax.driver` n'est pas positionnée, soit que sa valeur est le nom d'une classe que la machine virtuelle Java ne peut trouver dans son environnement.

Vous pouvez également choisir la classe à instancier en passant son nom complet à la méthode `createXMLReader()`. Le fragment de code suivant instancie un parseur Xerces en indiquant son nom :

```
try {
 XMLReader parser = XMLReaderFactory.createXMLReader
("org.apache.xerces.parsers.SAXParser");
 // parser le document...
}
catch (SAXException e) {
 // impossible de créer une instance de XMLReader
}
```

Maintenant que le parseur est créé, vous êtes prêt à l'utiliser pour analyser des documents. Il suffit de passer l'identifiant système du document à parser à la méthode `parse()`. L'identifiant système est une URL absolue ou relative, encodée dans une chaîne de caractères. Par exemple, le fragment de code suivant parse le document *http://www.slashdot.org/slashdot.xml* :

```
try {
  XMLReader parser = XMLReaderFactory.createXMLReader();
  parser.parse("http://www.slashdot.org/slashdot.xml");
}
catch (SAXParseException e) {
  // le document n'est pas bien formé
}
```

```
catch (SAXException e) {
  // impossible de trouver une classe d'implémentation de XMLReader
}
catch (IOException e) {
  // Un erreur d'E/S n'a pas permis de télécharger complètement
  // le document depuis le serveur
}
```

La méthode `parse()` lance une exception `SAXParseException` si le document est mal formé, une exception `IOException` si une erreur d'entrée/sortie, comme une rupture de la socket, survient lors de la lecture du document. Une exception `SAXException` est lancée si autre chose se passe mal. La méthode retourne void. Pour recevoir de l'information, il est nécessaire de configurer un `ContentHandler`.

L'interface ContentHandler

L'interface `ContentHandler`, dont une forme abrégée est donnée dans l'*exemple 19-1*, est une interface du paquetage `org.xml.sax`. Vous devez implémenter cette interface sous la forme d'une classe. Ensuite, vous devez configurer un `XMLReader` avec une instance de votre classe concrète. Lorsque le `XMLReader` lit le document, il invoque les méthodes sur votre objet de façon à lui indiquer le contenu du document XML. Vous êtes donc libre de définir les actions de ces méthodes comme bon vous semble.

> Notez que cette classe n'a aucun lien avec la moribonde `java.net.ContentHandler`. Toutefois, vous pourriez rencontrer un conflit de noms si vous importez à la fois `java.net.*` et `org.xml.sax.*` dans la même classe. Il est préférable dans ce cas d'importer uniquement les classes de `java.net` dont vous avez réellement besoin, plutôt que le paquetage entier.

Exemple 19-1. L'interface org.xml.sax.ContentHandler

```
package org.xml.sax;

public interface ContentHandler {

  public void setDocumentLocator(Locator locator);
  public void startDocument() throws SAXException;
  public void endDocument() throws SAXException;
  public void startPrefixMapping(String prefix, String uri)
   throws SAXException;
  public void endPrefixMapping(String prefix) throws SAXException;
  public void startElement(String namespaceURI, String localName,
   String qualifiedName, Attributes atts) throws SAXException;
  public void endElement(String namespaceURI, String localName,
   String qualifiedName) throws SAXException;
```

Exemple 19-1. L'interface org.xml.sax.ContentHandler (suite)

```
  public void characters(char[] text, int start, int length)
   throws SAXException;
  public void ignorableWhitespace(char[] text, int start, int length)
   throws SAXException;
  public void processingInstruction(String target, String data)
   throws SAXException;
  public void skippedEntity(String name) throws SAXException;

}
```

Chaque fois que l'instance de XMLReader lit une partie du document, il appelle une méthode de son instance de ContentHandler. Supposez qu'un parseur lise le document simple de l'*exemple 19-2*.

Exemple 19-2. Un document XML simple

```
<?xml version="1.0" encoding="ISO-8859-1"?>
<?xml-stylesheet type='text/css' href='personne.css'?>
<!DOCTYPE personne SYSTEM "personne.dtd">
<personne xmlns="http://xml.oreilly.com/personne">
  <nom:nom xmlns:nom="http://xml.oreilly.com/nom">
    <nom:prénom>Sydney</nom:prénom>
    <nom:nom_famille>Lee</nom:nom_famille>
  </nom:nom>
  <affectation projet_id="p2"/>
</personne>
```

Le parseur va appeler les méthodes suivantes de son ContentHandler en leur passant ces arguments, dans cet ordre. Les valeurs des arguments passés à chaque méthode sont données après le nom de la méthode :

1.
```
setDocumentLocator(Locator locator)
locator: org.apache.xerces.readers.DefaultEntityHandler@1f953d
```

2.
```
startDocument()
```

3.
```
processingInstruction(String target, String data)
target: "xml-stylesheet"
data: "type='text/css' href='personne.css'"
```

4.
```
startPrefixMapping(String prefix, String namespaceURI)
prefix: ""
namespaceURI: "http://xml.oreilly.com/personne"
```

5.

```
startElement(String namespaceURI, String localName,
String qualifiedName, Attributes atts)
namespaceURI: "http://xml.oreilly.com/personne"
localName: "personne"
qualifiedName: "personne"
atts: {} (aucun attribut, liste vide)
```

6.

```
ignorableWhitespace(char[] text, int start, int length)
text: <?xml version="1.0" encoding="ISO-8859-1"?>
<?xml-stylesheet type='text/css' href='personne.css'?>
<!DOCTYPE personne SYSTEM "personne.dtd">
<personne xmlns="http://xml.oreilly.com/personne">
  <nom:nom xmlns:nom="http://xml.oreilly.com/nom">
    <nom:prénom>Sydney</nom:prénom>
    <nom:nom_famille>Lee</nom:nom_famille>
  </nom:nom>
  <affectation projet_id="p2"/>
</personne>
start: 181
length: 3
```

7.

```
startPrefixMapping(String prefix, String uri)
prefix: "nom"
uri: "http://xml.oreilly.com/nom")
```

8.

```
startElement(String namespaceURI, String localName,
String qualifiedName, Attributes atts)
namespaceURI: "http://xml.oreilly.com/nom"
localName: "nom"
qualifiedName: "nom:nom"
atts: {} (aucun attribut, liste vide)
```

9.

```
ignorableWhitespace(char[] text, int start, int length)
text: <?xml version="1.0" encoding="ISO-8859-1"?>
<?xml-stylesheet type='text/css' href='personne.css'?>
<!DOCTYPE personne SYSTEM "personne.dtd">
<personne xmlns="http://xml.oreilly.com/personne">
  <nom:nom xmlns:nom="http://xml.oreilly.com/nom">
    <nom:prénom>Sydney</nom:prénom>
    <nom:nom_famille>Lee</nom:nom_famille>
  </nom:nom>
  <affectation projet_id="p2"/>
</personne>
start: 236
length: 5
```

10.

```
startElement(String namespaceURI, String localName,
String qualifiedName, Attributes atts)
namespaceURI: "http://xml.oreilly.com/nom"
localName: "prénom"
qualifiedName: "nom:prénom"
atts: {} (aucun attribut, liste vide)
```

11.

```
characters(char[] text, int start, int length)
text: <?xml version="1.0" encoding="ISO-8859-1"?>
<?xml-stylesheet type='text/css' href='personne.css'?>
<!DOCTYPE personne SYSTEM "personne.dtd">
<personne xmlns="http://xml.oreilly.com/personne">
  <nom:nom xmlns:nom="http://xml.oreilly.com/nom">
    <nom:prénom>Sydney</nom:prénom>
    <nom:nom_famille>Lee</nom:nom_famille>
  </nom:nom>
  <affectation projet_id="p2"/>
</personne>
start: 253
length: 6
```

12.

```
endElement(String namespaceURI, String localName, String qualifiedName)
namespaceURI: "http://xml.oreilly.com/nom"
localName: "prénom"
qualifiedName: "nom:prénom"
```

13.

```
ignorableWhitespace(char[] text, int start, int length)
text: <?xml version="1.0" encoding="ISO-8859-1"?>
<?xml-stylesheet type='text/css' href='personne.css'?>
<!DOCTYPE personne SYSTEM "personne.dtd">
<personne xmlns="http://xml.oreilly.com/personne">
  <nom:nom xmlns:nom="http://xml.oreilly.com/nom">
    <nom:prénom>Sydney</nom:prénom>
    <nom:nom_famille>Lee</nom:nom_famille>
  </nom:nom>
  <affectation projet_id="p2"/>
</personne>
start: 272
length: 5
```

14.

```
startElement(String namespaceURI, String localName, String qualifiedName,
Attributes atts)
namespaceURI: "http://xml.oreilly.com/nom"
localName: "nom_famille"
qualifiedName: "nom:nom_famille"
atts: {} (aucun attribut, liste vide)
```

15.

```
characters(char[] text, int start, int length)
text: <?xml version="1.0" encoding="ISO-8859-1"?>
<?xml-stylesheet type='text/css' href='personne.css'?>
<!DOCTYPE personne SYSTEM "personne.dtd">
<personne xmlns="http://xml.oreilly.com/personne">
  <nom:nom xmlns:nom="http://xml.oreilly.com/nom">
    <nom:prénom>Sydney</nom:prénom>
    <nom:nom_famille>Lee</nom:nom_famille>
  </nom:nom>
  <affectation projet_id="p2"/>
</personne>
start: 288
length: 3
```

16.

```
endElement(String namespaceURI, String localName, String qualifiedName)
namespaceURI: "http://xml.oreilly.com/nom"
localName: "nom_famille"
qualifiedName: "nom:nom_famille"
```

17.

```
ignorableWhitespace(char[] text, int start, int length)
text: <?xml version="1.0" encoding="ISO-8859-1"?>
<?xml-stylesheet type='text/css' href='personne.css'?>
<!DOCTYPE personne SYSTEM "personne.dtd">
<personne xmlns="http://xml.oreilly.com/personne">
  <nom:nom xmlns:nom="http://xml.oreilly.com/nom">
    <nom:prénom>Sydney</nom:prénom>
    <nom:nom_famille>Lee</nom:nom_famille>
  </nom:nom>
  <affectation projet_id="p2"/>
</personne>
start: 303
length: 3
```

18.

```
endElement(String namespaceURI, String localName, String qualifiedName)
namespaceURI: "http://xml.oreilly.com/nom"
localName: "nom"
qualifiedName: "nom:nom"
```

19.

```
endPrefixMapping(String prefix)
prefix: "nom"
```

20.

```
ignorableWhitespace(char[] text, int start, int length)
text: <?xml version="1.0" encoding="ISO-8859-1"?>
```

```
<?xml-stylesheet type='text/css' href='personne.css'?>
<!DOCTYPE personne SYSTEM "personne.dtd">
<personne xmlns="http://xml.oreilly.com/personne">
  <nom:nom xmlns:nom="http://xml.oreilly.com/nom">
    <nom:prénom>Sydney</nom:prénom>
    <nom:nom_famille>Lee</nom:nom_famille>
  </nom:nom>
  <affectation projet_id="p2"/>
</personne>
start: 318
length: 3
```

21.

```
startElement(String namespaceURI, String localName, String qualifiedName,
Attributes atts)
namespaceURI: "http://xml.oreilly.com/personne"
localName: "affectation"
qualifiedName: "affectation
atts: {projet_id="p2"}
```

22.

```
endElement(String namespaceURI, String localName, String qualifiedName)
namespaceURI: "http://xml.oreilly.com/personne"
localName: "affectation"
qualifiedName: "affectation"
```

23.

```
ignorableWhitespace(char[] text, int start, int length)
text: <?xml version="1.0" encoding="ISO-8859-1"?>
<?xml-stylesheet type='text/css' href='personne.css'?>
<!DOCTYPE personne SYSTEM "personne.dtd">
<personne xmlns="http://xml.oreilly.com/personne">
  <nom:nom xmlns:nom="http://xml.oreilly.com/nom">
    <nom:prénom>Sydney</nom:prénom>
    <nom:nom_famille>Lee</nom:nom_famille>
  </nom:nom>
  <affectation projet_id="p2"/>
</personne>
start: 350
length: 1
```

24.

```
endElement(String namespaceURI, String localName, String qualifiedName)
namespaceURI: "http://xml.oreilly.com/personne"
localName: "personne"
qualifiedName: "personne"
```

25.
```
endPrefixMapping(String prefix)
prefix: ""
```

26.
```
endDocument()
```

Certaines parties de cet exemple sont non déterministes. Notez que le tableau de char passé à chaque appel de `characters()` et contient en fait la totalité du document ! Le bloc de texte que le parseur transmet réellement est indiqué par les deux arguments suivants de la méthode `characters()` et `ignorableWhitespace()`. Il s'agit ici d'une optimisation réalisée par Xerces-J. D'autres parseurs sont libres de transmettre des tableaux différents, si tant est qu'ils positionnent correctement les arguments `start` et `length`. De fait, le parseur a également la liberté de scinder une longue suite de données textuelles en plusieurs appels à `characters()` et `ignorableWhitespace()`, et vous ne pouvez donc pas faire l'hypothèse que `characters()` et `ignorableWhitespace()` reçoit nécessairement la suite de caractères la plus longue possible. D'autres détails peuvent varier d'un parseur à l'autre, comme l'ordre des attributs à l'intérieur d'une balise, ou encore la disponibilité d'un objet `Locator` par appel de `setDocumentLocator()`.

Supposez que l'on veuille compter les nombres d'éléments, d'attributs, d'instructions de traitement et de caractères de données textuelles d'un document XML donné. Pour réaliser cela, nous allons commencer par écrire une classe qui implémente l'interface `ContentHandler`. La valeur de chacun des quatre compteurs est conservée dans un champ de type entier. Ces valeurs sont initialisées à zéro dans la méthode `startDocument()`, qui est appelée exactement une fois pour chaque document analysé. Chaque méthode de la classe incrémente le compteur concerné. La méthode `endDocument()` affiche les totaux pour ce document. L'*exemple 19-3* décrit ce type de classe.

Exemple 19-3. La classe XMLCounter qui implémente ContentHandler

```
import org.xml.sax.*;

public class XMLCounter implements ContentHandler {

private int numberOfElements;
private int numberOfAttributes;
private int numberOfProcessingInstructions;
private int numberOfCharacters;

public void startDocument() throws SAXException {
  numberOfElements = 0;
  numberOfAttributes = 0;
  numberOfProcessingInstructions = 0;
  numberOfCharacters = 0;
}

// Nous devons compter soit la balise de début de l'élément
// soit la balise de fin, mais pas les deux. Les éléments vides sont
```

Exemple 19-3. La classe XMLCounter qui implémente ContentHandler (suite)

```
// indiqués par chacune de ces méthodes.
public void startElement(String namespaceURI, String localName,
 String qualifiedName, Attributes atts) throws SAXException {
  numberOfElements++;
  numberOfAttributes += atts.getLength();
}

public void endElement(String namespaceURI, String localName,
 String qualifiedName) throws SAXException {}

public void characters(char[] text, int start, int length)
 throws SAXException {
  numberOfCharacters += length;
}

public void ignorableWhitespace(char[] text, int start, int length)
 throws SAXException {
  numberOfCharacters += length;
}

public void processingInstruction(String target, String data)
 throws SAXException {
  numberOfProcessingInstructions++;
}

// Le document est terminé, on peut imprimer les résultats
public void endDocument() throws SAXException {
 System.out.println("Nombre d'éléments : " + numberOfElements);
 System.out.println("Nombre d'attributs : " + numberOfAttributes);
 System.out.println("Nombre d'instructions de traitement : "
 + numberOfProcessingInstructions);
 System.out.println("Nombre de caractères de données textuelles : "
 + numberOfCharacters);
}

// Méthodes qui ne font rien mais qui doivent être présentes pour
// respecter les exigences de l'interface :
public void setDocumentLocator(Locator locator) {}

public void startPrefixMapping(String prefix, String uri)
 throws SAXException {}
public void endPrefixMapping(String prefix) throws SAXException {}
public void skippedEntity(String name) throws SAXException {}
```

> Dans cet exemple, la plupart des méthodes de l'interface `ContentHandler` doivent être définies. Par contre, si vous ne devez redéfinir qu'une ou deux de ces méthodes, vous pouvez écrire une sous-classe de `DefaultHandler`. Cette classe définit toutes les méthodes de l'interface `ContentHandler` avec un corps vide ; ainsi, vous n'avez qu'à redéfinir les méthodes nécessaires à votre application.

Ensuite, il suffit de créer une instance de `XMLReader` et de la configurer à l'aide d'une instance de cette classe. Enfin, il faut parser le document dont vous voulez compter les composants, comme dans l'*exemple 19-4*.

Exemple 19-4. La classe DocumentStatistics

```
import org.xml.sax.*;
import org.xml.sax.helpers.*;
import java.io.IOException;

public class DocumentStatistics {

public static void main(String[] args) {

  XMLReader parser;
  try {
   parser = XMLReaderFactory.createXMLReader();
  }
  catch (SAXException e) {
   // se rabattre sur le parseur Xerces
   try {
    parser = XMLReaderFactory.createXMLReader(
     "org.apache.xerces.parsers.SAXParser");
   }
   catch (SAXException ee) {
    System.err.println("Impossible de trouver un parseur SAX");
    return;
   }
  }

  if (args.length == 0) {
   System.out.println(
   "Usage: java DocumentStatistics URL1 URL2...");
  }

  // Installer le gestionnaire de contenu
  parser.setContentHandler(new XMLCounter());

  // commencer l'analyse
```

Exemple 19-4. La classe DocumentStatistics (suite)

```
    for (int i = 0; i < args.length; i++) {

      // la ligne de commande fournit des URI ou des noms de fichiers
      try {
        parser.parse(args[i]);
      }
      catch (SAXParseException e) { // erreur de syntaxe
        System.out.println(args[i] + " n'est pas bien formé.");
        System.out.println(e.getMessage()
          + " en ligne " + e.getLineNumber()
          + ", colonne " + e.getColumnNumber());
      }
      catch (SAXException e) { // un autre type d'erreur
        System.out.println(e.getMessage());
      }
      catch (IOException e) {
        System.out.println("Impossible d'analyser " + args[i]
          + " pour cause de IOException " + e);
      }

    }

  }
}
```

Exécuter le programme de l'*exemple 19-4* sur le document de l'*exemple 19-2* produit la sortie suivante :

```
D:\books\xian\examples\17>java DocumentStatistics 19-2.xml
Nombre d'éléments : 5
Nombre d'attributs : 1
Nombre d'instructions de traitement : 1
Nombre de caractères de données textuelles : 29
```

Le programme générique de l'*exemple 19-4* fonctionne avec n'importe quel document XML bien formé. La plupart des programmes SAX sont plus spécifiques et ne fonctionnent qu'avec certaines applications XML. Ils recherchent des éléments particuliers ou des attributs à des endroits déterminés et les traitent selon leurs besoins. Ils peuvent aussi se baser sur des structures qui sont vérifiées par un parseur validant. Notre exemple illustre cependant les aspects fondamentaux de SAX.

L'aspect le plus complexe de la plupart des programmes SAX est la structure de données nécessaire pour conserver l'information renvoyée par le parseur, jusqu'à ce que cette information puisse être traitée. Quelquefois cette information peut être aussi compliquée que le document XML dans son intégralité, auquel cas il peut être préférable d'utiliser DOM, qui fournit une structure de données pour cela. Cependant on utilise habituellement qu'une partie du document, et la structure de donnée à construire est donc moins complexe que le document entier.

Caractéristiques et propriétés de SAX

SAX utilise des propriétés et des caractéristiques pour contrôler le comportement du parseur. Chaque propriété ou caractéristique a un nom qui est un URI absolu. Tout comme les URI d'espaces de noms, ces URI sont utilisés uniquement pour nommer des choses, et ne correspondent pas forcément à une page que l'on peut consulter avec un navigateur. Les caractéristiques ont une valeur vrai ou faux, c'est-à-dire qu'elles représentent une valeur booléenne. Les propriétés ont des valeurs d'un type `Object` approprié.

La caractéristique *http://xml.org/sax/features/validation* indique si le parseur effectuera une validation. Si cette caractéristique vaut vrai, alors le parseur indique les erreurs de validité du document à un objet `ErrorHandler` spécifié. Dans le cas contraire, les erreurs de validité seront ignorées. Cette caractéristique vaut faux par défaut. Pour l'activer, il faut passer le nom et la valeur de la caractéristique à la méthode `setFeature()` de la classe `XMLReader`.

```
try {
 parser.setFeature("http://xml.org/sax/features/validation", true);
}
catch (SAXNotSupportedException e) {
 System.out.println("Ce parseur ne sait pas valider");
}
catch (SAXNotRecognizedException e) {
 System.out.println("Ce parseur ne reconnaît pas la " +
  + "caractéristique http://xml.org/sax/features/validation");
}
```

Tous les parseurs ne savent pas valider. Si vous essayez d'activer la validation pour un parseur qui n'en est pas capable, ou si vous essayez d'activer une caractéristique quelconque que le parseur ne supporte pas, la méthode `setFeature()` déclenche une exception `SAXNotSupportedException`. Si vous essayez d'activer une caractéristique que le parseur ne connaît pas, `setFeature()` déclenche une exception `SAXNotRecognizedException`. Tous les parseurs conformes à SAX2 devraient au minimum reconnaître la caractéristique *http://xml.org/sax/features/validation*, voire la mettre en œuvre correctement. Toutefois, un parseur peut également définir ses propres caractéristiques, que d'autres parseurs peuvent ne pas connaître.

Il est possible de tester la disponibilité d'une caractéristique en utilisant la méthode `getFeature()` de `XMLReader`. Cette méthode renvoie un booléen et déclenche les mêmes exceptions, pour les mêmes raisons, que `setFeature()`. Si vous désirez savoir si le parseur est validateur, vous pouvez obtenir cette information de la façon suivante :

```
try {
 boolean isValidating =
  parser.getFeature("http://xml.org/sax/features/validation");
}
catch (SAXNotSupportedException e) {
 System.out.println(
  "Ne peut valider maintenant");
}
```

```
catch (SAXNotRecognizedException e) {
 System.out.println("Ce parseur n'est pas validant");
}
```

Tous les parseurs ne peuvent valider. Si vous tentez d'enclencher la validation dans un programme d'analyse syntaxique non validant ou si vous essayez d'activer un service que le parseur ne supporte pas, la méthode `setFeature()` lancera une exception `SAXNotRecognizedException`. S'il s'agit d'une fonctionnalité que le parseur accepte mais qu'il ne peut changer lors de votre demande (par exemple si vous essayez de positionner la validation alors que le parseur a déjà lu la moitié du document) la méthode `setFeature()` lance l'exception `SAXNotSupportedException`. Ce sont deux sous-classes de `SAXException`.

Vous pouvez contrôler la valeur actuelle d'une fonctionnalité donnée en utilisant la méthode `getFeature()` de `XMLReader`. Elle renvoie un `boolean` et lance les mêmes exceptions pour les mêmes raisons que `setFeature()`. Si vous voulez savoir si le programme d'analyse syntaxique valide, vous pouvez lui demander de la façon suivante :

```
try {
  boolean isValidating =
   parser.getFeature("http://xml.org/sax/features/validation");
}
catch (SAXException e) {
  System.out.println("Ce parseur ne valide pas");
}
```

Les propriétés sont semblables aux fonctionnalités, mais elles permettent un choix plus large que les simples alternatives marche/arrêt ou vrai/faux. Chaque valeur de propriété est un objet dont le type n'est pas spécifié. Par exemple, si vous voulez connaître la chaîne de caractères littérale des données analysées afin de produire l'événement SAX, vous le pouvez en lisant la propriété *http://xml.org/sax/properties/xml-string* à l'aide de la méthode `getProperty()` :

```
try {
  String tag = (String) parser.getProperty(
   "http://xml.org/sax/properties/xml-string");
}
catch (SAXNotSupportedException e) {
  System.out.println("Ce parseur ne fournit pas les données originales");
}
catch (SAXNotRecognizedException e) {
  System.out.println("Le parseur ne reconnaît pas la propriété " +
   "http://xml.org/sax/properties/xml-string");
}
```

Il est possible de changer la valeur d'une propriété en invoquant la méthode `setProperty()` avec deux arguments. Le premier est l'URI de la propriété à positionner. Le second est l'objet qui constitue la valeur de cette propriété. Par exemple, le fragment de code ci-dessous essaie de positionner la valeur de la propriété *http://xml.org/sax/properties/LexicalHandler*, en lui associant une nouvelle instance de la classe `MyLexicalHandlerClass`. Le parseur indique les événements lexicaux (commentaires, sections CDATA et appels d'entités) à l'objet associé à cette propriété, qui doit être une implémentation de `org.xml.sax.ext.LexicalHandler`:

```
try {
 parser.setProperty(
  "http://xml.org/sax/properties/LexicalHandler",
  new MyLexicalHandlerClass()
 );
}
catch (SAXException e) {
 System.out.println("Ce parseur ne transmet pas les événements lexicaux.");
}
```

Si vous passez un objet du mauvais type à une propriété (c'est-à-dire un objet qui n'implémente pas l'interface `LexicalHandler` pour la propriété *http://xml.org/sax/properties/LexicalHandler*), la méthode `setProperty()` vous sanctionnera alors d'une exception `SAXNotSupportedException`.

Toutes les fonctionnalités et propriétés ne peuvent être positionnées en même temps. Par exemple, vous ne pouvez pas décider soudainement de commencer la validation lorsque le parseur est déjà à mi-chemin dans l'analyse du document. Une telle tentative échouera et provoquera la levée d'une exception `SAXNotSupportedException`. Cependant, vous pouvez changer les fonctionnalités du parseur entre deux traitements de document (après l'analyse d'un document, mais avant l'analyse du prochain). La plupart des fonctionnalités et des propriétés peuvent être lues à tout moment.

Filtres

Un filtre SAX se place entre le programme d'analyse syntaxique et l'application cliente. Il intercepte les messages échangés par ces deux objets. Il peut les laisser passer sans les changer. Mais il peut également les modifier, les remplacer, ou encore les bloquer. Du point de vue de l'application cliente, le filtre ressemble à un parseur, c'est-à-dire à un `XMLReader`. Pour le programme d'analyse syntaxique, le filtre se comporte comme une application cliente, soit un `ContentHandler`.

Les filtres SAX sont mis en œuvre en créant une classe dérivée de `org.xml.sax.helpers.XMLFilterImpl`.[1] Cette classe implémente toutes les interfaces SAX que les programmes d'analyse syntaxique et les applications clientes exigent. Sa signature est la suivante:

```
public class XMLFilterImpl implements XMLFilter, XMLReader,
 ContentHandler, DTDHandler, ErrorHandler
```

1. Il existe également une interface `org.xml.sax.XMLFilter`. Cependant, cette interface s'utilise de façon opposée dans la plupart des cas d'utilisation. Elle filtre des messages provenant de l'application cliente en direction du parseur, et non les messages beaucoup plus importants transitant du programme d'analyse syntaxique vers l'application cliente. En outre, implémenter l'interface `XMLFilter` directement exige beaucoup plus de travail que de dériver la classe `XMLFilterImpl`. Pratiquement aucun programmeur SAX expérimenté ne choisira d'implémenter `XMLFilter` directement plutôt que de dériver la classe « adapter » `XMLFilterImpl`.

Vos filtres étendront cette classe et surchargeront ces méthodes qui correspondent aux messages que vous désirez filtrer. Par exemple, si vous voulez filtrer toutes les instructions de traitement et ainsi les stopper, vous écrirez un filtre qui surchargera la méthode `processingInstruction()`. Celle-ci aura un code vide, comme le montre l'*exemple 19-5.*

Exemple 19-5. Un filtre SAX qui supprime les instructions de traitement

```
import org.xml.sax.helpers.XMLFilterImpl;

public class ProcessingInstructionStripper extends XMLFilterImpl {

  public void processingInstruction(String target, String data) {
    // Comme nous ne faisons rien, les instructions de traitement lues
    // dans le document ne seront *pas* passées à l'application cliente
  }

}
```

Si vous préférez substituer à une instruction de traitement un élément dont le nom est le même que le nom de cible de cette instruction et dont le contenu textuel correspond aux données de cette instruction, vous utiliserez alors, les méthodes `startElement()`, `characters()`, et `endElement()`. Celles-ci seront appelées à l'intérieur de la méthode `processingInstruction()` après avoir positionné les arguments avec les données provenant de l'instruction de traitement, comme vous le constatez dans l'*exemple 19-6.*

Exemple 19-6. Un filtre SAX qui convertit les instructions de traitement en éléments

```
import org.xml.sax.*;
import org.xml.sax.helpers.*;

public class ProcessingInstructionConverter extends XMLFilterImpl {

  public void processingInstruction(String target, String data)
   throws SAXException {

    // AttributesImpl est une classe "adapter" dans le paquetage org.xml.sax.ext
    // conçue pour ce type d'utilisation. Nous ne souhaitons pas vraiment
    // ajouter d'attributs ici, mais nous devons passer un quatrième
    // argument à startElement().
    Attributes emptyAttributes = new AttributesImpl();

    // Nous n'utiliserons pas d'espace de noms pour l'élément
    startElement("", target, target, emptyAttributes);
    // convertit la chaîne de caractères en tableau de caractères
    char[] text = data.toCharArray();
    characters(text, 0, text.length);

    endElement("", target, target);
```

Exemple 19-6. Un filtre SAX qui convertit les instructions de traitement en éléments (suite)

```
    }

  }
```

Nous avons utilisé ce filtre sur l'*exemple 19-2* avant de le passer à un programme qui affiche un document XML sur System.out et nous avons été quelque peu surpris du résultat :

```
    <xml-stylesheet>type="text/css" href="personne.css"</xml-stylesheet>
   <personne xmlns="http://xml.oreilly.com/personne">
     <nom:nom xmlns:nom="http://xml.oreilly.com/nom">
       <nom:prénom>Sydney</nom:prénom>
       <nom:nom_famille>Lee</nom:nom_famille>
     </nom:nom>
     <affectation projet_id="p2"></affectation>
   </personne>
```

Ce document n'est pas bien formé ! En effet, il y a deux éléments racine indépendants. Cependant, à bien y réflechir, cela n'est pas vraiment étonnant. Le contrôle, consistant à déterminer si un document est bien formé, est réalisé, en principe, par le programme d'analyse syntaxique lorsqu'il lit le document XML. Les filtres SAX devraient en faire de même, mais ils n'ont absolument aucune obligation à fournir des données bien formées aux applications clientes. En effet, ils peuvent produire des données incorrectes en incluant des balises de début ne correspondant à aucune balise de fin, en générant du texte contenant des caractères illégaux tels que le caractère « formfeed » ou la barre verticale, ou encore des noms XML composés de caractères illicites tels que * et §. Vous devez donc être particulièrement attentif quant à la validité des données que vous recevez d'un filtre.

Si vous voulez appeler une méthode sans filtrer ou si vous voulez appeler cette même méthode dans le gestionnaire sous-jacent, vous pouvez préfixer l'appel par le mot-clé super. Ainsi, la méthode alternative de la classe mère est appelée. Par défaut, chaque méthode de XMLFilterImpl passe simplement les mêmes arguments à la méthode équivalente dans le gestionnaire parent. L'*exemple 19-7* montre un filtre qui change tous les caractères en majuscules. La méthode characters() est surchargée dans ce but.

Exemple 19-7. Un filtre SAX qui convertit le texte en majuscules

```
import org.xml.sax.*;
import org.xml.sax.helpers.*;

public class UpperCaseFilter extends XMLFilterImpl {

  public void characters(char[] text, int start, int length)
   throws SAXException {

    String temp = new String(text, start, length);
    temp = temp.toUpperCase();
```

Exemple 19-7. Un filtre SAX qui convertit le texte en majuscules (suite)

```
        text = temp.toCharArray();
        super.characters(text, 0, text.length);

    }

  }
```

En fait, l'utilisation d'un filtre implique les étapes suivantes :

1. Création d'un objet filtre, normalement en invoquant son constructeur.
2. Création d'un `XMLReader` qui va réellement analyser le document, en appelant classiquement la méthode `XMLReaderFactory.createXMLReader()`.
3. Association du filtre au parseur en utilisant la méthode `setParent()` du filtre.
4. Installation d'un `ContentHandler` dans le filtre.
5. Analyse syntaxique du document en appelant la méthode `parse()` du filtre.

Les détails peuvent changer d'une application à l'autre. Par exemple, vous pouvez installer d'autres gestionnaires en plus du `ContentHandler` ou changer de parent entre deux analyses de document. Cependant, une fois le filtre attaché au `XMLReader` sous-jacent, vous ne devriez appeler aucune méthode directement sur ce parseur ; vous ne devriez, en effet, communiquer avec lui que par l'intermédiaire du filtre. Par exemple, voilà comment utiliser le filtre de l'*exemple 19-7* pour analyser un document :

```
XMLFilter filter = new UpperCaseFilter();
filter.setParent(XMLReaderFactory.createXMLReader());
filter.setContentHandler(votreObjetContentHandler);
filter.parse(document);
```

Notez l'appel spécifique à la méthode `parse()` du filtre, et non à la méthode `parse()` du parseur réel.

Quatrième Partie

Références

CHAPITRE 20

Référence de XML 1.0

Ce chapitre a pour but de servir de référence complète, mais compréhensible facilement, au document du W3C intitulé « Extensible Markup Language (XML) 1.0 W3C Recommendation (Second Edition) », daté du 6 octobre 2000. Nous avons fait tout notre possible pour traiter de façon exhaustive le contenu du document officiel du W3C. Si vous écrivez un parseur, un éditeur ou un outil XML, vous devriez également consulter la dernière révision de cette recommandation sur le web, à l'adresse *http://www.w3.org/TR/REC-xml*.

Utilisation de cette référence

Ce chapitre se compose d'exemples de documents XML et de DTD, suivis des sections de références détaillées, qui décrivent toutes les caractéristiques de la spécification 1.0, et un échantillon de toutes les possibilités d'erreur de forme et de validité. Les éléments de syntaxe d'un document XML valide sont introduits dans l'ordre d'apparition dans un document XML. Chaque entrée présente la structure syntaxique, l'endroit où un élément peut être utilisé et les contraintes de validité et de forme applicables. Chaque section de référence contient une description de la structure de langage XML, une syntaxe simplifiée et un exemple d'utilisation de la syntaxe où elle est adaptée.

Exemples de documents XML annotés

Ces exemples sont prévus comme une aide mnémonique pour la syntaxe XML et comme une description synthétique d'un cas spécifique de construction du langage XML correspondant à la section de référence de la syntaxe XML. Le document d'exemple et la DTD intègre des caractéristiques définies dans les recommandations XML 1.0 et les *espaces de noms dans XML*.

L'application XML d'exemple décrit la construction d'un meuble. Dans les figures, chaque construction distincte du langage est entourée dans un rectangle, avec le nom de la section de référence appropriée comme légende. En localisant une construction dans l'exemple, puis en vous positionnant sur la section de référence associée, vous pouvez rapidement reconnaître et apprendre de la syntaxe XML peu familière. Quatre fichiers composent cette application d'exemple.

bookcase.xml

Le document proposé dans la *figure 20-1* utilise furniture.dtd pour décrire une étagère simple.

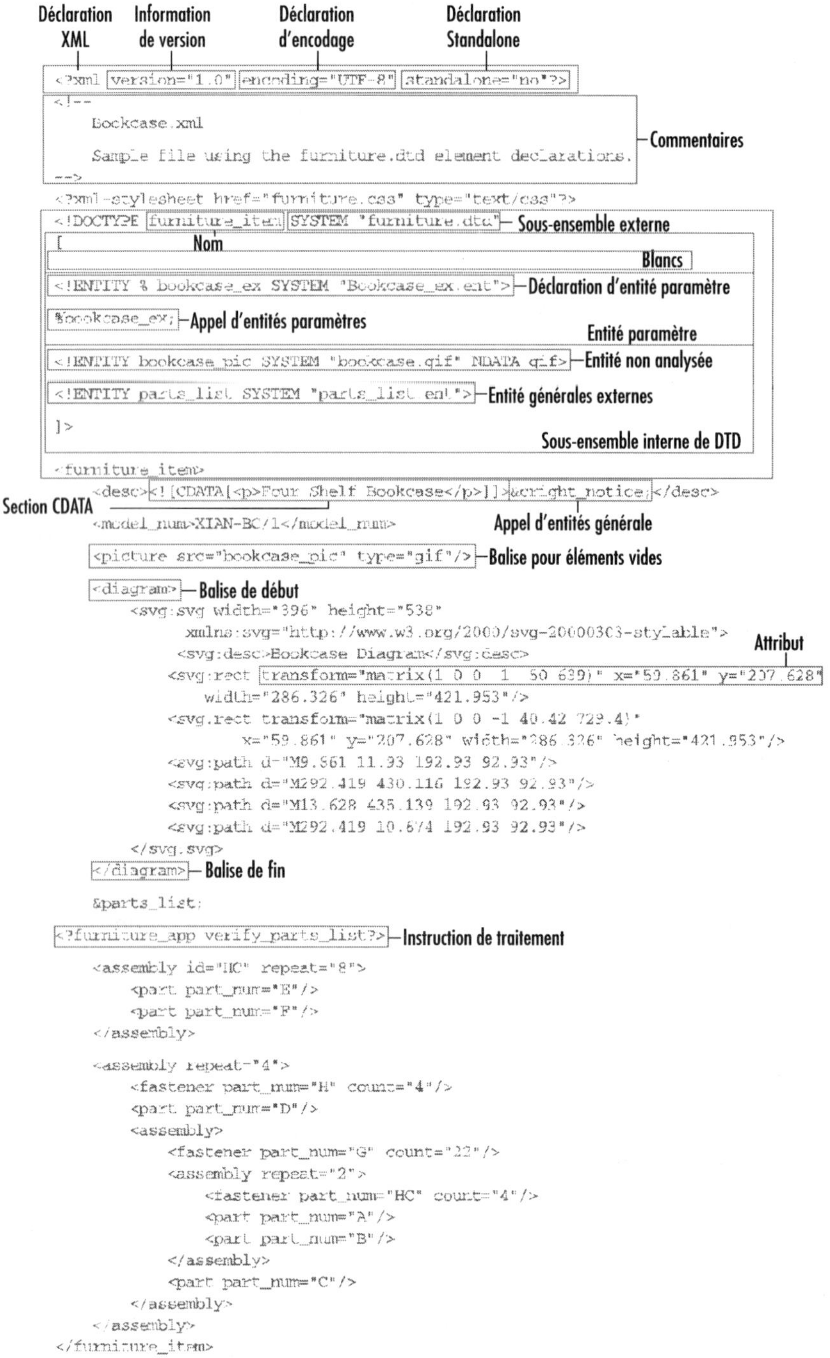

Figure 20-1. bookcase.xml

furniture.dtd

La définition de type de document XML, présentée dans la *figure 20-2*, propose une grammaire simple pour décrire les composants et les détails de l'assemblage d'un meuble.

```
<!--
    furniture.dtd

    A vocabulary for describing furniture.
-->

<!ELEMENT furniture_item (desc, %extra_tags; user_tags?, parts_list,
assembly+)>

<!ATTLIST furniture_item
    xmlns CDATA #FIXED "http://namespaces.oreilly.com/furniture/"
>

<!ELEMENT p (#PCDATA)>

<!ELEMENT desc (#PCDATA | p)* >
<!ATTLIST desc
    xml:lang NMTOKEN 'en'
    xml:space (default|preserve) 'preserve'
>
<!ELEMENT user_tags ANY>
<!ELEMENT parts_list (part_name+)>
<!ELEMENT part_name (#PCDATA)>
<!ATTLIST part_name
    id ID #REQUIRED
    count CDATA "1"
>
<!ELEMENT assembly (fastener*, (assembly | part), (assembly | part)+) >
<!ATTLIST assembly
    id ID #IMPLIED
    repeat CDATA "1"
>
<!ELEMENT fastener EMPTY>
<!ATTLIST fastener
    part_num IDREF #REQUIRED
    count CDATA "1"
>
<!ELEMENT part EMPTY>
<!ATTLIST part
    part_num IDREF #REQUIRED
    count CDATA "1"
>
<!ENTITY % private 'IGNORE'>
<!ENTITY % public 'INCLUDE'>
<![ %private; [
  <!ENTITY cright_notice '&#xa9; 2000 Furniture Makers. DO NOT
DISTRIBUTE">
]]>
<![ %public; [
 <!ENTITY cright_notice "&#xa9; 2000 Furniture Makers.">
]]>
```

Déclaration de type d'élément
Type d'élément de contenu mixte
xml:lang
xml:space
Type d'énumération
Type d'élément de contenu quelconque
Élément de contenu contraint
Déclaration de liste d'attributs
Type d'attribut simple
Élément vide
Valeur par défaut
Appel de caractères
Déclaration d'entités générales
Entité générale interne
Section conditionnelle

Figure 20-2. furniture.dtd

bookcase_ex.ent

Le fichier d'entité externe, présenté dans la *figure 20-3*, contient des éléments complémentaires spécifiques à une étagère pour le document *bookcase.xml*.

```
<!ENTITY % extra_tags "model_num, picture, diagram,">
<!ELEMENT model_num (#PCDATA)>
<!ELEMENT picture EMPTY>
<!ATTLIST picture
    src ENTITY #REQUIRED
>

<!NOTATION dos SYSTEM "dos_batch">
<!NOTATION perl SYSTEM "perl">

<!ELEMENT batch_script (#PCDATA)>

<!ATTLIST batch_script
    lang NOTATION (dos | perl) #IMPLIED     ← Notation de type d'attribut
>

<!ELEMENT diagram ANY>

<!ELEMENT svg:svg (svg:desc, (svg:rect | svg:path)+)>
<!ATTLIST svg:svg
    width CDATA "1"
    height CDATA "1"
    xmlns:svg CDATA #FIXED "http://www.w3.org/2000/svg-20000303-stylable"
>

<!ELEMENT svg:desc (#PCDATA)>

<!ELEMENT svg:rect EMPTY>
<!ATTLIST svg:rect
    transform CDATA "1"
    x CDATA "1"
    y CDATA "1"
    width CDATA "1"
    height CDATA "1"
>

<!ELEMENT svg:path EMPTY>
<!ATTLIST svg:path
    d CDATA "1"
>

<!NOTATION gif SYSTEM "images/gif">     ← Notation de déclaration
```

Figure 20-3. bookcase_ex.e

parts_list.ent

La *figure 20-4* contient un exemple d'entité générale externe analysée qui contient la liste des pièces pour le document d'exemple décrivant l'étagère.

```
<parts_list>
        <part_name id="A" count="1">END PANEL</part_name>
        <part_name id="B" count="2">SIDE PANEL</part_name>
        <part_name id="C" count="1">BACK PANEL</part_name>
        <part_name id="D" count="4">SHELF</part_name>
        <part_name id="E" count="8">HIDDEN CONNECTORS</part_name>
        <part_name id="F" count="8">CONNECTOR SCREWS</part_name>
        <part_name id="G" count="22">7/16&quot; TACKS</part_name>
        <part_name id="H" count="16">SHELF PEGS</part_name>
</parts_list>
                                  Appel de caractères prédéfinis
```

Figure 20-4. parts_list.ent

Conventions pour la syntaxe de XML

Pour chaque section de ce chapitre de référence qui correspond directement à une structure syntaxique XML, une description informelle de la syntaxe décrit la forme de cette structure. Les conventions suivantes sont utilisées dans les blocs de syntaxe :

Format	*Signification*
DOCTYPE	Le texte en gras indique les caractères qui doivent apparaître littéralement dans le document, tels qu'ils sont écrits (par exemple, **DOCTYPE**).
encoding-name	Le texte en italique indique que l'utilisateur doit remplacer ce texte avec ses propres données. Le texte original indique de quel type de données il s'agit (par exemple, *nom_codage* = ISO-8859-1).
|	La barre verticale indique qu'une seule des possibilités de la liste peut être choisie.
[ ]	Les crochets indiquent qu'une portion est facultative.

Structures syntaxiques générales

Chaque document XML est scindé en deux sections principales : le *prologue* et l'*élément racine*. Certains documents peuvent aussi contenir des commentaires ou des instructions de traitement qui suivent l'élément racine dans une sorte d'*épilogue* (un terme non officiel). Le prologue contient une information structurelle sur le type particulier de document XML que vous êtes en train d'écrire, y compris la déclaration XML et la déclaration de type de document. Le prologue est optionnel, et si un document ne nécessite pas d'être validé en regard d'une DTD, il peut être complètement omis. La seule structure obligatoire dans un document XML bien formé est l'élément racine de haut niveau.

Les structures syntaxiques suivantes sont communes à tout le document XML. À moins d'être notées autrement dans un élément de référence ultérieur, les structures suivantes peuvent apparaître n'importe où dans le document XML.

Blanc

Un *blanc* est défini comme étant soit un espace, soit un caractère de tabulation, soit un caractère de fin de ligne (composé d'un retour chariot, d'un saut de ligne, ou d'une combinaison des deux). Les blancs ont en XML le même rôle que dans la plupart des langages de programmation, et même dans les autres langages : séparer les différents éléments lexicaux. XML a cependant simplifié le problème de déterminer quels blancs sont significatifs et lesquels ne le sont pas. Pour un parseur XML, tous les blancs dans un élément sont significatifs et seront transmis à l'application. Mais les blancs dans les balises et entre des attributs ne sont pas significatifs. Considérez l'exemple suivant :

```
<p> Cette phrase comporte des sauts de ligne
  superflus. </p>
```

Après l'analyse, les données textuelles de cet exemple sont transmises à l'application sous la forme suivante :

```
    Cette phrase comporte des sauts de ligne
superflus.
```

Bien que XML précise que tous les blancs dans un élément doivent être préservés par le parseur, il existe un moyen pour l'auteur XML d'indiquer plus précisément ce qui doit advenir des blancs présents dans les données textuelles d'un élément. Pour plus d'informations sur ce point, voir la discussion concernant l'attribut `xml:space` dans ce chapitre.

Noms

Pour faciliter la tâche des parseurs XML, les noms utilisés en XML doivent respecter les conventions lexicales suivantes :

- Commencer par une lettre, ou par les caractères _ ou :
- Après le premier caractère, comporter uniquement des lettres, chiffres et des caractères ., -, _ ou :

Dans ce contexte, une lettre correspond à n'importe quel caractère Unicode qui satisfait la production de `Letter` de la grammaire EBNF proposée en fin de ce chapitre.

Selon la spécification XML 1.0, le caractère : peut être librement utilisé dans les noms, bien que le caractère soit officiellement réservé comme partie de la recommandation *Namespaces in XML*. Même si un document n'utilise pas les espaces de noms, les deux-points ne devraient pas être utilisés dans les identifiants afin de maintenir une compatibilité avec les parseurs qui supportent les espaces de noms. Reportez-vous à la section *Espaces de noms* de ce chapitre pour plus d'informations sur la façon dont les identifiants supportant les espaces de noms sont formés.

Les noms devraient également éviter de commencer par la séquence de trois lettres X, M, L, à moins que cela soit explicitement précisé par une spécification XML.

Appel de caractère

&#nombre-décimal;
&#xnombre-héxadécimal;

Tous les parseurs XML doivent être capables de manipuler le jeu de caractère Unicode, et ceci quel que soit le codage externe du fichier XML. Il est théoriquement possible de créer des documents directement codés en Unicode, mais la plupart des éditeurs de texte et des systèmes de stockage et de distribution utilisent encore le jeu de caractères ASCII. Pour permettre aux auteurs XML d'utiliser les caractères Unicode dans leurs documents, sans les forcer à changer d'outils, XML fournit un mécanisme d'*appel de caractère*.

Un appel de caractère permet à un auteur d'insérer un caractère Unicode, d'après son numéro, dans le flux produit par le parseur à destination de l'application. Considérez un document XML contenant les données textuelles suivantes :

```
&#xa9; 2002 O'Reilly &#38; Associates
```

Dans cet exemple, le parseur remplacera les appels de caractère par les caractères Unicode correspondants, et passera à l'application la chaîne de caractères suivante :

```
© 2002 O'Reilly & Associates
```

Les appels de caractères ne devraient pas être utilisées dans les noms d'élément ou d'attribut, mais peuvent l'être dans les valeurs d'attributs.

Entités caractères prédéfinies

En plus des entités définies par l'utilisateur, XML reconnaît les cinq noms d'entité du *tableau 20-1*, qui peuvent être utilisés sans déclaration. Ces appels forment un sous-ensemble des appels qui sont utilisables dans les documents HTML.

Tableau 20-1. Entités prédéfinies

Entité	*Caractère*	*Déclaration XML*
`<`	<	`<!ENTITY lt "<">`
`>`	>	`<!ENTITY gt ">">`
`&`	&	`<!ENTITY amp "&">`
`'`	'	`<!ENTITY apos "'">`
`"`	"	`<!ENTITY quot """>`

Les entités `<` et `&` doivent être utilisées partout où < ou & apparaissent dans le contenu du document. L'entité `>` est couramment utilisée à l'endroit où > se trouve dans le contenu du document. Mais il est seulement nécessaire d'éviter de mettre la séquence `]]>` dans le contenu. `'` et `"` sont généralement utilisés seulement dans les valeurs d'attribut pour empêcher les conflits entre la valeur et les guillemets utilisés pour contenir la valeur.

Bien que le parseur doive reconnaître ces entités sans se soucier du fait qu'elles aient été déclarées, vous pouvez les déclarer dans vos DTD sans générer d'erreurs. La présence de ces entités « spéciales » prédéfinies pose un problème dans un document XML. Parce qu'il est possible d'utiliser ces références sans les déclarer, il est possible d'avoir un document XML valide qui inclue des références à des entités qui n'avaient jamais été déclarées. Les spécifications XML encouragent réellement les auteurs de documents à déclarer ces entités pour maintenir l'intégrité de la règle déclaration-appel d'entité. Dans les termes pratiques, la déclaration de ces entités ajoute seulement une complexité non nécessaire à vos documents.

Section CDATA (character data, données textuelles)

`<![CDATA[`*`données textuelles & balisage littéral`***`]]>`**

Les documents XML sont formés de balisage et de données textuelles. Les caractères < et & ne peuvent pas apparaître dans les données textuelles normales, il faut donc utiliser un appel de caractère tel que `&` ou `&`. Avec un appel de ce type, les caractères < et & ne sont pas reconnus comme introduisant du balisage, mais comme faisant partie des données textuelles, et sont donc transmis littéralement à l'application.

Pour de larges blocs de données textuelles, en particulier s'il s'agit de fragments de documents XML ou HTML, il est possible d'utiliser une section CDATA. À l'intérieur d'un bloc CDATA, tout caractère, entre des balises ouvrantes et fermantes, est considéré comme faisant partie des données textuelles. Ainsi, les caractères spéciaux peuvent y apparaître en toute impunité, à l'exception de la séquence `]]>`, qui indique la fin de la section CDATA.

Les sections `CDATA` sont très utiles pour des tâches comme l'inclusion de documents XML ou HTML dans des tutoriaux présentant comment utiliser le balisage, mais il est difficile de traiter le contenu des sections `CDATA` en utilisant XSLT, DOM, ou SAX comme autre chose que du texte.

Les sections `CDATA` ne peuvent pas être imbriquées. La séquence de caractères `]]>` ne peut pas apparaître dans des données qui ont été échappée, sinon le bloc `CDATA` serait fermé prématurément. Cette situation ne devrait pas être habituellement un problème, mais si une application inclus des documents XML en tant que données caractères non analysées, il est important d'être au courant de cette contrainte. Si il est nécessaire d'inclure la séquence de fermeture `CDATA` dans les données, fermez la section `CDATA` ouverte, ajoutez les caractères de fermeture en utilisant des appels caractères pour les échapper, puis ouvrez de nouveau la section `CDATA` pour contenir le reste des données caractères.

Appel d'entité

Une entité XML est une sorte de macro, dans laquelle le texte de remplacement peut être soit analysé (le texte devient alors partie du document XML), soit non analysé. Si l'entité analysée ne l'est pas, la déclaration d'entité fait référence à des données binaires externes qui ne peuvent être analysées. De plus, le texte de remplacement d'une entité peut provenir soit d'une chaîne de caractères, soit d'un fichier externe. Pendant l'analyse, un appel d'entité analysée est remplacé par le texte précisé dans sa déclaration. Ce texte de remplacement est analysé à nouveau, jusqu'à ce qu'il ne reste plus d'appel d'entité ou de caractère.

Pour simplifier l'analyse d'un document, deux types distincts d'entités sont utilisés dans deux situations distinctes : les entités générales et les entités paramètres. La syntaxe d'appel de l'entité est presque identique dans les deux cas, mais des règles spécifiques définissent où l'appel peut apparaître.

- ***Entité paramètre***

  `%`*`nom_entité`*`;`

  Lorsqu'un parseur XML rencontre un appel d'entité paramètre dans la DTD d'un document, il remplace la référence par le texte de l'entité. Si le texte de remplacement est inclus comme un littéral ou inclus depuis une entité externe, le parseur poursuit l'analyse du texte de remplacement comme si il avait toujours été une partie du document. Cette analyse a des implications intéressantes pour les références d'entité imbriquées :

```
<!ENTITY % ANNÉE "2001">
<!ENTITY COPYRIGHT "&#xa9; %ANNÉE;">
. . .
<copyright_notice>&COPYRIGHT;</copyright_notice>
```

Suite aux remplacements des entités nécessaires, l'exemple précédent devrait produire l'élément canonique suivant :

```
<copyright_notice>(c) 2001</copyright_notice>
```

XML considère les références d'entité paramètre différemment en fonction de l'endroit où elles apparaissent dans la DTD. Les références dans la valeur littérale d'une déclaration d'entité (comme Copyright © %ANNÉE;) ne sont valides que comme partie d'un sous-ensemble externe. À l'intérieur d'un sous-ensemble interne, les références d'entité paramètre peuvent seulement apparaître là où une déclaration de balise complète pourrait exister. En d'autres termes, dans un sous-ensemble interne, les références d'entité paramètre ne sont reconnues que dans la DTD ; par conséquent, le caractère % n'a aucune signification dans de la donnée textuelle et n'a pas besoin d'être échappé.

- ***Entité générale***

  &*nom_entité*;

  Les références d'entité générale sont uniquement reconnues dans les données caractères analysées dans le corps d'un document XML. Elles peuvent apparaître dans les données caractères analysées dans un élément de balise de début et de fin, ou dans la valeur d'un attribut. Elles ne sont pas reconnues dans la DTD d'un document (mis à part dans les valeurs par défaut pour les attributs) ou à l'intérieur des sections CDATA.

La séquence d'opérations qui se produit lorsqu'une entité générale analysée est intégrée par le parseur XML peut conduire à des effets secondaires intéressants. Le texte de remplacement d'une entité est alors lu par le parseur. Si les remplacements d'entité générale ou caractère sont présents dans le texte de remplacement de l'entité, ils sont également analysés et inclus dans la suite de l'analyse.

Commentaires

```
<!--texte du commentaire-->
```

Les commentaires peuvent apparaître à n'importe quel endroit, dans le document ou dans la DTD, à l'extérieur des autres balises. Les parseurs XML ne sont pas obligés de conserver le contenu des commentaires, ceux-ci ne peuvent donc être utilisés que pour y placer des informations qui ne font pas partie de votre application. Dans la pratique, les informations que vous souhaiteriez placer dans des commentaires devraient probablement trouver officiellement leur place dans votre application. Plutôt que de placer dans un commentaire des données qui seront lues et traitées par votre application, comme cela se pratique souvent dans les documents HTML, vous devriez placer cette information dans la structure élémentaire de votre document XML. Un usage correct des commentaires consiste à améliorer la lisibilité d'une DTD, ou à masquer temporairement des parties d'un document.

Exception au contenu des commentaires

La séquence de caractères `--` ne peut apparaître dans le contenu d'un commentaire, sauf dans la séquence de fermeture du commentaire. Puisque les commentaires ne peuvent pas être imbriqués, il est impossible de mettre en commentaire un commentaire. La séquence de caractères `--` ne peut pas être intégrée dans un bloc de commentaires, excepté comme partie du texte de fin de la balise. Puisque les commentaires ne peuvent pas être imbriqués, mettre un texte en tant que commentaires d'un autre bloc de commentaires est impossible. Si de grands blocs de balises intégrant des commentaires doivent être temporairement désactivés, le fait de les intégrer dans une section `CDATA` amènera le parseur à les considérer comme du texte simple au lieu de marqueurs.

Instructions de traitement

```
<?cible[données de l'instruction de traitement]?>
```

Les instructions de traitement permettent à une application d'intégrer au document XML des instructions qui ne font partie ni du balisage ni des données textuelles. Une instruction de traitement comporte une cible, qui peut être n'importe quel nom XML autorisé sauf `xml`, (voir le chapitre 2, *Principes de XML*). Associer une feuille de style à une document est un exemple fréquent d'utilisation de ce mécanisme : conformément aux principes de XML, les directives de mise en forme devraient rester nettement séparées du contenu effectif du document, mais bien sûr il faut un moyen d'associer les deux aspects. Les instructions de traitement ne sont significatives que pour les applications qui les reconnaissent.

Le concept de notation est utilisé pour indiquer exactement quel type d'instruction de traitement peut apparaître, et chaque application XML doit décider ce qu'elle désire faire de la portion de données de l'instruction de traitement. Aucune action particulière n'est entreprise par un parseur XML lorsqu'il reconnaît qu'une instruction de traitement relève d'une notation déclarée. Les applications qui ne reconnaissent pas l'identifiant public ou système d'une instruction de traitement doivent réaliser qu'elles ne peuvent pas interpréter correctement les données qu'elle contient.

Déclaration XML

```
<?xml version="1.0"[ encoding="nom-codage"][standalone="yes|no"]?>
```

La déclaration XML a plusieurs objectifs : indiquer quelle version de la spécification a été utilisée, de quelle façon le document est codé, et s'il est totalement autonome ou s'il fait référence à des entités externes.

La déclaration XML, lorsqu'elle est présente, doit être la première chose qui apparaît dans un document XML. Rien, mis à part un éventuel indicateur d'ordre des octets, ne peut précéder le caractère < qui introduit cette déclaration.

> ### *Détection automatique du codage*
>
> La déclaration XML doit apparaître dans les premiers caractères de votre document XML, de façon à ce que le parseur puisse déterminer quel est le codage utilisé. Mais il y a un problème similaire à celui de l'œuf et de la poule, qui concerne la clause `encoding="..."` de cette déclaration : le parseur ne peut reconnaître cette clause sans connaître le codage utilisé. Toutefois, puisque les cinq premiers caractères doivent être `<?xml`, le parseur peut lire les quelques premiers octets du document et, dans la plupart des cas, déterminer le codage avant de lire la déclaration `encoding`.

- ***Information de version***

  `... version="1.0" ...`

  L'attribut `version` indique à quelle version de la spécification XML ce document est conforme. Actuellement, la valeur de cet attribut doit être égale à "1.0".

- ***Déclaration de codage***

  `... encoding="nom-codage"...`

  La déclaration de codage indique quelle méthode de codage des caractères a été utilisée pour créer le document. Bien que tous les documents soient traités en Unicode par les parseurs, la méthode de stockage externe peut utiliser n'importe quel codage, qu'il s'agisse d'un simple texte ASCII utilisant le jeu de caractères Latin-1 (ISO-8859-1), ou d'un fichier contenant des caractères japonais.

  Les parseurs XML reconnaissent également d'autres codages, mais la spécification XML ne requiert que la capacité de traiter les documents codés en UTF-8 ou en UTF-16. Vérifiez la documentation de votre parseur pour savoir s'il permet l'utilisation d'autres codages. Pour une discussion détaillée des méthodes de codage des caractères, voir le chapitre 26, *Jeux de caractères*.

- ***Déclaration Standalone***

  `... standalone="yes|no "...`

  Si votre document est totalement autonome (la DTD, si elle est présente, est totalement contenue dans le document), vous pouvez utiliser la déclaration `standalone="yes"`. Si cette déclaration n'est pas présente, la valeur « no » est supposée, et toutes les entités externes sont lues et analysées. Il est possible de convertir n'importe quel document comportant une déclaration `standalone="no"` en un document autonome, en remplaçant chaque appel d'entité externe par le texte contenu dans le fichier correspondant à cette entité. Ce remplacement peut s'avérer particulièrement utile lorsque le document XML doit être transféré *via* un réseau, ou vers un support de stockage externe sur lequel il est plus pratique d'avoir une copie autonome du document.

Du point de vue du développeur d'application XML, cet indicateur n'a aucun effet sur la façon dont le document est analysé. Si elle est présente, elle doit refléter la réalité. Indiquer `standalone="yes"` alors que votre document nécessite des déclarations d'une DTD qui n'est pas incluse dans le document principal est une violation des règles de validité.

Corps du document

Les éléments constituent l'ossature d'un document XML. Ils fournissent la structure sur laquelle les données textuelles et les valeurs d'attributs se greffent pour former une instance particulière d'une définition de type de document XML. Les déclarations `ELEMENT` et `ATTLIST` de la DTD restreignent les contenus possibles d'un élément dans un document XML valide. Les combinaisons d'éléments et/ou d'attributs qui violent ces restrictions génèrent une erreur de la part d'un parseur validateur.

Balise de début et balise de fin

```
<nom_element [nom_attribut="valeur attribut"]*> -</nom_element>
```

Les éléments qui sont autorisés à avoir un contenu (soit textuel, soit élémentaire, soit les deux) doivent commencer par une balise de début et se terminer par une balise de fin.

Balise d'élément vide

```
<element_vide></element_vide>
<nom_element [nom_attribut="valeur attribut"]*/>
```

Les éléments vides n'ont pas de contenu et sont écrits, soit à l'aide de la syntaxe précédente (c'est-à-dire avec une balise de début et une balise de fin), soit à l'aide de la syntaxe des éléments vides. Ces deux formes sont fonctionnellement identiques, mais la syntaxe d'élément vide est plus succincte et plus fréquemment utilisée.

Attributs

```
nom_attribut="valeur attribut"
nom_attribut='valeur attribut'
```

Les éléments peuvent être munis d'attributs. L'ordre des attributs à l'intérieur d'une balise de début d'élément n'est pas significatif et les parseurs ne sont pas obligés de les conserver. Les valeurs d'attribut peuvent apparaître entre guillemets droits simples ou doubles. Les valeurs d'attribut à l'intérieur d'un document doivent respecter les règles énoncées dans la section *Contraintes de forme* de ce chapitre.

Notez que des caractères blancs peuvent apparaître autour du caractère =.

La validité de la valeur qui apparaît dans la chaîne de caractères est testée, conformément aux restrictions imposées dans la déclaration ATTLIST du type d'élément. Les valeurs d'attribut peuvent contenir des appels d'entités générales, mais ne peuvent pas faire référence à des entités externes analysées. Voir la section *Contraintes de forme* dans ce chapitre pour plus d'informations sur les restrictions qui s'appliquent aux valeurs d'attribut.

DTD (Définition de Type de Document)

Le chapitre 2 explique la différence entre un document bien formé et un document valide. Les documents bien formés qui mentionnent et respectent une DTD donnée sont dits valides. Les documents qui mentionnent une DTD, mais violent les règles qu'elle impose, sont dits invalides. La DTD est constituée de la déclaration DOCTYPE ainsi que du *sous-ensemble interne* (les déclarations contenues directement dans le document) et du *sous-ensemble externe* (les déclarations données à l'extérieur du document).

Entités paramètres

Le mécanisme d'entité paramètre est un simple moyen de remplacement analogue à une macro qui est seulement valide dans le contexte de la DTD. Les entités paramètres sont déclarées et ensuite référencées à l'intérieur de marqueurs ou éventuellement à l'intérieur d'autres déclarations d'entités. La source du texte de remplacement de l'entité peut être soit des chaînes littérales soit le contenu d'un fichier externe. Les entités paramètres simplifient la maintenance de documents volumineux et complexes, en permettant aux auteurs de définir des bibliothèques de déclarations fréquemment utilisées.

Déclaration d'une entité paramètre

```
<!ENTITY % nom "Texte de remplacement." >
<!ENTITY % nom SYSTEM
     "system-literal">
<!ENTITY % nom PUBLIC "pubid-literal"
     "system-literal">
```

Les entités paramètres sont déclarées dans la DTD du document, et doivent être déclarées avant d'être utilisées. La déclaration fournit des informations importantes concernant l'entité :

- le nom de l'entité, qui est utilisé dans les appels ;
- le texte de remplacement, sous la forme soit d'un texte littéral, soit d'une référence à une entité externe.

Soyez conscient qu'un parseur XML effectue un traitement sur le texte de remplacement d'un appel d'entité avant de l'utiliser. En particulier, les appels d'entité paramètre du texte de remplacement sont expansés récursivement avant que la version finale du texte de remplacement soit utilisée. Les appels de caractère sont également remplacés immédiatement par le caractère correspondant. Ce remplacement peut avoir des effets surprenants, en particulier lorsqu'on définit des entités paramètres qui définissent d'autres entités paramètres. Pour une étude complète de la façon dont le remplacement est effectué par un parseur XML, et des effets de bord qui peuvent survenir, voir l'annexe D de la spécification XML 1.0. La spécification est disponible sur le site web du World Wide Web Consortium (*http://www.w3.org/TR/REC-xml#sec-entexpand*).

Entités générales

Les entités générales sont déclarées dans la définition de type de document, puis appelées dans le texte du document ou dans les valeurs des attributs. Lorsque le document est analysé, le texte de remplacement de l'entité est substitué à l'appel d'entité. Le parseur continue alors son analyse, en lisant le texte qui vient d'être introduit.

Les entités générales sont déclarées dans la DTD, en utilisant un sur-ensemble de la syntaxe utilisée pour la déclaration des entités paramètres. En plus de la possibilité de déclarer des entités internes analysées et des entités externes analysées, vous avez la possibilité de déclarer des entités externes non analysées et de leur associer une notation XML.

Les entités internes sont utilisées lorsque le texte de remplacement peut être conservé efficacement sous la forme d'une chaîne de caractères littérale. Ce texte est inclus complètement dans la déclaration de l'entité, sans nécessiter de fichier externe. Cette situation ressemble beaucoup aux macros utilisables dans la plupart des langages et environnements de programmation :

```
<!ENTITY nom "texte de remplacement">
```

Il existe deux types d'entité externe : analysée et non analysée. Lorsqu'une entité analysée est appelée, son contenu est inclus dans le document, et le parseur poursuit son analyse à partir du texte qu'il vient d'introduire. Lorsqu'une entité non analysée est appelée, le parseur fournit à l'application l'URI de l'entité, mais n'insère pas le contenu de l'entité, et ne la parse pas. L'utilisation de cet URI est de la responsabilité de l'application. Toute entité dont la déclaration comporte un nom de notation XML est une entité externe non analysée, et tout appel de cet entité dans le document doit apparaître dans la valeur d'un attribut :

```
<!ENTITY nom SYSTEM
    "system-literal">
<!ENTITY nom PUBLIC
    "pubid-literal" "system-literal">
```

Déclarations de texte

```
<?xml[version="1.0"] encoding="nom-codage"?>
```

Les fichiers qui contiennent des entités analysées externes doivent inclure une déclaration de texte si le fichier d'entité utilise un codage de caractères différent de UTF-8 ou UTF-16. Cette déclaration devrait être suivie par le texte de substitution de l'entité analysée externe.

Les entités analysées externes peuvent seulement contenir le contenu d'un document ou d'un sous-ensemble de DTD totalement bien-formé. Cette restriction est importante parce qu'elle indique que les entités paramètres externes ne peuvent pas être utilisées pour des concaténations, en scindant les constructions syntaxiques XML en plusieurs fichiers, en attendant que le parseur les recompose.

Entités non analysées

Il est quelquefois nécessaire d'inclure dans un document XML des données qui ne doivent pas être analysées. Par exemple, un document XML peut contenir des références à des fichiers graphiques, qui seront utilisés par l'application. Ces fichiers font conceptuellement partie de votre document, mais ne doivent pas être analysés. Le langage XML vous permet de déclarer des entités externes non analysées, qui peuvent être incluses dans le contenu du document sous la forme de valeurs d'attributs :

```
<!ENTITY nom SYSTEM
    "system-literal" NDATA nom_notation  >
<!ENTITY nom PUBLIC "pubid-literal "
    "system-literal" NDATA nom_notation  >
<!NOTATION gif SYSTEM "images/gif">
```

Il est ensuite possible de déclarer l'entité elle-même :

```
<!ENTITY bookcase_pic SYSTEM "bookcase.gif" NDATA gif>
```

Puisqu'il s'agit d'une entité non analysée, elle ne peut être appelée qu'au titre de valeur d'attribut, du type `ENTITY` ou `ENTITIES` :

```
<picture src="bookcase_pic" type="gif"/>
```

Lorsqu'un parseur XML analyse cet élément, l'information décrivant l'entité et la déclaration de la notation peuvent être utilisées pour identifier le type de données conservées dans l'entité externe : un programme pourrait choisir d'afficher une entité GIF à l'écran, par exemple, lorsqu'il en a reconnu le format.

XLink ou des méchanismes similaires sont souvent utilisés à la place des entités non analysées.

Sous-ensemble externe

La déclaration de type de document peut inclure tout ou partie de la définition de type de document à partir d'au moins un fichier externe. Cette portion externe de la DTD est appelée le sous-ensemble externe. Chaque partie du sous-ensemble externe peut contenir des déclarations de balisage, des sections conditionnelles et des appels d'entités paramètres. Puisqu'il s'agit d'une entité externe, elle doit contenir une déclaration de texte si le codage utilisé n'est ni UTF-8 ni UTF-16 :

```
<?xml[ version="1.0"] encoding="nom-codage"?>
```

Cette déclaration est suivie d'une suite d'instructions de balisage complètes de la DTD, telles que `ELEMENT`, `ATTLIST`, `ENTITY`, `NOTATION`, des sections conditionnelles et des instructions de traitement. Par exemple :

```
<?xml version="1.0"?>
<!ELEMENT furniture_item (desc, %extra_tags; user_tags?, parts_list, assembly+)>

<!ATTLIST furniture_item
     xmlns CDATA #FIXED "http://namespaces.oreilly.com/furniture/"
>
...
```

Sous-ensemble interne

Le sous-ensemble interne de la DTD est la portion de la définition du type de document qui apparaît directement dans la déclaration de type de document, entre les caractères [et]. Le sous-ensemble interne peut contenir des déclarations de balisage et des appels d'entités paramètres, mais pas de sections conditionnelles. Un document quelconque peut avoir à la fois un sous-ensemble interne et un sous-ensemble externe, qui, pris tous les deux forment la définition de type de document complète. L'exemple suivant montre un sous-ensemble interne, qui apparaît entre les caractères [et] :

```
<!DOCTYPE furniture_item SYSTEM "furniture.dtd"
[
<!ENTITY % bookcase_ex SYSTEM "Bookcase_ex.ent">

%bookcase_ex;

<!ENTITY bookcase_pic SYSTEM "bookcase.gif" NDATA gif>
<!ENTITY bookcase_pic SYSTEM "bookcase.gif" NDATA gif>
]>
```

Déclaration de type d'élément

Les déclarations de type d'élément fournissent un modèle pour les instances de l'élément qui apparaîtront dans un document XML. Cette déclaration impose le type de contenu des éléments de nom donné, si contenu il y a. Les sections suivantes décrivent les diverses formes possibles de contenu élémentaire.

> Puisque les espaces de noms ne sont pas explicitement inclus dans la recommandation XML 1.0, les déclarations d'éléments et d'attributs dans une DTD doivent fournir le nom complet (qualifié) qui sera utilisé dans le document cible. Cela signifie que si les préfixes d'espace de noms sont utilisés dans les instances de document, la DTD doit les déclarer comme ils apparaissent, avec le préfixe et le reste. Bien que les entités paramètres peuvent autoriser à des instances de documents d'utiliser différents préfixes, cela rend très maladroit l'intégration de l'espace de noms dans des applications basées sur les DTD.

- ***Type d'élément vide***

  ```
  <!ELEMENT nom EMPTY>
  ```

  Les éléments déclarés vides ne peuvent pas contenir du texte ou d'autres éléments. Dans le document, les éléments vides utilisent l'une des syntaxes suivantes :

  ```
  <nom [attribut="valeur" ...]/>
  <nom [attribut="valeur" ...]></nom>
  ```

- ***Type d'élément de contenu quelconque***

  ```
  <!ELEMENT nom ANY>
  ```

  Ce descripteur de contenu joue le rôle d'un joker, permettant à l'élément de contenir n'importe quelle combinaison de données textuelles et d'éléments dont les types sont déclarés dans la DTD.

- ***Type d'élément de contenu mixte***

  ```
  <!ELEMENT nom (#PCDATA [ | nom]+)*>
  <!ELEMENT nom (#PCDATA)>
  ```

  Les éléments dont la déclaration comporte le lexème `#PCDATA` peuvent contenir des données textuelles mélangées avec d'autres sous-éléments, dont les types sont déclarés dans la partie optionnelle de la déclaration. Si le lexème `#PCDATA` est utilisé, il n'est pas possible de limiter le nombre d'occurrences ou l'ordre dans lequel les sous-éléments peuvent apparaître, ni la façon dont ils alternent avec le contenu textuel. Si vous voulez seulement du contenu textuel, l'astérisque est optionnelle.

- ***Type d'élément de contenu contraint***

  ```
  <!ELEMENT nom (expreg_enfants) [? | * | +]>
  ```

  XML fournit un langage d'expressions régulières simple, qui peut être utilisé pour contraindre l'ordre et le nombre d'occurrences des éléments enfants à l'intérieur d'un élément parent. Ce langage comporte les opérateurs suivants :

Opérateur	*Signification*
`Nom`	Correspond à un élément de nom donné.
`( ... )`	Expressions de groupes pour le traitement des séquences (en utilisant la virgule comme séparateur) ou des choix (en utilisant | comme séparateur).

Opérateur	*Signification*
?	Indique que le nom ou l'expression précédant cet opérateur peut apparaître zéro ou une fois à cet endroit dans le document.
*	Indique que le nom ou l'expression précédant cet opérateur peut apparaître zéro ou plusieurs fois à cet endroit dans le document.
+	Indique que le nom ou l'expression précédant cet opérateur peut apparaître une ou plusieurs fois à cet endroit dans le document.

- ***Déclaration de liste d'attributs***

<!ATTLIST *nom_element* [*nom_attribut type_attribut val_défaut*]***>**
Dans un document XML valide, vous devez déclarer les noms, types et valeurs par défaut des attributs utilisés avec chaque type d'élément.

Le nom d'élément doit correspondre à un élément déclaré à l'aide de `<!ELEMENT`. Le nom de l'attribut doit obéir aux règles régissant les identifiants XML, et chaque nom d'attribut doit apparaître une seule fois dans une déclaration.

Les attributs sont déclarés comme ayant un type spécifique. En fonction du type déclaré, un parseur XML validant pourra contraindre les valeurs qui apparaissent dans les instances de ces attributs dans le document. Le tableau suivant liste les différents types d'attribut et leurs significations :

Type d'attribut	*Signification*
`CDATA`	Données textuelles simples.
`ID`	Une valeur `ID` unique dans le document courant. Deux valeurs d'attribut `ID` ne peuvent être identiques dans le document.
`IDREF, IDREFS`	Une référence unique à un `ID` d'élément (pour `IDREF`), ou une liste d'`ID` séparés par des blancs (pour `IDREFS`). Chaque lexème `ID` doit faire référence à un `ID` existant, localisé dans le document dans lequel il apparaît.
`ENTITY, ENTITIES`	Un appel unique d'une entité non analysée déclarée (pour `ENTITY`), ou une liste d'appels, séparés par des blancs (pour `ENTITIES`).
`NMTOKEN, NMTOKENS`	Un nom unique (pour `NMTOKEN`), ou une liste de noms séparés par des blancs (pour `NMTOKENS`).

- ***Type d'attribut NOTATION***

... NOTATION (*notation* [| *notation*]***) ...**
Le mécanisme des attributs de notation existe pour permettre aux auteurs de documents XML d'indiquer que le contenu textuel d'un élément obéit aux règles d'un langage formel autre que XML. Le court exemple ci-dessous montre de quelle façon

on peut utiliser une notation pour préciser le nom du langage de programmation dans lequel le contenu de l'élément code_fragment est écrit :

```
<?xml version="1.0"?>
<!DOCTYPE code_fragment
[
<!NOTATION code_java PUBLIC "code source Java">
<!NOTATION code_c PUBLIC "code source C">
<!NOTATION code_perl PUBLIC "code source Perl">
<!ELEMENT code_fragment (#PCDATA)>
<!ATTLIST code_fragment
          code_lang NOTATION (code_java | code_c | code_perl) #REQUIRED>

]>
<code_fragment code_lang="code_c">
     main() { printf("Bonjour tout le monde."); }
</code_fragment>
```


- ***Type d'attribut énuméré***

  `... (lexème_nominal [| lexème_nominal]*) ...`

  Cette syntaxe limite les valeurs possibles de l'attribut à l'un des noms de la liste indiquée :

```
<!ELEMENT porte EMPTY>
<!ATTLIST porte
          etat (ouverte | fermee | manquante) "ouverte">
. . .
<porte etat="fermee"/>
```

- ***Valeur par défaut***

  Vous pouvez également préciser une valeur par défaut dans la déclaration de type de l'attribut, et cette valeur sera utilisée par le parseur XML pour tout élément qui ne comporte pas explicitement une valeur pour cet attribut. Le tableau suivant montre diverses formes de la clause de valeur par défaut, et la signification de chacune de ces formes :

Valeur par défaut	*Signification*
`#REQUIRED`	Une valeur doit être affectée à l'attribut.
`#IMPLIED`	Une valeur peut être affectée à l'attribut.
`[#FIXED ] "`*`default value`*`"`	Si cet attribut n'a pas de valeur explicite, le parseur XML lui affecte la valeur par défaut indiquée. Si le lexème `#FIXED` est également présent, la valeur de cet attribut doit correspondre exactement à la valeur par défaut. Dans les deux cas, l'élément parent a toujours une valeur pour cet attribut.

Le modificateur `#FIXED` indique que la valeur par défaut est la seule valeur possible de cet attribut. Bien que ce soit redondant, il est possible de préciser une valeur explicite pour un tel attribut, même si l'attribut a été déclaré avec #FIXED. La seule restriction est que la valeur explicite doit correspondre exactement à la valeur précisée à l'aide de la déclaration #FIXED.

- ***Attributs spéciaux***

Certains attributs ont une signification prédéfinie en XML, et doivent être déclarés et testés de façon particulière.

`xml:space`

L'attribut `xml:space` indique à une application XML si les caractères d'espacement sont significatifs dans l'élément sur lequel il est défini :

```
<!ATTLIST nom_element xml:space (default|preserve)
    val_défaut>
<!ATTLIST nom_element xml:space (default) #FIXED 'default' >
<!ATTLIST nom_element xml:space (preserve) #FIXED 'preserve' >
```

`xml:lang`

Pour le contenu textuel d'un élément, l'attribut `xml:lang` permet à l'auteur du document de préciser la langue (humaine) utilisée. S'il est utilisé dans un document XML valide, la définition de type de document doit comporter une déclaration d'attribut de nom `xml:lang`. Voir le chapitre 5, *Internationalisation* pour une explication de la gestion des langues en XML.

- ***Déclaration de notation***

```
<!NOTATION nom_notation SYSTEM "system-literal" >
<!NOTATION nom_notation PUBLIC "pubid-literal" >
<!NOTATION nom_notation PUBLIC "pubid-literal" "system-literal" >
```

Les déclarations de notations sont utilisées par une application XML pour fournir de l'information sur le format du contenu non analysé d'un document. Les notations sont utilisées pour les entités externes non analysées, les instructions de traitement et certaines valeurs d'attribut.

L'information de la notation n'est pas utilisée dans le document XML, mais est préservée par le parseur XML et transmise à l'application. Les identifiants public et système sont également mis à disposition de l'application, de façon à ce qu'elle puisse interpréter correctement les données non XML et les instructions de traitement.

- ***Sections conditionnelles***

Le balisage des sections conditionnelles permet d'inclure ou d'exclure sélectivement certaines portions du sous-ensemble externe d'un document XML au moment de son analyse. Les sections conditionnelles ne sont pas autorisées dans le sous-ensemble interne. L'exemple suivant illustre un usage possible des sections conditionnelles :

```
<!ENTITY % debug 'IGNORE' >
<!ENTITY % release 'INCLUDE' >

<!ELEMENT addend (#PCDATA)>
<!ELEMENT result (#PCDATA)>
<![%debug;[
<!ELEMENT sum (addend+, result)>
```

```
]]>
<![%release;[
<!ELEMENT sum (result)>
]]>
```


Espaces de noms

Bien que le support des espaces de noms n'était pas présent dans la recommandation XML 1.0 originale, *les espaces de noms dans XML* ont été approuvés moins d'un an après (14 janvier 1999). Les espaces de noms sont utilisés pour identifier de manière unique les noms d'élément et d'attribut d'une application XML particulière de ceux d'autres applications. Consultez le chapitre 4 pour plus d'informations précises.

Les sections suivantes décrivent la façon dont les espaces de noms influencent la formation et l'interprétation des noms d'éléments et d'attributs dans un document XML.

Noms non qualifiés

`nom`

Un nom non qualifié est un nom d'élément ou d'attribut XML qui n'est pas associé à un espace de noms. Cela parce qu'il n'a aucun préfixe d'espace de noms et qu'aucun espace de noms par défaut n'a été déclaré. Tous les noms d'attribut sans préfixe sont non qualifiés parce qu'ils ne sont jamais associés par défaut avec un espace de noms. Les parseurs qui ne proposent pas le support d'espace de noms (il y en a très peu) ou les parseurs qui ont été configurés pour ignorer les espaces de noms renverront systématiquement des noms non qualifiés à leurs applications clientes. Deux noms non qualifiés sont considérés équivalents lorsqu'ils sont lexicalement identiques.

Noms qualifiés

`[préfixe:]`*`partie_locale`*

Un nom qualifié est un nom d'élément ou d'attribut associé à un espace de noms. Il existe trois types possibles de noms qualifiés :

- les noms d'élément sans préfixe contenus dans la portée d'une déclaration d'espace de noms par défaut ;
- les noms d'élément préfixés ;
- les noms d'attribut préfixés.

À la différence des noms non qualifiés, les noms qualifiés sont considérés identiques seulement si les URI de leurs espaces de noms (à partir de leurs déclarations d'espaces de noms) et les parties locales correspondent.

Déclaration d'espace de noms par défaut

`xmlns="URI_espace_de_noms"`

Lorsque cet attribut est inclus dans une balise de début d'un élément, ce dernier et tous les éléments sans préfixe contenus sont automatiquement associés à l'URI de l'espace de nom donné. Si l'attribut `xmlns` est associé à une chaîne de caractères vide, tout espace de noms effectif par défaut est ignoré, et les éléments non préfixés ne sont associés à aucun espace de noms.

> Une remarque importante sur la déclaration d'espace de noms par défaut est qu'ils n'impactent pas les attributs non préfixés. Les attributs non préfixés ne sont jamais explicitement nommés dans n'importe quel espace de noms, même si l'élément qui les contient l'est.

Déclaration de préfixe d'espace de noms

`xmlns:préfixe="URI_espace_de_noms"`

Cette déclaration associe l'URI de l'espace de noms particulier avec le nom du préfixe donné. Une fois qu'il a été déclaré, le préfixe peut qualifier le nom de l'élément en cours, les noms d'attribut ou n'importe quels autres noms d'élément ou d'attribut dans la portée de l'élément qui procède à la déclaration. Les éléments imbriqués peuvent redéfinir un préfixe donné, en utilisant l'URI d'un espace de noms différent si besoin est.

Contraintes

En plus de définir les structures de base utilisées dans les documents et les DTD, XML 1.0 définit une liste des règles relatives à leurs usages. Ces contraintes ont apporté des limites sur divers aspects de l'utilisation de XML, et les documents ne peuvent pas, en fait, être considérés comme étant « XML » à moins qu'ils ne respectent toutes les contraintes de forme. On exige des parseurs de reporter les violations de ces contraintes, bien que seule la violation de la contrainte de forme implique l'arrêt complet du traitement du document. Les contraintes des espaces de noms sont définies dans les *espaces de noms dans XML*, et non dans XML 1.0.

Contraintes de forme

La forme fait référence à la structure physique du document XML. Certaines règles lexicales doivent être vérifiées avant qu'un parseur XML puisse considérer un document comme bien formé. Ces règles ne devraient pas être confondues avec les contraintes de validité, qui déterminent si un document particulier est valide lorsqu'il est analysé en utilisant les règles de structure du document contenues dans sa DTD. Les règles de la grammaire rédigée dans un formalisme Backus-Naur Form (BNF) doivent aussi être satisfaites. Les sections suivantes contiennent toutes les contraintes de forme reconnues par les parseurs XML, en y ajoutant le texte de la spécification 1.0.

Entités paramètres dans le sous-ensemble interne

Texte de la spécification

Dans le sous-ensemble interne de la DTD, les appels d'entités paramètres ne peuvent apparaître que là où les déclarations de balisage peuvent apparaître, et non à l'intérieur de ces déclarations de balisage. (Ceci ne s'applique pas aux références qui apparaissent dans les entités paramètres externes, ou au sous-ensemble externe.)

Description

On ne peut utiliser des appels d'entités paramètres pour construire des déclarations de balisage que dans le sous-ensemble externe de la DTD. En d'autres termes, les entités paramètres peuvent seulement être utilisées pour inclure les déclarations complètes de marqueurs dans le sous-ensemble interne.

Sous-ensemble externe

Texte de la spécification

Le sous-ensemble externe, s'il existe, doit correspondre à la production appelée `extSubset`.

Description

La règle de production `extSubset` contraint le type de déclaration qui peut apparaître dans le sous-ensemble externe.

Entités paramètres entre les déclarations

Texte de la spécification

Le texte de remplacement d'un appel d'entité paramètre dans une `DeclSep` doit correspondre à la production `extSubsetDecl`.

Description

Le texte de remplacement d'une entité paramètre peut contenir des déclarations qui ne seraient pas autorisées si le texte de remplacement apparaissait directement. Les appels d'entités paramètres dans le sous-ensemble interne ne peuvent apparaître à l'intérieur des déclarations, mais cette règle ne s'applique pas aux déclarations incluses *via* des entités paramètres.

Correspondance du type d'élément

Texte de la spécification

Le nom utilisé dans la balise de fin d'un élément doit correspondre au nom utilisé dans la balise de début.

Description

L'imbrication correcte des éléments est strictement vérifiée, et toute balise de début doit avoir une balise de fin correspondante. Bien sûr les éléments vides n'exigent pas et ne peuvent pas avoir de balise de fin.

Spécification unique d'un attribut

Texte de la spécification

Un nom d'attribut ne peut pas apparaître plus d'une fois dans une balise de début ou une balise d'élément vide.

Description

Les attributs doivent être uniques dans chaque élément.

Pas d'appel d'entité externe

Texte de la spécification

Les valeurs d'attribut ne peuvent pas contenir d'appel d'entité externe, que cet appel soit direct ou indirect.

Description

Les parseurs XML rapportent une erreur quand il est demandé de remplacer les appels d'entité externe dans les valeurs d'attributs.

Pas de caractère < dans les valeurs d'attribut

Texte de la spécification

Le texte de remplacement de toute entité dont un appel apparaît directement ou indirectement dans une valeur d'attribut (autre que « < ») ne doit pas contenir le caractère <.

Description

Cette restriction a pour but de simplifier la tâche des parseurs XML.

Puisque les valeurs d'attribut ne peuvent pas contenir quoi que ce soit qui ressemble à une balise, les parseurs n'ont pas besoin de savoir qu'ils sont en train de lire une chaîne de caractères littérale. Sur la base des caractères < et >, les parseurs simples peuvent vérifier la formation correcte des marqueurs et leurs imbrications.

Caractères autorisés

Texte de la spécification

Un caractère utilisé *via* un appel de caractère doit respecter la production `Char`.

Description

Tous les caractères que le parseur XML génère doivent être des caractères réels. Quelques valeurs ne sont pas des caractères autonomes valides dans Unicode.

Entité déclarée

Texte de la spécification

Dans un document sans DTD, ou un document muni d'un sous-ensemble interne ne contenant pas d'appel d'entité paramètre, ou encore un document dont la déclaration XML comporte `standalone='yes'`, pour un appel d'entité qui n'apparaît pas dans le sous-ensemble externe ou dans une entité paramètre, le nom donné dans l'appel d'entité doit correspondre à celui d'une déclaration d'entité qui n'apparaît pas dans le sous-ensemble externe ou dans une entité paramètre, à l'exception des entités `amp`, `lt`, `gt`, `apos` et `quot`, que les documents bien formés ne sont pas obligés de déclarer. La déclaration d'une entité paramètre doit précéder tout appel de cette même entité. De la même façon, la déclaration d'une entité générale doit précéder tout appel qui en est fait dans la déclaration d'une valeur par défaut pour un attribut.

Notez que si les entités sont déclarées dans le sous-ensemble externe ou dans une entité paramètre externe, un processeur non validant n'est pas obligé de lire et de traiter leurs déclarations; pour de tels documents, la règle qu'une entité doit être déclarée est une contrainte de forme que si `standalone='yes'`.

Description

Cette longue contrainte décrit les seules situations dans lesquelles un appel d'entité peut apparaître sans que l'entité appelée ait été déclarée. Puisqu'un parseur non validant n'est pas obligé de lire et de parser le sous-ensemble externe, le parseur doit accorder au document le bénéfice du doute et considérer que l'entité aurait pu être déclarée.

Entité analysée

Texte de la spécification

Un appel d'entité ne doit pas contenir le nom d'une entité non analysée. Les entités non analysées ne peuvent être utilisées qu'en tant que valeur d'un attribut déclaré de type `ENTITY` ou `ENTITIES`.

Description

Puisque les entités non analysées ne peuvent pas être analysées, n'essayez pas de forcer le parseur à les parser.

Pas de définition récursive

Texte de la spécification

Une entité analysée ne doit pas contenir un appel récursif à elle-même, que cet appel soit direct ou indirect.

Description

Faites attention à la façon dont vous structurez vos entités ; assurez-vous de ne pas créer de référence circulaire par inadvertance.

```
<!ENTITY a "&b;">
<!ENTITY b "&c;">
<!ENTITY c "&a;"> <!--incorrect ! -->
```

Dans une DTD

Texte de la spécification

Les appels d'entités paramètres ne peuvent apparaître que dans la DTD.

Description

Cette contrainte est évidente car le caractère `%` n'a pas de signification particulière en dehors de la DTD. De ce fait, il est parfaitement autorisé d'avoir dans votre document un élément tel que le suivant :

```
<ok>%aucunprobleme;</ok>
```

Le texte `%aucunprobleme;` est transmis par le parseur sans que celui-ci génère une erreur.

Contraintes de validité

La liste suivante contient l'ensemble des contraintes de validité qui doivent être vérifiées par un parseur validateur. Elle reproduit le texte de la spécification XML 1.0, ainsi qu'une brève explication de ce que la contrainte signifie effectivement.

Type d'élément racine

Texte de la spécification

Le nom figurant dans la déclaration de type de document doit correspondre au type de l'élément racine.

Description

Le nom précisé dans la déclaration `!DOCTYPE` détermine le nom de l'élément racine du document.

Imbrication correcte des déclarations/entités paramètres

Texte de la spécification

Le texte de remplacement d'une entité paramètre doit contenir un balisage correctement imbriqué. Cela signifie que si le premier caractère ou le dernier caractère d'une déclaration de balisage apparaît dans le texte de remplacement d'une entité paramètre, alors les deux doivent apparaître dans le même texte de remplacement.

Description

Cette contrainte signifie que vous ne pouvez pas créer une entité paramètre qui termine une déclaration et en commence une autre ; le fragment suivant viole cette contrainte :

```
<!ENTITY % fini_le ">">
<!ENTITY % mauvais "ne travaille pas" %fini_le; <!--incorrect ! -->
```

Déclaration de document autonome (standalone)

Texte de la spécification

La déclaration standalone d'un document doit avoir la valeur `no` si toute déclaration de balisage externe contient une déclaration :

- d'attribut munis de valeur par défaut, si les éléments auxquels ces attributs sont associés apparaissent sans valeur de ces attributs dans le document, ou
- d'entité (autres que `amp`, `lt`, `gt`, `apos`, `quot`), si des appels de ces entités apparaissent dans le document, ou
- d'attribut dont les valeurs sont sujettes à normalisation, si ces attributs apparaissent dans le document avec des valeurs qui changeraient en résultat de la normalisation, ou
- de type d'élément dont le contenu est purement élémentaire, si des caractères d'espacement apparaissent directement dans le contenu de ces éléments.

Description

Vous pouvez lire cette « liste de courses » des violations potentielles de la déclaration standalone comme : « si vous avez un sous-ensemble externe dans votre DTD, assurez vous que votre document n'en dépend pas lorsque vous précisez `standalone='yes'` dans la déclaration XML ». Une interprétation plus succincte encore serait : « si votre document a un sous-ensemble externe, donnez à standalone la valeur `no` ».

Élément valide

Texte de la spécification

Un élément est valide s'il existe une déclaration correspondant à la production `elementdecl` dont le nom correspond au type de l'élément, et si l'une des conditions suivantes est vérifiée :

- la déclaration correspond à EMPTY et l'élément n'a pas de contenu ;
- la déclaration correspond à children et la séquence des éléments enfants appartient au langage généré par l'expression régulière du modèle de contenu, avec des caractères

blancs (les caractères qui correspondent au non-terminal S) entre la balise de début et le premier élément enfant, entre les éléments enfants, ou entre la balise de fin du dernier élément enfant et la balise de fin (notez qu'une section CDATA contenant uniquement des blancs ne correspond pas au non-terminal S, et donc ne peut pas apparaître à ces endroits) ;

- la déclaration correspond à `Mixed` et le contenu consiste en des données textuelles et des éléments enfants dont les types correspondent aux noms qui figurent dans le modèle de contenu ;
- la déclaration correspond à `ANY` et les types de tous les éléments enfants ont été déclarés.

Description

Si vous avez une déclaration d'élément, assurez vous que les éléments de votre document correspondent aux règles édictées dans la DTD.

Type de valeur d'attribut

Texte de la spécification

L'attribut doit avoir été déclaré ; la valeur doit être du type déclaré pour cet attribut.

Description

Tous les attributs utilisés sur les éléments d'un document XML valide doivent avoir été déclarés dans la DTD, y compris les attributs `xml:space` et `xml:lang`. Si vous déclarez un attribut pour un élément, assurez-vous que chaque instance de cet attribut possède une valeur conforme au type spécifié. (Pour les types d'attribut, consultez la section *Attribute List Declaration* de la recommandation.)

Déclaration unique de type d'élément

Texte de la spécification

Chaque type d'élément ne peut être déclaré qu'une seule fois.

Description

Contrairement aux déclarations d'entité et d'attribut, il ne peut y avoir qu'une seule déclaration pour un type d'élément particulier.

Imbrication correcte des groupes/entités paramètres

Texte de la spécification

Le texte de remplacement d'une entité paramètre doit contenir des groupes parenthésés correctement imbriqués. C'est-à-dire que si une parenthèse ouvrante ou fermante d'une construction `choice`, `seq` ou `Mixed` apparaît dans le texte de remplacement d'une entité paramètre, alors la parenthèse fermante ou ouvrante correspondante doit apparaître dans le même texte de remplacement.

Pour des raisons d'interopérabilité, si un appel d'entité paramètre apparaît dans une construction `choice`, `seq`, ou `Mixed`, son texte de remplacement doit contenir au moins un caractère non-blanc, et ni le premier ni le dernier caractère non-blanc de son texte de remplacement ne doit être un connecteur (| ou `,`).

Description

Cette contrainte restreint la façon dont peuvent être utilisées les entités paramètres pour construire des déclarations d'élément. Elle est similaire à la contrainte *Proper Declaration/ PE Nesting* dans laquelle les entités paramètres ne peuvent pas être utilisées pour compléter ou ouvrir de nouvelles expressions avec des parenthèses. Elle empêche les auteurs de dissimuler des éléments syntaxiques significatifs dans des entités paramètres.

Pas de types multiples

Texte de la spécification

Le même nom ne peut apparaître plusieurs fois dans une même déclaration de contenu mixte.

Description

Un même type d'élément ne doit pas apparaître plus d'une fois dans une déclaration de contenu mixte.

ID

Texte de la spécification

Les valeurs du type `ID` doivent correspondre à la production `Name`. Un nom représentant une valeur de ce type ne peut apparaître plus d'une fois dans un document XML, c'est-à-dire que les valeurs d'un attribut de type `ID` identifient de façon unique les éléments qui les contiennent.

Description

Deux instances distinctes d'attributs de type `ID` ne peuvent avoir la même valeur. Cette contrainte ne se limite pas à un type d'élément, mais est globale et concerne l'ensemble du document.

Un seul ID par type d'élément

Texte de la spécification

Un type d'élément ne peut avoir plus d'un attribut de type `ID`.

Description

Chaque élément peut avoir au plus un attribut de type `ID`.

Valeur par défaut d'un attribut ID

Texte de la spécification

Un attribut `ID` doit avoir une valeur par défaut déclarée `#IMPLIED` ou `#REQUIRED`.

Description

Pour éviter toute duplication éventuelle, vous ne pouvez pas déclarer un attribut `ID` comme étant `#FIXED` ou lui fournir une valeur par défaut.

IDREF

Texte de la spécification

Les valeurs de type `IDREF` doivent correspondre à la production `Name`, et les valeurs de type `IDREFS` à la production `Names`. Tout nom apparaissant dans une valeur de ces types doit correspondre à la valeur d'un attribut `ID` d'un élément quelconque du document XML.

Description

Les références à un `ID` doivent avoir pour valeur un `ID` qui existe effectivement dans le document.

Nom d'entité

Texte de la spécification

Les valeurs du type `ENTITY` doivent correspondre à la production `Name`, et les valeurs du types `ENTITIES` à la production `Names` ; chaque nom qui apparaît dans de telles valeurs doit correspondre au nom d'une entité non analysée déclarée dans la DTD.

Description

Les attributs dont la déclaration précise qu'ils doivent contenir des appels d'entités doivent contenir des appels à des entités non analysées déclarées dans la DTD.

Lexème (token) de nom

Texte de la spécification

Les valeurs de type `NMTOKEN` doivent correspondre à la production `NmToken`, et les valeurs de type `NMTOKENS` doivent correspondre à la production `NmTokens`.

Description

Si un attribut est déclaré comme contenant un nom ou une liste de noms, sa valeur doit être constituée de noms XML autorisés.

Attributs Notation

Texte de la spécification

Les valeurs de ce type doivent correspondre à l'un des noms de notation inclus dans la déclaration ; tous les noms de notation de la déclaration doivent avoir été déclarés.

Description

Les attributs devant contenir des noms de notation ne peuvent contenir que des noms de notation qui ont été effectivement déclarés dans la DTD.

Une seule notation par type d'élément

Texte de la spécification

Un élément quelconque ne peut pas avoir plus d'un attribut de type `NOTATION`.

Description

Un élément peut avoir un seul attribut déclaré de type `NOTATION`.

Pas de notation sur un élément vide

Texte de la spécification

Pour des raisons de compatibilité, un attribut de type `NOTATION` ne peut être déclaré sur un élément de type `EMPTY`.

Description

Les éléments vides ne peuvent pas avoir d'attribut de type `NOTATION`, et ceci pour des raisons de compatibilité avec SGML.

Énumération

Texte de la spécification

Les valeurs de ce type doivent correspondre à l'un des lexèmes `Nmtoken` de la déclaration.

Description

Il est interdit d'affecter à un attribut de type énuméré une valeur qui ne figure pas dans la liste de la DTD.

Attributs obligatoires

Texte de la spécification

Si la valeur par défaut déclarée est le mot-clé `#REQUIRED`, alors la valeur de l'attribut doit être précisée pour tous les éléments du type de la déclaration d'attribut.

Description

Les attributs obligatoires doivent apparaître dans le document et doivent avoir une valeur assignée si ils sont déclarés comme `#REQUIRED` dans la DTD.

Valeurs par défaut autorisées pour un attribut

Texte de la spécification

La valeur par défaut déclarée doit respecter les contraintes lexicales imposées par le type déclaré de l'attribut.

Description

Si vous indiquez une valeur par défaut pour un attribut, cette valeur obéit aux mêmes règles qu'une valeur normale apparaissant dans le document.

Valeur par défaut fixe

Texte de la spécification

Si la valeur par défaut déclarée est `#FIXED`, les instances de cet attribut doivent correspondre à la valeur par défaut.

Description

Si vous choisissez de donner explicitement une valeur à un attribut `#FIXED` dans votre document, cette valeur doit correspondre exactement à la valeur donnée dans la déclaration.

Imbrication correcte des sections conditionnelles et des entités paramètres

Texte de la spécification

Si l'un des lexèmes « `<![` », « `[` », ou « `]]>` » utilisés pour les sections conditionnelles apparaît dans le texte de remplacement d'une entité paramètre, alors tous les trois doivent apparaître dans ce même texte de remplacement.

Description

Si vous voulez utiliser une entité paramètre pour contenir le début d'une section conditionnelle, alors cette entité doit aussi contenir la fin de la section conditionnelle.

Entité déclarée

Texte de la spécification

Dans un document qui a un sous-ensemble externe ou des entités paramètres externes contenant « `standalone='no'` », le nom donné à l'appel d'entité doit correspondre au nom donné dans la déclaration d'entité. Pour des raisons d'interopérabilité, les documents valides devraient déclarer les entités `amp`, `lt`, `gt`, `apos`, et `quot`, de la façon précisée dans la section 4.6 (*Predefined Entities*) de la recommandation. La déclaration d'une entité paramètre doit précéder toute référence qui lui est faite. De la même façon, la déclaration d'une entité générale doit précéder toute déclaration de liste d'attributs contenant une valeur par défaut utilisant directement ou indirectement un appel de cette entité générale.

Description

Les déclarations des entités paramètres et des entités générales doivent précéder tous les appels de ces entités. Tous les appels d'entités doivent faire référence à des entités déclarées précédemment. La déclaration explicite des cinq entités générales prédéfinies (`amp`, `lt`, `gt`, `apos` et `quot`) est également une bonne idée.

Notation déclarée

Texte de la spécification

Le lexème `Name` doit correspondre au nom déclaré d'une notation.

Description

Les entités externes non analysées doivent utiliser une notation déclarée dans le document.

Nom de notation unique

Texte de la spécification

Une seule déclaration de notation peut déclarer un nom donné.

Description

Déclarer deux notations de même nom est interdit.

Contraintes des espaces de noms

La liste suivante contient toutes les contraintes définies par la spécification des espaces de noms. Chacun comporte un extrait de la spécification *Namespaces in XML* en cours et une courte explication de ce que la contrainte signifie effectivement.

Débuter par « XML »

Extrait de la spécification

Les préfixes commençant par la séquence de trois lettres x, m, l, dans n'importe quelle combinaison, sont réservés pour une utilisation de la part des spécifications liées aux technologies XML.

Description

Comme la plupart des autres noms dans XML, les noms des espaces de noms ne peuvent pas commencer par `xml` à moins d'avoir été défini par le W3C.

Préfixe déclaré

Extrait de la spécification

Le préfixe d'espace de noms, en dehors de `xml` ou `xmlns`, a dû être déclaré dans un attribut de déclaration d'espace de noms soit dans la balise de début de l'élément où le préfixe est utilisé soit dans un élément ancêtre (c-à-d., un élément dans le contenu duquel apparaît une balise préfixée). Le préfixe `xml` est, par définition, associé au nom de l'espace de noms `http://www.w3.org/XML/1998/namespace`. Le préfixe `xmlns` est seulement utilisé pour les associations d'espace de noms et n'est pas lui-même associé à quelque nom d'espace de noms que ce soit.

Description

Vous devez déclarer tous les espaces de noms avant de les utiliser. Les préfixes n'ont aucune signification en dehors de leurs déclarations, donc l'utilisation d'un préfixe sans un contexte de déclaration est une erreur. L'espace de noms avec le préfixe `xml` est défini de manière permanente, donc il n'y a pas besoin de le déclarer à nouveau. Le préfixe `xmlns` utilisé par la déclaration de l'espace de noms n'est pas considéré lui-même comme un préfixe et aucune déclaration n'est nécessaire pour lui.

Grammaire d'un document XML

La grammaire en forme normale de Backus-Naur étendue ci-dessous est tirée de la deuxième édition de la recommandation XML 1.0. Elle regroupe toutes les productions du langage XML, et décrit la syntaxe acceptée par les parseurs conformes à XML 1.0[1].

1. NdT : Chaque production est numérotée et les chiffres en exposant et en gras renvoient aux productions. La numérotation et les notations sont celles du document de référence.

Référence XML 1.0

Document

```
1. document ::= prolog[22] element[39] Misc[27]*
```

Intervalles de caractères

```
2. Char ::= #x9 | #xA | #xD
     | [#x20-#xD7FF] | [#xE000-#xFFFD] | [#x10000-#x10FFFF]
```

Blanc

```
3. S ::= (#x20 | #x9 | #xD | #xA)+
```

Noms et lexèmes

```
4. NameChar ::= Letter[84] | Digit[88] | '.' | '-' | '_' | ':'
     | CombiningChar[87] | Extender[89]
5. Name ::= (Letter[84] | '_' | ':') NameChar[4]*
6. Names ::= Name[5] (S[3] Name[5])*
7. Nmtoken ::= NameChar[4]+
8. Nmtokens ::= Nmtoken[7] (S[3] Nmtoken[7])*
```

Littéraux

```
9. EntityValue ::= '"' ([^%&"] | PEReference[69] | Reference[67])* '"'
     | "'" ([^%&'] | PEReference[69] | Reference[67])* "'"
10. AttValue ::= '"' ([^<&"] | Reference[67])* '"'
     | "'" ([^<&'] | Reference[67])* "'"
11. SystemLiteral ::= '"' [^"]* '"' | "'" [^']* "'"
12. PubidLiteral ::= '"' PubidChar[13]* '"' | "'" (PubidChar[13] - "'")* "'"
13. PubidChar ::= #x20 | #xD | #xA | [a-zA-Z0-9] | [-'()+,./:=?;!*#@$_%]
```

Données textuelles

```
14. CharData ::= [^<&]* - ([^<&]* ']]>' [^<&]*)
```

Commentaires

```
15. Comment ::= '<!--' (Char[2] - '-' | '-' (Char[2] - '-'))* '-->'
```

Instructions de traitement

```
16. PI ::= '<?' PITarget[17] (S[3] (Char[2]* - (Char[2]* '?>' Char[2]*)))? '?>'
17. PITarget ::= Name[5] - (('X' | 'x') ('M' | 'm') ('L' | 'l'))
```

Sections CDATA

```
18. CDSect ::= CDStart[19] CData[20] CDEnd[21]
19. CDStart ::= '<![CDATA['
20. CData ::= Char[2]* - (Char[2]* ']]>' Char[2]*)
21. CDEnd ::= ']]>'
```

Prologue

```
22. prolog ::= XMLDecl[23]? Misc[27]* (doctypedecl[28] Misc[27]*)?
23. XMLDecl ::= '<?xml' VersionInfo[24] EncodingDecl[80]? SDDecl[32]? S[3]? '?>'
24. VersionInfo ::= S[3] 'version' Eq[25] ("'" VersionNum[26] "'"
     | '"' VersionNum[26] '"')
25. Eq ::= S[3]? '=' S[3]?
26. VersionNum ::= ([a-zA-Z0-9_.:] | '-')+
27. Misc ::= Comment[15] | PI[16] | S[3]
```

Définition de type de document

```
28. doctypedecl ::= '<!DOCTYPE' S[3] Name[5] (S[3] ExternalID[75])? S[3]?
      ([ (markupdecl[29] | DeclSep[28]a)* ']' S[3]?)? '>'
28a. DeclSep ::= PEReference[69] | S[3]
29. markupdecl ::= elementdecl[45] | AttlistDecl[52] | EntityDecl[70]
      | NotationDecl[82] | PI[16] | Comment[15]
```

Sous-ensemble externe

```
30. extSubset ::= TextDecl[77]? extSubsetDecl[31]
31. extSubsetDecl ::= (markupdecl[29] | conditionalSect[61] | DeclSep[28]a)*
```

Déclaration de document standalone

```
32. SDDecl ::= S[3] 'standalone' Eq[25] ("'" ('yes' | 'no') "'" | '"'
      ('yes' | 'no') '"')
```

Élément

```
39. element ::= EmptyElemTag[44] | STag[40] content[43] ETag[42]
```

Balise de début

```
40. STag ::= '<' Name[5] (S[3] Attribute[41])* S[3]? '>'
41. Attribute ::= Name[5] Eq[25] AttValue[10]
```

Balise de fin

```
42. ETag ::= '</' Name[5] S[3]? '>'
```

Contenu des éléments

```
43. content ::= CharData[14]? ((element[39] | Reference[67] | CDSect[18]
      | PI[16] | Comment[15]) CharData[14]?)*
```

Balises pour éléments vides

```
44. EmptyElemTag ::= '<' Name[5] (S[3] Attribute[41])* S[3]? '/>'
```

Déclaration de type d'élément

```
45. elementdecl ::= '<!ELEMENT' S[3] Name[5] S[3] contentspec[46] S[3]? '>'
46. contentspec ::= 'EMPTY' | 'ANY' | Mixed[51] | children[47]
```

Modèles de contenu élémentaire

```
47. children ::= (choice[49] | seq[50]) ('?' | '*' | '+')?
48. cp ::= (Name[5] | choice[49] | seq[50]) ('?' | '*' | '+')?
49. choice ::= '(' S[3]? cp[48] (S[3]? '|' S[3]? cp[48])+ S[3]? ')'
50. seq ::= '(' S[3]? cp[48] (S[3]? ',' S[3]? cp[48])* S[3]? ')'
```

Déclaration de contenu mixte

```
51. Mixed ::= '(' S[3]? #PCDATA (S[3]? '|' S[3]? Name[5])* S[3]? ')*'
      | '(' S[3]? #PCDATA S[3]? ')'
```

Déclaration de liste d'attributs

```
52. AttlistDecl ::= '<!ATTLIST' S[3] Name[5] AttDef[53]* S[3]? '>'
53. AttDef ::= S[3] Name[5] S[3] AttType[54] S[3] DefaultDecl[60]
```

Types d'attributs

54. AttType ::= StringType[55] | TokenizedType[56] | EnumeratedType[57]
55. StringType ::= 'CDATA'
56. TokenizedType ::= 'ID'| 'IDREF'| 'IDREFS'| 'ENTITY'| 'ENTITIES'
    | 'NMTOKEN'| 'NMTOKENS'

Types d'attributs énumérés

57. EnumeratedType ::= NotationType[58] | Enumeration[59]
58. NotationType ::= 'NOTATION' S[3] '(' S[3]? Name[5] (S[3]? '|' S[3]? Name[5])* S[3]? ')'
59. Enumeration ::= '(' S[3]? Nmtoken[7] (S[3]? '|' S[3]? Nmtoken[7])* S[3]? ')'

Valeurs par défaut d'attribut

60. DefaultDecl ::= #REQUIRED | #IMPLIED | (#FIXED S[3])? AttValue[10]

Sections conditionnelles

61. conditionalSect ::= includeSect[62] | ignoreSect[63]
62. includeSect ::= '<![' S[3]? 'INCLUDE' S[3]? [extSubsetDecl[31] ']]>'

includeSect ::= '<![' S[3]? 'INCLUDE' S[3]? '[' extSubsetDecl S[3] ']]>'

63. ignoreSect ::= '<![' S[3]? 'IGNORE' S[3]? [ignoreSectContents[64]* ']]>'
64. ignoreSectContents ::= Ignore[65] ('<![' ignoreSectContents[64] ']]>'
    Ignore[65])*
65. Ignore ::= Char[2]* - (Char[2]* ('<![' | ']]>') Char[2]*)

Appel de caractère

66. CharRef ::= '&#' [0-9]+ ';' | '&#x' [0-9a-fA-F]+ ';'

Appel d'entité

67. Reference ::= EntityRef[68] | CharRef[66]
68. EntityRef ::= '&' Name[5] ';'
69. PEReference ::= '%' Name[5] ';'

Déclaration d'entité

70. EntityDecl ::= GEDecl[71] | PEDecl[72]
71. GEDecl ::= '<!ENTITY' S[3] Name[5] S[3] EntityDef[73] S[3]? '>'
72. PEDecl ::= '<!ENTITY' S[3] '%' S[3] Name[5] S[3] PEDef[74] S[3]? '>'
73. EntityDef ::= EntityValue[9] | ExternalID[75] NDataDecl[76]?
74. PEDef ::= EntityValue[9] | ExternalID[75]

Déclaration d'entité externe

75. ExternalID ::= 'SYSTEM' S[3] SystemLiteral[11] | 'PUBLIC' S[3] PubidLiteral[12]
    S[3] SystemLiteral[11]
76. NDataDecl ::= S[3] 'NDATA' S[3] Name[5]

Déclaration de texte

77. TextDecl ::= '<?xml' VersionInfo[24]? EncodingDecl[80] S[3]? '?>'

Entité externe analysée bien-formée

78. extParsedEnt ::= TextDecl[77]? content[43]
79. extPE ::= TextDecl[77]? extSubsetDecl[31]

Déclaration de codage

```
80. EncodingDecl ::= S[3] 'encoding' Eq[25] ('"' EncName[81] '"'
      | "'" EncName[81] "'")
81. EncName ::= [A-Za-z] ([A-Za-z0-9._] | '-')*
```

Déclaration de notation

```
82. NotationDecl ::= '<!NOTATION' S[3] Name[5] S[3] (ExternalID[75] | PublicID[83])
      S[3]? '>'
83. PublicID ::= 'PUBLIC' S[3] PubidLiteral[12]
```

Caractères

```
84. Letter ::= BaseChar[85] | Ideographic[86]
85. BaseChar ::= [#x0041-#x005A] | [#x0061-#x007A] | [#x00C0-#x00D6]|
[#x00D8-#x00F6] | [#x00F8-#x00FF] | [#x0100-#x0131] | [#x0134-#x013E] |
[#x0141#x0148] | [#x014A-#x017E] | [#x0180-#x01C3] | [#x01CD-#x01F0] |
[#x01F4-#x01F5] | [#x01FA-#x0217] | [#x0250-#x02A8] | [#x02BB-#x02C1] |
#x0386 | [#x0388-#x038A] | #x038C | [#x038E-#x03A1] | [#x03A3-#x03CE] |
[#x03D0-#x03D6] | #x03DA | #x03DC | #x03DE | #x03E0 | [#x03E2-#x03F3] |
[#x0401-#x040C] | [#x040E-#x044F] | [#x0451-#x045C] | [#x045E-#x0481] |
[#x0490-#x04C4] | [#x04C7-#x04C8] | [#x04CB-#x04CC] | [#x04D0-#x04EB] |
[#x04EE-#x04F5] | [#x04F8-#x04F9] | [#x0531-#x0556] | #x0559 |
[#x0561-#x0586] | [#x05D0-#x05EA] | [#x05F0-#x05F2] | [#x0621-#x063A] |
[#x0641-#x064A]| [#x0671-#x06B7] | [#x06BA-#x06BE] | [#x06C0-#x06CE] |
[#x06D0-#x06D3]| #x06D5 | [#x06E5-#x06E6] | [#x0905-#x0939] | #x093D |
[#x0958-#x0961] | [#x0985-#x098C] | [#x098F-#x0990] | [#x0993-#x09A8] |
[#x09AA-#x09B0] | #x09B2 | [#x09B6-#x09B9] | [#x09DC-#x09DD] |
[#x09DF-#x09E1] | [#x09F0-#x09F1] | [#x0A05-#x0A0A] | [#x0A0F-#x0A10] |
[#x0A13-#x0A28] | [#x0A2A-#x0A30] | [#x0A32-#x0A33] | [#x0A35-#x0A36]|
[#x0A38-#x0A39] | [#x0A59-#x0A5C] | #x0A5E | [#x0A72-#x0A74] |
[#x0A85-#x0A8B] | #x0A8D | [#x0A8F-#x0A91] | [#x0A93-#x0AA8] | [#x0AAA-#x0AB0]
| [#x0AB2-#x0AB3] | [#x0AB5-#x0AB9] | #x0ABD | #x0AE0 | [#x0B05-#x0B0C] |
[#x0B0F-#x0B10] | [#x0B13-#x0B28] | [#x0B2A-#x0B30] | [#x0B32-#x0B33] |
[#x0B36-#x0B39] | #x0B3D | [#x0B5C-#x0B5D] | [#x0B5F-#x0B61] | [#x0B85-#x0B8A]
| [#x0B8E-#x0B90] | [#x0B92-#x0B95] | [#x0B99-#x0B9A] | #x0B9C |
[#x0B9E-#x0B9F] | [#x0BA3-#x0BA4] | [#x0BA8-#x0BAA] | [#x0BAE-#x0BB5] |
[#x0BB7-#x0BB9] | [#x0C05-#x0C0C] | [#x0C0E-#x0C10] | [#x0C12-#x0C28] |
[#x0C2A-#x0C33] | [#x0C35-#x0C39] | [#x0C60-#x0C61] | [#x0C85-#x0C8C] |
[#x0C8E-#x0C90] | [#x0C92-#x0CA8] | [#x0CAA-#x0CB3] | [#x0CB5-#x0CB9] |
#x0CDE| [#x0CE0-#x0CE1] | [#x0D05-#x0D0C] | [#x0D0E-#x0D10] |
[#x0D12-#x0D28] | [#x0D2A-#x0D39] | [#x0D60-#x0D61] | [#x0E01-#x0E2E] |
#x0E30 | [#x0E32-#x0E33] | [#x0E40-#x0E45] | [#x0E81-#x0E82] | #x0E84 |
[#x0E87-#x0E88] | #x0E8A | #x0E8D | [#x0E94-#x0E97] | [#x0E99-#x0E9F] |
[#x0EA1-#x0EA3] | #x0EA5 | #x0EA7 | [#x0EAA-#x0EAB] | [#x0EAD-#x0EAE] |
#x0EB0 | [#x0EB2-#x0EB3] | #x0EBD | [#x0EC0-#x0EC4] | [#x0F40-#x0F47] |
[#x0F49-#x0F69] | [#x10A0-#x10C5] | [#x10D0-#x10F6] | #x1100 | [#x1102-#x1103]
| [#x1105-#x1107] | #x1109 | [#x110B-#x110C] | [#x110E-#x1112] | #x113C |
#x113E | #x1140 | #x114C | #x114E | #x1150 | [#x1154-#x1155] | #x1159 |
[#x115F-#x1161] | #x1163 | #x1165 | #x1167 | #x1169 | [#x116D-#x116E] |
[#x1172-#x1173] | #x1175 | #x119E | #x11A8 | #x11AB | [#x11AE-#x11AF] |
```

```
[#x11B7-#x11B8] | #x11BA | [#x11BC-#x11C2] | #x11EB | #x11F0 | #x11F9 |
[#x1E00-#x1E9B] | [#x1EA0-#x1EF9] | [#x1F00-#x1F15] | [#x1F18-#x1F1D] |
[#x1F20-#x1F45] | [#x1F48-#x1F4D] | [#x1F50-#x1F57] | #x1F59 | #x1F5B |
#x1F5D | [#x1F5F-#x1F7D] | [#x1F80-#x1FB4] | [#x1FB6-#x1FBC] | #x1FBE |
[#x1FC2-#x1FC4] | [#x1FC6-#x1FCC] | [#x1FD0-#x1FD3] | [#x1FD6-#x1FDB] |
[#x1FE0-#x1FEC] | [#x1FF2-#x1FF4] | [#x1FF6-#x1FFC] | #x2126 |
[#x212A-#x212B] | #x212E | [#x2180-#x2182] | [#x3041-#x3094] |
[#x30A1-#x30FA] | [#x3105-#x312C] | [#xAC00-#xD7A3]
86. Ideographic ::= [#x4E00-#x9FA5] | #x3007 | [#x3021-#x3029]
87. CombiningChar ::= [#x0300-#x0345] | [#x0360-#x0361] | [#x0483-#x0486] |
[#x0591-#x05A1] | [#x05A3-#x05B9] | [#x05BB-#x05BD] | #x05BF |
[#x05C1-#x05C2] | #x05C4 | [#x064B-#x0652] | #x0670 | [#x06D6-#x06DC] |
[#x06DD-#x06DF] | [#x06E0-#x06E4] | [#x06E7-#x06E8] | [#x06EA-#x06ED] |
[#x0901-#x0903] | #x093C | [#x093E-#x094C] | #x094D | [#x0951-#x0954] |
[#x0962-#x0963] | [#x0981-#x0983] | #x09BC | #x09BE | #x09BF | [#x09C0-#x09C4]
| [#x09C7-#x09C8] | [#x09CB-#x09CD] | #x09D7 | [#x09E2-#x09E3] | #x0A02 |
#x0A3C | #x0A3E | #x0A3F | [#x0A40-#x0A42] | [#x0A47-#x0A48] | [#x0A4B-#x0A4D]
| [#x0A70-#x0A71] | [#x0A81-#x0A83] | #x0ABC | [#x0ABE-#x0AC5] |
[#x0AC7-#x0AC9] | [#x0ACB-#x0ACD] | [#x0B01-#x0B03] | #x0B3C | [#x0B3E-#x0B43]
| [#x0B47-#x0B48] | [#x0B4B-#x0B4D] | [#x0B56-#x0B57] | [#x0B82-#x0B83] |
[#x0BBE-#x0BC2] | [#x0BC6-#x0BC8] | [#x0BCA-#x0BCD] | #x0BD7 | [#x0C01-#x0C03]
| [#x0C3E-#x0C44] | [#x0C46-#x0C48] | [#x0C4A-#x0C4D] | [#x0C55-#x0C56] |
[#x0C82-#x0C83] | [#x0CBE-#x0CC4] | [#x0CC6-#x0CC8] | [#x0CCA-#x0CCD] |
[#x0CD5-#x0CD6] | [#x0D02-#x0D03] | [#x0D3E-#x0D43] | [#x0D46-#x0D48] |
[#x0D4A-#x0D4D] | #x0D57 | #x0E31 | [#x0E34-#x0E3A] | [#x0E47-#x0E4E] |
#x0EB1 | [#x0EB4-#x0EB9] | [#x0EBB-#x0EBC] | [#x0EC8-#x0ECD] | [#x0F18-#x0F19]
| #x0F35 | #x0F37 | #x0F39 | #x0F3E | #x0F3F | [#x0F71-#x0F84] |
[#x0F86-#x0F8B] | [#x0F90-#x0F95] | #x0F97 | [#x0F99-#x0FAD] | [#x0FB1-#x0FB7]
| #x0FB9 | [#x20D0-#x20DC] | #x20E1 | [#x302A-#x302F] | #x3099 | #x309A
88. Digit ::= [#x0030-#x0039] | [#x0660-#x0669] | [#x06F0-#x06F9]
| [#x0966-#x096F] | [#x09E6-#x09EF] | [#x0A66-#x0A6F] | [#x0AE6-#x0AEF] |
[#x0B66-#x0B6F] | [#x0BE7-#x0BEF] | [#x0C66-#x0C6F] | [#x0CE6-#x0CEF] |
[#x0D66-#x0D6F] | [#x0E50-#x0E59] | [#x0ED0-#x0ED9] | [#x0F20-#x0F29]
Extender ::= #x00B7 | #x02D0 | #x02D1 | #x0387 | #x0640 | #x0E46 | #x0EC6 |
#x3005 | [#x3031-#x3035] | [#x309D-#x309E] | [#x30FC-#x30FE]
```

Référence XML 1.0

CHAPITRE 21

Référence des schémas

Le langage XML Schema du W3C (schémas) est un langage déclaratif utilisé pour décrire les contenus autorisés de documents XML en associant des types à des éléments et des attributs. Il intègre plusieurs douzaines de types standard et vous permet de définir vos propres types. La combinaison des informations de l'instance d'un document XML et des types dans ce document, comme cela est proposé par le schéma, est quelquefois appelé ensemble d'informations issu de la validation de schéma (*Post Schema Validation Infoset* ou PSVI en anglais).

Un processeur de schéma lit en entrée un document XML et un schéma (lui-même un document XML puisque le langage XML Schema du W3C est une application XML), et renvoie un résultat booléen précisant si le document respecte les contraintes du schéma. Un document qui satisfait toutes les contraintes du schéma et dans lequel tous les éléments et attributs du document sont déclarés est dit *schéma-valide*, pourtant dans ce chapitre, nous désignerons de tels documents simplement par *valide*. Un document qui ne satisfait pas toutes les contraintes est dit *invalide*.

Espaces de noms des schémas

L'ensemble des éléments standard d'un schéma sont inclus dans l'espace de noms *http://www.w3.org/2001/XMLSchema*. Dans ce chapitre, nous supposons que cette URI est associée au préfixe `xs` en utilisant la déclaration `xmlns:xs` appropriée. Cette déclaration est presque toujours associée à la balise de l'élément racine :

```
<xs:schema xmlns:xs="http://www.w3.org/2001/XMLSchema">
```

De plus, de nombreux attributs, comme `schemaLocation` et `type`, sont utilisés pour associer les informations de schémas avec les instances de document. Ces attributs sont dans l'espace de noms *http://www.w3.org/2001/XMLSchema-instance*. Dans ce chapitre, nous supposons que cette URI est associée au préfixe `xsi` avec la déclaration `xmlns:xsi` appropriée, soit sur l'élément où cet attribut apparaît soit sur un de ses ancêtres.

Dans certains cas, les éléments d'un schéma peuvent contenir des éléments issus d'autres espaces de noms arbitraires ou d'aucun espace de noms du tout. Cela se produit principalement dans les éléments `xs:appinfo` et `xs:documentation`, qui fournissent des informations complémentaires sur le schéma ou sur les documents que le schéma décrit pour des systèmes qui ne sont pas des validateurs de schéma ou des personnes qui lisent le schéma.

Enfin, la plupart des éléments de schéma peuvent avoir des attributs arbitraires issus d'autres espaces de noms. Par exemple, cela vous permet de faire d'un élément `xs:attribute` un XLink simple en lui donnant les attributs `xlink:type` et `xlink:href` ou d'identifier la langue d'un élément `xs:notation` en utilisant l'attribut `xml:lang`. Cependant, cette possibilité n'est pas beaucoup utilisée en pratique.

Éléments de schéma

Le langage XML Schema du W3C définit 42 éléments, divisés naturellement en plusieurs catégories :

Un élément racine
: `xs:schema`

Trois éléments de déclaration
: `xs:element`, `xs:attribute` et `xs:notation`

Huit éléments pour définir des types
: `xs:complexContent`, `xs:complexType`, `xs:extension`, `xs:list`, `xs:restriction`, `xs:simpleContent`, `xs:simpleType` et `xs:union`

Sept éléments pour définir les modèles de contenu
: `xs:all`, `xs:any`, `xs:anyAttribute`, `xs:attributeGroup`, `xs:choice`, `xs:group` et `xs:sequence`

Cinq éléments pour spécifier des contraintes d'identité
: `xs:field`, `xs:key`, `xs:keyref`, `xs:selector` et `xs:unique`

Trois éléments pour composer des schémas à partir de sources externes
: `xs:import`, `xs:include` et `xs:redefine`

12 facettes pour contraindre des types simples
: `xs:enumeration`, `xs:fractionDigits`, `xs:length`, `xs:maxExclusive`, `xs:maxInclusive`, `xs:maxLength`, `xs:minExclusive`, `xs:minInclusive`, `xs:minLength`, `xs:pattern`, `xs:totalDigits` et `xs:whiteSpace`

Trois éléments pour documenter les schémas

xs:appinfo, xs:annotation et xs:documentation

Les éléments de cette section sont classés par ordre alphabétique de xs:all à xs:whiteSpace. Chaque élément commence par un exemple d'implémentation sous la forme suivante :

```
<xs: nomÉlément
   attribut1 = "valeurs d'attribut autorisées "
   attribut2 = "valeurs d'attribut autorisées "
>
  <!-- Modèle de contenu -->
</xs: nomÉlément >
```

La plupart des valeurs d'attribut peuvent être exprimées comme un des 44 types simples prédéfinis XML Schema, tel que xs:string, xs:ID ou xs:integer. Certaines valeurs d'attribut sont spécifiées comme l'énumération de valeurs autorisées sous la forme (valeur1 | **valeur2** | valeur3 | etc.). Dans ce cas, la valeur par défaut, si il y en a une, est indiquée en gras.

Les modèles de contenu d'éléments sont proposés en commentaire avec la forme dans laquelle ils peuvent apparaître dans la déclaration ELEMENT d'une DTD. Par exemple, un élément xs:all peut contenir un seul sous-élément optionnel xs:annotation suivi par zéro ou plusieurs éléments xs:element. Son modèle de contenu est donc écrit ainsi :

```
<!-- ( xs:annotation?, xs:element* ) -->
```

xs:all

```
<xs:all
  id = "xs:ID"
  maxOccurs = "1"
  minOccurs = "(0 | 1)">
  <!-- ( xs:annotation?, xs:element* ) -->
</xs:all>
```

L'élément xs:all indique que chaque élément représenté par un de ses sous-éléments xs:element doit être présent. Cependant, l'ordre des sous-éléments dans l'instance de l'élément n'est pas important. Par exemple, un élément xs:all peut exprimer que chaque élément NomComplet doit avoir exactement deux sous-éléments Prénom et Nom, mais l'ordre des deux sous-éléments n'importe pas ; le prénom ou le nom peut arriver en premier.

L'élément xs:all doit être le groupe de plus haut niveau dans son modèle de contenu (i.e., xs:group, xs:choice ou xs:sequence ne peuvent pas contenir d'élément xs:all). Le groupe complet représenté par l'élément xs:all peut apparaître zéro ou une fois comme cela est précisé par ses attributs minOccurs et maxOccurs. Par défaut, il doit apparaître exactement une fois. Par ailleurs, l'attribut minOccurs de chaque élément xs:element à l'intérieur de l'élément xs:all doit également être positionné à 0 ou 1, et l'attribut maxOccurs de chacun de ces éléments doit être positionné à 1. Par contre, xs:all ne peut pas indiquer, par exemple, qu'un élément NomComplet doit contenir de zéro à cinq Prénom, de un à trois Nom, quel que soit l'ordre.

xs:annotation

```
<xs:annotation
  id = "xs:ID">
  <!-- ( xs:appinfo | xs:documentation )* -->
</xs:annotation>
```

L'élément xs:annotation est ignoré par les validateurs de schémas. Son objectif est de proposer des métainformations sur le schéma ou sur l'élément du schéma dans lequel il apparaît. Les informations destinées aux personnes sont positionnées dans les sous-éléments xs:documentation. Les informations destinées aux applications sont positionnées dans les sous-éléments xs:appinfo.

xs:any

```
<xs:any
  id = "xs:ID"
  maxOccurs = "xs:nonNegativeInteger | unbounded"
  minOccurs = "xs:nonNegativeInteger"
  namespace = "##any | ##other | xs:anyURI* ##targetNamespace? ##local? "
  processContents = " lax | skip | strict ">
  <!-- xs:annotation? -->
</xs:any>
```

L'élément générique xs:any est utile lors de la création de schémas pour des langages comme XSLT, qui incluent généralement des balises à partir des nombreux vocabulaires inconnus au moment de la rédaction du schéma. Il précise que les éléments d'un ou de plusieurs espaces de noms identifiés par l'attribut namespace peuvent apparaître de minOccurs à maxOccurs fois, à cet endroit dans le modèle de contenu. Comme les URI littérales d'espace de noms, la valeur particulière ##targetNamespace peut être incluse dans la liste pour préciser que tout élément issu de l'espace de noms cible du schéma peut être utilisé. La valeur particulière ##local peut être incluse dans la liste pour indiquer que les éléments en dehors de tout espace de noms peuvent être utilisés. À la place de la liste des URI d'espace de noms, vous pouvez utiliser la valeur particulière ##any pour indiquer que tous les éléments de n'importe quels espaces de noms, ou d'aucun espace de noms, sont autorisés; vous pouvez également utiliser la valeur particulière ##other pour indiquer que les éléments issus des espaces de noms autres que l'espace de noms cible du schéma peuvent être utilisés.

L'attribut processContents précise si les éléments représentés par xs:any doivent être déclarés ou s'ils peuvent être complétement inconnus du schéma. Il prend une de ces trois valeurs:

`strict`

Les éléments représentés par cet élément `xs:any` doivent être déclarés ou doivent avoir un attribut `xsi:type`. En outre, l'élément doit être valide d'après sa déclaration ou son type.

`skip`

Les éléments représentés par cet élément `xs:any` n'ont pas besoin d'être déclarés dans le schéma et n'ont pas besoin d'être valides, même s'ils sont déclarés.

`lax`

Les éléments représentés par cet élément `xs:any` doivent être validés s'ils sont déclarés ou s'ils possèdent un attribut `xsi:type` ; mais ils ne doivent pas être validés s'ils n'ont ni été déclarés ou ne présentent pas d'attribut `xsi:type`.

La valeur par défaut est `strict`.

xs:anyAttribute

```
<xs:anyAttribute
  id = "xs:ID"
  namespace = "##any | ##other | anyURI* ##targetNamespace? ##local?"
  processContents = "(lax | skip | strict)" >
  <!-- (xs:annotation?) -->
</xs:anyAttribute>
```

L'élément `xs:anyAttribute` apparaît à l'intérieur des éléments `xs:complexType`, où il indique que les éléments de ce type peuvent avoir n'importe quel attribut issu d'un ou de plusieurs espaces de noms. Il peut également se présenter dans les éléments `xs:attribute-Group`, où il ajoute des attributs issus d'un ou plusieurs espaces de noms comme membres potentiels du groupe. L'attribut `namespace` contient une liste d'URI d'espace de noms séparés par des espaces blancs autorisée pour les attributs de l'élément. Comme pour les URI littérales d'espace de noms, la valeur particulière `##targetNamespace` peut être incluse dans la liste pour indiquer que n'importe quel attribut de l'espace de noms cible du schéma peut être utilisé. La valeur particulière `##local` peut être incluse dans la liste, précisant que les attributs en dehors de tout espace de noms (attributs non préfixés) peuvent être utilisés. À la place de la liste des URI d'espace de noms, vous pouvez utiliser la valeur particulière `##any` pour indiquer que tous les attributs de n'importe quel espace de noms sont autorisés ; ou la valeur particulière `##other` pour indiquer que les attributs des espaces de noms différents de l'espace de noms cible du schéma peuvent être utilisés.

L'attribut `processContents` précise si les attributs eux-mêmes doivent être déclarés, généralement comme attributs de niveau le plus haut. Il prend une de ces trois valeurs :

`strict`

Les attributs représentés par cet élément `xs:anyAttribute` doivent être déclarés, et l'attribut doit être valide suivant sa déclaration. C'est la valeur par défaut.

`lax`

Les attributs représentés par cet élément `xs:anyAttribute` doivent être validés s'ils sont déclarés, mais n'ont pas besoin d'être validés s'ils ne sont pas déclarés.

`skip`

Les attributs représentés par cet élément `xs:anyAttribute` peuvent ne pas être déclarés dans le schéma et n'ont pas besoin d'être valides même s'ils ont été déclarés.

---

xs:appinfo

```
<xs:appinfo
  source = "xs:anyURI">
  <!-- n'importe quelle balise XML bien formée -->
</xs:appinfo>
```

L'élément `xs:appinfo` apparaît uniquement à l'intérieur des éléments `xs:annotation`, où il fournit des informations lisibles pour une machine sur le schéma ou l'élément du schéma qu'il documente. Il n'a aucun effet sur la validation de schéma. Il peut contenir absolument n'importe quelle balise XML : une feuille de style XSLT pour le schéma, un schéma pour le schéma, un schéma dans un autre langage de schéma, comme Schematron, ou tout autre chose que vous pouvez imaginer. La seule restriction est que les contenus doivent être bien formés. En remplacement ou en complément à l'ajout direct de l'information, l'attribut source peut pointer dessus en utilisant une URI.

---

xs:attribute

```
<xs:attribute
  default = "xs:string"
  fixed = "xsstring"
  form = "( qualified | unqualified )"
  id = "xs:ID"
  name = "xs:NCName"
  ref = "xs:QName"
  type = "xs:QName"
  use = "( optional | prohibited | required )">
  <!-- ( xs:annotation?, xs:simpleType? ) -->
</xs:attribute>
```

L'élément `xs:attribute` déclare un attribut. Dans un élément `xs:complexType`, il indique que les éléments de ce type peuvent avoir un attribut avec le nom spécifié et un type.

Attributs

`id`, *optionnel*

Un nom XML unique parmi tous les attributs de type ID dans le document du schéma.

`default`, *optionnel*

La valeur par défaut de l'attribut rapportée pour ces éléments dans les instances de document qui ne possèdent pas de spécification explicite de cet attribut.

`fixed`, *optionnel*

Une valeur par défaut pour cet attribut qui ne peut pas être redéfinie dans l'instance de document. Un élément `xs:attribute` ne peut pas avoir à la fois les attributs `fixed` et `default`.

`form`, *optionnel*

S'il a la valeur `qualified`, alors l'attribut doit être dans l'espace de noms cible du schéma. S'il a la valeur `unqualified`, alors l'attribut ne doit être dans aucun espace de noms. La valeur par défaut est indiquée par l'attribut `attributeFormDefault` de l'élément racine `xs:schema`.

`name`, *optionnel*

Le nom local de l'attribut.

`ref`, *optionnel*

Le nom qualifié de l'attribut déclaré par un élément de haut niveau `xs:attribute` ailleurs dans le schéma. L'attribut `name` ou `ref` devrait être fourni, mais pas les deux.

`type`, *optionnel*

Le nom qualifié du type de l'attribut, c'est-à-dire soit un type simple prédéfini comme `xs:integer` ou un type simple défini par l'utilisateur.

`use`, *optionnel*

L'un des trois mots-clés, `optional`, `prohibited` ou `required`, avec les significations suivantes :

`optional`

Les auteurs des instances de document peuvent ou ne peuvent pas inclure cet attribut, comme ils le souhaitent. C'est la valeur par défaut.

`prohibited`

Les auteurs des instances de document ne doivent pas inclure cet attribut.

`required`

Les auteurs des instances de document doivent inclure cet attribut sur tous les éléments du type requis.

Contenus

L'élément `xs:attribute` peut contenir un élément `xs:annotation` pour sa propre description. Cela n'a aucun effet sur le type d'attribut.

À la place d'un attribut type, l'élément xs:attribute peut contenir un élément xs:simpleType qui fournit un type anonyme pour l'attribut dérivé d'un type de base simple.

xs:attributeGroup

```
<xs:attributeGroup
  id = "xs:ID"
  name = "xs:NCName"
  ref = "xs:QName">
  <!--
    ( xs:annotation?, (xs:attribute | xs:attributeGroup)*,
      xs:anyAttribute? )
   -->
</xs:attributeGroup>
```

L'élément xs:attributeGroup est utilisé de deux façons. Au plus haut niveau d'un schéma, il possède un attribut name et défini un nouveau groupe d'attributs. Les attributs dans le groupe sont indiqués par les sous-éléments de l'élément xs:attributeGroup. Dans un élément xs:complexType ou dans un autre élément xs:attributeGroup, il possède un attribut ref mais pas d'attribut name, et ajoute les attributs dans le groupe référencé au type ou à la liste de groupe d'attributs.

xs:choice

```
<xs:choice
  id = "xs:ID"
  maxOccurs = "( xs:nonNegativeInteger | unbounded )"
  minOccurs = "xs:nonNegativeInteger">
  <!--
    ( xs:annotation?, (xs:element | xs:group | xs:choice
    | xs:sequence | xs:any)*)
  -->
</xs:choice>
```

L'élément xs:choice précise que tout élément ou groupe représenté par un de ses sous-éléments peut apparaître à cet endroit dans l'instance de document. Au minimum minOccurs éléments du choix doivent apparaître. Au plus, maxOccurs éléments du choix doivent apparaître. La valeur par défaut pour minOccurs et maxOccurs est 1.

xs:complexContent

```
<xs:complexContent
  id = "xs:ID"
  mixed = "( true | false )">
  <!-- ( xs:annotation?, (xs:restriction | xs:extension) ) -->
</xs:complexContent>
```

L'élément `xs:complexContent` est utilisé dans les éléments `xs:complexType` pour dériver un nouveau type complexe à partir d'un type complexe existant, par extension ou par restriction. Lors de la dérivation par extension, l'attribut `mixed` doit avoir la même valeur que l'attribut `mixed` du type de base. Lors de la dérivation par restriction, l'attribut `mixed` peut avoir la valeur `false` pour interdire un contenu mixte qui pourrait être autorisé dans le type de base. Il peut avoir la valeur `true` seulement si le type de base autorise un contenu mixte. En d'autres termes, un type dérivé peut interdire un contenu mixte autorisé dans le type de base, mais il peut ne pas l'autoriser si le type de base ne le permet pas déjà.

xs:complexType


```
<xs:complexType
  abstract = "( true | false )"
  block = "( #all | extension | restriction )"
  final = "( #all | extension | restriction )"
  id = "xs:ID"
  mixed = "( true | false )"
  name = "xs:NCName"
  >
  <!-- ( xs:annotation?, (xs:simpleContent | xs:complexContent
       | ((xs:group | xs:all | xs:choice | xs:sequence)?,
         ((xs:attribute | xs:attributeGroup)*, xs:anyAttribute?)))) -->
</xs:complexType>
```

L'élément `xs:complexType` définit un nouveau type complexe, c'est-à-dire, un type d'élément qui peut potentiellement contenir aussi bien des sous-éléments, des attributs, ou les deux. Les sous-éléments et attributs valides pour les éléments de ce type sont spécifiés par le contenu de l'élément `xs:complexType`. L'attribut `mixed` indique si le type complexe est autorisé à contenir du texte mélangé avec ses sous-éléments. Si l'élément `xs:complexType` est un élément de haut niveau, alors il possède un attribut `name` et précise un type nommé. Par contre, si l'élément `xs:complexType` apparaît dans l'élément `xs:element`, alors il ne doit pas avoir d'attribut `name` ; il définit un type anonyme pour cet élément.

Si l'attribut `abstract` vaut `true`, alors aucun élément de ce type ne peut être inclus dans les instances de document – seuls les éléments de sous-types dérivés de ce type le peuvent, ils sont alors identifiés comme éléments de ce type par un attribut `xsi:type`. Si l'attribut `final` possède la valeur `restriction`, alors ce type ne peut pas être sous-typé par restriction. Si l'attribut `final` possède la valeur `extension`, alors ce type ne peut pas être sous-typé par extension. Si l'attribut `final` possède la valeur `#all`, alors ce type ne peut pas être sous-typé, que ce soit par restriction ou par extension. La valeur par défaut de l'attribut `final` est indiquée par l'attribut `finalDefault` au niveau de l'élément racine `xs:schema`. Si l'attribut `block` a la valeur `extension` ou `restriction`, alors les instances de ce type ne peuvent pas être remplacées dans les instances de document par des instances de sous-types dérivés de ce type par extension ou par restriction, bien que de tels sous-types peuvent être encore définis et utilisés pour d'autres éléments. Si l'attribut `block` a la valeur `#all`, alors ce type ne peut pas être remplacé dans les instances de document par des instances de n'importe quel sous-type. La valeur par défaut de l'attribut `block` est positionnée par l'attribut `blockDefault` au niveau de l'élément racine `xs:schema`.

xs:documentation

```
<xs:documentation
  source = "xs:anyURI"
  xml:lang = "langue">
  <!-- n'importe quelle balise XML bien formée -->
</xs:documentation>
```

L'élément `xs:documentation` apparaît exclusivement dans les éléments `xs:annotation` où il fournit des informations lisibles par les personnes sur le schéma ou sur l'élément du schéma qu'il annote. Il n'a aucun impact sur la validation du schéma. Il peut contenir n'importe quelle balise XML : XHTML, DocBook ou simplement du texte. La seule restriction est que le contenu doit être bien formé. En remplacement ou en complément à l'ajout direct de cette information, l'attribut `source` peut y faire référence en utilisant une URI. L'attribut `xml:lang` peut être utilisé pour préciser la langue dans laquelle la description est rédigée. Vous pouvez même inclure plusieurs éléments `xs:documentation` de différentes langues.

xs:element

```
<xs:element
  abstract = "( true | false )"
  block = "( #all | extension | restriction | substitution )"
  default = "xs:string"
  final = "( #all | extension | restriction )"
  fixed = "xs:string"
  form = "( qualified | unqualified )"
  id = "xs:ID"
  maxOccurs = "( xs:nonNegativeInteger | unbounded )"
  minOccurs = "xs:nonNegativeInteger"
  name = "xs:NCName"
  nillable = "( true | false )"
  ref = "xs:QName"
  substitutionGroup = "xs:QName"
  type = "xs:QName">
  <!-- ( xs:annotation?,
       ((xs:simpleType | xs:complexType)?,
       (xs:unique | xs:key | xs:keyref)*) ) -->
</xs:element>
```

L'élément `xs:element` déclare un élément en précisant son nom et son type. Utilisé au niveau le plus haut du schéma, il identifie potentiellement un élément racine. Utilisé dans un élément `xs:complexType`, il précise éventuellement le sous-élément d'un autre élément ; sinon, au lieu de spécifier un nom et un type, il peut proposer un attribut `ref` qui fait référence à une déclaration d'élément ailleurs dans le schéma.

Attributs

`id`, *optionnel*

`id` est un nom XML unique dans les attributs de type ID dans ce document de schéma.

`abstract`, *optionnel*

Si l'attribut `abstract` vaut `true`, alors seuls les éléments du groupe de substitution de cet élément sont autorisés dans les instances de documents, et non les éléments de ce type.

`default`, *optionnel*

`default` est la valeur par défaut de l'élément reportée pour les éléments vides de ce type dans l'instance de document.

`block`, *optionnel*

Si l'attribut `block` possède la valeur `extension`, `restriction` ou `substitution`, alors cet élément ne peut pas être remplacé dans les instances de document et dans les groupes de substitution par des instances de sous-types dérivés de ce type d'élément respectivement par extension, restriction ou substitution. Si l'attribut `block` a la valeur `#all`, alors cet élément ne peut pas être remplacé dans les instances de document par des instances de n'importe quel sous-type du type de l'élément.

`final`, *optionnel*

L'attribut final vérifie quels éléments peuvent faire référence à cet élément comme tête de leur groupe de substitution. Si la valeur contient le mot clé `restriction`, alors les restrictions de ce type d'élément ne peuvent pas le faire. Si la valeur contient le mot clé `extension`, alors les extensions de ce type d'élément ne peuvent pas le faire. Si la valeur est `#all`, alors ni les extensions ni les restrictions de ce type peuvent le faire.

`form`, *optionnel*

Si l'attribut `form` a la valeur `qualified`, alors l'élément est dans l'espace de noms cible du schéma. S'il a la valeur `unqualified`, alors l'élément n'est dans aucun espace de noms. La valeur par défaut est indiquée par l'attribut `elementFormDefault` au niveau de l'élément racine `xs:schema`. Cet attribut peut seulement être utilisé sur des éléments déclarés localement. Tous les éléments déclarés globalement sont toujours dans l'espace de noms cible du schéma.

`maxOccurs`, *optionnel*

Il indique le nombre maximum de fois que cet élément peut être répété dans les instances de document valides.

`minOccurs`, *optionnel*

Il indique le nombre minimum de fois que cet élément doit être répété dans les instances de document valides.

`name`, *optionnel*

Il représente le nom de l'élément.

`nillable`, *optionnel*

Si `nillable` vaut `true`, alors cet élément peut être spécifié comme étant « nul » en utilisant un attribut `xsi:nil="true"` dans l'instance de document.

`ref`, *optionnel*

Il représente le nom qualifié de l'élément déclaré par un élément de haut niveau `xs:element` ailleurs dans le schéma.

`type`, *optionnel*

C'est le nom qualifié du type de l'élément, soit un type simple prédéfini comme `xs:integer` ou un type défini par l'utilisateur.

`substitutionGroup`, *optionnel*

C'est le nom qualifié d'un élément déclaré globalement que cet élément peut substituer dans les instances de document.

Contenu

L'élément `xs:element` peut contenir un élément `xs:annotation` optionnel. Si et seulement si l'élément `xs:element` n'a pas d'attribut `type`, alors il doit avoir soit un sous-élément `xs:simpleType`, soit un sous-élément `xs:complexType` qui fournit un type anonyme pour cet élément. Enfin, il peut avoir un nombre quelconque d'éléments `xs:key`, `xs:keyref` et `xs:unique` pour indiquer les contraintes d'unicité et d'identité.

xs:enumeration

```
<xs:enumeration
  id = "xs:ID"
  value = "anySimpleType">
  <!-- (xs:annotation?) -->
</xs:enumeration>
```

La facette `xs:enumeration` est utilisée dans les éléments `xs:restriction` pour dériver de nouveaux types simples en listant toutes les valeurs valides. L'attribut `value` contient une seule valeur valide du type spécifié par l'attribut `base` de l'élément `xs:restriction` parent. Cet élément `xs:restriction` contient un sous-élément `xs:enumeration` pour chaque valeur valide.

xs:extension

```
<xs:extension
  base = "xs:QName"
  id = "xs:ID">
  <!-- (xs:annotation?,
       ((xs:group | xs:all | xs:choice | xs:sequence)?,
       ((xs:attribute | xs:attributeGroup)*, xs:anyAttribute?))) -->
</xs:extension>
```

L'élément `xs:extension` est utilisé dans les éléments `xs:simpleContent` et `xs:complexContent` pour dériver de nouveaux types complexes qui ajoutent des attributs et/ou des sous-éléments absents dans le type de base. Le type de base, en cours d'extension, est donné par la valeur de l'attribut `base`. Les sous-éléments et attributs ajoutés aux types de base du modèle de contenu sont spécifiés par le contenu de l'élément `xs:extension`. L'instance d'un tel type étendu doit avoir tous les sous-éléments requis par le type de base suivi par tous les sous-éléments requis par l'élément `xs:extension`.

xs:field

```
<xs:field
  id = "xs:ID"
  xpath = "expression XPath">
  <!-- (xs:annotation?) -->
</xs:field>
```

Un ou plusieurs éléments `xs:field` sont positionnés dans chaque élément `xs:unique`, `xs:key` et `xs:keyref` pour définir une valeur calculée par l'expression XPath de l'attribut `xpath`. Le nœud contextuel pour cette expression est positionné tour à tour à chaque élément dans l'ensemble de nœuds sélectionné par l'élément `xs:selector`.

Toutes les expressions XPath ne sont pas autorisées ici. En particulier, l'expression XPath doit se limiter elle-même aux axes fils, excepté pour la dernière étape, qui peut utiliser l'axe attribut. Les seuls tests de nœuds utilisés sont les tests de nom (noms d'éléments et d'attributs, le caractère générique * et le *préfixe générique*:*). Une syntaxe abrégée doit être utilisée et les prédicats sont interdits. Ainsi, `personne/nom/prénom/@id` est une expression XPath correcte pour cet attribut, mais `personne//nom/@id` ne l'est pas. Plusieurs instances de cette forme restreinte d'expression XPath peuvent être combinées avec la barre verticale de telle manière que `personne/nom/prénom/@id | personne/nom/nom_famille/@id` soit aussi une expression XPath acceptable. Enfin, l'expression XPath peut commencer par `.//` de telle façon que `.//nom/@id` soit valide. Toutefois, c'est le seul endroit où l'axe descendant-or-self peut être utilisé. Aucune autre forme d'expression XPath n'est autorisée ici.

xs:fractionDigits

```
<xs:fractionDigits
  fixed = "( true | false )"
  id = "xs:ID"
  value = "xs:nonNegativeInteger" >
  <!-- (xs:annotation?) -->
</xs:fractionDigits>
```

La facette `xs:fractionDigits` est utilisée lors de dérivation par restriction de `xs:decimal` (et de ses sous-types). Il limite le nombre de chiffres autorisés après le point à, au plus, le nombre spécifié par l'attribut `value`. Cela indique seulement le nombre maximum de chiffres après le point. Si vous voulez fixer le nombre minimum de chiffres obligatoires, vous devez plutôt utiliser la facette `xs:pattern`. Si l'attribut `fixed` vaut `true`, alors les types dérivés de ce type ne sont pas autorisés à redéfinir la valeur de l'élément `fractionDigits` donnée ici.

xs:group

```
<xs:group
  name = "xs:NCName"
  ref  = "xs:NCName"
  minOccurs = "xs:nonNegativeInteger"
  maxOccurs = "xs:nonNegativeInteger | unbounded">
  <!-- ( xs:annotation?, (xs:all | xs:choice | xs:sequence) ) -->
</xs:group>
```

L'élément `xs:group` peut être utilisé de deux façons. En tant qu'élément de haut niveau avec un attribut `name`, il définit un groupe modèle qui peut être référencé depuis un type complexe ailleurs dans le schéma. Le modèle de contenu du groupe est établi par un sous-élément `xs:all`, `xs:choice` ou `xs:sequence`.

Il peut également être utilisé dans un élément `xs:complexType`. Ici, l'élément `xs:group` précise que le contenu du groupe devrait apparaître à cet endroit dans l'instance de document au minimum autant de fois que cela est indiqué dans l'attribut `minOccurs` et au plus autant de fois que cela est précisé dans l'attribut `maxOccurs`. Pour ces derniers, la valeur par défaut est 1. Le groupe à inclure est indiqué par l'attribut `ref` qui contient le nom d'un élément de haut niveau `xs:group` trouvé ailleurs dans le schéma.

xs:import

```
<xs:import
  id = "xs:ID"
  namespace = "xs:anyURI"
  schemaLocation = "xs:anyURI" >
  <!-- ( xs:annotation? ) -->
</xs:import>
```

Puisque chaque document de schéma possède exactement un espace de noms cible, l'élément de haut niveau `xs:import` est nécessaire pour créer des schémas pour des documents qui mettent en jeu plusieurs espaces de noms. L'attribut `namespace` contient l'URI de l'espace de noms de l'application que le schéma importé décrit. Si le schéma importé décrit des éléments et des types d'aucun espace de noms, alors l'attribut `namespace` est omis. L'attribut optionnel `schemaLocation` contient une URL relative ou absolue faisant référence au véritable emplacement du document de schéma à importer.

Il n'y a pas de limitation sur la profondeur d'inclusion. Un schéma A peut importer un schéma B, qui lui-même importe les schémas C et D. Dans un tel cas, le schéma A peut utiliser les définitions et déclarations des quatre schémas. La récursivité (un schéma A importe un schéma B, qui importe un schéma A) n'est pas interdite. Puisque le schéma importé doit décrire un espace de noms cible différent du schéma qui l'importe, les conflits entre les définitions de plusieurs schémas ne sont normalement pas un problème. Toutefois, si des conflits se produisent, alors le schéma est incorrect et ne peut pas être utilisé. Il n'y a pas de règles de priorité pour faire un choix entre plusieurs définitions et déclarations conflictuelles.

xs:include

```
<xs:include
  id = "xs:ID"
  schemaLocation = "xs:anyURI">
  <!-- (annotation?) -->
</xs:include>
```


L'élément de haut niveau `xs:include` est utilisé pour séparer un schéma en plusieurs documents distincts. L'attribut `schemaLocation` contient un URI relatif ou absolu qui fait référence au document de schéma à inclure. Il diffère de l'élément `xs:import` par le fait que tous les fichiers inclus décrivent le même espace de noms cible.

Il n'y a pas de limitation sur la profondeur d'inclusion. Un schéma A peut inclure un schéma B, qui inclus lui-même les schémas C et D. Dans un tel cas, le schéma A peut utiliser les définitions et déclarations des quatre documents. La récursivité (un schéma A inclus un schéma B, qui inclus un schéma A) n'est pas interdite, bien que cela soit fortement non recommandé. Les instances de document devraient seulement faire référence au schéma A de haut niveau dans leur attribut `xsi:schemaLocation` ou `xsi:noNamespaceSchemaLocation`.

La validation est réalisée après la résolution de toutes les inclusions. S'il n'y a aucun conflit entre le schéma qui procède à l'inclusion et le schéma inclus, et qu'un schéma déclare que l'élément `NomComplet` possède un type simple, et qu'un autre déclare que l'élément `NomComplet` possède un type complexe, alors le schéma est incorrect et ne peut pas être utilisé. Le plus souvent, les schémas devraient être gérés attentivement, de façon à ce que chaque élément et chaque type soit défini dans un seul document de schéma.

xs:key

```
<xs:key
  id = "xs:ID"
  name = "xs:NCName" >
  <!-- (xs:annotation?, (xs:selector, xs:field+) ) -->
</xs:key>
```

Les clés établissent les contraintes d'unicité et de co-occurrence parmi les différents nœuds du document. Par exemple, vous pouvez définir une clé pour un élément `Employé` basé sur son sous-élément `NuméroEmployé` et demander que chaque élément `Affectation` ait un attribut `Equipe` dont le contenu est une liste des clés des employés.

L'élément xs:key définit une nouvelle clé. Il apparaît uniquement comme sous-élément d'un élément xs:element suivant le type de l'élément. Le nom de la clé est spécifié par l'attribut name. Les éléments qui ont une valeur pour cette clé sont identifiés par le sous-élément xs:selector. La valeur de la clé pour chacun de ces nœuds est donnée par le sous-élément xs:field et doit être unique dans cet ensemble. S'il existe plus d'un sous-élément xs:field, alors la clé a des valeurs multiples.

xs:keyref

```
<xs:keyref
  id = "xs:ID"
  name = "xs:NCName"
  refer = "xs:QName" >
  <!-- (xs:annotation?, (xs:selector, xs:field+) ) -->
</xs:keyref>
```

L'élément xs:keyref est utilisé dans les éléments xs:element pour indiquer qu'une certaine partie de ces éléments doit correspondre à la clé avec le nom donné par l'attribut refer. La valeur, qui est comparée à la clé spécifiée, est déterminée par les expressions XPath utilisées dans les sous-éléments xs:selector et xs:field.

xs:length

```
<xs:length
  fixed = "( true | false )"
  id = "xs:ID"
  value = "xs:nonNegativeInteger" >
  <!-- (xs:annotation?) -->
</xs:length>
```

La facette xs:length spécifie le nombre de caractères précis d'un type dérivé de xs:string, xs:QName, xs:language, xs:anyURI ou xs:NOTATION. Lorsqu'il s'applique à un type de liste comme xs:ENTITIES, cette facette indique le nombre d'éléments dans la liste. Enfin, lorsqu'il s'applique à xs:hexBinary et xs:base64Binary, il spécifie le nombre d'*octets* dans les données décodées, plutôt que le nombre de *caractères* dans les données codées. Si l'attribut fixed vaut true, alors les types dérivés de ce type ne sont pas autorisés à redéfinir la valeur de length donnée ici.

xs:list

```
<xs:list
  id = "xs:ID"
  itemType = "xs:QName" >
  <!-- (xs:annotation?, (xs:simpleType?) ) -->
</xs:list>
```

L'élément xs:list est utilisé dans un élément xs:simpleType pour dériver un nouveau type simple de liste depuis un type atomique de base identifié par l'attribut itemType. Alternativement, au lieu de référencer un type simple existant avec itemType, un sous-élément xs:simpleType peut créer un nouveau type atomique anonyme pour la liste. Dans tous les cas, le type simple ainsi défini est une liste d'instances de type atomique séparées par des espaces blancs.

xs:maxExclusive

```
<xs:maxExclusive
  fixed = "( true | false )"
  id = "xs:ID"
  value = "anySimpleType" >
  <!-- (xs:annotation?) -->
</xs:maxExclusive>
```

La facette xs:maxExclusive s'applique à tous les types ordonnés, comme xs:decimal, xs:float, xs:double, xs:date, xs:duration, xs:dateTime, xs:time, xs:gDay, xs:gMonthYear, xs:gMonth, xs:gYear et leurs sous-types. L'attribut value contient la valeur maximum dans une forme appropriée pour le type. Par exemple, le maximum pour un type dérivé de xs:integer pourrait être 75 ; le maximum pour un type dérivé de xs:double pourrait être 1.61803 ; et le maximum pour un type dérivé de xs:date pourrait être 2001-09-26. Toutes les instances de ce type doivent être *strictement plus petites que* la valeur maximale. Elles ne peuvent pas être égales au maximum. Si l'attribut fixed vaut true, alors les types dérivés de ce type ne sont pas autorisés à redéfinir la valeur de maxExclusive donnée ici.

xs:maxInclusive

```
<xs:maxInclusive
  fixed = "( true | false )"
  id = "xs:ID"
  value = "xs:anySimpleType" >
  <!-- (xs:annotation?) -->
</xs:maxInclusive>
```

La facette xs:maxInclusive s'applique à tous les types ordonnés, comme xs:decimal, xs:float, xs:double, xs:date, xs:duration, xs:dateTime, xs:time, xs:gDay, xs:gMonthYear, xs:gMonth, xs:gYear et leurs sous-types. L'attribut value contient la valeur maximum dans la forme appropriée pour le type. Par exemple, le maximum pour un type dérivé de xs:integer pourrait être 75 ; le maximum pour un type dérivé de xs:double pourrait être 1.61803 ; et le maximum pour un type dérivé de xs:date pourrait être 2001-09-26. Toutes les instances de ce type doivent être *inférieures ou égales à* la valeur maximum. Elles peuvent être égales au maximum. Si l'attribut fixed vaut true, alors les types dérivés de ce type ne sont pas autorisés à redéfinir la valeur maxInclusive donnée ici.

xs:maxLength

```
<xs:maxLength
  fixed = "( true | false )"
  id = "xs:ID"
  value = "xs:nonNegativeInteger" >
  <!-- (xs:annotation?) -->
</xs:maxLength>
```

La facette `xs:maxLength` spécifie le nombre maximum de caractères dans un type dérivé de `xs:string`, `xs:QName`, `xs:language`, `xs:anyURI` ou `xs:NOTATION`. Il peut aussi être utilisé pour restreindre `xs:hexBinary` et `xs:base64Binary`. Cependant, dans ce cas, il fait référence au nombre maximum d'*octets* dans les données décodées plutôt qu'au nombre maximum de *caractères* dans les données codées. Enfin, lorsqu'il est appliqué à une liste telle que `xs:IDREFS`, il décrit le nombre maximum d'élément de la liste. Si l'attribut `fixed` vaut `true`, alors les types dérivés de ce type ne sont pas autorisés à redéfinir la valeur `maxLength` donnée ici.

---

xs:minExclusive

```
<xs:minExclusive
  fixed = "( true | false )"
  id = "xs:ID"
  value = "xs:anySimpleType" >
  <!-- (xs:annotation?) -->
</xs:minExclusive>
```

La facette `xs:minExclusive` s'applique à tous les types ordonnés, comme `xs:decimal`, `xs:float`, `xs:double`, `xs:date`, `xs:duration`, `xs:dateTime`, `xs:time`, `xs:gDay`, `xs:gMonthYear`, `xs:gMonth`, `xs:gYear` et leurs sous-types. L'attribut `value` contient la valeur minimum dans la forme appropriée pour le type. Par exemple, le minimum pour un type dérivé de `xs:integer` pourrait être 75 ; le minimum pour un type dérivé de `xs:double` pourrait être 1.61803 ; et le minimum pour un type dérivé de `xs:date` pourrait être 2001-09-26. Toutes les instances de ce type doivent être *strictement plus grandes que* la valeur minimum. Elles ne peuvent pas être égales au minimum. Si l'attribut `fixed` vaut `true`, alors les types dérivés de ce type ne sont pas autorisés à redéfinir la valeur `minExclusive` donnée ici.

---

xs:minInclusive

```
<xs:minInclusive
  fixed = "( true | false )"
  id = "xs:ID"
  value = "xs:anySimpleType" >
  <!-- (xs:annotation?) -->
</xs:minInclusive>
```

La facette `xs:minInclusive` s'applique à tous les types ordonnés, comme `xs:decimal`, `xs:float`, `xs:double`, `xs:date`, `xs:duration`, `xs:dateTime`, `xs:time`, `xs:gDay`, `xs:gMonthYear`, xs:gMonth, xs:gYear et leurs sous-types. L'attribut value contient la valeur minimum dans la forme appropriée pour le type. Par exemple, le minimum pour un type dérivé de xs:integer pourrait être 75 ; le minimum pour un type dérivé de xs:double pourrait être 1.61803 ; et le minimum pour un type dérivé de xs:date pourrait être 2001-09-26. Toutes les instances de ce type doivent être *supérieures ou égales à* la valeur minimum. Si l'attribut fixed vaut true, alors les types dérivés de ce type ne sont pas autorisés à redéfinir la valeurminInclusive donnée ici.

---

xs:minLength

```
<xs:minLength
  fixed = "( true | false )"
  id = "xs:ID"
  value = "xs:nonNegativeInteger" >
  <!-- (xs:annotation?) -->
</xs:minLength>
```

La facette xs:minLength spécifie le nombre minimum de caractères dans un type dérivé de xs:string, xs:QName, xs:language, xs:anyURI ou xs:NOTATION. Il peut aussi être utilisé pour restreindre xs:hexBinary et xs:base64Binary. Cependant, dans ce cas, il fait référence au nombre minimum d'*octets* dans les données décodées plutôt que le nombre minimum de *caractères* dans les données codées. Enfin, lorsqu'il s'applique à un type de liste tel que xs:IDREFS, il décrit le nombre minimum d'éléments dans la liste. Si l'attribut fixed vaut true, alors les types dérivés de ce type ne sont pas autorisés à redéfinir la valeur maxLength donnée ici.

---

xs:notation

```
<xs:notation
  id = "xs:ID"
  name = "xs:NCName"
  public = "identifiant PUBLIC"
  system = "xs:anyURI" >
  <!-- (xs:annotation?) -->
</xs:notation>
```

L'élément de haut niveau xs:notation définit une notation. C'est l'équivalent pour un schéma de la déclaration <!NOTATION> d'une DTD. Chaque notation possède un nom, un ID public et un ID système identifiés par l'attribut pertinent de cet élément.

---

xs:pattern

```
<xs:pattern
  id = "xs:ID"
  value = "expression régulière" >
  <!-- (xs:annotation?) -->
</xs:pattern>
```

La facette `xs:pattern` est utilisée pour dériver de nouveaux types simples en indiquant une expression régulière à partir de laquelle les valeurs du type sont comparées. Elle s'applique à tous les types simples. La grammaire d'expression régulière de schéma est assez proche de celle utilisée dans Perl 5.6 et les versions ultérieures (le principal changement avec les versions précédentes de Perl est le support pour les expressions régulières basées sur des caractères Unicode). La plupart des chaînes de caractères et des caractères sont équivalents; mais certains caractères ont des significations spéciales, comme cela est résumé dans le *tableau 21-1*. Dans ce tableau, *A* et *B* sont des sous-expressions; *n* et *m* sont des entiers positifs; *a*, *b*, *c* et *d* sont tous des caractères Unicode uniques; et *X* est un nom.

Tableau 21-1. Syntaxe d'expression régulière XML Schema

<table>
<tr><th>Motifs</th><th>Signification</th></tr>
<tr><td>(A)</td><td>Une chaîne de caractères qui correspond à A</td></tr>
<tr><td>A | B</td><td>Une chaîne de caractères qui correspond à A ou à B</td></tr>
<tr><td>AB</td><td>Une chaîne de caractères qui correspond à A suivie par une chaîne de caractères qui correspond à B</td></tr>
<tr><td>A?</td><td>Zéro ou une répétition de la chaîne de caractères qui correspond à A</td></tr>
<tr><td>A*</td><td>Zéro ou plusieurs répétitions de la chaîne de caractères qui correspond à A</td></tr>
<tr><td>A+</td><td>Une ou plusieurs répétitions de la chaîne de caractères qui correspond à A</td></tr>
<tr><td>A{n,m}</td><td>Une séquence comprise entre n et m chaînes de caractères, chacune d'elles correspond à A</td></tr>
<tr><td>A{n}</td><td>Une séquence d'exactement n chaînes de caractères, chacune d'elles correspond à A</td></tr>
<tr><td>A{n,}</td><td>Une séquence d'au moins n chaînes de caractères, chacune d'elles correspond à A</td></tr>
<tr><td>[abcd]</td><td>Exactement un des caractères listés à l'intérieur des crochets</td></tr>
<tr><td>[^abcd]</td><td>Exactement un caractère qui n'est pas un de ceux listés à l'intérieur des crochets</td></tr>
<tr><td>[a-z]</td><td>Exactement un caractère avec une valeur Unicode comprise entre a et z, de manière inclusive</td></tr>
<tr><td>[a-z-[d-h]]</td><td>Exactement un caractère inclus dans l'intervalle externe mais pas dans l'intervalle interne</td></tr>
<tr><td>\n</td><td>Une nouvelle ligne;
</td></tr>
<tr><td>\r</td><td>Un retour chariot;
</td></tr>
<tr><td>\t</td><td>Une tabulation; 	</td></tr>
<tr><td>\\</td><td>Un anti slash, \</td></tr>
<tr><td>\|</td><td>Une barre verticale, |</td></tr>
<tr><td>\.</td><td>Un point, .</td></tr>
<tr><td>\-</td><td>Un trait d'union, -</td></tr>
</table>

Tableau 21-1. Syntaxe d'expression régulière XML Schema (suite)

Motifs	*Signification*
\^	Un signe d'élévation, ^
\?	Un point d'interrogation, ?
*	Un astérisque, *
\+	Un signe plus, +
\{	Une accolade gauche, {
\}	Une accolade droite, }
\(	Une parenthèse gauche, (
\)	Une parenthèse droite,)
\[	Un crochet gauche, [
\]	Un crochet droit,]
.	N'importe quel caractère, excepté un retour chariot et une nouvelle ligne
\s	Un espace, un retour chariot ou une nouvelle ligne
\S	N'importe quel caractère excepté un espace, une tabulation, un retour chariot et une nouvelle ligne
\i	Un caractère de début de nom XML (une initiale)
\c	Un caractère de nom XML
\d	Un chiffre décimal
\D	N'importe quel caractère, excepté un chiffre décimal
\w	Un « caractère de mot », c'est-à-dire n'importe quel caractère qui n'est pas une marque de ponctuation, un séparateur ou « autre chose » (comme cela est défini par Unicode)
\W	N'importe quel caractère qui est une marque de ponctuation, un séparateur ou « autre chose » (comme cela est défini par Unicode)
\p{*X*}	N'importe quel caractère de la classe de caractères Unicode *X*; les noms de classe de caractères sont listés dans le *tableau 21-2*
\P{*X*}	N'importe quel caractère non présent dans la classe de caractères Unicode *X*
\p{Is*X*}	N'importe quel caractère du bloc de caractère Unicode *X*. Les noms de bloc incluent BasicLatin, Latin-1Supplement, LatinExtended-A, LatinExtended-B, IPAExtensions, SpacingModifierLetters, CombiningDiacriticalMarks, Greek, Cyrillic, Armenian, Hebrew, Arabic, Syriac, Thaana, Devanagari, Bengali, Gurmukhi, Gujarati, Oriya, Tamil, Telugu, Kannada, Malayalam, Sinhala, Thai, Lao, Tibetan, Myanmar, Georgian, HangulJamo, Ethiopic, Cherokee, UnifiedCanadianAboriginalSyllabics, Ogham, Runic, Khmer, Mongolian, LatinExtendedAdditional, GreekExtended, GeneralPunctuation,

Tableau 21-1. Syntaxe d'expression régulière XML Schema (suite)

Motifs	*Signification*
`\p{IsX}`	SuperscriptsandSubscripts, CurrencySymbols, CombiningMarksfor-Symbols, LetterlikeSymbols, NumberForms, Arrows, MathematicalOperators, MiscellaneousTechnical, ControlPictures, OpticalCharacterRecognition, EnclosedAlphanumerics, BoxDrawing, BlockElements, GeometricShapes, MiscellaneousSymbols, Dingbats, BraillePatterns, CJKRadicalsSupplement, KangxiRadicals, Ideographic-DescriptionCharacters, CJKSymbolsandPunctuation, Hiragana, Katakana, Bopomofo, HangulCompatibilityJamo, Kanbun, Bopomofo-Extended, EnclosedCJKLettersandMonths, CJKCompatibility, CJK-UnifiedIdeographsExtensionA, CJKUnifiedIdeographs, YiSyllables, YiRadicals, HangulSyllables, HighSurrogates, HighPrivateUseSurro-gates, LowSurrogates, PrivateUse, CJKCompatibilityIdeographs, AlphabeticPresentationForms, ArabicPresentationForms-A, Combi-ningHalfMarks, CJKCompatibilityForms, SmallFormVariants, ArabicPresentationForms-B, Specials, HalfwidthandFullwidthForms, Specials, OldItalic, Gothic, Deseret, ByzantineMusicalSymbols, MusicalSymbols, MathematicalAlphanumericSymbols, CJKUnified-IdeographsExtensionB, CJKCompatibilityIdeographsSupplement, Tags et PrivateUse. Les caractères de la plupart de ces blocs sont présentés dans le chapitre 26.
`\P{IsX}`	N'importe quel caractère en dehors du bloc de caractères Unicode `X`

Tableau 21-2. Classes de caractères Unicode

Classe de caractères Unicode	*Comporte*
L	Lettres
Lu	Lettres, majuscules
Ll	Lettres, minuscules
Lt	Lettres, casse de titre
Lm	Lettres, modificatives
Lo	Lettres, autres
M	Marques
Mn	Marques, à chasse nulle
Mc	Marques, combinatoires avec chasse
Me	Marques, englobantes
N	Nombres
Nd	Nombres, chiffres décimaux
Nl	Nombres, lettres
No	Nombres, autres

Tableau 21-2. Classes de caractères Unicode (suite)

Classe de caractères Unicode	*Comporte*
P	Ponctuations
Pc	Ponctuations, connecteurs
Pd	Ponctuations, tiret
Ps	Ponctuations, début
Pe	Ponctuations, fin
Pi	Ponctuations, guillemet initial
Pf	Ponctuations, guillemet final
Po	Ponctuations, autres
Z	Séparateurs
Zs	Séparateurs, espaces
Zl	Séparateurs, lignes
Zp	Séparateurs, paragraphes
S	Symboles
Sm	Symboles, mathématiques
Sc	Symboles, monétaires
Sk	Symboles, modificateurs
So	Symboles, autres
C	Caractères, autres (n'étant pas une lettre, un symbole, un nombre ou un séparateur)
Cc	Caractères, commande
Cf	Caractères, formatage
Co	Caractères, usage privé
Cn	Caractères, points de code non assignés

xs:redefine

```
<xs:redefine
  id = "xs:ID"
  schemaLocation = "xs:anyURI" >
  <!-- (annotation | (simpleType | complexType | group | attributeGroup))*
    -->
</xs:redefine>
```

L'élément `xs:redefine` est utilisé comme `xs:include`. Il insère des définitions et des déclarations pour le même espace de noms cible d'un document de schéma trouvé à une URL spécifiée par l'attribut `schemaLocation`. Toutefois, à la différence de `xs:include`, `xs:redefine` peut redéfinir les définitions de type, de modèle, de groupe et de groupe d'attributs du schéma inclus. Les nouvelles définitions de type et de groupe sont des sous-éléments de l'élément xs:redefine. Elles doivent étendre ou restreindre la définition originale du type ou du groupe redéfini. Remarquez, cependant, que l'élément xs:redefine ne peut pas redéfinir les déclarations d'éléments et d'attributs faites dans le schéma inclus.

xs:restriction

```
<xs:restriction
  base = "xs:QName"
  id = "xs:ID">
  <!-- ( xs:annotation?, (
        (xs:simpleType?,
        ( xs:minExclusive | xs:minInclusive | xs:maxExclusive
        | xs:maxInclusive | xs:totalDigits | xs:fractionDigits
        | xs:length | xs:minLength | xs:maxLength | xs:enumeration
        | xs:whiteSpace | xs:pattern)*)
        | ( (xs:group | xs:all | xs:choice | xs:sequence)?,
          ((xs:attribute | xs:attributeGroup)*, xs:anyAttribute?) )
      ) -->
</xs:restriction>
```

L'élément xs:restriction dérive un nouveau type à partir d'un type de base existant identifié soit par un attribut base soit par un sous-élément xs:simpleType. Lors de la dérivation par restriction, toutes les valeurs valides du type dérivé doivent être aussi des valeurs autorisées du type de base. Cependant, l'inverse n'est pas vrai. Les valeurs valides de type dérivé sont un sous-ensemble (presque toujours un sous-ensemble convenable) des valeurs valides du type de base. Pour les types simples dérivés, les valeurs autorisées sont identifiées par les différentes facettes de l'élément xs:restriction. Pour les types complexes dérivés, les valeurs autorisées sont identifiées par les mêmes éléments que vous trouveriez dans un élément xs:complexType – c'est-à-dire, zéro ou un élément de groupe tel que xs:all, xs:choice ou xs:sequence suivi par des éléments de représentation d'attributs comme xs:attribute, xs:attributeGroup et xs:anyAttribute.

xs:schema

```
<xs:schema
  attributeFormDefault = "( qualified | unqualified )"
  elementFormDefault   = "( qualified | unqualified )"
  blockDefault = "( #all | extension | restriction | substitution )
  finalDefault = "( #all | extension | restriction )
  id = "xs:ID"
  targetNamespace = "xs:anyURI"
  version = "xs:token"
  xml:lang = "xml:lang" >
  <!-- (
        (xs:include | xs:import | xs:redefine | xs:annotation)*,
        (((xs:simpleType | xs:complexType | xs:group
```

```
          | xs:attributeGroup) | xs:element | xs:attribute
          | xs:notation), xs:annotation*)*
  ) -->
</xs:schema>
```

`xs:schema` est l'élément racine de tous les documents de schéma. Il contient tous les éléments de haut niveau décrits ailleurs dans ce chapitre. En premier viennent tous les éléments qui référencent d'une manière ou d'une autre d'autres documents de schéma, comme `xs:include`, `xs:import` et `xs:redefine`. Ces derniers sont suivis par les différents éléments qui définissent les types et les groupes et déclarent les éléments et attributs. Comme d'habitude, les éléments `xs:annotation` peuvent être placés n'importe où ils conviennent.

Attributs

`id`, *optionnel*

id est un nom XML unique parmi les attributs de type ID dans ce document de schéma.

`targetNamespace`, *optionnel*

URI de l'espace de noms pour l'application XML décrit par ce schéma. S'il n'est pas présent, alors ce schéma décrit des éléments dans aucun espace de noms. Si l'application XML utilise plusieurs espaces de noms, alors il doit y avoir un document de schéma distinct pour chaque espace de noms différent. Ces schémas peuvent être associés avec des éléments `xs:import`.

`version`, *optionnel*

Vous pouvez utiliser cet attribut pour spécifier la version du schéma, par exemple, 1.0, 1.0.1, 1.1, 1.2, 1.3b1, 2.0, etc. Cela fait référence à la version de ce schéma particulier, et non la version du langage XML Schema du W3C utilisé dans ce document.

`blockDefault`, *optionnel*

L'attribut `blockDefault` établit la valeur par défaut pour les attributs `block` des éléments `xs:element` et `xs:complexType` dans ce schéma.

`finalDefault`, *optionnel*

L'attribut `finalDefault` établit la valeur par défaut pour les attributs `final` des éléments `xs:element` et `xs:complexType` dans ce schéma.

`xml:lang`, *optionnel*

Il indique la langue dans laquelle ce schéma est originellement écrit, comme en ou `fr-CA`.

`attributeFormDefault`, *optionnel*

Il indique la valeur par défaut pour l'attribut `form` des éléments `xs:attribute`. Il indique si les attributs déclarés localement sont qualifiés par un espace de noms par l'espace de noms cible. Si cet attribut n'est pas utilisé, les attributs déclarés localement sont non qualifiés à moins que l'attribut `form` de l'élément `xs:attribute` ait la valeur `qualified`.

`elementFormDefault`, *optionnel*

Il indique la valeur par défaut pour l'attribut `form` des éléments `xs:element`. Il indique si les éléments déclarés localement sont qualifiés par un espace de noms par l'espace de noms cible. Par défaut, les éléments déclarés localement sont non qualifiés à moins que l'attribut `form` de l'élément `xs:element` ait la valeur `qualified`.

> `elementFormDefault` fait partie d'une tentative peu judicieuse de rendre les sous-éléments et les attributs équivalents. Si vous utilisez pleinement les espaces de noms, mettez simplement tout les éléments dans l'espace de noms cible du schéma et positionnez `elementFormDefault` à `qualified`.

xs:selector

```
<xs:selector
  id = "xs:ID"
  xpath = "expression XPath" >
  <!-- (xs:annotation?) -->
</xs:selector>
```

Un élément `xs:selector` est positionné dans chaque élément `xs:unique`, `xs:key` et `xs:keyref` pour spécifier les nœuds des éléments pour lesquels la clé sur la référence de clé est définie. L'ensemble de nœuds est sélectionné par une expression XPath contenue dans la valeur de l'attribut `xpath`. Le nœud contextuel pour cette expression XPath est l'élément qui correspond à la déclaration `xs:element` dans laquelle apparaît l'élément `xs:unique`, `xs:key` ou `xs:keyref`.

Toutes les expressions XPath ne sont pas autorisées ici. En particulier, l'expression XPath doit être un chemin de localisation abrégé qui se limite aux axes enfants. Les seuls tests de nœuds utilisés sont le nom d'un élément, le caractère générique * et le préfixe générique *prefixe*:*. La syntaxe abrégée doit être utilisée ; les prédicats ne sont pas autorisés. Ainsi, `personne/nom/prénom` est une expression XPath correcte pour cet attribut, mais `personne//nom` et `nom/prénom/@id` ne le sont pas. Plusieurs instances de cette forme restreinte d'expression XPath peuvent être combinées avec la barre verticale de telle façon que `personne/nom/prénom | personne/nom/nom_famille` soit aussi une expression XPath correcte. Enfin, l'expression XPath peut commencer avec `.//` de telle façon à ce que `.//nom` soit valide. Toutefois, c'est le seul endroit où l'axe descendant-or-self peut être utilisé. Aucune autre forme d'expression XPath n'est autorisée ici.

xs:sequence

```
<xs:sequence
  id = "xs:ID"
  maxOccurs = "( xs:nonNegativeInteger | unbounded)"
```

```
  minOccurs = "xs:nonNegativeInteger" >
  <!-- (  xs:annotation?,
        ( xs:element | xs:group | xs:choice | xs:sequence | xs:any )*
       )
  -->
</xs:sequence>
```

L'élément `xs:sequence` indique que les éléments représentés par leurs sous-éléments doivent apparaître à cet endroit dans l'instance de document dans l'ordre où ils ont été listés ici. La séquence doit se répéter au moins `minOccurs` fois et au plus `maxOccurs` fois. La valeur par défaut pour `minOccurs` et `maxOccurs` est 1. L'attribut `maxOccurs` peut être positionné à `unbounded` pour indiquer que la séquence peut être répétée indéfiniment.

---

xs:simpleContent

```
<xs:simpleContent
  id = "xs:ID" >
  <!-- (xs:annotation?, (xs:restriction | xs:extension)) -->
</xs:simpleContent>
```

L'élément `xs:simpleContent` est utilisé dans les éléments `xs:complexType` dont le contenu est un type simple, comme `xs:string` ou `xs:integer`, plutôt que des sous-éléments ou un contenu mixte. Cet élément sert particulièrement lorsque la seule raison pour laquelle un élément ait un type complexe au lieu d'un type simple est la définition d'attributs.

---

xs:simpleType

```
<xs:simpleType
  final = "( #all | list | union | restriction )"
  id = "xs:ID"
  name = "xs:NCName" >
  <!-- (xs:annotation?, (xs:restriction | xs:list | xs:union)) -->
</xs:simpleType>
```

L'élément `xs:simpleType` définit un nouveau type simple pour les éléments et les attributs. Un type simple est composé uniquement de texte sans sous-éléments – `#PCDATA`, dans un langage DTD. Un élément `xs:simpleType` de haut niveau possède un nom fourni avec l'attribut `name` par lequel il peut être reférénc é depuis l'attribut de type des éléments `xs:element` et `xs:attribute`. Alternativement, un élément `xs:element` ou un élément `xs:attribute` peut avoir un sous-élément `xs:simpleType` sans attribut `name` définissant ainsi un *type anonyme* pour cet élément ou cet attribut.

Les nouveaux types sont dérivés à partir de types existants d'une de ces trois façons : en restreignant l'intervalle du type de base en utilisant un sous-élément `xs:restriction`, en combinant plusieurs types de base avec un sous-élément `xs:union` ou en autorisant différentes valeurs d'un type de base séparées par un espace blanc avec un sous-élément `xs:list`.

L'attribut final peut être utilisé pour éviter toute dérivation de type. Si final vaut list, le type ne peut pas être étendu par une liste. Si final vaut restriction, le type ne peut pas être étendu par restriction. Si final vaut union, le type ne peut pas être membre d'une union. Ces trois valeurs peuvent être combinées dans une liste séparée par des espaces blancs. Par exemple, final="list union" empêche une dérivation par liste et union mais non par restriction. Si final vaut #all, le type ne peut pas être utilisé comme type de base de quelque façon que ce soit.

xs:totalDigits

```
<xs:totalDigits
  fixed = "( true | false )"
  id = "xs:ID"
  value = "xs:positiveInteger" >
  <!-- (xs:annotation?) -->
</xs:totalDigits>
```

La facette xs:totalDigits est utilisée lorsque l'on dérive des éléments xs:decimal et ses types dérivés (xs:integer, xs:long, xs:nonNegativeInteger, xs:unsignedLong, etc.) par restriction. Il spécifie le nombre maximum de chiffres permis dans le nombre, intégrant à la fois la partie entière et la partie variable, mais ne compte ni le point décimal ni le signe. Il positionne seulement le nombre maximum de chiffres. Si vous voulez spécifier un nombre minimum de chiffres, utilisez à la place la facette xs:pattern. Si l'attribut fixed vaut true, alors les types dérivés de ce type ne sont pas autorisés à redéfinir la valeur de fractionDigits donnée ici.

xs:union

```
<xs:union
  id = "xs:ID"
  memberTypes = "liste de xs:QName" >
  <!-- (xs:annotation?, (xs:simpleType*)) -->
</xs:union>
```

L'élément xs:union est placé dans un xs:simpleType pour indiquer qu'un élément ou un attribut peut contenir n'importe quel type parmi plusieurs. Par exemple, il peut indiquer qu'un élément peut contenir soit un xs:integer soit un xs:token. Les noms des types qui participent à l'union sont listés dans l'attribut memberTypes, séparés par des espaces blancs. De plus, les types définis dans le sous-élément xs:simpleType de xs:union sont également des membres de l'union.

xs:unique

```
<xs:unique
  id = "xs:ID"
```

```
    name = "xs:NCName" >
    <!-- (xs:annotation?, xs:selector, xs:field+ ) -->
  </xs:unique>
```

L'élément `xs:unique` demande qu'un sous-ensemble spécifié d'éléments et/ou d'attributs de l'instance de document ait des valeurs uniques calculées à partir de chacun de ces éléments/attributs. Il s'agit d'une contrainte semblable à celle qui impose à un attribut d'avoir un type `xs:ID`, tout en étant beaucoup plus flexible. Le sous-élément `xs:selector` utilise XPath pour spécifier le sous-ensemble de nœuds de l'instance de document sur lequel l'unicité est calculée. Les sous-éléments `xs:field` utilisent des expressions XPath pour spécifier quelles propriétés de ces nœuds doivent être uniques à l'intérieur du sous-ensemble.

xs:whiteSpace

```
  <xs:whiteSpace
    fixed = "( true | false )"
    id = "xs:ID"
    value = "(collapse | preserve | replace)" >
    <!-- (xs:annotation?) -->
  </xs:whiteSpace>
```

La facette `xs:whiteSpace` est peu commune dans le sens où elle ne contraint pas réellement les valeurs. Au lieu de cela, elle indique au validateur comment il devrait normaliser les espaces blancs avant de valider la valeur à partir des autres facettes. L'attribut `value` possède l'une des trois valeurs suivantes :

`preserve`
: Tous les espaces blancs sont significatifs ; cela est conceptuellement équivalent à l'élément `pre` de HTML.

`collapse`
: Avant que la valeur soit validée, les tabulations, les retours chariot et les sauts de ligne sont remplacés par des espaces ; les espaces blancs du début et de fin sont effacés ; et lorsque plus d'un espace blanc consécutif est observé il est condensé à un seul espace.

`replace`
: Les tabulations, les retours chariot et les sauts de lignes sont remplacés par des espaces avant que la valeur soit validée.

Types primitifs

Le langage XML Schema du W3C propose 44 types simples prédéfinis pour les chaînes de caractères. Chaque type possède un espace de valeurs et un espace lexical. L'espace de valeurs est l'ensemble des significations uniques pour le type, qui peut ou ne pas être du texte. Dans un certain sens, l'espace de valeurs est composé de formes platoniques. L'espace lexical est l'ensemble des chaînes de caractères qui correspondent à des éléments particuliers dans l'espace de valeurs. Par exemple, le type `xs:boolean` possède l'espace de valeurs true et false. Toutefois, son espace lexical contient quatre chaînes de caractères : `true`, `false`, `0` et `1`. `true` et `1` correspondent tous deux à la même valeur true, alors que `false` et `0` correspondent à la valeur false. Dans des cas comme celui là, où plusieurs chaînes de caractères de l'espace lexical correspondent à une même valeur, une de ces chaînes de caractères est choisie comme la *représentation lexicale canonique*. Par exemple, les représentations lexicales canoniques de true et false sont les chaînes de caractères `true` et `false`.

Les types primitifs sont organisés de manière hiérarchique. Tous les types simples héritent d'une définition abstraite (ur-type) nommée `xs:anySimpleType`, qui elle-même provient d'une définition abstraite (ur-type) `xs:anyType` qui inclut à la fois les types simples et les types complexes. Les types simples sont dérivés d'autres types simples par union, par restriction ou par liste. Par exemple, le type `xs:nonNegativeInteger` est dérivé du type `xs:integer` en positionnant sa facette `minInclusive` à 0. Le type `xs:integer` est dérivé du type `xs:decimal` en positionnant sa facette `fractionDigits` à 0. La *figure 21-1* présente sous forme de schéma la hiérarchie complète des types prédéfinis. L'élément `xs:simpleType` vous permet d'appliquer des facettes à ces types pour créer vos propres types dérivés qui étendent cette hiérarchie.

Les types de la section suivante sont organisés par ordre alphabétique. Pour chaque type, l'espace de valeurs et l'espace lexical sont décrits, et quelques exemples d'instances valides sont fournis.

---

xs:anyURI

Le type `xs:anyURI` indique un URI. Cela n'inclut pas seulement les URL (*Uniform Resource Locators*), mais aussi les URN (*Uniform Resource Names*). Les URL relatives et absolues sont autorisées. Les valeurs suivantes sont des valeurs valides du type `xs:anyURI` :

- `http://www.cafeaulait.org/`
- `http://[FEDC:BA98:7654:3210:FEDC:BA98:7654:3210]/`
- `http://www.w3.org/TR/xmlschema-2/#anyURI`
- `#xpointer(/livre/chapitre[20]/sect1[2]/sect2[1])`
- `gopher://spinaltap.micro.umn.edu/00/Weather/`
- `mailto:elharo@metalab.unc.edu`
- `chapitres/ch03.html`
- `http://ibiblio.org/nywc/compositions.phtml?category=Concertos`

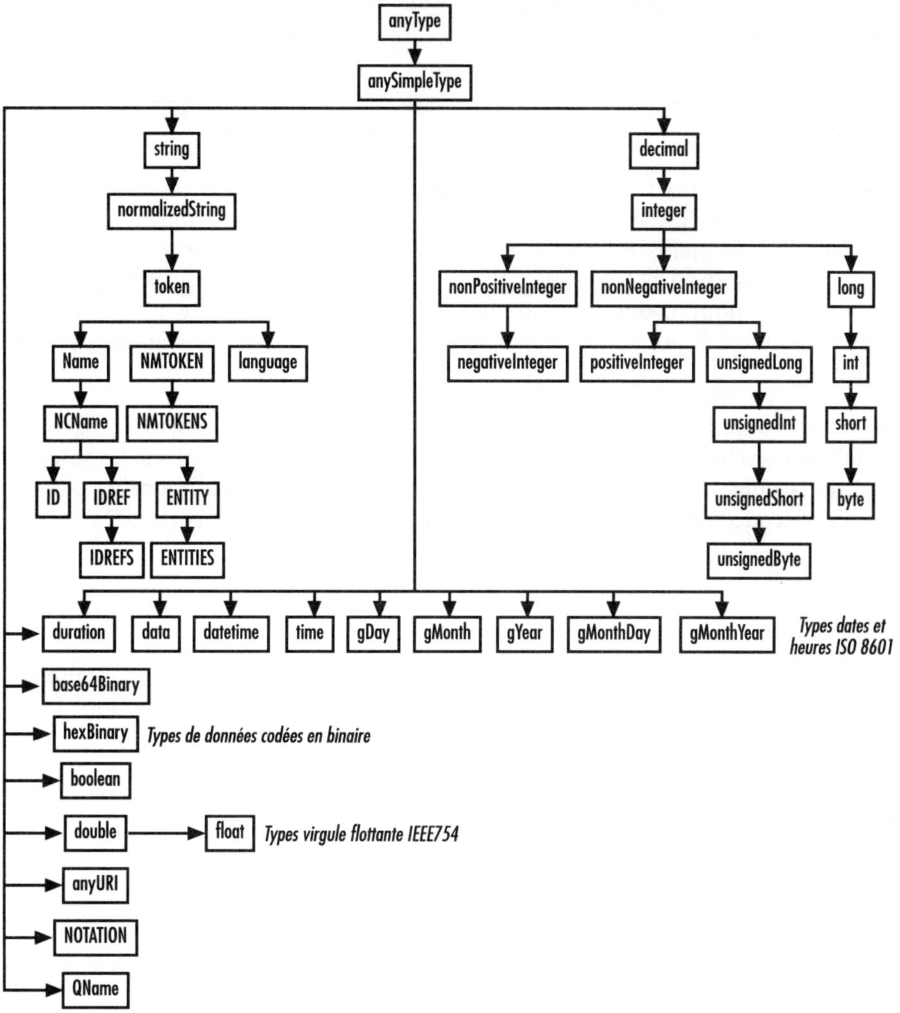

Figure 21-1. Hiérarchie des types simples

De manière plus spécifique, les éléments de ce type doivent être composés exclusivement des lettres ASCII A-Z et a-z, des chiffres 0-9 et des signes de ponctuation ASCII -, _, ., !, ~, *, ', (, et). De plus, les signes de ponctuation ASCII ;, /, ?, :, @, &, =, +, $, %, et , peuvent être utilisés pour leurs objectifs prévus dans les URL ; par exemple, l'anti-slash peut être utilisé comme un séparateur de chemin mais pas comme la partie d'un nom de fichier. Tous les autres caractères doivent être échappés en codant chaque octet de leur représentation UTF-8 par un signe pour cent suivi par la valeur hexadécimale du caractère. Bien qu'il y ait d'autres limitations sur ce qui fait, ou ne fait pas, qu'un URI soit correct, dans la pratique les seules conditions que le processeur de schémas vérifie sont les restrictions qui peuvent apparaître sur les caractères.

Les facettes qui s'appliquent à `xs:anyURI` sont `length`, `minLength`, `maxLength`, `pattern`, `enumeration` et `whiteSpace`.

xs:base64Binary

Le type `xs:base64Binary` représente une séquence d'octets codée en caractères ASCII à partir de l'algorithme Base-64 défini par la RFC 2045, *Multipurpose Internet Mail Extensions (MIME) Part One: Format of Internet Message Bodies*. Les données sont séparées en lignes de 76 caractères ou moins. Les lettres A-Z et a-z, les chiffres 0-9 et les signes de ponctuation + et / sont utilisés pour coder les données. Le signe égal est utilisé pour compléter les données si besoin. Les autres caractères sont autorisés, mais ils sont ignorés par le décodeur Base-64.

Les facettes qui s'appliquent à `xs:base64Binary` sont `length`, `minLength`, `maxLength`, `pattern`, `enumeration` et `whiteSpace`. À la différence des types chaîne de caractères, les valeurs spécifiées par les facettes `length`, `minLength` et `maxLength` font référence au nombre d'octets dans les données décodées, et non le nombre de caractères dans les données codées.

xs:boolean

Le type `xs:boolean` représente un booléen dont la valeur est soit true soit false. Il existe exactement quatre valeurs autorisées pour les éléments et les attributs dont le type est booléen :

- `true`
- `false`
- `0`
- `1`

0 est équivalent à false et 1 est équivalent à true. Seulement deux facettes s'appliquent à `xs:boolean` : `pattern` et `whiteSpace`.

xs:byte

Le type `xs:byte` représente un entier signé avec une valeur comprise entre -128 et 127. C'est un sous-type de `xs:short`. Les valeurs autorisées incluent n'importe quelle séquence de chiffres dont la valeur est inférieure ou égale 127 et supérieure ou égale à -128. Un signe plus ou moins optionnel est autorisé au début de la valeur. Par exemple, voilà des valeurs valides du type `xs:byte` :

- `127`
- `-128`
- `0`

- 52
- +52
- 0000052

Les facettes qui s'appliquent à `xs:byte` sont `length`, `minInclusive`, `maxInclusive`, `minExclusive`, `maxExclusive`, `pattern`, `enumeration`, `whiteSpace` et `totalDigits`.

xs:date

Le type `xs:date` représente une date spécifique comme le 26 septembre 2001. Les dates sont écrites sous la forme *`CCYY-MM-DD`*. Par exemple, le 26 septembre 2001 est écrit sous la forme `2001-09-26`. Les dates dans un futur lointain et dans un passé distant peuvent être écrites avec plus de quatre chiffres pour l'année, mais quatre chiffres au minimum sont exigés. Les dates avant l'année 1 sont précédées d'un signe moins (Il n'y a pas d'année 0). Un indicateur optionnel de fuseau horaire sous la forme *hh:mm* peut être suffixé pour fournir un fuseau horaire comme décalage par rapport au Temps Universel (*Universal Time Coordinated*, UTC). Par exemple, `2001-09-26-05:00` représente le 26 septembre 2001 dans le fuseau horaire U.S. Eastern. Au lieu de cela, la lettre `Z` peut être utilisée pour indiquer un Temps Universel. Voici des valeurs valides du type `xs:date` :

- 2001-01-01
- 1999-12-31Z
- 0482-11-24
- -0052-10-23
- 2002-12-23+12:00
- 87500-01-01

Les facettes qui s'appliquent à `xs:date` sont `minInclusive`, `maxInclusive`, `minExclusive`, `maxExclusive`, `pattern`, `enumeration` et `whiteSpace`. Remarquez, toutefois, que lorsque le fuseau horaire n'est pas spécifié, il n'est pas possible de déterminer sans ambiguïté si une date vient après une autre.

xs:dateTime

Le type `xs:dateTime` représente un moment spécifique dans le temps, comme le 26 septembre 2001 à 15h32. Les dates sont écrites sous la forme *`CCYY-MM-DD`*`T`*`hh:mm:ss`*. Par exemple, 15h32, le 26 septembre 2001 est écrit sous la forme `2001-09-26T15:32:00`. Des fractions de secondes peuvent être précisées en ajoutant un point suivi par n'importe quel nombre de chiffres après les secondes. Les dates dans un futur lointain et dans un passé distant peuvent être écrites avec plus de quatre chiffres pour l'année, mais quatre chiffres au minimum sont exigés. Les dates avant l'an 1 sont précédées par un signe moins (Il n'y a pas d'année 0). Un indicateur optionnel de fuseau horaire sous la forme *hh:mm* peut être suffixé pour fournir un fuseau horaire comme décalage par rapport au Temps Universel (*Universal Time Coordinated*, UTC). Par exemple, `2001-09-26T15:32:00-05:00` fait référence à 15h32, le 26 septembre 2001 dans le fuseau horaire U.S. Eastern. Au lieu de cela, la lettre `Z` peut être utilisée pour indiquer un Temps Universel. Voici des valeurs valides du type `xs:dateTime` :

- `2001-01-01T03:32:00-05:00`
- `1999-12-31T00:00:00Z`
- `2002-12-23T17:08:30.121893632178`

Les facettes qui s'appliquent à `xs:dateTime` sont `minInclusive`, `maxInclusive`, `minExclusive`, `maxExclusive`, `pattern`, `enumeration` et `whiteSpace`. Remarquez, toutefois, que lorsque le fuseau horaire n'est pas spécifiée, il n'est pas possible de déterminer sans ambiguité si un moment vient après un autre.

xs:decimal

`xs:decimal` est le type de base de tous les types numériques prédéfinis des schémas, hormis `xs:float` et `xs:double`. Il représente un nombre en base 10 avec n'importe quel nombre fini de chiffres 0-9 avant et après le point décimal. Il peut être préfixé par un signe plus ou moins. Les valeurs suivantes sont toutes des valeurs valides du type `xs:decimal` :

- `3.1415292`
- `03.1415292`
- `127`
- `+127`
- `-128`
- `0.0`
- `0.`
- `.0`

Ce type ne peut pas être localisé. Seuls les chiffres européens peuvent être utilisés, et seul un point peut être utilisé comme séparateur décimal. Les notations exponentielles et scientifiques ne sont pas supportées.

Les facettes qui s'appliquent à `xs:decimal` sont `minInclusive`, `maxInclusive`, `minExclusive`, `maxExclusive`, `pattern`, `enumeration`, `whiteSpace`, `fractionDigits` et `totalDigits`.

xs:double

Le type `xs:double` est conçu pour représenter des nombres doubles précisions sur huit octets codés dans le format IEEE 754, tel qu'est utilisé le type `double` dans les compilateurs

Java et la plupart des compilateurs C. Cela inclut les valeurs spéciales INF pour l'infini et NaN (Not a Number) utilisées pour les résultats des opérations non conventionnelles comme les divisions par zéro et extraire la racine carré d'un nombre négatif. Puisque tous les nombres binaires ne peuvent pas être représentés précisément par des nombres décimaux, il est possible que deux représentations décimales différentes de l'espace lexical correspondent à la même valeur (et *vice versa*). Dans ce cas, l'approximation la plus proche de la valeur IEEE-754 est choisie. Les valeurs suivantes sont des valeurs valides du type `xs:double`:

- `3.1415292`
- `-03.1415292`
- `6.022E23`
- `127E-13`
- `+2.998E+10`
- `-128e12`
- `0.0`
- `INF`
- `NaN`
- `-INF`

Les facettes qui s'appliquent à `xs:double` sont `minInclusive`, `maxInclusive`, `minExclusive`, `maxExclusive`, `pattern`, `enumeration` et `whiteSpace`.

xs:duration

Le type `xs:duration` représente une durée de temps comme 15 minutes; 2 heures; ou 3 ans, 7 mois, 2 jours, 8 heures, 32 minutes et 12 secondes. Il ne représente pas de début ou de fin spécifique, seulement une durée. Les durées sont représentées en utilisant le format ISO 8601 P*n*Y*n*M*n*DT*n*H*n*M*n*S. *n*Y indique le nombre de l'année, *n*M le nombre de mois, *n*D le nombre de jours, *n*H le nombre d'heures, *n*M le nombre de minutes et *n*S le nombre de secondes. Le nombre d'années, de mois, de jours, d'heures, de minutes et de secondes sont tous indiqués sous forme d'entiers positifs. Le nombre de secondes est un nombre décimal avec autant de place après le point décimal que nécessaire. Par exemple, dans ce format, 3 ans, 7 mois, 2 jours, 8 heures, 32 minutes et 12 secondes est écrit sous la forme `P3Y7M2DT8H32M12S`. Toute valeur nulle peut être omise. Ainsi, une durée de 2 ans et 2 minutes peut être écrit sous la forme `P2YT2M`. S'il n'y a aucune heure, minute ou seconde, alors la lettre `T` est omise. Ainsi, une durée de deux années est écrite sous la forme `P2Y`. Un signe moins précédant la lettre `P` précise une durée négative.

Les facettes qui s'appliquent à `xs:duration` sont `minInclusive`, `maxInclusive`, `minExclusive`, `maxExclusive`, `pattern`, `enumeration` et `whiteSpace`. Toutefois, parce que le nombre de jours dans un mois varie de 28 à 31 et le nombre de jours dans l'année varient de 365 à

366, les durées ne sont pas toujours parfaitement ordonnées. Par exemple, que `P1M` soit plus grand, égal ou plus petit que `P30D` dépend du mois dans lequel il est.

xs:ENTITIES

Le type `xs:ENTITIES` indique que la valeur est une liste de références d'entités externes séparée par des espaces blancs déclarée dans l'instance de document d'une DTD. Il est similaire au type d'attribut `ENTITIES` des DTD.

Les facettes qui s'appliquent à `xs:ENTITIES` sont `length`, `minLength`, `maxLength`, `enumeration`, `pattern` et `whiteSpace`. Les facettes `length`, `minLength` et `maxLength` font toutes références au nombre d'entités dans la liste.

xs:ENTITY

Le type `xs:ENTITY` est un sous-type de `xs:NCNAME` avec comme restriction complémentaire que la valeur doit être déclarée comme une entité non analysée dans le document de la DTD. Les valeurs lexicales autorisées du type `xs:ENTITY` sont exactement les mêmes que celles de `xs:NCNAME`. Les facettes qui s'appliquent à `xs:ENTITY` sont `length`, `minLength`, `maxLength`, `pattern`, `enumeration` et `whiteSpace`.

> Un schéma ne peut pas déclarer des entités analysées ou non analysées. Un document XML qui utilisent des entités différentes des cinq entités prédéfinies doit avoir une déclaration DOCTYPE et une DTD.

xs:float

Le type `xs:float` représente des nombres simples précisions sur quatre octets codés dans le format IEEE-754, comme le type `float` dans les compilateurs Java et de nombreux compilateurs C. Cela inclut les valeurs spéciales INF pour l'infini et NaN (Not a Number) utilisées pour les résultats des opérations non conventionnelles comme les divisions par zéro et extraire la racine carré d'un nombre négatif. Puisque tous les nombres binaires ne peuvent pas être représentés précisément par des nombres décimaux, il est possible que deux représentations décimales différentes de l'espace lexical correspondent à la même valeur (et *vice versa*). Dans ce cas, l'approximation la plus proche de la valeur IEEE-754 est choisie. Les valeurs suivantes sont des valeurs valides du type `xs:float` :

- `3.1415292`
- `-03.1415292`
- `6.022E23`
- `127E-13`

- `+2.998E+10`
- `-128e12`
- `0.0`
- `INF`
- `NaN`
- `-INF`

Les facettes qui s'appliquent à `xs:float` sont `minInclusive`, `maxInclusive`, `minExclusive`, `maxExclusive`, `pattern`, `enumeration` et `whiteSpace`.

xs:gDay

Le type `xs:gDay` représente un jour dans un mois comme le 14 ou le 23 quel que soit le mois. Le format utilisé est *---DD* complété soit par un suffixe de fuseau horaire optionnel sous la forme *hh:mm*, soit par la lettre `Z` pour indiquer un Temps Universel (*Universal Time Coordinated*, UTC). Les valeurs suivantes sont des valeurs valides du type `xs:gDay` :

- `---01`
- `---28`
- `---29Z`
- `---31+02:00`
- `---15-11:00`

La lettre *g* précise que le jour est indiqué dans le calendrier grégorien. Les types date des schémas ne sont pas applicables aux calendriers non grégoriens. Si vous avez besoin d'un calendrier différent, vous devrez le dériver à partir de `xs:string` en utilisant la facette `pattern`.

Les facettes qui s'appliquent à `xs:gDay` sont `minInclusive`, `maxInclusive`, `minExclusive`, `maxExclusive`, `pattern`, `enumeration` et `whiteSpace`. Toutefois, si les fuseaux horaires ne sont pas spécifiés, il peut ne pas être possible de déterminer sans ambiguité si un jour est plus grand ou plus petit qu'un autre. Si les fuseaux horaires sont spécifiés, les jours sont comparés par le moment où ils commencent. Ainsi `---29-05:00` est plus grand que `---29Z`, qui est plus grand que `---29+02:00`.

xs:gMonth

Le type `xs:gMonth` représente le mois d'une année dans le calendrier grégorien comme un entier compris entre `--01--` et `--12--`. Un suffixe de fuseau horaire optionnel sous la forme *hh:mm* ou la lettre `Z` pour indiquer un temps universel (*Universal Time Coordinated*, UTC) peut être ajouté en complément. Les valeurs suivantes sont les valeurs valides du type `xs:gMonth` :

- `--01--`
- `--12--`
- `--12--Z`
- `--09--+02:00`
- `--03---11:00`

XML Schema Part 2: Datatypes présente ici une erreur. Les types de données de temps et de date sont supposés être dans le format spécifié par le standard ISO-8601 ; référence d'après laquelle le format applicable pour un mois est un entier compris entre `--01` et `--12`, sans trait d'union à la fin. La façon dont cela sera exactement corrigé reste à déterminer, bien qu'au moins les mois sous la forme `--01` et `--10` seront autorisés dans le futur.

La lettre *g* indique que le mois est précisé en utilisant le calendrier grégorien. Les types dates des schémas ne sont pas applicables aux calendriers non grégoriens. Si vous avez besoin d'un calendrier différent, vous devrez le dériver de `xs:string` en utilisant la facette pattern.

Les facettes qui s'appliquent à `xs:gMonth` sont `minInclusive`, `maxInclusive`, `minExclusive`, `maxExclusive`, `pattern`, `enumeration` et `whiteSpace`. Toutefois, si les fuseaux horaires ne sont pas spécifiés, il peut ne pas être possible de déterminer sans ambiguité si un mois est postérieur à un autre. Si les fuseaux horaires sont spécifiés, les mois sont comparés par leur moment premier. Ainsi, `--12---05:00` est plus grand que `--12--Z`, qui est plus grand que `--12--+02:00`.

xs:gMonthDay

Le type `xs:gMonthDay` représente une jour précis dans un mois précis quelque soit l'année. Il est écrit sous la forme *–MM-DD* complétée par un suffixe de fuseau horaire optionnel sous la forme *hh:mm* ou par la lettre `Z` pour indiquer un temps universel (UTC). Les valeurs suivantes sont des valeurs valides du type `xs:gMonthDay` :

- `--10-31`
- `--12-25Z`
- `--01-01+05:00`
- `--07-04-02:00`

La lettre *g* indique que le mois et le jour sont précisés dans le calendrier grégorien. Les types date des schémas ne sont pas applicables aux calendriers non grégoriens. Pour un calendrier différent, vous devrez dériver `xs:string` en utilisant la facette pattern.

Les facettes qui s'appliquent à `xs:gMonthDay` sont `minInclusive`, `maxInclusive`, `minExclusive`, `maxExclusive`, `pattern`, `enumeration` et `whiteSpace`. Toutefois, si les fuseaux horaires ne sont pas précisés, il n'est pas possible de déterminer sans ambiguité qu'un jour est postérieur à un autre. Si les fuseaux horaires sont spécifiées, les jours sont comparés par leur moment premier dans la même année.

xs:gYear

Le type `xs:gYear` représente une année dans le calendrier grégorien. Elle est écrite sous la forme *CCYY* complétée par un suffixe de fuseau horaire optionnel sous la forme *hh:mm* ou la lettre `Z` pour indiquer un temps universel (UTC). Les dates avant l'an 1 peuvent être précisées par un signe moins. Au minimum quatre chiffres sont utilisés, mais des chiffres complémentaires peuvent être ajoutés pour préciser des années après ou avant 9999. Les valeurs suivantes sont des valeurs valides du type `xs:gYear` dans leur ordre d'apparition :

- `-15000000000`
- `0004`
- `0600`
- `1492`
- `2002+10:00`
- `2002Z`
- `2002-04:30`
- `100000`
- `800000000`

Les facettes qui s'appliquent à `xs:gYear` sont `minInclusive`, `maxInclusive`, `minExclusive`, `maxExclusive`, `pattern`, `enumeration` et `whiteSpace`. Toutefois, si les fuseaux horaires ne sont précisés, il peut ne pas être possible de déterminer sans ambiguité qu'une année vient après une autre. Si les fuseaux horaires sont spécifiés, les années sont comparées par leur moment premier.

xs:gYearMonth

Le type `xs:gYearMonth` représente un mois et une année du calendrier grégorien, comme mars 2002. Elle est écrite sous le format *CCYY-MM* complété par un suffixe de fuseau horaire optionnel sous la forme *hh:mm* ou par la lettre `Z` pour indiquer un temps universel (UTC). Les dates avant l'an 1 peuvent être précisées par un signe moins. Au minimum quatre chiffres sont utilisés, mais des chiffres complémentaires peuvent être ajoutés pour indiquer les années après ou avant 9999. Les valeurs suivantes sont des valeurs valides de `xs:gYearMonth` dans leur ordre d'apparition :

- `-15000000000-05`
- `0004-04`
- `0600-10`
- `1492-11`
- `2002-03+10:00`
- `2002-03Z`
- `2002-03-04:30`
- `100000-07`
- `100000-08`

Les facettes qui s'appliquent à `xs:gYearMonth` sont `minInclusive`, `maxInclusive`, `minExclusive`, `maxExclusive`, `pattern`, `enumeration` et `whiteSpace`. Toutefois, si les fuseaux horaires ne sont pas précisés, il peut ne pas être possible de déterminer sans ambiguïté que le mois d'une année vient après un autre.

xs:hexBinary

Le type `xs:hexBinary` représente une suite d'octets codés en remplaçant chaque octet de donnée par deux chiffres hexadécimaux avec des valeurs de 0 à F (A vaut 10, B vaut 11, C vaut 12, etc.). Des lettres en majuscules ou en minuscules peuvent être employées quel que soit le jeu de caractères du document. En UTF-8 ou en ASCII, cela a pour effet de doubler l'espace utilisé pour les données.

Les facettes qui s'appliquent à `xs:hexBinary` sont `length`, `minLength`, `maxLength`, `pattern`, `enumeration` et `whiteSpace`. À la différence des types chaîne de caractères, la valeur spécifiée par les facettes `length`, `minLength` et `maxLength` fait référence au nombre d'octets dans les données décodées, et non au nombre de caractères dans les données codées.

xs:ID

`xs:ID` est un sous-type de `xs:NCName` avec une restriction supplémentaire sur l'unicité de la valeur parmi les autres éléments de type `xs:ID` à l'intérieur du même document. Les valeurs lexicales autorisées pour le type `xs:ID` sont exactement les mêmes que pour `xs:NCName`. Les facettes qui s'appliquent à `xs:ID` sont `length`, `minLength`, `maxLength`, `pattern`, `enumeration` et `whiteSpace`.

xs:IDREF

`xs:IDREF` est un sous-type de `xs:NCName` avec comme restriction supplémentaire que la valeur est utilisée autre-part dans l'instance de document sur un item avec un type `xs:ID`.

Les valeurs lexicales autorisées pour le type `xs:ID` sont exactement les mêmes que pour `xs:NCName`. Les facettes qui s'appliquent à `xs:IDREF` sont `length`, `minLength`, `maxLength`, `pattern`, `enumeration` et `whiteSpace`.

xs:IDREFS

Le type `xs:IDREFS` indique que la valeur est une liste de valeurs de type `xs:ID` séparées par des espaces blancs utilisées autre-part dans l'instance de document. Cela est équivalent au type d'attribut `IDREFS` que l'on retrouve dans les DTD.

Les facettes qui s'appliquent à `xs:IDREFS` sont `length`, `minLength`, `maxLength`, `enumeration`, `pattern` et `whiteSpace`. Les facettes `length`, `minLength` et `maxLength` font toutes références au nombre d'IDREFs dans la liste.

xs:int

Le type `xs:int` représente un entier signé suffisamment petit pour être représenté par un nombre en complément à deux sur quatre octets comme le type de donnée primitif `int` du langage Java. Il est dérivé de `xs:long` en positionnant la facette `maxInclusive` à 2147483647 et la facette `minInclusive` à -2147483648. Les valeurs suivantes sont des valeurs valides du type `xs:int` :

- `200`
- `200000`
- `-200000`
- `+2147483647`
- `-2147483648`
- `0`

Les facettes qui s'appliquent à `xs:int` sont `minInclusive`, `maxInclusive`, `minExclusive`, `maxExclusive`, `pattern`, `enumeration`, `whiteSpace` et `totalDigits`.

xs:integer

Le type `xs:integer` représente un entier signé de longueur arbitraire. Le type est dérivé de `xs:double` en positionnant la facette `fractionDigits` à 0. Il peut être préfixé soit par un signe plus ou moins. Si aucun signe n'est présent, un signe plus est affecté. Les valeurs suivantes sont des valeurs valides du type `xs:integer` :

- `3`
- `3000`

- `349847329847983264983264987326487326487324678346374`
- `+127`
- `-128`
- `0`
- `+0`
- `-0`

Les facettes qui s'appliquent à `xs:integer` sont `minInclusive`, `maxInclusive`, `minExclusive`, `maxExclusive`, `pattern`, `enumeration`, `whiteSpace` et `totalDigits`.

xs:language

Les éléments et les attributs avec le type `xs:language` contiennent un code de langue défini dans la RFC 1766, *Tags for the Identification of Languages*. Ce sont essentiellement les valeurs acceptables pour l'attribut `xml:lang` décrit dans le chapitre 5. Dans la mesure du possible, cela devrait être un des codes de langue sur de deux lettres définit par l'ISO 639, suivi éventuellement par un code de pays. Pour les langues qui ne sont pas listées dans l'ISO 639, vous pouvez utiliser un des i-codes enregistré par l'IANA. Si la langue dont vous avez besoin n'est présente dans aucun de ces deux ensembles, vous pouvez créer votre propre balise de langue en commençant par le préfixe « x- » or « X- ». Ainsi, les valeurs suivantes sont des valeurs de langue valides :

- `en`
- `en-US`
- `en-GB`
- `fr-CA`
- `i-klingon`
- `x-quenya`
- `X-PigLatin`

Les facettes qui s'appliquent à `xs:language` sont `length`, `minLength`, `maxLength`, `pattern`, `enumeration` et `whiteSpace`.

xs:long

Le type `xs:long` décrit un entier signé long qui peut être représenté par un nombre en complément à deux sur huit octets comme le type de données primitif `long` du langage Java. Il est dérivé de `xs:integer` en positionnant la facette `maxInclusive` à 9223372036854775807 et la facette `minInclusive` à -9223372036854775808. Les valeurs suivantes sont des valeurs autorisées du type `xs:long` :

- `2`
- `200`
- `+9223372036854775807`
- `-9223372036854775808`
- `5000000000`
- `0`

Les contraintes qui s'appliquent à `xs:long` sont `minInclusive`, `maxInclusive`, `minExclusive`, `maxExclusive`, `pattern`, `enumeration`, `whiteSpace` et `totalDigits`.

xs:Name

`xs:Name` est un sous-type de `xs:token` restreint à la définition d'un nom XML 1.0 autorisé. En d'autres termes, la valeur doit être constituée exclusivement de lettres, chiffres, idéogrammes, et des caractères souligné, trait d'union, point et deux points. Les chiffres, le trait d'union et le point ne peuvent pas être utilisés pour commencer un nom, bien qu'ils puissent l'être dans le nom. Les valeurs suivantes sont des valeurs valides du type `xs:Name` :

- `G127`
- `_128`
- `Limit`
- `xml-stylesheet`
- `svg:rect`
- `Υποτροφίες`
- `京`

Les facettes qui s'appliquent à `xs:Name` sont `length`, `minLength`, `maxLength`, `pattern`, `enumeration` et `whiteSpace`.

xs:NCName

`xs:NCName` est un nom XML autorisé qui ne contient pas de caractères deux points comme défini dans *Namespaces in XML*. La valeur doit se composer exclusivement de lettres, chiffres, idéogrammes et des caractères souligné, trait d'union et point. Les chiffres, le trait d'union et le point ne peuvent pas être utilisés pour commencer un nom, bien qu'ils puissent l'être dans le nom. Les valeurs suivantes sont valides pour le type `xs:NCName` :

- `I-10`

- _128
- Limit
- xml-stylesheet
- エリオツト

Les facettes qui s'appliquent à xs:NCName sont length, minLength, maxLength, pattern, enumeration et whiteSpace.

xs:negativeInteger

Le type xs:negativeInteger représente un entier strictement négatif. Il est dérivé de xs:integer en positionnant la facette maxInclusive à -1. Les valeurs suivantes sont des valeurs autorisées du type xs:negativeInteger :

- -2
- -200
- -9223372036854775809
- -9223372036854775808922337203685477580892233720368
- -34

Les facettes qui s'appliquent à xs:negativeInteger sont minInclusive, maxInclusive, minExclusive, maxExclusive, pattern, enumeration, whiteSpace et totalDigits.

xs:NMTOKEN

xs:NMTOKEN est l'équivalent pour les schémas du type d'attribut NMTOKEN des DTD. C'est un sous-type de xs:token restreint aux unités lexicales nominales de XML 1.0. Ils sont identiques aux noms XML, mis à part qu'il n'y ait aucune restriction sur le caractère qui peut être utilisé pour commencer l'unité lexicale nominale. En d'autres termes, la valeur doit être composée d'une ou plusieurs lettres, chiffres, idéogrammes, et des caractères souligné, trait d'union, point et deux points. Les valeurs suivantes sont des valeurs valides du type xs:NMTOKEN :

- 127
- -128
- Limit
- integration
- svg:rect
- πυργοδαικτος
- 亂

Les facettes qui s'appliquent à `xs:NMTOKEN` sont `length`, `minLength`, `maxLength`, `pattern`, `enumeration` et `whiteSpace`.

xs:NMTOKENS

Le type `xs:NMTOKENS` est l'équivalent pour les schémas du type d'attribut `NMTOKENS` des DTD. `xs:NMTOKENS` est dérivé de `xs:NMTOKEN` par une liste. Ainsi, une valeur du type `xs:NMTOKENS` contient une ou plusieurs unités lexicales nominales séparées par des espaces blancs. Les valeurs suivantes sont valides :

- `127 126 125 124 123 122 121 120 119 118`
- `-128`
- `Limite Intégrale Somme Supérieur Liminf Limsup`
- `Jan Fev Mar Avr Mai Jui Juil Sept Oct Nov Dec`
- `svg:rect`

Les facettes qui s'appliquent à `xs:NMTOKENS` sont `length`, `minLength`, `maxLength`, `enumeration`, `pattern` et `whiteSpace`. Les facettes `length`, `minLength` et `maxLength` font toutes références au nombre d'unités lexicales nominales dans la liste.

xs:nonNegativeInteger

Le type `xs:nonNegativeInteger` représente un entier positif ou nul. Il est dérivé de `xs:integer` en positionnant la facette `minInclusive` à 0. Les valeurs suivantes sont valides pour le type `xs:nonNegativeInteger` :

- `2`
- `+200`
- `9223372036854775809`
- `9223372036854775808922337203685477580892233720368`
- `0`

Les facettes qui s'appliquent à `xs:nonNegativeInteger` sont `minInclusive`, `maxInclusive` `minExclusive`, `maxExclusive`, `pattern`, `enumeration`, `whiteSpace` et `totalDigits`.

xs:nonPositiveInteger

Le type `xs:nonPositiveInteger` représente un entier négatif ou nul. Il est dérivé de `xs:integer` en positionnant la facette `maxInclusive` à 0. Les valeurs suivantes sont valides :

- `-2`
- `-200`

- -9223372036854775809
- -9223372036854775808922337203685477580892233720368
- 0

Les facettes qui s'appliquent à xs:nonPositiveInteger sont minInclusive, maxInclusive, minExclusive, maxExclusive, pattern, enumeration, whiteSpace et totalDigits.

xs:normalizedString

xs:normalizedString est dérivé de xs:string en positionnant la facette whiteSpace à replace de telle façon que les caractères retour chariot (#xD) et tabulation (#x9) soient remplacés par des espaces dans la valeur normalisée. Une chaîne de caractères normalisée peut contenir n'importe quel caractère autorisé dans XML ; bien que dépendant du contexte, des caractères spéciaux comme <, & et " peuvent demander à être échappés par des appels caractères ou des appels entités selon le cas. Toutes les chaînes de caractères autorisées sont aussi des représentations lexicales autorisées du type xs:normalizedString. Toutefois, un parseur supportant les schémas qui présente la valeur normalisée d'un élément à la place des caractères littéraux dans le document, remplacera tous les retours chariot et les tabulations par autant d'espaces blancs avant de mettre à disposition la chaîne de caractères à l'application cliente.

Les facettes qui s'appliquent à xs:normalizedString sont length, minLength, maxLength, pattern, enumeration et whiteSpace.

xs:NOTATION

Le type xs:NOTATION restreint une valeur aux noms qualifiés déclarés comme notations en utilisant un élément xs:notation dans le schéma. C'est un type abstrait. En d'autres termes, vous ne pouvez pas déclarer directement qu'un élément ou un attribut possède un type xs:NOTATION. Au lieu de cela, vous devez d'abord dériver un nouveau type à partir de xs:NOTATION, le plus fréquemment par énumération, et ensuite déclarer que votre élément ou attribut possède le sous-type. Les contraintes qui s'appliquent à xs:NOTATION sont length, minLength, maxLength, pattern, enumeration et whiteSpace.

xs:positiveInteger

Le type xs:positiveInteger représente un entier strictement positif. Il est dérivé de xs:integer en positionnant la facette minInclusive à 1. Les valeurs suivantes sont des valeurs valides pour le type xs:positiveInteger :

- 1
- +2
- 9223372036854775809

- 92233720368547758089223372036854775808922337203685477580892233720368
- 34

Les facettes qui s'appliquent à `xs:positiveInteger` sont `minInclusive`, `maxInclusive`, `minExclusive`, `maxExclusive`, `pattern`, `enumeration`, `whiteSpace` et `totalDigits`.

xs:QName

`xs:QName` est un type de base qui est limité aux noms qualifiés par un espace de noms. La valeur logique d'un nom qualifié est une paire URI d'un espace de noms-partie locale. D'un point de vue lexical, les noms qualifiés sont identiques aux noms XML, mis à part qu'ils ne peuvent pas contenir plus d'un caractère deux points et que le caractère deux points ne peut pas être le premier caractère dans le nom. Un nom qualifié peut, ou pas, être préfixé. S'il est préfixé, alors le préfixe doit être associé correctement à l'URI d'un espace de noms. S'il n'est pas préfixé, alors le nom doit se trouver dans le domaine d'un espace de noms par défaut. Les valeurs suivantes sont valides pour le type `xs:QName` en fonction du contexte :

- `xsl:apply-templates`
- `svg:rect`
- `limit`
- `xml:lang`
- `body`
- `xlink:href`

Les facettes qui s'appliquent à `xs:QName` sont `length`, `minLength`, `maxLength`, `pattern`, `enumeration` et `whiteSpace`.

xs:short

Le type `xs:short` indique un entier signé suffisamment petit pour être représenté par un nombre en complément à deux sur deux octets comme le type de donnée primitif `short` du langage Java. Il est dérivé de `xs:int` en positionnant la facette `maxInclusive` à 32767 et la facette `minInclusive` à -32768. Les valeurs suivantes sont valides :

- 2000
- +2000
- -2000
- 32767
- -32768
- 0

Les facettes qui s'appliquent à `xs:short` sont `minInclusive`, `maxInclusive`, `minExclusive`, `maxExclusive`, `pattern`, `enumeration`, `whiteSpace` et `totalDigits`.

xs:string

C'est le type simple le plus général. Les éléments et les attributs avec le type `xs:string` peuvent contenir n'importe quelle séquence de caractères autorisée dans XML, bien qu'en fonction du contexte, certains caractères comme `<`, `&` et `"` doivent être échappés avec des appels caractères ou des appels entités selon le cas.

Les facettes qui s'appliquent à `xs:string` sont `length`, `minLength`, `maxLength`, `pattern`, `enumeration` et `whiteSpace`.

xs:time

Le type `xs:time` représente une heure avec une périodicité quotidienne, comme 15h32. Les temps sont écrits sous la forme *hh:mm:ss.xxx* en utilisant une horloge de 24 heures et autant de fractions de seconde que nécessaire. Par exemple, 15h41 est écrit comme `15:41:00`. 3h41 et une demi seconde est écrit comme `03:41:00.5`. Le suffixe `Z` précise un temps universel (UTC). Autrement, le fuseau horaire peut être indiqué comme un décalage en heures et minutes à partir du temps universel. Par exemple, `15:41:00-05:00` est équivalent à 15h41 dans le fuseau horaire U.S. Eastern. Le fuseau horaire peut être omis, dans quel cas, le temps présent est quelque peu non déterministe. Les valeurs suivantes sont valides pour le type `xs:time` :

- `03:32:00-05:00`
- `00:00:00Z`
- `08:30:34.121893632178`
- `23:59:59`

Les facettes qui s'appliquent à `xs:time` sont `minInclusive`, `maxInclusive`, `minExclusive`, `maxExclusive`, `pattern`, `enumeration` et `whiteSpace`. Remarquez, toutefois, que lorsque le fuseau horaire n'est pas spécifié, il n'est pas toujours possible de déterminer sans ambiguïté qu'un moment est postérieur à un autre.

xs:token

`xs:token` est un sous-type de `xs:normalizedString` dont la valeur normalisée ne doit contenir aucun caractère de saut de ligne (#xA) ou de tabulation (#x9), ne doit pas avoir d'espace blanc en début et en fin, et aucune séquence de plus de deux espaces blancs. Toutes les chaînes de caractères sont aussi des représentations lexicales autorisées du type `xs:normalizedString`. Toutefois, un parseur supportant les schémas qui présente la valeur normalisée d'un élément à la place de caractères littéraux dans le document, supprimera l'espace blanc de début et de fin et compactera tous les autres caractères espace blanc en un seul espace avant de fournir la chaîne de caractères à l'application cliente.

Les facettes qui s'appliquent à `xs:token` sont `length`, `minLength`, `maxLength`, `pattern`, `enumeration` et `whiteSpace`.

xs:unsignedByte

Le type `xs:unsignedByte` représente une valeur non-signée qui peut être stockée sur un octet, comme le type `char` non-signé utilisé par certains (mais pas tous) compilateurs C. Il est dérivé de `xs:unsignedShort` en positionnant la facette `maxInclusive` à 255 (2^{8-1}). Les valeurs suivantes sont des valeurs autorisées pour le type `xs:unsignedByte` :

- `3`
- `200`
- `+255`
- `50`
- `0`

Les facettes qui s'appliquent à `xs:unsignedByte` sont `minInclusive`, `maxInclusive`, `minExclusive`, `maxExclusive`, `pattern`, `enumeration`, `whiteSpace` et `totalDigits`.

xs:unsignedInt

Le type `xs:unsignedInt` représente un entier non-signé qui peut être stocké sur quatre octets, comme le type `int` non-signé utilisé par certains compilateurs C. Il est dérivé de `xs:unsignedLong` en positionnant la facette `maxInclusive` à 4294967295 (2^{321-1}). Les valeurs suivantes sont des valeurs valides pour le type `xs:unsignedInt` :

- `2`
- `200`
- `+4294967295`
- `100000`
- `0`

Les facettes qui s'appliquent à `xs:unsignedInt` sont `minInclusive`, `maxInclusive`, `minExclusive`, `maxExclusive`, `pattern`, `enumeration`, `whiteSpace` et `totalDigits`.

xs:unsignedLong

Le type `xs:unsignedLong` représente un entier non-signé qui peut être stocké sur huit octets, comme le type `long` non-signé utilisé par certains compilateurs C. Il est dérivé de xs:nonNegativeInteger en positionnant la facette maxInclusive à 18446744073709551615 (2^{64}-1). Les valeurs suivantes sont valides pour le type xs:unsignedLong :

- 2
- 200
- +9223372036854775807
- 18446744073709551615
- 5000000000
- 0

Les facettes qui s'appliquent à xs:unsignedLong sont minInclusive, maxInclusive, minExclusive, maxExclusive, pattern, enumeration, whiteSpace et totalDigits.

xs:unsignedShort

Le type xs:unsignedShort représente un entier non-signé qui peut être stocké sur deux octets, comme un type short non-signé utilisé par certains compilateurs C. Il est dérivé de xs:unsignedInt en positionnant la facette maxInclusive à 65535 (2^{16}-1). Ces valeurs sont des valeurs autorisées pour le type xs:unsignedShort :

- 3
- 300
- +65535
- 50000
- 0

Les facettes qui s'appliquent à xs:unsignedShort sont minInclusive, maxInclusive, minExclusive, maxExclusive, pattern, enumeration, whiteSpace, et totalDigits.

Attributs d'instance de document

Le langage XML Schema du W3C définit quatre attributs dans l'espace de noms *http://www.w3.org/2001/XMLSchema-instance* (combinés ici au préfixe xsi), qui sont associés aux éléments de l'instance d'un document plutôt qu'aux éléments du schéma. Ces derniers sont : xsi:nil, xsi:type, xsi:schemaLocation et xsi:noNamespaceSchemaLocation. Ils sont particuliers dans le sens où les schémas n'ont pas besoin de les déclarer.

xsi:nil

L'attribut xsi:nil indique qu'un élément particulier n'a pas de valeur ou que la valeur est inconnue. Ce n'est pas la même chose que d'avoir une valeur qui est zéro ou une chaîne de caractères vide. D'un point de vue sémantique, il est équivalent à la valeur null de SQL. Par exemple, dans cet élément nom_complet, le sous-élément nom possède une valeur nil :

```
<nom xmlns:xsi="http://www.w3.org/2001/XMLSchema-instance">
  <prénom>Cher</prénom>
  <nom_famille xsi:nil="true"/>
</nom>
```

Il n'est pas pertinent qu'une balise d'élément vide ou qu'une paire de balises de début et de fin soit utilisée pour représenter l'élément nil. Cependant, un élément nil peut ne pas avoir de contenu.

Afin que ce document soit valide, la déclaration d'éléments pour l'élément nom doit spécifier explicitement que les valeurs nil sont autorisées en positionnant l'attribut nillable à true. Par exemple :

```
<xs:element name="nom" type="xs:string" nillable="true"/>
```


xsi:noNamespaceSchemaLocation

L'attribut xsi:noNamespaceSchemaLocation localise le schéma pour les éléments qui ne sont dans aucun espace de noms. (Les attributs n'ayant aucun espace de noms sont supposés avoir été déclarés dans le même schéma comme leur élément parent.) Sa valeur est l'URL relative ou absolue où le document du schéma peut être trouvé. Il est, la plupart du temps, associé à l'élément racine mais il peut apparaître plus loin dans l'arborescence. Par exemple, cet élément personne indique qu'il devrait être validé à partir du schéma trouvé à l'URL *http://www.oreilly.fr/archives/xmlnut2/personne.xs* :

```
<personne xsi:noNamespaceSchemaLocation="http://www.oreilly.fr/archives/
                                         xmlnut2/personn.xs">

  <nom_complet>
    <prénom>Alan</prénom>
    <nom>Turing</nom>
  </nom_complet>
  <profession>informaticien</profession>
  <profession>mathématicien</profession>
  <profession>cryptographe</profession>
</personne>
```

Ce ne sont que des suggestions. Les processeurs de schéma peuvent utiliser d'autres moyens pour localiser les schémas pertinents et ignorer les conseils proposés par xsi:noNamespaceSchemaLocation.

xsi:schemaLocation

L'attribut xsi:schemaLocation localise les schémas pour les éléments et les attributs qui sont dans l'espace de noms spécifié. Sa valeur est l'URI de l'espace de noms, suivi par une URL relative ou absolue où le schéma pour cet espace de noms peut être trouvé. Il est, la plupart du temps, associé à l'élément racine mais il peut apparaître plus loin dans l'arborescence. Par exemple, cet élément personne de l'espace de noms *http://www.oreilly.fr/archives/xmlnut2/namespaces/personnes* indique qu'il devrait être validé à partir du schéma trouvé à l'URL *http://www.oreilly.fr/archives/xmlnut2/personne.xs* :

```
<personne xmlns="http://www.cafeconleche.org/namespaces/person"
  xmlns:xsi="http://www.w3.org/2001/XMLSchema-instance"
  xsi:schemaLocation="http://www.oreilly.fr/archives/xmlnut2/namespaces/personnes
                      http://www.oreilly.f/archives/xmlnut2/personne.xs">
  <nom>
    <prénom>Alan</prénom>
    <nom_famille>Turing</nom_famille>
  </nom>
  <profession>informaticien</profession>
  <profession>mathématicien</profession>
  <profession>cryptographe</profession>
</personne>
```

Si plus d'un espace de noms est utilisé dans un document, alors chaque espace de noms doit avoir son propre schéma. Les URI d'espace de noms et les URL des schémas peuvent être listés les uns à la suite des autres dans le même attribut `xsi:schemaLocation`. Par exemple, l'attribut `xsi:schemaLocation` de cet élément personne indique que les éléments de l'espace de noms *http://www.oreilly.fr/archives/xmlnut2/namespaces/personnes* devraient être validés à partir du schéma trouvé à l'URL *http://www.oreilly.fr/archives/xmlnut2/personne.xs*, alors que les éléments de l'espace de noms *http://www.oreilly.fr/archives/xmlnut2/namespaces/personnes* devraient être validés à partir du schéma trouvé à l'URL *names.xs*.

```
<personne xmlns="http://www.oreilly.fr/archives/xmlnut2/namespaces/personnes"
  xmlns:xsi="http://www.w3.org/2001/XMLSchema-instance"
  xsi:schemaLocation="http://www.oreilly.fr/archives/xmlnut2/namespaces/personnes
                      http://www.oreilly.fr/archives/xmlnut2/personne.xs
                      http://www.oreilly.fr/archives/xmlnut2/namespaces/personnes
                      names.xs">
  <nom xmlns="http://www.oreilly.fr/archives/xmlnut2/namespaces/personnes">
    <prénom>Alan</prénom>
    <nom_famille>Turing</nom_famille>
  </nom>
  <profession>informaticien</profession>
  <profession>mathématicien</profession>
  <profession>cryptographe</profession>
</personne>
```

Ce ne sont que des suggestions. Les processeurs de schéma peuvent utiliser d'autres moyens pour localiser les schémas pertinents et ignorer les conseils proposés par `xsi:schemaLocation`.

xsi:type

L'attribut `xsi:type` peut être utilisé dans les instances de document pour indiquer le type d'un élément, même lorsqu'un schéma complet n'est pas disponible. Par exemple, cet élément `longueur` possède un type `xs:decimal` :

```
<longueur xsi:type="xs:decimal">23.5</longueur>
```

De manière plus importante, l'attribut `xsi:type` permet une forme limitée de polymorphisme. En fait, il vous permet de mettre l'instance d'un type dérivé là où l'instance d'un type de base serait normalement attendue. L'instance du type dérivé doit porter un attribut `xsi:type` identifiant qu'il a une instance du type de base. Par exemple, imaginez qu'un schéma indique qu'un élément `transport` doit contenir exactement un élément `véhicule`. Si `bus`, `train` et `avion` sont des sous-types de `véhicule`, alors ce sont des éléments `transport` valides :

```
<transport>
  <avion xsi:type="avion">Boeing 767</avion>
</transport>
<transport>
  <bus xsi:type="bus">Greyhound</bus>
</transport
```

Toutefois, lorsque les attributs `xsi:type` sont enlevés, ce ne sont plus des éléments `transport` valides :

```
<transport>
  <avion>Boeing 767</avion>
</transport>
<transport>
  <bus>Greyhound</bus>
</transport>
```

CHAPITRE 22

Référence de XPath

XPath est une syntaxe non-XML utilisée pour identifier des nœuds et groupes de nœuds particuliers de documents XML, ceci pour XSLT et XPointer, et certaines propositions pour un futur langage de requête XML (*XML Query Language*).

Modèle de données XPath

XPath voit chaque document XML comme un arbre de nœuds. Chaque nœud a un des sept types :

racine
: Chaque document a exactement un nœud racine, à la racine de l'arbre. Ce nœud inclut comme enfants un nœud de commentaire pour chaque commentaire hors de l'élément racine, un nœud d'instruction de traitement pour chaque instruction de traitement hors de l'élément racine, et exactement un nœud d'élément pour l'élément document. Il ne contient aucune représentation de la déclaration XML ou de la déclaration de type de document ou aucun espace avant l'élément racine. Le nœud racine n'a pas de nœud parent. Sa valeur est la valeur de l'élément document.

élément
: Un nœud d'élément représente un élément. Il a un nom, un URI d'espace de noms, un nœud parent et une liste de nœuds enfants, qui peut inclure d'autres nœuds d'éléments, des nœuds de commentaire, d'instruction de traitement ou de texte. Un élément a aussi une liste d'attributs et une liste d'espaces de noms en vigueur, dont aucun n'est considéré comme enfant de l'élément. La valeur d'un nœud d'élément est le texte analysé complet entre sa balise de début et sa balise de fin restant après que toutes les balises, commentaires et instructions de traitement ont été supprimés.

attribut

Un nœud d'attribut représente un attribut. Il a un nom, un URI d'espace de noms, une valeur et un élément parent. Cependant, bien que les éléments soient parents des attributs, les attributs ne sont pas les enfants de leur élément parent. La métaphore biologique s'arrête ici. Les attributs `xmlns` et `xmlns:`*`préfixe`* ne sont pas représentés comme des nœuds d'attribut. La valeur d'un nœud d'attribut est la valeur normalisée de l'attribut.

texte

Chaque nœud de texte représente la plus grande suite de texte possible entre des balises, instructions de traitement et commentaires. Un nœud de texte a un nœud parent mais aucun enfant. La valeur d'un nœud de texte est le texte de ce nœud.

espace de noms

Un nœud d'espace de noms représente un espace de noms en vigueur pour l'élément ou l'attribut. En général, chaque espace de noms déclaré par un attribut `xmlns` ou `xmlns:`*`préfixe`* produit plusieurs nœuds dans l'arbre du document. Comme les nœuds d'attributs, les nœuds d'espace de noms ont un élément parent mais n'en sont pas les enfants.

instruction de traitement

Un nœud d'instruction de traitement représente une instruction de traitement. Il a une cible, des données, un nœud parent et aucun enfant.

commentaire

Un nœud de commentaire représente un commentaire. Il a un nœud parent et aucun enfant.

La déclaration XML et la déclaration de type de document ne sont pas incluses dans la vision qu'a XPath du document XML. Tous les appels d'entités et de caractères et les section CDATA sont résolues avant que l'arbre XPath soit construit. Les appels eux-mêmes ne sont pas inclus comme partie séparée de l'arborescence.

Types de données

Toute expression XPath s'évalue à un des quatre types :

booléen

Une valeur binaire, soit vraie soit fausse. Dans XPath, les booléens sont le plus souvent produits par les opérateurs de comparaison `=`, `!=`, `<`, `>`, `<=` et `>=`. Les conditions peuvent être combinées grâce aux opérateurs `and` et `or`. Ceux-ci possèdent leur signification logique classique (c'est-à-dire, `3>2 or 2>1` est vrai.) XPath n'offre pas de représentation littérale des booléens. Les fonctions `true()` et `false()` remplissent ce besoin.

nombre

Tous les nombres dans XPath sont des nombres à virgule flottante codés sur 64 bits et conformes à IEEE 754. Ils sont identiques au type `double` de Java. Les nombres s'étendent de 4.94065645841246544e-324d à 1.79769313486231570e+308d et sont soit positifs soit négatifs. Ils incluent aussi les valeurs spéciales `Inf` (infini positif), `-Inf` (infini négatif) et `NaN` (*not a number*) utilisé pour le résultat d'opérations illégales, comme la division par zéro. XPath fournit tous les opérateurs adaptés pour travailler avec ces nombres, dont :

`+` Addition

`-` Soustraction ; cet opérateur devrait toujours être entouré d'espaces pour éviter les interprétations erronées accidentelles comme partie d'un nom XML

`*` Multiplication

`div` Division

`mod` Modulo (reste de la division euclidienne)

chaîne de caractères

Une chaîne de caractères XPath est une séquence de zéro, ou plusieurs, caractères Unicode. Les chaînes de caractères littérales sont mises entre guillemets simples ou doubles, comme il convient. À la différence de Java, XPath ne permet pas de concaténer des chaînes de caractères avec le signe plus. La fonction `concat()` remplit ce rôle.

ensemble de nœuds

Un ensemble de nœuds est une collection de zéro ou plusieurs nœuds d'un document XML. Les chemins de localisation produisent la plupart des ensembles de nœuds. De manière générale, un unique ensemble de nœuds peut contenir tous les types de nœuds : racine, élément, attribut, espace de noms, commentaire, instruction de traitement et texte. La plupart des ensembles de nœuds ne contiennent cependant qu'un seul type de nœuds.

Certains standards utilisant XPath définissent aussi de nouveaux types de données. Par exemple, XSLT définit le fragment d'arbre résultat représentant le résultat de l'instruction de traitement ou l'instanciation d'un modèle. XPointer définit l'ensemble de lieux qui étend l'ensemble de nœuds par ajout des points et régions.

Chemins de localisation

Les ensembles de nœuds sont retournés par des chemins de localisation. Les chemins de localisation consistent en des étapes de localisation. Toute étape de localisation contient un axe et un test de nœud séparés par un double deux-points. Une étape de localisation ressemble à ceci :

```
axe::test-de-noeud
```

L'axe indique dans quelle direction à partir du nœud contextuel le processeur cherche les nœuds. Le test de nœud indique quels nœuds le long de cet axe sont sélectionnés. Voici quelques étapes de localisation avec différents axes et tests de nœud :

```
child::set
descendant-or-self::node()
```

```
ancestor-or-self::*
attribute::xlink:href
```

Toute étape de localisation peut être suffixée par un ou plusieurs prédicats entre crochets pour restreindre la recherche. Par exemple :

```
child::set[position()=2]
descendant-or-self::node()[.='Eunice']
ancestor-or-self::*[position()=2][.="Celeste"]
attribute::xlink:href[starts-with('http')]
```

Toute étape de localisation est elle-même un chemin de localisation relatif. Le nœud contextuel par rapport auquel est évalué le chemin de localisation relatif est établi par des moyens externes à XPath ; par exemple, par le nœud courant d'un modèle XSLT.

Les étapes de localisation peuvent être combinées en les séparant par des barres obliques. Chaque étape du chemin de localisation obtenu définit le (ou les) nœud contextuel de l'étape suivante. Par exemple :

```
ancestor-or-self::*/child::*[position()=1]
child::document/child::set[position()=2]/following-sibling::*
descendant::node()[.='Eunice']/attribute::ID
```

Un chemin de localisation absolu est formé en préfixant d'une barre oblique un chemin relatif. Ceci définit le nœud contextuel de la première étape de localisation à la racine du document. Par exemple, ces chemins de localisation sont absolus :

```
/descendant::ship/ancestor-or-self::*/child::*[position()=1]
/child::document/child::set[position()=2]/following-sibling::*
/descendant::node()[.='Eunice']/attribute::ID
```

Il est possible de combiner plusieurs chemins de localisation à l'aide de l'opérateur (|) pour former une expression qui sélectionnera un ensemble de nœuds contenant tous les nœuds identifiés par un des chemins de localisation. Par exemple, cette expression choisit l'ensemble de nœuds suivant : tous les fils `set` du nœud contextuel, tous les descendants `vector` du nœud contextuel, tous les éléments de l'axe `ancestor` du nœud contextuel et du nœud racine, ainsi que tous les attributs `href` du nœud contextuel.

```
child::set | descendant::vector | ancestor::* | attribute::href
```

Syntaxe abrégée

Il existe une syntaxe abrégée pour les chemins de localisation les plus courants. C'est la syntaxe autorisée dans les motifs de correspondance XSLT. Dans cette syntaxe, cinq axes utilisent ces raccourcis :

`.`

Le nœud contextuel.

`..`

Le nœud parent.

`nom`

Le ou les sous-éléments du nom spécifié. C'est l'abréviation de `child::`*`nom`*.

`//`
: Tous les descendants du nœud contextuel, ainsi que le nœud contextuel lui-même.

`@name`
: L'attribut du nœud contextuel possèdant le nom spécifié.

En utilisant cette syntaxe abrégée, les exemples précédents pourraient être écrits, avec quelques nuances, de la façon suivante :

```
set
descendant-or-self::node()
ancestor-or-self::*
@xlink:href
set[position()=2]
descendant-or-self::node()[.='Eunice']
ancestor-or-self::*[position()=2][.="Celeste"]
@xlink:href[starts-with('http')]
ancestor-or-self::*/*[position()=1]
document/set[position()=2]/following-sibling::*
descendant::node()[.='Eunice']/@ID
//ship/ancestor-or-self::*/*[position()=1]
/document/set[position()=2]/following-sibling::*
/descendant::node()[.='Eunice']/@ID
set | .//vector | ancestor::* | @href
```


Toutes les étapes de localisation ne peuvent pas être réécrites en utilisant la syntaxe abrégée. En effet, seuls les axes child, self, attribute, descendant-or-self et parent peuvent être abrégés. Les autres axes doivent être écrits en intégralité.

Axes

Toute étape de localisation XPath se déplace le long d'un axe depuis le nœud contextuel. Le nœud contextuel est un nœud racine, nœud d'élément, d'attribut, de commentaire, d'instruction de traitement, d'espace de noms et de texte particulier dans un document XML. (En pratique c'est presque toujours un nœud d'élément ou le nœud racine.) Le nœud contextuel peut être un nœud sélectionné par l'étape précédente du chemin de localisation ou peut être déterminé par des règles externes à XPath, comme le nœud actuellement traité par un élément `xsl:template`.

Peu importe comment le nœud contextuel est déterminé, il entretient des relations avec tous les autres du document. Les différents axes divisent le document en plusieurs ensembles se chevauchant, selon leur relation au nœud contextuel. Vous pouvez utiliser exactement 13 axes dans une étape de localisation XPath :

`child`
: Tous les enfants du nœud contextuel. C'est l'axe par défaut et il peut être omis dans un chemin de localisation abrégé. Seuls le nœud racine et les nœuds d'élément ont des enfants. Les nœuds d'attribut et d'espace de noms ne sont les enfants d'aucun nœud, bien qu'ils aient des nœuds parents.

`descendant`
: Tous les nœuds contenus dans le nœud contextuel, c'est-à-dire les nœuds enfants, leurs enfants, leurs petits-enfants et ainsi de suite. Seuls le nœud racine et les nœuds d'élément ont des descendants. Comme l'axe `child`, l'axe `descendant` ne contient jamais de nœuds d'attribut ou d'espace de noms.

`descendant-or-self`
: Tous les descendants du nœud contextuel ou le nœud contextuel lui-même. `//` est l'abréviation de `/descendant-or-self::node()/`.

`parent`
: Le nœud racine ou le nœud d'élément contenant immédiatement le nœud contextuel. Seul le nœud racine n'a pas de nœud parent. `..` est l'abréviation de `parent::node()`.

`ancestor`
: Le nœud racine et tous les nœuds d'élément contenant le nœud contextuel. Le nœud racine lui-même n'a pas d'ancêtre. Cet axe ne peut pas être utilisé dans des chemins de location abrégés.

`ancestor-or-self`
: Tous les ancêtres du nœud contextuel, ainsi que celui-ci. Cet axe ne peut pas être utilisé dans des chemins de location abrégés.

`following-sibling`
: Tous les nœuds suivant le nœud contextuel et ayant le même nœud parent. Les nœuds d'attribut et d'espace de noms n'ont pas de frère. Cet axe ne peut pas être utilisé dans des chemins de location abrégés.

`preceding-sibling`
: Tous les nœuds précédant le nœud contextuel et ayant le même nœud parent. Les nœuds d'attribut et d'espace de noms n'ont pas de frères. Cet axe ne peut pas être utilisé dans des chemins de location abrégés.

`following`
: Tous les nœuds suivant le nœud contextuel, excepté pour les nœuds d'attribut et d'espace de noms. Cet axe ne peut être pas utilisé dans des chemins de location abrégés.

`preceding`
: Tous les nœuds précédant le nœud contextuel, excepté pour les nœuds d'attribut et d'espace de noms. Cet axe ne peut pas être utilisé dans des chemins de location abrégés.

`attribute`
: Tous les attributs du nœud contextuel ; l'axe est vide si ce dernier n'est pas un nœud d'élément. Cet axe ne contient pas les attributs `xmlns` et `xmlns:`*`prefixe`*. `@`*`nom`* est l'abréviation de `attribute::`*`nom`*.

`namespace`

Tous les espaces de noms en vigueur pour le nœud contextuel (pas uniquement ceux qui y sont déclarés) ; cet axe est vide si le nœud contextuel n'est pas un nœud d'élément.

`self`

Le nœud contextuel lui-même. Un point unique (`.`) est l'abréviation de `self::node`.

Tests de nœud

Chaque étape de localisation a au moins un axe et un test de nœud. Le test de nœud sélectionne les nœuds le long de l'axe ; un double deux-points `::` le sépare de l'axe. Il y a sept types de tests de nœud :

nom

Un nom XML sélectionnant tous les éléments du même nom. Le long de l'axe `attribute`, il sélectionne des attributs plutôt que des éléments. Comme d'habitude, si le nom est préfixé, seul l'URI auquel est lié le préfixe importe, pas le préfixe lui-même.

préfixe`:*`

Sélectionne tous les nœuds d'élément dont l'URI d'espace de noms est le même que celui auquel est attaché le préfixe, indépendamment de leur nom. Le long de l'axe `attribute`, sélectionne des attributs plutôt que des éléments.

`comment()`

Tous les nœuds de commentaire.

`text()`

Tous les nœuds de texte. Un nœud de texte est la plus grande suite de texte entre deux nœuds d'un autre type.

`processing-instruction()`
`processing-instruction('`*cible*`')`

Sans argument, sélectionne toutes les instructions de traitement, sinon sélectionne toutes les instructions de traitement ayant la cible spécifiée en argument.

`node()`

Sélectionne tous les nœuds indépendamment de leur type : attribut, espace de noms, élément, texte, commentaire, instruction de traitement et racine.

`*`

Sélectionne normalement tous les nœuds d'élément indépendamment de leur nom. Cependant, le long de l'axe `attribute`, sélectionne tous les nœuds d'attribut et le long de l'axe `namespace` les nœuds d'espace de noms.

Prédicats

Toute étape de localisation peut avoir zéro ou plus *prédicats*. Un prédicat est une expression XPath entre crochets suivant le test de nœud. Cette expression retourne la plupart du temps, mais pas nécessairement, une valeur booléenne. Dans le chemin de localisation suivant :

```
/personne[position()=1]/profession[.="physicien"][position()<3]
```

`[position()=1]`, `[.="physicien"]` et `[position()<3]` sont des prédicats. Un processeur XPath travaille de gauche à droite dans une expression. Après que tout ce qui précède un prédicat évalué, il reste une liste de nœuds contextuelle, qui peut être vide ou contenir un ou plusieurs nœuds. Pour la plupart des axes, y compris child, following-sibling, following et descendant, cette liste suit l'ordre du document. Pour les axes ancestor, preceding et preceding-sibling, elle suit l'ordre inverse.

Le prédicat est évalué par rapport à chaque nœud de la liste de nœuds contextuelle. Si l'expression renvoie vrai, le nœud est gardé dans la liste, si elle renvoie faux il en est retiré. Si l'expression retourne un nombre, le nœud évalué est laissé dans la liste si et seulement si le nombre est le même que la position du nœud dans la liste de nœuds contextuelle. Si l'expression renvoie une valeur non booléenne et non numérique, celle-ci est convertie en booléen, comme par un appel à la fonction `boolean()` décrite plus loin, afin de déterminer si le nœud doit être conservé ou non.

Fonctions XPath

XPath 1.0 définit 27 fonctions à utiliser dans les expressions. Les différentes technologies utilisant XPath, comme XSLT et XPointer, étendent cette liste avec les fonctions qui leur sont nécessaires. XSLT autorise même des fonctions d'extension définies par l'utilisateur.

Toute fonction est évaluée dans le contexte de nœuds particuliers appelé, *nœud contextuel*. Les spécifications de plus haut niveau dans lesquelles XPath est utilisés, comme XSLT et XPointer, décident exactement comment cette liste est déterminée. Dans certains cas, la fonction opère sur le nœud contextuel et la liste de nœuds contextuelle. Dans d'autres cas, elle opère sur son argument s'il est présent et sur le nœud contextuel dans le cas contraire. Le nœud contextuel est ignoré dans d'autres cas.

Dans les sections suivantes, chaque fonction est décrite avec au moins une signature de la forme :

```
type-retourné nom-de-la-fonction(type argument, type argument, ...)
```

Les types sont donnés comme `boolean` pour les booléens, `string` pour les chaînes de caractères, `number` pour les nombres et `node-set` pour les ensembles de nœuds.

Comparée aux langages comme Java, la liste des arguments XPath est assez lâche. Certaines fonctions XPath ont un nombre variable d'arguments et remplissent les arguments omis par des valeurs par défaut ou le nœud contextuel.

De plus, XPath est faiblement typé. Si vous passez un argument du mauvais type à une fonction XPath, il sera généralement converti vers le type approprié en utilisant les fonctions `boolean()`, `string()` ou `number()` décrites plus loin. Les exceptions à la règle de typage faible sont les fonctions qui prennent en argument un ensemble de nœuds. Le standard XPath 1.0 ne fournit aucun moyen de convertir une valeur en ensemble de nœuds si elle n'en est pas un. Dans certains cas, une fonction peut opérer aussi bien sur différents types d'argument. Dans ce cas, le type est donné simplement comme `object`.

boolean()

Signature

```
boolean boolean(object o)
```

Description

La fonction `boolean()` convertit son argument en booléen suivant ces règles :

- zéro et NaN sont faux ; tous les autres nombres sont vrais ;
- les ensembles de nœuds vides sont faux, les autres, non vides, sont vrais ;
- les chaînes de caractères vides sont fausses, les autres vraies.

ceiling()

Signature

```
number ceiling(number x)
```

Description

La fonction `ceiling()` retourne le plus petit entier supérieur ou égal à `x`. Par exemple, `ceiling(3.141592)` renvoie 4, `ceiling(-3.141592)` vaut – 3. Avant le calcul, les types ne représentant pas des nombres sont convertis à l'aide de la fonction `number()`.

concat()

Signature

```
string concat(string s1, string s2)
string concat(string s1, string s2, string s3)
string concat(string s1, string s2, string s3, string s4)
...
```

Description

Cette fonction concatène ses arguments de gauche à droite et retourne la chaîne de caractère combinée. Elle peut prendre un nombre quelconque d'arguments. D'autres arguments, n'étant pas des chaînes de caractères, peuvent être également passés à cette fonction. Dans ce cas, ils sont convertis automatiquement par le biais de la fonction `string()`.

contains()

Signature

```
boolean contains(string s1, string s2)
```

Description

Cette fonction retourne vrai si `s2` est une sous-chaîne de `s1` – c'est-à-dire si `s1` contient `s2` – sinon faux. Par exemple, `contains("Un chat vraiment gentil", "gentil")` renvoie vrai, tandis que `contains("Un chat vraiment gentil", "Marjorie")` retourne faux. Le test est sensible à la casse.

---

count()

Signature

```
number count(node-set set)
```

Description

La fonction `count()` retourne le nombre de nœuds dans l'ensemble passé en argument.

---

false()

Signature

```
boolean false()
```

Description

La fonction `false()` retourne toujours faux. Elle comble le manque de représentation littérale des booléens dans XPath.

---

floor()

Signature

```
number floor(number x)
```

Description

La fonction `floor()` retourne le plus grand entier inférieur ou égal à `x`. Par exemple, `floor(3.141592)` renvoie 3 et `floor(-3.141592)` retourne – 4. Avant le calcul, les types ne représentant pas des nombres sont convertis à l'aide de la fonction `number()`.

---

id()

Signature

```
node-set id(object IDs)
```

Description

La fonction `id()` retourne un ensemble de nœuds contenant tous les éléments du document ayant un des ID spécifiés. Si l'argument est une chaîne de caractères, il est interprété comme une liste d'ID séparés par des blancs et la fonction retourne tous les éléments ayant un ID correspondant à l'un de ceux de la liste. Si l'argument est un ensemble de nœuds, chacun de ces nœuds est converti en chaîne de caractères et l'ensemble de nœuds retourné contient tous les éléments dont l'ID correspond à une de ces valeurs. Enfin, si l'argument est d'un autre type, il est converti en chaîne de caractères, comme par un appel à la fonction `string()`, et renvoie le même résultat que si sa valeur textuelle avait été passée directement à la fonction.

lang()

Signature

```
boolean lang(string languageCode)
```

Description

La fonction `lang()` retourne vrai si le nœud contextuel est écrit dans la langue spécifiée par l'argument `languageCode`, faux dans le cas contraire. Le plus proche attribut `xml:lang` du nœud contextuel ou un de ces ancêtres détermine sa langue. Si aucun attribut `xml:lang` n'est présent, `lang()` retourne faux.

La fonction `lang()` prend en considération le pays ainsi que les autres sous-codes pour faire son choix. Par exemple, `lang('fr')` retourne vrai pour les éléments dont le code de langue est `fr-FR`, `fr-CA`, ou `fr`. En revanche, `lang('fr-FR')` renvoie faux pour les éléments dont le code de langue est `fr-CA` ou `fr`.

last()

Signature

```
number last()
```

Description

La fonction `last()` retourne la taille de l'ensemble de nœud contextuel (c'est-à-dire le nombre de nœuds qu'elle contient).

local-name()

Signature

```
string local-name()
string local-name(node-set nodes)
```

Description

Sans argument, cette fonction renvoie le nom local du nœud contextuel, c'est-à-dire la partie du nom après les deux points, ou le nom entier s'il n'est pas préfixé. Avec un ensemble de nœuds en argument, elle renvoie le nom local du premier nœud de l'ensemble. Si l'ensemble de nœuds est vide ou si le premier nœud de l'ensemble n'a pas de nom (soit un nœud contenant un commentaire, soit le nœud racine), alors elle renvoie la chaîne de caractères vide.

name()

Signature

```
string name()
string name(node-set nodes)
```

Description

Sans argument, cette fonction renvoie le nom qualifié (préfixé) du nœud contextuel ou la chaîne de caractères vide s'il n'a pas de nom (s'il s'agit d'un nœud contenant un commentaire ou du nœud racine). Avec un ensemble de nœuds en argument, elle renvoie le nom qualifié du premier nœud de l'ensemble. Si cet ensemble est vide ou si son premier nœud ne possède pas de nom, elle renvoie alors la chaîne de caractères vide.

namespace-uri()

Signature

```
string namespace-uri()
string namespace-uri(node-set nodes)
```

Description

Sans argument, cette fonction retourne l'URI d'espace de noms du nœud contextuel. Avec un argument, elle renvoie l'URI d'espace de noms du premier de ses nœuds. Si le nœud n'a pas d'URI d'espace de noms (parce que ce n'est pas un élément ou un attribut ou si cela en est un qui n'appartient à aucun espace de noms, ou parce que l'ensemble de nœuds de l'argument est vide), la fonction retourne une chaîne de caractère vide.

normalize-space()

Signature

```
string normalize-space()
string normalize-space(string s)
```

Description

La fonction `normalize-space()` retire tous les blancs au début ou en fin de son argument et remplace chaque groupe de blancs par une unique espace. Parmi les effets de bord, elle retire tous les retours à la ligne. Si l'argument est omis, la fonction normalise la valeur textuelle du nœud contextuel.

not()

Signature

```
boolean not(boolean b)
```

Description

La fonction `not()` inverse la valeur de son argument ; faux devient vrai et vice versa. Par exemple, `not(3 > 2)` renvoie faux et `not(2+2=5)` retourne vrai.

---

number()

Signature

```
number number()
number number(object o)
```

Description

La fonction `number()` convertit son argument en nombre en suivant ces règles :

- Une chaîne de caractères est d'abord normalisée puis convertie en la valeur IEEE 754 la plus proche (selon la règle *round-to-nearest* de IEEE 754) de la valeur mathématique qu'elle représente. Si la chaîne de caractères ne semble pas représenter un nombre, elle est convertie en NaN.
- Pour les booléens, vrai est converti en 1, faux en 0.
- Les ensembles de nœuds sont d'abord convertis en chaîne de caractères comme par un appel à la fonction `string()`. Le résultat de cette première conversion est ensuite converti en nombre.

Si l'argument est omis, la fonction convertit le nœud contextuel.

---

position()

Signature

```
number position()
```

Description

La fonction `position()` retourne le nombre égal à la position du nœud contextuel dans la liste de nœuds contextuelle.

---

round()

Signature

```
number round(number x)
```

Description

La fonction `round()` retourne l'entier le plus proche de `x`. Par exemple, `round(3.141592)` retourne 3 et `round(- 3.141592)` renvoie – 3. Si deux entiers sont aussi proches de `x` l'un que l'autre, le plus proche de l'infini positif est retourné. Par exemple, `round(3.5)` retourne 4 et `round(- 3.5)` renvoie – 3.

starts-with()

Signature

```
boolean starts-with(string s1, string s2)
```

Description

Cette fonction retourne vrai si `s1` commence par `s2`, faux sinon. Par exemple, `starts-with("gentil chat", "gentil")` renvoie vrai tandis que `starts-with("gentil chat", "Marjorie")` retourne faux. Le test est sensible à la casse.

string()

Signature

```
string string()
string string(object o)
```

Description

La fonction `string()` convertit un objet en chaîne de caractères selon ces règles :

- un ensemble de nœuds est converti en la valeur textuelle du premier nœud dans l'ordre du document. Si l'ensemble est vide, une chaîne vide est retournée ;
- un nombre est converti en chaîne de caractères de la façon suivante :
  - NaN est converti en la chaîne de caractères `NaN`,
  - l'infini positif est converti en `Inf`,
  - l'infini négatif est converti en `-Inf`,
  - les entiers sont convertis en leur forme anglaise sans séparateur décimal ni zéro précédant le premier chiffre significatif. Un signe moins est utilisé si le nombre est négatif, les nombres positifs ne sont *pas* préfixés d'un signe plus ;
- pour les booléens, vrai est converti en « `true` » et faux en « `false` », toujours en minuscules.

L'objet à convertir est normalement passé en argument. S'il est omis, le nœud contextuel est utilisé à la place.

La spécification XPath indique que « la fonction string n'a pas pour objet de convertir des nombres en chaînes de caractères pour les présenter aux utilisateurs ». Le premier problème est qu'elle n'est pas localisable (avec un format différent selon la langue du document) et peu pratique pour les grands nombres. Si vous voulez montrer un nombre à un utilisateur, utilisez plutôt la fonction `number-format()` et/ou l'élément `xsl:number`.

string-length()

Signature

```
number string-length(string s)
number string-length()
```

Description

La fonction `string-length()` retourne le nombre de caractères de son argument. Par exemple, `string-length("gentil")` renvoie 6. Si l'argument est omis, la fonction retourne le nombre de caractères de la valeur textuelle du nœud contextuelle.

substring()

Signature

```
string substring(string s, number index, number length)
string substring(string s, number index)
```

Description

La fonction `substring()` retourne la sous-chaîne de `s` commençant à l'indice `index` et continuant sur `length` caractères. Le premier caractère de la chaîne est à la position 1 (et non 0 comme en Java ou JavaScript). Par exemple, `substring("gentil chat", 1, 6)` renvoie `"gentil"`. Si `length` est omis, la sous-chaîne retournée s'étend jusqu'à la fin de la chaîne. Par exemple, `substring("gentil chat", 8)` renvoie `"chat"`.

substring-after()

Signature

```
string substring-after(string s1, string s2)
```

Description

La fonction `substring-after()` retourne la sous-chaîne de `s1` suivant la première occurrence de `s2`, ou une chaîne vide si `s1` ne contient pas `s2`. Par exemple, `substring-after("gentil chat", " ")` renvoie `"chat"`. Le test est sensible à la casse.

substring-before()

Signature

```
string substring-before(string s1, string s2)
```

Description

La fonction `substring-before()` retourne la sous-chaîne de `s1` précédant la première occurrence de `s2`, ou une chaîne vide si `s1` ne contient pas `s2`. Par exemple, `substring-before("gentil chat", " ")` renvoie `"gentil"`. Le test est sensible à la casse.

---

sum()

Signature

```
number sum(node-set nodes)
```

Description

La fonction `sum()` convertit chaque nœud de son argument en nombre, comme par un appel à la fonction `number()`, ajoute ces nombres et retourne le résultat.

---

translate()

Signature

```
string translate(string s1, string s2, string s3)
```

Description

La fonction `translate()` remplace dans `s1` chaque occurrence des caractères présents dans `s2` par le caractère à la même position dans `s3`. Par exemple, `translate("XML in a Nutshell", " ", "_")` remplace les espaces par des soulignés et retourne `"XML_in_a_Nutshell"`. Si `s3` est plus court que `s2`, les caractères n'ayant pas de correspondance sont simplement supprimés. Par exemple, `translate("XML in a Nutshell", " ", "")` supprime toutes les espaces et retourne `"XMLinaNutshell"`.

---

true()

Signature

```
boolean true()
```

Description

La fonction `true()` retourne simplement vrai. Elle comble le manque de représentation littérales des booléens dans XPath.

CHAPITRE 23

Référence de XSLT

XSLT (*Extensible Stylesheet Language Transformations*) est un langage de programmation fonctionnel utilisé pour spécifier comment un document XML est transformé en un autre document texte, et non nécessairement en un autre document XML. Un processeur XSLT lit un document XML en entrée et une feuille de style XSLT (qui est elle-même un document XML parce que XSLT est une application XML) et produit un arbre résultat en sortie. Cet arbre résultat peut être sérialisé dans un fichier ou écrit sur un autre flux. Les documents peuvent être transformés par un programme indépendant ou par une partie d'un logiciel plus important qui communique avec le processeur XSLT *via* son API.

L'espace de noms XSLT

Tous les éléments XSLT standard sont dans l'espace de noms *http://www.w3.org/1999/XSL/Transform*. Dans ce chapitre, nous supposerons que cet URI a été attaché au préfixe `xsl` par la déclaration `xmlns:xsl` appropriée quelque part dans la feuille de style. Cette déclaration est normalement faite dans l'élément racine comme ceci :

```
<xsl:stylesheet version="1.0"
                xmlns:xsl="http://www.w3.org/1999/XSL/Transform">

    <!-- Ici viennent les éléments de haut niveau XSLT -->

</xsl:stylesheet>
```

Éléments XSLT

XSLT définit 37 éléments, répartis en trois catégories :

- Deux éléments racine :

xsl:stylesheet
xsl:transform

- Douze éléments dits de *haut niveau* (*top-level*). Ces éléments pour la plupart ne peuvent apparaître que comme enfants directs de l'élément racine et sont :
  xsl:attribute-set
  xsl:decimal-format
  xsl:import
  xsl:include
  xsl:key
  xsl:namespace-alias
  xsl:output
  xsl:param
  xsl:preserve-space
  xsl:strip-space
  xsl:template
  xsl:variable

- Vingt trois éléments instructions. Ces éléments apparaissent dans le contenu des éléments contenant des modèles. Il ne s'agit pas uniquement de `xsl:template`, mais aussi d'autres éléments, comme `xsl:for-each` et `xsl:message`, qui sont composés d'éléments résultat littéraux, de données textuelles et d'instructions XSLT qui sont traitées pour produire une partie de l'arbre résultat. Ces éléments sont :
  xsl:apply-imports
  xsl:apply-templates
  xsl:attribute
  xsl:call-template
  xsl:choose
  xsl:comment
  xsl:copy
  xsl:copy-of
  xsl:element
  xsl:fallback
  xsl:for-each
  xsl:if
  xsl:message
  xsl:number
  xsl:otherwise
  xsl:param
  xsl:processing-instruction
  xsl:sort
  xsl:text
  xsl:value-of
  xsl:variable
  xsl:when
  xsl:with-param

La plupart des processeurs XSLT fournissent aussi diverses extensions non standard et vous permettent d'écrire vos propres éléments d'extension dans des langages comme Java ou JavaScript.

Les éléments de cette section sont listés par ordre alphabétique de `xsl:apply-imports` à `xsl:with-param`. Chaque élément commence par un synopsis de la forme :

```
<xsl:nomElement
     atribut1 = "valeurs autorisées"
     atribut2 = "valeurs autorisées"
>
     <!-- Modèle de contenu -->
</xsl:nomElement>
```

La plupart des valeurs des attributs ont un des types suivants :

expression

Une expression XPath. Dans les cas où l'expression doit retourner une valeur d'un type particulier, comme un ensemble de nœud ou un nombre, celui-ci est utilisé comme préfixe, par exemple, `node-set-expression` ou `number-expression`. Les noms des types suivent les mêmes conventions que dans le chapitre précédent. Cependant, XPath est faiblement typé et dans la plupart des cas, n'importe quelle valeur sera convertie vers le type demandé. Par exemple, un attribut qui doit contenir une chaîne de caractères peut en fait contenir un nombre ou un ensemble de nœuds. Le processeur convertit automatiquement ce nombre ou ensemble en chaîne de caractères selon les mêmes règles qui ont été données dans le chapitre précédent pour la fonction XPath `string()`. La seule exception à cette règle est `node-set-expression`. XSLT ne convertit aucun autre type vers un ensemble de nœuds automatiquement. Si un attribut requiert une `node-set-expression`, y mettre une valeur d'un autre type d'expression, comme un booléen ou une chaîne de caractères, est une erreur.

QualifiedName

Un nom XML, comme `set` ou `mathml:set`. Si le nom n'a pas de préfixe, il est considéré comme n'appartenant à aucun ensemble de nom, sinon l'espace de noms correspondant au préfixe doit avoir été déclaré.

PrefixedName

Un nom XML qui doit avoir un préfixe tel que `mathml:set` et non `set`.

pattern

Un motif XSLT, c'est-à-dire, un groupe d'une ou plusieurs expressions XPath de localisation séparées par un `|`. Chaque étape de localisation n'utilise que les axes `child` ou `attribute`. La première étape peut être la fonction `id()` ou `key()` appelée avec un argument littéral.

langcode

Un code de langue comme défini par la RFC 1766, par exemple `en` ou `fr-CA`.

string

Une chaîne littérale de texte.

char

Un unique et quelconque caractère Unicode.

enumeration

Une valeur dans une liste finie. Les valeurs possibles sont séparées par une barre verticale, comme dans un modèle de contenu énuméré dans une déclaration `ATTLIST`.

URI

Une référence relative ou absolue d'URI. En pratique, il s'agit d'URL classiques. Les URI relatifs le sont vis-à-vis de la localisation de la feuille de style.

Il est possible de donner, comme modèle de valeur d'attribut, certains attributs contenant des chaînes de caractères (si ces chaînes de caractères sont des littéraux, des expressions, des noms ou autre). Il s'agit alors d'une expression XPath entre accolades, qui est évaluée pour fournir la valeur finale de l'attribut. Lorsque c'est le cas, c'est indiqué dans la description de chaque attribut.

xsl:apply-imports

Syntaxe

```
<xsl:apply-imports />
```

Description

L'instruction `xsl:apply-imports` traite le nœud courant en utilisant uniquement les modèles qui ont été importés dans la feuille de style avec `xsl:import`. Une règle modèle en redéfinissant une autre d'une feuille de style importée peut invoquer la règle modèle surchargée avec `xsl:apply-imports`.

xsl:apply-templates

Syntaxe

```
<xsl:apply-templates
  select = "node-set-expression"
  mode   = "QualifiedName">
  <!-- (xsl:sort | xsl:with-param)* -->
</xsl:apply-templates>
```

Description

L'instruction `xsl:apply-templates` indique au processeur de chercher et d'appliquer le modèle de plus grande priorité correspondant pour chaque nœud identifié par l'attribut `select`.

Attributs

`select`, *optionnel*

C'est une expression XPath retournant un ensemble de nœuds. Chaque nœud de cet ensemble sera traité par le processeur. Si l'attribut `select` est omis, tous les enfants directs du nœud contextuel sont considérés.

`mode`, *optionnel*

Si l'attribut `mode` est présent, seuls les modèles ayant un attribut `mode` correspondant seront appliqués, sinon seuls les modèles sans attribut `mode` seront pris en compte.

Contenu

L'élément `xsl:apply-templates` peut avoir des enfants `xsl:sort` pour trier les nœuds sélectionnés. Sans élément enfant `xsl:sort`, le comportement par défaut consiste à traiter les nœuds dans leur ordre d'apparition dans le document.

L'élément `xsl:apply-templates` peut avoir des sous-éléments `xsl:with-param` pour passer des paramètres aux modèles qui seront appliqués.

xsl:attribute

Syntaxe

```
<xsl:attribute
  name      = "QualifiedName"
  namespace = "URI">
  <!-- modèle pour la valeur de l'attribut -->
</xsl:attribute>
```

Description

L'instruction `xsl:attribute` ajoute un attribut à un élément dans l'arbre résultat. Cet élément peut être un enfant d'un élément `xsl:attribute-set`, d'une instruction `xsl:element` ou d'un élément résultat littéral. Dans tous les cas, les éléments `xsl:attribute` doivent précéder tous les éléments résultat littéraux et les autres instructions insérant du contenu dans l'élément en sortie.

Attributs

`name`, *obligatoire, modèle de valeur d'attribut*

Le nom de l'attribut créé.

`namespace`, *optionnel, modèle de valeur d'attribut*

L'URI d'espace de noms de l'attribut. Si un URI non vide est spécifié, alors le processeur prendra un préfixe approprié pour l'attribut, qui sera probablement (mais pas obligatoirement) celui utilisé par l'attribut `name`.

Contenu

Le contenu de cet élément est un modèle. Le résultat de son évalutation ne produit que des nœuds contenant du texte. La valeur de l'attribut ajoutée à l'arbre résultat est déterminée par l'instanciation de ce modèle.

xsl:attribute-set

Syntaxe

```
<xsl:attribute-set
  name = "QualifiedName"
  use-attribute-sets = "QualifiedName1 QualifiedName2...">
  <!-- xsl:attribute* -->
</xsl:attribute-set>
```

Description

L'élément de haut niveau `xsl:attribute-set` définit une collection d'attributs qui pourront être appliqués à des éléments ailleurs dans la feuille de style. Par exemple, vous pouvez définir un ensemble incluant les attributs nécessaires à la mise en œuvre d'un lien XLink simple et attacher l'ensemble à chaque élément dont vous voulez qu'il soit un lien simple.

Attributs

`name`, *obligatoire*

L'attribut `name` donne un nom à l'ensemble d'attributs, nom par lequel un `xsl:element` et d'autres `xsl:attribute-set` pourront l'appeler pour l'utiliser.

`use-attribute-sets`, *optionnel*

L'attribut `use-attribute-sets` ajoute des attributs provenant de différents ensembles à celui-ci. Plusieurs ensembles d'attributs peuvent être chargés en séparant leurs noms par des blancs. Les attributs définis par tous les ensembles importés et ceux définis par les sous-éléments `xsl:attribute` sont fusionnés de façon à ce qu'aucun attribut n'apparaisse en double. C'est une erreur pour un ensemble d'attribut de s'utiliser lui-même, directement ou indirectement.

Contenu

Cet élément contient zéro ou plusieurs éléments `xsl:attribute`. Chacun de ces éléments ajoute un attribut à l'ensemble.

---

xsl:call-template

Syntaxe

```
<xsl:call-template
  name = "QualifiedName">
  <!-- xsl:with-param* -->
</xsl:call-template>
```

Description

L'instruction `xsl:call-template` invoque un modèle par son nom. Le nœud et la liste de nœuds courants sont les mêmes dans le modèle appelé que dans le modèle appelant. Les modèles peuvent être appelés récursivement ; un élément `xsl:template` peut contenir un élément `xsl:call-template` le réinstanciant. Cette technique est utile comme équivalent à ce qu'on aurait fait à l'aide de boucles dans un langage de programmation procédurale.

Attributs

`name`, *obligatoire*

Le nom de l'élément `xsl:template` à appeler.

Contenu

Cet élément contient zéro ou plusieurs éléments `xsl:with-param` passant des paramètres au modèle nommé.

---

xsl:choose

Syntaxe

```
<xsl:choose>
  <!-- (xsl:when+, xsl:otherwise?) -->
</xsl:choose>
```

Description

L'élément `xsl:choose` sélectionne une possibilité dans une liste de choix.

Contenu

Cet élément contient au moins un élément `xsl:when`, chacun d'eux ayant une condition de test. Le contenu du premier, dont la condition de test est vraie, est retourné.

L'élément `xsl:choose` peut avoir un sous-élément optionnel `xsl:otherwise` dont le contenu est retourné si aucun élément `xsl:when` ne correspond.

S'il n'y a pas d'élément `xsl:otherwise` et qu'aucune condition de test des éléments `xsl:when` n'est vraie, cet élément ne produit pas de sortie.

---

xsl:comment

Syntaxe

```
<xsl:comment>
  <!-- modèle -->
</xsl:comment>
```

Description

L'instruction `xsl:comment` insère un commentaire dans l'arbre résultat.

Contenu

Le contenu de `xsl:comment` est un modèle qui sera instancié pour former le texte du commentaire créé. Le résultat de l'instanciation doit contenir uniquement des nœuds de texte ne contenant pas de double tiret --.

xsl:copy

Syntaxe

```
<xsl:copy
  use-attribute-sets = "QualifiedName1 QualifiedName2...">
  <!-- modèle -->
</xsl:copy>
```

Description

L'élément `xsl:copy` copie le nœud courant du document source vers le document de sortie. Il copie le nœud lui-même et tous les nœuds d'espace de noms qu'il contient. Cependant ,il ne copie pas ses enfants et attributs.

Attributs

`use-attribute-sets`, *optionnel*

Une liste de noms `xsl:attribute-set` séparés par des blancs. Ces ensembles d'attributs sont fusionnés et tous les attributs de l'ensemble résultant sont ajoutés à l'élément copié. L'attribut `use-attribute-sets` n'a de sens que si le nœud copié est un nœud d'élément.

Contenu

Si le nœud courant est un nœud d'élément, des attributs peuvent lui être ajoutés *via* des éléments `xsl:attribute`. Si le nœud courant est le nœud racine ou un nœud d'élément (tout nœud ayant des enfants), `xsl:copy` peut contenir un modèle spécifiant le contenu de l'élément inséré dans l'arbre résultat. Tous les éléments `xsl:attribute` doivent précéder le modèle.

---

xsl:copy-of

Syntaxe

```
<xsl:copy-of
  select = "expression" />
```

Description

L'instruction `xsl:copy-of` insère le fragment d'arbre résultat identifié par l'attribut `select` dans le document de sortie. Cette instruction copie les nœuds spécifiques sélectionnés par l'expression et tous leurs enfants, attributs, espaces de noms et descendants. C'est en cela qu'il diffère de `xsl:copy`. Si l'expression retourne une valeur autre qu'un ensemble de nœuds ou un fragment d'arbre résultat, un nombre par exemple, elle est alors convertie en chaîne de caractères avant d'être émise.

Attributs

`select`, *obligatoire*

Une expression XPath identifiant les objets à copier dans l'arbre résultat.

xsl:decimal-format

Syntaxe

```
<xsl:decimal-format
  name                = "QualifiedName">
  decimal-separator   = "char"
  grouping-separator  = "char"
  infinity            = "string"
  minus-sign          = "char"
  NaN                 = "string"
  percent             = "char"
  per-mille           = "char"
  zero-digit          = "char"
  digit               = "char"
  pattern-separator   = "char"/>
```

Description

L'élément *top-level* `xsl:decimal-format` définit un motif par lequel la fonction `format-number()` peut convertir un nombre à virgule flottante en chaîne de caractères. Les valeurs par défaut fonctionnent bien pour l'anglais mais des détails peuvent changer pour d'autres langues comme le français ou le chinois.

Attributs

`name`, *optionnel*

La chaîne de caractères par laquelle la fonction `format-number()` identifie l'élément `xsl:decimal-format` à utiliser. Si cet attribut est omis, l'élément établit le format par défaut utilisé par la fonction.

`decimal-separator`, *optionnel*

Le caractère utilisé pour séparer la partie entière de la partie fractionnelle. Ce caractère est un point en anglais et une virgule en français. Il peut être différent dans d'autres langues.

`grouping-separator`, *optionnel*

Le caractère utilisé pour séparer les groupes de chiffres (par exemple l'espace ou le point, les trois chiffres en français, ou la virgule en anglais)

`infinity`, *optionnel*

La chaîne de caractères représentant l'infini IEEE 754, par défaut `Infinity`.

`minus-sign`, *optionnel*

Le caractère préfixant les nombres négatifs, un signe moins par défaut.

`NaN`, *optionnel*

La chaîne de caractères représentant la valeur spécial IEEE 754 *Not a Number*, par défaut `NaN`.

`percent`, *optionnel*

Le caractère représentant un pourcentage, % par défaut.

`per-mille`, *optionnel*

Le caractère représentant un pour-mille, ‰ par défaut.

`zero-digit`, *optionnel*

Le caractère représentant le zéro, `0` par défaut. Les chiffres 1 à 9 seront représentés par les neufs valeurs Unicode suivant. Par exemple, définir `zero-digit` à `A` affichera le 1 en `B`, le 2 en `C`, le 3 en `D` et ainsi de suite. C'est aussi le caractère utilisé pour représenter le zéro dans les motifs de format.

`digit`, *optionnel*

Le caractère représentant un chiffre dans le motif de format ; `#` par défaut.

`pattern-separator`, *optionnel*

Le caractère séparant les sous-motifs positif et négatif dans un motif de format ; par défaut.

---

xsl:element

Syntaxe

```
<xsl:element
  name               = "QualifiedName"
  namespace          = "URI"
  use-attribute-sets = "QualifiedName1 QualifiedName2...">
  <!-- modèle -->
</xsl:element>
```

Description

L'instruction `xsl:element` insère un élément dans l'arbre résultat. Son nom est donné par l'attribut `name`, son espace de noms, le cas échéant, par l'attribut optionnel `namespace`. Des attributs peuvent être ajoutés *via* des enfants `xsl:attribute` ou en référençant, avec l'attribut `use-attribute-sets`, un `xsl:attribute-set` déclaré ailleurs dans la feuille de style. Enfin, le contenu de l'élément est déterminé en instanciant le modèle contenu dans l'élément `xsl:element`.

Attributs

`name`, *obligatoire, modèle de valeur d'attribut*

Le nom de l'élément créé par l'instruction.

`namespace`, *optionnel, modèle de valeur d'attribut*

L'URI d'espace de noms de l'élément que cette instruction a créé. Si cet attribut est omis, l'espace de noms est alors déterminé en tentant de trouver une correspondance entre le préfixe du nom et les déclarations d'espace de noms présents dans la portée de la feuille de style.

`use-attribute-sets`, *optionnel*

Une liste de noms d'éléments `xsl:attribute-set` séparés par des blancs. Ces ensembles d'attributs sont fusionnés et tous les attributs de l'ensemble résultant ajoutés à l'élément.

Contenu

Le contenu de cet élément est un modèle. Une fois instancié, il forme le contenu de l'élément inséré dans l'arbre résultat.

xsl:fallback

Syntaxe

```
<xsl:fallback>
  <!-- modèle -->
</xsl:fallback>
```

Description

L'instruction `xsl:fallback` apparaît normalement comme enfant d'un élément d'extension. Si le processeur ne reconnaît pas ce dernier, il instancie le contenu de tous ses sous-éléments `xsl:fallback` dans l'ordre. Si le processeur reconnaît l'élément dans lequel figure un élément `xsl:fallback`, ce dernier est ignoré.

Contenu

Le contenu de cet élément est un modèle, instancié si et seulement si le processeur XSLT ne reconnaît pas l'élément parent de l'élément `xsl:fallback`.

xsl:for-each

Syntaxe

```
<xsl:for-each
  select = "node-set-expression">
  <!-- (xsl:sort*, modèle) -->
</xsl:for-each>
```

Description

L'instruction `xsl:for-each` itère sur les nœuds sélectionnés par son attribut select et applique le modèle de son contenu à chacun.

Attributs

`select`, *obligatoire*

Une expression XPath retournant un ensemble de nœuds identifiant les nœuds à itérer.

Contenu

Normalement, l'ordre de traitement des nœuds sélectionné est celui dans lequel ils apparaissent dans le document. Ils peuvent cependant être triés en utilisant des sous-éléments `xsl:sort`. Le premier de ces éléments est la clé primaire du tri, le second la clé secondaire et ainsi de suite.

L'élément `for-each` doit aussi contenir un modèle, instancié une fois pour chaque membre de l'ensemble de nœud retourné par l'expression de l'attribut select.

---

xsl:if

Syntaxe

```
<xsl:if
  test = "boolean-expression">
  <!-- modèle -->
</xsl:if>
```

Description

L'instruction `xsl:if` contient un modèle, instancié si et seulement si l'expression XPath contenue dans son attribut `test` est vraie. Il n'existe pas d'élément `xsl:else` ou `xsl:else-if`, utilisez `xsl:choose` à la place.

Attributs

`test`, *obligatoire*

Une expression XPath retournant un booléen. Si l'expression est vraie, le contenu de `xsl:if` est instancié, sinon il est ignoré.

Contenu

Un modèle, instancié uniquement si l'attribut `test` est vrai.

---

xsl:import

Syntaxe

```
<xsl:import
  href = "URI" />
```

Description

L'élément *top-level* `xsl:import` importe la feuille de style trouvée à l'URI donné par l'attribut `href`. Les documents sources sont traités en utilisant la combinaison des modèles de la feuille de style principale et de toutes celles qu'elle importe. En cas de conflit entre des modèles des deux feuilles de style, celui de la feuille de style principale prend le dessus. En cas de conflits entre plusieurs feuilles de style importées, la dernière importée a plus d'importance.

Tous les éléments `xsl:import` doivent être des enfants immédiats de l'élément racine `xsl:stylesheet`. De plus, ils doivent apparaître avant tous les autres éléments *top-level*.

Une feuille de style importée peut elle-même importer une autre feuille de style. Une feuille de style ne peut pas importer une feuille de style qui a déjà été importée, directement ou indirectement. Il y a une erreur si A importe B, qui importe A, créant ainsi une référence circulaire.

Attributs

`href`, *obligatoire*

L'URI relatif ou absolu de la feuille de style à importer. Les URI sont résolus relativement à l'URI de base de la feuille de style qui fait l'importation.

---

xsl:include

Syntaxe

```
<xsl:include
  href = "URI" />
```

Description

L'élément *top-level* `xsl:include` copie le contenu de l'élément `xsl:stylesheet` ou `xsl:transform` trouvé à l'URI donné par l'attribut `href`. À la différence de `xsl:import`, qu'un modèle ou une autre règle vienne d'une feuille de style incluse ou non n'a absolument aucun effet sur la précédence des diverses règles.

Une feuille de style incluse peut inclure une autre feuille de style. Une feuille de style ne peut pas en inclure une autre qui a déjà été incluse, directement ou indirectement ; c'est une erreur si A inclut B, qui inclut A.

Attributs

`href`, *obligatoire*

L'URI absolu ou relatif de la feuille de style à inclure. Les URI sont résolus relativement à l'URI de base de la feuille de style qui fait l'inclusion.

---

xsl:key

Syntaxe

```
<xsl:key
  name  = "QualifiedName"
  match = "pattern"
  use   = "expression" />
```

Description

L'élément de haut niveau `xsl:key` définit une ou plusieurs *clés* qui peuvent être référencées d'un autre endroit de la feuille de style en utilisant la fonction `key()`. Chaque clé a un nom, une valeur textuelle et un nœud.

Attributs

`name`, *obligatoire*

Le nom de la clé.

`match`, *obligatoire*

Un motif de correspondance XSLT, comme ceux utilisés par `xsl:template`, spécifiant quels nœuds ont cette clé. Si ce motif correspond a plus d'un nœud dans le document source, un unique élément `xsl:key` peut définir plusieurs clés, toutes avec le même nom et éventuellement la même valeur, mais avec différents nœuds.

`use`, *obligatoire*

Une expression XPath, convertie en chaîne de caractères pour donner la valeur de la clé définie par cet élément. L'expression est évaluée relativement à chaque nœud de la clé ; si `match` identifie plusieurs nœuds, `use` peut produire différentes valeurs pour chaque clé.

---

xsl:message

Syntaxe

```
<xsl:message
  terminate = "yes" | "no">
  <!-- modèle -->
</xsl:message>
```

Description

L'instruction `xsl:message` envoie un message au processeur XSLT. Ce qu'il en fait est propre à chaque processeur. Une utilisation courante de `xsl:message` est d'écrire des informations de débogage sur `stderr` ou `stdout`.

Attributs

`terminate`, *optionnel*

Si l'attribut est présent et a la valeur yes, le processeur XSLT s'arrête après avoir délivré le message.

Contenu

Le contenu d'un élément `xsl:message` est un modèle instancié pour créer un *fragment XML*. Le résultat est alors délivré au processeur XSLT comme étant le message.

La spécification XSLT ne définit pas le terme *fragment XML* et les processeurs XSLT l'interprètent différemment. Ce peut être un fragment d'arbre résultat ou un fragment XML comme défini par l'ancien brouillon de travail « XML Fragment Interchange ». Il peut encore être autre chose. Une clarification de la part du W3C est nécessaire.

---

xsl:namespace-alias

Syntaxe

```
<xsl:namespace-alias
  stylesheet-prefix = "prefix"
  result-prefix     = "prefix" />
```

Description

L'élément de haut niveau `xsl:namespace-alias` déclare qu'un URI d'espace de noms dans la feuille de style doit être remplacé par un autre dans l'arbre résultat. C'est particulièrement utile quand vous transformez XSLT en XSLT en utilisant XSLT. Par conséquent, savoir quels noms appartiennent à l'entrée, lesquels à la sortie et lesquels à la feuille de style n'est pas évident.

Attributs

`stylesheet-prefix`, *obligatoire*

Le préfixe utilisé à l'intérieur de la feuille de style elle-même. Il peut prendre la valeur `#default` pour indiquer que l'espace de noms par défaut, non préfixé, doit être utilisé.

`result-prefix`, *obligatoire*

Le préfixe utilisé dans l'arbre résultat. Il peut prendre la valeur `#default` pour indiquer que l'espace de noms par défaut, non préfixé, doit être utilisé.[1]

---

xsl:number

Syntaxe

```
<xsl:number
  value              = "number-expression"
  count              = "pattern"
  from               = "pattern"
  level              = "single" | "multiple" | "any"
  format             = "letter or digit"
  lang               = "langcode"
  letter-value       = "alphabetic" | "traditional"
  grouping-separator = "char"
  grouping-size      = "number" />
```

Description

L'instruction `xsl:number` insère un entier formaté dans l'arbre résultat.

Attributs

`value`, *optionnel*

Une expression XPath retournant le nombre à formater. Si nécessaire, le résultat de l'expression est arrondi à l'entier le plus proche. L'attribut `value` est souvent omis, auquel cas le nombre est calculé à partir de la position du nœud courant dans le

1. On indique ici un préfixe mais c'est l'URI auquel il est associé qui importe.

document source. La position est calculée comme spécifié par les attributs `level`, `count` et `from`.

`level`, *optionnel*

Cet attribut spécifie quel niveau de l'arbre source doit être pris en considération en déterminant la position du nœud courant. Il peut prendre la valeur `single` pour compter les éléments frères de l'ancestre du nœud courant correspondant au motif `count`. La valeur `any` permet de compter tous les nœuds dans le document qui correspondent au motif `count` et qui précèdent le nœud courant. La valeur `multiple` permet de produire des séquences de nombres hiérarchiques comme 2.7.3, où chaque nombre dans la séquence est calculé à partir des frères de l'ancestre du nœud correspondant au motif `count`. La valeur par défaut est `single`.

`count`, *optionnel*

Cet attribut contient un motif qui spécifie quels nœuds doivent être comptés. Le comportement par défaut est de compter tous les nœuds du même type (élément, texte, attribut, etc.) et du même nom que le nœud courant.

`from`, *optionnel*

Cet attribut contient un motif identifiant le nœud à partir duquel la numérotation débute ; c'est-à-dire qu'il identifie un nœud qui sert de point de départ. Tous les nœuds le précèdant ne sont pas comptés, même s'ils correspondent au motif `count`.

`format`, *optionnel, modèle de valeur d'attribut*

Cet attribut détermine comment la liste est numérotée. Les éléments du format et les séquences de nombres qu'ils produisent sont :

1	1, 2, 3, 4, 5, 6, …
01	01, 02, 03, 04, 05, 06, 07, 08, 09, 10, 11, 12, …
A	A, B, C, D, …, Z, AA, AB, AC, …
a	a, b, c, d, …, z, aa, ab, ac, …
i	i, ii, iii, iv, v, vi, vii, viii, ix, x, xi, …
I	I, II, III, IV, V, VI, VII, VIII, IX, X, XI, XII, …

Vous pouvez aussi changer le point de départ ; par exemple, 5 comme format de numérotation créerait la séquence 5, 6, 7, 8, 9, …

`lang`, *optionnel, modèle de valeur d'attribut*

Le code, comme défini par la RFC 1766, décrivant la langue dans laquelle le nombre est formaté (par exemple, en ou `fr`).

`letter-value`, *optionnel, modèle de valeur d'attribut*

La valeur par défaut est `traditional`. Cependant, vous pouvez mettre la valeur `alphabetic` pour indiquer qu'un `format` fr `I` doit commencer la séquence I, J, K, L, M, N, … plutôt que I, II, III, IV, V, VI, …

`grouping-separator`, *optionnel, modèle de valeur d'attribut*

Le caractère qui sépare les groupes de chiffres. Par exemple, en anglais, la virgule sépare généralement chaque groupe de trois chiffres, comme dans 2,987,667,342. En français l'espace est utilisé à la place, donc ce nombre serait formaté 2 987 667 342.

`grouping-size`, *optionnel, modèle de valeur d'attribut*

Le nombre de chiffres dans chaque groupe. Dans la plupart des langues, dont l'anglais et le français, les chiffres sont divisés en groupes de trois. Cependant, certaines langues utilisent des groupes de quatre chiffres.

xsl:otherwise

Syntaxe

```
<xsl:otherwise>
  <!-- modèle -->
</xsl:otherwise>
```

Description

L'élément `xsl:otherwise` apparaît uniquement comme dernier sous-élément d'un élément `xsl:choose`. Il sert de résultat par défaut dans le cas où aucun élément `xsl:when` dans le même élément `xsl:choose` n'est instancié.

Contenu

Le contenu est un modèle, instancié si et seulement si aucun des sous-éléments `xsl:when` de l'élément `xsl:choose` ne s'évalue à vrai.

xsl:output

Syntaxe

```
<xsl:output
  method                    = "xml" | "html" | "text"
  version                   = "NMTOKEN"
  encoding                  = "encoding_name"
  omit-xml-declaration      = "yes" | "no"
  standalone                = "yes" | "no"
  doctype-public            = "PUBLIC_ID"
  doctype-system            = "SYSTEM_ID"
  cdata-section-elements    = "element_name_1 element_name_2..."
  indent                    = "yes" | "no"
  media-type                = "string" />
```

Description

L'élément de haut-niveau `xsl:output` aide à déterminer le formatage exact du document XML produit quand l'arbre résultat est stocké dans un fichier, écrit vers un flux ou sérialisé d'une autre façon en une séquence d'octets. Il n'a aucun effet sur l'arbre résultat lui-même.

Attributs

`method`, *optionnel*

La méthode par défaut est `xml`, qui signifie simplement que le document de sortie sérialisé sera une entité analysée externe bien formée ou un document XML. Si `method` vaut `html`, ou si l'attribut `method` n'est pas présent et que l'élément racine de l'arbre résultat est `html`, dans n'importe quelle combinaison de majuscules et minuscules, le processeur essaie de générer du HTML plus compatible avec les navigateurs existant. Par exemple, les balises d'éléments vides comme `<br/>` sont converties en `<br>`. La méthode `text` produit seulement le contenu des nœuds de texte de l'arbre de sortie. Tout le balisage est supprimé. Les processeurs XSLT peuvent également reconnaître et supporter d'autres valeurs identifiées par un nom de préfixe, comme `saxon:xhtml` et `jd:canonical-xml`.

`version`, *optionnel*

Un nom identifiant la version de la méthode de sortie. En pratique, cela n'a aucun effet sur la sortie.

`encoding`, *optionnel*

Le nom de l'encodage qui devrait être utilisé, par exemple ISO-8859-1 ou UTF-16.

`omit-xml-declaration`, *optionnel*

Si cet attribut a la valeur yes, aucune déclaration XML n'est incluse. S'il a la valeur `no` ou s'il n'est pas présent, une déclaration XML est produite.

`standalone`, *optionnel*

Cet attribut indique la valeur du pseudo-attribut `standalone` de la déclaration XML. Comme celui-ci, il doit avoir la valeur yes ou `no`.

`doctype-public`, *optionnel*

Cet attribut positionne l'identifiant public utilisé dans la déclaration du type de document.

`doctype-system`, *optionnel*

Cet attribut positionne l'identifiant système utilisé dans la déclaration du type de document.

`cdata-section-elements`, *optionnel*

Une liste de noms d'éléments qualifiés de l'arbre résultat, séparés par des blancs, dont le contenu doit être émis en utilisant une section CDATA plutôt que des appels de caractères.

`indent`, *optionnel*

Si cet attribut a la valeur yes, le processeur est autorisé (mais pas obligé) à insérer des blancs supplémentaires pour essayer de formater la sortie de façon compréhensible pour l'homme. La valeur par défaut est `no`.

`media-type`, *optionnel*

Le type MIME de la sortie, par exemple text/html ou text/xml.

xsl:param

Syntaxe

```
<xsl:param
  name   = "QualifiedName"
  select = "expression">
  <!-- modèle -->
</xsl:param>
```

Description

À l'intérieur d'un élément `xsl:template`, un élément `xsl:param` reçoit un argument nommé passé au modèle par l'intermédiaire de `xsl:with-param`. Il fournit également une valeur par défaut utilisée lorsque l'appelant ne donne pas de valeur pour ce paramètre. Un élément `xsl:param` de portée globale permet de définir une valeur par défaut pour plusieurs modèles. Si un `xsl:apply-templates` ou un `xsl:call-template` passe une valeur de paramètre en utilisant `xsl:with-param` lorsque le modèle est invoqué, cette valeur écrase alors la valeur par défaut que l'élément `xsl:param` peut avoir. Le paramètre peut être déréférencé en utilisant la forme `$nom` dans les expressions.

Attributs

`name`, *obligatoire*

Le nom du paramètre.

`select`, *optionnel*

Une expression XPath fournissant la valeur du paramètre. Si `xsl:param` a un attribut `select`, il doit être un élément vide. Si `xsl:param` n'a pas d'attribut `select`, la valeur est prise à partir de son contenu.

Contenu

Le contenu d'un élément `xsl:param` est un modèle, instancie pour produire un fragment d'arbre résultat. Ce fragment devient alors la valeur du paramètre. Un élément `xsl:param` non vide ne doit pas avoir d'attribut `select`.

Référence de XSLT

---

xsl:preserve-space

Syntaxe

```
<xsl:preserve-space
  elements="QualifiedName_1 QualifiedName_2..." />
```

Description

L'élément de haut niveau `xsl:preserve-space` spécifie quels éléments du document source ne verront pas leurs blancs supprimés avant la transformation. La suppression des blancs enlève les nœuds de texte ne contenant que des blancs (espace, tabulation, retour chariot et passage à la ligne). Par défaut, les blancs sont conservés dans un élément sauf si son nom est listé dans l'attribut `elements` de l'élément `xsl:strip-space`. Cet élément vous permet de surcharger la liste donnée dans `xsl:strip-space` ; si un élément est listé à la fois dans `xsl:strip-space` et `xsl:preserve-space`, les mêmes règles que pour la résolution de conflits entre modèles sont appliquées.

Attributs

`elements`, *obligatoire*

Une liste d'éléments, séparés par des blancs, dans lesquels les blancs doivent être conservés. En plus de noms d'éléments, l'attribut `elements` peut contenir un astérisque, pour indiquer que les blancs doivent être conservés dans tous les éléments, ou un préfixe d'espace de noms suivi de deux points et d'un astérisque, pour indiquer que les blancs doivent être conservés dans tous les éléments dans l'espace de noms donné.

---

xsl:processing-instruction

Syntaxe

```
<xsl:processing-instruction
  name = "target">
  <!-- modèle -->
</xsl:processing-instruction>
```

Description

L'élément `xsl:processing-instruction` insère une instruction de traitement dans l'arbre résultat.

Attributs

`name`, *obligatoire, modèle de valeur d'attribut*

La cible de l'instruction de traitement.

Contenu

Le contenu de l'élément `xsl:processing-instruction` est un modèle instancié pour produire les données de l'instruction de traitement. Ce modèle peut inclure des instructions XSLT, à condition que le résultat de son instanciation soit des données d'instruction de traitement bien formées.

---

xsl:sort

Syntaxe

```
<xsl:sort
  select     = "string-expression"
  data-type  = "text" | "number"
  lang       = "langcode"
  order      = "ascending" | "descending"
  case-order = "upper-first" | "lower-first" />
```

Description

L'instruction `xsl:sort` apparaît comme un enfant de `xsl:apply-templates` ou `xsl:for-each`. Il change l'ordre dans lequel les modèles sont appliqués à la liste de nœuds contextuelle de l'ordre du document en un autre ordre, comme l'ordre alphabétique. Vous pouvez faire des tris à plusieurs clés (par exemple, trier d'abord sur le nom de famille, puis sur le prénom, et enfin sur le deuxième prénom) en utilisant plusieurs éléments `xsl:sort` par ordre décroissant d'importance des clés.

Attributs

`select`, *optionnel*

La clé du tri. Si `select` est omis, la clé aura la valeur du nœud courant.

`data-type`, *optionnel, modèle de valeur d'attribut*

Par défaut, le tri est purement alphabétique. Cependant, le tri alphabétique entraîne des résultats étranges avec les nombres. Par exemple, 10, 100 et 1000 apparaissent tous avant 2, 3 et 4. Vous pouvez spécifier un tri numérique en donnant à l'attribut `data-type` la valeur `number`.

`lang`, *optionnel, modèle de valeur d'attribut*

Le tri est dépendant de la langue. Mettre comme valeur de l'attribut `lang` un code de langue, tel que défini par la RFC 1766, change celle-ci. La langue par défaut est dépendante du système.

`order`, *optionnel*

L'ordre par lequel les chaînes de caractères sont triées. Cet ordre peut être soit `descending` soit `ascending`. La valeur par défaut est `ascending` pour un tri par ordre croissant.

`case-order`, *optionnel, modèle de valeur d'attribut*

L'attribut `case-order` peut prendre les valeurs `upper-first` ou `lower-first` pour indiquer que les lettres majuscules apparaissent avant les lettres minuscules, ou vice versa. La valeur par défaut est dépendante de la langue.

---

xsl:strip-space

Syntaxe

```
<xsl:strip-space
  elements="QualifiedName_1 QualifiedName_2..." />
```

Description

L'élément de haut niveau `strip-space` indique quels éléments dans le document source doivent avoir leurs espaces supprimés avant la transformation. La suppression des espaces enlève tous les nœuds de texte ne contenant que des espaces (espace, tabulation, retour chariot et retour à la ligne). Par défaut, les blancs ne sont pas supprimés dans un élément sauf si son nom est listé dans l'attribut `elements` de l'élément `xsl:strip-space`.

Cet élément ne supprime pas les espaces en tête ou queue des éléments contenant même un seul caractère non espace, ni n'en normalise les espaces d'une quelconque façon.

Attributs

`elements`, *obligatoire*

Une liste des éléments, séparés par des blancs, dans lesquels les blancs doivent être supprimés. En plus de noms d'éléments, l'attribut `elements` peut contenir un astérisque, pour indiquer que les blancs doivent être supprimés de tous les éléments, ou un préfixe d'espace de noms suivi de deux points et d'un astérisque, pour indiquer que les blancs doivent être supprimés de tous les éléments dans l'espace de noms donné.

xsl:stylesheet

Syntaxe

```
<xsl:stylesheet
  xmlns:xsl="http://www.w3.org/1999/XSL/Transform"
  id = "ID"
  extension-element-prefixes = "prefix1 prefix2..."
  exclude-result-prefixes = "prefix1 prefix2..."
  version = "1.0">
  <!-- (xsl:import*, éléments-top-level) -->
</xsl:stylesheet>
```

Description

L'élément `xsl:stylesheet` est l'élément racine des feuilles de style XSLT.

Attributs

`xmlns:xsl`, *techniquement optionnel mais de facto obligatoire*

Une déclaration d'espace de noms standard attachant le préfixe `xsl` à l'URI d'espace de noms `http://www.w3.org/1999/XSL/Transform`. Le préfixe peut être changé si nécessaire.

`version`, *obligatoire*

Actuellement, cet attribut a toujours la valeur `1.0`. Cependant, XSLT 2.0 verra probablement le jour en 2003 avec la mise à jour correspondante de ce nombre.

`id`, *optionnel*

N'importe quel nom XML unique dans les types d'attributs ID du document.

`extension-element-prefixes`, *optionnel*

Une liste de préfixes d'espaces de noms, séparés par des blancs, utilisés pour les éléments d'extensions de ce document.

`exclude-result-prefixes`, *optionnel*

Une liste de préfixes d'espaces de noms dont les déclarations ne doivent pas être copiées dans le document de sortie.

Contenu

Un nombre quelconque d'éléments `xsl:import`, suivis par d'autres éléments de haut niveau dans n'importe quel ordre.

xsl:template

Syntaxe

```
<xsl:template
  match    = "pattern"
  priority = "number"
  name     = "QualifiedName"
  mode     = "QualifiedName">
  <!-- (xsl:param*, modèle) -->
</xsl:template>
```

Description

L'élément de haut niveau `xsl:template` est la clé de voûte de XSLT. L'attribut `match` contient un motif avec lequel les nœuds sont comparés au fur et à mesure de leur traitement. Si un nœud correspond au motif, le contenu du modèle est instancié et inséré dans l'arbre de sortie.

Attributs

`match`, *optionnel*

Un motif avec lequel les nœuds sont comparés. Ce motif utilise la syntaxe des chemins de localisation XPath en n'utilisant que les axes `child` et `attribute` et l'étape abrégée `//`. N'importe quelle expression XPath valide peut être utilisée par contre dans les prédicats.

`name`, *optionnel*

Un nom par lequel ce modèle peut être invoqué depuis un élément `xsl:call-template`, plutôt que par correspondance avec des nœuds.

`priority`, *optionnel*

Un nombre. Si plus d'un modèle avec la même précédence d'importation correspondent à un nœud donné, celui ayant la plus grande priorité est choisi. Si cet attribut n'est pas présent, la priorité du modèle est calculée de la façon suivante :

- Les modèles dont le motif de correspondance n'est composé que d'un nom d'élément ou d'attribut (par exemple `personne` ou `@profession`) ont une priorité de 0.
- Les modèles dont le motif de correspondance n'est composé que du test de nœuds `processing-instruction()` (par exemple `processing-instruction()` ou `processing-instruction('robots')`) ont une priorité de 0.

- Les modèles dont le motif de correspondance est de la forme *préfixe*:* ont une priorité de – 0.25.
- Les modèles dont le motif de correspondance ne contient qu'un test de nœuds (*, @*, comment(), node() ou text()) ont une priorité de – 0.5. (Ceci signifie que les modèles prédéfinis ont une priorité de -0.5. Cependant, ils sont importés avant toutes les autres règles modèles, et ainsi ne prennent jamais le dessus sur une règle modèle explicite, quelque soit la priorité.)
- Tous les autres motifs (personne[nom='Feynman'], personnes/personne/@profession, personne/text(), etc.) ont une priorité de 0.5.

C'est une erreur si deux modèles ou plus correspondent à un nœud et ont la même priorité. Cependant, dans ce cas, la plupart des processeurs XSLT choisissent le dernier modèle apparaissant dans la feuille de style plutôt que de signaler une erreur.

mode, *optionnel*

Le mode modèle. Si l'élément xsl:template a un mode, il n'est invoqué que quand l'attribut mode de l'instruction xsl:apply-templates qui l'appelle correspond.

Contenu

Le modèle qui doit être instancié quand cet élément correspond à un nœud ou est appelé par son nom.

---

xsl:text

Syntaxe

```
<xsl:text
  disable-output-escaping = "yes" | "no">
  <!-- #PCDATA -->
</xsl:text>
```

Description

L'instruction xsl:text est utilisée dans les modèles pour indiquer que son contenu doit être produit comme un texte. Son contenu n'est que du texte pur, il ne doit contenir aucun élément.

Attributs

disable-output-escaping, *optionnel*

En donnant à l'attribut disable-output-escaping la valeur yes, vous indiquez que les caractères comme < et &, qui sont normalement remplacés par des appels de caractère ou d'entité comme < ou <, doivent à la place être émis en tant que caractères littéraux. Notez que le contenu de l'élément xsl:text dans la feuille de style doit toujours être bien formé, et que tous les caractères < ou & doivent être écrits < et & ou leurs appels de caractères équivalents. Cependant, quand le document en sortie est sérialisé, ces appels sont remplacés par les caractères représentés.

xsl:transform

Syntaxe

```
<xsl:transform
  xmlns:xsl="http://www.w3.org/1999/XSL/Transform"
  id = "ID"
  extension-element-prefixes = "prefix1 prefix2..."
  exclude-result-prefixes = "prefix1 prefix2..."
  version = "1.0">
  <!-- (xsl:import*, éléménts-top-level) -->
</xsl:transform>
```

Description

L'élément `xsl:transform` est un synonyme, rarement utilisé, de l'élément racine `xsl:stylesheet`. Il a les mêmes attributs et le même contenu et s'utilise exactement de la même manière. Reportez-vous à la description de `xsl:stylesheet` pour les détails.

xsl:value-of

Syntaxe

```
<xsl:value-of
  select = "expression"
  disable-output-escaping = "yes" | "no" />
```

Référence de XSLT

Description

L'élément `xsl:value-of` calcule la valeur textuelle d'une expression XPath et l'insère dans l'arbre résultat. L'expression est évaluée et son résultat est converti en chaîne de caractères comme par un appel à la fonction XPath `string()`. Pour rappel, les valeurs des sept différents types de nœuds sont :

élément
: Le contenu textuel de l'élément après que tous les appels d'entité ont été résolus et tout le balisage supprimé, ainsi que les commentaires et les instructions de traitement.

texte
: Le texte du nœud.

attribut
: La valeur normalisée de l'attribut.

racine
: La valeur de l'élément racine.

instruction de traitement
: Les données de l'instruction de traitement (<?, ?> et la cible ne sont pas inclus).

commentaire

Le texte du commentaire (`<!--` et `-->` ne sont pas inclus).

espace de noms

L'URI d'espace de noms.

Attributs

`select`, *obligatoire*

L'expression XPath dont la valeur est insérée dans l'arbre résultat.

`disable-output-escaping`, *optionnel*

Si cet attribut a la valeur yes, quand le document en sortie est sérialisé, les caractères tels que < et & dans la valeur ne sont pas remplacés par des appels de caractères ou d'entités. Il peut en résulter un document mal formé.

---

xsl:variable

Syntaxe

```
<xsl:variable
  name   = "QualifiedName"
  select = "expression">
  <!-- modèle -->
</xsl:variable>
```

Description

L'élément `xsl:variable` attache une valeur de n'importe quel type (chaîne de caractères, nombre, ensemble de nœuds, etc.) à un nom. Cette variable peut être déréférencée par la suite en utilisant la forme `$nom` dans une expression XPath. L'élément `xsl:variable` peut apparaître comme sous-élément de `xsl:stylesheet`, et crée alors une variable accessible dans toute la feuille de style, ou dans un modèle, la variable créée n'étant alors accessible qu'à l'intérieur de ce modèle.

Le terme *variable* est un peu trompeur. Une fois la valeur d'une `xsl:variable` affectée, elle ne peut plus être changée. Une `xsl:variable` est plus proche d'une constante nommée que d'une variable traditionnelle.[2]

Attributs

`name`, *obligatoire*

Le nom de la variable.

2. Il faut en fait bien considérer XSLT comme un langage fonctionnel, comme Lisp ou Scheme, pour comprendre ce processus de création et de portée des variables.

`select`, *optionnel*

Une expression XPath initialisant la valeur de la variable. Si `xsl:variable` a un attribut `select`, il doit être un élément vide.

Contenu

Un modèle instancié pour produire la valeur de la variable, de type fragment d'arbre résultat. Si un élément `xsl:variable` n'est pas vide, il ne doit pas avoir d'attribut select. Si `xsl:variable` est vide et n'a pas d'attribut `select`, la variable a pour valeur une chaîne de caractères vide.

xsl:when

Syntaxe

```
<xsl:when
  test = "boolean-expression">
  <!-- modèle -->
</xsl:when>
```

Description

L'élément `xsl:when` n'apparaît que comme enfant d'un élément `xsl:choose`.

Attributs

`test`, *obligatoire*

Une expression XPath qui s'évalue à vrai ou faux. Le contenu de `xsl:when` est inséré dans l'arbre résultat si et seulement si c'est le premier élément `xsl:when` dont l'attribut `test` s'évalue à vrai.

Contenu

Le modèle instancié et inséré dans l'arbre résultat si l'attribut `test` est vrai.

xsl:with-param

Syntaxe

```
<xsl:with-param
  name   = "QualifiedName"
  select = "expression">
  <!-- modèle -->
</xsl:with-param>
```

Description

L'élément `xsl:with-param` passe un paramètre nommé à un modèle. Il peut être un sous-élément de `xsl:apply-templates` ou de `xsl:call-template`. Un élément `xsl:template` reçoit le paramètre *via* un élément `xsl:param` de même nom. Si un modèle attend un paramètre particulier et ne le reçoit pas, il prend la valeur par défaut de l'élément `xsl:param` à la place.

Attributs

`name`, *obligatoire*

Le nom du paramètre.

`select`, *optionnel*

Une expression XPath évaluée pour former la valeur du paramètre. Si `xsl:with-param` a un attribut `select` il doit être un élément vide. Si `xsl:with-param` n'a pas d'attribut `select`, la valeur est prise à partir du contenu de l'élément.

Contenu

Un modèle instancié et passé comme valeur du paramètre. Si `xsl:with-param` n'est pas vide, il ne doit pas avoir d'attribut `select`. Si `xsl:param` est vide et n'a pas d'attribut `select`, sa valeur est une chaîne de caractères vide.

Fonctions XSLT

XSLT supporte toutes les fonctions définies dans XPath. En outre, il définit 10 fonctions supplémentaires. La plupart des processeurs XSLT fournissent également plusieurs fonctions d'extension et vous permettent d'écrire les vôtres en Java ou dans d'autres langages. L'API d'extension n'est pas standard et par conséquent elle est propre à chaque processeur.

Les fonctions XPath et XSLT sont faiblement typées. Même si un type particulier est parfois préféré, le processeur convertit normalement tout type que vous lui passez dans le type que la fonction attend. Les fonctions qui ne prennent que des ensembles de nœuds en arguments sont une exception à la règle. Les autres types de données comme les chaînes de caractères, les nombres, et les booleans ne peuvent pas être convertis automatiquement en ensembles de nœuds.

Les fonctions XPath et XSLT utilisent également des arguments optionnels, qui prennent une valeur par défaut lorsqu'ils sont omis. Dans les sections suivantes, nous énumérons les variations les plus courantes et les plus utiles de chaque fonction.

---

current()

Syntaxe

```
node-set current()
```

Description

La fonction `current()` retourne un ensemble de nœuds contenant un nœud unique, le nœud courant. En dehors d'un prédicat XPath, le nœud courant et le nœud contextuel (représenté par un point en syntaxe abrégée) sont identiques. Cependant, dans un prédicat, le nœud contextuel est le nœud auquel s'applique le prédicat lors de l'évaluation alors que le nœud courant reste le même.

document()

Syntaxe

```
node-set document(string uri)
node-set document(node-set uris)
node-set document(string uri, node-set base)
node-set document(node-set uris, node-set base)
```

Description

La fonction `document()` télécharge le document XML à l'URI spécifié dans le premier argument et retourne un ensemble de nœuds contenant le nœud racine de ce document. L'URI est normalement donné par une chaîne de caractères mais peut être donné dans un autre type qui sera converti. Si un ensemble de nœuds est passé en argument, chaque nœud de l'ensemble est converti en chaîne de caractères et l'ensemble de nœuds retourné contient les nœuds racines de tous les documents référencés.

Si l'URI contient un identifiant de fragment, l'ensemble de nœuds retourné peut indiquer d'autres nœuds que le nœud racine et contenir plus d'un nœud. Si une erreur survient lors du chargement du document, un ensemble vide est retourné.

La fonction `document()` peut aussi prendre un ensemble de nœuds optionnel en deuxième argument, auquel cas le premier nœud (dans l'ordre du document) de cet ensemble est utilisé comme URI de base pour la résolution des URI relatifs donnés dans le premier argument. Si le second argument est omis, les URI sont résolus relativement à la feuille de style.

element-available()

Syntaxe

```
boolean element-available(string qualifiedElementName)
```

Description

`element-available()` retourne vrai si et seulement si l'argument identifie un élément XSLT reconnu par le processeur. Si le nom n'est pas préfixé, l'espace de noms par défaut est utilisé. En supposant l'utilisation d'un processeur totalement conforme, vous n'avez pas besoin de tester les éléments standards, seulement les éléments d'extension.

format-number()

Syntaxe

```
string format-number(number x, string pattern)
string format-number(number x, string pattern, string decimalFormat)
```

Description

La fonction `format-number()` convertit le nombre `x` en chaîne de caractères en utilisant le motif spécifié par le deuxième argument et l'élément `xsl:decimal-format` nommé par le troisième argument (ou le format décimal par défaut si le troisième argument est omis).

Le comportement de cette fonction est basé sur la classe `java.text.DecimalFormat` de Java 1.1 (non 1.2 ou 1.3). Reportez-vous à *http://java.sun.com/products/jdk/1.1/docs/api/java.text.DecimalFormat.html* pour une documentation complète des motifs passés en second argument.

Le motif indique si des zéros en tête ou en queue devraient être affichés. La partie fractionnelle est affichée ainsi que le nombre de chiffres dans un groupe et les préfixes et suffixes pour les nombres positifs et négatifs. Les motifs sont décrits en utilisant une grammaire proche de la forme normale de Backus-Naur, donnée ici :

```
motif       -> sousMotif{;sousMotif}
sousMotif   -> {préfixe}entier{.fraction}{suffixe}
préfixe     -> '\\u0000'..'\\uFFFD' - caractèresSpéciaux
suffixe     -> '\\u0000'..'\\uFFFD' - caractèresSpéciaux
entier      -> '#'* '0'* '0'
fraction    -> '0'* '#'*
```

La première ligne n'est pas une forme BNF pure. Le premier sous-motif est utilisé pour les nombres positifs, le second, optionnel, pour les nombres négatifs. Si le second sous-motif n'est pas présent, les nombres négatifs utilisent le format des nombres positifs, mais sont préfixés par un signe moins. Le *tableau 23-1* définit les symboles utilisés dans la grammaire.

Tableau 23-1. Symboles utilisés dans la grammaire des motifs

Symbole	*Signification*
0	Un chiffre, y compris les zéros en tête ou en queue ; peut être un autre caractère en utilisant l'attribut `zero-digit` de `xsl:decimal-format`.
#	Un chiffre, zéros en tête ou en queue exclus ; peut être un autre caractère en utilisant l'attribut `digit` de `xsl:decimal-format`.
.	Un séparateur décimal ; peut être un autre caractère en utilisant l'attribut `decimal-separator` de `xsl:decimal-format`.
,	Un séparateur de groupes ; peut être un autre caractère en utilisant l'attribut `grouping-separator` de `xsl:decimal-format`.
;	Sépare les motifs de formats positif et négatif ; peut être un autre caractère en utilisant l'attribut `pattern-separator` de `xsl:decimal-format`.
-	Un préfixe négatif par défaut ; peut être un autre caractère en utilisant l'attribut `minus-sign` de `xsl:decimal-format`.
%	Multiplie par 100 et affiche comme un pourcentage ; peut être un autre caractère en utilisant l'attribut `percent` de `xsl:decimal-format`.
‰	Multiplie par 1000 et l'affiche par milliers ; peut être un autre caractère en utilisant l'attribut `permille` de `xsl:decimal-format`

Tableau 23-1. Symboles utilisés dans la grammaire des motifs (suite)

Symbole	*Signification*
X	Indique que n'importe quel autre caractère ; peut être utilisé dans un préfixe ou un suffixe.
'	Utilisé pour insérer les caractères spéciaux dans un préfixe ou un suffixe.

Par exemple, #,##0.### est un motif de format décimal courant. Le symbole # indique n'importe quel chiffre excepté un zéro additionnel en tête ou en queue. La virgule est le séparateur de groupes, le point le séparateur décimal et le 0 un chiffre émis même s'il est un zéro non significatif. Ce motif est interprété comme suit :

1. La partie entière contient autant de chiffres que nécessaire.
2. Le séparateur de groupes apparaît tous les trois chiffres.
3. Si la partie entière ne contient que des zéros, un unique zéro est émis avant le séparateur décimal.
4. Trois chiffres au maximum apparaissent après le point décimal. Aucun zéro additionnel en queue n'est cependant émis.
5. Aucun motif séparé n'est inclus pour les nombres négatifs. Ceux-ci sont donc affichés de la même façon que les nombres positifs, préfixés d'un signe moins.

function-available()

Syntaxe

```
boolean function-available(string qualifiedName)
```

Description

`function-available()` retourne vrai si l'argument identifie une fonction reconnue par le processeur, faux dans le cas contraire. Si le nom n'est pas préfixé, il fait référence à une fonction XPath ou XSLT prédéfinie. En supposant que vous utilisiez un processeur totalement conforme, vous n'avez pas besoin de tester les fonctions standard, seulement les fonctions d'extension.

generate-id()

Syntaxe

```
string generate-id(node-set node)
string generate-id()
```

Description

La fonction `generate-id()` retourne une chaîne de caractères qui peut être utilisée comme la valeur d'un attribut ID. Cette fonction produit toujours la même valeur pour le même nœud et différentes valeurs pour différents nœuds. Si l'ensemble de nœuds contient plus d'un nœud, seul le premier dans l'ordre du document est pris en compte. Si l'argument est omis, le nœud contextuel est utilisé. Si l'ensemble de nœuds est vide, une chaîne vide est retournée.

---

key()

Syntaxe

```
node-set key(string keyName, object value)
node-set key(string keyName, string value)
node-set key(string keyName, node-set values)
```

Description

La fonction `key()` retourne un ensemble de nœuds contenant tous les nœuds du document source qui ont une clé du nom donné par le premier argument et de la valeur du second argument. Si le second argument est un ensemble de nœuds, l'ensemble de nœuds retourné contient tous les nœuds ayant une clé du nom indiqué et de la valeur de chaque nœud du second argument. Sinon, l'ensemble de nœuds retourné contient tous les nœuds ayant une clé du nom indiqué et de valeur égale à la valeur textuelle du second argument. Les noms et valeurs des clés sont affectés aux nœuds en utilisant l'élément `xsl:key`.

---

system-property()

Syntaxe

```
object system-property(string qualifiedPropertyName)
```

Description

La fonction `system-property()` retourne la valeur de la propriété nommée. Le type de l'objet retourné est dépendant du processeur et de la propriété. Si le processeur ne reconnaît pas la propriété nommée, il retourne une chaîne de caractères vide.

Les processeurs XSLT doivent reconnaître et retourner les valeurs de ces propriétés :

`xsl:version`
: Un nombre indiquant la version de XSLT implémentée par le processeur ; c'est actuellement toujours 1.0 mais pourra devenir 2.0 au cours de la vie de ce livre.

`xsl:vendor`
: Une chaîne de caractères identifiant le vendeur du processeur XSLT ; par exemple `Apache Software Foundation` pour Xalan ou `SAXON 6.4.4 from Michael Kay` pour SAXON.

`xsl:vendor-url`
: Une chaîne de caractères contenant un URL pour le vendeur du processeur XSLT ; par exemple, `http://xml.apache.org/xalan` pour Xalan ou `http://saxon.sourceforge.net` pour SAXON.

Les implémentations peuvent aussi reconnaître et retourner des valeurs pour d'autres propriétés, dépendantes du processeur.

unparsed-entity-uri()

Syntaxe

```
string unparsed-entity-uri(string entityName)
```

Description

La fonction `unparsed-entity-uri()` retourne l'URI de l'entité non analysée du nom spécifié déclarée dans la DTD du document source, ou une chaîne de caractères vide s'il n'existe pas d'entité non analysée de ce nom.

TrAX

Malheureusement, il n'y a aucune API standard pour XSLT, quelque soient les langages et les moteurs : chaque vendeur fournit sa propre API unique. TrAX (*Transformations API for XML*), incluse dans JAXP, est ce qui se rapproche le plus d'un standard. Cependant, elle est limitée à Java et n'est toutefois pas supporté par tous les moteurs XSLT basés sur Java. Néanmoins, puisqu'il s'agit de la technologie la plus proche d'un standard, nous l'abordons ici.

Le code qui transforme, *via* TrAX, un document XML en utilisant une feuille de style XSLT, suit six étapes. Toutes les classes mentionnées appartiennent au paquetage `javax.xml.transform`, une partie standard de Java 1.4 et une option installable séparément dans les versions antérieures. Les six étapes sont les suivantes :

1. Appeler la méthode de fabrique `TransformerFactory.newInstance()` afin de créer un nouvel objet `TransformerFactory`.
2. Construire un objet `Source` depuis la feuille de style XSLT.
3. Passer cet objet `Source` à la méthode `newTransform()` de l'objet `TransformerFactory` afin de créer un objet `Transform`.
4. Construire un objet `Source` à partir du document XML en entrée que vous souhaitez transformer.
5. Construire un objet `Result` qui contiendra le document XML transformé.
6. Passer les objets `Source` et `Result` à la méthode `transform()` de l'objet `Transform`.

L'objet Source peut être construit à partir d'un Document DOM, d'un InputSource SAX ou d'un InputStream. Ces objets sont représentés respectivement par les classes javax.xml.transform.dom.DOMSource, javax.xml.transform.sax.SAXSource, et javax.xml.-transform.stream.StreamSource. Le résultat de la transformation peut être un Document DOM, un ContentHandler SAX ou encore un OutputStream. Ils sont représentés respectivement par les classes javax.xml.transform.dom.DOMResult, javax.xml.transform.sax.-SAXResult, et javax.xml.transform.stream.StreamResult.

Par exemple, l'extrait de code suivant utilise une feuille de style XSLT qui se trouve à l'adresse *http://www.cafeconleche.org/books/xian/examples/08/8-8.xsl* pour transformer le fichier *personne.xml* situé dans le répertoire de travail courant. Le résultat est dirigé sur System.out :

```
TransformerFactory factory = TransformerFactory.newInstance();
URL u = new URL(
 "http://www.cafeconleche.org/books/xian/examples/08/8-8.xsl");
InputStream in     = u.openStream();
Source stylesheet  = new StreamSource(in);
Transformer xform  = factory.newTransformer(stylesheet);
InputStream people = new FileInputStream("personne.xml");
Source original    = new StreamSource(people);
Result transformed = new StreamResult(System.out);
xform.transform(original, transformed);
```

La façon de procéder est quasiment indentique lorsque la source et le résultat sont des Document DOM ou des flots d'évenements SAX. Il suffit d'utiliser les classes appropriées DOMSource, SAXSource, DOMResult et/ou SAXResult. Par exemple, le code suivant transforme le Document DOM, représenté par la variable doc, en utilisant la feuille de style *http://www.cafeconleche.org/books/xian/examples/08/8-8.xsl*. Le résultat est passé à un objet ContentHandler SAX, dont le nom de variable est handler :

```
Document doc;
// construction d'un objet doc en utilisant une méthode classique...
TransformerFactory factory = TransformerFactory.newInstance();
URL u = new URL(
 "http://www.cafeconleche.org/books/xian/examples/08/8-8.xsl");
InputStream in     = u.openStream();
Source stylesheet  = new StreamSource(in);
Transformer xform  = factory.newTransformer(stylesheet);
ContentHandler handler = new XMLCounter(); // du chapitre 19
Source original    = new DOMSource(doc);
Result transformed = new SAXResult(handler);
xform.transform(original, transformed);
```

CHAPITRE 24

Référence de DOM

Le modèle objet de documents (DOM, *Document Object Model*) est un modèle indépendant aussi bien des langages que des plates-formes, qui permet de manipuler des documents structurés (voir le chapitre 18, *DOM* pour de plus amples informations). La recommandation actuelle du W3C spécifie DOM niveau 2. DOM niveau 2 complet est conçu pour permettre la manipulation de documents HTML, à l'aide de plusieurs classes et méthodes spécifiques à la structure des documents HTML. Ce standard de DOM étendu est construit sur la base d'un ensemble réduit mais complet appelé le noyau DOM. Seul ce noyau est nécessaire pour manipuler des documents XML.

> D'autres parties de DOM niveau 2 peuvent être utiles pour des traitements XML spécifiques, en particulier les modules Style, Traversal et Range.

Cette section de référence décrit les objets du niveau 1 et du niveau 2 du noyau DOM, en utilisant des descriptions des objets écrites dans le langage IDL de l'OMG. À la suite de chaque description IDL on trouvera la correspondance spécifique au langage Java. Les constructions spécifiques au niveau 2 sont indiquées par le symbole ❷ placé après un nom d'attribut ou de méthode.

> Ce chapitre est basé sur la spécification du noyau du modèle objet de document (*Document Object Model Core*) de niveau 2, qui a été publiée le 13 novembre 2000. Cette version de la recommandation, ainsi que les errata qui s'y rapportent, est disponible sur le site web du W3C (*http://www.w3.org/TR/DOM-Level-2-Core/*).

DOM considère que la structure d'un document est celle d'une hiérarchie d'objets de type Node. L'interface Node est l'interface de base pour tous les membres d'un arbre de document DOM. Elle présente des attributs communs à tous les types d'objets présents dans un document, et fournit quelques méthodes simples pour obtenir une information de typage sans avoir recours au transtypage. Cette interface présente également toutes les méthodes nécessaires pour rechercher, insérer ou supprimer des objets de la hiérarchie du document. L'interface Node facilite la création de routines de manipulation d'arbre qui ne dépendent pas de types d'éléments particuliers.

Hiérarchie des objets

Le tableau suivant montre la hiérarchie d'objets DOM.

Objet	*Objets enfants autorisés*
Document	Element (au maximum un) ProcessingInstruction Comment DocumentType (au maximum un)
DocumentFragment	Element ProcessingInstruction Comment Text CDATASection EntityReference
DocumentType	Aucun (nœud feuille)
EntityReference	Element ProcessingInstruction Comment Text CDATASection EntityReference
Element	Element Text Comment ProcessingInstruction CDATASection EntityReference
Attr	Text EntityReference
ProcessingInstruction	Aucun (nœud feuille)
Comment	Aucun (nœud feuille)
Text	Aucun (nœud feuille)
CDATASection	Aucun (nœud feuille)

Objet	*Objets enfants autorisés*

`Entity`	`Element`
	`ProcessingInstruction`
	`Comment`
	`Text`
	`CDATASection`
	`EntityReference`

`Notation`	Aucun (nœud feuille)

Référence des objets

Cette section détaille les objets du noyau XML de DOM niveau 2. Les sections de référence donnent le détail des descriptions, attributs et méthodes sous la forme de spécifications IDL indépendantes du langage de programmation. La correspondance Java et des exemples sont donnés pour en illustrer l'usage.

Attr

L'interface `Attr` représente la valeur affectée à un attribut d'un élément XML. Puisque l'attribut `NamedNodeList` de l'interface `Element` constitue le seul moyen d'accéder aux objets de type `Attr` dans le DOM, les attributs `parentNode`, `previousSibling` et `nextSibling` ont toujours la valeur `null`. Bien que l'interface `Attr` hérite de l'interface de base `Node`, la plupart des méthodes de `Node` ne s'y appliquent pas.

Un élément XML peut être muni d'un attribut de plusieurs façons. Un élément à une valeur pour un attribut si :

- le document XML fournit explicitement une valeur pour l'attribut ;
- la DTD du document précise une valeur par défaut pour l'attribut ;
- un attribut est ajouté par programme, à l'aide des méthodes `setAttribute()` ou `setAttributeNode()` de l'interface `Element`.

Bien qu'un nœud `Attr` ne fasse pas officiellement partie d'un arbre de document DOM, il peut être le parent d'un sous-arbre qui constitue sa valeur. Un objet `Attr` peut avoir des enfants qui sont des objets `EntityReference`. L'attribut `value` fournit, sous la forme d'un objet `DOMString`, la valeur expansée de ce nœud. Pour déterminer si des remplacements d'entités ont été effectués, il faut tester si le nœud `Attr` a des nœuds enfants.

Exemple Java

```
// Obtenir un objet Attr représentant l'attribut size de l'élément
Attr attrName = elem.getAttributeNode("taille");
```

Attributs

Les attributs suivants sont définis dans l'interface `Attr`.

Référence de DOM

name : *DOMString*

Le nom de l'attribut. En lecture seule.

Correspondance Java

```
Public String getName();
```

Exemple Java

```
// Affiche les noms des attributs de l'élément
Attr attr;

for (int i = 0; i < elem.getAttributes().getLength(); i++) {
    // référence temporaire sur l'attribut
    attr = (Attr)elem.getAttributes().item(i);
    System.out.println(attr.getName());
    }
```

ownerElement : *Element* ❷

Cette propriété fournit un lien vers l'objet `Element` qui possède cet attribut. Si l'attribut n'est pas actuellement associé à un élément, elle vaut `null`. En lecture seule.

Correspondance Java

```
public Element getOwnerElement();
```

specified : *boolean*

Indique si cette valeur est explicitement donnée dans le source XML de l'élément parent, ou si elle est une valeur par défaut spécifiée dans la DTD. En lecture seule.

Correspondance Java

```
public boolean getSpecified();
```

Exemple Java

```
// Affiche les noms des attributs de l'élément
for (int i = 0; i < elem.getAttributes().getLength(); i++) {
  // référence temporaire sur l'attribut
  attr = (Attr)elem.getAttributes().item(i);
  // n'afficher que les attributs explicitement présents dans le fichier
  // source XML
    // (c-à-d ignorer les valeurs par défaut précisées dans la DTD)
    if (attr.getSpecified()) {
      System.out.println(attr.getName());
  }
}
```

value : *DOMString*

Cet attribut fournit un moyen simple de lire ou d'écrire la valeur textuelle de l'objet `Attr`. Lorsqu'il est utilisé pour lire la valeur textuelle, cet attribut inclut la valeur expansée de tout appel d'entité générale. Lorsqu'il est utilisé pour changer la valeur de l'attribut, il crée un nœud `Text` enfant qui contient la valeur textuelle. Tenter de changer la valeur d'un nœud en lecture seule déclenche l'exception DOM `NO_MODIFICATION_ALLOWED_ERR`.

Correspondance Java

```
public String getValue();
public void setValue(String value);
```

Exemple Java

```
// Convertir en minuscules toutes les valeurs d'attribut
Attr attr;

for (int i = 0; i < elem.getAttributes().getLength(); i++) {
   attr = (Attr)elem.getAttributes().item(i);
   attr.setValue(attr.getValue().toLowerCase());
}
```

CDATASection

L'interface CDATASection contient les données brutes d'une section CDATA du document XML. Bien que cette interface hérite de l'interface Text, les blocs CDATASection adjacents ne sont pas fusionnés par la méthode normalize() de l'interface Element.

Exemple Java

```
// Ouvrir un fichier XML
try {
    FileInputStream fis = new FileInputStream("liste_numéros.xml");
    StringBuffer sb = new StringBuffer();

    // lire le fichier XML source en mémoire
    int ch;
    while ((ch = fis.read()) != -1) {
       sb.append((char)ch);
    }

    // puis, créer un objet CDATASection pour le contenir, à
    // l'intérieur d'un élément de notre document,
    // en utilisant une section CDATA
    CDATASection ndCDATA = doc.createCDATASection(sb.toString());
} catch (IOException e) {
    ...
```

CDATASection est purement une sous-interface de l'interface Text et n'a pas d'attribut ou de méthode propre. Voir la section consacrée à l'interface Text dans ce chapitre pour la liste des méthodes utilisables pour obtenir les données textuelles des nœuds de ce type.

CharacterData

L'interface CharacterData est totalement abstraite, étendant l'interface Node uniquement pour permettre la manipulation de données textuelles. Tout type d'objet DOM qui a trait aux données textuelles hérite, directement ou non, de cette interface.

Les fonctions de manipulation de chaînes de caractères de cette interface sont similaires à celles de la plupart des langages de programmation modernes. Comme les fonctions de C/C++, toutes les routines de manipulation des objets `CharacterData` considèrent que ceux-ci sont indicés à partir de 0.

Exemple Java

```
// Créer un nouveau nœud Text indépendant
Text ndText = doc.createTextNode("La vérité est ailleurs.");
// le transtyper vers l'interface CharacterData
CharacterData ndCD = (CharacterData)ndText;
```

Attributs

Les attributs suivants sont définis dans l'interface `CharacterData` :

data : *DOMString*

Cet attribut permet d'accéder aux données brutes du nœud `CharacterData`. Bien qu'une mise en oeuvre de DOM ne puisse pas limiter arbitrairement la quantité de données textuelles qui peut être conservée dans un nœud `CharacterData`, il se peut que vous soyez obligé d'utiliser la méthode `substringData` pour accéder aux données sous la forme de blocs de taille raisonnable, à cause de contraintes d'implémentation.

Exceptions

NO_MODIFICATION_ALLOWED_ERR

Déclenchée sur une tentative d'écriture alors que l'attribut `data` est en lecture seule pour ce type d'objet DOM.

DOMSTRING_SIZE_ERR

Déclenchée si la valeur lue est trop volumineuse pour être conservée dans un objet du type `DOMString` dans cette implémentation.

Correspondances Java

```
public String getData() throws DOMException;
public void setData(String data) throws DOMException;
```

Exemple Java

```
// Ajouter des guillemets autour du contenu du nœud CharacterData
CharacterData ndCD = (CharacterData)doc.createTextNode("Unquoted text.");
...
ndCD.setData('\"' + ndCD.getData() + '\"');
```

length : *unsigned long*

La taille de l'objet `DOMString` conservé dans l'attribut `data`. Pour toutes les méthodes de cette interface qui prennent un paramètre `index`, le domaine de cet indice est `0 <= index < length`. Cette valeur peut être 0, puisqu'il est possible d'avoir un nœud `CharacterData` vide. En lecture seule.

Correspondance Java

```
public long getLength();
```

Exemple Java

```
// Afficher le contenu d'un nœud CharacterData
CharacterData ndCD = (CharacterData)doc.createTextNode("Cette chaîne
                 de caractères possèdent 30 caractères.");

System.out.println("La chaîne de caractères \'" + ndCD.getData() + "\' possède "
                 + Long.toString(ndCD.getLength()) + " caractères.");
```

Méthodes

Les méthodes suivantes sont définies dans l'interface CharacterData.

appendData : *arg*

Cette méthode ajoute le contenu de son paramètre arg à la fin de la valeur courante de d'attribut data.

Arguments

arg: *DOMString*

La chaîne de caractères à ajouter.

Exceptions

NO_MODIFICATION_ALLOWED_ERR

Déclenchée si le nœud est en lecture seule.

Correspondance Java

```
public void appendData(String arg) throws DOMException;
```

Exemple Java

```
// Ajouter des caractères à une chaîne existante
// Créer un nouvel objet Text et référencer l'interface CharacterData
CharacterData ndCD = (CharacterData)doc.createTextNode("La vérité est ");

// tirer à pile ou face
ndCD.appendData((Math.random() < 0.5) ? "ailleurs." : "ici.");

System.out.println(ndCD.getData());
```

deleteData : *offset, count*

Tronque l'objet DOMString dans l'attribut data. Cette méthode supprime count caractères, à partir de la position offset.

Arguments

offset: unsigned long

La position dans l'attribut data à partir de laquelle il faut supprimer count caractères.

count: unsigned long

Le nombre de caractères à supprimer. Si offset + count est supérieur ou égal à la valeur de l'attribut length, la fin de la chaîne, à partir de la position offset, est supprimée.

Exceptions

INDEX_SIZE_ERR

Déclenchée si le paramètre offset n'est pas un index valide dans l'objet DOMString valeur de data.

NO_MODIFICATION_ALLOWED_ERR

Déclenchée si le nœud est en lecture seule.

Correspondance Java

```
public void deleteData(long offset, long count)
     throws    DOMException;
```

Exemple Java

```
// Créer un nouvel objet Text et référencer l'interface CharacterData
CharacterData ndCD = (CharacterData)doc.createTextNode(
                     "La vérité n'est pas ailleurs.");

// modifier les données
ndCD.deleteData(10, 2);
ndCD.deleteData(14, 4);

System.out.println(ndCD.getData());
```

insertData: *offset, arg*

Cette méthode prend une chaîne de caractères, scinde le contenu de l'attribut data en position offset donnée, et insère la chaîne de caractères du paramètre arg entre les deux sous-chaînes.

Arguments

offset: unsigned long

Le déplacement (compté à partir de 0) dans la valeur de l'attribut data auquel l'insertion doit avoir lieu.

arg: DOMString

La chaîne de caractères à insérer.

Exceptions

INDEX_SIZE_ERR

Déclenchée si le paramètre offset n'est pas un index valide dans l'objet DOMString valeur de data.

NO_MODIFICATION_ALLOWED_ERR

Déclenchée si le nœud est en lecture seule.

Correspondance Java

```
public void insertData(long offset, String arg) throws
  DOMException;
```

Exemple Java

```
// Insérer des données dans une chaîne de caractères
boolean fCynical = true;
```

```
// créer un nouvel objet Text et référencer l'interface CharacterData
CharacterData ndCD = (CharacterData)doc.createTextNode(
                        "La vérité est ailleurs.");
...

// faut-il être cynique
if (fCynical) {
    ndCD.insertData(10, "n'");
    ndCD.insertData(15, " pas");
}

System.out.println(ndCD.getData());
```

replaceData : *offset, count, arg*

Remplace une sous-chaîne de l'attribut data par une autre chaîne de valeur arg, en utilisant les paramètres offset et count.

Arguments

offset: long

Le déplacement par rapport au début de la zone de remplacement.

count: long

Le nombre de caractères à remplacer. Si offset + count est supérieur ou égal à la valeur de l'attribut length, tout ce qui se trouve au-delà de la position offset est remplacé.

arg: DOMString

La chaîne de caractères de remplacement.

L'opération replaceData est équivalente au fragment de code suivant :

```
cdNode.deleteData(offset, count);
      cdNode.insertData(offset, arg);
```

Exceptions

INDEX_SIZE_ERR

Déclenchée si le paramètre offset n'est pas un index valide dans l'objet DOMString valeur de l'attribut data.

NO_MODIFICATION_ALLOWED_ERR

Déclenchée si le nœud est en lecture seule.

Correspondance Java

```
public void replaceData(long offset, long count,
                        String arg) throws DOMException;
```

Exemple Java

```
// Créer un nouvel objet Text et référencer l'interface CharacterData
CharacterData ndCD = (CharacterData)doc.createTextNode(
                        "La vérité n'est pas ailleurs.");
```

```
// remplacer vérité
String strFind = "vérité";
String strReplace = "chien";

ndCD.replaceData(ndCD.getData().indexOf(strFind), strFind.length(),
                 strReplace);

System.out.println(ndCD.getData());
```

substringData : *offset, count*

Renvoie une valeur DOMString qui contient une sous-chaîne de la chaîne conservée dans l'attribut data. Les arguments offset et count définissent la position de la sous-chaîne. Bien que l'argument offset doit représenter une position valide à l'intérieur du nœud, la fin de la sous-chaîne peut dépasser la fin de la valeur de l'attribut data. Si c'est le cas, la méthode renvoie tout ce qui se trouve entre la position offset et la fin de la chaîne data.

Arguments

offset: unsigned long

Déplacement initial, compté à partir de 0, de la sous-chaîne à renvoyer. Un offset valide doit être supérieur ou égal à 0 et inférieur à la valeur de l'attribut length du nœud.

count: unsigned long

Nombre de caractères à renvoyer.

Exceptions

INDEX_SIZE_ERR

Déclenchée si le déplacement donné est inférieur à 0 ou supérieur ou égal à la valeur de l'attribut length, ou si la paramètre count est négatif.

DOMSTRING_SIZE_ERR

Déclenchée si la valeur à renvoyer est trop volumineuse pour être contenue dans le type DOMString de l'implémentation.

Correspondance Java

```
public String substringData(unsigned long offset, unsigned long count)
       throws  DOMException;
```

Exemple Java

```
// Obtenir une référence à l'interface CharacterData
CharacterData ndCD = (CharacterData)doc.createTextNode(
                         "La vérité est ailleurs.");

// nous ne voulons que "vérité"
String strTruth = ndCD.substringData(3, 6);

System.out.println("La sous chaine est '" + strTruth + '\'');
```

Comment

Cet objet contient le texte d'un commentaire XML (c'est-à-dire tout ce qui se trouve entre <!-- et -->). Il hérite de `CharacterData`.

La spécification DOM ne requiert pas des parseurs XML qu'ils conservent les commentaires une fois le document analysé. Certaines mises en œuvre les suppriment au cours de l'analyse.

Exemple Java

```
// Créer un commentaire
Comment ndComment = doc.createComment("Le document a été analysé par un outil DOM.");

// et l'ajouter au document
doc.appendChild(ndComment);
```

Document

L'interface `Document` représente un document XML bien formé complet. Après que l'objet est créé *via* l'interface `DOMImplementation`, vous pouvez accéder à tous les aspects du document XML original à l'aide des diverses méthodes de navigation fournies par l'interface `Node`, l'interface parent de l'interface `Document`.

Dans DOM, les éléments d'un document ne peuvent exister en dehors de leur document parent. Pour cette raison, l'interface `Document` comporte plusieurs méthodes utilisées pour créer de nouveaux éléments du document.

Attributs

Les attributs suivants sont définis dans l'interface `Document`.

doctype: *DocumentType*

Cet attribut renvoie une instance de l'interface `DocumentType`, représentant la DTD de ce document. Si le document ne déclare pas de DTD, cette propriété a la valeur `null`. En lecture seule.

Correspondance Java

```
public DocumentType getDoctype();
```

Exemple Java

```
// Obtenir l'information de la DTD analysée avec ce document
DocumentType docType = docIn.getDoctype();

if (docType == null) {
    System.out.println("attention : pas de DTD");
}
```

documentElement: *Element*

Cet attribut pointe sur l'unique nœud `Element` qui constitue la racine de l'arbre du document XML. En lecture seule.

Correspondance Java

```
public Element getDocumentElement();
```

Exemple Java

```
// Identifier l'élément racine
Element elRoot = docIn.getDocumentElement();
System.out.println("C'est un document '" + elRoot.getTagName()");
```

implementation: *DOMImplementation*

Renvoie une référence sur l'objet `DOMImplementation` responsable de ce document. Il est imaginable (en utilisant le plug-in SVG d'Adobe à l'intérieur de Microsoft Internet Explorer, par exemple) qu'une application utilise des objets DOM provenant de différentes implémentations de DOM. En lecture seule.

Correspondance Java

```
public DOMImplementation getImplementation();
```

Exemple Java

```
// S'assurer que DOM niveau 1 est supporté
DOMImplementation di = doc.getImplementation();
if (!di.hasFeature("XML", "1.0")) {
        return false;
}
```

Méthodes

Les méthodes suivantes sont définies sur l'objet `Document`.

createAttribute: *name*

Cette fonction crée un objet `Attr` de nom donné. Les nœuds `Attr` permettent de construire des attributs d'éléments complexes, qui peuvent inclure des objets `EntityReference` et des données textuelles.

Argument

name: DOMString

Le nom de l'attribut XML.

Valeur de retour

Le nouvel objet `Attr`.

Exceptions

INVALID_CHARACTER_ERR

Indique que le nom passé en paramètre à `createAttribute()` n'est pas conforme à un nom XML valide. Voir le chapitre 2, *Principes de XML*, pour les restrictions placées par XML sur la construction des noms.

Correspondance Java

```
public Attr createAttribute(String name)
            throws DOMException;
```

Exemple Java

```
// Créer une référence d'entité
EntityReference er = doc.createEntityReference("nom_entité");

// il faut créer un objet Attr pour inclure un appel d'entité explicite
Attr attr = doc.createAttribute("nom");

// ajouter l'appel d'entité
attr.appendChild(er);
```

createAttributeNS: *namespaceURI, qualifiedName* ❷

Cette méthode a le même objectif que `createAttribute`, mais gère aussi les espaces de noms XML. Voir le chapitre 4, *Espaces de noms*, pour plus d'informations sur le sujet.

Arguments

namespaceURI: DOMString

L'URI associé au préfixe d'espace de noms dans le paramètre `qualifiedName`.

qualifiedName: DOMString

Le nom de l'attribut à instancier ; inclut le préfixe d'espace de noms associé à l'URI de l'espace de noms donné dans le paramètre `namespaceURI`.

Valeur de retour

Le nouvel objet `Attr` est renvoyé, avec les valeurs d'attributs suivantes :

Attribut	*Valeur*
`Node.nodeName`	Le nom complet, qualifié, donné dans le paramètre `qualifiedName`.
`Node.namespaceURI`	L'URI d'espace de noms donné.
`Node.prefix`	Le préfixe d'espace de noms, qui est analysé d'après le paramètre `qualifiedName`.
`Node.localName`	La partie locale du nom qualifié, placée à droite du caractère :.
`Attr.name`	La valeur de `qualifiedName`.

Exceptions

INVALID_CHARACTER_ERR

Indique que le nom passé en paramètre à `createAttributeNS()` n'est pas conforme à un nom XML valide. Voir le chapitre 2 pour les restrictions de XML sur la construction des noms.

NAMESPACE_ERR

Déclenchée si `qualifiedName` est mal formé, a un préfixe mais pas de `namespaceURI`, ou si le préfixe réservé `xml` a été utilisé.

Correspondance Java

```
public Attr createAttributeNS(String namespaceURI,
                                                String qualifiedName) throws DOMException;
```

createCDATASection: *data*

Crée un nouveau nœud CDATASection qui contient le texte data. Les nœuds CDATASection contiennent du texte non XML, qu'il serait malcommode d'écrire en utilisant les entités standards XML, telles que &, < ou >.

Argument

data: DOMString

Le texte contenu dans le nouvel objet CDATASection.

Exceptions

NOT_SUPPORTED_ERR

Déclenchée si vous essayez d'appeler cette méthode sur un document HTML.

Correspondance Java

```
public CDATASection createCDATASection(String data) throws DOMException;
```

Exemple Java

```
// Utiliser CDATASection pour inclure des caractères XML
CDATASection cds = doc.createCDATASection("
<exemple_xml>C'est un simple texte.</exemple_xml>
");
```

createComment: *data*

Renvoie un nouveau nœud Comment contenant la chaîne donnée. Voir la référence de l'objet Comment plus haut dans ce chapitre pour les restrictions imposées au contenu des nœuds Comment.

Argument

data: DOMString

Le texte du commentaire.

Restriction sur le texte des commentaires

La spécification indique que les caractères -- ne doivent pas apparaître dans le texte d'un commentaire, pour des raisons de compatibilité. Malgré cet avertissement, certaines implémentations de DOM ne considèrent pas qu'un double tiret est une erreur de syntaxe.

Correspondance Java

```
public Comment createComment(String data);
```

Exemple Java

```
// Créer un commentaire précisant la date
```

```
StringBuffer sb = new StringBuffer();
Date dtNow = new Date();

sb.append("\tModifié " + dtNow.toString() + '\n');

Comment cmt = doc.createComment(sb.toString());
```

createDocumentFragment()

Renvoie un objet DocumentFragment vide. Voir la référence de l'objet DocumentFragment plus bas dans ce chapitre pour une discussion quant aux utilisations et limites des fragments de document.

Correspondance Java

```
public DocumentFragment createDocumentFragment();
```

createElement: *tagName*

Crée un nouveau nœud Element vide, utilisable dans le document. Le type d'élément (le nom de la balise XML) est donné en argument à la méthode. Le nœud Element résultant appartient à l'objet Document parent, mais il ne fait pas partie de sa hiérarchie d'éléments. Voir la section consacrée à Node plus loin dans ce chapitre pour plus d'informations sur la façon dont les méthodes de manipulation de la hiérarchie du document sont utilisées.

Argument

tagName: DOMString

Le nom XML utilisé pour créer le nouveau nœud Element. Ce nom est affecté à l'attribut nodeName du nœud Element résultant.

Valeur de retour

Le nouvel objet Element.

Exceptions

INVALID_CHARACTER_ERR

Indique que le nom passé à createElement() n'est pas un nom conforme à un nom XML valide. Voir le chapitre 2 pour les restrictions de XML sur la construction des noms.

Correspondance Java

```
public Element createElement(String tagName) throws DOMException;
```

Exemple Java

```
// Créer le nouvel élément mon_tag
Element elOut = doc.createElement("mon_tag");
```

createElementNS: *namespaceURI, qualifiedName* ❷

Cette méthode a le même objectif que la méthode createElement mais inclut le support des espaces de noms XML. Voir le chapitre 4 pour plus d'informations sur les espaces de noms.

Arguments

namespaceURI: DOMString

L'URI associée au préfixe d'espace de noms du paramètre `qualifiedName`.

qualifiedName: DOMString

Le nom de l'élément à instancier, y compris le préfixe d'espace de noms associé à l'URI d'espace de noms donné dans le paramètre `namespaceURI`.

Valeur de retour

Le nouvel objet `Element` est renvoyé avec les valeurs d'attributs suivantes :

Attribut	*Valeur*
`Node.nodeName`	Le nom complètement qualifié, donné dans le paramètre `qualifiedName`.
`Node.namespaceURI`	L'URI d'espace de noms donné.
`Node.prefix`	Le préfixe d'espace de noms, qui est analysé d'après le paramètre `qualifiedName`.
`Node.localName`	La partie locale du nom qualifié, placé à droite du caractère :.
`Element.tagName`	Le nom complet de l'élément, qui est le même que `qualifiedName`.

Exceptions

INVALID_CHARACTER_ERR

Indique que le nom passé à `createElementNS()` n'est pas conforme à un nom XML valide. Voir le chapitre 2 pour les restrictions de XML sur la constructions des noms.

NAMESPACE_ERR

Déclenchée si `qualifiedName` est mal formé, a un préfixe mais pas de `namespaceURI`, ou si le préfixe d'espace de noms réservé `xml` est utilisé.

Correspondance Java

```
public Element createElementNS(String namespaceURI,
                                String qualifiedName) throws DOMException;
```

createEntityReference: *name*

Crée un objet `EntityReference`.

Argument

name: DOMString

Le nom de l'entité XML à référencer. Le nom doit correspondre à une déclaration d'entité XML valide dans le document courant.

Exceptions

INVALID_CHARACTER_ERR

Indique que le nom passé à `createEntityReference()` n'est pas conforme à un nom d'élément XML valide. Voir le chapitre 2 pour les restrictions de XML sur la construction des noms.

NOT_SUPPORTED_ERR

Cette exception serait déclenchée si vous essayiez de créer un appel d'entité dans un document HTML.

Correspondance Java

```
public EntityReference createEntityReference(String name)
                       throws DOMException;
```

Exemple Java

```
// Créer un appel d'entité
EntityReference er = doc.createEntityReference("nom_entité");
```

createProcessingInstruction: *target, data*

Crée un nouveau nœud `ProcessingInstruction` de nom de cible *target* et de données spécifiques *data* donnés. Le nom de cible « xml » (sans distinction de casse) est réservé par le groupe de travail sur XML et ne peut être utilisé par une application.

Arguments

target: DOMString

Le nom de cible de l'instruction de traitement. Ce nom identifie l'application qui va interpréter la portion de données de l'instruction.

data:DOMString

Les données spécifiques pour le nœud `ProcessingInstruction` résultant.

Exceptions

INVALID_CHARACTER_ERR

Indique que le nom passé à `createProcessingInstruction` n'est pas conforme à un nom XML valide. Voir le chapitre 2 pour les restrictions de XML sur la construction des noms.

NOT_SUPPORTED_ERR

Déclenchée si vous essayez de créer un nœud `ProcessingInstruction` dans un document HTML.

Correspondance Java

```
public ProcessingInstruction createProcessingInstruction(String target,
                                         String data) throws DOMException;
```

Exemple Java

```
// Ajouter l'instruction de traitement spécifique
ProcessingInstruction pi = doc.createProcessingInstruction("mon_appli",
                   "action=\"sauver\"");
```

createTextNode: *data*

Crée un nouveau nœud `Text` qui contient la chaîne de caractères `data` donnée.

Argument

data: DOMString

La chaîne dont la valeur sera le contenu du nouveau nœud.

Correspondance Java

```
public Text createTextNode(String data);
```

```
// Créer un nouveau nœud contenant des données textuelles
Text txtDesc = doc.createTextNode("Des caractères comme contenu pour un
                                    nouveau élément.");
```

getElementById: *elementID* ❷

Cette méthode renvoie le nœud `Element` dont un attribut ID a la valeur donnée.

Il est important de ne pas confondre les attributs de nom ID avec les attributs de type ID. Les *attributs de type ID* sont les attributs qui ont été déclarés avec un type d'attribut ID dans la définition de type de document.

Voir *Déclaration de liste d'attributs* dans le chapitre 20, *Référence de XML 1.0*, pour de plus amples informations sur les attributs de type ID.

Argument

elementID: DOMString

La valeur de l'ID unique de l'élément désiré.

Valeur de retour

Un unique objet `Element` qui a un attribut ID de valeur demandée, ou `null` si aucun élément n'est trouvé.

Correspondance Java

```
public Element getElementById(String elementId);
```

getElementsByTagName: *tagName*

Cette fonction renvoie une liste de nœuds `Element` du document courant dont l'attribut `tagName` correspond au paramètre `tagName`. Les nœuds sont renvoyés dans l'ordre dans lequel ils apparaissent dans le document source.

Argument

tagName: DOMString

Le nom de l'élément à utiliser comme filtre. Le nom spécial * sélectionne tous les éléments.

Correspondance Java

```
public NodeList getElementsByTagName(String tagName);
```

Exemple Java

```
// Obtenir une liste de tous les numéros de téléphone dans le document
NodeList nl = doc.getElementsByTagName("numéro_téléphone");
```

getElementsByTagNameNS: *namespaceURI, localName* ❷

Comme la méthode `getElementsByTagName()`, cette méthode renvoie une liste de nœuds `Element` (un objet `NodeList`) qui correspondent aux critères donnés dans les paramètres `namespaceURI` et `localName`. La liste résultante contient tous les éléments correspondant aux restrictions sur l'URI d'espace de noms et sur le nom local, tels qu'ils seraient rencontrés dans l'ordre original du document sur lequel l'ordre est construit.

Arguments

namespaceURI: DOMString

L'URI d'espace de noms des éléments à rechercher. La valeur spéciale * correspond à n'importe quel espace de noms.

localName: DOMString

La partie locale des noms des éléments à rechercher. La valeur spéciale * correspond à n'importe quel nom local.

Correspondance Java

```
public NodeList getElementsByTagNameNS(String namespaceURI,
                                       String localName);
```

importNode: *importedNode, deep* ❷

Le nom de cette méthode est quelque peu trompeur. Elle crée une copie de l'objet `Node` provenant d'un autre document, copie qui peut être insérée dans la hiérarchie des nœuds du document courant. Les spécificités de cette opération dépendent du type du nœud copié.

Type de nœud	*Résultat*	*Effet du paramètre deep*
`ATTRIBUTE_NODE`	Copie l'attribut source et tous ses enfants. L'attribut `ownerElement` est positionné à `null` et le booléen `specified` est positionné à `true`.	Aucun.
`DOCUMENT_FRAGMENT_NODE`	Crée un nœud `DocumentFragment` vide.	Copie complètement les enfants du nœud `DocumentFragment` source.
`DOCUMENT_NODE`	Ne peut être importé.	N/A.
`DOCUMENT_TYPE_NODE`	Ne peut être importé.	N/A.

Référence de DOM

Type de nœud	*Résultat*	*Effet du paramètre deep*
`ELEMENT_NODE`	Copie seulement les nœuds d'attributs avec le booléen `specified` positionné dans le nouvel élément.	Copie récursivement tous les nœuds enfants de l'élément source.
`ENTITY_NODE`	Copie les attributs `publicId`, `systemId` et `notationName`.	Copie récursivement tous les enfants du nœud `Entity`.
`ENTITY_REFERENCE_NODE`	Copie uniquement le nœud `EntityReference`. Sa valeur est prise dans la DTD du document qui effectue l'import.	Aucun.
`NOTATION_NODE`	Importe le nœud `notation`, mais puisque dans le niveau 2 l'interface `DocumentType` est en lecture seule, il ne peut pas être inclus dans le document cible.	Aucun.
`PROCESSING_INSTRUCTION_NODE`	Copie les valeurs `target` et `data`.	Aucun.
`TEXT_NODE, CDATA_SECTION_NODE, COMMENT_NODE`	Copie les attributs `data` et `length`.	Aucun.

Le nouveau nœud (copié) est renvoyé, selon les paramètres.

Arguments

importedNode: Node

Le nœud à dupliquer pour être utilisé dans la hiérarchie du document courant.

deep: boolean

Précise s'il faut copier un seul nœud ou un sous-arbre entier. Pour les détails, voir le tableau ci-dessus.

Exceptions

NOT_SUPPORTED_ERR

Déclenchée sur une tentative d'importer un type de `Node` non supporté, par exemple un nœud `Document`.

Correspondance Java

```
public Node importNode(Node importedNode, boolean deep)
       throws DOMException;
```

DocumentFragment

L'interface `DocumentFragment` est un conteneur léger utilisé pour conserver temporairement des fragments de document XML. Puisqu'elle n'a aucun attribut ou méthode propre, elle ne peut que fournir la même fonctionnalité que l'interface `Node`. Elle a pour objectif de contenir au moins un sous-arbre XML bien formé.

Une application évidente de cet objet est de permettre les opérations de glisser-déplacer ou de copier-coller dans un éditeur visuel. L'utilisateur peut choisir de sélectionner plusieurs sous-arbres apparaissant au même niveau de l'arbre dont une partie doit être copiée :

```
<exemple_xml>
  <légende><nomfichier>exemple.xml</nomfichier> avant l'opération
    de copie de DocumentFragment</légende>
  <document>
    <parent>
      <enfant_1></enfant_1>
      <enfant_2></enfant_2>
    </parent>
    <parent>
    </parent>
  </document>
</exemple_xml>
```

Si l'utilisateur décide de copier les deux nœuds `enfant` dans le presse-papiers, l'application DOM va :

- créer un objet `DocumentFragment` ;
- ajouter des copies des nœuds au nouvel objet à l'aide des méthodes `cloneNode()` et `appendChild()`.

```
<exemple_xml>
    <légende>objet DocumentFragment du presse-papier.</légende>
    <DocumentFragment frame="nouveau">
        <enfant_1></enfant_1>
        <enfant_2></enfant_2>
    </DocumentFragment>
</exemple_xml>
```

Enfin, lorsque l'utilisateur décide de copier les nœuds à un nouvel endroit, le nouveau nœud `DocumentFragment` est passé en paramètre à la méthode `appendChild()`. Pendant l'opération de copie, le nœud `DocumentFragment` est ignoré, et seuls ses enfants sont rattachés au nœud cible.

```
<exemple_xml>
    <légende><nomfichier>exemple.xml</nomfichier> après l'opération
     de copie du DocumentFragment</légende>
    <document>
        <parent>
            <enfant_1></enfant_1>
```

```
            <enfant_2></enfant_2>
        </parent>
        <parent>
            <enfant_1></enfant_1>
            <enfant_2></enfant_2>
        </parent>
    </document>
</exemple_xml>
```

Exemple Java

```
// Créer un nouvel objet DocumentFragment
DocumentFragment dfNorm = doc.createDocumentFragment();
```

DocumentType

L'interface Document comporte un unique attribut, docType, qui pointe sur une description de la DTD si elle existe, ou vaut null :

```
// obtenir l'information du type de document
     DocumentType dtDoc = doc.getDoctype();
```

Attributs

Un objet DocumentType contient les attributs suivants.

entities: *NamedNodeMap*

Cet attribut fournit la liste de toutes les entités générales déclarées dans la DTD du document. Si la même entité est déclarée plusieurs fois dans un document, seule la première déclaration est conservée dans cet objet NamedNodeMap. Notez que les déclarations d'entités paramètre ne sont pas disponibles au travers de l'interface DocumentType. Chaque membre de cette liste implémente l'interface Entity. En lecture seule.

Correspondance Java

```
public NamedNodeMap getEntities();
```

Exemple Java

```
// Afficher les entités du document
NamedNodeMap nnm = doc.getDoctype().getEntities();
```

Exemple Java

```
Entity ndEnt;
for (int i = 0; i < nnm.getLength(); i++) {
  ndEnt = (Entity)nnm.item(i);

  System.out.println(ndEnt.getNodeName());

  if (ndEnt.getPublicId() != null) {
    System.out.println("\tIdentifiant public : " + ndEnt.getPublicId());
```

```
    }

    if (ndEnt.getSystemId() != null) {
      System.out.println("\tIdentifiant système : " + ndEnt.getSystemId());
    }

    if (ndEnt.getNotationName() != null) {
      System.out.println("\tNom de notation : " + ndEnt.getNotationName());
    }
}
```

internalSubset: *DOMString*

Cet attribut contient le sous-ensemble interne du document sous la forme d'une chaîne de caractères. Le format réel de son contenu dépend du niveau de support fourni par un parseur particulier. En lecture seule.

Correspondance Java

```
public String getInternalSubset();
```

name: *DOMString*

Le nom de la DTD, qui est le nom XML qui suit le mot-clé `DOCTYPE` dans le document source. En lecture seule.

Correspondance Java

```
public String getName();
```

Exemple Java

```
// Afficher l'information du type de document
DocumentType dtDoc = doc.getDoctype();

System.out.println("Ceci est un document " + dtDoc.getName() + ".");
```

notations: *NamedNodeMap*

Un objet `NamedNodeMap` qui contient la liste des déclarations de notation XML pour le document courant. Chaque membre de cette liste implémente l'interface `Notation`, et la liste elle-même est en lecture seule.

Correspondance Java

```
public NamedNodeMap getNotations();
```

Exemple Java

```
// Afficher les notations définies dans ce document
NamedNodeMap nnm = doc.getDoctype().getNotations();
Notation ndNotation;
for (int i = 0; i < nnm.getLength(); i++) {
    ndNotation = (Notation)nnm.item(i);

  System.out.println(ndNotation.getNodeName());
  if (ndNotation.getPublicId() != null) {
```

```
      System.out.println("\tIdentifiant public : " +
                        ndNotation.getPublicId());
   }
   if (ndNotation.getSystemId() != null) {
      System.out.println("\tIdentifiant système : " +
                        ndNotation.getSystemId());
   }
}
```

publicId: *DOMString*

L'identifiant public du sous-ensemble externe. En lecture seule.

Correspondance Java

```
public String getPublicId();
```

systemId: *DOMString*

L'identifiant système (URI) du sous-ensemble externe de ce document. En lecture seule.

Correspondance Java

```
public String getSystemId();
```

DOMException

Dans les langages et les plates-formes qui les supportent, les exceptions fournissent un moyen de séparer le code responsable de la gestion des cas anormaux ou des problèmes du code d'exécution normale. Pour les langages qui ne supportent pas les exceptions, tels que ECMAScript ou Perl, ces conditions sont reportées au programme sous la forme de codes d'erreur renvoyés par la méthode qui reconnaît la condition.

La valeur `ExceptionCode` est un entier qui indique le type d'exception détectée. Les valeurs suivantes de `ExceptionCode` sont définies, et les valeurs numériques non utilisées sont réservées pour un usage ultérieur par le W3C :

INDEX_SIZE_ERR [unsigned short, value: 1]

Un indice hors limite a été passé à une méthode qui prend un indice en paramètre. Pour la plupart des collections d'objets, le domaine est 0 <= index < collection.length.

Correspondance Java

```
public static final short INDEX_SIZE_ERR = 1;
```

DOMSTRING_SIZE_ERR [unsigned short, value: 2]

L'objet `DOMString` qui serait renvoyé par une méthode est trop volumineux.

Correspondance Java

```
public static final short DOMSTRING_SIZE_ERR - 2;
```

HIERARCHY_REQUEST_ERR [unsigned short, value: 3]

L'insertion du nœud demandée viole l'intégrité de la structure du document. Par exemple, l'insertion d'un nœud aurait pour conséquence que ce nœud devienne son propre enfant.

Correspondance Java

```
public static final short HIERARCHY_REQUEST_ERR = 3;
```

WRONG_DOCUMENT_ERR [unsigned short, value: 4]

Une tentative d'insérer un nœud d'un document directement dans un autre document. Chaque implémentation est responsable de décider si une telle insertion doit provoquer une erreur.

Correspondance Java

```
public static final short WRONG_DOCUMENT_ERR = 4;
```

INVALID_CHARACTER_ERR [unsigned short, value: 5]

Un caractère invalide a été utilisé dans un nom, par exemple en tentant de créer un objet `Element` de nom `"my element"`, puisque les espaces sont interdits.

Correspondance Java

```
public static final short INVALID_CHARACTER_ERR = 5;
```

NO_DATA_ALLOWED_ERR [unsigned short, value: 6]

Des données ont été affectées à un objet `Node` qui ne contient pas de données, tel qu'un nœud `Element` par exemple.

Correspondance Java

```
public static final short NO_DATA_ALLOWED_ERR = 6;
```

NO_MODIFICATION_ALLOWED_ERR [unsigned short, value: 7]

On a tenté de modifier un nœud qui ne peut pas l'être.

Correspondance Java

```
public static final short NO_MODIFICATION_ALLOWED_ERR = 7;
```

NOT_FOUND_ERR [unsigned short, value: 8]

On a tenté d'accéder à un nœud dans un contexte dans lequel il était introuvable.

Correspondance Java

```
public static final short NOT_FOUND_ERR = 8;
```

NOT_SUPPORTED_ERR [unsigned short, value: 9]

Si l'implémentation de DOM que vous utilisez a choisi de ne pas implémenter une caractéristique optionnelle, cette exception sera déclenchée.

Correspondance Java

```
public static final short NOT_SUPPORTED_ERR = 9;
```

INUSE_ATTRIBUTE_ERR [unsigned short, value: 10]

On a tenté d'ajouter un attribut déjà utilisé à un autre endroit. Cette erreur peut survenir si vous obtenez un attribut *via* la méthode `getAttributeNode()` et essayez d'ajouter ce même objet à un autre élément avec la méthode `setAttributeNode()`. Dans ce cas, vous devez au préalable créer un nouvel objet `Attr`, probablement en utilisant la méthode `cloneNode()`.

Correspondance Java

```
public static final short INUSE_ATTRIBUTE_ERR = 10;
```

INVALID_STATE_ERR [unsigned short, value: 11] ❷

On a tenté d'utiliser un objet qui n'est plus utilisable.

Correspondance Java

```
public static final short INVALID_STATE_ERR = 11;
```

SYNTAX_ERR [unsigned short, value: 12] ❷

Une chaîne de caractères invalide ou illégale a été passée en paramètre.

Correspondance Java

```
public static final short SYNTAX_ERR = 12;
```

INVALID_MODIFICATION_ERR [unsigned short, value: 13] ❷

On a tenté de modifier directement l'objet sous-jacent.

Correspondance Java

```
public static final short INVALID_MODIFICATION_ERR = 13;
```

NAMESPACE_ERR [unsigned short, value: 14] ❷

On a tenté d'utiliser une méthode supportant les espaces de noms XML d'une façon qui n'est pas conforme aux règles régissant les espaces de noms. Cette erreur survient si un nom qualifié est passé en paramètre à une méthode sans URI d'espace de noms correspondant.

Correspondance Java

```
public static final short NAMESPACE_ERR = 14;
```

INVALID_ACCESS_ERR [unsigned short, value: 15] ❷

L'objet sous-jacent ne supporte pas une opération ou un paramètre.

Correspondance Java

```
public static final short INVALID_ACCESS_ERR = 15;
```

DOMImplementation

L'interface `DOMImplementation` fournit des informations globales sur l'implémentation DOM utilisée. La seule façon d'obtenir une référence à l'interface `DOMImplementation` est d'appeler la méthode `getImplementation()` sur un objet `Document`.

Exemple Java

```
// Vérifier que DOM niveau 1 est supporté
DOMImplementation di = doc.getImplementation();
// vérifier que DOM niveau 1 pour XML est supporté
if (!di.hasFeature("XML", "1.0")) {
    return null;
}
```

Méthodes

L'interface `DOMImplementation` définit les méthodes suivantes :

createDocument: *namespaceURI, qualifiedName, doctype* ❷

Crée un nouvel objet `Document`, vide, de DTD donnée. Crée également un unique objet élément de premier niveau en utilisant le nom qualifié et l'URI d'espace de noms donné.

Arguments

namespaceURI: DOMString

L'URI d'espace de noms utilisé pour créer l'élément de document. Peut valoir `null` si aucun espace de noms n'est utilisé.

qualifiedName: DOMString

Le nom qualifié de l'élément racine du document à créer. Le préfixe utilisé dans ce paramètre est associé à l'URI d'espace de noms donné dans le paramètre `namespaceURI`.

doctype: DocumentType

L'objet représentant la définition de type de document à associer avec le nouveau document. Si ce paramètre ne vaut pas `null`, l'attribut `ownerDocument` du nœud `DocumentType` est modifié pour pointer sur le document en cours de création.

Exceptions

INVALID_CHARACTER_ERR

Indique que le paramètre `qualifiedName` n'est pas un nom XML bien formé.

NAMESPACE_ERR

Déclenchée s'il existe une inconsistance entre les valeurs données pour les paramètres `namespaceURI` et `qualifiedName`. Il est illégal de passer un nom qualifié avec un préfixe d'espace de noms et de ne pas passer d'URI d'espace de noms. Cette exception peut également être déclenchée si un préfixe réservé, tel que `"xml"`, est utilisé avec un URI d'espace de noms incorrect.

WRONG_DOCUMENT_ERR

Déclenchée si le nœud `DocumentType` passé en paramètre `doctype` est déjà associé à un autre document. Dans ce cas, un nouvel objet `DocumentType` doit être créé avec la nouvelle méthode `createDocumentType` de l'interface `DOMImplementation`.

Correspondance Java

```
public Document createDocument(String namespaceURI,
       String qualifiedName, DocumentType doctype) throws DOMException;
```

createDocumentType: *qualifiedName, publicId, systemId* ❷

Crée un nœud `DocumentType` vide qui n'est associé à aucun document. Aucune déclaration d'entité ou de notation n'est créée dans ce nouvel objet `DocumentType`. Il n'y a pour l'instant aucune possibilité d'en créer.

Arguments

qualifiedName: DOMString

Le nom qualifié du type de document à créer.

publicId: DOMString

L'identifiant public du sous-ensemble externe.

systemId: DOMString

L'identifiant système (URI) du sous-ensemble externe à créer.

Valeur de retour

Un nouvel objet `DocumentType` dont l'attribut `ownerDocument` vaut `null`.

Exceptions

INVALID_CHARACTER_ERR

Indique que le paramètre `qualifiedName` a un identifiant XML mal formé.

NAMESPACE_ERR

Déclenchée si le nom qualifié est mal formé.

Correspondance Java

```
public DocumentType createDocumentType(String qualifiedName,
      String publicId, String systemId) throws DOMException;
```

hasFeature: *feature, version*

Teste si l'implémentation DOM supporte un certain paquetage de caractéristiques nommé. Renvoie `true` si cette version particulière de la caractéristique est disponible ; dans le contraire renvoie `false`.

Arguments

feature: DOMString

Le nom du paquetage de la caractéristique à tester. Les noms de fonctionnalité suivants (les autres sont décrits à l'adresse *http://www.w3.org/TR/DOM-Level-2-Core/introduction.html-ID-Conformance*) sont valides :

`XML`

Supporte les objets du noyau DOM niveau 1.0 ou 2.0.

`HTML`

Supporte les objets HTML de DOM niveau 1.0 ou 2.0.

version: DOMString

Le niveau de version DOM de la caractéristique à tester. Si aucun numéro de version n'est indiqué, la fonction renvoie `true` si toutes les version sont supportées.

Correspondance Java

```
public boolean hasFeature(String feature, String version);
```

Exemple Java

```
// S'assurer que DOM niveau 1 est supporté
if (!di.hasFeature("XML", "1.0")) {
        return null;
}
```

Les objets DOM spécifiques à HTML sont au-delà de la portée de ce livre, mais sont des outils extrêmement utiles pour construire des applications qui effectuent des transformations sur des documents HTML. Une excellente référence aux objets DOM pour HTML est donnée dans le livre *Dynamic HTML: The Definitive Reference*, de Danny Goodman (O'Reilly & Associates).

Element

Le type d'objet `Element` fournit un accès à la structure et aux données du document XML. Tout élément XML est traduit en un unique nœud `Element`. L'élément racine du document est accessible par la propriété `documentElement` d'un objet `Document`. En partant de ce nœud, il est possible de recréer la structure complète du document XML original en parcourant l'arbre d'éléments.

Cette interface étend l'interface de base `Node` pour permettre l'accès aux attributs XML des éléments du document. Deux ensembles de méthodes permettent d'accéder aux valeurs des attributs, soit sous la forme d'objet `Attr`, soit sous la forme d'objet `DOMString`.

Exemple Java

```
// Obtenir l'élément racine du document XML
Element elem = doc.getDocumentElement();
```

Attributs

L'interface `Element` définit un attribut qui contient le nom XML de l'élément.

tagName: *DOMString*

Le nom d'élément XML, tiré du document original.

Correspondance Java

```
public String getTagName();
```

Exemple Java

```
// Afficher le nom de l'élément racine
Element elem = doc.getDocumentElement();
System.out.println("Ceci est un document " + elem.getTagName() + ".");
```

Méthodes

Les méthodes suivantes sont définies par cette interface :

getAttribute: *name*

Renvoie l'attribut dont le nom est passé dans le paramètre `name`, sous la forme d'un objet `DOMString`. Voir la section *getAttributeNode : name* pour une explication complète sur le calcul de la valeur d'un attribut. Renvoie une chaîne vide si l'attribut n'est pas positionné, et si aucune valeur par défaut n'est précisée dans la DTD.

Correspondance Java

```
public String getAttribute(String name);
```

Exemple Java

```
// Vérifier que l'attribut nom est présent
Element elem = doc.getDocumentElement();

if (elem.getAttribute("nom").equals("") {
    System.out.println("attention : élément" + elem.getTagName() +
                       " : pas d'attribut nom.");
}
```

getAttributeNS: *namespaceURI, localName* ❷

Renvoie un attribut sous la forme d'un objet `DOMString`, d'après l'espace de noms et le nom local.

Arguments

namespaceURI: DOMString

L'URI d'espace de noms de l'attribut à renvoyer.

localName: DOMString

Le nom local de l'attribut à renvoyer.

Valeur de retour

Renvoie la valeur de l'attribut, ou une chaîne vide si l'attribut n'est pas présent et si aucune valeur par défaut n'est précisée dans la DTD.

Correspondance Java

```
public String getAttributeNS(String namespaceURI, String localName);
```

getAttributeNode: *name*

Renvoie l'objet `Attr` pour l'attribut de nom `name`. Renvoie une référence à l'objet si cet attribut existe, et `null` sinon.

Arguments

name: DOMString

Nom de l'attribut à rechercher.

Correspondance Java

```
public Attr getAttributeNode(String name);
```

Exemple Java

```
// Utiliser l'attribut id
Attr attr;

if ((attr = elem.getAttributeNode("id")) == null) {
    System.out.println("attention : l'élément " + elem.getTagName() +
                       " n'a pas d'attribut id.");
}
```

getAttributeNodeNS: *namespaceURI, localName* ❷

Renvoie l'objet `Attr` pour l'attribut d'URI d'espace de noms et de nom local donnés. Renvoie une référence à l'objet `Attr` si l'attribut existe, sinon `null`.

Arguments

namespaceURI: DOMString

URI d'espace de noms de l'attribut cible.

localName: DOMString

Nom local de l'attribut cible. Le nom local est la partie à droite du caractère : dans un nom qualifié.

Correspondance Java

```
public Attr getAttributeNodeNS(String namespaceURI, String localName);
```

getElementsByTagName: *name*

Cette fonction renvoie un objet `NodeList` contenant tous les nœuds `Element` dont la propriété `tagName` correspond au paramètre `name`. Les nœuds sont renvoyés dans l'ordre dans lequel ils seraient rencontrés dans un parcours préfixe de l'arbre. Un parcours préfixe définit un ordre conforme à celui dans lequel les éléments apparaissent dans le document XML source.

Argument

name: DOMString

Le nom de l'élément à utiliser comme filtre. Le nom spécial * correspond à n'importe quel élément.

Correspondance Java

```
public NodeList getElementsByTagName(String name);
```

Exemple Java

```
// Trouver tous les éléments adresse dans le document
Element elem = doc.getDocumentElement();
NodeList nlAddrs = elem.getElementsByTagName("adresse");
```

getElementsByTagNameNS: *namespaceURI, localName* ❷

De manière équivalente à la méthode `getElementsByTagName`, cette méthode retourne une liste de nœuds `Element`, descendants du nœud `Element` sur lequel la méthode est appellée, qui correspond aux paramètres `namespaceURI` et `localName` donnés. La liste résultante contient tous les éléments répondant aux restrictions d'URI d'espace de noms et de nom local, dans l'ordre dans lequel ils seraient rencontrés dans un parcours préfixe de l'arbre du document.

Arguments

namespaceURI: DOMString

L'URI d'espace de noms des éléments recherchés. La valeur spéciale * correspond à n'importe quel espace de noms.

localName: DOMString

Le nom local des éléments recherchés. La valeur spéciale * correspond à n'importe quel nom local.

Correspondance Java

```
public NodeList getElementsByTagNameNS(String namespaceURI,
                                       String localName);
```

hasAttribute: *name* ❷

Renvoie `true` si un attribut de nom donné est présent ou a une valeur par défaut. Renvoie `false` si l'attribut n'est pas défini.

Argument

name: DOMString

Le nom de l'attribut à identifier.

Correspondance Java

```
public boolean hasAttribute(String name);
```

hasAttributeNS: *namespaceURI, localName* ❷

Renvoie `true` si un attribut de `namespaceURI` et `localName` donnés est présent ou a une valeur par défaut. Renvoie `false` si cet attribut n'est pas défini.

Arguments

namespaceURI: DOMString

L'URI d'espace de noms de l'attribut à rechercher.

localName: DOMString

Le nom local de l'attribut à rechercher.

Correspondance Java

```
public boolean hasAttribute(String namespaceURI, String localName);
```

normalize

Parcourt le sous-arbre du nœud `Element` courant, et combine les nœuds `Text` adjacents en un seul nœud.

Cette méthode a été déplacée vers l'interface `Node` dans la spécification DOM niveau 2. Elle est encore accessible à partir de l'interface `Element` puisque celle-ci hérite de `Node`.

Correspondance Java

```
public void normalize();
```

Exemple Java

```
// Fusionner tous les nœuds de texte sous cet élément
elem.normalize();
```

removeAttribute: *name*

Supprime l'attribut de nom donné dans la collection `attributes` de l'élément. Si l'attribut à supprimer a une valeur par défaut déclarée dans la DTD, les tentatives d'accès ultérieures renverront la valeur par défaut.

Argument

name: DOMString

Nom de l'attribut à supprimer.

Exceptions

NO_MODIFICATION_ALLOWED_ERR

Déclenchée si le nœud est en lecture seule.

Correspondance Java

```
public void removeAttribute(String name) throws DOMException;
```

Exemple JAva

```
// Supprimer l'ID unique
...
elem.removeAttribute("id");
...
```

removeAttributeNS: *namespaceURI, localName* ❷

Cette méthode utilise l'URI d'espace de noms et le nom local donnés pour supprimer l'attribut désiré de la collection `attributes` de l'élément.

Arguments

namespaceURI: DOMString

URI d'espace de noms de l'attribut cible.

localName: DOMString

Nom local de l'attribut cible. Le nom local est la partie à droite du caractère : dans un nom qualifié.

Exceptions

NO_MODIFICATION_ALLOWED_ERR

Déclenchée si le nœud est en lecture seule.

Correspondance Java

```
public void removeAttributeNS(String namespaceURI, String localName)
                  throws DOMException;
```

removeAttributeNode: *oldAttr*

Supprime l'attribut référencé de la collection `attributes` de l'élément. Si l'attribut à supprimer a une valeur par défaut déclarée dans la DTD, les accès ultérieurs à sa valeur renverront la valeur par défaut.

Argument

oldAttr: Attr

Le nœud de l'attribut.

Exceptions

NO_MODIFICATION_ALLOWED_ERR

Déclenchée si le nœud est en lecture seule.

NOT_FOUND_ERR

Déclenchée si aucun nom d'attribut de la table ne correspond au paramètre `oldAttr`.

Correspondance Java

```
public Attr removeAttributeNode(Attr oldAttr) throws DOMException;
```

Exemple Java

```
// Trouver et supprimer les attributs temporaires
Attr attr;

if ((attr = elem.getAttributeNode("temp")) != null) {
     // le supprimer
     elem.removeAttributeNode(attr);
}
```

setAttribute: *name, value*

Cette méthode positionne l'attribut spécifié par le paramètre `name` à la valeur de type `DOMString` passée dans le paramètre `value`. La chaîne de caractères n'est pas analysée, donc les appels d'entités ne sont pas expansés. Cette chaîne est conservée sous la forme d'un nœud enfant de type `Text` du membre correspondant de la collection `attributes`. Si un attribut de nom donné existe déjà, sa valeur est modifiée.

Arguments

name: DOMString

Le nom de l'attribut à positionner ou à modifier.

value: DOMString

La nouvelle valeur de l'attribut.

Exceptions

INVALID_CHARACTER_ERR

Indique que le nom d'attribut passé en paramètre ne représente pas un nom valide d'attribut XML.

NO_MODIFICATION_ALLOWED_ERR

Déclenchée si le nœud est en lecture seule.

Correspondance Java

```
public void setAttribute(String name, String value) throws DOMException;
```

Exemple Java

```
// Vérifier la présence de l'attribut nom
if (elem.getAttribute("nom") == "") {
     // bon, lui donner une valeur par défaut raisonnable
     elem.setAttribute("nom", elem.getTagName());
}
```

setAttributeNS: *namespaceURI, qualifiedName, value* ❷

Cette méthode est la version conforme aux espaces de noms de la méthode simple `setAttribute`. L'URI d'espace de noms, le nom qualifié et la valeur passés en paramètre mettent à jour la collection `attributes` de l'élément en question.

Arguments

namespaceURI: DOMString

L'URI d'espace de noms de l'attribut à positionner.

qualifiedName: DOMString

Le nom qualifié (y compris le préfixe d'espace de noms) de l'attribut à positionner.

value: DOMString

La nouvelle valeur de l'attribut.

Exceptions

INVALID_CHARACTER_ERR

Indique que le nom d'attribut passé en paramètre ne représente pas un nom XML valide.

NO_MODIFICATION_ALLOWED_ERR

Déclenchée si le nœud est en lecture seule.

NAMESPACE_ERR

Déclenchée si les paramètres `namespaceURI` et `qualifiedName` violent les règles des espaces de noms. Si le nom qualifié comprend un préfixe, l'URI d'espace de noms ne peut être `null` ou une chaîne vide. Si les préfixes `xml` ou `xmlns` réservés sont utilisés, l'URI d'espace de noms doit correspondre à l'URI système spécifiée.Voir le chapitre 4 pour de plus amples informations sur les espaces de noms et les préfixes.

Correspondance Java

```
public void setAttributeNS(String namespaceURI, String qualifiedName,
                           String value) throws DOMException;
```

setAttributeNode: *newAttr*

Positionne ou remplace l'attribut dans la collection `attributes` de l'interface `Node` avec l'objet `Attr` donné. Le nom d'attribut est pris dans l'attribut `name` du nouvel objet attribut. Si un objet `Attr` de ce nom existe déjà dans la collection `attributes`, cette méthode renvoie une référence sur l'ancien objet `Attr` object. Sinon, elle renvoie `null`.

Argument

newAttr: Attr

Le nouvel objet `Attr` à insérer.

Exception

WRONG_DOCUMENT_ERR

Déclenchée si le nœud `newAttr` a été créé dans un document différent de celui dans lequel se trouve le nœud parent.

NO_MODIFICATION_ALLOWED_ERR

Déclenchée si le nœud est en lecture seule.

INUSE_ATTRIBUTE_ERR

Déclenchée si un autre nœud `Element` utilise déjà ce nœud `Attr`. Chaque élément doit avoir son propre objet `Attr`.

Correspondance Java

```
public Attr setAttributeNode(Attr newAttr) throws DOMException;
```

Exemple Java

```
// S'assurer que l'on a un attribut id utilisable
Attr attr;

if ((attr = elem.getAttributeNode("id")) == null) {
     // ajouter un id unique par défaut
     attr = doc.createAttribute("id");

     elem.setAttributeNode(attr);

     // continuer le traitement
}
```

setAttributeNodeNS: *newAttr* ❷

Positionne ou modifie l'attribut de la collection `attributes` qui correspond à l'URI d'espace de noms et au nom local de l'objet `Attr` donné. Cette opération est identique à la méthode `setAttributeNode`, excepté qu'elle tient compte des différences d'espaces de noms entre attributs. Si un objet `Attr` de nom donné existe déjà dans la collection attributes, cette méthode renvoie une référence à l'ancien objet Attr. Dans le cas contraire elle renvoie null.

Argument

newAttr: Attr

Le nouvel objet Attr à insérer.

Exceptions

WRONG_DOCUMENT_ERR

Déclenchée si le nœud newAttr a été créé dans un document différent de celui du nœud parent.

NO_MODIFICATION_ALLOWED_ERR

Déclenchée si le nœud est en lecture seule.

INUSE_ATTRIBUTE_ERR

Déclenchée si un autre objet Element utilise déjà le nœud newAttr. Chaque élément doit avoir son propre objet Attr.

Correspondance Java

```
public Attr setAttributeNodeNS(Attr newAttr) throws DOMException;
```

Entity

L'interface Entity représente la valeur de remplacement d'une entité générale XML. Selon qu'une implémentation particulière de DOM est capable de valider ou non, et selon qu'elle choisit d'expanser les appels d'entités pendant l'analyse du document, il se peut que les objets Entity ne soient pas accessibles à l'utilisateur.

Exemple Java

```
// Localiser la déclaration d'entité my_entity
Entity ndEnt = (Entity)doc.getDoctype().getEntities().getNamedItem("my_entity");
```

Attributs

Les attributs en lecture seule suivants sont définis par l'interface Entity.

notationName: *DOMString*

Si cette entité est non analysée, notationName est le nom de la notation de l'entité. Pour les entités analysées cet attribut vaut null.

Correspondance Java

```
public String getNotationName();
```

Exemple Java

```
// Déterminer s'il s'agit d'une entité analysée
boolean fParsedEnt = ndEnt.getNotationName() == null;
```

publicId: *DOMString*

L'URI de l'identifiant public de cette entité, ou null si aucun URI n'a été précisé.

Correspondance Java

```
public String getPublicId();
```

Exemple Java

```
// Localiser la déclaration de l'entité mon_entité
Entity ndEnt = (Entity)doc.getDoctype().getEntities().getNamedItem("mon_entité");

// si mon_entité existe et a un identifiant public (URL)...
if (ndEnt != null && ndEnt.getPublicId() != null) {
  try {
    // ...déterminer le protocole de l'URL
    URL urlSys = new URL(ndEnt.getPublicId());
    System.out.println("Entité " + ndEnt.getNodeName() +
                     " : protocole " + urlSys.getProtocol());
  } catch (MalformedURLException e) {
  }
}
```

systemId: *DOMString*

L'URL (URI) de l'identifiant système de cette entité, ou null si aucun URI n'a été précisé.

Correspondance Java

```
public String getSystemId();
```

Exemple Java

```
// Obtenir l'identifiant public ou système de cette entité
Entity ndEnt = (Entity)doc.getDoctype().getEntities().getNamedItem("mon_entité");
String strURL = ndEnt.getPublicId();

// s'il n'y a pas d'URL publique
if (strURL == null)
  // déterminer l'URL système
  strURL = ndEnt.getSystemId();
}
```

EntityReference

Les nœuds EntityReference apparaissent dans la hiérarchie d'un document lorsqu'une entité générale XML est incluse dans le document source. Selon l'implémentation de DOM utilisée, un objet Entity correspondant peut exister dans la collection entities de l'attribut docType de l'objet Document. Si une telle entité existe, alors les nœuds enfants de l'objet Entity et de l'objet EntityReference représentent le texte de remplacement associé à l'entité donnée.

Exemple Java

```
// Créer un nouvel appel d'entité
EntityReference ndER = doc.createEntityReference("mon_entité");
```

NamedNodeMap

L'interface NamedNodeMap fournit un mécanisme permettant de récupérer des objets Node dans une collection à partir de leur nom. Bien que cette interface définisse les mêmes méthodes et attributs que l'interface NodeList, elle n'ont pas de relation. Il est possible d'énumérer les nœuds d'un objet NamedNodeMap à l'aide de la méthode item() et de l'attribut length, mais il n'y a pas d'ordre garanti sur ces nœuds.

Exemple Java

```
// Obtenir les attributs d'un élément
NamedNodeMap nnm = elem.getAttributes();
```

Attributs

L'interface NamedNodeMap définit un attribut.

length: *unsigned long*

Le nombre total d'objets Node dans la liste.

Correspondance Java

```
public long getLength();
```

Exemple Java

```
// Parcourir la liste des attributs
for (int i = 0; i < nnm.getLength(); i++) {
    ...
}
```

Méthodes

Les méthodes suivantes sont définies dans l'interface NamedNodeMap.

getNamedItem: *name*

Renvoie une référence au nœud dont la propriété nodeName est égale au paramètre name.

Argument

name: DOMString

Nom du nœud à rechercher.

Correspondance Java

```
public Node getNamedItem(String name);
```

Exemple Java

```
// Contrôle de l'existence d'un attribut ID
// dans cette collection, et l'ajoute si nécessaire.
```

```
// nnm a été créé en récupérant les attributs
// depuis un élément
if (nnm.getNamedItem("id") == null) {
    // retrouve le document
    Document doc = elem.getOwnerDocument();
    // crée un nouveau noeud attribut
    Attr attrID = doc.createAttribute("id");

    // positionne la valeur de l'attribut
    attrID.appendChild(doc.createTextNode(makeUniqueID(elem)));
    // ... et l'ajoute au NamedNodeMap
    nnm.setNamedItem(attrID);
}
```

getNamedItemNS: *namespaceURI, localName* ❷

Étend le mécanisme de base de la méthode getNamedItem au support des espaces de noms. Plutôt que de trouver un membre dans la liste sur la base de son nom local uniquement, il est possible d'y ajouter l'URI d'espace de noms.

Arguments

namespaceURI: DOMString

URI d'espace de noms du nœud à rechercher.

localName: DOMString

Nom local du nœud à rechercher.

Correspondance Java

```
public Node getNamedItemNS(String namespaceURI, String localName);
```

item: *index*

Renvoie une référence à l'objet Node en position index. Si la valeur de index est négative ou supérieure ou égale à la valeur de l'attribut length de l'objet NodeList, cette fonction renvoie null.

Argument

index: unsigned long

Indice, compté à partir de zéro, de l'objet Node désiré.

Correspondance Java

```
public Node item(long index);
```

Exemple Java

```
// Supprimer le dernier attribut de la liste
if (nnm.getLength() > 0) {
    nnm.removeNamedItem(nnm.item(nnm.getLength()-1).getNodeName());
}
```

removeNamedItem: *name*

Supprime l'objet Node dont la propriété nodeName correspond au paramètre name, et renvoie une référence à l'objet supprimé. Si le nœud à supprimer est un nœud Attr et qu'il a une valeur par défaut déclarée, il est immédiatement remplacé par un nouveau nœud qui contient la valeur par défaut.

Argument

name: DOMString

Valeur de nodeName du nœud à supprimer.

Exceptions

NOT_FOUND_ERR

Déclenchée si aucun nœud correspondant au paramètre name n'est trouvé dans la table.

Correspondance Java

```
public Node removeNamedItem(String name) throws DOMException;
```

Exemple Java

```
// Supprimer le nœud de l'attribut ID
NamedNodeMap nnm = elem.getAttributes();

if (nnm.removeNamedItem("id") == null) {
    System.err.println("attribut ID introuvable");
}
```

removeNamedItemNS: *namespaceURI, localName* ❷

Supprime l'objet Node dont les propriétés valent namespaceURI et localName et renvoie une référence à l'objet supprimé. Si le nœud à supprimer est un nœud Attr, et qu'il a une valeur par défaut déclarée, un nouvel objet Node ayant cette valeur par défaut le remplace immédiatement.

Arguments

namespaceURI: DOMString

URI d'espace de noms du nœud à supprimer.

localName: DOMString

Nom local du nœud à supprimer.

Exception

NOT_FOUND_ERR

Déclenchée si aucun nœud correspondant aux paramètres namespaceURI et localName n'existe dans la table.

Correspondance Java

```
public Node removeNamedItemNS(String namespaceURI, String localName);
```

setNamedItem: *arg*

Insère l'objet Node donné dans la liste, en utilisant son attribut nodeName. Puisque plusieurs types de nœuds DOM ont la même valeur, fixée, pour cette propriété, il n'est possible d'en conserver qu'un seul dans un objet NamedNodeMap. Chaque insertion ultérieure modifie l'entrée en question. Voir la description de l'attribut nodeName pour le détail de ces valeurs spéciales.

Cette méthode renvoie une référence à l'objet Node que le nouveau nœud remplace. Si aucun nœud ayant la même valeur de nodeName n'existe dans la table, cette méthode renvoie null.

Argument

arg: Node

L'objet Node à conserver dans la table. La valeur de la propriété nodeName est utilisée comme clé. Un nœud de même valeur de nodeName que le nouvel objet est remplacé par le nœud référencé par arg.

Exceptions

WRONG_DOCUMENT_ERR

Déclenchée si un document différent du document qui a crée l'objet NamedNodeMap a créé le nœud arg.

NO_MODIFICATION_ALLOWED_ERR

Déclenchée si l'objet NamedNodeMap est en lecture seule.

INUSE_ATTRIBUTE_ERR

Déclenchée si le nœud arg est un nœud Attr qui est déjà utilisé par la table attributes d'un autre élément.

Correspondance Java

```
public Node setNamedItem(Node arg) throws DOMException;
```

Exemple Java

```
// Vérifier si attribut ID existe
// dans cette table, et l'ajouter si nécessaire
if (nnm.getNamedItem("id") == null) {
  // obtenir le document
  Document doc = elem.getOwnerDocument();
  // créer un nouveau nœud Attr
  Attr attrID = doc.createAttribute("id");

  // affecter une valeur à l'attribut
  attrID.appendChild(doc.createTextNode(makeUniqueID(elem)));

  // ... et l'ajouter à l'objet NamedNodeMap
  nnm.setNamedItem(attrID);
}
```

setNamedItemNS: *arg* ❷

Identique en fonctionnalité à la méthode `setNamedItem`, excepté qu'elle tient compte des propriétés de l'objet `Node` relatives aux espaces de noms. Une référence sur l'objet `Node` remplacé est renvoyée.

Argument

arg: Node

L'objet `Node` à conserver dans la table. Les valeurs des propriétés `namespaceURI` et `localName` sont utilisées comme clé. Si un autre nœud de valeurs identiques pour ces deux propriétés existe, le nouveau nœud le remplace.

Exceptions

WRONG_DOCUMENT_ERR

Déclenchée si un document différent du document qui a crée l'objet `NamedNodeMap` a créé le nœud `arg`.

NO_MODIFICATION_ALLOWED_ERR

Déclenchée si l'objet `NamedNodeMap` est en lecture seule.

INUSE_ATTRIBUTE_ERR

Déclenchée si le nœud `arg` est un nœud `Attr` déjà utilisé par la table `attributes` d'un autre élément.

Correspondance Java

```
public Node setNamedItemNS(Node arg) throws DOMException;
```

Node

Référence de DOM

L'interface `Node` est l'interface de base pour tous les membres d'un arbre DOM. Elle définit des attributs communs à tous les types d'objets d'un document, et fournit des méthodes simples pour obtenir l'information de typage sans avoir recours au transtypage. Par exemple, la liste `attributes` donne accès aux attributs d'un objet `Element`, mais n'aurait pas de sens pour un nœud `ProcessingInstruction`. (Pour extraire des pseudo-attributs d'une instruction de traitement, votre application doit analyser syntaxiquement son contenu.)

Cette interface définit également des méthodes pour interroger, insérer et supprimer des objets dans la hiérarchie d'un document. L'interface `Node` facilite l'écriture de routines générales de manipulation d'arbre qui ne dépendent pas de types d'éléments spécifiques.

Attributs

Les attributs suivants fournissent de l'information à propos de la localisation de l'objet `Node` dans l'arbre du document. Ces attributs sont en lecture seule. D'autres méthodes permettent l'insertion et la suppression de nœuds dans l'arbre du document.

attributes: *NamedNodeMap*

N'a de sens que pour les objets Element. Il donne accès à la liste des objets Attr dans un objet NamedNodeMap. Pour tous les autres types d'objets, il renvoie null.

Correspondance Java

```
public NamedNodeMap getAttributes();
```

Exemple Java

```
// Lister les attributs d'un nœud Element
NamedNodeMap nnm = doc.getDocumentElement().getAttributes();

if (nnm != null) {

   for (int i = 0; i < nnm.getLength(); i++) {
      // afficher l'attribut et sa valeur
      System.out.println(nnm.item(i).getNodeName() + " = \"" +
                         nnm.item(i).getNodeValue() + "\"");
   }
}
```

childNodes: *NodeList*

Renvoie un objet NodeList contenant une référence à chaque nœud enfant de cet objet Node.

Correspondance Java

```
public NodeList getChildNodes();
```

Exemple Java

```
// Lister le contenu textuel d'un élément
NodeList nlChildren = elem.getChildNodes();
Node ndChild;

for (int iNode = 0; iNode < nlChildren.getLength(); iNode++) {
     ndChild = nlChildren.item(iNode);

     if (ndChild.getNodeType() == Node.TEXT_NODE) {
          System.out.println(ndChild.getNodeValue());
     }
}
```

firstChild: *Node*

Pointe sur la tête de la liste des nœuds enfants de ce nœud. S'il n'y a aucun nœud enfant, il renvoie null.

Références dynamiques dans les arbres

Dans DOM, plusieurs attributs et méthodes renvoient des listes ou des collections de nœuds qui représentent l'état actuel de l'arbre du document. Ces références sont toutes dynamiques ; toute modification de la hiérarchie du document, par insertion ou suppression de nœuds, est immédiatement répercutée dans la liste ou la collection.

Que ce soit dû au multithreading ou à des effets de bords imprévus d'appels de procédure, soyez prévenus que le contenu d'une liste peut changer. Pour prévenir l'apparition de bogues difficiles à trouver dus aux valeurs temporaires, interrogez l'objet `NodeList` ou `NamedNodeMap` directement pour obtenir des valeurs, par exemple sa longueur, plutôt que de stocker ces valeurs dans des variables intermédiaires.

Correspondance Java

```
public Node getFirstChild();
```

Exemple Java

```
// Lister le contenu d'un nœud
for (Node nd = ndDump.getFirstChild(); nd != null;
          nd = nd.getNextSibling()) {
     if (nd.getNodeValue() != null) {
        System.out.println(nd.getNodeValue());
     }
}
```

lastChild: *Node*

Renvoie un pointeur sur la fin de la liste de sous-nœuds d'un objet `Node` donné. S'il n'y a aucun nœud enfant, il renvoie `null`.

Correspondance Java

```
public Node getLastChild();
```

Exemple Java

```
// Lister le contenu d'un nœud en ordre inverse
for (Node nd = ndDump.getLastChild(); nd != null;
          nd = nd.getPreviousSibling()) {
     if (nd.getNodeValue() != null) {
        System.out.println(nd.getNodeValue());
     }
}
```

localName: *DOMString* ❷

Renvoie la partie locale du nom qualifié du nœud. Cette partie du nom se trouve à droite du dernier caractère : dans un nom préfixé.

Correspondance Java

```
public String getLocalName();
```

namespaceURI: *DOMString* ❷

Représente l'URI d'espace de noms donné à la création de cet objet `Node`; retourne `null` si aucun espace de noms ne fut donné. La valeur est `null` si le nœud a été créé par la méthode `create`*`NodeType`*`()` et non par la méthode `create`*`NodeTypeNS`*`()`.

Correspondance Java

```
public String getNamespaceURI();
```

nextSibling: *Node*

Renvoie le nœud suivant dans la liste des voisins. Si ce nœud est le dernier de la liste, `nextSibling` renvoie `null`.

Correspondance Java

```
public Node getNextSibling();
```

Exemple Java

```
// Lister le contenu d'un nœud
for (Node nd = ndDump.getFirstChild(); nd != null;
        nd = nd.getNextSibling()) {
    if (nd.getNodeValue() != null) {
        System.out.println(nd.getNodeValue());
    }
}
```

nodeName: *DOMString*

Représente le nom de l'objet DOM sous-jacent. Selon le type de l'objet, cet attribut correspond à un autre attribut de l'objet ou à une chaîne de caractères constante :

Type d'objet	*nodeName*
`Element`	Nom d'élément.
`Attr`	Nom de l'attribut.
`Text`	`"#text"`
`CDATASection`	`"#cdata-section"`
`EntityReference`	Nom de l'entité référencée.
`Entity`	Nom de l'entité.
`ProcessingInstruction`	Cible.
`Comment`	`"#comment"`
`Document`	`"#document"`
`DocumentType`	Nom du type de document.
`DocumentFragment`	`"#document-fragment"`
`Notation`	Nom de notation.

Correspondance Java

```
public String getNodeName();
```

Exemple Java

```
// Afficher le nom de l'élément racine du document
Node ndDoc = (Node)doc.getDocumentElement();
System.out.println("Type de l'élément racine du document : " +
                                        ndDoc.getNodeName());
```

nodeType: *unsigned short*

Contient une valeur qui indique le type véritable de l'objet Node. La table ci-dessous donne les valeurs possibles de cet attribut, ainsi que les types véritables de l'objet qu'elles représentent.

Nom de constante	*Type d'objet*	*Valeur de la constante*
ELEMENT_NODE	Element	1
ATTRIBUTE_NODE	Attr	2
TEXT_NODE	Text	3
CDATA_SECTION_NODE	CDATASection	4
ENTITY_REFERENCE_NODE	EntityReference	5
ENTITY_NODE	Entity	6
PROCESSING_INSTRUCTION_NODE	ProcessingInstruction	7
COMMENT_NODE	Comment	8
DOCUMENT_NODE	Document	9
DOCUMENT_TYPE_NODE	DocumentType	10
DOCUMENT_FRAGMENT_NODE	DocumentFragment	11
NOTATION_NODE	Notation	12

Les relations parent-enfant et de voisinage entre nœuds d'un document peuvent être imaginées comme étant deux listes doublement chaînées. Une liste représente la relation parent-enfant, alors que l'autre relie les nœuds qui sont au même niveau.

Correspondance Java

```
public short getNodeType();
```

Exemple Java

```
// Vérifier qu'un nœud est de type Élément
public boolean isElement(Node nd) {
    return nd.getNodeType() == Node.ELEMENT_NODE;
}
```

nodeValue: *DOMString*

Donne accès à une chaîne de caractères qui représente raisonnablement l'objet DOM sous-jacent. Selon la valeur de nodeType, cette propriété peut être en lecture seule, en lecture/écriture, ou null.

Type d'objet	*nodeValue*
`Element`	`null`
`Attr`	Valeur de l'attribut
`Text`	Contenu du nœud de texte
`CDATASection`	Contenu de la section CDATA
`EntityReference`	`null`
`Entity`	`null`
`ProcessingInstruction`	Contenu complet, sans la cible
`Comment`	Contenu du commentaire
`Document`	`null`
`DocumentType`	`null`
`DocumentFragment`	`null`
`Notation`	`null`

Exceptions

NO_MODIFICATION_ALLOWED_ERR

Indique que l'attribut `nodeValue` est en lecture seule pour ce type d'objet DOM.

DOMSTRING_SIZE_ERR

Cette exception est déclenchée si la valeur à renvoyer est trop volumineuse pour être contenue dans le type `DOMString` de l'implémentation.

Correspondances Java

```
public String getNodeValue() throws DOMException;
public void setNodeValue(String nodeValue) throws DOMException;
```

Exemple Java

```
// Si ce nœud est un nœud de texte, le convertir en minuscules
if (nd.getNodeType() == Node.TEXT_NODE) {
        // convertir en minuscules
        nd.setNodeValue(nd.getNodeValue().toLowerCase());
}
```

ownerDocument: *Document*

Renvoie une référence à l'objet `Document` utilisé pour créer cet objet `Node`. Puisque l'objet `Document` est le seul mécanisme permettant la création de nouveaux nœuds, tous les nœuds, y compris ceux qui viennent d'être créés, ont une valeur pour la propriété `ownerDocument`. Cet attribut peut être `null` uniquement pour les nœuds de type `Document` ou `DocumentType` qui ne sont pas encore associés à un document. Vous ne pouvez pas déplacer un nœud directement vers un autre document, mais vous devez l'importer. Cette propriété peut être utile pour connaître la provenance d'un nœud.

Correspondance Java

```
public Document getOwnerDocument();
```

Exemple Java

```
// Ajouter mes deux cents
Document doc = elem.getOwnerDocument();
Text txtAdd = doc.createTextNode("Mes 2 centimes d'euro");
elem.appendChild(txtAdd);
```

parentNode: *Node*

Fournit une référence au parent de ce nœud. Tous les types de nœuds, à l'exception de `Document`, `DocumentFragment` et `Attr`, peuvent avoir un nœud parent. Tout nœud dans une hiérarchie de `Document` a un parent. Les nœuds qui ne font pas partie de l'arbre du document, tels que les nouveaux nœuds et les nœuds supprimés à l'aide des méthodes `replaceChild()` ou `removeChild()`, ont un attribut `parentNode` qui vaut `null`.

Correspondance Java

```
Node getParentNode();
```

Exemple Java

```
// Supprimer un élément de l'arbre du document
elem.getParentNode().removeChild(elem);
```

prefix: *DOMString* ❷

Le préfixe d'espace de noms de cet objet `Node`, utilisé pour les nœuds qui supportent un préfixe d'espace de noms. Pour les nœuds de type `ELEMENT_NODE` et `ATTRIBUTE_NODE`, changer le préfixe de nom affecte aussi la valeur des attributs `nodeName`, `tagName` et `name`. Puisque ces propriétés contiennent le nom qualifié du nœud, changer le préfixe les met également à jour.

Exceptions

INVALID_CHARACTER_ERR

Déclenchée si `prefix` comporte un caractère non autorisé.

NO_MODIFICATION_ALLOWED_ERR

Indique que l'attribut `prefix` est en lecture seule pour ce type d'objets DOM.

NAMESPACE_ERR

Déclenchée si le `prefix` est mal formé, selon les règles de construction d'identifiant d'espace de noms. Cette exception est également déclenchée si l'attribut `namespaceURI` est `null`, ou si on tente de violer les règles XML de construction des noms. Un exemple de cette situation est l'utilisation des identifiants `xml` ou `xmlns`. Pour de plus amples informations sur les espaces de noms, voir le chapitre 4.

Correspondances Java

```
public String getPrefix();
public void setPrefix(String prefix) throws DOMException;
```

previousSibling: *Node*

Renvoie le nœud précédent dans la liste des voisins de même niveau. Si ce nœud est le premier de la liste, renvoie null.

Correspondance Java

```
public Node getPreviousSibling();
```

Exemple Java

```
// Lister la valeur d'un nœud en ordre inverse
for (Node nd = ndDump.getLastChild(); nd != null;
         nd = nd.getPreviousSibling()) {
     if (nd.getNodeValue() != null) {
         System.out.println(nd.getNodeValue());
     }
}
```

Méthodes

Les méthodes suivantes sont définies dans l'interface Node.

appendChild: *newchild*

Ajoute le nœud newchild à la fin de la liste des nœuds enfants. Si newchild est déjà rattaché à l'arbre du document, il est retiré avant que l'ajout soit effectué. Cette méthode renvoie une référence au nœud newchild.

Argument

newchild: Node

Le nœud à insérer. Si ce nœud est du type DocumentFragment, les enfants de newchild sont ajoutés dans leur ordre à la fin de la liste des enfants du nœud.

Exceptions

HIERARCHY_REQUEST_ERR

Déclenchée si l'opération d'insertion viole une règle de structure de document. Par exemple, le nœud n'accepte pas de nœud enfant, ou n'accepte pas de nœud enfant du type de newchild. Cette exception est également déclenchée si l'opération d'insertion crée une référence circulaire (c'est-à-dire si elle essaie d'insérer le parent d'un nœud comme enfant de ce nœud).

WRONG_DOCUMENT_ERR

Déclenchée si le nœud newchild a été créé dans un document différent de celui de son nouveau nœud parent.

NO_MODIFICATION_ALLOWED_ERR

Déclenchée si le nouveau nœud parent est en lecture seule.

Correspondance Java

```
public Node appendChild(Node newChild) throws DOMException;
```

Exemple Java

```
// Déplace le premier enfant à la fin de la liste des noeuds enfant
```

```
if (elem.getFirstChild() != null) {
    elem.appendChild( elem.getFirstChild() );
}
```

cloneNode: *deep*

Renvoie une copie du nœud sans nœud parent. Si le paramètre deep vaut true, le sous-arbre du nœud est également copié. Sinon, le nœud cloné ne contient pas de nœud enfant.

Argument

deep: boolean

Si true, les nœuds enfants son copiés. Si false, seul le nœud est copié.

Correspondance Java

```
public Node cloneNode(boolean deep);
```

Exemple Java

```
// Faire une copie de cet élément et de tous ses enfants
elem.cloneNode(true);
```

hasAttributes()

Indique si un nœud Element a des attributs. Renvoie true si c'est le cas, false sinon.

Correspondance Java

```
public boolean hasAttributes();
```

hasChildNodes()

Cette méthode fournit un moyen rapide de déterminer si un nœud a des nœuds enfants. Renvoie true si c'est le cas, false sinon.

Correspondance Java

```
public boolean hasChildNodes();
```

insertBefore: *newchild, refchild*

Insère l'objet newchild de type Node dans la liste des enfants du nœud parent de celui qui invoque cette méthode. Le paramètre refchild permet de préciser où insérer le nouveau nœud dans la liste. Si refchild est null, le nouveau nœud est inséré en fin de liste. Ce comportement est le même qu'avec appendChild. Si il est différent de null, le nouveau nœud est inséré avant le nœud spécifié. Si le nœud newchild est déjà rattaché à l'arbre du document, il en est détaché avant d'être inséré dans sa nouvelle position. De plus, si le nœud newchild référence un objet de type DocumentFragment, chacun de ses enfants est inséré, dans l'ordre, avant le nœud refchild. Une référence au nœud newchild est renvoyée.

Arguments

newchild: Node

Le nouveau nœud à insérer.

refchild: Node

Le nœud qui suit le nouveau nœud dans la liste des enfants, ou `null`, si le nouveau nœud est inséré en fin de liste.

Exceptions

HIERARCHY_REQUEST_ERR

Déclenchée si l'opération d'insertion viole une règle de structure d'un document. Par exemple, si le nœud n'accepte pas de nœud enfant, ou n'accepte pas de nœud enfant du type de nœud de `newchild`. Cette exception est également déclenchée si l'opération crée une référence circulaire (c'est-à-dire si elle essaie d'insérer le parent d'un nœud dans la liste des enfants de ce nœud).

WRONG_DOCUMENT_ERR

Déclenchée si le nœud `newchild` a été créé dans un document différent de celui du son nouveau nœud parent.

NO_MODIFICATION_ALLOWED_ERR

Déclenchée si le nouveau nœud parent est en lecture seule.

NOT_FOUND_ERR

Déclenchée si le nœud référencé par `refchild` n'est pas un nœud enfant du nœud qui effectue l'insertion.

Correspondance Java

```
public Node insertBefore(Node newChild, Node refChild)
            throws DOMException;
```

Exemple Java

```
// Insérer un nouveau nœud en tête de liste des enfants d'un nœud parent
ndParent.insertBefore(ndNew, ndParent.getFirstChild());
```

isSupported: *feature, version* ❷

Vérifie si une caractéristique particulière de DOM est disponible dans cette implémentation. Pour plus d'informations sur les noms des caractéristiques, voir la description de la méthode `hasFeature` de l'interface `DOMImplementation` plus haut dans ce chapitre. Cette méthode renvoie `true` si la caractéristique est utilisable, `false` sinon.

Arguments

feature: DOMString

Le nom de la caractéristique à tester. Voir le détail de la méthode `hasFeature` de l'interface `DOMImplementation` pour une liste des valeurs possibles de ce paramètre.

version: DOMString

Le numéro de version de la caractéristique à tester. Pour DOM niveau 2, version 1, cette chaîne de caractères doit avoir la valeur « 2.0 » Si la version n'est pas précisée, cette méthode teste la disponibilité de cette caractéristique pour toute version.

Correspondance Java

```
public boolean supports(String feature, String version);
```

normalize() ❷

Combine récursivement les nœuds de type `Text` adjacents en un nœud unique. Elle supprime également les nœuds vides de l'arbre du document. Cette opération est utile pour les opérations qui nécessitent des références absolues dans le document, ou qui comparent deux documents.

Correspondance Java

```
public void normalize();
```

removeChild: *oldchild*

Détache le nœud `oldchild` de la liste des enfants d'un nœud donné, et renvoie une référence sur l'objet `Node` détaché.

Argument

oldchild: Node

Le nœud à supprimer.

Exceptions

NO_MODIFICATION_ALLOWED_ERR

Déclenchée si le parent est en lecture seule.

NOT_FOUND_ERR

Déclenchée si le nœud `oldchild` n'est pas un nœud enfant de ce nœud.

Correspondance Java

```
public Node removeChild(Node oldChild) throws DOMException;
```

Exemple Java

```
// Supprimer un élément et tous ses enfants
// de l'arbre du document
elem.getParentNode().removeChild(elem);
```

replaceChild: *newchild, oldchild*

Remplace le nœud enfant `oldchild` par le nœud `newchild`. Si `newchild` est attaché à l'arbre du document, il en est retiré avant que le remplacement soit effectué. La méthode renvoie une référence sur le nœud `oldchild`.

Arguments

newchild: Node

Le nœud à insérer.

oldchild: Node

Le nœud en cours de remplacement.

Exceptions

HIERARCHY_REQUEST_ERR

Cette exception est déclenchée si l'opération d'insertion viole une règle de structure de document. Par exemple, le nœud n'accepte pas de nœud enfant, ou n'accepte pas de nœud enfant du type de `newchild`. Cette exception est également déclenchée si l'opération crée une référence circulaire (c'est-à-dire si elle essaie d'insérer un parent du nœud dans la liste des enfants du nœud).

WRONG_DOCUMENT_ERR

Déclenchée si le nœud `newchild` a été créé dans un document différent de celui du nouveau nœud parent.

NO_MODIFICATION_ALLOWED_ERR

Déclenchée si le nouveau parent est en lecture seule.

NOT_FOUND_ERR

Déclenchée si le nœud référencé par `oldchild` n'est pas un nœud enfant du nœud qui effectue le remplacement.

Correspondance Java

```
public Node replaceChild(Node newChild, Node oldChild)
                throws DOMException;
```

Exemple Java

```
// Remplacer un nœud par un nouveau nœud
ndOld.getParentNode().replaceChild(ndNew, ndOld);
```

NodeList

L'interface `NodeList` permet aux classes DOM de donner accès à une collection ordonnée de nœuds. Un objet `NodeList` représente un vecteur en lecture seule, indicé à partir de zéro, d'objets de type `Node`. Puisqu'il n'existe aucun moyen pour créer, ajouter ou retirer des nœuds dans un objet `NodeList`, les utilisateurs de DOM ne peuvent pas utiliser cette classe comme classe utilitaire d'usage général.

Exemple Java

```
// Lister le contenu textuel d'un élément
NodeList nlChildren = elem.getChildNodes();
Node ndChild;

for (int iNode = 0; iNode < nlChildren.getLength(); iNode++) {
        ndChild = nlChildren.item(iNode);

        if (ndChild.getNodeType() == Node.TEXT_NODE) {
            System.out.println(ndChild.getNodeValue());
        }
}
```

Attributs

L'interface `NodeList` définit un attribut.

length: *unsigned long*

Le nombre total d'objets `Node` dans la liste.

Correspondance Java

```
public long getLength();
```

Méthodes

L'interface NodeList définit une méthode.

item: *index*

Renvoie une référence à l'objet `Node` en position `index`, ou `null` si l'indice est invalide, c'est-à-dire s'il est négatif ou supérieur ou égal à la valeur de l'attribut `length` de l'objet `NodeList`.

Argument

index: unsigned long

Indice, compté à partir de zéro, du nœud à renvoyer dans la liste.

Correspondance Java

```
public Node item(long index);
```

ProcessingInstruction

Cette interface donne un accès au contenu d'une instruction de traitement XML. Les instructions de traitement fournissent un mécanisme permettant d'inclure des commandes spécifiques à une application dans un document XML.

Exemple Java

```
// Ajouter une instruction de traitement spécifique
ProcessingInstruction pi = doc.createProcessingInstruction("mon_appli",
                "action=\"sauver\"");
```

Attributs

Cette interface définit deux attributs.

data: *DOMString*

Renvoie la portion de données de cette instruction de traitement. La portion de données commence au premier caractère non blanc après le nom de la cible, `target`, et se termine avant les caractères de fin ?>.

Exceptions à l'écriture

NO_MODIFICATION_ALLOWED_ERR

Déclenchée si le nœud est en lecture seule.

Correspondances Java

```
public String getData();
public void setData(String data) throws DOMException;
```

Exemple Java

```
// Vérifier l'attribut de l'application
if (pi.getTarget() == "MON_APPLICATION") {
     // tester l'attribut data pour obtenir
     // l'information spécifique à mon application
        if (pi.getData() == "VÉRIFIER_VOISINS") {
              // vérifier les voisins
              ...
        }

        pi.setData("VOISINS_VÉRIFIÉS");
}
```

target: *DOMString*

Renvoie la cible de cette instruction de traitement. La cible est la première unité lexicale, délimitée par des caractères blancs, dans le bloc de l'instruction de traitement.

Les instructions de traitement ont pour but d'inclure des instructions spécifiques à l'application dans le flux XML, par exemple pour la génération automatique de contenu, pour contrôler le parseur, etc. La cible de l'instruction est l'identifiant qui permet aux différentes applications de traitement de coexister. Les applications sont censées ignorer les instructions de traitement qu'elles ne connaissent pas.

Correspondance Java

```
public String getTarget();
```

Exemple Java

```
// Vérifier que la cible concerne votre application
if (pi.getTarget() == "MON_APPLICATION") {
        // effectuer le traitement spécifique ici
}
```

Text

Les nœuds de type Text contiennent les données textuelles d'un document XML. Suite à l'analyse du document, il existe exactement un nœud Text pour tout bloc de texte non interrompu par le balisage.

```
<noeud_texte>C'est du texte.</noeud_texte>
```

Méthodes

La méthode suivante est définie dans l'interface Text.

splitText: *offset*

Scinde un nœud Text en deux nouveau nœuds Text adjacents. Le contenu du nœud original est divisé à la position indiquée par un déplacement, et la deuxième partie de la chaîne est utilisée comme valeur du nouveau nœud. La première partie de la chaîne reste dans le nœud original. Si le nœud est rattaché à un arbre DOM, le nouveau nœud devient le voisin immédiat du nœud original. Le nouveau nœud de type `Text` contenant la deuxième partie des données textuelles est renvoyé.

Argument

offset (unsigned long)

Déplacement (à partir de 0) auquel la scission doit avoir lieu.

Exceptions

INDEX_SIZE_ERR

Déclenchée si le déplacement dans la chaîne de caractères est négatif ou supérieur ou égal à la valeur de l'attribut `length`.

NO_MODIFICATION_ALLOWED_ERR

Déclenchée si le nœud est en lecture seule.

Correspondance Java

```
public Text splitText(long offset) throws DOMException;
```

Exemple Java

```
// Créer un nœud Text
long = doc.createTextNode("Ce texte est scindé.");

// et le scinder
Text ndSplit = ndText.splitText(9);
```

L'interface `Text` est une sous-interface de l'interface `CharacterData`. Voir la section consacrée à l'interface `CharacterData` dans ce chapitre pour la liste des méthodes applicables pour avoir accès aux données textuelles dans les nœuds de ce type.

CHAPITRE 25

Référence de SAX

SAX (*Simple API for XML*) est une API événementielle simple, utilisée pour parser des documents XML. David Megginson, son auteur, a placé SAX dans le domaine public. SAX est livré avec tous les parseurs qui la mettent en œuvre, dont Xerces, MSXML, le parseur XML for Java de Oracle et Ælfred. Vous pouvez trouver son code source complet sur *http://sax.sourceforge.net/*.

SAX a été définie à l'origine comme une API Java et est principalement destinée aux parseurs écrits en Java. Ce chapitre va donc se concentrer sur sa mise en œuvre en Java. Toutefois, son adaptation à d'autres langages orientés objet tels que C++, Python, Perl et Eiffel, est assez semblable.

> Ce chapitre décrit exclusivement SAX2. En 2002 tous les parseurs majeurs qui supportent SAX, supportent SAX2. La différence principale entre SAX1 et SAX2 est l'ajout de la gestion des espace de nom. Cet ajout a nécessité de changer les noms et les paramètres de presque toutes les classes et méthodes de SAX. Les anciennes méthodes SAX1 sont toujours disponibles, mais sont considérées comme obsolètes, et vous ne devriez pas les utiliser.

Le paquetage org.xml.sax

Le paquetage `org.xml.sax` contient les interfaces et les classes qui constituent le noyau de SAX.

L'interface Attributes

Une classe qui implémente l'interface `Attributes` représente la liste d'attributs d'une balise de début. L'ordre des attributs dans la liste n'est pas nécessairement celui des attributs dans le document. Un objet `Attributes` est passé en argument à la méthode `startElement()` de `ContentHandler`. On peut accéder à des attributs particuliers de trois façons distinctes :

- par leur position dans la liste ;
- par un URI d'espace de nom et un nom local ;
- par un nom qualifié (préfixé).

Cette liste ne contient pas les attributs de déclaration d'espace de noms (`xmlns:*`) sauf si la caractéristique *http://xml.org/sax/features/namespace-prefixes* vaut vrai (true). Elle vaut faux (false) par défaut.

Si la caractéristique `namespace-prefixes` vaut faux, l'accès par nom qualifié (c'est-à-dire préfixé) peut ne pas être disponible ; si la caractéristique *http://xml.org/sax/features/namespaces* vaut faux, l'accès par un couple espace de nom et nom local peut être impossible.

```
package org.xml.sax;

public interface Attributes {

  public int    getLength();
  public String getURI(int index);
  public String getLocalName(int index);
  public String getQName(int index);
  public int    getIndex(String uri, String localName);
  public int    getIndex(String qualifiedName);
  public String getType(int index);
  public String getType(String uri, String localName);
  public String getType(String qualifiedName);
  public String getValue(String uri, String localName);
  public String getValue(String qualifiedName);
  public String getValue(int index);
}
```

L'interface ContentHandler

L'interface `ContentHandler` est l'élément central de SAX. Presque chaque programme SAX a besoin d'utiliser cette interface. `ContentHandler` est une interface comportant uniquement des déclencheurs. Une instance de cette interface est transmise au parseur à l'aide la méthode `setContentHandler()` de la classe `XMLReader`. Quand le parseur lit le document, il appelle les méthodes de son instance de `ContentHandler` pour indiquer au programme ce que contient le document :

```
package org.xml.sax;


public interface ContentHandler {
```

```
  public void setDocumentLocator(Locator locator);
  public void startDocument() throws SAXException;
  public void endDocument() throws SAXException;
  public void startPrefixMapping(String prefix, String uri)
   throws SAXException;
  public void endPrefixMapping(String prefix) throws SAXException;
  public void startElement(String namespaceURI, String localName,
   String qualifiedName, Attributes atts) throws SAXException;
  public void endElement(String namespaceURI, String localName,
   String qualifiedName) throws SAXException;
  public void characters(char[] text, int start, int length)
   throws SAXException;
  public void ignorableWhitespace(char[] text, int start, int length)
   throws SAXException;
  public void processingInstruction(String target, String data)
   throws SAXException;
  public void skippedEntity(String name) throws SAXException;

}
```

L'interface DTDHandler

En passant une instance de l'interface `DTDHandler` à la méthode `setDTDHandler()` de `XMLReader`, il est possible de recevoir notification des déclarations de notation et d'entités non analysées de la DTD. Vous pouvez alors conserver cette information et l'utiliser ultérieurement pour accéder aux informations concernant les entités non analysées rencontrées en lisant le document :

```
package org.xml.sax;

public interface DTDHandler {

  public void notationDecl(String name, String publicId, String systemId)
   throws SAXException;
  public void unparsedEntityDecl(String name, String publicId,
   String systemId, String notationName) throws SAXException;

}
```

Référence de SAX

L'interface EntityResolver

En passant une instance de l'interface `EntityResolver` à la méthode `setEntityResolver()` de `XMLReader`, vous pouvez intercepter les requêtes du parseur concernant les entités, telles que les entités du sous-ensemble externe ou les entités paramètre externes, et rediriger ces requêtes pour substituer d'autres entités. Par exemple, vous pouvez remplacer une référence à une copie distante d'une DTD standard par une copie locale, ou chercher la source d'un identifiant public dans un catalogue. Cette interface est également utile aux applications qui utilisent des types d'URI qui ne sont pas des URL :

```
package org.xml.sax;

public interface EntityResolver {

  public InputSource resolveEntity(String publicId, String systemId)
    throws SAXException, IOException;

}
```

L'interface ErrorHandler

En passant une instance de l'interface `ErrorHandler` à la méthode `setErrorHandler()` de `XMLReader`, vous pouvez modifier la gestion de certains types d'erreurs détectées par le parseur. Par exemple, vous pouvez choisir d'arrêter l'analyse lorsqu'une erreur de validité est détectée. L'objet `SAXParseException` passé à chacune des trois méthodes de cette interface fournit les détails de la cause et la localisation de l'erreur :

```
package org.xml.sax;

public interface ErrorHandler {

  public void warning(SAXParseException exception) throws SAXException;
  public void error(SAXParseException exception) throws SAXException;
  public void fatalError(SAXParseException exception)
    throws SAXException;

}
```

Les avertissements (*warnings*) représentent des problèmes potentiels que le parseur a remarqué, et qui ne sont pas techniquement des violations des contraintes de forme ou de validité XML. Par exemple, un parseur peut émettre un avertissement si la valeur d'un attribut `xml:lang` n'est pas un code de langue ISO-639 reconnu. Le type d'erreur le plus fréquent est un problème de validité. Le parseur devrait le signaler mais continuer son traitement. Une erreur fatale est une violation des contraintes de forme. Le parseur ne devrait pas continuer l'analyse après avoir indiqué une erreur de ce type.

L'interface Locator

Contrairement à la plupart des interfaces du paquetage `org.xml.sax`, vous n'êtes pas obligé d'implémenter l'interface `Locator`. En général, le parseur a la possibilité de fournir sa propre implémentation. S'il le fait, il transmettra une instance de son implémentation à la méthode `setDocumentLocator()` dans votre instance de `ContentHandler` avant d'appeler `startDocument()`. Vous pouvez conserver une référence à cet objet dans un champ de votre classe `ContentHandler` de la façon suivante :

```
private Locator locator;

public void setDocumentLocator(Locator locator) {
  this.locator = locator;
}
```

Lorsque vous avez conservé l'instance de Locator, vous pouvez l'utiliser dans n'importe quelle méthode de ContentHandler, telle que startElement() ou characters(), pour déterminer dans quel document, à quelle ligne et à quelle colonne exactement, l'événement s'est déclenché. Par exemple, cet objet vous permet de déterminer qu'une balise de début commence à la troisième colonne de la dix-septième ligne de l'URL *http://www.slashdot.org/slashdot.xml* :

```
package org.xml.sax;

public interface Locator {

  public String getPublicId();
  public String getSystemId();
  public int    getLineNumber();
  public int    getColumnNumber();

}
```

L'interface XMLFilter

Un XMLFilter est un XMLReader qui reçoit ses événements d'un autre XMLReader, plutôt qu'en lisant le contenu d'une source telle qu'un InputStream. Les filtres peuvent s'intercaler entre une source XML originale et modifier ses données avant de les transmettre à l'application. Il est peu commun d'implémenter cette interface directement. Il est beaucoup plus facile, pratiquement dans tous les cas, d'utiliser la classe plus complète org.xml.sax.helpers.XMLFilterImpl à la place.

```
package org.xml.sax;

public interface XMLFilter extends XMLReader {

  public void      setParent(XMLReader parent);
  public XMLReader getParent();

}
```

Référence de SAX

L'interface XMLReader

L'interface XMLReader représente essentiellement un parseur XML qui lit au moins un document. Vous n'avez généralement pas besoin d'implémenter cette interface vous-même. Vous utiliserez plutôt la classe org.xml.sax.helpers.XMLReaderFactory pour obtenir une instance d'une implémentation spécifique au parseur utilisé. Vous appelez ensuite les diverses méthodes de ce parseur pour configurer le processus d'analyse. Enfin, vous invoquez la méthode parse() pour lire votre document en invoquant au passage les méthodes de vos propres implémentations de ContentHandler, ErrorHandler, EntityResolver et DTDHandler :

```
package org.xml.sax;

public interface XMLReader {
```

```
  public boolean              getFeature(String name)
   throws SAXNotRecognizedException, SAXNotSupportedException;
  public void                  setFeature(String name, boolean value)
   throws SAXNotRecognizedException, SAXNotSupportedException;
  public Object               getProperty(String name)
   throws SAXNotRecognizedException, SAXNotSupportedException;
  public void                 setProperty(String name, Object value)
   throws SAXNotRecognizedException, SAXNotSupportedException;

  public void                 setEntityResolver(EntityResolver resolver);
  public EntityResolver       getEntityResolver();
  public void                 setDTDHandler(DTDHandler handler);
  public DTDHandler           getDTDHandler();
  public void                 setContentHandler(ContentHandler handler);
  public ContentHandler       getContentHandler();
  public void                 setErrorHandler(ErrorHandler handler);
  public ErrorHandler         getErrorHandler();

  public void parse(InputSource input) throws IOException, SAXException;
  public void parse(String systemId) throws IOException, SAXException;

}
```

La classe InputSource

La classe InputSource est une abstraction d'une source de données, à partir de laquelle sont lus les octets d'un document XML. Elle peut abstraire un identifiant système, un identifiant public, un InputStream ou un Reader. Si l'objet InputSource n'a pas d'objet Reader, le parseur essaiera de lire depuis l'InputSource en utilisant le codage indiqué. Si aucun codage n'est spécifié, alors il essaiera de le déduire en lisant la déclaration XML. Enfin, si aucun Reader ni InputStream n'a été fourni, le parseur ouvrira une connexion vers l'URL donnée par l'identifiant système.

```
package org.xml.sax;

public class InputSource {

  public InputSource();
  public InputSource(String systemId);
  public InputSource(InputStream byteStream);
  public InputSource(Reader reader);

  public void                 setPublicId(String publicId);
  public String               getPublicId();
  public void                 setSystemId(String systemId);
  public String               getSystemId();
  public void                 setByteStream(InputStream byteStream);
  public InputStream          getByteStream();
  public void                 setEncoding(String encoding);
```

```
    public String             getEncoding();
    public void               setCharacterStream(Reader reader);
    public Reader             getCharacterStream();

}
```

Exceptions SAX

La plupart des exceptions déclenchées par les méthodes SAX sont des instances de la classe `SAXException` ou de l'une de ses sous-classes. L'unique transgression à cette règle est la méthode `parse()` de `XMLReader`, qui peut déclencher une exception `IOException` si une erreur purement liée aux entrées-sorties intervient ; par exemple, si une socket est fermée avant que le parseur ait fini de lire un document en provenance du réseau.

En plus des méthodes habituelles sur les exceptions, telles que `getMessage()` et `printStackTrace()`, que `SAXException` hérite de sa super-classe ou redéfinit, `SAXException` ajoute une méthode `getException()`, qui retourne l'exception imbriquée qui a causé le déclenchement initial d'une `SAXException` :

```
package org.xml.sax;

public class SAXException extends Exception {

  public SAXException(String message);
  public SAXException(Exception ex);
  public SAXException(String message, Exception ex);

  public String           getMessage();
  public Exception        getException();
  public String           toString();

}
```

SAXParseException

Si une violation de contrainte de forme est détectée en cours d'analyse, le parseur déclenche une `SAXParseException`, qui est une sous-classe de `SAXException`. Les objets `SAXParseException` sont également passés en argument aux méthodes de l'interface `ErrorHandler`, dans lesquelles vous pouvez décider si vous la déclenchez ou non.

En plus des méthodes qu'elle hérite de ses super-classes, cette classe définit de nouvelles méthodes pour obtenir le numéro de ligne, le numéro de colonne, l'identifiant système et l'identifiant public du document à l'endroit où l'erreur a été détectée :

```
package org.xml.sax;

public class SAXParseException extends SAXException {

 public SAXParseException(String message, Locator locator);
```

```
  public SAXParseException(String message, Locator locator, Exception e);
  public SAXParseException(String message, String publicId,
   String systemId, int lineNumber, int columnNumber);
  public SAXParseException(String message, String publicId,
   String systemId, int lineNumber, int columnNumber, Exception e);

  public String getPublicId();
  public String getSystemId();
  public int    getLineNumber();
  public int    getColumnNumber();

}
```

SAXNotRecognizedException

Une exception SAXNotRecognizedException est déclenchée si vous essayez de changer la valeur d'une caractéristique ou d'une propriété que le parseur ne reconnaît pas. Mis à part les constructeurs, toutes ses méthodes sont héritées de ses super-classes:

```
package org.xml.sax;

public class SAXNotRecognizedException extends SAXException {

  public SAXNotRecognizedException(String message);

}
```

SAXNotSupportedException

Une exception SAXNotSupportedException est déclenchée si vous essayez de changer la valeur d'une caractéristique ou d'une propriété que le parseur reconnaît, mais qu'il ne sait pas mettre en œuvre. Mis à part les constructeurs, toutes ses méthodes sont héritées de ses super-classes.

```
package org.xml.sax;

public class SAXNotSupportedException extends SAXException {

  public SAXNotSupportedException(String message);

}
```

Le paquetage org.xml.sax.helpers

Le paquetage org.xml.sax.helpers contient des classes utilitaires pour les classes du noyau SAX. Ces classes incluent des classes « fabrique » utilisées pour construire des instances de certaines interfaces de org.xml.sax, et des implémentations par défaut pour ces interfaces.

La classe AttributesImpl

`AttributesImpl` est une implémentation par défaut de l'interface `Attributes` que les parseurs et les filtres SAX peuvent utiliser. En plus des méthodes fournies par l'interface `Attributes`, cette classe offre des méthodes de manipulation, permettant ainsi de modifier ou de réutiliser la liste d'attributs. Ces méthodes vous permettent de figer l'objet `Attributes` à un instant donné et de le rendre persistant dans la méthode `startElement()`, et de construire ou modifier cet objet `Attributes` dans un gestionnaire SAX ou un filtre :

```
package org.xml.sax.helpers;

public class AttributesImpl implements Attributes {

   public AttributesImpl();
   public AttributesImpl(Attributes atts);

   public int    getLength();
   public String getURI(int index);
   public String getLocalName(int index);
   public String getQName(int index);
   public String getType(int index);
   public String getValue(int index);
   public int    getIndex(String uri, String localName);
   public int    getIndex(String qualifiedName);
   public String getType(String uri, String localName);
   public String getType(String qualifiedName);
   public String getValue(String uri, String localName);
   public String getValue(String qualifiedName);
   public void   clear();
   public void   setAttributes(Attributes atts);
   public void   addAttribute(String uri, String localName,
      String qualifiedName, String type, String value);
   public void   setAttribute(int index, String uri, String localName,
      String qualifiedName, String type, String value);
   public void   removeAttribute(int index)
   public void   setURI(int index, String uri)
   public void   setLocalName(int index, String localName)
   public void   setQName(int index, String qualifiedName);
   public void   setType(int index, String type);
   public void   setValue(int index, String value);

}
```

Référence de SAX

La classe DefaultHandler

`DefaultHandler` est une classe utilitaire qui implémente les interfaces `EntityResolver`, `DTDHandler`, `ContentHandler` et `ErrorHandler`, principalement avec des méthodes qui ne font rien. Vous pouvez définir une sous-classe de `DefaultHandler` et redéfinir uniquement les méthodes pour lesquelles vous désirez un comportement particulier. Vous n'êtes jamais obligé d'utiliser cette classe. Vous pouvez toujours implémenter les interfaces directement. Le principe est similaire à celui des classes adaptateurs dans la bibliothèque AWT, telles que MouseAdapter et WindowAdapter :

```
package org.xml.sax.helpers;

public class DefaultHandler
  implements EntityResolver, DTDHandler, ContentHandler, ErrorHandler {

  // Implémentation par défaut de l'interface EntityResolver
  public InputSource resolveEntity(String publicId, String systemId)
    throws SAXException {
      return null;
  }

  // Implémentation par défaut de l'interface DTDHandler
  public void notationDecl(String name, String publicId, String systemId)
    throws SAXException {}
  public void unparsedEntityDecl(String name, String publicId,
    String systemId, String notationName) throws SAXException{}

  // Implémentation par défaut de l'interface ContentHandler
  public void setDocumentLocator(Locator locator) {}
  public void startDocument() throws SAXException {}
  public void endDocument() throws SAXException {}
  public void startPrefixMapping(String prefix, String uri)
    throws SAXException {}
  public void endPrefixMapping(String prefix) throws SAXException {}
  public void startElement(String uri, String localName,
    String qualifiedName, Attributes attributes) throws SAXException {}
  public void endElement(String uri, String localName,
    String qualifiedName) throws SAXException {}
  public void characters(char[] text, int start, int length)
    throws SAXException {}
  public void ignorableWhitespace(char[] whitespace, int start,
    int length) throws SAXException {}
  public void processingInstruction(String target, String data)
    throws SAXException {}
  public void skippedEntity(String name) throws SAXException {}

  // Implémentation par défaut de l'interface ErrorHandler
  public void warning(SAXParseException ex) throws SAXException {}
  public void error(SAXParseException ex) throws SAXException {}
  public void fatalError(SAXParseException ex) throws SAXException {
    throw ex;
  }

}
```

La classe LocatorImpl

`LocatorImpl` est une implémentation par défaut de l'interface `Locator`, à l'usage des auteurs de parseurs. Vous n'aurez probablement pas besoin de l'utiliser directement. En plus de ses constructeurs, elle comporte des méthodes pour changer la valeur de l'identifiant public, l'identifiant système, le numéro de ligne et le numéro de colonne renvoyés par les méthodes d'accès déclarées dans `Locator` :

```
package org.xml.sax.helpers;

public class LocatorImpl implements Locator {

  public LocatorImpl();
  public LocatorImpl(Locator locator);

   public String getPublicId();
   public String getSystemId();
   public int    getLineNumber();
   public int    getColumnNumber();
   public void   setPublicId(String publicId);
   public void   setSystemId(String systemId);
   public void   setLineNumber(int lineNumber);
   public void   setColumnNumber(int columnNumber);

}
```

La classe NamespaceSupport

`NamespaceSupport` fournit une pile permettant de gérer les espaces de noms à différents endroits du document. Pour l'utiliser, empilez un nouveau contexte au début de chaque association d'un nouvel espace de noms à un élément, et placez le à la fin de chaque élément. Chaque invocation de `startPrefixMapping()` devrait appeler `declarePrefix()` pour ajouter à l'objet `NamespaceSupport` une nouvelle association. Ainsi quel que soit l'endroit où vous devez trouver l'URI lié à un préfixe donné, vous pouvez appeler `getPrefix()`. La chaîne de caractères vide indique qu'il s'agit de l'espace de noms par défaut. Les accesseurs (méthodes « get ») peuvent alors vous indiquer, en tout point du document, le préfixe associé à n'importe quel URI ou bien l'URI associé à n'importe quel préfixe. Si vous réutilisez le même objet `NamespaceSupport` pour plusieurs documents, pensez à appeler la méthode `reset()` entre deux analyses.

```
package org.xml.sax.helpers;

public class NamespaceSupport {

  public final static String XMLNS="http://www.w3.org/XML/1998/namespace";

   public NamespaceSupport();

   public void                reset();
```

```
    public void             pushContext();
    public void             popContext();
    public boolean          declarePrefix(String prefix, String uri);
    public String[]         processName(String qualifiedName, String[] parts,
     boolean isAttribute);
    public String           getURI(String prefix);
    public Enumeration      getPrefixes();
    public String           getPrefix(String uri);
    public Enumeration      getPrefixes(String uri);
    public Enumeration      getDeclaredPrefixes();

  }
```

La classe ParserAdapter

La classe ParserAdapter utilise le modèle de conception Adapter pour convertir un objet org.xml.sax.Parser de SAX1 en un objet org.xml.sax.XMLReader de SAX2. Plus les parseurs supporteront SAX2, moins cette classe sera nécessaire. Notez que certaines possibilités de SAX2 ne sont pas disponibles au travers d'un parseur SAX1 adapté. Par exemple, un parseur créé à l'aide de cette classe n'indique pas les entités ignorées, et ne supporte pas la plupart des caractéristiques et propriétés, pas même les caractéristiques et propriétés du noyau :

```
package org.xml.sax.helpers;

public class ParserAdapter implements XMLReader, DocumentHandler {

  public ParserAdapter() throws SAXException;
  public ParserAdapter(Parser parser);

  // Implémentation de org.xml.sax.XMLReader.
  public void            setFeature(String name, boolean state)
   throws SAXNotRecognizedException, SAXNotSupportedException;
  public boolean         getFeature(String name)
   throws SAXNotRecognizedException, SAXNotSupportedException;
  public void            setProperty(String name, Object value)
   throws SAXNotRecognizedException, SAXNotSupportedException;
  public Object          getProperty(String name)
   throws SAXNotRecognizedException, SAXNotSupportedException;
  public void            setEntityResolver(EntityResolver resolver);
  public EntityResolver  getEntityResolver();
  public void            setDTDHandler(DTDHandler handler);
  public DTDHandler      getDTDHandler();
  public void            setContentHandler(ContentHandler handler);
  public ContentHandler  getContentHandler();
  public void            setErrorHandler(ErrorHandler handler);
  public ErrorHandler    getErrorHandler();
  public void            parse(String systemId) throws IOException,
SAXException;
```

```
  public void           parse(InputSource input) throws IOException,
SAXException;
  // Implémentation de org.xml.sax.DocumentHandler.
  public void setDocumentLocator(Locator locator);
  public void startDocument() throws SAXException;
  public void endDocument() throws SAXException;
  public void startElement(String qualifiedName,
   AttributeList qualifiedAttributes) throws SAXException;
  public void endElement(String qualifiedName) throws SAXException;
  public void characters(char[] text, int start, int length)
   throws SAXException;
  public void ignorableWhitespace(char[] text, int start, int length)
   throws SAXException;
  public void processingInstruction(String target, String data)
   throws SAXException;

}
```

La classe XMLFilterImpl

`XMLFilterImpl` est extrêmement utile pour mettre en œuvre correctement les filtres XML. Une instance de cette classe s'intercale entre un `XMLReader` et le gestionnaire d'événements de l'application cliente. Elle reçoit les messages du `XMLReader` et les transmet sans changement à l'application, et vice et versa.

Toutefois, en définissant une sous-classe de cette classe et en redéfinissant certaines méthodes, vous pouvez modifier les événements avant que l'application ne les reçoive. Le chaînage d'un filtre et d'un `XMLReader` se met en place en passant le `XMLReader` en argument au constructeur du filtre. Pour parser un document, vous invoquez la méthode `parse()` du filtre plutôt que celle du `XMLReader`.

```
package org.xml.sax.helpers;

public class XMLFilterImpl implements XMLFilter, EntityResolver,
 DTDHandler, ContentHandler, ErrorHandler {

  public XMLFilterImpl();
  public XMLFilterImpl(XMLReader parent);

  // Implémentation de org.xml.sax.XMLFilter
  public void          setParent(XMLReader parent);
  public XMLReader     getParent();

  // Implémentation de org.xml.sax.XMLReader
  public void          setFeature(String name, boolean state)
   throws SAXNotRecognizedException, SAXNotSupportedException;
  public boolean       getFeature(String name)
   throws SAXNotRecognizedException, SAXNotSupportedException;
  public void          setProperty(String name, Object value)
```

```
   throws SAXNotRecognizedException, SAXNotSupportedException;
  public Object          getProperty(String name)
   throws SAXNotRecognizedException, SAXNotSupportedException;
  public void            setEntityResolver(EntityResolver resolver);
  public EntityResolver  getEntityResolver();
  public void            setDTDHandler(DTDHandler handler);
  public DTDHandler      getDTDHandler();
  public void            setContentHandler(ContentHandler handler);
  public ContentHandler  getContentHandler();
  public void            setErrorHandler(ErrorHandler handler);
  public ErrorHandler    getErrorHandler();
  public void            parse(InputSource input) throws SAXException,
IOException;
  public void            parse(String systemId) throws SAXException,
IOException

  // Implémentation de org.xml.sax.EntityResolver
  public InputSource resolveEntity(String publicId, String systemId)
   throws SAXException, IOException;

  // Implémentation de org.xml.sax.DTDHandler
  public void notationDecl(String name, String publicId, String systemId)
   throws SAXException;
  public void unparsedEntityDecl(String name, String publicId,
   String systemId, String notationName) throws SAXException;

  // Implémentation de org.xml.sax.ContentHandler
  public void setDocumentLocator(Locator locator);
  public void startDocument() throws SAXException;
  public void endDocument() throws SAXException;
  public void startPrefixMapping(String prefix, String uri)
   throws SAXException;
  public void endPrefixMapping(String prefix) throws SAXException;
  public void startElement(String namespaceURI, String localName,
   String qualifiedName, Attributes atts) throws SAXException;
  public void endElement(String namespaceURI, String localName,
   String qualifiedName) throws SAXException;
  public void characters(char[] text, int start, int length)
   throws SAXException;
  public void ignorableWhitespace(char[] text, int start, int length)
   throws SAXException;
  public void processingInstruction(String target, String data)
   throws SAXException;
  public void skippedEntity(String name) throws SAXException;
  // Implémentation de org.xml.sax.ErrorHandler
  public void warning(SAXParseException ex) throws SAXException;
  public void error(SAXParseException ex) throws SAXException;
  public void fatalError(SAXParseException ex) throws SAXException;

}
```

La classe XMLReaderAdapter

XMLReaderAdapter est l'inverse de ParserAdapter; elle utilise le modèle de conception Adapter pour adapter un XMLReader de SAX2 à un Parser de SAX1. Ceci vous permet d'utiliser un parseur SAX2 pour un programme ancien qui a été écrit avec une interface SAX1 :

```
package org.xml.sax.helpers;

public class XMLReaderAdapter implements Parser, ContentHandler {

 public XMLReaderAdapter() throws SAXException;
 public XMLReaderAdapter(XMLReader reader);

 // Implémentation de org.xml.sax.Parser.
 public void setLocale(Locale locale) throws SAXException;
 public void setEntityResolver(EntityResolver resolver);
 public void setDTDHandler(DTDHandler handler);
 public void setDocumentHandler(DocumentHandler handler);
 public void setErrorHandler(ErrorHandler handler);
 public void parse(String systemId) throws IOException, SAXException;
 public void parse(InputSource input) throws IOException, SAXException

 // Implémentation de org.xml.sax.ContentHandler.
 public void setDocumentLocator(Locator locator);
 public void startDocument() throws SAXException;
 public void endDocument() throws SAXException;
 public void startPrefixMapping(String prefix, String uri)
  throws SAXException;
 public void endPrefixMapping(String prefix) throws SAXException;
 public void startElement(String namespaceURI, String localName,
  String qualifiedName, Attributes atts) throws SAXException;
 public void endElement(String namespaceURI, String localName,
  String qualifiedName) throws SAXException;
 public void characters(char[] text, int start, int length)
  throws SAXException;
 public void ignorableWhitespace(char[] text, int start, int length)
  throws SAXException;
 public void processingInstruction(String target, String data)
  throws SAXException;
 public void skippedEntity(String name) throws SAXException;

}
```


La classe XMLReaderFactory

XMLReaderFactory crée des instances de XMLReader de façon indépendante du parseur utilisé. La méthode createXMLReader() sans argument instancie une classe nommée par la propriété système org.xml.sax.driver. L'autre méthode, createXMLReader() instancie la classe nommée par son argument. Cet argument doit être un nom de classe complètement qualifié, tel que `org.apache.xerces.parsers.SAXParser` :

```
package org.xml.sax.helpers;

  public final class XMLReaderFactory {

  public static XMLReader createXMLReader() throws SAXException;
  public static XMLReader createXMLReader(String className)
    throws SAXException;

}
```

Caractéristiques et propriétés de SAX

Des URI absolus sont utilisés pour nommer les caractéristiques et propriétés d'un parseur SAX. Les caractéristiques ont une valeur booléenne, c'est-à-dire que pour chaque parseur, une caractéristique reconnue a soit la valeur vrai, soit la valeur faux. Les propriétés ont pour valeur un objet. Le noyau SAX définit six caractéristiques et deux propriétés que les parseurs devraient reconnaître. Chaque parseur est libre d'en ajouter à cette liste, et la plupart le font.

Caractéristiques du noyau de SAX

Tous les parseurs SAX devraient connaître six caractéristiques. Parmi ces six, deux doivent être reconnues par tous les parseurs conformes : il s'agit de *http://xml.org /sax/features/namespaces* et *http://xml.org /sax/features/namespace-prefixes*. Les quatre autres sont optionnelles et peuvent être mises en œuvre par tous les parseurs.

http://xml.org/sax/features/namespaces

Lorsqu'elle est vaut vraie cette caractéristique indique que les méthodes `startElement()` et `endElement()` fournissent des URI d'espace de noms et des noms locaux pour les éléments et les attributs. Lorsqu'elle vaut faux, le parseur fournit aux méthodes `startElement()` et `endElement()` des noms d'élément et d'attribut préfixés. Pour une valeur que le parseur n'est pas censé fournir, s'il ne la fournit effectivement pas, alors la chaîne de caractères vide lui sera affectée. Cependant, la plupart des programmes d'analyse syntaxique fournissent les trois valeurs (URI, nom local, et nom préfixé) indépendamment de la valeur de cette caractéristique, qui vaut vrai par défaut.

http://xml.org/sax/features/namespace-prefixes

Lorsqu'elle vaut vrai, cette caractéristique indique que les attributs `xmlns` et `xmlns:`*`prefix`* seront inclus dans la liste des attributs transmise à `startElement()`. Lorsqu'elle vaut faux, ces attributs sont omis. En outre, si cette fonctionnalité vaut vrai, le programme d'analyse syntaxique fournira alors des noms préfixés pour les éléments et les attributs. La valeur par défaut est faux à moins que la propriété *http://xml.org/sax/features/namespaces* ne soit positionné à faux, auquel cas la valeur par défaut serait alors vrai. Vous pouvez positionner à vrai *http://xml.org/sax/features/namespaces* ainsi que *http://xml.org/sax/features/namespace-prefixes* afin de garantir que les noms locaux, les URI d'espace de noms, et les noms préfixés seront tous disponibles.

http://xml.org/sax/features/string-interning

Lorsque cette caractéristique possède la valeur vrai, tous les noms d'élément, les préfixes, les noms d'attribut, les URI d'espace de noms et les noms locaux sont convertis en un format interne *via* la méthode `intern()` de la classe `java.lang.String` ; c'est-à-dire qu'il est possible de comparer l'égalité des noms en utilisant `==`.

http://xml.org/sax/features/validation

Lorsque cette propriété est vraie, le parseur valide. Dans le cas contraire, il ne valide pas. La valeur par défaut est faux pour la plupart des programmes d'analyse syntaxique. Si vous positionnez cette fonctionnalité, vous fournirez probablement aussi un `ErrorHandler` au `XMLReader` afin d'être notifié de toutes les erreurs de validité.

http://xml.org/sax/features/external-general-entities

Lorsque cette caractéristique vaut vrai, le parseur résout les entités générales externes analysées. Si elle vaut faux, le parseur les ignore. La valeur par défaut est vrai pour les parseurs qui sont capables de résoudre les entités externes analysées. Activer la validation active automatiquement cette caractéristique, parce que la validation nécessite la résolution des entités externes analysées.

http://xml.org/sax/features/external-parameter-entities

Lorsque cette caractéristique vaut vrai, le parseur résout les entités paramètres externes. Si elle vaut faux, il ne le fait pas. Activer la validation active automatiquement cette caractéristique, parce que la validation nécessite la résolution des entités paramètres externes.

Propriétés du noyau SAX

SAX définit deux propriétés que les parseurs devraient reconnaître, bien que les mises en œuvre ne soient pas formellement obligées de les reconnaître.

http://xml.org/sax/properties/dom-node

La valeur de cette propriété est un objet de type `org.w3c.dom.Node` qui représente le nœud que le parseur est en train de visiter.

http://xml.org/sax/properties/xml-string

La valeur de cette propriété est un objet `java.lang.String` contenant les caractères qui composaient la source de l'événement courant. Mi 2001, aucun programme d'analyse syntaxique Java n'était connu pour mettre en application cette propriété.

Le paquetage org.xml.sax.ext

Le paquetage org.xml.sax.ext fournit des interfaces optionnelles que les programmes d'analyse syntaxique peuvent utiliser afin de fournir plus de fonctionnalités. Tous les parseurs ne supportent pas ces interfaces, bien que la majorité le fasse.

L'interface DeclHandler

DeclHandler est une interface passive qui fournit des informations à propos des ELEMENT, ATTLIST et des déclarations d'entité analysée (ENTITY) provenant de la DTD du document. Pour configurer un XMLReader avec un DeclHandler, il suffit d'appeler la méthode setProperty() sur le programme d'analyse, en lui founissant le nom *http://xml.org/sax/properties/DeclHandler* accompagné d'une instance de votre gestionnaire :

```
try {
  parser.setProperty(
   "http://xml.org/sax/properties/DeclHandler",
    new VotreClasseDImplementationDeclHandler());
}
catch(SAXException e) {
  System.out.println("Ce parseur ne fournit pas de déclarations.");
}
```

Si le programme d'analyse syntaxique ne fournit pas d'événements de déclaration, il lance une exception SAXNotRecognizedException. S'il ne peut pas installer de DeclHandler au moment de l'appel (généralement parce qu'il est au milieu de l'analyse d'un document), il lance alors une exception SAXNotSupportedException. Si vous n'interceptez aucune de ces exceptions, il appellera les méthodes dans votre DeclHandler lors de son analyse de la DTD :

```
package org.xml.sax.ext;

public interface DeclHandler {

  public void elementDecl(String name, String model) throws SAXException;
  public void attributeDecl(String elementName, String attributeName,
   String type, String defaultValue, String value) throws SAXException;
  public void internalEntityDecl(String name, String value)
   throws SAXException;
  public void externalEntityDecl(String name, String publicID,
   String systemID) throws SAXException;

}
```

L'interface LexicalHandler

LexicalHandler est une interface à déclencheurs qu'un parseur peut utiliser pour fournir des informations à propos de certains aspects du document qui normalement ne sont pas pertinents, à savoir :

- les sections CDATA ;
- les appels d'entité ;
- les commentaires.

Sans LexicalHandler, le parseur ignore simplement les commentaires ; il expanse le texte des références d'entités et des sections CDATA. En utilisant l'interface LexicalHandler, vous pouvez cependant conserver les commentaires et savoir quelle partie du texte provient de données textuelles normales, quelle partie provient de sections CDATA ou encore d'un appel d'entité.

Pour configurer un XMLReader avec un LexicalHandler, passez une instance de votre gestionnaire à la méthode setProperty() de l'objet XMLReader, avec le nom *http://xml.org/sax/properties/LexicalHandler* :

```
try {
  parser.setProperty(
    "http://xml.org/sax/properties/LexicalHandler",
    new VotreClasseLexicalHandler()
  );
}
catch(SAXException e) {
  System.out.println("Ce parseur ne fournit pas d'événements lexicaux.");
}
```

Si le parseur ne fournit pas d'événements lexicaux, il lance une exception SAXNotRecognizedException. S'il ne peut pas installer de LexicalHandler au moment de l'appel (généralement parce qu'il est au milieu de l'analyse d'un document), il lance alors une exception SAXNotSupportedException. Si vous n'interceptez aucune de ces exceptions, il appellera les méthodes de votre LexicalHandler lorsqu'il rencontrera des références d'entité, des commentaires, et des sections CDATA. Le contenu de base des entités résolues et des sections CDATA sont également reportées, de façon tout à fait normale, par l'interface ContentHandler :

```
package org.xml.sax.ext;

public interface LexicalHandler {

 public void startDTD(String name, String publicId, String systemId)
  throws SAXException;
 public void endDTD() throws SAXException;
 public void startEntity(String name) throws SAXException;
 public void endEntity(String name) throws SAXException;
 public void startCDATA() throws SAXException;
 public void endCDATA() throws SAXException;
 public void comment(char[] text, int start, int length)
  throws SAXException;

}
```

CHAPITRE 26

Jeux de caractères

Les documents XML sont écrits par défaut dans le codage UTF-8 de Unicode. Toutefois, les documents peuvent être écrits dans n'importe quel jeu de caractères compris par le processeur XML, et proposé soit par des métainformations externes comme un en-tête HTTP soit par une métainformation comme un indicateur d'ordre des octets ou une déclaration de codage qui spécifie le jeu de caractère. Par exemple, un document écrit dans le jeu de caractères Latin-5 aurait besoin de cette déclaration XML :

```
<?xml version="1.0" encoding="ISO-8859-9"?>
```

La plupart des bons processeurs XML comprennent plusieurs jeux de caractères usuels. Les spécifications XML précisent 21 noms de jeu de caractères, comme présenté dans le *tableau 26-1*. Lors de l'utilisation d'un de ces jeux de caractères, vous devriez employer ces noms. De ces jeux de caractères, seulement UTF-8 et UTF-16 doivent être supportés par tous les processeurs XML, cependant de nombreux processeurs XML supportent tous les jeux de caractères listés ici et beaucoup supportent, en plus, des jeux de caractères complémentaires. Lorsque vous utilisez des jeux de caractères non listés ici, vous devriez utiliser les noms spécifiés par le registre des jeux de caractères de l'IANA accessibles à l'adresse suivante : *http://www.iana.org/assignments/character-sets*.

Tableau 26-1. Noms des jeux de caractères définis par les spécifications XML 1.0

Nom	*Jeu de caractères*
UTF-8	Le type de codage utilisé par défaut dans les documents XML, à moins qu'une déclaration de codage ne le spécifie autrement ; type de codage à largeur variable de Unicode qui utilise de un à quatre octets par caractères. UTF-8 est conçu de telle façon que tous les documents ASCII sont des documents UTF-8 valides, ce qui n'est pas vrai pour les autres jeux de caractères, comme Cp1252 et Latin-1. Ce jeu de caractères est le meilleur choix de codage si vos documents XML contiennent du chinois, du japonais ou du coréen en petite quantité.

Tableau 26-1. Noms des jeux de caractères définis par les spécifications XML 1.0 (suite)

Nom	*Jeu de caractères*
UTF-16	Type de codage de Unicode sur deux octets dans lequel tous les caractères Unicode définis dans Unicode 3.0 et avant (y compris les caractères ASCII) occupent exactement deux octets. Cependant, les caractères des plans 1 à 14, ajoutés dans Unicode 3.1 et après, sont encodés en utilisant des paires de seizets d'indirection de quatre octets chacun. Ce codage est le meilleur choix si vos documents XML contiennent des quantités importantes de chinois, japonais ou coréen.
ISO-10646-UCS-2	Plan multilingue de base de Unicode, c'est-à-dire plan 0. Ce jeu de caractères est identique à UTF-16, sauf qu'il ne permet pas à des paires de seizets d'indirection de représenter des caractères avec des codes de caractère au-delà de 65535. La différence est significative seulement dans Unicode 3.1 et les versions ultérieures. Chaque caractère Unicode est représenté en tant qu'un double octet, entier non-signé. Déterminer le poids des octets demande un indicateur d'ordre d'octets en début du fichier.
ISO-10646-UCS-4	Un type de codage de Unicode sur quatre octets dans lequel chaque caractère Unicode est représenté par un quadruplet d'octet, entier non-signé. Déterminer le poids des octets demande un indicateur d'ordre d'octets en début du fichier.
ISO-8859-1	Latin-1, ASCII plus les caractères nécessaires pour la plupart des langues d'Europe occidentale, y compris le danois, le néerlandais, l'anglais, le féroïen, le finlandais, le flamand, l'allemand, l'islandais, l'italien, le norvégien, le portugais, l'espagnol, et le suédois. Quelques langues non-européennes, comme le hawaïen, l'indonésien et le swahili sont également écrites dans ce jeu de caractères.
ISO-8859-2	Latin-2, ASCII plus les caractères nécessaires pour la plupart des langues d'Europe centrale, y compris le croate, le tchèque, le hongrois, le polonais, le roumain, le slovaque et le slovène.
ISO-8859-3	Latin-3, ASCII plus les caractères nécessaires pour l'esperanto, le maltais, le turc et le galicien. Latin-5, iso-8859-9, cependant, est maintenant préféré pour le turc.
ISO-8859-4	Latin-4, ASCII plus les caractères nécessaires pour les langues baltes comme le letton, le lithuanien, le groënlandais et le lapon. Maintenant en grande partie substitué par Latin-6, ISO-8859-10.
ISO-8859-5	ASCII plus les caractères cyrilliques utilisés pour le biélorusse, le bulgare, le macédonien, le russe, le serbe et l'ukrainien.
ISO-8859-6	ASCII plus l'arabe.
ISO-8859-7	ASCII plus le grec moderne.
ISO-8859-8	ASCII plus l'hébreu.

Tableau 26-1. Noms des jeux de caractères définis par les spécifications XML 1.0 (suite)

Nom	*Jeu de caractères*
ISO-8859-9	Latin-5, qui est identique à Latin-1 (ASCII plus Europe de l'ouest), mis à part quelques lettres turques qui substituent les lettres islandaises généralement les moins utilisées.
ISO-8859-10	Latin-6, qui couvre les caractères nécessaires pour les langues européennes nordiques estoniennes, lithuaniennes, groënlandaise; islandaise, inuite et lapone. Il est semblable à Latin-4, mais abandonne quelques symboles et la lettre lettonne Ŗ, ajoute quelque lettres supplémentaires nécessaires pour l'inuit et le lapon, et déplace divers caractères. ISO-8859-13 a remplacé ce jeu de caractères.
ISO-8859-11	Ce jeu de caractères ajoute l'alphabet thaï à l'ASCII de base. Toutefois, il est mal supporté par les parseurs XML du moment; il serait préférable d'utiliser Unicode.
ISO-8859-12	Il n'y a actuellement aucun jeu de caractères, pas plus qu'il pourrait y en avoir un dans un futur proche. Ce dernier était réservé pour le devanagari, c'est pourquoi le nombre a été réservé. Cependant, cette initiative n'a encore abouti et il paraît probable que l'acceptation grandissante de Unicode rendra un tel jeu de caractères inutile.
ISO-8859-13	Un autre jeu de caractères conçu pour couvrir les langues baltes. Ce jeu rajoute la lettre lettonne Ŗ et d'autres symboles abandonnés de Latin-6.
ISO-8859-14	Latin-8, une variante de Latin-1 avec les lettres supplémentaires pour le gaélique et le gallois. Ces lettres remplacent généralement des signes de ponctuation.
ISO-8859-15	Ce jeu de caractères, connu officiellement comme Latin-9 et de manière moins officielle comme Latin-0, est une évolution de Latin-1 qui remplace le symbole monétaire international ¤ par le symbole de l'euro. Il remplace également les caractères de fraction 1/4, 1/2 et 3/4 rarement utilisé par les lettres françaises peu courantes Œ, œ, Ÿ, et les symboles ¦, ¨, et ´ par des lettres en finnois. Autrement, il est identique à ISO-8859-1.
ISO-2022-JP	Un type de codage sur sept bits du jeu de caractères définit dans le standard national japonais JIS X-0208-1997 utilisé sur les pages web et dans les courriers électroniques; voir RFC 1468.
Shift_JIS	Le type de codage du jeu de caractères standard national japonais JIS X-0208-1997 utilisé dans Microsoft Windows.
EUC-JP	Le type de codage du jeu de caractères standard national japonais JIS X-0208-1997 utilisé par la plupart des Unix.

Certains parseurs ne comprennent pas tous ces types de codage. Plus particulièrement, les parseurs basés sur expat (de James Clark) ne supportent souvent seulement que UTF-8, UTF-16, ISO-8859-1 et US-ASCII. Xerces-C supporte ASCII, UTF-8, UTF-16, UCS4, IBM037, IBM1140, ISO-8859-1 et Windows-1252. Le parseur XML4C de IBM dérivé du code de Xerces propose en plus 17 types de codage usuel, y compris les jeux de caractères ISO-8859 de 1 à 9 et 15. Toutefois, pour un maximum de compatibilité entre parseurs, vous devriez convertir vos documents en UTF-8 ou UTF-16 avant de les publier, même si vous les avez rédigé dans un autre jeu de caractères.

Tables de caractères

Les spécifications XML 1.0 séparent Unicode en cinq jeux se recouvrant :

Caractères constitutifs de nom

Caractères qui peuvent apparaître dans un élément, un attribut ou un nom d'entité. Ces caractères sont des lettres, des idéogrammes, des chiffres et les signes de ponctuation -, ., et :. Dans les tableaux qui suivent, les caractères sont affichés en caractères gras.

Caractères initiaux de noms

Caractères qui peuvent être le premier caractère d'un élément, d'un attribut ou d'un nom d'entité. Ces caractères sont des lettres, des idéogrammes et le caractère souligné _. Dans les tableaux qui suivent, ces caractères sont affichés avec un fond gris. Puisque les caractères de début de nom sont un sous-ensemble de caractères de nom, ils sont également affichés en gras.

Caractères de données textuelles

Ce jeu inclut tous les caractères qui peuvent être utilisés n'importe où dans un document XML, y compris dans le contenu d'un élément et d'un attribut, dans des commentaires et dans des DTD. Ce jeu inclut presque tous les caractères de Unicode, excepté les zones d'indirection et la plupart des caractères de contrôle C0. Ces caractères sont affichés dans un type de police normal. Si ce sont des caractères constitutifs de nom, alors ils seront affichés en gras. Si, en plus, ce sont des caractères initiaux de nom, ils auront un fond gris.

Caractères illégaux

Ce jeu inclut les caractères qui peuvent ne pas apparaître n'importe où dans un document XML, comme une partie d'un nom, de données textuelles ou d'un texte de commentaire. Ces caractères sont affichés en italique, comme *NUL* ou *BEL*. La plupart de ces caractères sont des caractères de contrôle C0 ou la moitié d'une paire de seizets d'indirection.

Codes de caractère non affectés

Ces points sont des octets ou des séquences d'octets qui ne sont pas associés à un caractère de l'Unicode 3.1.1. Un programme pourrait générer un fichier contenant une de ces séquences d'octets, mais leur signification est indéfinie et devrait être évitée. Ils sont représentés dans les tableaux suivants par *N/A*.

La *figure 26-1* présente la relation entre ces jeux. Remarquez que tous les caractères initiaux de nom sont des caractères constitutifs de nom, et que tous les caractères constitutifs de nom sont des caractères de données textuelles.

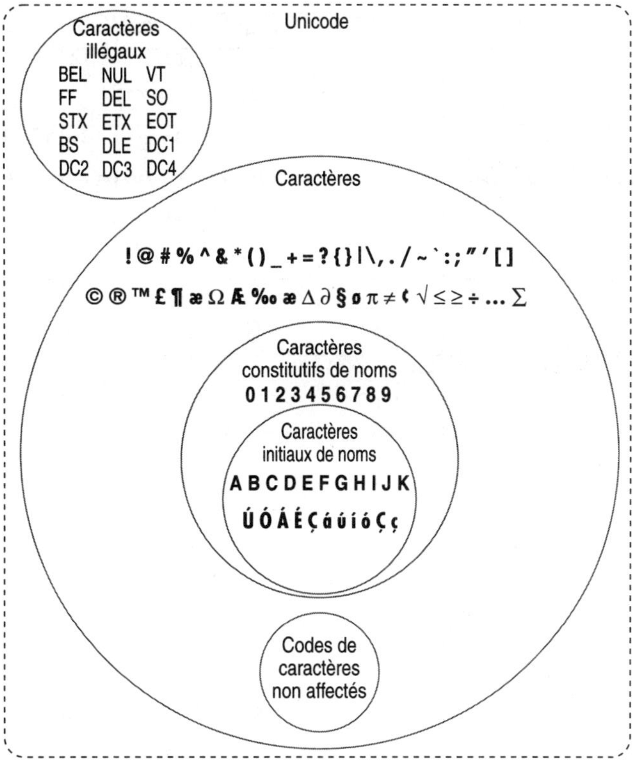

Figure 26-1. Séparation XML des caractères de Unicode

Dans tous les tableaux qui suivent, le coin supérieur gauche du cadre contient la valeur hexadécimale du caractère Unicode sur deux chiffres et le coin de supérieur droit contient la valeur décimale de Unicode. Vous pouvez inclure une valeur décimale dans un document de XML en préfixant la valeur décimale avec &# et en la suffixant avec un point-virgule. Ainsi le caractère 69, la majuscule E de Unicode, peut être écrit en tant que E. Les valeurs hexadécimales fonctionnent de la même façon, sauf que vous les préfixez avec &#x. Par exemple, en hexadécimal, la lettre E est 45, elle peut être ainsi écrire comme E.

Jeux de caractères

ASCII

La plupart des jeux de caractères utilisés de manière courante aujourd'hui sont des sur-ensemble de ASCII ; c'est-à-dire que les codes de caractère 0 à 127 sont associés aux mêmes caractères auxquels ils sont assignés dans ASCII. Le *tableau 26-2* énumère le jeu de caractères ASCII. Les seules exceptions notables sont les jeux de caractères dérivés de EBCDIC. De manière plus précise, Unicode est un sur-ensemble de ASCII et les codes de point de 1 à 127 identifient les mêmes caractères dans Unicode qu'ils le font en ASCII.

Tableau 26-2. Les 128 premiers caractères de Unicode (connu comme le jeu de caractères ASCII)

00 0	01 1	02 2	03 3	04 4	05 5	06 6	07 7
NUL	*SOH*	*STX*	*ETX*	*EOT*	*ENQ*	*ACK*	*BEL*
08 8	09 9	0A 10	0B 11	0C 12	0D 13	0E 14	0F 15
BS	TAB	LF	*VTB*	*FF*	CR	*SO*	*SI*
10 16	11 17	11 18	13 19	14 20	15 21	16 22	17 23
DLE	*DC1*	*DC2*	*DC3*	*DC4*	*NAK*	*SYN*	*ETB*
18 24	19 25	1A 26	1B 27	1C 28	1D 29	1E 30	1F 31
CAN	*EM*	*SUB*	*ESC*	*IS4*	*IS3*	*IS2*	*IS1*
20 32	21 33	22 34	23 35	24 36	25 37	26 38	27 39
SP	!	"	#	$	%	&	'
28 40	29 41	2A 42	2B 43	2C 44	2D 45	2E 46	2F 47
(	)	*	+	,	-	.	/
30 48	31 49	32 50	33 51	34 52	35 53	36 54	37 55
0	1	2	3	4	5	6	7
38 56	39 57	3A 58	3B 59	3C 60	3D 61	3E 62	3F 63
8	9	:	;	<	=	>	?
40 64	41 65	42 66	43 67	44 68	45 69	46 70	47 71
@	A	B	C	D	E	F	G
48 72	49 73	4A 74	4B 75	4C 76	4D 77	4E 78	4F 79
H	I	J	K	L	M	N	O
50 80	51 81	52 82	53 83	54 84	55 85	56 86	57 87
P	Q	R	S	T	U	V	W
58 88	59 89	5A 90	5B 91	5C 92	5D 93	5E 94	5F 95
X	Y	Z	[	\	]	^	_
60 96	61 97	62 98	63 99	64 100	65 101	66 102	67 103
`	a	b	c	d	e	f	g
68 104	69 105	6A 106	6B 107	6C 108	6D 109	6E 110	6F 111
h	i	j	k	l	m	n	o
70 112	71 113	72 114	73 115	74 116	75 117	76 118	77 119
p	q	r	s	t	u	v	w
78 120	79 121	7A 122	7B 123	7C 124	7D 125	7E 126	7F 127
x	y	z	{	|	}	~	*DEL*

Les caractères 0 à 31 et le caractère 127 sont des caractères de contrôle non-imprimables, appelés quelque fois les contrôles C0 pour les distinguer des contrôles C1 utilisés dans les jeux de caractères ISO-8859. De ces 33 caractères, seulement le retour chariot, le saut de ligne et la tabulation peuvent apparaître dans des documents XML. Les 29 autres ne peuvent pas apparaître n'importe où dans un document de XML, y compris dans les balises, les commentaires ou les données textuelles analysées. Ils ne peuvent être insérés avec des appels de caractères, comme `&#31;`. Par exemple, vous ne devez pas utiliser des commandes pour insérer des sauts de pages.

ISO-8859-1, Latin-1

Le standard ISO-8859 définit plusieurs sur-ensembles populaires du jeu de caractères ASCII. Ces jeux de caractères proposent tous les caractères ASCII usuels des codes de caractère 0 à 127, les contrôles C1 de 128 à 159, et modifient les caractères de 160 à 255.

En particulier, beaucoup de systèmes d'Europe occidentale et américain utilisent un jeu de caractères appelé Latin-1. C'est la première page de code définie dans le standard ISO-8859, elle est également appelée ISO-8859-1. Bien que tous les types de codages usuels de Unicode codent les codes de caractère de 128 à 255 de manières différentes que pour Latin-1, les codes de caractère 128 à 255 correspondent aux mêmes caractères dans Latin-1 et Unicode. Cette situation ne se produit pas dans d'autres jeux de caractères.

Contrôles C1

Tous les jeux de caractères ISO-8859 commencent avec les 32 mêmes caractères de contrôle supplémentaires non-imprimables dans les codes de caractère 128 à 159. Ces jeux sont utilisés sur des terminaux comme les DEC VT-320 pour fournir des fonctionnalités graphiques non prévues dans ASCII, comme par exemple, l'effacement de l'écran et la commutation en mode inverse vidéo ou graphique. Ces caractères posent de sévères problèmes à n'importe quelle personne lisant ou rédigeant un document XML sur un terminal ou un émulateur de terminal.

Heureusement, ces caractères ne sont pas nécessaires dans des documents XML. Leur présence dans XML 1.0 est due à un oubli. Ils auraient dû être interdits comme les contrôles C0 de ASCII. Malheureusement, de nombreux éditeurs et documents nomment de manière incorrecte des documents écrits dans le jeu de caractères Windows Cp1252 comme étant ISO-8859-1. Cp1252 n'utilise pas les codes de caractère entre 128 et 159 pour les caractères graphiques. Lorsque les documents écrits dans ce jeu de caractères sont affichés ou édités sur un terminal passif, ils peuvent désactiver ou planter la session de l'utilisateur. Des problèmes similaires existent avec la plupart des autres pages de code Windows et Macintosh sur un seul octet.

Afin de rester souple sur ce que vous acceptez et vigilant sur ce que vous produisez, vous ne devriez jamais utiliser Cp1252, qu'il soit correctement identifié ou non. Vous devriez également éviter d'utiliser d'autres codes de page non standard pour des documents utilisés sur divers systèmes d'exploitation. D'un autre côté, si vous recevez un document reconnu comme Cp1252 (ou n'importe quel autre code de page Windows et Macintosh), il pourrait être affiché si vous ne faites pas attention à l'afficher à l'écran sans modification. Si vous suspectez qu'un document identifié comme ISO-8859-1 utilisant des caractères entre 128 et 159 soit en fait un document Cp1252, vous devriez certainement le rejeter. Cette décision est difficile, cependant, elle ne donne pas la préséance aux logiciels qui n'identifient pas correctement les documents fournis.

Latin-1

Latin-1 couvre la plupart des langues d'Europe occidentale qui utilisent une certaine variante de l'alphabet latin. Les caractères 0 à 127 dans ce jeu sont identiques aux caractères ASCII avec le même code de caractère. Les caractères 128 à 159 sont les caractères de contrôle C1 utilisés seulement pour les terminaux passifs. Le caractère 160 est l'espace insécable. Les caractères 161 à 255 sont les caractères accentués, tels que le è, le á, et le ö, signes de ponctuation non-américains, comme £ et ¿ et quelques nouvelles lettres, telles que le ß islandais. Le *tableau 26-3* montre la moitié supérieure de ce jeu de caractères. La moitié inférieure est identique au jeu de caractères ASCII présenté dans le *tableau 26-2*.

Tableau 26-3. Caractères Unicode entre 160 et 255 et la deuxième moitié du jeu de caractères Latin-1, ISO-8859-1

80 128	**81** 129	**82** 130	**83** 131	**84** 132	**85** 133	**86** 134	**87** 135
XXX	XXX	BPH	NBH	IND	NEL	SSA	ESA
88 136	**89** 137	**8A** 138	**8B** 139	**8C** 140	**8D** 141	**8E** 142	**8F** 143
HTS	HTJ	VTS	PLD	PLU	RI	SS2	SS3
90 144	**91** 145	**92** 146	**93** 147	**94** 148	**95** 149	**96** 150	**97** 151
DCS	PU1	PU2	STS	CCH	MW	SPA	EPA
98 152	**99** 153	**9A** 154	**9B** 155	**9C** 156	**9D** 157	**9E** 158	**9F** 159
SOS	XXX	SCI	CSI	ST	OSC	PM	APC
A0 160	**A1** 161	**A2** 162	**A3** 163	**A4** 164	**A5** 165	**A6** 166	**A7** 167
NBSP	¡	¢	£	¤	¥	¦	§
A8 168	**A9** 169	**AA** 170	**AB** 171	**AC** 172	**AD** 173	**AE** 174	**AF** 175
¨	©	ª	«	¬	SHY	®	¯
B0 176	**B1** 177	**B2** 178	**B3** 179	**B4** 180	**B5** 181	**B6** 182	**B7** 183
°	±	²	³	´	µ	¶	·
B8 184	**B9** 185	**BA** 186	**BB** 187	**BC** 188	**BD** 189	**BE** 190	**BF** 191
¸	¹	º	»	¼	½	¾	¿
C0 192	**C1** 193	**C2** 194	**C3** 195	**C4** 196	**C5** 197	**C6** 198	**C7** 199
À	Á	Â	Ã	Ä	Å	Æ	Ç
C8 200	**C9** 201	**CA** 202	**CB** 203	**CC** 204	**CD** 205	**CE** 206	**CF** 207
È	É	Ê	Ë	Ì	Í	Î	Ï
D0 208	**D1** 209	**D2** 210	**D3** 211	**D4** 212	**D5** 213	**D6** 214	**D7** 215
Ð	Ñ	Ò	Ó	Ô	Õ	Ö	×
D8 216	**D9** 217	**DA** 218	**DB** 219	**DC** 220	**DD** 221	**DE** 222	**DF** 223
Ø	Ù	Ú	Û	Ü	Ý	Þ	ß
E0 224	**E1** 225	**E2** 226	**E3** 227	**E4** 228	**E5** 229	**E6** 230	**E7** 231
à	á	â	ã	ä	å	æ	ç

Tableau 26-3. Caractères Unicode entre 160 et 255 et la deuxième moitié du jeu de caractères Latin-1, ISO-8859-1 (suite)

E8 232	E9 233	EA 234	EB 235	EC 236	ED 237	EE 238	EF 239
è	é	ê	ë	ì	í	î	ï
F0 240	F1 241	F2 242	F3 243	F4 244	F5 245	F6 246	F7 247
ð	ñ	ò	ó	ô	õ	ö	÷
F8 248	F9 249	FA 250	FB 251	FC 252	FD 253	FE 254	FF 255
ø	ù	ú	û	ü	ý	þ	ÿ

Ensembles d'entités HTML 4

HTML 4.0 prédéfinit plusieurs centaines d'entités nommées que vous pouvez utiliser dans vos documents HTML, dont beaucoup sont tout à fait utiles. Par exemple, l'espace insécable est ` `. XML, cependant, ne définit seulement que cinq entités nommées :

`&`
: L'esperluette (&)

`<`
: Le signe inférieur à (<)

`>`
: Le signe supérieur à (>)

`"`
: Les guillements anglais (")

`'`
: L'apostrophe (')

D'autres caractères dont vous avez besoin peuvent être insérés avec des appels de caractère dans un format décimal ou hexadécimal. Par exemple, l'espace insécable est le caractère Unicode 160 (décimal). Par conséquent, vous pouvez l'insérer dans votre document en tant que ` ` ou ` `. Si vous voulez vraiment le saisir comme ` `, vous pouvez définir cet appel d'entité dans votre DTD. Le faire ainsi nécessite d'utiliser un appel de caractère :

```
<!ENTITY nbsp " ">
```

Les spécifications XHTML 1.0 incluent trois sous-ensembles de DTD qui définissent les appels de caractères HTML usuels :

Caractères Latin-1, http://www.w3.org/TR/xhtml1/DTD/xhtml-lat1.ent
: Les caractères graphiques non-ASCII inclus dans ISO-8859-1 des codes de caractère 160 à 255, présenté dans le *tableau 26-3.*

Jeux de caractères

Caractères spéciaux, http://www.w3.org /TR/xhtml1/DTD/xhtml-special.ent

Quelques lettres et signes de ponctuation utiles non inclus dans Latin-1.

Symboles, http://www.w3.org /TR/xhtml1/DTD/xhtml-symbol.ent

Alphabet grec, plus diverses flèches, opérateurs mathématiques et d'autres symboles utilisés en mathématiques.

Utilisez-les pour votre propre usage. Ils devraient être inclus dans la DTD de votre document avec ces appels d'entités paramètres et ces identifiants PUBLIC :

```
<!ENTITY % HTMLlat1 PUBLIC
  "-//W3C//ENTITIES Latin 1 for XHTML//EN"
  "http://www.w3.org/TR/xhtml1/DTD/xhtml-lat1.ent">
%HTMLlat1;
<!ENTITY % HTMLspecial PUBLIC
  "-//W3C//ENTITIES Special for XHTML//EN"
  "http://www.w3.org/TR/xhtml1/DTD/xhtml-special.ent">
%HTMLspecial;
<!ENTITY % HTMLsymbol PUBLIC
  "-//W3C//ENTITIES Symbols for XHTML//EN"
  "http://www.w3.org/TR/xhtml1/DTD/xhtml-symbol.ent">
%HTMLsymbol;
```

Cependant, nous recommandons de sauvegarder des copies locales et de changer l'identifiant SYSTEM pour indiquer le nouvel emplacement, plutôt que de les télécharger depuis : *http://www.w3.org* à chaque fois que vous devez analyser un fichier. Vous pouvez en importer juste un, deux ou tous les trois en fonction de votre besoin. Il n'existe aucune dépendance entre ces fichiers. Utilisez les appels de caractères indiqués dans les *tableaux 26-4* à *26-6*.

Tableau 26-4. Jeu d'entités HTML Latin-1

Caractère	*Signification*	*Appel d'entité XHTML*	*Appel de caractères (Hexadécimal)*	*Appel de caractères (Décimal)*
non imprimable	espace insécable	` `	` `	` `
¡	point d'exclamation inversé	`¡`	`¡`	`¡`
¢	cent	`¢`	`¢`	`¢`
£	livre sterling	`£`	`£`	`£`
¤	symbole monétaire	`¤`	`¤`	`¤`
¥	yen	`¥`	`¥`	`¥`
¦	pipe, barre verticale interrompue	`¦`	`¦`	`¦`

Tableau 26-4. Jeu d'entités HTML Latin-1 (suite)

Caractère	*Signification*	*Appel d'entité XHTML*	*Appel de caractères (Hexadécimal)*	*Appel de caractères (Décimal)*
§	section	§	§	§
¨	tréma	¨	¨	¨
©	copyright	©	©	©
ª	indicateur ordinal féminin	ª	ª	ª
«	guillemet gauche	«	«	«
¬	NON logique	¬	¬	¬
-	tiret			
®	marque déposée	®	®	®
¯	accent long, macron	¯	¯	¯
°	degré	°	°	°
±	plus ou moins	±	±	±
²	exposant puissance 2, carré	²	²	²
³	exposant puissance 3, cube	³	³	³
´	accent aigu	´	´	´
µ	micro (Grec : mu)	µ	µ	µ
¶	paragraphe	¶	¶	¶
·	point central, virgule géorgienne	·	·	·
¸	cédille	¸	¸	¸
¹	exposant puissance 1	¹	¹	¹
º	indicateur ordinal masculin	º	&#xBA	º
»	guillemet droit	»	»	»
1/4	fraction un-quart	¼	¼	¼
1/2	fraction un-demi	½	½	½
3/4	fraction trois-quart	¾	¾	¾
¿	point d'interrogation inversé	¿	¿	¿
À	A accent grave	À	À	À

Tableau 26-4. Jeu d'entités HTML Latin-1 (suite)

Caractère	*Signification*	*Appel d'entité XHTML*	*Appel de caractères (Hexadécimal)*	*Appel de caractères (Décimal)*
Á	A accent aigu	`Á`	`Á`	`Á`
Â	A accent circonflexe	`Â`	`Â`	`Â`
Ã	A tilde	`Ã`	`Ã`	`Ã`
Ä	A tréma	`Ä`	`Ä`	`Ä`
Å	Angstrom, A accent rond	`Å`	`Å`	`Å`
Æ	AE ligature	`Æ`	`Æ`	`Æ`
Ç	C cédille	`Ç`	`Ç`	`Ç`
È	E accent grave	`È`	`È`	`È`
É	E accent aigu	`É`	`É`	`É`
Ê	E accent circonflexe	`Ê`	`Ê`	`Ê`
Ë	E tréma	`Ë`	`Ë`	`Ë`
Ì	I accent grave	`Ì`	`Ì`	`Ì`
Í	I accent aigu	`Í`	`Í`	`Í`
Î	I accent circonflexe	`Î`	`Î`	`Î`
Ï	I tréma	`Ï`	`Ï`	`Ï`
Đ	eth islandais	`Ð`	`Ð`	`Ð`
Ñ	N tilde	`Ñ`	`Ñ`	`Ñ`
Ò	O accent grave	`Ò`	`Ò`	`Ò`
Ó	O accent aigu	`Ó`	`Ó`	`Ó`
Ô	O accent circonflexe	`Ô`	`Ô`	`Ô`
Õ	O tilde	`Õ`	`Õ`	`Õ`
Ö	O tréma	`Ö`	`Ö`	`Ö`
×	signe de multiplication	`×`	`×`	`×`
Ø	O barré	`Ø`	`Ø`	`Ø`
Ù	U accent grave	`Ù`	`Ù`	`Ù`
Ú	U accent aigu	`Ú`	`Ú`	`Ú`

Tableau 26-4. Jeu d'entités HTML Latin-1 (suite)

Caractère	*Signification*	*Appel d'entité XHTML*	*Appel de caractères (Hexadécimal)*	*Appel de caractères (Décimal)*
Û	U accent circonflexe	`Û`	`Û`	`Û`
Ü	U tréma	`Ü`	`Ü`	`Ü`
Ý	Y accent aigu	`Ý`	`Ý`	`Ý`
Þ	thorn majuscule	`Þ`	`Þ`	`Þ`
ß	ess-zed allemand	`ß`	`ß`	`ß`
à	a accent grave	`à`	`à`	`à`
á	a accent aigu	`á`	`á`	`á`
â	a accent circonflexe	`â`	`â`	`â`
ã	a tilde	`ã`	`ã`	`ã`
ä	a tréma	`ä`	`ä`	`ä`
å	a accent rond	`å`	`å`	`å`
æ	ae ligature	`æ`	`æ`	`æ`
ç	c cédille	`ç`	`ç`	`ç`
è	e accent grave	`è`	`è`	`è`
é	e accent aigu	`é`	`é`	`é`
ê	e accent circonflexe	`ê`	`ê`	`ê`
ë	e tréma	`ë`	`ë`	`ë`
ì	i accent grave	`ì`	`ì`	`ì`
í	i accent aigu	`í`	`í`	`í`
î	i accent circonflexe	`î`	`î`	`î`
ï	i tréma	`ï`	`ï`	`ï`
ð	eth islandais	`ð`	`ð`	`ð`
ñ	n tilde	`ñ`	`ñ`	`ñ`
ò	o accent grave	`ò`	`ò`	`ò`
ó	o accent aigu	`ó`	`ó`	`ó`
ô	o accent circonflexe	`ô`	`ô`	`ô`

Tableau 26-4. Jeu d'entités HTML Latin-1 (suite)

Caractère	*Signification*	*Appel d'entité XHTML*	*Appel de caractères (Hexadécimal)*	*Appel de caractères (Décimal)*
õ	o tilde	`õ`	`õ`	`õ`
ö	o tréma	`ö`	`ö`	`ö`
÷	signe de la division	`÷`	`÷`	`÷`
ø	o barré	`ø`	`ø`	`ø`
ù	u accent grave	`ù`	`ù`	`ù`
ú	u accent aigu	`ú`	`ú`	`ú`
û	u accent circonflexe	`û`	`û`	`û`
ü	u tréma	`ü`	`ü`	`ü`
ý	y accent aigu	`ý`	`ý`	`ý`
þ	thorn	`þ`	`þ`	`þ`
ÿ	y tréma	`ÿ`	`ÿ`	`ÿ`

Tableau 26-5. Jeu d'entités de caractères spécifiques HTML

Caractère	*Description*	*Appel d'entité XHTML*	*Appel de caractères (Hexadécimal)*	*Appel de caractères (Décimal)*
"	guillemet anglais	`"`	`"`	`"`
&	esperluète	`&`	`&`	`&`
'	apostrophe	`'`	`'`	`'`
<	inférieur à	`<`	`<`	`<`
>	supérieur à	`>`	`>`	`>`
Œ	OE ligature	`Œ`	`Œ`	`Œ`
œ	oe ligature	`œ`	`œ`	`œ`
Ŝ	S avec caron	`Š`	`Š`	`Š`
ŝ	s avec caron	`š`	`š`	`š`
Ÿ	Y tréma	`Ÿ`	`Ÿ`	`Ÿ`
^	accent circonflexe	`ˆ`	`ˆ`	`ˆ`
~	tilde	`˜`	`˜`	`˜`
non imprimable	espace cadratin	` `	` `	` `

Tableau 26-5. Jeu d'entités de caractères spécifiques HTML (suite)

Caractère	*Description*	*Appel d'entité XHTML*	*Appel de caractères (Hexadécimal)*	*Appel de caractères (Décimal)*
non imprimable	espace demi-cadratin			
non imprimable	espace cadratin un quart			
non imprimable	anti-liant sans chasse	‌	‌	‌
non imprimable	liant sans chasse	‍	‍	‍
non imprimable	marque gauche à droite	‎	‎	‎
non imprimable	marque droite à gauche	‏	‏	‏
–	tiret demi-cadratin, en	–	–	–
—	tiret cadratin, em	—	—	—
‘	apostrophe simple gauche	‘	‘	‘
’	apostrophe simple droite	’	’	’
‚	apostrophe simple basse	‚	‚	‚
“	apostrophe double gauche	“	“	“
”	apostrophe double droite	”	”	”
„	apostrophe double basse	„	„	„
†	dague simple	†	†	†
‡	dague double	‡	‡	‡
‰	pour mille	‰	‰	‰
‹	chevron fermant, guillemet angle simple gauche	‹	‹	‹
›	chevron ouvrant, guillemet angle simple droit	›	›	›
€	Euro	€	€	€

Tableau 26-6. Jeu d'entités de symboles HTML

Caractère	*Description*	*Appel d'entité XHTML*	*Appel de caractères (Hexadécimal)*	*Appel de caractères (Décimal)*
ƒ	florin	ƒ	ƒ	ƒ
Α	alpha grec majuscule	Α	Α	Α
Β	béta grec majuscule	Β	Β	Β
Γ	gamma grec majuscule	Γ	Γ	Ɖ
Δ	delta grec majuscule	Δ	Δ	Δ
Ε	epsilon grec majuscule	Ε	Ε	Ε
Ζ	dzéta grec majuscule	Ζ	Ζ	Ζ
Η	êta grec majuscule	Η	Η	Η
Θ	thêta grec majuscule	Θ	Θ	Θ
Ι	iota grec majuscule	Ι	Ι	Ι
Κ	kappa grec majuscule	Κ	Κ	Κ
Λ	lambda grec majuscule	Λ	Λ	Λ
Μ	mu grec majuscule	Μ	Μ	Μ
Ν	nu grec majuscule	Ν	Ν	Ν
Ξ	ksi grec majuscule	Ξ	Ξ	Ξ
Ο	omicronn grec majuscule	Ο	Ο	Ο
Π	pi grec majuscule	Π	Π	Π
Ρ	rô grec majuscule	Ρ	Ρ	Ρ
Σ	sigma grec majuscule	Σ	Σ	Σ
Τ	tau grec majuscule	Τ	Τ	Τ
Υ	upsilonn grec majuscule	Υ	Υ	Υ
Φ	phi grec majuscule	Φ	Φ	Φ
Χ	khi grec majuscule	Χ	Χ	Χ
Ψ	psi grec majuscule	Ψ	Ψ	Ψ
Ω	omega grec majuscule	Ω	Ω	Ω
α	alpha grec minuscule	α	α	α
β	beta grec minuscule	β	β	β
γ	gamma grec minuscule	γ	γ	γ
δ	delta grec minuscule	δ	δ	δ
ε	epsilonn grec minuscule	ε	ε	ε
ζ	dzéta grec minuscule	ζ	ζ	ζ
η	êta grec minuscule	η	η	η
θ	thêta grec minuscule	θ	θ	θ

Tableau 26-6. Jeu d'entités de symboles HTML (suite)

Caractère	*Description*	*Appel d'entité XHTML*	*Appel de caractères (Hexadécimal)*	*Appel de caractères (Décimal)*
ι	iota grec minuscule	ι	ι	ι
κ	kappa grec minuscule	κ	κ	κ
λ	lambda grec minuscule	λ	λ	λ
μ	mu grec minuscule	μ	μ	μ
ν	nu grec minuscule	ν	ν	ν
ξ	ksi grec minuscule	ξ	ξ	ξ
ο	omicronn grec minuscule	ο	ο	ο
π	pi grec minuscule	π	π	π
ρ	rô grec minuscule	ρ	ρ	ρ
δ	sigma final grec minuscule	ς	ς	ς
σ	sigma grec minuscule	σ	σ	σ
τ	tau grec minuscule	τ	τ	τ
υ	upsilonn grec minuscule	υ	υ	υ
φ	phi grec minuscule	φ	φ	φ
χ	khi grec minuscule	χ	χ	χ
ψ	psi grec minuscule	ψ	ψ	ψ
ω	omega grec minuscule	ω	ω	ω
ϑ	symbole theta grec minuscule	ϑ	ϑ	ϑ
ϒ	symbole grec upsilon avec crochet	ϒ	ϒ	ϒ
ϖ	symbole grec oméga	ϖ	ϖ	ϖ
•	puce	•	•	•
…	points de suspension	…	…	…
′	apostrophe, minute	′	′	′
″	double apostrophe, secondes	″	″	″
‾	surligné, « overline »	‾	‾	‾
⁄	fraction, slash	⁄	⁄	⁄
ℑ	I majuscule gothique	ℑ	ℑ	ℑ
℘	p majuscule script		℘	℘
ℜ	r majuscule gothique		ℜ	ℜ
™	marque déposée	™	™	™
ℵ	symbol apeph	ℵ	ℵ	ℵ
→	flèche gauche	←	←	←

Tableau 26-6. Jeu d'entités de symboles HTML (suite)

Caractère	*Description*	*Appel d'entité XHTML*	*Appel de caractères (Hexadécimal)*	*Appel de caractères (Décimal)*
↑	flèche vers le haut	↑	↑	↑
↓	flèche vers le bas	→	→	→
←	flèche droite	↓	↓	↓
↔	flèche gauche-droite	↔	↔	↔
↵	flèche avec angle à gauche	↵	↵	↵
⇐	flèche double gauche	⇐	⇐	⇐
⇑	flèche double vers le haut	⇑	⇑	⇑
⇒	flèche double droite	⇒	⇒	⇒
⇓	flèche double vers le bas	⇓	⇓	⇓
⇔	flèche double droite-gauche	⇔	⇔	⇔
∀	pour tout, quelque soit	∀	∀	∀
∂	différence partielle	∂	∂	∂
∃	il existe	∃	∃	∃
∅	ensemble vide, diamètre	∅	∅	∅
∇	nabla	∇	∇	∇
∈	apartient à	∈	∈	∈
∉	n'appartient pas à	∉	∉	∉
∋	contient l'élément	∋	∋	∋
∏	produit n-aire	∏	∏	∏
∑	somme n-zaire	∑	∑	∑
−	signe moins	−	−	−
*	astérisque	∗	∗	∗
√	racine	√	√	√
∝	proportionnel à	∝	∝	∝
∞	infini	∞	∞	∞
∠	angle	∠	∠	∠
∧	et logique	∧	∧	∧
∨	ou logique	∨	∨	∨
∩	intersection	∩	∩	∩
∪	union	∪	∪	∪
∫	intégrale	∫	∫	∫
∴	car	∴	∴	∴
∼	opérateur tilde, équivalent à	∼	∼	∼

Tableau 26-6. Jeu d'entités de symboles HTML (suite)

Caractère	*Description*	*Appel d'entité XHTML*	*Appel de caractères (Hexadécimal)*	*Appel de caractères (Décimal)*
≅	environ égal à	≅	≅	≅
≈	quasiment égal à	≈	≈	≈
≠	différent de	≠	≠	≠
≡	identique à	≡	≡	≡
≤	plus petit ou égal à	≤	≤	≤
≥	plus grand ou égal à	≥	≥	≥
⊂	sous-ensemble de	⊂	⊂	⊂
⊃	contient l'ensemble	⊃	⊃	⊃
⊄	non un sous-ensemble de	⊄	⊄	⊄
⊆	sous-ensemble de ou égal à	⊆	⊆	⊆
⊇	contient ou égal à l'ensemble	⊇	⊇	⊇
⊕	plus encerclé	⊕	⊕	⊕
⊗	multiplié encerclé	⊗	⊗	⊗
⊥	taquet haut, orthogonal à, perpendiculaire	⊥	⊥	⊥
⋅	opérateur point (dot)	⋅	⋅	⋅
⌈	plafond gauche	⌈	⌈	⌈
⌉	plafond droit	⌉	⌉	⌉
⌊	plancher gauche	⌊	⌊	⌊
⌋	plancher droit	⌋	⌋	⌋
〈	parenthèse angulaire gauche	⟨	〈	〈
〉	parenthèse angulaire droite	⟩	〉	〉
◊	losange	◊	◊	◊
♠	pique de carte noir	♠	♠	♠
♣	trèfle de carte noir	♣	♣	♣
♥	cœur de carte noir	♥	♥	♥
♦	carreau de carte noir	♦	♦	♦

Autres blocs Unicode

Jusqu'ici nous avons présenté environ 300 de plus des 90 000 caractères de Unicode. Plusieurs milliers sont donc encore à présenter. En dehors de ceux définis dans XHTML et SGML, les noms d'entités n'existent pas. Vous devrez soit utiliser un éditeur qui peut produire les caractères dont vous avez besoin, soit utiliser les appels de caractères. La plupart des 90 000 caractères Unicode sont aussi bien des idéogrammes Han, des syllabes hangûl ou des caractères rarement utilisés. Cependant, nous devons énumérer quelques-uns des blocs les plus utiles dans les sections suivantes. D'autres peuvent être trouvés en ligne à l'adresse *http://www.unicode.org/charts/* ou dans *The Unicode Standard Version 3.0* du Consortium Unicode (Addison Wesley, 2000).

Dans les tableaux qui suivent, le coin supérieur gauche contient la valeur hexadécimale du caractère Unicode et le coin de supérieur droit contient la valeur décimale du caractère Unicode. Vous pouvez utiliser l'une ou l'autre valeur pour représenter un appel de caractère dans le contenu d'un élément et les valeurs d'un attribut, même sans un éditeur ou des polices qui les supportent.

Latin étendu-A

Les 128 caractères dans le bloc latin étendu-A de Unicode, présenté dans le *tableau 26-7*, sont employés avec les caractères ASCII normaux et Latin-1. Ils couvrent la plupart des lettres latines européennes manquantes dans Latin-1. Le bloc inclut divers caractères que vous trouverez dans les moitiés supérieures des autres jeux de caractères ISO-8859 latins, comme ISO-8859-2, Iso-8859-3, Iso-8859-4 et Iso-8859-9. Une fois combiné avec l'ASCII et le Latin-1, ce bloc vous permet d'écrire l'afrikaans, le basque, le breton, le catalan, le croate, le tchèque, l'espéranto, l'estonien, le français, le frison, le groënlandais, le hongrois, le letton, le lithuanien, le maltais, le polonais, le provençal, le rhéto-roman, le roumain, le romanichel, le sami, le slovaque, le slovène, le sorabe, le turc et le gallois.

Tableau 26-7. Bloc Latin étendu-A de Unicode

100 256 Ā	101 257 ā	102 258 Ă	103 259 ă	104 260 Ą	105 261 ą	106 262 Ć	107 263 ć
108 264 Ĉ	109 265 ĉ	10A 266 Ċ	10B 267 ċ	10C 268 Č	10D 269 č	10E 270 Ď	10F 271 ď
110 272 Đ	111 273 đ	112 274 Ē	113 275 ē	114 276 Ĕ	115 277 ĕ	116 278 Ė	117 279 ė
118 280 Ę	119 281 ę	11A 282 Ě	11B 283 ě	11C 284 Ĝ	11D 285 ĝ	11E 286 Ğ	11F 287 ğ
120 288 Ġ	121 289 ġ	122 290 Ģ	123 291 ģ	124 292 Ĥ	125 293 ĥ	126 294 Ħ	127 295 ħ
128 296 Ĩ	129 297 ĩ	12A 298 Ī	12B 299 ī	12C 300 Ĭ	12D 301 ĭ	12E 302 Į	12F 303 į
130 304 İ	131 305 ı	132 306 Ĳ	133 307 ĳ	134 308 Ĵ	135 309 ĵ	136 310 Ķ	137 311 ķ
138 312 ĸ	139 313 Ĺ	13A 314 ĺ	13B 315 Ļ	13C 316 ļ	13D 317 Ľ	13E 318 ľ	13F 319 Ŀ

Tableau 26-7. Bloc Latin étendu-A de Unicode (suite)

140 320	**141** 321	**142** 322	**143** 323	**144** 324	**145** 325	**146** 326	**147** 327
Ŀ	Ł	ł	Ń	ń	Ņ	ņ	Ň
148 328	**149** 329	**14A** 330	**14B** 331	**14C** 332	**14D** 333	**14E** 334	**14F** 335
ň	ŉ	Ŋ	ŋ	Ō	Ō	Ŏ	ŏ
150 336	**151** 337	**152** 338	**153** 339	**154** 340	**155** 341	**156** 342	**157** 343
Ő	ő	Œ	œ	Ŕ	R	Ŗ	ŗ
158 344	**159** 345	**15A** 346	**15B** 347	**15C** 348	**15D** 349	**15E** 350	**15F** 351
Ř	ř	Ś	ś	Ŝ	Ŝ	Ş	ş
160 352	**161** 353	**162** 354	**163** 355	**164** 356	**165** 357	**166** 358	**167** 359
Š	š	Ţ	ţ	Ť	Ť	Ŧ	ŧ
168 360	**169** 361	**16A** 362	**16B** 363	**16C** 364	**16D** 365	**16E** 366	**16F** 367
Ũ	ũ	Ū	ū	Ŭ	Ŭ	Ů	ů
170 368	**171** 369	**172** 370	**173** 371	**174** 372	**175** 373	**176** 374	**177** 375
Ű	ű	Ų	ų	Ŵ	Ŵ	Ŷ	ŷ
178 376	**179** 377	**17A** 378	**17B** 379	**17C** 380	**17D** 381	**17E** 382	**17F** 383
Ÿ	Ź	ź	Ż	ż	Ž	ž	ſ
160 352	**161** 353	**162** 354	**163** 355	**164** 356	**165** 357	**166** 358	**167** 359
Š	š	Ţ	ţ	Ť	Ť	Ŧ	ŧ
168 360	**169** 361	**16A** 362	**16B** 363	**16C** 364	**16D** 365	**16E** 366	**16F** 367
Ũ	ũ	Ū	ū	Ŭ	Ŭ	Ů	ů
170 368	**171** 369	**172** 370	**173** 371	**174** 372	**175** 373	**176** 374	**177** 375
Ű	ű	Ų	ų	Ŵ	Ŵ	Ŷ	ŷ
178 376	**179** 377	**17A** 378	**17B** 379	**17C** 380	**17D** 381	**17E** 382	**17F** 383
Ÿ	Ź	ź	Ż	ż	Ž	ž	ſ

Latin étendu-B

Le bloc latin étendu-B de Unicode, présenté dans le *tableau 26-8*, est employé avec les caractères ASCII normaux et Latin-1. Il contient principalement des caractères utilisés pour la transcription des langues non-européennes rarement écrites dans une écriture occidentale. Par exemple, il est employé pour la transcription pinyin du chinois et pour de nombreuses langues africaines.

Tableau 26-8. Bloc latin étendu-B de Unicode

180 384	**181** 385	**182** 386	**183** 387	**184** 388	**185** 389	**186** 390	**187** 391
ƀ	Ɓ	Ƃ	ƃ	Ƅ	ƅ	Ɔ	Ƈ

Tableau 26-8. Bloc latin étendu-B de Unicode (suite)

188 392	189 393	18A 394	18B 395	18C 396	18D 397	18E 398	18F 399
ƈ	Ɖ	Ɗ	Ƌ	ƌ	ƍ	Ǝ	Ə
190 400	191 401	192 402	193 403	194 404	195 405	196 406	197 407
Ɛ	Ƒ	ƒ	Ɠ	Ɣ	ƕ	Ɩ	Ɨ
198 408	199 409	19A 410	19B 411	19C 412	19D 413	19E 414	19F 415
Ƙ	ƙ	ƚ	ƛ	Ɯ	Ɲ	ƞ	Ɵ
1A0 416	1A1 417	1A2 418	1A3 419	1A4 420	1A5 421	1A6 422	1A7 423
Ơ	ơ	Ƣ	ƣ	Ƥ	ƥ	Ʀ	Ƨ
1A8 424	1A9 425	1AA 426	1AB 427	1AC 428	1AD 429	1AE 430	1AF 431
ƨ	Ʃ	ƪ	ƫ	Ƭ	ƭ	Ʈ	Ư
1B0 432	1B1 433	1B2 434	1B3 435	1B4 436	1B5 437	1B6 438	1B7 439
ư	Ʊ	Ʋ	Ƴ	ƴ	Ƶ	ƶ	Ʒ
1B8 440	1B9 441	1BA 442	1BB 443	1BC 444	1BD 445	1BE 446	1BF 447
Ƹ	ƹ	ƺ	ƻ	Ƽ	ƽ	ƾ	ƿ
1C0 448	1C1 449	1C2 450	1C3 451	1C4 452	1C5 453	1C6 454	1C7 455
ǀ	ǁ	ǂ	ǃ	DŽ	Dž	dž	LJ
1C8 456	1C9 457	1CA 458	1CB 459	1CC 460	1CD 461	1CE 462	1CF 463
Lj	lj	NJ	Nj	nj	Ǎ	ǎ	Ǐ
1D0 464	1D1 465	1D2 466	1D3 467	1D4 468	1D5 469	1D6 470	1D7 471
ǐ	Ǒ	ǒ	Ǔ	ǔ	Ǖ	ǖ	Ǘ
1D8 472	1D9 473	1DA 474	1DB 475	1DC 476	1DD 477	1DE 478	1DF 479
ǘ	Ǚ	ǚ	Ǜ	ǜ	ǝ	Ǟ	ǟ
1E0 480	1E1 481	1E2 482	1E3 483	1E4 484	1E5 485	1E6 486	1E7 487
Ǡ	ǡ	Ǣ	ǣ	Ǥ	ǥ	Ǧ	ǧ
1E8 488	1E9 489	1EA 490	1EB 491	1EC 492	1ED 493	1EE 494	1EF 495
Ǩ	ǩ	Ǫ	ǫ	Ǭ	ǭ	Ǯ	ǯ
1F0 496	1F1 497	1F2 498	1F3 499	1F4 500	1F5 501	1F6 502	1F7 503
ǰ	DZ	Dz	dz	Ǵ	ǵ	*N/A*	*N/A*
1F8 504	1F9 505	1FA 506	1FB 507	1FC 508	1FD 509	1FE 510	1FF 511
N/A	*N/A*	Ǻ	ǻ	Ǽ	ǽ	Ǿ	ǿ
200 512	201 513	202 514	203 515	204 516	205 517	206 518	207 519
Ȁ	ȁ	Ȃ	ȃ	Ȅ	ȅ	Ȇ	ȇ
208 520	209 521	20A 522	20B 523	20C 524	20D 525	20E 526	20F 527
Ȉ	ȉ	Ȋ	ȋ	Ȍ	ȍ	Ȏ	ȏ
210 528	211 529	212 530	213 531	214 532	215 533	216 534	217 535
Ȑ	ȑ	Ȓ	ȓ	Ȕ	ȕ	Ȗ	ȗ

Tableau 26-8. Bloc latin étendu-B de Unicode (suite)

218 536	**219** 537	**21A** 538	**21B** 539	**21C** 540	**21D** 541	**21E** 542	**21F** 543
N/A	N/A	N/A	N/A	N/A	N/A	N/A	N/A
220 544	**221** 545	**222** 546	**223** 547	**224** 548	**225** 549	**226** 550	**227** 551
N/A	N/A	N/A	N/A	N/A	N/A	N/A	N/A
228 552	**229** 553	**22A** 554	**22B** 555	**22C** 556	**22D** 557	**22E** 558	**22F** 559
N/A	N/A	N/A	N/A	N/A	N/A	N/A	N/A
230 560	**231** 561	**232** 562	**233** 563	**234** 564	**235** 565	**236** 566	**237** 567
N/A	N/A	N/A	N/A	N/A	N/A	N/A	N/A
238 568	**239** 569	**23A** 570	**23B** 571	**23C** 572	**23D** 573	**23E** 574	**23F** 575
N/A	N/A	N/A	N/A	N/A	N/A	N/A	N/A

Extensions IPA

Les linguistes utilisent l'IPA, *International Phonetic Alphabet*, pour identifier de manière unique et non ambiguë des sons de divers langues parlées. En plus des symboles listés dans ce bloc, l'IPA nécessite l'utilisation de l'ASCII, de divers autres caractères latin étendus, des points diacritiques du *tableau 26-11* et de quelques lettres grecques. Le *tableau 26-9* contient seulement les caractères non usités dans des alphabets plus traditionnels.

Tableau 26-9. Bloc des extensions IPA de Unicode

250 592	**251** 593	**252** 594	**253** 595	**254** 596	**255** 597	**256** 598	**257** 599
ɐ	ɑ	ɒ	ɓ	ɔ	ɕ	ɖ	ɗ
258 600	**259** 601	**25A** 602	**25B** 603	**25C** 604	**25D** 605	**25E** 606	**25F** 607
ɘ	ə	ɚ	ɛ	ɜ	ɝ	ɞ	ɟ
260 608	**261** 609	**262** 610	**263** 611	**264** 612	**265** 613	**266** 614	**267** 615
ɠ	ɡ	ɢ	ɣ	ɤ	ɥ	ɦ	ɧ
268 616	**269** 617	**26A** 618	**26B** 619	**26C** 620	**26D** 621	**26E** 622	**26F** 623
ɨ	ɩ	ɪ	ɫ	ɬ	ɭ	ɮ	ɯ
270 624	**271** 625	**272** 626	**273** 627	**274** 628	**275** 629	**276** 630	**277** 631
ɰ	ɱ	ɲ	ɳ	ɴ	ɵ	ɶ	ɷ
278 632	**279** 633	**27A** 634	**27B** 635	**27C** 636	**27D** 637	**27E** 638	**27F** 639
ɸ	ɹ	ɺ	ɻ	ɼ	ɽ	ɾ	ɿ
280 640	**281** 641	**282** 642	**283** 643	**284** 644	**285** 645	**286** 646	**287** 647
ʀ	ʁ	ʂ	ʃ	ʄ	ʅ	ʆ	ʇ
288 648	**289** 649	**28A** 650	**28B** 651	**28C** 652	**28D** 653	**28E** 654	**28F** 655
ʈ	ʉ	ʊ	ʋ	ʌ	ʍ	ʎ	ʏ

Tableau 26-9. Bloc des extensions IPA de Unicode (suite)

290 656	291 657	292 658	293 659	294 660	295 661	296 662	297 663
ʐ	ʑ	ʒ	ʓ	ʔ	ʕ	ʖ	ʗ
298 664	299 665	29A 666	29B 667	29C 668	29D 669	29E 670	29F 671
ʘ	ʙ	ʚ	ʛ	ʜ	ʝ	ʞ	ʟ
2A0 672	2A1 673	2A2 674	2A3 675	2A4 676	2A5 677	2A6 678	2A7 679
ʠ	ʡ	ʢ	ʣ	ʤ	ʥ	ʦ	ʧ
2A8 680	2A9 681	2AA 682	2AB 683	2AC 684	2AD 685	2AE 686	2AF 687
ʨ	N/A	N/A	N/A	N/A	N/A	N/A	N/A

Caractères d'espacement

Le bloc caractères d'espacement, présenté dans le *tableau 26-10*, inclut des caractères de plusieurs langues et écritures qui modifient le caractère précédent ou suivant, changeant généralement sa prononciation.

Tableau 26-10. Bloc caractères d'espacement de Unicode

2B0 688	2B1 689	2B2 690	2B3 691	2B4 692	2B5 693	2B6 694	2B7 695
ʰ	ʱ	ʲ	ʳ	ʴ	ʵ	ʶ	ʷ
2B8 696	2B9 697	2BA 698	2BB 699	2BC 700	2BD 701	2BE 702	2BF 703
ʸ	ʹ	ʺ	ʻ	ʼ	ʽ	ʾ	ʿ
2C0 704	2C1 705	2C2 706	2C3 707	2C4 708	2C5 709	2C6 710	2C7 711
ˀ	ˁ	˂	˃	˄	˅	ˆ	ˇ
2C8 712	2C9 713	2CA 714	2CB 715	2CC 716	2CD 717	2CE 718	2CF 719
ˈ	ˉ	ˊ	ˋ	ˌ	ˍ	ˎ	ˏ
2D0 720	2D1 721	2D2 722	2D3 723	2D4 724	2D5 725	2D6 726	2D7 727
ː	ˑ	˒	˓	˔	˕	˖	˗
2D8 728	2D9 729	2DA 730	2DB 731	2DC 732	2DD 733	2DE 734	2DF 735
˘	˙	˚	˛	˜	˝	˞	N/A
2E0 736	2E1 737	2E2 738	2E3 739	2E4 740	2E5 741	2E6 742	2E7 743
ˠ	ˡ	ˢ	ˣ	ˤ	˥	˦	˧
2E8 744	2E9 745	2EA 746	2EB 747	2EC 748	2ED 749	2EE 750	2EF 751
˨	˩	N/A	N/A	N/A	N/A	N/A	N/A

Combinaisons de points diacritiques

Le bloc de combinaisons de points diacritiques contient des caractères qui ne sont pas utilisés directement, comme un accent grave et un accent circonflexe. Au lieu de cela, ils sont associés avec le caractère précédent pour former une glyphe unique. Par exemple pour écrire le caractère Ñ, vous pourriez taper la lettre ASCII N suivi par le caractère de combinaison tilde, de la façon suivante: `Ñ`. Lors de l'affichage, cette combinaison produira la glyphe unique Ñ. Dans le *tableau 26-11*, le caractère auquel le point diacritique est attaché est un cercle hachuré (point de code Unicode `&0x25CC;`) mais bien sûr cela pourrait être n'importe quel caractère normal.

Tableau 26-11. Bloc de combinaisons des points diacritiques de Unicode.

300 768	**301** 769	**302** 770	**303** 771	**304** 772	**305** 773	**306** 774	**307** 775
◌̀	◌́	◌̂	◌̃	◌̄	◌̅	◌̆	◌̇
308 776	**309** 777	**30A** 778	**30B** 779	**30C** 780	**30D** 781	**30E** 782	**30F** 783
◌̈	◌̉	◌̊	◌̋	◌̌	◌̍	◌̎	◌̏
310 784	**311** 785	**312** 786	**313** 787	**314** 788	**315** 789	**316** 790	**317** 791
◌̐	◌̑	◌̒	◌̓	◌̔	◌̕	◌̖	◌̗
318 792	**319** 793	**31A** 794	**31B** 795	**31C** 796	**31D** 797	**31E** 798	**31F** 799
◌̘	◌̙	◌̚	◌̛	◌̜	◌̝	◌̞	◌̟
320 800	**321** 801	**322** 802	**323** 803	**324** 804	**325** 805	**326** 806	**327** 807
◌̠	◌̡	◌̢	◌̣	◌̤	◌̥	◌̦	◌̧
328 808	**329** 809	**32A** 810	**32B** 811	**32C** 812	**32D** 813	**32E** 814	**32F** 815
◌̨	◌̩	◌̪	◌̫	◌̬	◌̭	◌̮	◌̯
330 816	**331** 817	**332** 818	**333** 819	**334** 820	**335** 821	**336** 822	**337** 823
◌̰	◌̱	◌̲	◌̳	◌̴	◌̵	◌̶	◌̷
338 824	**339** 825	**33A** 826	**33B** 827	**33C** 828	**33D** 829	**33E** 830	**33F** 831
◌̸	◌̹	◌̺	◌̻	◌̼	◌̽	◌̾	◌̿
340 832	**341** 833	**342** 834	**343** 835	**344** 836	**345** 837	**346** 838	**347** 839
◌̀	◌́	◌͂	◌̓	◌̈́	◌ͅ	◌͆	◌͇
348 840	**349** 841	**34A** 842	**34B** 843	**34C** 844	**34D** 845	**34E** 846	**34F** 847
◌͈	◌͉	◌͊	◌͋	◌͌	◌͍	◌͎	*n/a*
350 848	**351** 849	**352** 850	**353** 851	**354** 852	**355** 853	**356** 854	**357** 855
n/a	*n/a*	*n/a*	*n/a*	*n/a*	*n/a*	*n/a*	*n/a*
358 856	**359** 857	**35A** 858	**35B** 859	**35C** 860	**35D** 861	**35E** 862	**35F** 863
n/a	*n/a*	*n/a*	*n/a*	*n/a*	*n/a*	*n/a*	*n/a*
360 864	**361** 865	**362** 866	**363** 867	**364** 868	**365** 869	**366** 870	**367** 871
◌͠	◌͡	◌͢	*n/a*	*n/a*	*n/a*	*n/a*	*n/a*
368 872	**369** 873	**36A** 874	**36B** 875	**36C** 876	**36D** 877	**36E** 878	**36F** 879
n/a	*n/a*	*n/a*	*n/a*	*n/a*	*n/a*	*n/a*	*n/a*

Grec et égyptien ancien

Le bloc grec de Unicode est utilisé principalement pour le grec moderne. Actuellement, c'est la seule solution pour l'écriture de l'égyptien ancien dérivé du grec, mais il ne répond pas vraiment bien à cet objectif, et un bloc différent pour l'égyptien ancien est susceptible d'être ajouté dans le futur. L'extension de la couverture du grec classique et byzantin demande beaucoup plus de caractères accentués, qui sont disponibles dans le bloc grec étendu, présenté dans le *tableau 26-22* ou en combinant ces caractères avec les points diacritiques combinatoires du *tableau 26-11*. L'alphabet grec est également une source de notation mathématique et scientifique, cependant quelques lettres communes, tel que Δ et ∑, sont codées séparément dans le bloc d'opérateurs mathématiques, présenté dans les *tableaux 26-27* et *26-28*, pour une utilisation en tant que symboles mathématiques.

Tableau 26-12. Bloc grec et égyptien ancien de Unicode

370 880	**371** 881	**372** 882	**373** 883	**374** 884	**375** 885	**376** 886	**377** 887
N/A	N/A	N/A	N/A	ʹ	͵	N/A	N/A
378 888	**379** 889	**37A** 890	**37B** 891	**37C** 892	**37D** 893	**37E** 894	**37F** 895
N/A	N/A	ͺ	N/A	N/A	N/A	;	N/A
380 896	**381** 897	**382** 898	**383** 899	**384** 900	**385** 901	**386** 902	**387** 903
N/A	N/A	N/A	N/A	΄	΅	Ά	·
388 904	**389** 905	**38A** 906	**38B** 907	**38C** 908	**38D** 909	**38E** 910	**38F** 911
Έ	Ή	Ί	N/A	Ό	N/A	Ύ	Ω
390 912	**391** 913	**392** 914	**393** 915	**394** 916	**395** 917	**396** 918	**397** 919
ΐ	Α	Β	Γ	Δ	Ε	Ζ	Η
398 920	**399** 921	**39A** 922	**39B** 923	**39C** 924	**39D** 925	**39E** 926	**39F** 927
Θ	Ι	Κ	Λ	Μ	Ν	Ξ	Ο
3A0 928	**3A1** 929	**3A2** 930	**3A3** 931	**3A4** 932	**3A5** 933	**3A6** 934	**3A7** 935
Π	Ρ	N/A	Σ	Τ	Υ	Φ	Χ
3A8 936	**3A9** 937	**3AA** 938	**3AB** 939	**3AC** 940	**3AD** 941	**3AE** 942	**3AF** 943
Ψ	Ω	Ϊ	Ϋ	ά	έ	ή	ί
3B0 944	**3B1** 945	**3B2** 946	**3B3** 947	**3B4** 948	**3B5** 949	**3B6** 950	**3B7** 951
ΰ	α	β	γ	δ	ε	ζ	η
3B8 952	**3B9** 953	**3BA** 954	**3BB** 955	**3BC** 956	**3BD** 957	**3BE** 958	**3BF** 959
θ	ι	κ	λ	μ	ν	ξ	ο
3C0 960	**3C1** 961	**3C2** 962	**3C3** 963	**3C4** 964	**3C5** 965	**3C6** 966	**3C7** 967
π	ρ	ς	σ	τ	υ	φ	χ
3C8 968	**3C9** 969	**3CA** 970	**3CB** 971	**3CC** 972	**3CD** 973	**3CE** 974	**3CF** 975
ψ	ω	ϊ	ϋ	ό	ύ	Ω	N/A
3D0 976	**3D1** 977	**3D2** 978	**3D3** 979	**3D4** 980	**3D5** 981	**3D6** 982	**3D7** 983
ϐ	ϑ	ϒ	ϓ	ϔ	ϕ	Π	N/A
3D8 984	**3D9** 985	**3DA** 986	**3DB** 987	**3DC** 988	**3DD** 989	**3DE** 990	**3DF** 991
N/A	N/A	Ϛ	N/A	Ϝ	N/A	Ϟ	N/A

Tableau 26-12. Bloc grec et égyptien ancien de Unicode (suite)

3E0 992	**3E1** 993	**3E2** 994	**3E3** 995	**3E4** 996	**3E5** 997	**3E6** 998	**3E7** 999
Ϡ	N/A	Ϣ	ϣ	Ϥ	ϥ	Ϧ	ϧ
3E8 1000	**3E9** 1001	**3EA** 1002	**3EB** 1003	**3EC** 1004	**3ED** 1005	**3EE** 1006	**3EF** 1007
Ϩ	ϩ	Ϫ	ϫ	Ϭ	ϭ	Ϯ	ϯ
3F0 1008	**3F1** 1009	**3F2** 1010	**3F3** 1011	**3F4** 1012	**3F5** 1013	**3F6** 1014	**3F7** 1015
ϰ	ϱ	ϲ	ϳ	N/A	N/A	N/A	N/A
3F8 1016	**3F9** 1017	**3FA** 1018	**3FB** 1019	**3FC** 1020	**3FD** 1021	**3FE** 1022	**3FF** 1023
N/A	N/A	N/A	N/A	N/A	N/A	N/A	N/A

Cyrillique

Bien que le cyrillique soit largement familier des lecteurs des pays de l'Est, comme la Russie, il est aussi utilisé pour d'autres langues slaves, y compris le serbe, l'ukrainien et le biélorusse, et pour de nombreuses langues non-slaves de l'ancienne Union Soviétique, comme l'azerbaïdjanais, le « tuvan » et l'ossète. En fait, de nombreux caractères dans le bloc affiché dans le *tableau 26-13* ne sont pas actuellement utilisé en russe, mais seulement dans d'autres langues écrites en écriture cyrillique. Suite à l'éclatement de l'Union Soviétique, certaines langues non-slaves, comme le moldave et l'azerbaïdjanais sont maintenant en train de revenir vers des écritures dérivées du latin.

Tableau 26-13. Bloc cyrillique de Unicode

400 1024	**401** 1025	**402** 1026	**403** 1027	**404** 1028	**405** 1029	**406** 1030	**407** 1031
N/A	Ё	Ђ	Ѓ	Є	Ѕ	І	Ї
408 1032	**409** 1033	**40A** 1034	**40B** 1035	**40C** 1036	**40D** 1037	**40E** 1038	**40F** 1039
Ј	Љ	Њ	Ћ	Ќ	N/A	Ў	Џ
410 1040	**411** 1041	**412** 1042	**413** 1043	**414** 1044	**415** 1045	**416** 1046	**417** 1047
А	Б	В	Г	Д	Е	Ж	З
418 1048	**419** 1049	**41A** 1050	**41B** 1051	**41C** 1052	**41D** 1053	**41E** 1054	**41F** 1055
И	Й	К	Л	М	Н	О	П
420 1056	**421** 1057	**422** 1058	**423** 1059	**424** 1060	**425** 1061	**426** 1062	**427** 1063
Р	С	Т	У	Ф	Х	Ц	Ч
428 1064	**429** 1065	**42A** 1066	**42B** 1067	**42C** 1068	**42D** 1069	**42E** 1070	**42F** 1071
Ш	Щ	Ъ	Ы	Ь	Э	Ю	Я
440 1088	**441** 1089	**442** 1090	**443** 1091	**444** 1092	**445** 1093	**446** 1094	**447** 1095
р	с	т	у	ф	х	ц	ч
448 1096	**449** 1097	**44A** 1098	**44B** 1099	**44C** 1100	**44D** 1101	**44E** 1102	**44F** 1103
ш	щ	ъ	ы	ь	э	ю	я

Tableau 26-13. Bloc cyrillique de Unicode (suite)

450 1104	**451** 1105	**452** 1106	**453** 1107	**454** 1108	**455** 1109	**456** 1110	**457** 1111
N/A	ё	ђ	ѓ	є	ѕ	і	ї
458 1112	**459** 1113	**45A** 1114	**45B** 1115	**45C** 1116	**45D** 1117	**45E** 1118	**45F** 1119
ј	љ	њ	ћ	ќ	N/A	ў	џ
460 1120	**461** 1121	**462** 1122	**463** 1123	**464** 1124	**465** 1125	**466** 1126	**467** 1127
Ѡ	ѡ	Ѣ	ѣ	Ѥ	ѥ	Ѧ	ѧ
468 1128	**469** 1129	**46A** 1130	**46B** 1131	**46C** 1132	**46D** 1133	**46E** 1134	**46F** 1135
Ѩ	ѩ	Ѫ	ѫ	Ѭ	ѭ	Ѯ	ѯ
470 1136	**471** 1137	**472** 1138	**473** 1139	**474** 1140	**475** 1141	**476** 1142	**477** 1143
Ѱ	ѱ	Ѳ	ѳ	Ѵ	ѵ	Ѷ	ѷ
478 1144	**479** 1145	**47A** 1146	**47B** 1147	**47C** 1148	**47D** 1149	**47E** 1150	**47F** 1151
Ѹ	ѹ	Ѻ	ѻ	Ѽ	ѽ	Ѿ	ѿ
480 1152	**481** 1153	**482** 1154	**483** 1155	**484** 1156	**485** 1157	**486** 1158	**487** 1159
Ҁ	ҁ	҂	◌҃	◌҄	◌҅	◌҆	N/A
488 1160	**489** 1161	**48A** 1162	**48B** 1163	**48C** 1164	**48D** 1165	**48E** 1166	**48F** 1167
N/A	N/A	N/A	N/A	N/A	N/A	N/A	N/A
490 1168	**491** 1169	**492** 1170	**493** 1171	**494** 1172	**495** 1173	**496** 1174	**497** 1175
Ґ	ґ	Ғ	ғ	Ҕ	ҕ	Җ	җ
498 1176	**499** 1177	**49A** 1178	**49B** 1179	**49C** 1180	**49D** 1181	**49E** 1182	**49F** 1183
Ҙ	ҙ	Қ	қ	Ҝ	ҝ	Ҟ	ҟ
4A0 1184	**4A1** 1185	**4A2** 1186	**4A3** 1187	**4A4** 1188	**4A5** 1189	**4A6** 1190	**4A7** 1191
Ҡ	ҡ	Ң	ң	Ҥ	ҥ	Ҧ	ҧ
4A8 1192	**4A9** 1193	**4AA** 1194	**4AB** 1195	**4AC** 1196	**4AD** 1197	**4AE** 1198	**4AF** 1199
Ҩ	ҩ	Ҫ	ҫ	Ҭ	ҭ	Ү	ү
4B0 1200	**4B1** 1201	**4B2** 1202	**4B3** 1203	**4B4** 1204	**4B5** 1205	**4B6** 1206	**4B7** 1207
Ұ	ұ	Ҳ	ҳ	Ҵ	ҵ	Ҷ	ҷ
4B8 1208	**4B9** 1209	**4BA** 1210	**4BB** 1211	**4BC** 1212	**4BD** 1213	**4BE** 1214	**4BF** 1215
Ҹ	ҹ	Һ	һ	Ҽ	ҽ	Ҿ	ҿ
4C0 1216	**4C1** 1217	**4C2** 1218	**4C3** 1219	**4C4** 1220	**4C5** 1221	**4C6** 1222	**4C7** 1223
Ӏ	Ӂ	ӂ	Ӄ	ӄ	N/A	N/A	Ӈ
4C8 1224	**4C9** 1225	**4CA** 1226	**4CB** 1227	**4CC** 1228	**4CD** 1229	**4CE** 1230	**4CF** 1231
ӈ	N/A	N/A	Ӌ	ӌ	N/A	N/A	N/A
4D0 1232	**4D1** 1233	**4D2** 1234	**4D3** 1235	**4D4** 1236	**4D5** 1237	**4D6** 1238	**4D7** 1239
Ӑ	ӑ	Ӓ	ӓ	Ӕ	ӕ	Ӗ	ӗ
4D8 1240	**4D9** 1241	**4DA** 1242	**4DB** 1243	**4DC** 1244	**4DD** 1245	**4DE** 1246	**4DF** 1247
Ә	ә	Ӛ	ӛ	Ӝ	ӝ	Ӟ	ӟ

Tableau 26-13. Bloc cyrillique de Unicode (suite)

4E0 1248	**4E1** 1249	**4E2** 1250	**4E3** 1251	**4E4** 1252	**4E5** 1253	**4E6** 1254	**4E7** 1255
Ӡ	ӡ	Ӣ	ӣ	Ӥ	ӥ	Ӧ	ӧ
4E8 1256	**4E9** 1257	**4EA** 1258	**4EB** 1259	**4EC** 1260	**4ED** 1261	**4EE** 1262	**4EF** 1263
Ө	ө	Ӫ	ӫ	*N/A*	*N/A*	Ӯ	ӯ
4F0 1264	**4F1** 1265	**4F2** 1266	**4F3** 1267	**4F4** 1268	**4F5** 1269	**4F6** 1270	**4F7** 1271
Ӱ	ӱ	Ӳ	ӳ	Ӵ	ӵ	*N/A*	*N/A*
4F8 1272	**4F9** 1273	**4FA** 1274	**4FB** 1275	**4FC** 1276	**4FD** 1277	**4FE** 1278	**4FF** 1279
Ӹ	ӹ	*N/A*	*N/A*	*N/A*	*N/A*	*N/A*	*N/A*

Arménien

L'écriture arménienne, présentée dans le *tableau 26-14*, est utilisée pour écrire la langue arménienne, actuellement parlé par sept millions de personnes dans le monde.

Tableau 26-14. Bloc arménien de Unicode

530 1328	**531** 1329	**532** 1330	**533** 1331	**534** 1332	**535** 1333	**536** 1334	**537** 1335
N/A	Ա	Բ	Գ	Դ	Ե	Զ	Է
538 1336	**539** 1337	**53A** 1338	**53B** 1339	**53C** 1340	**53D** 1341	**53E** 1342	**53F** 1343
Ը	Թ	Ժ	Ի	Լ	Խ	Ծ	Կ
540 1344	**541** 1345	**542** 1346	**543** 1347	**544** 1348	**545** 1349	**546** 1350	**547** 1351
Հ	Ձ	Ղ	Ճ	Մ	Յ	Ն	Շ
548 1352	**549** 1353	**54A** 1354	**54B** 1355	**54C** 1356	**54D** 1357	**54E** 1358	**54F** 1359
Ո	Չ	Պ	Ջ	Ռ	Ս	Վ	Տ
550 1360	**551** 1361	**552** 1362	**553** 1363	**554** 1364	**555** 1365	**556** 1366	**557** 1367
Ր	Ց	Ւ	Փ	Ք	Օ	Ֆ	*N/A*
558 1368	**559** 1369	**55A** 1370	**55B** 1371	**55C** 1372	**55D** 1373	**55E** 1374	**55F** 1375
N/A	ՙ	՚	՛	՜	՝	՞	՟
560 1376	**561** 1377	**562** 1378	**563** 1379	**564** 1380	**565** 1381	**566** 1382	**567** 1383
N/A	ա	բ	գ	դ	ե	զ	է
568 1384	**569** 1385	**56A** 1386	**56B** 1387	**56C** 1388	**56D** 1389	**56E** 1390	**56F** 1391
ը	թ	ժ	ի	լ	խ	ծ	կ
570 1392	**571** 1393	**572** 1394	**573** 1395	**574** 1396	**575** 1397	**576** 1398	**577** 1399
հ	ձ	ղ	ճ	մ	յ	ն	շ
578 1400	**579** 1401	**57A** 1402	**57B** 1403	**57C** 1404	**57D** 1405	**57E** 1406	**57F** 1407
ո	չ	պ	ջ	ռ	ս	վ	տ

Tableau 26-14. Bloc arménien de Unicode (suite)

580 1408	581 1409	582 1410	583 1411	584 1412	585 1413	586 1414	587 1415
ր	ց	ւ	փ	ք	օ	ֆ	և
588 1416	589 1417	58A 1418	58B 1419	58C 1420	58D 1421	58E 1422	58F 1423
N/A	։	N/A	N/A	N/A	N/A	N/A	N/A

Hébreu

L'alphabet hébreu, présenté dans le *tableau 26-15*, est utilisé pour l'hébreu, le yiddish et le judéo-espagnol. Il est aussi utilisé de manière occasionnelle pour des notations mathématiques.

Tableau 26-15. Bloc hébreu de Unicode

590 1424	591 1425	592 1426	593 1427	594 1428	595 1429	596 1430	597 1431
N/A	֑	֒	֓	֔	֕	֖	֗
598 1432	599 1433	59A 1434	59B 1435	59C 1436	59D 1437	59E 1438	59F 1439
֘	֙	֚	֛	֜	֝	֞	֟
5A0 1440	5A1 1441	5A2 1442	5A3 1443	5A4 1444	5A5 1445	5A6 1446	5A7 1447
֠	֡	N/A	֣	֤	֥	֦	֧
5A8 1448	5A9 1449	5AA 1450	5AB 1451	5AC 1452	5AD 1453	5AE 1454	5AF 1455
֨	֩	֪	֫	֬	֭	֮	֯
5B0 1456	5B1 1457	5B2 1458	5B3 1459	5B4 1460	5B5 1461	5B6 1462	5B7 1463
ְ	ֱ	ֲ	ֳ	ִ	ֵ	ֶ	ַ
5B8 1464	5B9 1465	5BA 1466	5BB 1467	5BC 1468	5BD 1469	5BE 1470	5BF 1471
ָ	ֹ	N/A	ֻ	ּ	ֽ	־	ֿ
5C0 1472	5C1 1473	5C2 1474	5C3 1475	5C4 1476	5C5 1477	5C6 1478	5C7 1479
׀	ׁ	ׂ	׃	ׄ	N/A	N/A	N/A
5C8 1480	5C9 1481	5CA 1482	5CB 1483	5CC 1484	5CD 1485	5CE 1486	5CF 1487
N/A	N/A	N/A	N/A	N/A	N/A	N/A	N/A
5D0 1488	5D1 1489	5D2 1490	5D3 1491	5D4 1492	5D5 1493	5D6 1494	5D7 1495
א	ב	ג	ד	ה	ו	ז	ח
5D8 1496	5D9 1497	5DA 1498	5DB 1499	5DC 1500	5DD 1501	5DE 1502	5DF 1503
ט	י	ך	כ	ל	ם	מ	ן
5E0 1504	5E1 1505	5E2 1506	5E3 1507	5E4 1508	5E5 1509	5E6 1510	5E7 1511
נ	ס	ע	ף	פ	ץ	צ	ק
5E8 1512	5E9 1513	5EA 1514	5EB 1515	5EC 1516	5ED 1517	5EE 1518	5EF 1519
ר	ש	ת	N/A	N/A	N/A	N/A	N/A

Tableau 26-15. Bloc hébreu de Unicode (suite)

5F0 1520	**5F1** 1521	**5F2** 1522	**5F3** 1523	**5F4** 1524	**5F5** 1525	**5F6** 1526	**5F7** 1527
װ	ױ	ײ	׳	״	N/A	N/A	N/A
5F8 1528	**5F9** 1529	**5FA** 1530	**5FB** 1531	**5FC** 1532	**5FD** 1533	**5FE** 1534	**5FF** 1535
N/A	N/A	N/A	N/A	N/A	N/A	N/A	N/A

Arabe

L'écriture arabe, présentée dans le *tableau 26-16*, est utilisée pour de nombreuses langues en plus de l'arabe, y compris le kurde, le pashtou, le persan, le hindi et l'ourdou. Le turc a aussi été écrit en écriture arabe jusqu'au début du vingtième siècle moment où la Turquie a converti son alphabet en latin modifié.

Tableau 26-16. Bloc arabe de Unicode

600 1536	**601** 1537	**602** 1538	**603** 1539	**604** 1540	**605** 1541	**606** 1542	**607** 1543
N/A	N/A	N/A	N/A	N/A	N/A	N/A	N/A
608 1544	**609** 1545	**60A** 1546	**60B** 1547	**60C** 1548	**60D** 1549	**60E** 1550	**60F** 1551
N/A	N/A	N/A	N/A	،	N/A	N/A	N/A
610 1552	**611** 1553	**612** 1554	**613** 1555	**614** 1556	**615** 1557	**616** 1558	**617** 1559
N/A	N/A	N/A	N/A	N/A	N/A	N/A	N/A
618 1560	**619** 1561	**61A** 1562	**61B** 1563	**61C** 1564	**61D** 1565	**61E** 1566	**61F** 1567
N/A	N/A	N/A	؛	N/A	N/A	N/A	؟
620 1568	**621** 1569	**622** 1570	**623** 1571	**624** 1572	**625** 1573	**626** 1574	**627** 1575
N/A	ء	آ	أ	ؤ	إ	ئ	ا
628 1576	**629** 1577	**62A** 1578	**62B** 1579	**62C** 1580	**62D** 1581	**62E** 1582	**62F** 1583
ب	ة	ت	ث	ج	ح	خ	د
630 1584	**631** 1585	**632** 1586	**633** 1587	**634** 1588	**635** 1589	**636** 1590	**637** 1591
ذ	ر	ز	س	ش	ص	ض	ط
638 1592	**639** 1593	**63A** 1594	**63B** 1595	**63C** 1596	**63D** 1597	**63E** 1598	**63F** 1599
ظ	ع	غ	N/A	N/A	N/A	N/A	N/A
640 1600	**641** 1601	**642** 1602	**643** 1603	**644** 1604	**645** 1605	**646** 1606	**647** 1607
ـ	ف	ق	ك	ل	م	ن	ه
648 1608	**649** 1609	**64A** 1610	**64B** 1611	**64C** 1612	**64D** 1613	**64E** 1614	**64F** 1615
و	ى	ي	ً	ٌ	ٍ	َ	ُ
650 1616	**651** 1617	**652** 1618	**653** 1619	**654** 1620	**655** 1621	**656** 1622	**657** 1623
ِ	ّ	ْ	N/A	N/A	N/A	N/A	N/A
658 1624	**659** 1625	**65A** 1626	**65B** 1627	**65C** 1628	**65D** 1629	**65E** 1630	**65F** 1631
N/A	N/A	N/A	N/A	N/A	N/A	N/A	N/A

Jeux de caractères

Tableau 26-16. Bloc arabe de Unicode (suite)

660 1632	**661** 1633	**662** 1634	**663** 1635	**664** 1636	**665** 1637	**666** 1638	**667** 1639
٠	١	٢	٣	٤	٥	٦	٧
668 1640	**669** 1641	**66A** 1642	**66B** 1643	**66C** 1644	**66D** 1645	**66E** 1646	**66F** 1647
٨	٩	٪	٫	٬	٭	N/A	N/A
670 1648	**671** 1649	**672** 1650	**673** 1651	**674** 1652	**675** 1653	**676** 1654	**677** 1655
ٰ	ٱ	ٲ	ٳ	ٴ	ٵ	ٶ	ٷ
678 1656	**679** 1657	**67A** 1658	**67B** 1659	**67C** 1660	**67D** 1661	**67E** 1662	**67F** 1663
ٸ	ٹ	ٺ	ٻ	ټ	ٽ	پ	ٿ
680 1664	**681** 1665	**682** 1666	**683** 1667	**684** 1668	**685** 1669	**686** 1670	**687** 1671
ڀ	ځ	ڂ	ڃ	ڄ	څ	چ	ڇ
688 1672	**689** 1673	**68A** 1674	**68B** 1675	**68C** 1676	**68D** 1677	**68E** 1678	**68F** 1679
ڈ	ډ	ڊ	ڋ	ڌ	ڍ	ڎ	ڏ
690 1680	**691** 1681	**692** 1682	**693** 1683	**694** 1684	**695** 1685	**696** 1686	**697** 1687
ڐ	ڑ	ڒ	ړ	ڔ	ڕ	ږ	ڗ
698 1688	**699** 1689	**69A** 1690	**69B** 1691	**69C** 1692	**69D** 1693	**69E** 1694	**69F** 1695
ژ	ڙ	ښ	ڛ	ڜ	ڝ	ڞ	ڟ
6A0 1696	**6A1** 1697	**6A2** 1698	**6A3** 1699	**6A4** 1700	**6A5** 1701	**6A6** 1702	**6A7** 1703
ڠ	ڡ	ڢ	ڣ	ڤ	ڥ	ڦ	ڧ
6A8 1704	**6A9** 1705	**6AA** 1706	**6AB** 1707	**6AC** 1708	**6AD** 1709	**6AE** 1710	**6AF** 1711
ڨ	ک	ڪ	ګ	ڬ	ڭ	ڮ	گ
6B0 1712	**6B1** 1713	**6B2** 1714	**6B3** 1715	**6B4** 1716	**6B5** 1717	**6B6** 1718	**6B7** 1719
ڰ	ڱ	ڲ	ڳ	ڴ	ڵ	ڶ	ڷ
6B8 1720	**6B9** 1721	**6BA** 1722	**6BB** 1723	**6BC** 1724	**6BD** 1725	**6BE** 1726	**6BF** 1727
N/A	N/A	ں	ڻ	ڼ	ڽ	ھ	N/A
6C0 1728	**6C1** 1729	**6C2** 1730	**6C3** 1731	**6C4** 1732	**6C5** 1733	**6C6** 1734	**6C7** 1735
ۀ	ہ	ۂ	ۃ	ۄ	ۅ	ۆ	ۇ
6C8 1736	**6C9** 1737	**6CA** 1738	**6CB** 1739	**6CC** 1740	**6CD** 1741	**6CE** 1742	**6CF** 1743
ۈ	ۉ	ۊ	ۋ	ی	ۍ	ێ	N/A
6D0 1744	**6D1** 1745	**6D2** 1746	**6D3** 1747	**6D4** 1748	**6D5** 1749	**6D6** 1750	**6D7** 1751
ې	ۑ	ے	ۓ	۔	ە	ۖ	ۗ
6D8 1752	**6D9** 1753	**6DA** 1754	**6DB** 1755	**6DC** 1756	**6DD** 1757	**6DE** 1758	**6DF** 1759
ۘ	ۙ	ۚ	ۛ	ۜ	۝	۞	۟
6E0 1760	**6E1** 1761	**6E2** 1762	**6E3** 1763	**6E4** 1764	**6E5** 1765	**6E6** 1766	**6E7** 1767
۠	ۡ	ۢ	ۣ	ۤ	ۥ	ۦ	ۧ
6E8 1768	**6E9** 1769	**6EA** 1770	**6EB** 1771	**6EC** 1772	**6ED** 1773	**6EE** 1774	**6EF** 1775
ۨ	۩	۪	۫	۬	ۭ	N/A	N/A

Tableau 26-16. Bloc arabe de Unicode (suite)

6F0 1776	**6F1** 1777	**6F2** 1778	**6F3** 1779	**6F4** 1780	**6F5** 1781	**6F6** 1782	**6F7** 1783
۰	۱	۲	۳	۴	۵	۶	۷
6F8 1784	**6F9** 1785	**6FA** 1786	**6FB** 1787	**6FC** 1788	**6FD** 1789	**6FE** 1790	**6FF** 1791
۸	۹	N/A	N/A	N/A	N/A	N/A	N/A

Devanagari

L'écriture Devanagari, présentée dans le *tableau 26-17*, est utilisée pour de nombreuses langues du sous-continent indien, comme pour l'awadhi, le bengali, le bhatneri, le bhili, le bihari, le braj bhasa, le chhattisgarhi, le garhwali, le gondi, le harauti, l'hindi, le ho, le jaipuri, le kachchhi, le kanauji, le konkani, le kului, le kumaoni, le kurku, le kurukh, le marwari, le mundari, le newari, le palpa et le santali. Elle est également utilisée pour la langue classique sanskrit.

Tableau 26-17. Bloc Devanagari de Unicode

900 2304	**901** 2305	**902** 2306	**903** 2307	**904** 2308	**905** 2309	**906** 2310	**907** 2311
N/A	ँ	ं	ः	N/A	अ	आ	इ
908 2312	**909** 2313	**90A** 2314	**90B** 2315	**90C** 2316	**90D** 2317	**90E** 2318	**90F** 2319
ई	उ	ऊ	ऋ	ऌ	ऍ	ऎ	ए
910 2320	**911** 2321	**912** 2322	**913** 2323	**914** 2324	**915** 2325	**916** 2326	**917** 2327
ऐ	ऑ	ऒ	ओ	औ	क	ख	ग
918 2328	**919** 2329	**91A** 2330	**91B** 2331	**91C** 2332	**91D** 2333	**91E** 2334	**91F** 2335
घ	ङ	च	छ	ज	झ	ञ	ट
920 2336	**921** 2337	**922** 2338	**923** 2339	**924** 2340	**925** 2341	**926** 2342	**927** 2343
ठ	ड	ढ	ण	त	थ	द	ध
928 2344	**929** 2345	**92A** 2346	**92B** 2347	**92C** 2348	**92D** 2349	**92E** 2350	**92F** 2351
न	ऩ	प	फ	ब	भ	म	य
930 2352	**931** 2353	**932** 2354	**933** 2355	**934** 2356	**935** 2357	**936** 2358	**937** 2359
र	ऱ	ल	ळ	.	व	श	ष
938 2360	**939** 2361	**93A** 2362	**93B** 2363	**93C** 2364	**93D** 2365	**93E** 2366	**93F** 2367
स	ह	N/A	N/A	़	ऽ	ा	ि
940 2368	**941** 2369	**942** 2370	**943** 2371	**944** 2372	**945** 2373	**946** 2374	**947** 2375
ी	ु	ू	ृ	ॄ	ॅ	ॆ	े
948 2376	**949** 2377	**94A** 2378	**94B** 2379	**94C** 2380	**94D** 2381	**94E** 2382	**94F** 2383
ै	ॉ	ॊ	ो	ौ	्	N/A	N/A
950 2384	**951** 2385	**952** 2386	**953** 2387	**954** 2388	**955** 2389	**956** 2390	**957** 2391
ॐ	॑	॒	॓	॔	N/A	N/A	N/A
958 2392	**959** 2393	**95A** 2394	**95B** 2395	**95C** 2396	**95D** 2397	**95E** 2398	**95F** 2399
क़	ख़	ग़	ज़	ड़	ढ़	फ़	य़

Jeux de caractères

Tableau 26-17. Bloc Devanagari de Unicode (suite)

960 2400	**961** 2401	**962** 2402	**963** 2403	**964** 2404	**965** 2405	**966** 2406	**967** 2407
ॠ	ॡ	ॢ	ॣ	।	॥	०	१
968 2408	**969** 2409	**96A** 2410	**96B** 2411	**96C** 2412	**96D** 2413	**96E** 2414	**96F** 2415
२	३	४	५	६	७	८	९
970 2416	**971** 2417	**972** 2418	**973** 2419	**974** 2420	**975** 2421	**976** 2422	**977** 2423
॰	N/A	N/A	N/A	N/A	N/A	N/A	N/A
978 2424	**979** 2425	**97A** 2426	**97B** 2427	**97C** 2428	**97D** 2429	**97E** 2430	**97F** 2431
N/A	N/A	N/A	N/A	N/A	N/A	N/A	N/A

Thaïlandais

L'écriture thaïlandaise, présentée dans le *tableau 26-18*, est utilisée pour le thaï et quelques autres langues de l'Asie du sud-est, y compris le kuy, le lavna et le pali.

Tableau 26-18. Bloc thaïlandais de Unicode

E00 3584	**E01** 3585	**E02** 3586	**E03** 3587	**E04** 3588	**E05** 3589	**E06** 3590	**E07** 3591
N/A	ก	ข	ฃ	ค	ฅ	ฆ	ง
E08 3592	**E09** 3593	**E0A** 3594	**E0B** 3595	**E0C** 3596	**E0D** 3597	**E0E** 3598	**E0F** 3599
จ	ฉ	ช	ซ	ฌ	ญ	ฎ	ฏ
E10 3600	**E11** 3601	**E12** 3602	**E13** 3603	**E14** 3604	**E15** 3605	**E16** 3606	**E17** 3607
ฐ	ฑ	ฒ	ณ	ด	ต	ถ	ท
E18 3608	**E19** 3609	**E1A** 3610	**E1B** 3611	**E1C** 3612	**E1D** 3613	**E1E** 3614	**E1F** 3615
ธ	น	บ	ป	ผ	ฝ	พ	ฟ
E20 3616	**E21** 3617	**E22** 3618	**E23** 3619	**E24** 3620	**E25** 3621	**E26** 3622	**E27** 3623
ภ	ม	ย	ร	ฤ	ล	ฦ	ว
E28 3624	**E29** 3625	**E2A** 3626	**E2B** 3627	**E2C** 3628	**E2D** 3629	**E2E** 3630	**E2F** 3631
ศ	ษ	ส	ห	ฬ	อ	ฮ	ฯ
E30 3632	**E31** 3633	**E32** 3634	**E33** 3635	**E34** 3636	**E35** 3637	**E36** 3638	**E37** 3639
ะ	ั	า	ำ	ิ	ี	ึ	ื
E38 3640	**E39** 3641	**E3A** 3642	**E3B** 3643	**E3C** 3644	**E3D** 3645	**E3E** 3646	**E3F** 3647
ุ	ู	ฺ	N/A	N/A	N/A	N/A	฿
E40 3648	**E41** 3649	**E42** 3650	**E43** 3651	**E44** 3652	**E45** 3653	**E46** 3654	**E47** 3655
เ	แ	โ	ใ	ไ	ๅ	ๆ	็
E48 3656	**E49** 3657	**E4A** 3658	**E4B** 3659	**E4C** 3660	**E4D** 3661	**E4E** 3662	**E4F** 3663
่	้	๊	๋	์	ํ	๎	๏
E50 3664	**E51** 3665	**E52** 3666	**E53** 3667	**E54** 3668	**E55** 3669	**E56** 3670	**E57** 3671
๐	๑	๒	๓	๔	๕	๖	๗

Tableau 26-18. Bloc thaïlandais de Unicode (suite)

E58 3672	**E59** 3673	**E5A** 3674	**E5B** 3675	**E5C** 3676	**E5D** 3677	**E5E** 3678	**E5F** 3679
๘	๙	๚	๛	N/A	N/A	N/A	N/A

Tibétain

L'écriture tibétaine, présentée dans le *tableau 26-19*, est utilisée pour écrire les divers dialectes tibétains et dzongkha, langue principale du Bhoutan. Comme le chinois, le tibétain est divisé en plusieurs langues parlées mutuellement inintelligibles, bien que les formes écrites soient identiques.

Tableau 26-19. Bloc tibétain de Unicode

F00 3840	**F01** 3841	**F02** 3842	**F03** 3843	**F04** 3844	**F05** 3845	**F06** 3846	**F07** 3847
ༀ	༁	༂	༃	༄	༅	༆	༇
F08 3848	**F09** 3849	**F0A** 3850	**F0B** 3851	**F0C** 3852	**F0D** 3853	**F0E** 3854	**F0F** 3855
༈	༉	༊	་	༌	།	༎	༏
F10 3856	**F11** 3857	**F12** 3858	**F13** 3859	**F14** 3860	**F15** 3861	**F16** 3862	**F17** 3863
༐	༑	༒	༓	༔	༕	༖	༗
F18 3864	**F19** 3865	**F1A** 3866	**F1B** 3867	**F1C** 3868	**F1D** 3869	**F1E** 3870	**F1F** 3871
༘	༙	༚	༛	༜	༝	༞	༟
F20 3872	**F21** 3873	**F22** 3874	**F23** 3875	**F24** 3876	**F25** 3877	**F26** 3878	**F27** 3879
༠	༡	༢	༣	༤	༥	༦	༧
F28 3880	**F29** 3881	**F2A** 3882	**F2B** 3883	**F2C** 3884	**F2D** 3885	**F2E** 3886	**F2F** 3887
༨	༩	༪	༫	༬	༭	༮	༯
F30 3888	**F31** 3889	**F32** 3890	**F33** 3891	**F34** 3892	**F35** 3893	**F36** 3894	**F37** 3895
༰	༱	༲	༳	༴	༵	༶	༷
F38 3896	**F39** 3897	**F3A** 3898	**F3B** 3899	**F3C** 3900	**F3D** 3901	**F3E** 3902	**F3F** 3903
༸	༹	༺	༻	༼	༽	༾	༿
F40 3904	**F41** 3905	**F42** 3906	**F43** 3907	**F44** 3908	**F45** 3909	**F46** 3910	**F47** 3911
ཀ	ཁ	ག	གྷ	ང	ཅ	ཆ	ཇ
F48 3912	**F49** 3913	**F4A** 3914	**F4B** 3915	**F4C** 3916	**F4D** 3917	**F4E** 3918	**F4F** 3919
N/A	ཉ	ཊ	ཋ	ཌ	ཌྷ	ཎ	ཏ
F50 3920	**F51** 3921	**F52** 3922	**F53** 3923	**F54** 3924	**F55** 3925	**F56** 3926	**F57** 3927
ཐ	ད	དྷ	ན	པ	ཕ	བ	བྷ
F58 3928	**F59** 3929	**F5A** 3930	**F5B** 3931	**F5C** 3932	**F5D** 3933	**F5E** 3934	**F5F** 3935
མ	ཙ	ཚ	ཛ	ཛྷ	ཝ	ཞ	ཟ
F60 3936	**F61** 3937	**F62** 3938	**F63** 3939	**F64** 3940	**F65** 3941	**F66** 3942	**F67** 3943
འ	ཡ	ར	ལ	ཤ	ཥ	ས	ཧ
F68 3944	**F69** 3945	**F6A** 3946	**F6B** 3947	**F6C** 3948	**F6D** 3949	**F6E** 3950	**F6F** 3951
ཨ	ཀྵ	N/A	N/A	N/A	N/A	N/A	N/A

Jeux de caractères

Tableau 26-19. Bloc tibétain de Unicode (suite)

F70 3952	**F71** 3953	**F72** 3954	**F73** 3955	**F74** 3956	**F75** 3957	**F76** 3958	**F77** 3959
N/A	ཱ	ི	ཱི	ུ	ཱུ	ྲྀ	ཷ
F78 3960	**F79** 3961	**F7A** 3962	**F7B** 3963	**F7C** 3964	**F7D** 3965	**F7E** 3966	**F7F** 3967
ླྀ	ཹ	ེ	ཻ	ོ	ཽ	ཾ	ཿ
F80 3968	**F81** 3969	**F82** 3970	**F83** 3971	**F84** 3972	**F85** 3973	**F86** 3974	**F87** 3975
ྀ	ཱྀ	ྂ	ྃ	྄	྅	྆	྇
F88 3976	**F89** 3977	**F8A** 3978	**F8B** 3979	**F8C** 3980	**F8D** 3981	**F8E** 3982	**F8F** 3983
ྈ	ྉ	ྊ	ྋ	N/A	N/A	N/A	N/A
F90 3984	**F91** 3985	**F92** 3986	**F93** 3987	**F94** 3988	**F95** 3989	**F96** 3990	**F97** 3991
ྐ	ྑ	ྒ	ྒྷ	ྔ	ྕ	N/A	ྗ
F98 3992	**F99** 3993	**F9A** 3994	**F9B** 3995	**F9C** 3996	**F9D** 3997	**F9E** 3998	**F9F** 3999
N/A	ྙ	ྚ	ྛ	ྜ	ྜྷ	ྞ	ྟ
FA0 4000	**FA1** 4001	**FA2** 4002	**FA3** 4003	**FA4** 4004	**FA5** 4005	**FA6** 4006	**FA7** 4007
ྠ	ྡ	ྡྷ	ྣ	ྤ	ྥ	ྦ	ྦྷ
FA8 4008	**FA9** 4009	**FAA** 4010	**FAB** 4011	**FAC** 4012	**FAD** 4013	**FAE** 4014	**FAF** 4015
ྨ	ྩ	ྪ	ྫ	ྫྷ	ྭ	N/A	N/A
FB0 4016	**FB1** 4017	**FB2** 4018	**FB3** 4019	**FB4** 4020	**FB5** 4021	**FB6** 4022	**FB7** 4023
N/A	ྱ	ྲ	ླ	ྴ	ྵ	ྶ	ྷ
FB8 4024	**FB9** 4025	**FBA** 4026	**FBB** 4027	**FBC** 4028	**FBD** 4029	**FBE** 4030	**FBF** 4031
N/A	ྐྵ	N/A	N/A	N/A	N/A	N/A	N/A
FC0 4032	**FC1** 4033	**FC2** 4034	**FC3** 4035	**FC4** 4036	**FC5** 4037	**FC6** 4038	**FC7** 4039
N/A	N/A	N/A	N/A	N/A	N/A	N/A	N/A
FC8 4040	**FC9** 4041	**FCA** 4042	**FCB** 4043	**FCC** 4044	**FCD** 4045	**FCE** 4046	**FCF** 4047
N/A	N/A	N/A	N/A	N/A	N/A	N/A	N/A

Ethiopie

Les caractères éthiopiques sont utilisés dans les langues d'Ethiopie dont le Anharique, Tigre, Oromo. Ils sont présentés au *tableau 26-20*.

Tableau 26-20. Bloc éthiopique de Unicode

1200 4608	**1201** 4609	**1202** 4610	**1203** 4611	**1204** 4612	**1205** 4613	**1206** 4614	**1207** 4615
ሀ	ሁ	ሂ	ሃ	ሄ	ህ	ሆ	n/a
1208 4616	**1209** 4617	**120A** 4618	**120B** 4619	**120C** 4620	**120D** 4621	**120E** 4622	**120F** 4623
ለ	ሉ	ሊ	ላ	ሌ	ል	ሎ	ሏ
1210 4624	**1211** 4625	**1212** 4626	**1213** 4627	**1214** 4628	**1215** 4629	**1216** 4630	**1217** 4631
ሐ	ሑ	ሒ	ሓ	ሔ	ሕ	ሖ	ሗ

Tableau 26-20. Bloc éthiopique de Unicode (suite)

1218 4632	**1219** 4633	**121A** 4634	**121B** 4635	**121C** 4636	**121D** 4637	**121E** 4638	**121F** 4639
መ	ሙ	ሚ	ማ	ሜ	ም	ሞ	ሟ
1220 4640	**1221** 4641	**1222** 4642	**1223** 4643	**1224** 4644	**1225** 4645	**1226** 4646	**1227** 4647
ሠ	ሡ	ሢ	ሣ	ሤ	ሥ	ሦ	ሧ
1228 4648	**1229** 4649	**122A** 4650	**122B** 4651	**122C** 4652	**122D** 4653	**122E** 4654	**122F** 4655
ረ	ሩ	ሪ	ራ	ሬ	ር	ሮ	ሯ
1230 4656	**1231** 4657	**1232** 4658	**1233** 4659	**1234** 4660	**1235** 4661	**1236** 4662	**1237** 4663
ሰ	ሱ	ሲ	ሳ	ሴ	ስ	ሶ	ሷ
1238 4664	**1239** 4665	**123A** 4666	**123B** 4667	**123C** 4668	**123D** 4669	**123E** 4670	**123F** 4671
ሸ	ሹ	ሺ	ሻ	ሼ	ሽ	ሾ	ሿ
1240 4672	**1241** 4673	**1242** 4674	**1243** 4675	**1244** 4676	**1245** 4677	**1246** 4678	**1247** 4679
ቀ	ቁ	ቂ	ቃ	ቄ	ቅ	ቆ	*n/a*
1248 4680	**1249** 4681	**124A** 4682	**124B** 4683	**124C** 4684	**124D** 4685	**124E** 4686	**124F** 4687
ቈ	*n/a*	ቊ	ቋ	ቌ	ቍ	*n/a*	*n/a*
1250 4688	**1251** 4689	**1252** 4690	**1253** 4691	**1254** 4692	**1255** 4693	**1256** 4694	**1257** 4695
ቐ	ቑ	ቒ	ቓ	ቔ	ቕ	ቖ	*n/a*
1258 4696	**1259** 4697	**125A** 4698	**125B** 4699	**125C** 4700	**125D** 4701	**125E** 4702	**125F** 4703
ቘ	*n/a*	ቚ	ቛ	ቜ	ቝ	*n/a*	*n/a*
1260 4704	**1261** 4705	**1262** 4706	**1263** 4707	**1264** 4708	**1265** 4709	**1266** 4710	**1267** 4711
በ	ቡ	ቢ	ባ	ቤ	ብ	ቦ	ቧ
1268 4712	**1269** 4713	**126A** 4714	**126B** 4715	**126C** 4716	**126D** 4717	**126E** 4718	**126F** 4719
ቨ	ቩ	ቪ	ቫ	ቬ	ቭ	ቮ	ቯ
1270 4720	**1271** 4721	**1272** 4722	**1273** 4723	**1274** 4724	**1275** 4725	**1276** 4726	**1277** 4727
ተ	ቱ	ቲ	ታ	ቴ	ት	ቶ	ቷ
1278 4728	**1279** 4729	**127A** 4730	**127B** 4731	**127C** 4732	**127D** 4733	**127E** 4734	**127F** 4735
ቸ	ቹ	ቺ	ቻ	ቼ	ች	ቾ	ቿ
1280 4736	**1281** 4737	**1282** 4738	**1283** 4739	**1284** 4740	**1285** 4741	**1286** 4742	**1287** 4743
ኀ	ኁ	ኂ	ኃ	ኄ	ኅ	ኆ	*n/a*
1288 4744	**1289** 4745	**128A** 4746	**128B** 4747	**128C** 4748	**128D** 4749	**128E** 4750	**128F** 4751
ኈ	*n/a*	ኊ	ኋ	ኌ	ኍ	*n/a*	*n/a*
1290 4752	**1291** 4753	**1292** 4754	**1293** 4755	**1294** 4756	**1295** 4757	**1296** 4758	**1297** 4759
ነ	ኑ	ኒ	ና	ኔ	ን	ኖ	ኗ
1298 4760	**1299** 4761	**129A** 4762	**129B** 4763	**129C** 4764	**129D** 4765	**129E** 4766	**129F** 4767
ኘ	ኙ	ኚ	ኛ	ኜ	ኝ	ኞ	ኟ

Jeux de caractères

Tableau 26-20. Bloc éthiopique de Unicode (suite)

12A0 4768	**12A1** 4769	**12A2** 4770	**12A3** 4771	**12A4** 4772	**12A5** 4773	**12A6** 4774	**12A7** 4775
አ	ኡ	ኢ	ኣ	ኤ	እ	ኦ	ኧ
12A8 4776	**12A9** 4777	**12AA** 4778	**12AB** 4779	**12AC** 4780	**12AD** 4781	**12AE** 4782	**12AF** 4783
ከ	ኩ	ኪ	ካ	ኬ	ክ	ኮ	*n/a*
12B0 4784	**12B1** 4785	**12B2** 4786	**12B3** 4787	**12B4** 4788	**12B5** 4789	**12B6** 4790	**12B7** 4791
ኰ	*n/a*	ኲ	ኳ	ኴ	ኵ	*n/a*	*n/a*
12B8 4792	**12B9** 4793	**12BA** 4794	**12BB** 4795	**12BC** 4796	**12BD** 4797	**12BE** 4798	**12BF** 4799
ኸ	ኹ	ኺ	ኻ	ኼ	ኽ	ኾ	*n/a*
12C0 4800	**12C1** 4801	**12C2** 4802	**12C3** 4803	**12C4** 4804	**12C5** 4805	**12C6** 4806	**12C7** 4807
ዀ	*n/a*	ዂ	ዃ	ዄ	ዅ	*n/a*	*n/a*
12C8 4808	**12C9** 4809	**12CA** 4810	**12CB** 4811	**12CC** 4812	**12CD** 4813	**12CE** 4814	**12CF** 4815
ወ	ዉ	ዊ	ዋ	ዌ	ው	ዎ	*n/a*
12D0 4816	**12D1** 4817	**12D2** 4818	**12D3** 4819	**12D4** 4820	**12D5** 4821	**12D6** 4822	**12D7** 4823
ዐ	ዑ	ዒ	ዓ	ዔ	ዕ	ዖ	*n/a*
12D8 4824	**12D9** 4825	**12DA** 4826	**12DB** 4827	**12DC** 4828	**12DD** 4829	**12DE** 4830	**12DF** 4831
ዘ	ዙ	ዚ	ዛ	ዜ	ዝ	ዞ	ዟ
12E0 4832	**12E1** 4833	**12E2** 4834	**12E3** 4835	**12E4** 4836	**12E5** 4837	**12E6** 4838	**12E7** 4839
ዠ	ዡ	ዢ	ዣ	ዤ	ዥ	ዦ	ዧ
12E8 4840	**12E9** 4841	**12EA** 4842	**12EB** 4843	**12EC** 4844	**12ED** 4845	**12EE** 4846	**12EF** 4847
የ	ዩ	ዪ	ያ	ዬ	ይ	ዮ	*n/a*
12F0 4848	**12F1** 4849	**12F2** 4850	**12F3** 4851	**12F4** 4852	**12F5** 4853	**12F6** 4854	**12F7** 4855
ደ	ዱ	ዲ	ዳ	ዴ	ድ	ዶ	ዷ
12F8 4856	**12F9** 4857	**12FA** 4858	**12FB** 4859	**12FC** 4860	**12FD** 4861	**12FE** 4862	**12FF** 4863
ዸ	ዹ	ዺ	ዻ	ዼ	ዽ	ዾ	ዿ
1300 4864	**1301** 4865	**1302** 4866	**1303** 4867	**1304** 4868	**1305** 4869	**1306** 4870	**1307** 4871
ጀ	ጁ	ጂ	ጃ	ጄ	ጅ	ጆ	ጇ
1308 4872	**1309** 4873	**130A** 4874	**130B** 4875	**130C** 4876	**130D** 4877	**130E** 4878	**130F** 4879
ገ	ጉ	ጊ	ጋ	ጌ	ግ	ጎ	*n/a*

Tableau 26-20. Bloc éthiopique de Unicode (suite)

1310 4880	**1311** 4881	**1312** 4882	**1313** 4883	**1314** 4884	**1315** 4885	**1316** 4886	**1317** 4887
ጐ	*n/a*	ጒ	ጓ	ጔ	ጕ	*n/a*	*n/a*
1318 4888	**1319** 4889	**131A** 4890	**131B** 4891	**131C** 4892	**131D** 4893	**131E** 4894	**131F** 4895
ጘ	ጙ	ጚ	ጛ	ጜ	ጝ	ጞ	*n/a*
1320 4896	**1321** 4897	**1322** 4898	**1323** 4899	**1324** 4900	**1325** 4901	**1326** 4902	**1327** 4903
ጠ	ጡ	ጢ	ጣ	ጤ	ጥ	ጦ	ጧ
1328 4904	**1329** 4905	**132A** 4906	**132B** 4907	**132C** 4908	**132D** 4909	**132E** 4910	**132F** 4911
ጨ	ጩ	ጪ	ጫ	ጬ	ጭ	ጮ	ጯ
1330 4912	**1331** 4913	**1332** 4914	**1333** 4915	**1334** 4916	**1335** 4917	**1336** 4918	**1337** 4919
ጰ	ጱ	ጲ	ጳ	ጴ	ጵ	ጶ	ጷ
1338 4920	**1339** 4921	**133A** 4922	**133B** 4923	**133C** 4924	**133D** 4925	**133E** 4926	**133F** 4927
ጸ	ጹ	ጺ	ጻ	ጼ	ጽ	ጾ	ጿ
1340 4928	**1341** 4929	**1342** 4930	**1343** 4931	**1344** 4932	**1345** 4933	**1346** 4934	**1347** 4935
ፀ	ፁ	ፂ	ፃ	ፄ	ፅ	ፆ	*n/a*
1348 4936	**1349** 4937	**134A** 4938	**134B** 4939	**134C** 4940	**134D** 4941	**134E** 4942	**134F** 4943
ፈ	ፉ	ፊ	ፋ	ፌ	ፍ	ፎ	ፏ
1350 4944	**1351** 4945	**1352** 4946	**1353** 4947	**1354** 4948	**1355** 4949	**1356** 4950	**1357** 4951
ፐ	ፑ	ፒ	ፓ	ፔ	ፕ	ፖ	ፗ
1358 4952	**1359** 4953	**135A** 4954	**135B** 4955	**135C** 4956	**135D** 4957	**135E** 4958	**135F** 4959
ፘ	ፙ	ፚ	*n/a*	*n/a*	*n/a*	*n/a*	*n/a*
1360 4960	**1361** 4961	**1362** 4962	**1363** 4963	**1364** 4964	**1365** 4965	**1366** 4966	**1367** 4967
n/a	፡	።	፣	፤	፥	፦	፧
1368 4968	**1369** 4969	**136A** 4970	**136B** 4971	**136C** 4972	**136D** 4973	**136E** 4974	**136F** 4975
፨	፩	፪	፫	፬	፭	፮	፯
1370 4976	**1371** 4977	**1372** 4978	**1373** 4979	**1374** 4980	**1375** 4981	**1376** 4982	**1377** 4983
፰	፱	፲	፳	፴	፵	፶	፷
1378 4984	**1379** 4985	**137A** 4986	**137B** 4987	**137C** 4988	**137D** 4989	**137E** 4990	**137F** 4991
፸	፹	፺	፻	፼	*n/a*	*n/a*	*n/a*

Jeux de caractères

Latin étendu additionel

Les caractères latin étendu additionnel, présentés dans le *tableau 26-21*, sont les représentations simples des codes de caractère de lettres combinées avec des points diacritiques. Ce bloc est particulièrement utile pour le vietnamien moderne.

Tableau 26-21. Bloc latin étendu additionnel de Unicode

1E00 7680	**1E01** 7681	**1E02** 7682	**1E03** 7683	**1E04** 7684	**1E05** 7685	**1E06** 7686	**1E07** 7687
Ḁ	ḁ	Ḃ	ḃ	Ḅ	ḅ	Ḇ	ḇ
1E08 7688	**1E09** 7689	**1E0A** 7690	**1E0B** 7691	**1E0C** 7692	**1E0D** 7693	**1E0E** 7694	**1E0F** 7695
Ḉ	ḉ	Ḋ	ḋ	Ḍ	ḍ	Ḏ	ḏ
1E10 7696	**1E11** 7697	**1E12** 7698	**1E13** 7699	**1E14** 7700	**1E15** 7701	**1E16** 7702	**1E17** 7703
Ḑ	ḑ	Ḓ	ḓ	Ḕ	ḕ	Ḗ	ḗ
1E18 7704	**1E19** 7705	**1E1A** 7706	**1E1B** 7707	**1E1C** 7708	**1E1D** 7709	**1E1E** 7710	**1E1F** 7711
Ḙ	ḙ	Ḛ	ḛ	Ḝ	ḝ	Ḟ	ḟ
1E20 7712	**1E21** 7713	**1E22** 7714	**1E23** 7715	**1E24** 7716	**1E25** 7717	**1E26** 7718	**1E27** 7719
Ḡ	ḡ	Ḣ	ḣ	Ḥ	ḥ	Ḧ	ḧ
1E28 7720	**1E29** 7721	**1E2A** 7722	**1E2B** 7723	**1E2C** 7724	**1E2D** 7725	**1E2E** 7726	**1E2F** 7727
Ḩ	ḩ	Ḫ	ḫ	Ḭ	ḭ	Ḯ	ḯ
1E30 7728	**1E31** 7729	**1E32** 7730	**1E33** 7731	**1E34** 7732	**1E35** 7733	**1E36** 7734	**1E37** 7735
Ḱ	ḱ	Ḳ	ḳ	Ḵ	ḵ	Ḷ	ḷ
1E38 7736	**1E39** 7737	**1E3A** 7738	**1E3B** 7739	**1E3C** 7740	**1E3D** 7741	**1E3E** 7742	**1E3F** 7743
Ḹ	ḹ	Ḻ	ḻ	Ḽ	ḽ	Ḿ	ḿ
1E40 7744	**1E41** 7745	**1E42** 7746	**1E43** 7747	**1E44** 7748	**1E45** 7749	**1E46** 7750	**1E47** 7751
Ṁ	ṁ	Ṃ	ṃ	Ṅ	ṅ	Ṇ	ṇ
1E48 7752	**1E49** 7753	**1E4A** 7754	**1E4B** 7755	**1E4C** 7756	**1E4D** 7757	**1E4E** 7758	**1E4F** 7759
Ṉ	ṉ	Ṋ	ṋ	Ṍ	ṍ	Ṏ	ṏ
1E50 7760	**1E51** 7761	**1E52** 7762	**1E53** 7763	**1E54** 7764	**1E55** 7765	**1E56** 7766	**1E57** 7767
Ṑ	ṑ	Ṓ	ṓ	Ṕ	ṕ	Ṗ	ṗ
1E58 7768	**1E59** 7769	**1E5A** 7770	**1E5B** 7771	**1E5C** 7772	**1E5D** 7773	**1E5E** 7774	**1E5F** 7775
Ṙ	ṙ	Ṛ	ṛ	Ṝ	ṝ	Ṟ	ṟ
1E60 7776	**1E61** 7777	**1E62** 7778	**1E63** 7779	**1E64** 7780	**1E65** 7781	**1E66** 7782	**1E67** 7783
Ṡ	ṡ	Ṣ	ṣ	Ṥ	ṥ	Ṧ	ṧ
1E68 7784	**1E69** 7785	**1E6A** 7786	**1E6B** 7787	**1E6C** 7788	**1E6D** 7789	**1E6E** 7790	**1E6F** 7791
Ṩ	ṩ	Ṫ	ṫ	Ṭ	ṭ	Ṯ	ṯ
1E70 7792	**1E71** 7793	**1E72** 7794	**1E73** 7795	**1E74** 7796	**1E75** 7797	**1E76** 7798	**1E77** 7799
Ṱ	ṱ	Ṳ	ṳ	Ṵ	ṵ	Ṷ	ṷ
1E78 7800	**1E79** 7801	**1E7A** 7802	**1E7B** 7803	**1E7C** 7804	**1E7D** 7805	**1E7E** 7806	**1E7F** 7807
Ṹ	ṹ	Ṻ	ṻ	Ṽ	ṽ	Ṿ	ṿ

Tableau 26-21. Bloc latin étendu additionnel de Unicode (suite)

1E80 7808	**1E81** 7809	**1E82** 7810	**1E83** 7811	**1E84** 7812	**1E85** 7813	**1E86** 7814	**1E87** 7815
Ẁ	ẁ	Ẃ	ẃ	Ẅ	ẅ	Ẇ	ẇ
1E88 7816	**1E89** 7817	**1E8A** 7818	**1E8B** 7819	**1E8C** 7820	**1E8D** 7821	**1E8E** 7822	**1E8F** 7823
Ẉ	ẉ	Ẋ	ẋ	Ẍ	ẍ	Ẏ	ẏ
1E90 7824	**1E91** 7825	**1E92** 7826	**1E93** 7827	**1E94** 7828	**1E95** 7829	**1E96** 7830	**1E97** 7831
Ẑ	ẑ	Ẓ	ẓ	Ẕ	ẕ	ẖ	ẗ
1E98 7832	**1E99** 7833	**1E9A** 7834	**1E9B** 7835	**1E9C** 7836	**1E9D** 7837	**1E9E** 7838	**1E9F** 7839
ẘ	ẙ	ẚ	ẛ	*N/A*	*N/A*	*N/A*	*N/A*
1EA0 7840	**1EA1** 7841	**1EA2** 7842	**1EA3** 7843	**1EA4** 7844	**1EA5** 7845	**1EA6** 7846	**1EA7** 7847
Ạ	ạ	Ả	ả	Ấ	ấ	Ầ	ầ
1EA8 7848	**1EA9** 7849	**1EAA** 7850	**1EAB** 7851	**1EAC** 7852	**1EAD** 7853	**1EAE** 7854	**1EAF** 7855
Ẩ	ẩ	Ẫ	ẫ	Ậ	ậ	Ắ	ắ
1EB0 7856	**1EB1** 7857	**1EB2** 7858	**1EB3** 7859	**1EB4** 7860	**1EB5** 7861	**1EB6** 7862	**1EB7** 7863
Ằ	ằ	Ẳ	ẳ	Ẵ	ẵ	Ặ	ặ
1EB8 7864	**1EB9** 7865	**1EBA** 7866	**1EBB** 7867	**1EBC** 7868	**1EBD** 7869	**1EBE** 7870	**1EBF** 7871
Ẹ	ẹ	Ẻ	ẻ	Ẽ	ẽ	Ế	ế
1EC0 7872	**1EC1** 7873	**1EC2** 7874	**1EC3** 7875	**1EC4** 7876	**1EC5** 7877	**1EC6** 7878	**1EC7** 7879
Ề	ề	Ể	ể	Ễ	ễ	Ệ	ệ
1EC8 7880	**1EC9** 7881	**1ECA** 7882	**1ECB** 7883	**1ECC** 7884	**1ECD** 7885	**1ECE** 7886	**1ECF** 7887
Ỉ	ỉ	Ị	ị	Ọ	ọ	Ỏ	ỏ
1ED0 7888	**1ED1** 7889	**1ED2** 7890	**1ED3** 7891	**1ED4** 7892	**1ED5** 7893	**1ED6** 7894	**1ED7** 7895
Ố	ố	Ồ	ồ	Ổ	ổ	Ỗ	ỗ
1ED8 7896	**1ED9** 7897	**1EDA** 7898	**1EDB** 7899	**1EDC** 7900	**1EDD** 7901	**1EDE** 7902	**1EDF** 7903
Ộ	ộ	Ớ	ớ	Ờ	ờ	Ở	ở
1EE0 7904	**1EE1** 7905	**1EE2** 7906	**1EE3** 7907	**1EE4** 7908	**1EE5** 7909	**1EE6** 7910	**1EE7** 7911
Ỡ	ỡ	Ợ	ợ	Ụ	ụ	Ủ	ủ
1EE8 7912	**1EE9** 7913	**1EEA** 7914	**1EEB** 7915	**1EEC** 7916	**1EED** 7917	**1EEE** 7918	**1EEF** 7919
Ứ	ứ	Ừ	ừ	Ử	ử	Ữ	ữ
1EF0 7920	**1EF1** 7921	**1EF2** 7922	**1EF3** 7923	**1EF4** 7924	**1EF5** 7925	**1EF6** 7926	**1EF7** 7927
Ự	ự	Ỳ	ỳ	Ỵ	ỵ	Ỷ	ỷ
1EF8 7928	**1EF9** 7929	**1EFA** 7930	**1EFB** 7931	**1EFC** 7932	**1EFD** 7933	**1EFE** 7934	**1EFF** 7935
Ỹ	ỹ	*N/A*	*N/A*	*N/A*	*N/A*	*N/A*	*N/A*

Grec étendu

Le bloc grec étendu, présenté dans le *tableau 26-22*, contient pour la plupart des lettres archaïques et des lettres accentuées qui sont utilisées en grec classique et byzantin, mais non pour le grec moderne.

Tableau 26-22. Bloc grec étendu de Unicode

1F00 7936	**1F01** 7937	**1F02** 7938	**1F03** 7939	**1F04** 7940	**1F05** 7941	**1F06** 7942	**1F07** 7943
ἀ	ἁ	ἂ	ἃ	ἄ	ἅ	ἆ	ἇ
1F08 7944	**1F09** 7945	**1F0A** 7946	**1F0B** 7947	**1F0C** 7948	**1F0D** 7949	**1F0E** 7950	**1F0F** 7951
Ἀ	Ἁ	Ἂ	Ἃ	Ἄ	Ἅ	Ἆ	Ἇ
1F10 7952	**1F11** 7953	**1F12** 7954	**1F13** 7955	**1F14** 7956	**1F15** 7957	**1F16** 7958	**1F17** 7959
ἐ	ἑ	ἒ	ἓ	ἔ	ἕ	*N/A*	*N/A*
1F18 7960	**1F19** 7961	**1F1A** 7962	**1F1B** 7963	**1F1C** 7964	**1F1D** 7965	**1F1E** 7966	**1F1F** 7967
Ἐ	Ἑ	Ἒ	Ἓ	Ἔ	Ἕ	*N/A*	*N/A*
1F20 7968	**1F21** 7969	**1F22** 7970	**1F23** 7971	**1F24** 7972	**1F25** 7973	**1F26** 7974	**1F27** 7975
ἠ	ἡ	ἢ	ἣ	ἤ	ἥ	ἦ	ἧ
1F28 7976	**1F29** 7977	**1F2A** 7978	**1F2B** 7979	**1F2C** 7980	**1F2D** 7981	**1F2E** 7982	**1F2F** 7983
Ἠ	Ἡ	Ἢ	Ἣ	Ἤ	Ἥ	Ἦ	Ἧ
1F30 7984	**1F31** 7985	**1F32** 7986	**1F33** 7987	**1F34** 7988	**1F35** 7989	**1F36** 7990	**1F37** 7991
ἰ	ἱ	ἲ	ἳ	ἴ	ἵ	ἶ	ἷ
1F38 7992	**1F39** 7993	**1F3A** 7994	**1F3B** 7995	**1F3C** 7996	**1F3D** 7997	**1F3E** 7998	**1F3F** 7999
Ἰ	Ἱ	Ἲ	Ἳ	Ἴ	Ἵ	Ἶ	Ἷ
1F40 8000	**1F41** 8001	**1F42** 8002	**1F43** 8003	**1F44** 8004	**1F45** 8005	**1F46** 8006	**1F47** 8007
ὀ	ὁ	ὂ	ὃ	ὄ	ὅ	*N/A*	*N/A*
1F48 8008	**1F49** 8009	**1F4A** 8010	**1F4B** 8011	**1F4C** 8012	**1F4D** 8013	**1F4E** 8014	**1F4F** 8015
Ὀ	Ὁ	Ὂ	Ὃ	Ὄ	Ὅ	*N/A*	*N/A*
1F50 8016	**1F51** 8017	**1F52** 8018	**1F53** 8019	**1F54** 8020	**1F55** 8021	**1F56** 8022	**1F57** 8023
ὐ	ὑ	ὒ	ὓ	ὔ	ὕ	ὖ	ὗ
1F58 8024	**1F59** 8025	**1F5A** 8026	**1F5B** 8027	**1F5C** 8028	**1F5D** 8029	**1F5E** 8030	**1F5F** 8031
N/A	Ὑ	*N/A*	Ὓ	*N/A*	Ὕ	*N/A*	Ὗ
1F60 8032	**1F61** 8033	**1F62** 8034	**1F63** 8035	**1F64** 8036	**1F65** 8037	**1F66** 8038	**1F67** 8039
ὠ	ὡ	ὢ	ὣ	ὤ	ὥ	ὦ	ὧ
1F68 8040	**1F69** 8041	**1F6A** 8042	**1F6B** 8043	**1F6C** 8044	**1F6D** 8045	**1F6E** 8046	**1F6F** 8047
Ὠ	Ὡ	Ὢ	Ὣ	Ὤ	Ὥ	Ὦ	Ὧ
1F70 8048	**1F71** 8049	**1F72** 8050	**1F73** 8051	**1F74** 8052	**1F75** 8053	**1F76** 8054	**1F77** 8055
ὰ	ά	ὲ	έ	ὴ	ή	ὶ	ί
1F78 8056	**1F79** 8057	**1F7A** 8058	**1F7B** 8059	**1F7C** 8060	**1F7D** 8061	**1F7E** 8062	**1F7F** 8063
ὸ	ό	ὺ	ύ	ὼ	ώ	*N/A*	*N/A*
1F80 8064	**1F81** 8065	**1F82** 8066	**1F83** 8067	**1F84** 8068	**1F85** 8069	**1F86** 8070	**1F87** 8071
ᾀ	ᾁ	ᾂ	ᾃ	ᾄ	ᾅ	ᾆ	ᾇ
1F88 8072	**1F89** 8073	**1F8A** 8074	**1F8B** 8075	**1F8C** 8076	**1F8D** 8077	**1F8E** 8078	**1F8F** 8079
ᾈ	ᾉ	ᾊ	ᾋ	ᾌ	ᾍ	ᾎ	ᾏ

Tableau 26-22. Bloc grec étendu de Unicode (suite)

1F90 8080	**1F91** 8081	**1F92** 8082	**1F93** 8083	**1F94** 8084	**1F95** 8085	**1F96** 8086	**1F97** 8087
ᾐ	ᾑ	ᾒ	ᾓ	ᾔ	ᾕ	ᾖ	ᾗ
1F98 8088	**1F99** 8089	**1F9A** 8090	**1F9B** 8091	**1F9C** 8092	**1F9D** 8093	**1F9E** 8094	**1F9F** 8095
ᾘ	ᾙ	ᾚ	ᾛ	ᾜ	ᾝ	ᾞ	ᾟ
1FA0 8096	**1FA1** 8097	**1FA2** 8098	**1FA3** 8099	**1FA4** 8100	**1FA5** 8101	**1FA6** 8102	**1FA7** 8103
ᾠ	ᾡ	ᾢ	ᾣ	ᾤ	ᾥ	ᾦ	ᾧ
1FA8 8104	**1FA9** 8105	**1FAA** 8106	**1FAB** 8107	**1FAC** 8108	**1FAD** 8109	**1FAE** 8110	**1FAF** 8111
ᾨ	ᾩ	ᾪ	ᾫ	ᾬ	ᾭ	ᾮ	ᾯ
1FB0 8112	**1FB1** 8113	**1FB2** 8114	**1FB3** 8115	**1FB4** 8116	**1FB5** 8117	**1FB6** 8118	**1FB7** 8119
ᾰ	ᾱ	ᾲ	ᾳ	ᾴ	N/A	ᾶ	ᾷ
1FB8 8120	**1FB9** 8121	**1FBA** 8122	**1FBB** 8123	**1FBC** 8124	**1FBD** 8125	**1FBE** 8126	**1FBF** 8127
Ᾰ	Ᾱ	Ὰ	Ά	ᾼ	᾽	ι	᾿
1FC0 8128	**1FC1** 8129	**1FC2** 8130	**1FC3** 8131	**1FC4** 8132	**1FC5** 8133	**1FC6** 8134	**1FC7** 8135
῀	῁	ῂ	ῃ	ῄ	N/A	ῆ	ῇ
1FC8 8136	**1FC9** 8137	**1FCA** 8138	**1FCB** 8139	**1FCC** 8140	**1FCD** 8141	**1FCE** 8142	**1FCF** 8143
Ὲ	Έ	Ὴ	Ή	ῌ	῍	῎	῏
1FD0 8144	**1FD1** 8145	**1FD2** 8146	**1FD3** 8147	**1FD4** 8148	**1FD5** 8149	**1FD6** 8150	**1FD7** 8151
ῐ	ῑ	ῒ	ΐ	N/A	N/A	ῖ	ῗ
1FD8 8152	**1FD9** 8153	**1FDA** 8154	**1FDB** 8155	**1FDC** 8156	**1FDD** 8157	**1FDE** 8158	**1FDF** 8159
Ῐ	Ῑ	Ὶ	Ί	N/A	῝	῞	῟
1FE0 8160	**1FE1** 8161	**1FE2** 8162	**1FE3** 8163	**1FE4** 8164	**1FE5** 8165	**1FE6** 8166	**1FE7** 8167
ῠ	ῡ	ῢ	ΰ	ῤ	ῥ	ῦ	ῧ
1FE8 8168	**1FE9** 8169	**1FEA** 8170	**1FEB** 8171	**1FEC** 8172	**1FED** 8173	**1FEE** 8174	**1FEF** 8175
Ῠ	Ῡ	Ὺ	Ύ	Ῥ	῭	΅	`
1FF0 8176	**1FF1** 8177	**1FF2** 8178	**1FF3** 8179	**1FF4** 8180	**1FF5** 8181	**1FF6** 8182	**1FF7** 8183
N/A	N/A	ῲ	ῳ	ῴ	N/A	ῶ	ῷ
1FF8 8184	**1FF9** 8185	**1FFA** 8186	**1FFB** 8187	**1FFC** 8188	**1FFD** 8189	**1FFE** 8190	**1FFF** 8191
Ὸ	Ό	Ὼ	Ώ	ῼ	´	῾	N/A

Ponctuation générale

Le bloc ponctuation générale, présenté dans le *tableau 26-23*, contient des caractères de ponctuation utilisés dans de nombreuses langues et écritures qui ne sont pas encore codées dans Latin-1. De nombreuses lignes qui apparaissent ci-après comme lettres sont actuellement des caractères non-imprimables spécifiques (comme les caractères de contrôle en ASCII et Latin-1). Les caractères de 0x2000 à 0x200B sont tous des quantités d'espaces blancs allant d'une largeur nulle (0x200B) à six em (0x2007). 0x200C à 0x200F et 0x206A à 0x206F sont des caractères de format sans représentation graphique que l'on ne peut pas imprimer.

Tableau 26-23. Bloc de ponctuation générale de Unicode

2000 8192	**2001** 8193	**2002** 8194	**2003** 8195	**2004** 8196	**2005** 8197	**2006** 8198	**2007** 8199
NQSP	MQSP	ENSP	EMSP	3/MSP	4/MSP	6/MSP	FSP
2008 8200	**2009** 8201	**200A** 8202	**200B** 8203	**200C** 8204	**200D** 8205	**200E** 8206	**200F** 8207
PSP	THSP	HSP	ZWSP	ZWNJ	ZWJ	LRM	RLM
2010 8208	**2011** 8209	**2012** 8210	**2013** 8211	**2014** 8212	**2015** 8213	**2016** 8214	**2017** 8215
‐	‑	‒	–	—	―	‖	‗
2018 8216	**2019** 8217	**201A** 8218	**201B** 8219	**201C** 8220	**201D** 8221	**201E** 8222	**201F** 8223
‘	’	‚	‛	“	”	„	‟
2020 8224	**2021** 8225	**2022** 8226	**2023** 8227	**2024** 8228	**2025** 8229	**2026** 8230	**2027** 8231
†	‡	•	‣	․	‥	…	‧
2028 8232	**2029** 8233	**202A** 8234	**202B** 8235	**202C** 8236	**202D** 8237	**202E** 8238	**202F** 8239
LSEP	PSEP	LRE	RLE	PDF	LRO	RLO	*N/A*
2030 8240	**2031** 8241	**2032** 8242	**2033** 8243	**2034** 8244	**2035** 8245	**2036** 8246	**2037** 8247
‰	‱	′	″	‴	‵	‶	‷
2038 8248	**2039** 8249	**203A** 8250	**203B** 8251	**203C** 8252	**203D** 8253	**203E** 8254	**203F** 8255
‸	‹	›	※	‼	‽	‾	‿
2040 8256	**2041** 8257	**2042** 8258	**2043** 8259	**2044** 8260	**2045** 8261	**2046** 8262	**2047** 8263
⁀	⁁	⁂	⁃	⁄	⁅	⁆	*N/A*
2048 8264	**2049** 8265	**204A** 8266	**204B** 8267	**204C** 8268	**204D** 8269	**204E** 8270	**204F** 8271
?!	!?	⁊	⁋	⁌	⁍	*N/A*	*N/A*

Symboles monétaires

Le bloc symboles monétaires, présenté dans le *tableau 26-24*, inclut quelques symboles monétaires non encore pris en compte dans les autres blocs, comme le symbole de la roupie indou, de la lire italienne et la drachme grecque.

Tableau 26-24. Bloc de symboles monétaires de Unicode

20A0 8352	**20A1** 8353	**20A2** 8354	**20A3** 8355	**20A4** 8356	**20A5** 8357	**20A6** 8358	**20A7** 8359
₠	₡	₢	₣	₤	₥	₦	₧
20A8 8360	**20A9** 8361	**20AA** 8362	**20AB** 8363	**20AC** 8364	**20AD** 8365	**20AE** 8366	**20AF** 8367
₨	₩	₪	₫	€	*N/A*	*N/A*	*N/A*

Symboles semi-alphabétique

Le bloc symboles semi-alphabétique, présenté dans le *tableau 26-25*, couvre les caractères qui s'apparentent à des lettres, mais qui n'en sont pas, comme le symbole utilisé pour représenter un ordre.

Tableau 26-25. Bloc symboles ressemblant à des lettres de Unicode

2100 8448	**2101** 8449	**2102** 8450	**2103** 8451	**2104** 8452	**2105** 8453	**2106** 8454	**2107** 8455
℀	℁	ℂ	℃	℄	℅	℆	ℇ
2108 8456	**2109** 8457	**210A** 8458	**210B** 8459	**210C** 8460	**210D** 8461	**210E** 8462	**210F** 8463
℈	℉	ℊ	ℋ	ℌ	ℍ	ℎ	ℏ
2110 8464	**2111** 8465	**2112** 8466	**2113** 8467	**2114** 8468	**2115** 8469	**2116** 8470	**2117** 8471
ℐ	ℑ	ℒ	ℓ	℔	ℕ	№	℗
2118 8472	**2119** 8473	**211A** 8474	**211B** 8475	**211C** 8476	**211D** 8477	**211E** 8478	**211F** 8479
℘	ℙ	ℚ	ℛ	ℜ	ℝ	℞	℟
2120 8480	**2121** 8481	**2122** 8482	**2123** 8483	**2124** 8484	**2125** 8485	**2126** 8486	**2127** 8487
SM	TEL	TM	℣	ℤ	℥	Ω	℧
2128 8488	**2129** 8489	**212A** 8490	**212B** 8491	**212C** 8492	**212D** 8493	**212E** 8494	**212F** 8495
ℨ	℩	K	Å	ℬ	ℭ	℮	ℯ
2130 8496	**2131** 8497	**2132** 8498	**2133** 8499	**2134** 8500	**2135** 8501	**2136** 8502	**2137** 8503
ℰ	ℱ	Ⅎ	ℳ	ℴ	ℵ	ℶ	ℷ
2138 8504	**2139** 8505	**213A** 8506	**213B** 8507	**213C** 8508	**213D** 8509	**213E** 8510	**213F** 8511
ℸ	*N/A*	*N/A*	*N/A*	*N/A*	*N/A*	*N/A*	*N/A*

Flèches

Le bloc flèches, présenté dans le *tableau 26-26*, contient les caractères de flèches habituellement nécessaires.

Tableau 26-26. Le bloc flèches de Unicode

2190 8592	**2191** 8593	**2192** 8594	**2193** 8595	**2194** 8596	**2195** 8597	**2196** 8598	**2197** 8599
←	↑	→	↓	↔	↕	↖	↗
2198 8600	**2199** 8601	**219A** 8602	**219B** 8603	**219C** 8604	**219D** 8605	**219E** 8606	**219F** 8607
↘	↙	↚	↛	↜	↝	↞	↟
21A0 8608	**21A1** 8609	**21A2** 8610	**21A3** 8611	**21A4** 8612	**21A5** 8613	**21A6** 8614	**21A7** 8615
↠	↡	↢	↣	↤	↥	↦	↧
21A8 8616	**21A9** 8617	**21AA** 8618	**21AB** 8619	**21AC** 8620	**21AD** 8621	**21AE** 8622	**21AF** 8623
↨	↩	↪	↫	↬	↭	↮	↯
21B0 8624	**21B1** 8625	**21B2** 8626	**21B3** 8627	**21B4** 8628	**21B5** 8629	**21B6** 8630	**21B7** 8631
↰	↱	↲	↳	↴	↵	↶	↷
21B8 8632	**21B9** 8633	**21BA** 8634	**21BB** 8635	**21BC** 8636	**21BD** 8637	**21BE** 8638	**21BF** 8639
↸	↹	↺	↻	↼	↽	↾	↿

Tableau 26-26. Le bloc flèches de Unicode (suite)

21C0 8640	**21C1** 8641	**21C2** 8642	**21C3** 8643	**21C4** 8644	**21C5** 8645	**21C6** 8646	**21C7** 8647
⇀	⇁	⇂	⇃	⇄	⇅	⇆	⇇
21C8 8648	**21C9** 8649	**21CA** 8650	**21CB** 8651	**21CC** 8652	**21CD** 8653	**21CE** 8654	**21CF** 8655
⇈	⇉	⇊	⇋	⇌	⇍	⇎	⇏
21D0 8656	**21D1** 8657	**21D2** 8658	**21D3** 8659	**21D4** 8660	**21D5** 8661	**21D6** 8662	**21D7** 8663
⇐	⇑	⇒	⇓	⇔	⇕	⇖	⇗
21D8 8664	**21D9** 8665	**21DA** 8666	**21DB** 8667	**21DC** 8668	**21DD** 8669	**21DE** 8670	**21DF** 8671
⇘	⇙	⇚	⇛	⇜	⇝	⇞	⇟
21E0 8672	**21E1** 8673	**21E2** 8674	**21E3** 8675	**21E4** 8676	**21E5** 8677	**21E6** 8678	**21E7** 8679
⇠	⇡	⇢	⇣	⇤	⇥	⇦	⇧
21E8 8680	**21E9** 8681	**21EA** 8682	**21EB** 8683	**21EC** 8684	**21ED** 8685	**21EE** 8686	**21EF** 8687
⇨	⇩	⇪	N/A	N/A	N/A	N/A	N/A
21F0 8688	**21F1** 8689	**21F2** 8690	**21F3** 8691	**21F4** 8692	**21F5** 8693	**21F6** 8694	**21F7** 8695
N/A	N/A	N/A	N/A	N/A	N/A	N/A	N/A
21F8 8696	**21F9** 8697	**21FA** 8698	**21FB** 8699	**21FC** 8700	**21FD** 8701	**21FE** 8702	**21FF** 8703
N/A	N/A	N/A	N/A	N/A	N/A	N/A	N/A

Opérateurs mathématiques

Le bloc opérateurs mathématiques, présenté dans le *tableau 26-27*, contient une grande variété de symboles utilisés dans les mathématiques de haut niveau. Quelques-uns de ces symboles ressemblent plus ou moins à des lettres d'autres blocs. Par exemple, dans la plupart des polices, le caractère 2206, ∆, est virtuellement identique à la lettre grecque delta. Cependant, l'utilisation des caractères de ce bloc est préférable pour les expressions mathématiques, puisqu'elle permet aux logiciels de distinguer les lettres des symboles mathématiques. Les polices peuvent utiliser la même glyphe pour représenter les codes de points dans des cas comme celui-là.

Tableau 26-27. Bloc opérateurs mathématiques de Unicode

2200 8704	**2201** 8705	**2202** 8706	**2203** 8707	**2204** 8708	**2205** 8709	**2206** 8710	**2207** 8711
∀	∁	∂	∃	∄	∅	∆	∇
2208 8712	**2209** 8713	**220A** 8714	**220B** 8715	**220C** 8716	**220D** 8717	**220E** 8718	**220F** 8719
∈	∉	∊	∋	∌	∍	∎	∏
2210 8720	**2211** 8721	**2212** 8722	**2213** 8723	**2214** 8724	**2215** 8725	**2216** 8726	**2217** 8727
∐	∑	−	∓	∔	∕	∖	∗
2218 8728	**2219** 8729	**221A** 8730	**221B** 8731	**221C** 8732	**221D** 8733	**221E** 8734	**221F** 8735
∘	∙	√	∛	∜	∝	∞	∟

Tableau 26-27. Bloc opérateurs mathématiques de Unicode (suite)

2220 8736	**2221** 8737	**2222** 8738	**2223** 8739	**2224** 8740	**2225** 8741	**2226** 8742	**2227** 8743
∠	∡	∢	∣	∤	∥	∦	∧
2228 8744	**2229** 8745	**222A** 8746	**222B** 8747	**222C** 8748	**222D** 8749	**222E** 8750	**222F** 8751
∨	∩	∪	∫	∬	∭	∮	∯
2230 8752	**2231** 8753	**2232** 8754	**2233** 8755	**2234** 8756	**2235** 8757	**2236** 8758	**2237** 8759
∰	∱	∲	∳	∴	∵	∶	∷
2238 8760	**2239** 8761	**223A** 8762	**223B** 8763	**223C** 8764	**223D** 8765	**223E** 8766	**223F** 8767
∸	∹	∺	∻	∼	∽	∾	∿
2240 8768	**2241** 8769	**2242** 8770	**2243** 8771	**2244** 8772	**2245** 8773	**2246** 8774	**2247** 8775
≀	≁	≂	≃	≄	≅	≆	≇
2248 8776	**2249** 8777	**224A** 8778	**224B** 8779	**224C** 8780	**224D** 8781	**224E** 8782	**224F** 8783
≈	≉	≊	≋	≌	≍	≎	≏
2250 8784	**2251** 8785	**2252** 8786	**2253** 8787	**2254** 8788	**2255** 8789	**2256** 8790	**2257** 8791
≐	≑	≒	≓	≔	≕	≖	≗
2258 8792	**2259** 8793	**225A** 8794	**225B** 8795	**225C** 8796	**225D** 8797	**225E** 8798	**225F** 8799
≘	≙	≚	≛	≜	≝	≞	≟
2260 8800	**2261** 8801	**2262** 8802	**2263** 8803	**2264** 8804	**2265** 8805	**2266** 8806	**2267** 8807
≠	≡	≢	≣	≤	≥	≦	≧
2268 8808	**2269** 8809	**226A** 8810	**226B** 8811	**226C** 8812	**226D** 8813	**226E** 8814	**226F** 8815
≨	≩	≪	≫	≬	≭	≮	≯
2270 8816	**2271** 8817	**2272** 8818	**2273** 8819	**2274** 8820	**2275** 8821	**2276** 8822	**2277** 8823
≰	≱	≲	≳	≴	≵	≶	≷
2278 8824	**2279** 8825	**227A** 8826	**227B** 8827	**227C** 8828	**227D** 8829	**227E** 8830	**227F** 8831
≸	≹	≺	≻	≼	≽	≾	≿
2280 8832	**2281** 8833	**2282** 8834	**2283** 8835	**2284** 8836	**2285** 8837	**2286** 8838	**2287** 8839
⊀	⊁	⊂	⊃	⊄	⊅	⊆	⊇
2288 8840	**2289** 8841	**228A** 8842	**228B** 8843	**228C** 8844	**228D** 8845	**228E** 8846	**228F** 8847
⊈	⊉	⊊	⊋	⊌	⊍	⊎	⊏
2290 8848	**2291** 8849	**2292** 8850	**2293** 8851	**2294** 8852	**2295** 8853	**2296** 8854	**2297** 8855
⊐	⊑	⊒	⊓	⊔	⊕	⊖	⊗
2298 8856	**2299** 8857	**229A** 8858	**229B** 8859	**229C** 8860	**229D** 8861	**229E** 8862	**229F** 8863
⊘	⊙	⊚	⊛	⊜	⊝	⊞	⊟
22A0 8864	**22A1** 8865	**22A2** 8866	**22A3** 8867	**22A4** 8868	**22A5** 8869	**22A6** 8870	**22A7** 8871
⊠	⊡	⊢	⊣	⊤	⊥	⊦	⊧
22A8 8872	**22A9** 8873	**22AA** 8874	**22AB** 8875	**22AC** 8876	**22AD** 8877	**22AE** 8878	**22AF** 8879
⊨	⊩	⊪	⊫	⊬	⊭	⊮	⊯

Tableau 26-27. Bloc opérateurs mathématiques de Unicode (suite)

22B0 8880	**22B1** 8881	**22B2** 8882	**22B3** 8883	**22B4** 8884	**22B5** 8885	**22B6** 8886	**22B7** 8887
⊰	⊱	⊲	⊳	⊴	⊵	⊶	⊷
22B8 8888	**22B9** 8889	**22BA** 8890	**22BB** 8891	**22BC** 8892	**22BD** 8893	**22BE** 8894	**22BF** 8895
⊸	⊹	⊺	⊻	⊼	⊽	⊾	⊿
22C0 8896	**22C1** 8897	**22C2** 8898	**22C3** 8899	**22C4** 8900	**22C5** 8901	**22C6** 8902	**22C7** 8903
⋀	⋁	⋂	⋃	⋄	⋅	⋆	⋇
22C8 8904	**22C9** 8905	**22CA** 8906	**22CB** 8907	**22CC** 8908	**22CD** 8909	**22CE** 8910	**22CF** 8911
⋈	⋉	⋊	⋋	⋌	⋍	⋎	⋏
22D0 8912	**22D1** 8913	**22D2** 8914	**22D3** 8915	**22D4** 8916	**22D5** 8917	**22D6** 8918	**22D7** 8919
⋐	⋑	⋒	⋓	⋔	⋕	⋖	⋗
22D8 8920	**22D9** 8921	**22DA** 8922	**22DB** 8923	**22DC** 8924	**22DD** 8925	**22DE** 8926	**22DF** 8927
⋘	⋙	⋚	⋛	⋜	⋝	⋞	⋟
22E0 8928	**22E1** 8929	**22E2** 8930	**22E3** 8931	**22E4** 8932	**22E5** 8933	**22E6** 8934	**22E7** 8935
⋠	⋡	⋢	⋣	⋤	⋥	⋦	⋧
22E8 8936	**22E9** 8937	**22EA** 8938	**22EB** 8939	**22EC** 8940	**22ED** 8941	**22EE** 8942	**22EF** 8943
⋨	⋩	⋪	⋫	⋬	⋭	⋮	⋯
22F0 8944	**22F1** 8945	**22F2** 8946	**22F3** 8947	**22F4** 8948	**22F5** 8949	**22F6** 8950	**22F7** 8951
⋰	⋱	N/A	N/A	N/A	N/A	N/A	N/A
22F8 8952	**22F9** 8953	**22FA** 8954	**22FB** 8955	**22FC** 8956	**22FD** 8957	**22FE** 8958	**22FF** 8959
N/A	N/A	N/A	N/A	N/A	N/A	N/A	N/A

Unicode 3.1.1 ajoute un bloc de symboles alphanumériques mathématiques supplémentaire dans le plan 1 entre 0x1D400 et 0x1D7FF comme cela est présenté dans le *tableau 26-28*. La plupart sont des répétitions de lettres et chiffres ASCII et grecs de ce qui serait normalement considéré comme des variations de polices de caractères. Par exemple, 0x1D400 est la majuscule mathématique **A** en gras. La justification pour ceux-ci est que lorsqu'ils sont utilisés dans une équation, ce ne sont pas vraiment les mêmes caractères que les glyphes équivalentes dans le texte.

Tableau 26-28. Bloc des symboles alphanumériques mathématiques de Unicode

1D400 119808	**1D401** 119809	**1D402** 119810	**1D403** 119811	**1D404** 119812	**1D405** 119813	**1D406** 119814	**1D407** 119815
A	**B**	**C**	**D**	**E**	**F**	**G**	**H**
1D408 119816	**1D409** 119817	**1D40A** 119818	**1D40B** 119819	**1D40C** 119820	**1D40D** 119821	**1D40E** 119822	**1D40F** 119823
I	**J**	**K**	**L**	**M**	**N**	**O**	**P**
1D410 119824	**1D411** 119825	**1D412** 119826	**1D413** 119827	**1D414** 119828	**1D415** 119829	**1D416** 119830	**1D417** 119831
Q	**R**	**S**	**T**	**U**	**V**	**W**	**X**
1D418 119832	**1D419** 119833	**1D41A** 119834	**1D41B** 119835	**1D41C** 119836	**1D41D** 119837	**1D41E** 119838	**1D41F** 119839
Y	**Z**	**a**	**b**	**c**	**d**	**e**	**f**

Tableau 26-28. Bloc des symboles alphanumériques mathématiques de Unicode (suite)

1D420 119840	**1D421** 119841	**1D422** 119842	**1D423** 119843	**1D424** 119844	**1D425** 119845	**1D426** 119846	**1D427** 119847
g	**h**	**i**	**j**	**k**	**l**	**m**	**n**
1D428 119848	**1D429** 119849	**1D42A** 119850	**1D42B** 119851	**1D42C** 119852	**1D42D** 119853	**1D42E** 119854	**1D42F** 119855
o	**p**	**q**	**r**	**s**	**t**	**u**	**v**
1D430 119856	**1D431** 119857	**1D432** 119858	**1D433** 119859	**1D434** 119860	**1D435** 119861	**1D436** 119862	**1D437** 119863
w	**x**	**y**	**z**	*A*	*B*	*C*	*D*
1D438 119864	**1D439** 119865	**1D43A** 119866	**1D43B** 119867	**1D43C** 119868	**1D43D** 119869	**1D43E** 119870	**1D43F** 119871
E	*F*	*G*	*H*	*I*	*J*	*K*	*L*
1D440 119872	**1D441** 119873	**1D442** 119874	**1D443** 119875	**1D444** 119876	**1D445** 119877	**1D446** 119878	**1D447** 119879
M	*N*	*O*	*P*	*Q*	*R*	*S*	*T*
1D448 119880	**1D449** 119881	**1D44A** 119882	**1D44B** 119883	**1D44C** 119884	**1D44D** 119885	**1D44E** 119886	**1D44F** 119887
U	*V*	*W*	*X*	*Y*	*Z*	*a*	*b*
1D450 119888	**1D451** 119889	**1D452** 119890	**1D453** 119891	**1D454** 119892	**1D455** 119893	**1D456** 119894	**1D457** 119895
c	*d*	*e*	*f*	*g*	*n/a*	*i*	*j*
1D458 119896	**1D459** 119897	**1D45A** 119898	**1D45B** 119899	**1D45C** 119900	**1D45D** 119901	**1D45E** 119902	**1D45F** 119903
k	*l*	*m*	*n*	*o*	*p*	*q*	*r*
1D460 119904	**1D461** 119905	**1D462** 119906	**1D463** 119907	**1D464** 119908	**1D465** 119909	**1D466** 119910	**1D467** 119911
s	*t*	*u*	*v*	*w*	*x*	*y*	*z*
1D468 119912	**1D469** 119913	**1D46A** 119914	**1D46B** 119915	**1D46C** 119916	**1D46D** 119917	**1D46E** 119918	**1D46F** 119919
A	***B***	***C***	***D***	***E***	***F***	***G***	***H***
1D470 119920	**1D471** 119921	**1D472** 119922	**1D473** 119923	**1D474** 119924	**1D475** 119925	**1D476** 119926	**1D477** 119927
I	***J***	***K***	***L***	***M***	***N***	***O***	***P***
1D478 119928	**1D479** 119929	**1D47A** 119930	**1D47B** 119931	**1D47C** 119932	**1D47D** 119933	**1D47E** 119934	**1D47F** 119935
Q	***R***	***S***	***T***	***U***	***V***	***W***	***X***
1D480 119936	**1D481** 119937	**1D482** 119938	**1D483** 119939	**1D484** 119940	**1D485** 119941	**1D486** 119942	**1D487** 119943
Y	***Z***	***a***	***b***	***c***	***d***	***e***	***f***
1D488 119944	**1D489** 119945	**1D48A** 119946	**1D48B** 119947	**1D48C** 119948	**1D48D** 119949	**1D48E** 119950	**1D48F** 119951
g	***h***	***i***	***j***	***k***	***l***	***m***	***n***
1D490 119952	**1D491** 119953	**1D492** 119954	**1D493** 119955	**1D494** 119956	**1D495** 119957	**1D496** 119958	**1D497** 119959
o	***p***	***q***	***r***	***s***	***t***	***u***	***v***
1D498 119960	**1D499** 119961	**1D49A** 119962	**1D49B** 119963	**1D49C** 119964	**1D49D** 119965	**1D49E** 119966	**1D49F** 119967
w	***x***	***y***	***z***	𝒜	n/a	𝒞	𝒟
1D4A0 119968	**1D4A1** 119969	**1D4A2** 119970	**1D4A3** 119971	**1D4A4** 119972	**1D4A5** 119973	**1D4A6** 119974	**1D4A7** 119975
n/a	n/a	𝒢	n/a	n/a	𝒥	𝒦	n/a
1D4A8 119976	**1D4A9** 119977	**1D4AA** 119978	**1D4AB** 119979	**1D4AC** 119980	**1D4AD** 119981	**1D4AE** 119982	**1D4AF** 119983
n/a	𝒩	𝒪	𝒫	𝒬	n/a	𝒮	𝒯

Tableau 26-28. Bloc des symboles alphanumériques mathématiques de Unicode (suite)

1D4B0 119984	**1D4B1** 119985	**1D4B2** 119986	**1D4B3** 119987	**1D4B4** 119988	**1D4B5** 119989	**1D4B6** 119990	**1D4B7** 119991
𝒰	𝒱	𝒲	𝒳	𝒴	𝒵	𝒶	𝒷
1D4B8 119992	**1D4B9** 119993	**1D4BA** 119994	**1D4BB** 119995	**1D4BC** 119996	**1D4BD** 119997	**1D4BE** 119998	**1D4BF** 119999
𝒸	𝒹	*n/a*	𝒻	*n/a*	𝒽	𝒾	𝒿
1D4C0 120000	**1D4C1** 120001	**1D4C2** 120002	**1D4C3** 120003	**1D4C4** 120004	**1D4C5** 120005	**1D4C6** 120006	**1D4C7** 120007
𝓀	*n/a*	𝓂	𝓃	*n/a*	𝓅	𝓆	𝓇
1D4C8 120008	**1D4C9** 120009	**1D4CA** 120010	**1D4CB** 120011	**1D4CC** 120012	**1D4CD** 120013	**1D4CE** 120014	**1D4CF** 120015
𝓈	𝓉	𝓊	𝓋	𝓌	𝓍	𝓎	𝓏
1D4D0 120016	**1D4D1** 120017	**1D4D2** 120018	**1D4D3** 120019	**1D4D4** 120020	**1D4D5** 120021	**1D4D6** 120022	**1D4D7** 120023
𝓐	𝓑	𝓒	𝓓	𝓔	𝓕	𝓖	𝓗
1D4D8 120024	**1D4D9** 120025	**1D4DA** 120026	**1D4DB** 120027	**1D4DC** 120028	**1D4DD** 120029	**1D4DE** 120030	**1D4DF** 120031
𝓘	𝓙	𝓚	𝓛	𝓜	𝓝	𝓞	𝓟
1D4E0 120032	**1D4E1** 120033	**1D4E2** 120034	**1D4E3** 120035	**1D4E4** 120036	**1D4E5** 120037	**1D4E6** 120038	**1D4E7** 120039
𝓠	𝓡	𝓢	𝓣	𝓤	𝓥	𝓦	𝓧
1D4E8 120040	**1D4E9** 120041	**1D4EA** 120042	**1D4EB** 120043	**1D4EC** 120044	**1D4ED** 120045	**1D4EE** 120046	**1D4EF** 120047
𝓨	𝓩	𝓪	𝓫	𝓬	𝓭	𝓮	𝓯
1D4F0 120048	**1D4F1** 120049	**1D4F2** 120050	**1D4F3** 120051	**1D4F4** 120052	**1D4F5** 120053	**1D4F6** 120054	**1D4F7** 120055
𝓰	𝓱	𝓲	𝓳	𝓴	𝓵	𝓶	𝓷
1D4F8 120056	**1D4F9** 120057	**1D4FA** 120058	**1D4FB** 120059	**1D4FC** 120060	**1D4FD** 120061	**1D4FE** 120062	**1D4FF** 120063
𝓸	𝓹	𝓺	𝓻	𝓼	𝓽	𝓾	𝓿
1D500 120064	**1D501** 120065	**1D502** 120066	**1D503** 120067	**1D504** 120068	**1D505** 120069	**1D506** 120070	**1D507** 120071
𝔀	𝔁	𝔂	𝔃	𝔄	𝔅	*n/a*	𝔇
1D508 120072	**1D509** 120073	**1D50A** 120074	**1D50B** 120075	**1D50C** 120076	**1D50D** 120077	**1D50E** 120078	**1D50F** 120079
𝔈	𝔉	𝔊	*n/a*	*n/a*	𝔍	𝔎	𝔏
1D510 120080	**1D511** 120081	**1D512** 120082	**1D513** 120083	**1D514** 120084	**1D515** 120085	**1D516** 120086	**1D517** 120087
𝔐	𝔑	𝔒	𝔓	𝔔	*n/a*	𝔖	𝔗
1D518 120088	**1D519** 120089	**1D51A** 120090	**1D51B** 120091	**1D51C** 120092	**1D51D** 120093	**1D51E** 120094	**1D51F** 120095
𝔘	𝔙	𝔚	𝔛	𝔜	*n/a*	𝔞	𝔟
1D520 120096	**1D521** 120097	**1D522** 120098	**1D523** 120099	**1D524** 120100	**1D525** 120101	**1D526** 120102	**1D527** 120103
𝔠	𝔡	𝔢	𝔣	𝔤	𝔥	𝔦	𝔧
1D528 120104	**1D529** 120105	**1D52A** 120106	**1D52B** 120107	**1D52C** 120108	**1D52D** 120109	**1D52E** 120110	**1D52F** 120111
𝔨	𝔩	𝔪	𝔫	𝔬	𝔭	𝔮	𝔯
1D530 120112	**1D531** 120113	**1D532** 120114	**1D533** 120115	**1D534** 120116	**1D535** 120117	**1D536** 120118	**1D537** 120119
𝔰	𝔱	𝔲	𝔳	𝔴	𝔵	𝔶	𝔷
1D538 120120	**1D539** 120121	**1D53A** 120122	**1D53B** 120123	**1D53C** 120124	**1D53D** 120125	**1D53E** 120126	**1D53F** 120127
𝔸	𝔹	*n/a*	𝔻	𝔼	𝔽	𝔾	*n/a*

Tableau 26-28. Bloc des symboles alphanumériques mathématiques de Unicode (suite)

1D540 120128	**1D541** 120129	**1D542** 120130	**1D543** 120131	**1D544** 120132	**1D545** 120133	**1D546** 120134	**1D547** 120135
𝕀	𝕁	𝕂	𝕃	𝕄	*n/a*	𝕆	*n/a*
1D548 120136	**1D549** 120137	**1D54A** 120138	**1D54B** 120139	**1D54C** 120140	**1D54D** 120141	**1D54E** 120142	**1D54F** 120143
n/a	*n/a*	𝕊	𝕋	𝕌	𝕍	𝕎	𝕏
1D550 120144	**1D551** 120145	**1D552** 120146	**1D553** 120147	**1D554** 120148	**1D555** 120149	**1D556** 120150	**1D557** 120151
𝕐	*n/a*	◫	𝕒	𝕔	𝕕	𝕖	𝕗
1D558 120152	**1D559** 120153	**1D55A** 120154	**1D55B** 120155	**1D55C** 120156	**1D55D** 120157	**1D55E** 120158	**1D55F** 120159
𝕘	𝕙	𝕚	𝕛	𝕜	𝕝	𝕞	𝕟
1D560 120160	**1D561** 120161	**1D562** 120162	**1D563** 120163	**1D564** 120164	**1D565** 120165	**1D566** 120166	**1D567** 120167
𝕠	𝕡	𝕢	𝕣	𝕤	𝕥	𝕦	𝕧
1D568 120168	**1D569** 120169	**1D56A** 120170	**1D56B** 120171	**1D56C** 120172	**1D56D** 120173	**1D56E** 120174	**1D56F** 120175
𝕨	𝕩	𝕪	𝕫	𝕬	𝕭	𝕮	𝕯
1D570 120176	**1D571** 120177	**1D572** 120178	**1D573** 120179	**1D574** 120180	**1D575** 120181	**1D576** 120182	**1D577** 120183
𝕰	𝕱	𝕲	𝕳	𝕴	𝕵	𝕶	𝕷
1D578 120184	**1D579** 120185	**1D57A** 120186	**1D57B** 120187	**1D57C** 120188	**1D57D** 120189	**1D57E** 120190	**1D57F** 120191
𝕸	𝕹	𝕺	𝕻	𝕼	𝕽	𝕾	𝕿
1D580 120192	**1D581** 120193	**1D582** 120194	**1D583** 120195	**1D584** 120196	**1D585** 120197	**1D586** 120198	**1D587** 120199
𝖀	𝖁	𝖂	𝖃	𝖄	𝖅	𝖆	𝖇
1D588 120200	**1D589** 120201	**1D58A** 120202	**1D58B** 120203	**1D58C** 120204	**1D58D** 120205	**1D58E** 120206	**1D58F** 120207
𝖈	𝖉	𝖊	𝖋	𝖌	𝖍	𝖎	𝖏
1D590 120208	**1D591** 120209	**1D592** 120210	**1D593** 120211	**1D594** 120212	**1D595** 120213	**1D596** 120214	**1D597** 120215
𝖐	𝖑	𝖒	𝖓	𝖔	𝖕	𝖖	𝖗
1D598 120216	**1D599** 120217	**1D59A** 120218	**1D59B** 120219	**1D59C** 120220	**1D59D** 120221	**1D59E** 120222	**1D59F** 120223
𝖘	𝖙	𝖚	𝖛	𝖜	𝖝	𝖞	𝖟
1D5A0 120224	**1D5A1** 120225	**1D5A2** 120226	**1D5A3** 120227	**1D5A4** 120228	**1D5A5** 120229	**1D5A6** 120230	**1D5A7** 120231
𝖠	𝖡	𝖢	𝖣	𝖤	𝖥	𝖦	𝖧
1D5A8 120232	**1D5A9** 120233	**1D5AA** 120234	**1D5AB** 120235	**1D5AC** 120236	**1D5AD** 120237	**1D5AE** 120238	**1D5AF** 120239
𝖨	𝖩	𝖪	𝖫	𝖬	𝖭	𝖮	𝖯
1D5B0 120240	**1D5B1** 120241	**1D5B2** 120242	**1D5B3** 120243	**1D5B4** 120244	**1D5B5** 120245	**1D5B6** 120246	**1D5B7** 120247
𝖰	𝖱	𝖲	𝖳	𝖴	𝖵	𝖶	𝖷
1D5B8 120248	**1D5B9** 120249	**1D5BA** 120250	**1D5BB** 120251	**1D5BC** 120252	**1D5BD** 120253	**1D5BE** 120254	**1D5BF** 120255
𝖸	𝖹	𝖺	𝖻	𝖼	𝖽	𝖾	𝖿
1D5C0 120256	**1D5C1** 120257	**1D5C2** 120258	**1D5C3** 120259	**1D5C4** 120260	**1D5C5** 120261	**1D5C6** 120262	**1D5C7** 120263
𝗀	𝗁	𝗂	𝗃	𝗄	𝗅	𝗆	𝗇
1D5C8 120264	**1D5C9** 120265	**1D5CA** 120266	**1D5CB** 120267	**1D5CC** 120268	**1D5CD** 120269	**1D5CE** 120270	**1D5CF** 120271
𝗈	𝗉	𝗊	𝗋	𝗌	𝗍	𝗎	𝗏

Tableau 26-28. Bloc des symboles alphanumériques mathématiques de Unicode (suite)

1D5D0 120272	**1D5D1** 120273	**1D5D2** 120274	**1D5D3** 120275	**1D5D4** 120276	**1D5D5** 120277	**1D5D6** 120278	**1D5D7** 120279
w	x	y	z	**A**	**B**	**C**	**D**
1D5D8 120280	**1D5D9** 120281	**1D5DA** 120282	**1D5DB** 120283	**1D5DC** 120284	**1D5DD** 120285	**1D5DE** 120286	**1D5DF** 120287
E	**F**	**G**	**H**	**I**	**J**	**K**	**L**
1D5E0 120288	**1D5E1** 120289	**1D5E2** 120290	**1D5E3** 120291	**1D5E4** 120292	**1D5E5** 120293	**1D5E6** 120294	**1D5E7** 120295
M	**N**	**O**	**P**	**Q**	**R**	**S**	**T**
1D5E8 120296	**1D5E9** 120297	**1D5EA** 120298	**1D5EB** 120299	**1D5EC** 120300	**1D5ED** 120301	**1D5EE** 120302	**1D5EF** 120303
U	**V**	**W**	**X**	**Y**	**Z**	**a**	**b**
1D5F0 120304	**1D5F1** 120305	**1D5F2** 120306	**1D5F3** 120307	**1D5F4** 120308	**1D5F5** 120309	**1D5F6** 120310	**1D5F7** 120311
c	**d**	**e**	**f**	**g**	**h**	**i**	**j**
1D5F8 120312	**1D5F9** 120313	**1D5FA** 120314	**1D5FB** 120315	**1D5FC** 120316	**1D5FD** 120317	**1D5FE** 120318	**1D5FF** 120319
k	**l**	**m**	**n**	**o**	**p**	**q**	**r**
1D600 120320	**1D601** 120321	**1D602** 120322	**1D603** 120323	**1D604** 120324	**1D605** 120325	**1D606** 120326	**1D607** 120327
s	**t**	**u**	**v**	**w**	**x**	**y**	**z**
1D608 120328	**1D609** 120329	**1D60A** 120330	**1D60B** 120331	**1D60C** 120332	**1D60D** 120333	**1D60E** 120334	**1D60F** 120335
A	*B*	*C*	*D*	*E*	*F*	*G*	*H*
1D610 120336	**1D611** 120337	**1D612** 120338	**1D613** 120339	**1D614** 120340	**1D615** 120341	**1D616** 120342	**1D617** 120343
I	*J*	*K*	*L*	*M*	*N*	*O*	*P*
1D618 120344	**1D619** 120345	**1D61A** 120346	**1D61B** 120347	**1D61C** 120348	**1D61D** 120349	**1D61E** 120350	**1D61F** 120351
Q	*R*	*S*	*T*	*U*	*V*	*W*	*X*
1D620 120352	**1D621** 120353	**1D622** 120354	**1D623** 120355	**1D624** 120356	**1D625** 120357	**1D626** 120358	**1D627** 120359
Y	*Z*	*a*	*b*	*c*	*d*	*e*	*f*
1D628 120360	**1D629** 120361	**1D62A** 120362	**1D62B** 120363	**1D62C** 120364	**1D62D** 120365	**1D62E** 120366	**1D62F** 120367
g	*h*	*i*	*j*	*k*	*l*	*m*	*n*
1D630 120368	**1D631** 120369	**1D632** 120370	**1D633** 120371	**1D634** 120372	**1D635** 120373	**1D636** 120374	**1D637** 120375
o	*p*	*q*	*r*	*s*	*t*	*u*	*v*
1D638 120376	**1D639** 120377	**1D63A** 120378	**1D63B** 120379	**1D63C** 120380	**1D63D** 120381	**1D63E** 120382	**1D63F** 120383
w	*x*	*y*	*z*	***A***	***B***	***C***	***D***
1D640 120384	**1D641** 120385	**1D642** 120386	**1D643** 120387	**1D644** 120388	**1D645** 120389	**1D646** 120390	**1D647** 120391
E	***F***	***G***	***H***	***I***	***J***	***K***	***L***
1D648 120392	**1D649** 120393	**1D64A** 120394	**1D64B** 120395	**1D64C** 120396	**1D64D** 120397	**1D64E** 120398	**1D64F** 120399
M	***N***	***O***	***P***	***Q***	***R***	***S***	***T***
1D650 120400	**1D651** 120401	**1D652** 120402	**1D653** 120403	**1D654** 120404	**1D655** 120405	**1D656** 120406	**1D657** 120407
U	***V***	***W***	***X***	***Y***	***Z***	***a***	***b***
1D658 120408	**1D659** 120409	**1D65A** 120410	**1D65B** 120411	**1D65C** 120412	**1D65D** 120413	**1D65E** 120414	**1D65F** 120415
c	***d***	***e***	***f***	***g***	***h***	***i***	***j***
1D660 120416	**1D661** 120417	**1D662** 120418	**1D663** 120419	**1D664** 120420	**1D665** 120421	**1D666** 120422	**1D667** 120423
k	***l***	***m***	***n***	***o***	***p***	***q***	***r***

Tableau 26-28. Bloc des symboles alphanumériques mathématiques de Unicode (suite)

1D668 120424	**1D669** 120425	**1D66A** 120426	**1D66B** 120427	**1D66C** 120428	**1D66D** 120429	**1D66E** 120430	**1D66F** 120431
s	***t***	***u***	***v***	***w***	***x***	***y***	***z***
1D670 120432	**1D671** 120433	**1D672** 120434	**1D673** 120435	**1D674** 120436	**1D675** 120437	**1D676** 120438	**1D677** 120439
A	B	C	D	E	F	G	H
1D678 120440	**1D679** 120441	**1D67A** 120442	**1D67B** 120443	**1D67C** 120444	**1D67D** 120445	**1D67E** 120446	**1D67F** 120447
I	J	K	L	M	N	O	P
1D680 120448	**1D681** 120449	**1D682** 120450	**1D683** 120451	**1D684** 120452	**1D685** 120453	**1D686** 120454	**1D687** 120455
Q	R	S	T	U	V	W	X
1D688 120456	**1D689** 120457	**1D68A** 120458	**1D68B** 120459	**1D68C** 120460	**1D68D** 120461	**1D68E** 120462	**1D68F** 120463
Y	Z	a	b	c	d	e	f
1D690 120464	**1D691** 120465	**1D692** 120466	**1D693** 120467	**1D694** 120468	**1D695** 120469	**1D696** 120470	**1D697** 120471
g	h	i	j	k	l	m	n
1D698 120472	**1D699** 120473	**1D69A** 120474	**1D69B** 120475	**1D69C** 120476	**1D69D** 120477	**1D69E** 120478	**1D69F** 120479
o	p	q	r	s	t	u	v
1D6A0 120480	**1D6A1** 120481	**1D6A2** 120482	**1D6A3** 120483	**1D6A4** 120484	**1D6A5** 120485	**1D6A6** 120486	**1D6A7** 120487
w	x	y	z	*n/a*	*n/a*	*n/a*	*n/a*
1D6A8 120488	**1D6A9** 120489	**1D6AA** 120490	**1D6AB** 120491	**1D6AC** 120492	**1D6AD** 120493	**1D6AE** 120494	**1D6AF** 120495
Α	**Β**	**Γ**	**Δ**	**Ε**	**Ζ**	**Η**	**Θ**
1D6B0 120496	**1D6B1** 120497	**1D6B2** 120498	**1D6B3** 120499	**1D6B4** 120500	**1D6B5** 120501	**1D6B6** 120502	**1D6B7** 120503
Ι	**Κ**	**Λ**	**Μ**	**Ν**	**Ξ**	**Ο**	**Π**
1D6B8 120504	**1D6B9** 120505	**1D6BA** 120506	**1D6BB** 120507	**1D6BC** 120508	**1D6BD** 120509	**1D6BE** 120510	**1D6BF** 120511
Ρ	**ϴ**	**Σ**	**Τ**	**Υ**	**Φ**	**Χ**	**Ψ**
1D6C0 120512	**1D6C1** 120513	**1D6C2** 120514	**1D6C3** 120515	**1D6C4** 120516	**1D6C5** 120517	**1D6C6** 120518	**1D6C7** 120519
Ω	**∇**	**α**	**β**	**γ**	**δ**	**ε**	**ζ**
1D6C8 120520	**1D6C9** 120521	**1D6CA** 120522	**1D6CB** 120523	**1D6CC** 120524	**1D6CD** 120525	**1D6CE** 120526	**1D6CF** 120527
η	**θ**	**ι**	**κ**	**λ**	**μ**	**ν**	**ξ**
1D6D0 120528	**1D6D1** 120529	**1D6D2** 120530	**1D6D3** 120531	**1D6D4** 120532	**1D6D5** 120533	**1D6D6** 120534	**1D6D7** 120535
ο	**π**	**ρ**	**ς**	**σ**	**τ**	**υ**	**φ**
1D6D8 120536	**1D6D9** 120537	**1D6DA** 120538	**1D6DB** 120539	**1D6DC** 120540	**1D6DD** 120541	**1D6DE** 120542	**1D6DF** 120543
χ	**ψ**	**ω**	**∂**	**ϵ**	**ϑ**	**ϰ**	**ϕ**
1D6E0 120544	**1D6E1** 120545	**1D6E2** 120546	**1D6E3** 120547	**1D6E4** 120548	**1D6E5** 120549	**1D6E6** 120550	**1D6E7** 120551
ϱ	**ϖ**	*Α*	*Β*	*Γ*	*Δ*	*Ε*	*Ζ*
1D6E8 120552	**1D6E9** 120553	**1D6EA** 120554	**1D6EB** 120555	**1D6EC** 120556	**1D6ED** 120557	**1D6EE** 120558	**1D6EF** 120559
Η	*Θ*	*Ι*	*Κ*	*Λ*	*Μ*	*Ν*	*Ξ*
1D6F0 120560	**1D6F1** 120561	**1D6F2** 120562	**1D6F3** 120563	**1D6F4** 120564	**1D6F5** 120565	**1D6F6** 120566	**1D6F7** 120567
Ο	*Π*	*Ρ*	*ϴ*	*Σ*	*Τ*	*Υ*	*Φ*

Tableau 26-28. Bloc des symboles alphanumériques mathématiques de Unicode (suite)

1D6F8 120568	**1D6F9** 120569	**1D6FA** 120570	**1D6FB** 120571	**1D6FC** 120572	**1D6FD** 120573	**1D6FE** 120574	**1D6FF** 120575
Χ	Ψ	Ω	∇	α	β	γ	δ
1D700 120576	**1D701** 120577	**1D702** 120578	**1D703** 120579	**1D704** 120580	**1D705** 120581	**1D706** 120582	**1D707** 120583
ε	ζ	η	θ	ι	κ	λ	μ
1D708 120584	**1D709** 120585	**1D70A** 120586	**1D70B** 120587	**1D70C** 120588	**1D70D** 120589	**1D70E** 120590	**1D70F** 120591
ν	ξ	ο	π	ρ	ς	σ	τ
1D710 120592	**1D711** 120593	**1D712** 120594	**1D713** 120595	**1D714** 120596	**1D715** 120597	**1D716** 120598	**1D717** 120599
υ	φ	χ	ψ	ω	∂	ϵ	ϑ
1D718 120600	**1D719** 120601	**1D71A** 120602	**1D71B** 120603	**1D71C** 120604	**1D71D** 120605	**1D71E** 120606	**1D71F** 120607
ϰ	ϕ	ϱ	ϖ	Α	Β	Γ	Δ
1D720 120608	**1D721** 120609	**1D722** 120610	**1D723** 120611	**1D724** 120612	**1D725** 120613	**1D726** 120614	**1D727** 120615
Ε	Ζ	Η	Θ	Ι	Κ	Λ	Μ
1D728 120616	**1D729** 120617	**1D72A** 120618	**1D72B** 120619	**1D72C** 120620	**1D72D** 120621	**1D72E** 120622	**1D72F** 120623
Ν	Ξ	Ο	Π	Ρ	ϴ	Σ	Τ
1D730 120624	**1D731** 120625	**1D732** 120626	**1D733** 120627	**1D734** 120628	**1D735** 120629	**1D736** 120630	**1D737** 120631
Υ	Φ	Χ	Ψ	Ω	∇	α	β
1D738 120632	**1D739** 120633	**1D73A** 120634	**1D73B** 120635	**1D73C** 120636	**1D73D** 120637	**1D73E** 120638	**1D73F** 120639
γ	δ	ε	ζ	η	θ	ι	κ
1D740 120640	**1D741** 120641	**1D742** 120642	**1D743** 120643	**1D744** 120644	**1D745** 120645	**1D746** 120646	**1D747** 120647
λ	μ	ν	ξ	ο	π	ρ	ς
1D748 120648	**1D749** 120649	**1D74A** 120650	**1D74B** 120651	**1D74C** 120652	**1D74D** 120653	**1D74E** 120654	**1D74F** 120655
σ	τ	υ	φ	χ	ψ	ω	∂
1D750 120656	**1D751** 120657	**1D752** 120658	**1D753** 120659	**1D754** 120660	**1D755** 120661	**1D756** 120662	**1D757** 120663
ϵ	ϑ	ϰ	ϕ	ϱ	ϖ	Α	Β
1D758 120664	**1D759** 120665	**1D75A** 120666	**1D75B** 120667	**1D75C** 120668	**1D75D** 120669	**1D75E** 120670	**1D75F** 120671
Γ	Δ	Ε	Ζ	Η	Θ	Ι	Κ
1D760 120672	**1D761** 120673	**1D762** 120674	**1D763** 120675	**1D764** 120676	**1D765** 120677	**1D766** 120678	**1D767** 120679
Λ	Μ	Ν	Ξ	Ο	Π	Ρ	ϴ
1D768 120680	**1D769** 120681	**1D76A** 120682	**1D76B** 120683	**1D76C** 120684	**1D76D** 120685	**1D76E** 120686	**1D76F** 120687
Σ	Τ	Υ	Φ	Χ	Ψ	Ω	∇
1D770 120688	**1D771** 120689	**1D772** 120690	**1D773** 120691	**1D774** 120692	**1D775** 120693	**1D776** 120694	**1D777** 120695
α	β	γ	δ	ε	ζ	η	θ
1D778 120696	**1D779** 120697	**1D77A** 120698	**1D77B** 120699	**1D77C** 120700	**1D77D** 120701	**1D77E** 120702	**1D77F** 120703
ι	κ	λ	μ	ν	ξ	ο	π
1D780 120704	**1D781** 120705	**1D782** 120706	**1D783** 120707	**1D784** 120708	**1D785** 120709	**1D786** 120710	**1D787** 120711
ρ	ς	σ	τ	υ	φ	χ	ψ

Tableau 26-28. Bloc des symboles alphanumériques mathématiques de Unicode (suite)

1D788 120712	**1D789** 120713	**1D78A** 120714	**1D78B** 120715	**1D78C** 120716	**1D78D** 120717	**1D78E** 120718	**1D78F** 120719
ω	∂	ε	ϑ	ϰ	ϕ	ϱ	ϖ
1D790 120720	**1D791** 120721	**1D792** 120722	**1D793** 120723	**1D794** 120724	**1D795** 120725	**1D796** 120726	**1D797** 120727
A	B	Γ	Δ	E	Z	H	Θ
1D798 120728	**1D799** 120729	**1D79A** 120730	**1D79B** 120731	**1D79C** 120732	**1D79D** 120733	**1D79E** 120734	**1D79F** 120735
I	K	Λ	M	N	Ξ	O	Π
1D7A0 120736	**1D7A1** 120737	**1D7A2** 120738	**1D7A3** 120739	**1D7A4** 120740	**1D7A5** 120741	**1D7A6** 120742	**1D7A7** 120743
P	Θ	Σ	T	Y	Φ	X	Ψ
1D7A8 120744	**1D7A9** 120745	**1D7AA** 120746	**1D7AB** 120747	**1D7AC** 120748	**1D7AD** 120749	**1D7AE** 120750	**1D7AF** 120751
Ω	∇	α	β	γ	δ	ε	ζ
1D7B0 120752	**1D7B1** 120753	**1D7B2** 120754	**1D7B3** 120755	**1D7B4** 120756	**1D7B5** 120757	**1D7B6** 120758	**1D7B7** 120759
η	θ	ι	κ	λ	μ	ν	ξ
1D7B8 120760	**1D7B9** 120761	**1D7BA** 120762	**1D7BB** 120763	**1D7BC** 120764	**1D7BD** 120765	**1D7BE** 120766	**1D7BF** 120767
ο	π	ρ	ς	σ	τ	υ	φ
1D7C0 120768	**1D7C1** 120769	**1D7C2** 120770	**1D7C3** 120771	**1D7C4** 120772	**1D7C5** 120773	**1D7C6** 120774	**1D7C7** 120775
χ	ψ	ω	∂	ε	ϑ	ϰ	φ
1D7C8 120776	**1D7C9** 120777	**1D7CA** 120778	**1D7CB** 120779	**1D7CC** 120780	**1D7CD** 120781	**1D7CE** 120782	**1D7CF** 120783
ρ	ϖ	n/a	n/a	n/a	n/a	0	1
1D7D0 120784	**1D7D1** 120785	**1D7D2** 120786	**1D7D3** 120787	**1D7D4** 120788	**1D7D5** 120789	**1D7D6** 120790	**1D7D7** 120791
2	3	4	5	6	7	8	9
1D7D8 120792	**1D7D9** 120793	**1D7DA** 120794	**1D7DB** 120795	**1D7DC** 120796	**1D7DD** 120797	**1D7DE** 120798	**1D7DF** 120799
0	1	2	3	4	5	6	7
1D7E0 120800	**1D7E1** 120801	**1D7E2** 120802	**1D7E3** 120803	**1D7E4** 120804	**1D7E5** 120805	**1D7E6** 120806	**1D7E7** 120807
8	9	0	1	2	3	4	5
1D7E8 120808	**1D7E9** 120809	**1D7EA** 120810	**1D7EB** 120811	**1D7EC** 120812	**1D7ED** 120813	**1D7EE** 120814	**1D7EF** 120815
6	7	8	9	0	1	2	3
1D7F0 120816	**1D7F1** 120817	**1D7F2** 120818	**1D7F3** 120819	**1D7F4** 120820	**1D7F5** 120821	**1D7F6** 120822	**1D7F7** 120823
4	5	6	7	8	9	0	1
1D7F8 120824	**1D7F9** 120825	**1D7FA** 120826	**1D7FB** 120827	**1D7FC** 120828	**1D7FD** 120829	**1D7FE** 120830	**1D7FF** 120831
2	3	4	5	6	7	8	9

Technique divers

Le bloc technique divers, présenté dans le *tableau 26-29*, contient des symboles divers issus de l'électronique, de la mécanique quantique, du langage de programmation APL, le standard ISO-9995-7 pour les pictogrammes de claviers génériques et d'autres sources.

Tableau 26-29. Bloc technique divers de Unicode

2300 8960	**2301** 8961	**2302** 8962	**2303** 8963	**2304** 8964	**2305** 8965	**2306** 8966	**2307** 8967
⌀	N/A	⌂	⌃	⌄	⌅	⌆	⌇
2308 8968	**2309** 8969	**230A** 8970	**230B** 8971	**230C** 8972	**230D** 8973	**230E** 8974	**230F** 8975
⌈	⌉	⌊	⌋	⌌	⌍	⌎	⌏
2310 8976	**2311** 8977	**2312** 8978	**2313** 8979	**2314** 8980	**2315** 8981	**2316** 8982	**2317** 8983
⌐	⌑	⌒	⌓	⌔	⌕	⌖	⌗
2318 8984	**2319** 8985	**231A** 8986	**231B** 8987	**231C** 8988	**231D** 8989	**231E** 8990	**231F** 8991
⌘	⌙	⌚	⌛	⌜	⌝	⌞	⌟
2320 8992	**2321** 8993	**2322** 8994	**2323** 8995	**2324** 8996	**2325** 8997	**2326** 8998	**2327** 8999
⌠	⌡	⌢	⌣	⌤	⌥	⌦	⌧
2328 9000	**2329** 9001	**232A** 9002	**232B** 9003	**232C** 9004	**232D** 9005	**232E** 9006	**232F** 9007
⌨	〈	〉	⌫	⌬	⌭	⌮	⌯
2330 9008	**2331** 9009	**2332** 9010	**2333** 9011	**2334** 9012	**2335** 9013	**2336** 9014	**2337** 9015
⌰	⌱	⌲	⌳	⌴	⌵	⌶	⌷
2338 9016	**2339** 9017	**233A** 9018	**233B** 9019	**233C** 9020	**233D** 9021	**233E** 9022	**233F** 9023
⌸	⌹	⌺	⌻	⌼	⌽	⌾	⌿
2340 9024	**2341** 9025	**2342** 9026	**2343** 9027	**2344** 9028	**2345** 9029	**2346** 9030	**2347** 9031
⍀	⍁	⍂	⍃	⍄	⍅	⍆	⍇
2348 9032	**2349** 9033	**234A** 9034	**234B** 9035	**234C** 9036	**234D** 9037	**234E** 9038	**234F** 9039
⍈	⍉	⍊	⍋	⍌	⍍	⍎	⍏
2350 9040	**2351** 9041	**2352** 9042	**2353** 9043	**2354** 9044	**2355** 9045	**2356** 9046	**2357** 9047
⍐	⍑	⍒	⍓	⍔	⍕	⍖	⍗
2358 9048	**2359** 9049	**235A** 9050	**235B** 9051	**235C** 9052	**235D** 9053	**235E** 9054	**235F** 9055
⍘	⍙	⍚	⍛	⍜	⍝	⍞	⍟
2360 9056	**2361** 9057	**2362** 9058	**2363** 9059	**2364** 9060	**2365** 9061	**2366** 9062	**2367** 9063
⍠	⍡	⍢	⍣	⍤	⍥	⍦	⍧
2368 9064	**2369** 9065	**236A** 9066	**236B** 9067	**236C** 9068	**236D** 9069	**236E** 9070	**236F** 9071
⍨	⍩	⍪	⍫	⍬	⍭	⍮	⍯
2370 9072	**2371** 9073	**2372** 9074	**2373** 9075	**2374** 9076	**2375** 9077	**2376** 9078	**2377** 9079
⍰	⍱	⍲	⍳	⍴	⍵	⍶	⍷
2378 9080	**2379** 9081	**237A** 9082	**237B** 9083	**237C** 9084	**237D** 9085	**237E** 9086	**237F** 9087
⍸	⍹	⍺	N/A	N/A	N/A	N/A	N/A
2380 9088	**2381** 9089	**2382** 9090	**2383** 9091	**2384** 9092	**2385** 9093	**2386** 9094	**2387** 9095
N/A	N/A	N/A	N/A	N/A	N/A	N/A	N/A
2388 9096	**2389** 9097	**238A** 9098	**238B** 9099	**238C** 9100	**238D** 9101	**238E** 9102	**238F** 9103
N/A	N/A	N/A	N/A	N/A	N/A	N/A	N/A

Tableau 26-29. Bloc technique divers de Unicode (suite)

2390 9104	**2391** 9105	**2392** 9106	**2393** 9107	**2394** 9108	**2395** 9109	**2396** 9110	**2397** 9111
N/A	N/A	N/A	N/A	N/A	N/A	N/A	N/A
2398 9112	**2399** 9113	**239A** 9114	**239B** 9115	**239C** 9116	**239D** 9117	**239E** 9118	**239F** 9119
N/A	N/A	N/A	N/A	N/A	N/A	N/A	N/A

Reconnaissance optique de caractères

Le bloc reconnaissance optique de caractères, (*Optical Character Recognition*, OCR), présenté dans le *tableau 26-30*, prend en compte les caractères OCR-A qui ne sont pas encore codés dans ASCII et les symboles de reconnaissance d'encre magnétique utilisés pour vérifications.

Tableau 26-30. Bloc reconnaissance optique de caractères de Unicode

2440 9280	**2441** 9281	**2442** 9282	**2443** 9283	**2444** 9284	**2445** 9285	**2446** 9286	**2447** 9287
⑀	⑁	⑂	⑃	⑄	⑅	⑆	⑇
2448 9288	**2449** 9289	**244A** 9290	**244B** 9291	**244C** 9292	**244D** 9293	**244E** 9294	**244F** 9295
⑈	⑉	⑊	N/A	N/A	N/A	N/A	N/A

Formes géométriques

Le bloc formes géométriques, présenté dans le *tableau 26-31*, combine des triangles, carrés, cercles et autres formes, trouvés dans les jeux de caractères que Unicode tente d'englober.

Tableau 26-31. Bloc formes géométriques de Unicode

25A0 9632	**25A1** 9633	**25A2** 9634	**25A3** 9635	**25A4** 9636	**25A5** 9637	**25A6** 9638	**25A7** 9639
■	□	▢	▣	▤	▥	▦	▧
25A8 9640	**25A9** 9641	**25AA** 9642	**25AB** 9643	**25AC** 9644	**25AD** 9645	**25AE** 9646	**25AF** 9647
▨	▩	▪	▫	▬	▭	▮	▯
25B0 9648	**25B1** 9649	**25B2** 9650	**25B3** 9651	**25B4** 9652	**25B5** 9653	**25B6** 9654	**25B7** 9655
▰	▱	▲	△	▴	▵	▶	▷
25B8 9656	**25B9** 9657	**25BA** 9658	**25BB** 9659	**25BC** 9660	**25BD** 9661	**25BE** 9662	**25BF** 9663
▸	▹	►	▻	▼	▽	▾	▿
25C0 9664	**25C1** 9665	**25C2** 9666	**25C3** 9667	**25C4** 9668	**25C5** 9669	**25C6** 9670	**25C7** 9671
◀	◁	◂	◃	◄	◅	◆	◇
25C8 9672	**25C9** 9673	**25CA** 9674	**25CB** 9675	**25CC** 9676	**25CD** 9677	**25CE** 9678	**25CF** 9679
◈	◉	◊	○	◌	◍	◎	●
25D0 9680	**25D1** 9681	**25D2** 9682	**25D3** 9683	**25D4** 9684	**25D5** 9685	**25D6** 9686	**25D7** 9687
◐	◑	◒	◓	◔	◕	◖	◗

Tableau 26-31. Bloc formes géométriques de Unicode (suite)

25D8 9688	**25D9** 9689	**25DA** 9690	**25DB** 9691	**25DC** 9692	**25DD** 9693	**25DE** 9694	**25DF** 9695
◘	◙	◚	◛	◜	◝	◞	◟
25E0 9696	**25E1** 9697	**25E2** 9698	**25E3** 9699	**25E4** 9700	**25E5** 9701	**25E6** 9702	**25E7** 9703
◠	◡	◢	◣	◤	◥	◦	◧
25E8 9704	**25E9** 9705	**25EA** 9706	**25EB** 9707	**25EC** 9708	**25ED** 9709	**25EE** 9710	**25EF** 9711
◨	◩	◪	◫	◬	◭	◮	◯
25F0 9712	**25F1** 9713	**25F2** 9714	**25F3** 9715	**25F4** 9716	**25F5** 9717	**25F6** 9718	**25F7** 9719
N/A	N/A	N/A	N/A	N/A	N/A	N/A	N/A
25F8 9720	**25F9** 9721	**25FA** 9722	**25FB** 9723	**25FC** 9724	**25FD** 9725	**25FE** 9726	**25FF** 9727
N/A	N/A	N/A	N/A	N/A	N/A	N/A	N/A

Symboles divers

Le bloc symboles divers, présenté dans le *tableau 26-32*, contient pour la plupart des symboles pictographiques trouvés dans les jeux de caractères d'éditeurs et nationaux qui ont précédé Unicode.

Tableau 26-32. Bloc symboles divers de Unicode

2600 9728	**2601** 9729	**2602** 9730	**2603** 9731	**2604** 9732	**2605** 9733	**2606** 9734	**2607** 9735
☀	☁	☂	☃	☄	★	☆	☇
2608 9736	**2609** 9737	**260A** 9738	**260B** 9739	**260C** 9740	**260D** 9741	**260E** 9742	**260F** 9743
☈	☉	☊	☋	☌	☍	☎	☏
2610 9744	**2611** 9745	**2612** 9746	**2613** 9747	**2614** 9748	**2615** 9749	**2616** 9750	**2617** 9751
☐	☑	☒	☓	N/A	N/A	N/A	N/A
2618 9752	**2619** 9753	**261A** 9754	**261B** 9755	**261C** 9756	**261D** 9757	**261E** 9758	**261F** 9759
N/A	N/A	☚	☛	☜	☝	☞	☟
2620 9760	**2621** 9761	**2622** 9762	**2623** 9763	**2624** 9764	**2625** 9765	**2626** 9766	**2627** 9767
☠	☡	☢	☣	☤	☥	☦	☧
2628 9768	**2629** 9769	**262A** 9770	**262B** 9771	**262C** 9772	**262D** 9773	**262E** 9774	**262F** 9775
☨	☩	☪	☫	☬	☭	☮	☯
2630 9776	**2631** 9777	**2632** 9778	**2633** 9779	**2634** 9780	**2635** 9781	**2636** 9782	**2637** 9783
☰	☱	☲	☳	☴	☵	☶	☷
2638 9784	**2639** 9785	**263A** 9786	**263B** 9787	**263C** 9788	**263D** 9789	**263E** 9790	**263F** 9791
☸	☹	☺	☻	☼	☽	☾	☿
2640 9792	**2641** 9793	**2642** 9794	**2643** 9795	**2644** 9796	**2645** 9797	**2646** 9798	**2647** 9799
♀	♁	♂	♃	♄	♅	♆	♇
2648 9800	**2649** 9801	**264A** 9802	**264B** 9803	**264C** 9804	**264D** 9805	**264E** 9806	**264F** 9807
♈	♉	♊	♋	♌	♍	♎	♏

Tableau 26-32. Bloc symboles divers de Unicode (suite)

2650 9808	**2651** 9809	**2652** 9810	**2653** 9811	**2654** 9812	**2655** 9813	**2656** 9814	**2657** 9815
♐	♑	♒	♓	♔	♕	♖	♗
2658 9816	**2659** 9817	**265A** 9818	**265B** 9819	**265C** 9820	**265D** 9821	**265E** 9822	**265F** 9823
♘	♙	♚	♛	♜	♝	♞	♟
2660 9824	**2661** 9825	**2662** 9826	**2663** 9827	**2664** 9828	**2665** 9829	**2666** 9830	**2667** 9831
♠	♡	♢	♣	♤	♥	♦	♧
2668 9832	**2669** 9833	**266A** 9834	**266B** 9835	**266C** 9836	**266D** 9837	**266E** 9838	**266F** 9839
♨	♩	♪	♫	♬	♭	♮	♯
2670 9840	**2671** 9841	**2672** 9842	**2673** 9843	**2674** 9844	**2675** 9845	**2676** 9846	**2677** 9847
N/A	N/A	N/A	N/A	N/A	N/A	N/A	N/A
2678 9848	**2679** 9849	**267A** 9850	**267B** 9851	**267C** 9852	**267D** 9853	**267E** 9854	**267F** 9855
N/A	N/A	N/A	N/A	N/A	N/A	N/A	N/A

Dingbats

Le bloc Dingbats, présenté dans le *tableau 26-33*, est basé sur les caractères de la police Adobe Zapf Dingbats.

Tableau 26-33. Bloc Dingbats de Unicode

2700 9984	**2701** 9985	**2702** 9986	**2703** 9987	**2704** 9988	**2705** 9989	**2706** 9990	**2707** 9991
N/A	✁	✂	✃	✄	N/A	✆	✇
2708 9992	**2709** 9993	**270A** 9994	**270B** 9995	**270C** 9996	**270D** 9997	**270E** 9998	**270F** 9999
✈	✉	N/A	N/A	✌	✍	✎	✏
2710 10000	**2711** 10001	**2712** 10002	**2713** 10003	**2714** 10004	**2715** 10005	**2716** 10006	**2717** 10007
✐	✑	✒	✓	✔	✕	✖	✗
2718 10008	**2719** 10009	**271A** 10010	**271B** 10011	**271C** 10012	**271D** 10013	**271E** 10014	**271F** 10015
✘	✙	✚	✛	✜	✝	✞	✟
2720 10016	**2721** 10017	**2722** 10018	**2723** 10019	**2724** 10020	**2725** 10021	**2726** 10022	**2727** 10023
✠	✡	✢	✣	✤	✥	✦	✧
2728 10024	**2729** 10025	**272A** 10026	**272B** 10027	**272C** 10028	**272D** 10029	**272E** 10030	**272F** 10031
N/A	✩	✪	✫	✬	✭	✮	✯
2730 10032	**2731** 10033	**2732** 10034	**2733** 10035	**2734** 10036	**2735** 10037	**2736** 10038	**2737** 10039
✰	✱	✲	✳	✴	✵	✶	✷
2738 10040	**2739** 10041	**273A** 10042	**273B** 10043	**273C** 10044	**273D** 10045	**273E** 10046	**273F** 10047
✸	✹	✺	✻	✼	✽	✾	✿
2740 10048	**2741** 10049	**2742** 10050	**2743** 10051	**2744** 10052	**2745** 10053	**2746** 10054	**2747** 10055
❀	❁	❂	❃	❄	❅	❆	❇

Tableau 26-33. Bloc Dingbats de Unicode (suite)

2748 10056	**2749** 10057	**274A** 10058	**274B** 10059	**274C** 10060	**274D** 10061	**274E** 10062	**274F** 10063
❈	❉	❊	❋	N/A	❍	N/A	❏
2750 10064	**2751** 10065	**2752** 10066	**2753** 10067	**2754** 10068	**2755** 10069	**2756** 10070	**2757** 10071
❐	❑	❒	N/A	N/A	N/A	❖	N/A
2758 10072	**2759** 10073	**275A** 10074	**275B** 10075	**275C** 10076	**275D** 10077	**275E** 10078	**275F** 10079
❘	❙	❚	❛	❜	❝	❞	N/A
2760 10080	**2761** 10081	**2762** 10082	**2763** 10083	**2764** 10084	**2765** 10085	**2766** 10086	**2767** 10087
N/A	❡	❢	❣	❤	❥	❦	❧
2768 10088	**2769** 10089	**276A** 10090	**276B** 10091	**276C** 10092	**276D** 10093	**276E** 10094	**276F** 10095
N/A	N/A	N/A	N/A	N/A	N/A	N/A	N/A
2770 10096	**2771** 10097	**2772** 10098	**2773** 10099	**2774** 10100	**2775** 10101	**2776** 10102	**2777** 10103
N/A	N/A	N/A	N/A	N/A	N/A	❶	❷
2778 10104	**2779** 10105	**277A** 10106	**277B** 10107	**277C** 10108	**277D** 10109	**277E** 10110	**277F** 10111
❸	❹	❺	❻	❼	❽	❾	❿
2780 10112	**2781** 10113	**2782** 10114	**2783** 10115	**2784** 10116	**2785** 10117	**2786** 10118	**2787** 10119
➀	➁	➂	➃	➄	➅	➆	➇
2788 10120	**2789** 10121	**278A** 10122	**278B** 10123	**278C** 10124	**278D** 10125	**278E** 10126	**278F** 10127
➈	➉	➊	➋	➌	➍	➎	➏
2790 10128	**2791** 10129	**2792** 10130	**2793** 10131	**2794** 10132	**2795** 10133	**2796** 10134	**2797** 10135
➐	➑	➒	➓	➔	N/A	N/A	N/A
2798 10136	**2799** 10137	**279A** 10138	**279B** 10139	**279C** 10140	**279D** 10141	**279E** 10142	**279F** 10143
➘	➙	➚	➛	➜	➝	➞	➟
27A0 10144	**27A1** 10145	**27A2** 10146	**27A3** 10147	**27A4** 10148	**27A5** 10149	**27A6** 10150	**27A7** 10151
➠	➡	➢	➣	➤	➥	➦	➧
27A8 10152	**27A9** 10153	**27AA** 10154	**27AB** 10155	**27AC** 10156	**27AD** 10157	**27AE** 10158	**27AF** 10159
➨	➩	➪	➫	➬	➭	➮	➯
27B0 10160	**27B1** 10161	**27B2** 10162	**27B3** 10163	**27B4** 10164	**27B5** 10165	**27B6** 10166	**27B7** 10167
N/A	➱	➲	➳	➴	➵	➶	➷
27B8 10168	**27B9** 10169	**27BA** 10170	**27BB** 10171	**27BC** 10172	**27BD** 10173	**27BE** 10174	**27BF** 10175
➸	➹	➺	➻	➼	➽	➾	N/A

Index

Symboles

A

B

C

D

E

F

G

H

I

J

K

L

M

N

O

P

S

T

U

V

W

X

Y

Z

À propos des auteurs

Elliotte Rusty Harold est originaire de la Nouvelle Orléans, où il retourne régulièrement à la recherche d'un bol de soupe de gombos. Toutefois, il réside actuellement à Prospect Heights, près de Brooklyn, avec son épouse Beth et ses chats Charm (en hommage au quark) et Marjorie (en hommage à sa belle-mère). Il est professeur adjoint d'informatique à la « Polytechnic University », où il enseigne Java et la programmation orientée objet. Son site web Cafe au Lait, accessible à *http://www.ibiblio.org/javafaq*, est devenu l'un des sites indépendants consacré à Java des plus populaires de l'Internet, et son petit frère Cafe con Leche, *http://www.ibiblio.org/xml*, est l'un des sites sur XML les plus connus. Les livres précédents d'Elliotte pour O'Reilly sont *Java I/O* et *Java Network Programming* (traduit sous le titre *Programmation réseau avec Java*).

W. Scott Means est programmeur professionnel depuis 1988, année au cours de laquelle il a rejoint Microsoft Corporation à l'âge de 17 ans. Il a été un des développeurs initiaux de OS/2 1.1 et de Windows NT, et a réalisé quelques uns des premiers travaux du Microsoft Network for Advanced Technology and Business Development Group. Récemment, il dirige Entreprise Web Machines, une nouvelle société qui se consacre à l'Internet, basée à Columbia, en Caroline du Sud.

À propos des traducteurs

Thomas Broyer contribue régulièrement à libxml et libxslt et est un passionné de tout ce qui touche à XML (XPath, XSLT, DOM) et au Web (HTML, CSS, JavaScript).

Philippe Ensarguet est consultant en architecture des systèmes d'information. Spécialisé dans les infrastructures applicatives, il s'intéresse tout particulièrement aux serveurs d'application J2EE et aux technologies XML sous l'angle de l'interopérabilité, de la sécurité et de la performance des systèmes. Il mène et encadre de nombreuses études sur ces sujets et partage son expertise *via* l'animation de workshops et de formations. Il peut être joint à *philippe.ensarguet@opikanoba.org*.

Alain Ketterlin est maître de conférence en Informatique dans une grande université française. Il travaille actuellement à l'Université Galatasaray, à Istanbul. Non, le football ne l'intéresse pas, mais il considère que l'informatique sous tous ses aspects est son métier, et que la francophonie relève de ses attributions.

Frédéric Laurent est spécialiste des architectures objet et des technologies J2EE et XML. Il s'intéresse à l'exploitation multisupport de contenu (notament grâce aux technologies XML) ainsi qu'aux informations sémantiques (web sémantique et métadonnées). Également co-traducteur de *Java et XSLT*, il peut être contacté à l'adresse *frederic.laurent @opikanoba.org*.

Colophon

Notre style résulte des commentaires de nos lecteurs, de notre expérience personnelle et des réactions des divers canaux de distribution. Des couvertures spécifiques complètent notre approche particulière des sujets techniques, en insufflant personnalité et vie à des sujets potentiellement arides.

L'oiseau qui figure sur la couverture de *XML in a Nutshell* est un paon, le plus grand oiseau de la famille des *Phasianinae*, qui comprend aussi les faisans et les dindes. La femelle du paon s'appelle la paonne. Deux espèces de paons sauvages existent actuellement : le paon indien (*Pavo Cristatus*) et le paon vert d'Asie du Sud-Est (*Pavo muticus*), qui sont en voie d'extinction. Ces paons sauvages vivent en groupes de huit à douze oiseaux, dans la forêt dense proche des rivières. Puisqu'ils ne volent pas très bien, ils font seulement de courtes distances ; ils parviennent à échapper à la plupart des prédateurs et restent paisiblement perchés au sommet des arbres pendant la nuit.

La caractéristique la plus connue des paons est, bien sûr, leur magnifique éventail de plumes, appelée roue. Chaque plume bleu-vert a un point sombre à son extrémité, qui ressemble à un œil. Les paons arborent un plumage spécialement brillant, signe de maturité sexuelle, à l'âge de trois ans. Un paon en bonne santé a une roue complète et resplendissante chaque année au printemps, lors de la saison des amours. Pendant cette période, les paons dressent leur parure – leur plumage d'amour, comme on dit – pour attirer les paonnes. Les scientifiques en déduisent que ce jeu influe sur les instincts de la paonne, et la pousse à trouver des compagnons en bonne santé dans l'espoir d'avoir des descendants robustes. Chaque été après la saison des amours, les paons perdent leurs plumes, que les humains ramassent pour en faire des souvenirs.

Ann Schirmer a édité *XML in a Nutshell.* Norma Emory en a assuré la correction. Claire Cloutier, Linley Dolby et Mary Sheehan ont pris en charge le contrôle de qualité. Matt Hutchinson, Darren Kelly, Erin Mark, Catherine Morris, Deborah Smith, Gabe Weiss et Rachel Wheeler ont apporté leur assistance à la production. Judy Hoer a écrit l'index.

Ellie Volckhausen a crée la couverture de ce livre, sur la base d'un modèle conçu pour la série par Edie Freedman. L'image de couverture est une illustration originale de Susan Hart. Emma Colby a produit la couverture avec QuarkXPress 4.1, en utilisant la police ITC Garamond de Adobe.

David Futato a conçu la mise en page sur la base du modèle conçu pour la série par Nancy Priest. Mike Sierra a mis en œuvre cette mise en page avec FrameMaker 5.5.6. Les polices du texte et des titres sont ITC Garamond Light et Garamond Book. Cliff Dyer, Erik Ray et Robert Romano se sont occupés des caractères Unicode spéciaux utilisés dans ce livre. Les tables de caractères Unicode du chapitre 23 ont été produites avec Microsoft Word 2000 par David Futato. Les illustrations qui apparaissent dans ce livre ont été produites par Robert Romano, avec Macromedia FreeHand 8 et Adobe Photoshop 5. Ce colophon a été écrit par Sarah Jane Shangraw et Molly Shangraw.

Hanna Dyer a créé la couverture de la présente traduction et Melanie Wang en a composé la maquette finale.

Les fontes du texte sont Le Monde Livre, Le Monde Sans et TheSansMono Condensed.

La mise en page de la version française a été réalisée par **Style Informatique**.

Au catalogue O'Reilly

HTML & XHTML – La référence

Chuck Musciano
& Bill Kennedy
ISBN 2-84177-132-6
4e édition, février 2001
694 pages, 43 €

> Guide d'apprentissage pour débutants et expérimentés et manuel de référence pour tous niveaux.

Ce guide est à ce jour l'ouvrage le plus complet sur HTML et XHTML. Il couvre XHTML 1.1, HTML 4.01, Netscape 4.72, Internet Explorer 5.0 et d'autres extensions.

Il adopte une approche concrète et pratique. Les auteurs de contenus franchiront sans peine les étapes conduisant à la maîtrise des langages et se familiariseront rapidement avec l'insertion d'images, la mise en page à l'aide de styles, la création de liens, la conception de formulaires efficaces, etc.

HTML – précis & concis

Jennifer Niederst
ISBN 2-84177-157-1
2e édition, avril 2002
128 pages, 8 €

> Référence de poche pour tous niveaux.

Ce guide de poche fournit un commentaire éclairé sur l'utilisation de toutes les balises et extensions HTML, ainsi que leurs attributs, et passe en revue les compatibilités entre les différents navigateurs (Netscape, Internet Explorer, Opera, Web TV).

Indispensable aux webmestres comme aux responsables de serveurs WWW sur un Intranet, ou encore à tous ceux qui se contentent de maintenir les pages de leur site personnel à jour.

CSS – précis & concis

Eric A. Meyer
ISBN 2-84177-156-3
1re édition, novembre 2001
102 pages, 8 €

> Référence de poche pour tous niveaux.

CSS (*Cascading Style Sheets*) permet de contrôler la présentation des pages web. Ce guide couvre l'essentiel de ce qu'un créateur de pages se doit de savoir pour implémenter CSS dans ses documents web. *CSS – précis & concis* introduit les concepts clés de CSS et référence les propriétés de CSS1. Vous y trouverez aussi le détail de la façon dont CSS est supporté par les différents navigateurs (Netscape 4 et 6, Internet Explorer 3, 4 et 5 et Opéra 3 et 4).

JavaScript – La référence

David Flanagan
ISBN 2-84177-212-8
4e édition, octobre 2002
980 pages env., 60 €

> Guide d'apprentissage et manuel de référence pour tous niveaux.

JavaScript est l'un des langages de programmation du Web des plus essentiels. Il permet de créer des pages interactives et dynamiques. Cet ouvrage est une référence complète du langage qui couvre JavaScript 1.5. Ce guide dissèque les caractéristiques du noyau JavaScript, puis le côté client, ou le langage en situation. Les derniers chapitres documentent les objets définis par le noyau, ceux côté client et ceux définis par le DOM. Il s'agit là d'un ouvrage de référence qui conviendra à tous les niveaux.

JavaScript en action

Jerry Bradenbaugh
ISBN 2-84177-135-0
1re édition, juillet 2001
480 pages, 38 €

> Solutions adaptables pour débutants et expérimentés.

JavaScript est un langage performant de haut niveau, relativement facile à apprendre qui permet de rendre des pages web dynamiques et interactives en agissant du côté client. Techniques et exemples de code JavaScript fourmillent sur le Web, mais ils ne sont jamais liés à des cas concrets. Cet ouvrage propose donc des applications concrètes et fonctionnelles utilisables directement sur votre site. *JavaScript en action* est un livre de recettes qui enseigne l'art de cuisiner des applications complètes pour le Web.

JavaScript – précis & concis

David Flanagan
ISBN 2-84177-105-9
1re édition, avril 2000
104 pages, 8 €

> Référence de poche pour tous niveaux.

Il existe une multitude de langages autorisant l'interaction avec une page web, mais JavaScript est irremplaçable quand il s'agit de contrôler simplement le comportement côté client. C'est un langage de programmation très puissant que l'on peut insérer directement dans une page HTML.

Cet ouvrage couvre JavaScript 1.2, la version du langage supportée par *Netscape 4* et *Internet Explorer 4*. On y trouve la description de tous les objets, méthodes et propriétés du langage, y compris ceux qui interagissent avec la machine cliente.

O'REILLY®
www.oreilly.fr

Au catalogue O'Reilly

HTTP – précis & concis

Clinton Wong
ISBN 2-84177-115-6
1re édition, novembre 2000
88 pages, 8 €

> *Référence de poche pour expérimentés et spécialistes.*

HTTP (*HyperText Transfer Protocol*) est le protocole sans lequel aucune transaction ne pourrait exister sur le Web. Ce langage permet aux programmes client (Internet Explorer, Netscape, etc.) de communiquer avec les serveurs et de solliciter des actions toujours plus complexes.

Ce guide fournit une approche solide du protocole, ainsi qu'une explication détaillée des requêtes clients et des réponses serveurs, des tableaux résumant les paramètres standardisés utilisés par HTTP, des transcriptions d'échanges.

Introduction à XML

Erik T. Ray
ISBN 2-84177-142-3
1re édition, novembre 2001
368 pages, 34 €

> *Guide d'apprentissage pour débutants.*

Introduction à XML a pour ambition de donner une vue d'ensemble de XML afin d'apporter au lecteur une base solide. Cet ouvrage se concentre sur la théorie et la pratique de la création de documents. Il décrit la syntaxe élémentaire de XML, la création de liens entre des documents et des ressources. Il introduit aussi les notions de feuilles de style (CSS), de définition de type de document (DTD) ainsi que celle de schéma XML. Enfin la façon d'aborder les différentes langues et l'internationalisation complète cet exposé sur XML.

XML – précis & concis

Robert Eckstein
& Michel Casabianca
ISBN 2-84177-104-0
1re édition, avril 2000
110 pages, 8 €

> *Référence de poche pour débutants et expérimentés.*

Conçu à partir de la norme SGML pour être le format de prédilection des échanges de données sur le web, XML est devenu en peu de temps un format à vocation universelle.

Ce petit livre est à la fois une introduction claire à la terminologie et à la syntaxe, et une référence exhaustive qui décrit toutes les instructions XML, depuis les attributs réservés jusqu'aux différents types d'entités et de données. Il comprend également une description exhaustive de XSLT 1.0.

ActionScript – La référence

Colin Moock
ISBN 2-84177-149-0
1re édition, décembre 2001
740 pages, 48 €

> *Guide d'apprentissage pour débutants et expérimentés et manuel de référence pour tous niveaux.*

Le logiciel de création Flash s'érige en standard de fait pour des centaines de milliers de développeurs d'applications multimédias sur la Toile. La cinquième mouture de Flash intègre le puissant langage de programmation « ActionScript » pour gérer ces animations multimédias.

Ce livre montrera aux développeurs Flash comment tirer pleinement parti de l'écriture de scripts, et leur donnera ainsi un avantage décisif aussi bien en termes de fonctionnalités qu'en termes d'efficacité.

XML in a nutshell

Elliotte Rusty Harold
& W. Scott Means
ISBN 2-84177-143-1
1re édition, juillet 2001
548 pages, 39 €

> *Manuel de référence pour tous niveaux.*

L'ambition de XML in a Nutshell est d'être une référence aussi complète et détaillée que possible sur les principaux formats et API utilisés pour l'analyse, la transformation et le rendu des sources de données XML.

Mieux qu'un simple aide-mémoire, cet ouvrage deviendra vite le compagnon indispensable de tout ceux qui travaillent de près ou de loin avec XML, qu'ils s'en servent comme format documentaire, ou comme format de données et d'échange.

nouveau

XML Schéma

Eric van der Vlist
ISBN 2-84177-215-2
1re édition, juillet 2002
412 pages, 45 €

> *Guide d'apprentissage pour tous niveaux.*

Le W3C a été parmi les premiers à proposer un système de définition de type des données XML, connu sous le nom de XML Schéma, en remplacement du système des DTD, jugé trop limité pour les applications modernes.

Cet ouvrage est non seulement un manuel de référence exhaustif et détaillé sur XML Schéma mais aussi et surtout une analyse critique et approfondie des choix et des compromis que doivent effectuer les professionnels impliqués dans la mise en œuvre d'un système d'information fiable.

O'REILLY®
www.oreilly.fr

Achevé d'imprimer par Corlet, Imprimeur, S.A. - 14110 Condé-sur-Noireau
N° d'Imprimeur : 62001 - Dépôt légal : décembre 2002 - *Imprimé en France*